中国近代人物文集丛书

# 吴棠集

（三）

杜宏春　杜　寅　辑校

中　华　书　局

# ○三二 呈通州等属捐输衔名、银数清单

## 同治四年四月二十八日(1865年5月22日)

谨将通州、如皋、泰兴、靖江、高邮、甘泉、东台、兴化、盐城、泰州十州县统捐淮沪扬镇各营兵米捐生衔名、银数，缮具清单，恭呈御览。

陆惟馨，通州人，由分发试用复设训导捐米七百二石，以米合银二千三百八十六两八钱，拟请以中书科中书双月选用，并免保举加主事升衔。

陈桂芬，通州人，由员外郎衔分发主事捐米一百二十五石，以米合银四百二十五两，拟请给予随带二级记录五次。

郑瑞芝，如皋县人，由光禄寺典簿衔捐米六十三石九斗四升，以米合银二百十七两三钱九分，拟请以光禄寺典簿双月选用。

施猷，通州人，由州同职衔捐米二百四十石，以米合银八百十六两，拟请以州同双月选用。

罗慎修，浙江平湖县人，由监生捐米三十石，以米合银一百二两，拟请以从九品双月选用。

苏宗振，江阴县人，由监生捐米二百四十八石，以米合银八百四十三两二钱，拟请以县丞不论双单月选用。

徐芝征，通州人，由本班先用中书科中书补捐米一百五十一石，以米合银五百十三两四钱，核与户部驳饬欠免保举银数有盈，拟请以中书科中书本班先用，并免保举。

沈景文，通州人，由监生捐米九百七十二石，以米合银三千三百四两八钱，拟请以主事双月选用。

吴潢，通州人，由候选县丞捐米二百二十五石，以米合银七百六十五两，拟请以州同双月选用。

刘恩渚，通州人，由监生捐米一百六十五石，以米合银五百六十二两七钱，拟请以县丞双月选用。

蒋泰，通州静海乡人，由候选县丞捐米六百十四石五斗，以米合银二千八十九两三钱，拟请以州同双月选用，并加盐提举升衔。

黄煜，浙江钱塘县人，由监生捐米九百七十二石，以米合银三千三百四两八钱，拟请以主事双月选用，并免保举。

魏大均，浙江秀水县人，由候选县丞捐米六百五十七石，以米合银二千二百三十三两八钱，拟请以通判不论双单月选用。

吴晋升，浙江嘉兴县人，由俊秀捐米一百三石，以米合银三百五十两二钱，拟请作为监生，以从九品指项巡检不论双单月选用。

孙德恭，云南弥勒县人，由双月选用州吏目捐米六十四石，以米合银二百十七两六钱，拟请以州吏目不论双单月选用。

黄玉树，顺天大兴县人，由监生捐米三十石，以米合银一百二两，拟请以从九品双月选用。

管荣卿，如皋县人，由监生捐米三十石，以米合银一百二两，拟请以从九品双月选用。

管务生，如皋县人，由从九品职衔捐米三十七石，以米合银一百二十五两八钱，拟请以从九品双月选用。

宗兆联，江西南昌县人，由从九品职衔捐米六十七石，以米合银二百二十七两八钱，拟请以从九品不论双单月选用。

张文明，通州人，由贡生捐米七十一石，以米合银二百四十一两四钱，拟请给予州同职衔。

张文彬，通州人，由贡生捐米七十一石，以米合银二百四十一两四钱，拟请给予布政司经历职衔。

王恩治，通州人，由按察司经历衔捐米十二石，以米合银四十两八钱，拟请给予州同职衔。

保克昌，通州人，由监生捐米七十一石，以米合银二百四十一两四钱，拟请给予州同职衔。

沈裕炳，如皋县人，由监生捐米二十九石，以米合银九十八两六钱，拟请给予府知事职衔。

侯树德，通州人，由贡生捐米二百十二石，以米合银七百二十两八钱，拟请给予光禄寺署正职衔。

冯肇启，通州人，由光禄寺署正衔捐米一百八十石，以米合银六百十二两，拟请给予主事职衔。

沈拱辰，通州人，由俊秀捐米九十七石，拟请作为监生，并给予州同职衔。

袁峥，通州人，由俊秀捐米七十五石四斗，以米合银二百五十六两三钱六分，拟请作为监生，并给予营千总职衔。

刘宫桂，通州人，由俊秀捐米七十五石四斗，以米合银二百五十六两三钱六分，拟请作为监生，并给予营千总职衔。

王荣梁，金柜县人，由监生捐米二百十二石，以米合银七百二十两八钱，拟请给予光禄寺署正职衔。

徐乃准，江阴县人，由监生捐米八十五石，以米合银二百八十九两，拟请给予国子监典籍职衔。

习元钧，通州人，由监生捐米四十七石六升，以米合银一百六十两，拟请给予县丞职衔。

王大朝，通州人，由监生捐米二十九石，以米合银九十八两六钱，拟请给予按察司照磨职衔。

黄文彬，通州人，由监生捐米七十一石，以米合银二百四十一两四钱，拟请给予州同职衔。

沈镛，通州人，由举人捐米二百三十二石，以米合银七百八十八两八钱，拟请给予同知职衔。

张象英，通州人，由监生捐米七十一石，以米合银二百四十一两四钱，拟请给予布政司经历职衔。

张介眉，通州人，由监生捐米四百七十一石，以米合银一千六百一两四钱，拟请给予同知职衔。

张卜鸿，通州人，由从九品职衔捐米一百二十四石三斗，以米合银四百二十二两六钱二分，拟请作为监生，并给予国子监典簿职衔。

刘魁鳌，通州人，由监生捐米七十一石，以米合银二百四十一两四钱，拟请给予州同职衔。

陈桂芬，通州人，由员外郎衔分发主事捐米七十六石，以米合银二百五十八两，拟请给予伊继母五品封，并据该员呈明，伊父母已捐请四品封典。合并声明。

郑云程，如皋县人，由候选内阁中书拔贡生捐米一百七十石，以米合银五百七十八两，拟请给予伊祖父母五品封典。

沈拱辰，通州人，由州同衔捐米一百十三石，以米合银三百八十四两二钱，拟请给予伊父母六品封典，并将本身妻室应得之封貤给祖父母。

吴之峻，通州人，由州同衔捐米一百十三石，以米合银三百八十四两二钱，拟请给予伊父母六品封典，并将本身妻室应得之封貤给本生父母。

毕廷珪，安徽歙县人，由布政司理问职衔捐米一百十三石，以米合银三百八十四两二钱，拟请给予伊父母六品封典，并将本身妻室应得之封貤给祖父母。

薛宝森，通州人，由光禄寺署正衔捐米一百七十石，以米合银五百七十八两，拟请给予伊父母及本身妻室均五品封。

施钧、施承曾，均通州人，由俊秀各捐米六十石，以米合银二百四两，拟请给予监生，并作为贡生。

王金璜、张富达，均通州人，由监生各捐米三十四石二斗，以米合银一百十六两二钱八分，均拟请作为贡生。

钱元耿，通州人，由增生捐米二十九石，以米合银九十八两六钱，拟请作为增贡生。

吴振鸿，如皋县人，由双月选用詹事府主簿捐米三百九十五石，以米合银一千三百四十三两，拟请以光禄寺署正双月选用。

颜寿祺，贵州贵筑县人，由俊秀捐米五百三十四石一斗五升，以米合银一千八百十六两一钱一分，拟请作为监生，并以盐课大使选用。

吴筠，如皋县人，由双月选用中书科中书捐米八十五石，以米合银二百八十九两，拟请给予随带二级记录二次。

朱纲，如皋县人，由詹事府主簿职衔捐米六十石，以米合银二百四两，拟请给予光禄寺署正职衔。

朱纯，如皋县人，由监生捐米七十二石，以米合银二百四十四两八钱，拟请给予守御所千总职衔。

贾金诏，如皋县人，由俊秀捐米一百二十一石，以米合银四百十一两四钱，拟请作为监生，并给予守御所千总职衔。

陈继忠，如皋县人，由俊秀捐米九十七石，以米合银三百二十九两八钱，拟请作为监生，并给予州同职衔。

沈扬芬，浙江山阴县人，由俊秀捐米五十七石六斗，以米合银一百八十九两四分，拟请作为监生，以从九品双月选用。

张佩绅，泰兴县人，由候选从九品捐米五十石九斗，以米合银一百七十三两六分，拟请以刑部司狱补用。

成绍治，泰兴县人，由监生捐米一百六十六石六斗，以米合银五百六十六两四钱四分，拟请以指项巡检不论双单月分缺间选用。

成洛，泰兴县人，由俊秀捐米八十五石三斗，以米合银二百九十两二分，拟请作为监生，以未入流不论双单月选用。

赵怡善，泰兴县人，由候选县主簿捐米六十一石五斗，以米合银二百九两一钱，拟请以县丞双月选用。

朱光华，泰兴县人，由县丞衔捐米一百三十一石五斗，以米合银四百四十七两一钱，拟请以县丞双月选用。

蔡熙赓，泰兴县人，由监生捐米七十石，以米合银二百四十两四分，拟请给予布政司理问职衔。

蔡云峰，泰兴县人，由俊秀捐米九十六石，以米合银三百二十八两一钱，拟请作为监生，并给予布政司理问职衔。

万桂楫，泰兴县人，由俊秀捐米九十六石五斗，以米合银三百二十八两一钱，拟请作为监生，并给予布政司理问职衔。

谭廷桢，泰兴县人，由俊秀捐米五十四石二斗，以米合银一百八十四两二钱八分，拟请作为监生，并给予县主簿职衔。

周裕达，泰兴县人，由从九品职衔捐米七十八石九斗，以米合银二百六十八两二钱六分，拟请作为监生，并给予布政司理问职衔。

李锦江，泰兴县人，由监生捐米四十七石一斗，以米合银一百六十两一钱四分，拟请给予县丞职衔。

马云，泰兴县人，由监生捐米四十七石一斗，以米合银一百六十两一钱四分，拟请给予县丞职衔。

吴英华，泰兴县人，由监生捐米五十五石三斗，以米合银一百八十八两二分，拟请作为监生，并给予县主簿职衔。

丁振球，泰兴县人，由俊秀捐米一百七十九石，以米合银六百八两六钱，拟请作为监生，并给予中书科中书职衔。

丁人阶，泰兴县人，由从九品衔捐米六十七石三斗，以米合银二百二十八两八钱二分，拟请作为监生，并给予州判职衔。

黄家珣，泰兴县人，由俊秀捐米一百二十石，以米合银四百八两，拟请作为监生，并给予守御所千总职衔。

叶葆初，泰兴县人，由俊秀捐米一百二十石，以米合银四百八两，拟请作为监生，并给予守御所千总职衔。

丁祥恩，泰兴县人，由俊秀捐米八十四石八斗，以米合银二百八十八两三钱二分，拟请作为监生，并给予按察司经历职衔。

丁人信，泰兴县人，由议叙八品捐米五十八石九斗，以米合银二百两二钱六分，拟请作为监生，并给予布政司经历职衔。

季世杰，泰兴县人，由俊秀捐米五十四石二斗，以米合银一百八十四两二钱八分，拟请作为监生，并给予府知事职衔。

蒋福宸，泰兴县人，由俊秀捐米五十四石二斗，以米合银一百八十四两二钱八分，拟请作为监生，并给予府知事职衔。

黄兆骅，泰兴县人，由按察司照磨职衔捐米四十二石四斗，以米合银一百四十四两一钱六分，拟请给予布政司经历职衔。

韩会东，泰兴县人，由县丞职衔捐米三十五石三斗，以米合银一百二十两二分，拟请给予八品封典。

蔡映川，泰兴县人，由布政司理问职衔捐米二百四十七石一斗，以米合银八百四十两一钱四分，拟请给予伊父母五品封典，并将本身妻室应得之封貤给祖父母。

韩步鲤，泰兴县人，由复设训导捐米三十五石三斗，以米合银一百二十两二分，拟请给予八品封典。

薛天池，泰兴县人，由詹事府主簿衔训导捐米五十三石三斗，以米合银一百八十一两二钱二分，拟请给予伊父母七品封典，并将本身妻室应得之封貤给祖父母。

栾大琛，泰兴县人，由候选捐米七十石六斗，以米合银二百四十两四分，拟请给予八品封典。

丁人望，泰兴县人，由候选训导县丞捐米三十五石三斗，以米合银一百二十两二分，拟请给予八品封典。

丁人纲，泰兴县人，由盐提举衔候选直隶州州判捐米七十石七斗，以米合银二百四十两三钱八分，拟请给予伊父母五品封典，并将本身妻室应得之封貤给祖父母。

陆大鸿，泰兴县人，由县丞职衔捐米三十五石三斗，以米合银一百二十两二分，拟请给予八品封典。

丁人杰，泰兴县人，由县丞职衔捐米七十六石五斗，以米合银二百六十两一钱，拟请给予布政司经历职衔，并伊父母六品封典，并将本身妻室应得之封貤给祖父母。

周士秀，靖江县人，由候选盐知事捐米三百十石，以米合银一千五十四两，拟请以县丞不论双单月尽先选用。

徐恭，靖江县人，由盐运司经历衔捐米一百九十五石，以米合银六百六十三两，拟请以盐经历双月选用。

刘清绂，靖江县人，由从九品衔捐米六十九石，以米合银二百三十四两六钱，拟请以刑部司狱双月选用。

范铭，靖江县人，由从九品衔捐米五十五石，以米合银一百八十七两，拟请以从九品指项府照磨双月选用。

徐华，靖江县人，由俊秀捐米七十四石，以米合银二百五十一两六钱，拟请作为监生，以从九品指项府照磨双月选用。

朱尧庆，靖江县人，由候选县丞捐米八十三石，以米合银二百八十二两二钱，拟请给予伊父母从七品封典，并将本身妻室应得之封贻给祖父母。

祝清寿，靖江县人，由布政司理问衔捐米五十三石，以米合银一百八十两二钱，拟请给予伊父母从六品封典，并将本身妻室应得之封贻给祖父母。

施云凤，靖江县人，由九品顶戴捐米七十八石，以米合银二百六十五两二钱，拟请作为监生，并给予州同职衔。

范士毅，靖江县人，由九品顶戴捐米七十八石，以米合银二百六十五两二钱，拟请作为监生，并给予州同职衔。

刘栻，靖江县人，由从九品衔捐米三十六石，以米合银一百二十二两四钱，拟请作为监生，并给予府知事职衔。

严勋，靖江县人，由府经历衔捐米二十四石，以米合银八十一两六钱，拟请给予布政司理问职衔。

刘桐，靖江县人，由府知事衔捐米十九石，以米合银六十四两六钱，拟请给予县丞职衔。

严成，靖江县人，由按察司照磨职衔捐米十九石，以米合银六十四两六钱，拟请给予部库大使职衔。

冯椿，高邮州人，由监生捐米四百七十一石，以米合银一千六百一两四钱，拟请给予同知职衔。

吴思甫，高邮州人，由从九品职衔捐米七十七石七斗，以米合银二百六十四两一钱八分，拟请作为监生，并给予州同职衔。

殷乃仁，丹徒县人，由增生捐米二十九石，以米合银九十八两六钱，拟请作为增贡生。

何文科，高邮州人，由监生捐米三十四石，以米合银一百十五两六钱，拟请作为贡生。

周之桢、王逢煦，均高邮州人，由附生各捐米三十四石，以米合银一百十五两六钱，均拟请作为贡生。

徐光宝，甘泉县人，由从九品衔捐米八十石，以米合银二百十二两，拟请作为监生，以从九品不论双单月选用。

张廷扬，江都县人，由从九品衔捐米三十八石，以米合银一百二十九两二钱，拟请作为监生，以从九品双月选用。

万献廷，甘泉县人，由从九品职衔捐米三十七石，以米合银一百二十五两八钱，拟请改作监生，以从九品双月选用。

陆鸿开，甘泉县人，由贡生捐米一百五十三石，以米合银五百二十两二钱，拟请给予中书科中书衔。

翟汉辅，甘泉县人，由监生捐米七十一石，以米合银二百四十一两四钱，拟请给予布政司理问职衔。

侯锡九，甘泉县人，由从九品职衔捐米七十八石，以米合银二百六十五两二钱，拟请作为监生，并给予布政司理问职衔。

陈椿，甘泉县人，由附监生捐米三十四石，以米合银一百十五两六钱，拟请作为附贡生。

韩煦，甘泉县人，由监生捐米三十四石，以米合银一百十五两六钱，拟请作为贡生。

毛凤章，甘泉县人，由从九品衔捐米八石，以米合银二十七两二钱，拟请改作监生。

赵步洲，江都县人，由从九品衔捐米三十七石，以米合银一百二十五两八钱，拟请改作监生，以从九品双月选用。

朱云，东台县人，由监生捐米二百七十八石一斗，以米合银九百四十五两五钱四分，拟请以詹事府主簿双月选用。

富林，镶红旗汉军伊勒图佐领下人，由官学生捐米八十石六斗，以米合银二百七十四两四分，拟请以八品笔帖式选用。

富恒，镶红旗汉军伊勒图佐领下人，由官学生捐米八十石六斗，以米合银二百七十四两四分，拟请以八品笔帖式选用。

郭小亭，东台县人，由从九品衔捐米三十五石五斗，以米合银一百二十两七钱，拟请给予伊父母九品封典。

崔梁，东台县人，由附生捐米三十四石二斗，以米合银一百十六两二钱，拟请作为附贡生。

崔楫、崔继、华洪保、曹沄，均东台县人，由从九品衔各捐米七石一斗，以米合银二十四两一钱四分，拟请均改作监生。

朱光烈，兴化县人，由营千总职衔捐米九十二石，以米合银三百十二两八钱，拟请给予卫守备职衔。

朱毓筠，兴化县人，由从九品职衔捐米七十八石，以米合银二百六十五两二钱，拟请作为监生，并给予布政司理问职衔。

萧淦堂，上元县人，由从九品衔捐米一百七十二石六斗，以米合银五百八十六两八钱四分，拟请改作监生，以县丞双月选用。

杨廷桢，福建侯官县人，由候选知县捐米五百六十石六斗，以米合银一千九百六两四分，拟请以知县不论双单月选用，并加同知衔。

赵体仁，盐城县人，以中书科中书衔捐米二百七十五石六斗，以米合银九百三十六两七钱，拟请以中书科中书双月选用。

詹国华，甘泉县人，由双月选用从九品捐米四十八石，以米合银一百六十三两二钱，拟请以指项巡检不论双单月选用。

高坤，江都县人，由监生捐米三十石，以米合银一百二两，拟请以从九品双月选用。

姜德明，甘泉县人，由俊秀捐米五十五石六斗，以米合银一百八十九两四分，拟请作为监生，以从九品双月选用。

齐寿楠，福建侯官县人，由俊秀捐米五十六石，以米合银一百九十两四钱，拟请作为监生，以从九品双月选用。

卢士彦，东台县人，由监生捐米七十七石三斗，以米合银二百六十二两八钱二分，拟请以从九品指项巡检不论双单月选用。

王儒臣，盐城县人，由布政司经历职衔捐米四百石，以米合银一千三百六十两，拟请给予同知职衔。

沈先庚，盐城县人，由监生捐米一百五十三石，以米合银五百二十两，拟请给予中书科中书职衔。

马承恩，盐城县人，由监生捐米二百十二石，以米合银七百二十两八钱，拟请给予光禄寺署正职衔。

魏一善，盐城县人，由布政司理问职衔捐米四百石，以米合银一千三百六十两，拟请给予同知职衔。

蒋绍祖，丹徒县人，由俊秀捐米九十六石六斗，以米合银三百二十八两四钱四分，拟请作为监生，并给予布政司理问职衔。

强淦霖，泰州人，由从九品衔捐米三十五石五斗，以米合银一百二十两七钱，拟请作为监生，并给予按察司照磨职衔。

陈常荣，福建侯官县人，由俊秀捐米九十六石六斗，以米合银三百二十八两四钱四分，拟请作为监生，并给予布政司理问职衔。

马承恩，盐城县人，由光禄寺署正衔捐米一百五十八石九斗，以米合银五百四十两二钱六分，拟请给予伊父母五品封典，并将本身妻室应得之封贻给祖父母。

沈先庚，盐城县人，以中书科中书衔捐米五十三石，以米合银一百八十两二钱，拟请给予伊父母七品封典，并将本身妻室应得之封贻给祖父母。

金从新，盐城县人，由员外郎衔候补主事捐米二百五十石六斗，以米合银八百五十二两四分，拟请给予伊父母从四品封典，并将本身妻室应得之封贻给胞伯父母。

李国铸，甘泉县人，由布政司理问职衔捐米二百四十八石，以米合银八百四十三两二钱，拟请给予伊父母并本身妻室从五品封典。

周亮寅，甘泉县人，由奏保五品顶戴双月选用县丞捐米七十一石，以米合银二百四十一两四钱，拟请给予伊父母五品封典，并将本身妻室应得之封贻给祖父母。

沈先甲、徐桢、周焱。以上三名均由监生各捐米三十四石，以米合银一百十五两六钱，拟请均作为贡生。

颜鸣珂、沈先庚、卢昭泰、林彭宜、卢士彦。以上五名，均由从九品衔各捐米七石一斗，以米合银二十四两一钱四分，拟请均改作监生。

陈宝杰，清河县人，由俊秀捐米三百十六石，以米合银一千七十四两四钱，拟请作为监生，以州同双月选用。

周丽江，溧阳县人，由俊秀捐米八十五石，以米合银二百八十九两，拟请作为监生，以从九品不论双单月选用。

陈裕，清河县人，由俊秀捐米五十六石，以米合银一百九十两四钱，拟请作为监生，以从九品双月选用。

荣震，陕西泾阳县人，由俊秀捐米八十五石，以米合银二百八十九两，拟请作为监生，以从九品不论双单月尽先选用。

俞燕辰，泰州人，由俊秀捐米八十五石，以米合银一百九十两四钱，拟请作为监生，以从九品双月选用。

许玉书，泰州人，由布政司理问升衔不论双单月选用县丞捐米三十八石，以米合银一百二十九两二钱，核与户部驳饬补交并归不积班选用银数有盈，拟请以县丞不论双单月归不积班选用，并加布政司理问升衔。

张其容，浙江山阴县人，由监生捐米一千八十九石，以米合银三千七百二两六钱，拟请以盐运司运判补用，并加盐提举升衔。

陈宝华，泰州人，由州同职衔捐米二百四十石，以米合银八百十六两，拟请以布政司经历双月选用。

单渭南，泰州人，由拣选举人捐米四百五十五石，以米合银一千五百四十七两，拟请以内阁中书双月选用，并给予伊父母五品封典，并将本身妻室应得之封貤给胞兄嫂。

陈梓材，泰州人，由从九品衔捐米五百四十九石，以米合银一千八百六十六两六钱，拟请给予州同职衔并给予伊父母五品封典，并将本身妻室应得之封貤给本生父母。

刘长暄，泰州人，由监生捐米七十一石，以米合银二百四十一两四钱，拟请给予布政司理问职衔。

刘熙英，泰州人，由俊秀捐米七十三石，以米合银二百四十八两二钱，拟请作为监生，并给予县丞职衔。

张道源、刘忠渭、沙占鳌、张邦庆、陈云从、曾殿选、郭焕章、仇治智、沈昶、祝福浩、王锦鳌、施耕心、葛华年、陆焕、沈嗣道、张荣仁、张秉正、张国泰、钱深权、周瑶、生本、黄桢、芮荣康、芮荣寿、张斌、秦志良、王觐章、宗志湘、李金鳌、孙章宗、卞国祥、吴奎榆、吴邦本、杨占熙、杨浚、陈安平、宗志宏、宗广庚、万伯山、胡文海、黄京南、袁义章、张舜华、吴欲仁、黄裕昆、谭庭模、耿绍、耿兰、陈田魁、何绶、朱荣春、汪缙、朱日升、邱鼎联、张清佐、严烜、叶桐、张清彦、顾启玙、吴振华、周操、张绪义、吴永仁、周霞昌、殷凤翼、翁世昌、翁培华、朱纯宗、徐成、封铠、吕艺林、何达泗、马元廷、吴金、颜灿、曾勖成、徐风翔、李正荣、焦鳌祥、尹政求、殷书廷、骆佳桂、庄华岳、周荣国、王尚德、尹高儒、赵勋、王金魁、黄学书、秦惇义、印锡畴、韩祖东、张楹叶、高凤、孙金爵、孙金枝、季如琨、陈修仁、孔庆莲、张文印、李文林、李兆祺、孙儒醇、吉助、冷昕、黄鹍、焦连铨、何纯、季芳、许觉先、徐佩瑜、萧纬、贾珍、黄淦、朱燕桂、丁玉峰、李芸、王程万、王义、陈扶清、徐麟书、印柱臣、丁然、施受龄、余鹤龄、张理、黄鸿章、张世珍、何焕、朱廷树、张廷扬、张廷魁、唐万鹏、陈垣、张瑞臣、张柏棋、余德培、龚彩春、李煌、陈鋐、匡济才、吴馨藻、徐佩珩、谭志烺、蒋师讷、戴春培、成沄、赵振卿、施鳌、李旭辉、尹政鑺、宗拔萃、朱慎修、方子轩、凌来章、殷玉昆、施显澄、常荣增、黄心三、祁祯、祝明藻、陈熙、瞿宾渭、瞿立本、孙树棠、马庆铨、曹懋修、叶根怡、孙屺、刘桐、罗会城、杨松卿、沈遇元、曹彭庚、周炳南、王洪钺、潘松凤、王茂培、赵秩卿、尤宝棣、陈永翔、胡继昌、殷绍、张钟奇、张钟鼎、沈道立、孙启祥、张泽兴、李世鈖、李世铮、史致生、史积琼、谢炳、夏长龄、任辉祖、王永福、赵德垕、汤凤仪、瞿炳、朱春圃、张级、张绥、稽永安、陈德宏、王郁文、陆有章、武克文、戴安梁、戴安栋、徐长庆、徐正普、徐正阳、孙文祺、高煦、睢汝莲、陈元琳、郭啸村、卢锡矩、周文光、王泰清、张义恒、马殿銮、瞿晖、陈亦陵、王鸿儒、张义升、郭天金、徐根、沈先知、周承寿、沈锡纯、苏怀先、陈乐滨、陈永和、钱步堦、钱锡珩、秦泮祥、钱锡嘉、王锦斋、蔡玉瓒、顾廷玑、王治、王露、郑同球、王炳臣、金宝春、成琪、朱鸿立、王兼三、黄衔、王淦、孟希容、刘惟庆、翟蔚堂、陆彭德、吉长福、纪显绶、董钰、陈楹、杨培忠、杨执忠、刘昱、王裕昌、黄步瀛、黄朝绶、黄论、张辉山、王筠、王培绪、蒋尊礼、曹毓珍、侗接三、华锦如、孙彭庚、李扆、唐希祖、仲宝堂、顾履坦、储德洋、宋尊贻、汪焕、张凯、沈国琪、冒云庆、单济。以上共二百八十五名，均由俊秀各捐米十九石，以米合银六十四两六钱，拟请均给予从九品职衔。

孙继曾、沈裕炳、顾鸣佩、徐宏震、程维钧、程厚报、徐晋元、罗慎修、郭焕文、冒承基、雷锦春、王荣梁、徐乃准、苏宗振、吴尊镗、吴尊瑛、吴承兖、陈长余、吴日璋、费兆奎、徐源泉、姜德乾、姜振、姜绳贯、程鼎衔、张芹生、吴芳传、何湛恩、陈国鉤、李兆桐、刘魁鳌、黄煜、黄峻松、章文焕、于五福、罗鹤、刘正和、刘正谊、丁盛逵、杜堃、苏俊、苏祥、杨文绎、杨泽裕、顾权、毛书林、林耀星、叶光荣、姚天宝、孙为釜、田向华、程荣、卞锦福、张瑚、吴庆恩、何瑞生、李国宾、赵彬、居启嵲、杨上乔、吴溶、李连标、印焕文、王长华、马儒恩、褚在舆、毛桂森、钱日椿、符葆翰、丁硕人、潘敦明、张发扬、何恭寿、沈长万、吴立功、邓瞻尧、陈永岱、李篠云、丁荣宗、史致连、高炜、刘立堂、张安朴、李雨龙、张镳、杨堃、武廷选、周国庆、高烺、戴裕如、徐耀彬、颜廷甲、钱蔚廷、何永福、王宗劬、华灿奎、张应权、孙銮、许汤铭、高洵、许大章、薛兼善、刘溶、王赞恩、朱绳武、金怀廉、张义衢、田标、王礼斋、刘仁恺、刘锦华、张义鸿、田烈、包庆恩、沈定垠、周文明、朱厚诚、程业勤、刘昌恒、王榛、田熊、王豫庚、王豫珊、杨一全、洪金奎、许衡荣、王椿、瞿炜、曹春森、颜鸣球、刘超第、杨中烈、宋季青、宋萼林、马承恩、滕义琴、曹桢、金乐成、胡延龄、王峻衡、王寿山、臧桂枝、阮廷勋、强淦澄、李明雄、毛钰、徐金德、蒋学曾、黄履安、刘成锦、朱锦福、江录昌、陆钰、徐士基、郭晖、邹皓、邹赞廷、罗云山、赵坤厚、刘昌龙、王廷俞、巫广源、黄士尧、曹念殷、胡增、董文涟。以上一百六十六名，均由俊秀各捐米二十六石，以米合银八十八两四钱，拟请均作为监生。

军机大臣奉旨：览。钦此。[①]

## 〇三三　拿获洋盗徐洪川等犯审拟正法折

### 同治四年四月二十八日(1865年5月22日)

头品顶戴署两广总督漕运总督臣吴棠跪奏，为拿获叠劫洋盗，讯明正法按拟，恭折奏祈圣鉴事。

案据通州报于同治二年十一月二十三、二十七、八等日，先后会同文武员弁，拿获洋盗徐洪川即宏川、顾大流旺、顾小流旺、张来群、曹吴淞五犯，并掘港都司会获许勇淋、许陇保二名，解州会讯，据徐洪川等供认出洋行劫事主陈发顺、杭运红、王福顺、朱世美、陆源福、黄殿章、欧阳德全、陈万邦各船不讳。许勇淋等仅认被胁在船烧饭，并未随同劫抢。查事主陈发顺等报案，核与犯供相符，录供通详。并据另报：许勇淋于三年四月初一日在监病故，验讯属实，提讯刑禁人等，供无凌虐情弊各等情。臣当经批饬缉审，并饬将许勇淋汇入正案拟详去后。兹据该州会同委员提犯覆讯，分别正法、议拟，详由常镇通海道核转前来。

臣覆加查核，缘徐洪川即宏川、顾大流旺、顾小流旺、张来群、

---

① 中国第一历史档案馆藏：清单，档案编号：03-4799-021。

曹吴淞、许勇淋、许陇保，均籍隶通州，或种田、捕鱼度日，或手艺、驾船营生，先未为匪犯案。咸丰六年五月二十一日，前获正法之陈小胖子起意出洋行劫，合高脚麻子、陈甫髻子、吴大、陈稍婆娘、赵陈氏商议出发贩米，纠同徐洪川、季大白板、陈坡髻子、张盆、周㺃、陈金标、陈必先、顾叙扬、陈万、裕麻子、陈其、陈柯主、陆桂保、姜青松、计增岁、曹桂沅、张懋淋，乘船出口。

二十三日，驶至戏台沙外洋，遇事主陈茂顺渔船。陈小胖子喝令季大白板、陈其、陈柯主、张懋淋将船搭住，留陈坡髻子、张盆、周㺃接赃，自与徐洪川等持械过船，劫得豆饼、货物，连船拖回，将舵水人等放归，将赃变分花用。又于七年四月初八日，前获正法之季玉猫儿起意发贩米，纠同顾小流旺、瞿金凤、吴朋友、赵胜扬、山东豹即李三、四喜髻子、顾刘大、赵阿沅、周老大、胡烧娘，坐陈龙山船，适值葫芦沙外洋，遇见事主杭运红渔船，将船拖回勒赎，将客人放归，得赃变钱分用。

是年八月十九日，又系陈小胖子起意，与高脚麻子等发米，纠同徐洪川、陈稍婆娘、陈万、裕麻子、陆桂保、姜青松、计增岁、曹桂沅、张懋淋、四眼狗即陈三、曹四烂眼、陈甫髻子、陈必先、顾叙扬，分坐两船，驶至陈家沙外洋，遇见事主王福顺渔船，一齐上前将船搭住。陈稍婆娘、四眼狗、曹四烂眼各执刀械过船，将舵水人等赶捺舱底。其时，又见事主朱世兴渔船驶来。四眼狗、曹四烂眼将船搭住，陈小胖子等持械过船，将两船连赃带至洋稍地方，将水手放回。又于是年四月二十日，仍系陈小胖子起意，纠同原伙在陈家沙外洋行劫事主陆源福，连鱼货连赃并卖，将钱分用各散。

同治元年二月十三日，徐洪川、顾大流旺、顾小流旺听从在逃之季大白板，伙同曹永老猴、曹鸟淋、何正淋、蛮子陈张川、张辐颂、季痴旺、季姜川、曹扬蚂蚱、曹柱榔头、曹痴朋共伙四十人，坐船出口。十四日午后，行至佘山外洋，遇见事主黄殿章商船，赶拢搭住，一同执械过船，劫得货物、衣服，逃回变分花用。二年六月二十三日，顾大流旺、张来群、曹吴淞听从在逃之曹柱榔头，伙同曹杨蚂蚱、张幅来、张幅兴、张幅淞、季痴旺、季姜川、曹鸟淋、曹青连共伙十三人，坐船出洋。二十四日，驶至佘山西北外洋，遇见事主欧〈阳〉德全商船，追上搭住，各执刀械过船，劫得货物逃回，变分花用。

是年八月二十一日，徐洪川、顾大流旺、顾小流旺、张来群、曹吴淞听从在逃之曹青连，伙同季大白板、曹痴朋、曹俭扣、陈张川、季痴旺、张幅淞、张幅来、陈长春共伙十四人，出洋行劫。曹青连见已获病故之许勇淋及在案之许陇保在海滩割草，约令同往烧饭。许勇淋等不允，曹青连再三吓逼，许勇淋等畏惧，同行坐船出洋。二十二日，驶至佘山西北洋面，见事主陈万邦商船，追拢搭住，均各持械过船，劫得货物。水手袁三茂拦捕，被曹青连拒伤逃回。得赃俵分变用，各散。事主陈发顺等先后报县，勘缉获犯，讯供通详，会委提犯覆审，据供前情不讳。诘无另犯伙劫别案，分别正法、议拟，详道核转前来。臣覆核无异。

查例载：江洋行劫大盗立斩枭示。又，洋盗案内被胁在船服役并未随行上盗被获者，杖一百、徒三年等语。此案徐洪川等叠次出洋行劫，实属不法，应按例问拟。徐洪川即宏川、顾大流旺、顾小流旺、张来群、曹吴淞，应如所拟，均合依江洋大盗立斩枭示例，各拟斩立决枭示。该犯等系积年著名巨盗，已据就地正法，枭首示众，应毋庸议。许勇淋等被胁在船烧饭，并未随同行劫，亦应按例问拟。许勇淋、许陇保亦如所拟，均各依洋盗案内被胁在船服役并未随行上盗被获者杖一百、徒三年例，各杖一百、徒三年。许勇淋业已在监病故，应毋庸议。许陇保定地发配，折责充徒，配满递籍管束。余讯无同居亲属知情分赃、牌保得规包庇情事，应与讯无凌虐之刑禁人等，均毋庸议。死系洋盗监毙，职名并请免开。各赃照估追赔，尸棺饬埋。逸犯季大白板等饬缉，获日另结。是否允协？除具供招咨部外，合将审办核拟缘由，谨会同协办大学士两江总督臣曾国藩、江苏巡抚臣李鸿章，恭折具陈，伏乞皇太后、皇上圣鉴。谨奏。四月二十八日。

同治四年五月初二日，军机大臣奉旨：刑部议奏。钦此。[①]

## 〇三四　请饬筹办黄河船只并配弁勇驾驶片

**同治四年四月二十八日(1865 年 5 月 22 日)**

再，黄河防守，时关宸念，臣随时询问旧日河营员弁，均云黄河水性横激，于江湖平浪及运河水者不同，湖水师船只入黄，非所素习，不如就黄河船只添置炮位，配以滨黄弁兵勇丁，驾驶得宜，地形较熟，且河身宽阔，要隘无多，布置亦易各等语。所言似切形势。臣咨访所及，敢祈圣明采择，如属可行，即请饬下该督抚等各就各境黄河，赶紧办理，以资守御。谨附片具陈，伏乞皇太后、皇上圣鉴。谨奏。

同治四年五月初二日，军机大臣奉旨：钦此。[②]

---

① 中国第一历史档案馆藏：军机录副，档案编号：03-5053-029。

② 中国第一历史档案馆藏：军机录副，档案编号：03-4762-044。此片具奏日期未确，兹据同批折件校正。

【案】此片于四年五月初二日获清廷批覆。《清实录》：

又谕……吴棠拟请就黄河船只，添置炮位，配以滨黄兵弁驾驶一节，是否可行，着刘长佑、阎敬铭妥为斟酌，并着吴棠于水师兵弁中，择其能入黄驾驶、熟习地形者，赶筹办理，庶于军事有济……。①

## ○三五　奏报米船挽上清江闸坝开行日期折

### 同治四年五月初七日(1865年5月31日)

头品顶戴署两广总督漕运总督臣吴棠跪奏，为河运米船挽上清江闸开行日期，恭折奏报，仰祈圣鉴事。

窃臣筹款购米，试行河运，前经议定章程具奏，接准部覆：务于三月间挽船上闸，毋稍迟误，并将开兑日期先行专案奏报等因。嗣因东境黄河穿运处所必须夏间方能浮送，又因贼踪滋扰东境，相距运道不远，复经附片奏明，俟米船抵浦后，察看情形，再行上挽各在案。查各起米船均于四月望间一律兑竣，挽抵清江。臣督同总局道员吴世熊、督运道员刘咸，逐船查验，米色一律干洁。即饬各委员小心在船看守，停泊静候。兹查已届五月上旬，正汛水日涨之际，而曹州一带既有贼氛，上挽仍应慎重。但江境三闸五坝必须趁水小之时方易纤挽，迟则必多棘手，且米石久储舟次，薰蒸霉变，在在堪虞，实未便久事停留，然更不可孟浪从事。

① 《穆宗毅皇帝实录(四)》，卷一百三十八，同治四年五月上，第242-243页。

臣再三审酌，惟有先行挽过各闸，驶入中运河，相机前进。先期臣饬派总兵赵三元带轻利炮船四十只，驶至济宁以上察看贼情、水势，现又专派炮船三十只，即交督运道员刘咸统带，长途护运，一面咨行沿途地方文武，催儹护送，惟冀仰赖圣主鸿庥，事机顺手，得以早抵通州交纳，倘贼踪未能远退，实有阻滞，再行附片奏闻。所有米船开行北上日期，理合缮折专案奏报，伏乞皇太后、皇上圣鉴。谨奏。五月初七日。

同治四年五月初十日，军机大臣奉旨：知道了。钦此。[1]

## ○三六　请以张树声等补授河务兵备道等缺折

**同治四年五月初九日(1865年6月2日)**

头品顶戴漕运总督臣吴棠、钦差大臣协办大学士两江总督一等侯臣曾国藩、江苏巡抚一等伯臣李鸿章跪奏，为徐海道、淮扬道两缺，均极紧要，拣员请补，以重职守，恭折仰祈圣鉴事。

窃查淮徐扬海道朱善张病故一缺，接准部咨：应归本年四月份截缺，例由在外拣员题补。又，淮扬道一缺经臣等奏请复设，作为淮扬河务兵备道，并将淮徐扬海道一缺，改为徐海河务兵备道，于本年正月二十日钦奉上谕允准在案。查徐海河务兵备道一缺驻扎徐州府城，现当捻匪滋蔓，徐属时时告警，一切防堵事宜，尤属该道专责，非精明强干、熟悉军务之员，不足以资控御。

---

① 中国第一历史档案馆藏：军机录副，档案编号：03-4863-032。

查有遇缺题奏按察使张树声，[1]安徽廪生，在籍办团，奏保候选同知。同治元年，统领树字五营随臣李鸿章在江苏剿贼，屡立战功，洊保知府、道员。同治三年八月初六日，于克复湖州府城案内奉上谕：道员张树声坚忍百战，积功最多，着赏给二品顶戴，以按察使遇缺题奏。钦此。该员谋勇兼优，能耐劳苦。臣等奏派带领所部，驻扎徐州。该处当四战之地，值多事之秋，若道员有本部兵将，娴于战守，庶临警之际不必再向江南调兵，实为因时制宜之善策。现经臣等先行檄委署理，似于徐海道一缺人地实属相宜。

至淮扬河务兵备道一缺，裁撤之后，复又新设，事事创始，将来规复河运，淮、扬两属境内各闸坝，宣泄关键，至为紧要，必须熟悉河务之员，方足以资整顿。查有按察使衔江苏候补道吴世熊，浙江监生，遵例报捐州同，分发南河，历次派办丰工文案、安徽粮台，并萧、砀等处缉拿土匪，历保知州、同知直隶州知州。咸丰十一年十二月二十一日，于剿办盱眙叛匪案内奉上谕：江苏候补知府吴世熊，着免补本班，以道员即补。钦此。该员才识明通，办事稳练。数年来，随臣吴棠办理各局事务，深资得力。同治三年正月，代理

① 张树声（1824—1884），字振轩，安徽合肥人，廪生，卓勇巴图鲁。咸丰三年（1853），在籍办团。同治元年（1862），随李鸿章入沪，与刘铭传分领淮军。同治三年（1864），统六营驻镇江。四年（1865），署江苏徐海道。同年，升直隶按察使。八年（1869），署直隶布政使。是年，调山西按察使。九年（1870），迁山西布政使。同年，护理山西巡抚。十年（1871），擢漕运总督。十一年（1872），署江苏巡抚。同年，署两江总督兼办理通商事务大臣。十二年（1873），补江苏巡抚。光绪五年（1879），调贵州巡抚，转广西巡抚。是年，授两广总督。八年（1882），署理直隶总督，加太子少保衔。九年（1883），署北洋通商大臣。十年（1884），卒于广州。谥靖达。有《张靖达公奏议》、《庐阳三贤集》等行世。

江宁布政使，兼办扬镇粮台，颇能措置裕如，现经臣等会商檄委署理淮扬道篆务。

臣等复查徐海道、淮扬道两缺，经管河工地方，其繁剧相等，而徐海道现办军务，尤为吃重，若以吴世熊请补淮扬道，系属合例应补之员；以张树声借补徐海道，与例虽有未符，而慎重军务，因缺择人，例得专折奏请。臣等往返函商，意见相同，合无仰恳天恩，俯准以张树声借补徐海河务兵备道，吴世熊补授淮扬河务兵备道，实于军务、河工两有裨益。如蒙俞允，现在南河成规全行裁改，应否仍照河工道员定例试署一年，期满再行保题实授之处，由吏部查明办理。所有请补道员缘由，谨合词恭折具陈，伏乞皇太后、皇上圣鉴训示。谨奏。同治四年五月初九日。

同治四年五月十四日，军机大臣奉旨：另有旨。钦此。[1]

【案】此折旋于五月十四日得允行。《清实录》载曰：

戊申……又谕：曾国藩等奏，拣员请补徐海道、淮扬道两缺一折。据称江南徐海河务兵备道一缺，现当捻匪滋蔓，一切防堵事宜均属该道专责。淮扬河务兵备道一缺截撤之后，复又新设，事事创始，非熟悉军务、河务之员不克胜任，请以遇缺题奏按察使张树声借补徐海道，候补道吴世熊补授淮扬道等语。着照所请，张树声准其借补江南徐海河务兵备道员缺，吴世熊准其补授淮扬河务兵备道员缺。[2]

---

① 中国第一历史档案馆藏：军机录副，档案编号：03-4615-152；朱批奏折，档案编号：04-01-12-0499-075。

② 《穆宗毅皇帝实录（四）》，卷一百三十九，同治四年五月中，第283页。

# ○三七　审拟监生袁太乙京控一案折

## 同治四年五月十五日(1865年6月8日)

暂署两江总督江苏巡抚一等肃毅伯臣李鸿章、头品顶戴署两广总督漕运总督臣吴棠跪奏，为查明睢宁县监生袁太乙遣抱京控地方官轻听枉杀、捏禀贿和等情一案，按例定拟，恭折仰祈圣鉴事。

同治三年四月十五日，准都察院咨：二月二十八日，由内阁抄出奉上谕：都察院奏，江苏监生袁太乙遣抱告，以地方官枉杀贿和等词赴该衙门呈控等因。钦此。相应钞录原奏、原呈移知，钦遵谕旨办理可也等因。奉经分别行提人卷解讯去后。兹据先后申解前来。

随检阅各卷，查照原呈，提同人证，逐节研讯。缘袁太乙籍隶睢宁县，系已死袁凤藻即袁耀如胞侄，袁凤藻与伊堂兄袁梦锦均住该县袁家楼地方。咸丰八年，该处逼近捻氛，袁梦锦奉命在袁家楼筑圩防守。嗣因圩多人少，不敷守御，历经徐道谕饬零星小庄并入大圩，合力堵御，不准私自筑圩。十一年八月，袁凤藻在该处附近高兴集、小王家集私筑两圩，袁梦锦向阻不听，禀县往平。该前县黄宪铠先于咸丰十年五月，据民妇朱张氏报窃案内获犯李万轸等，讯认窃牛，拒杀事主，有袁耀如知情，商议愿将送至伊处躲避等语。将李万轸等正法，正在缉之袁耀如未获。当以袁耀如即袁凤藻本系通匪之犯，今又违禁筑圩，恐其谋为不轨，随即会同把总赵太昌即赵昂、千总黄金标，带同兵役程青等往拿。行至黄家塘地方，黄宪铠令程青往附近各圩集练帮拿，自与赵太昌等先往。袁凤藻因拿情急，即与伊堂弟袁效聚众开枪抗拒，轰伤兵役四人，用火烧毁大门，乘势冲入，互相格斗。袁效抵敌不住，即被格杀身死。袁凤藻亦被拿获。黄宪铠查点，役勇王得胜、马成功、胡太平、郑朝柱、曾勇林五人俱被拒死。马得功、张常胜、侯占平、杨光林、吴宗喜、杨叶华、吴得胜、陈长兴、庄云田、王玉林、拾崇信、闵得胜、王永胜、高万元、任国太、孙永胜十六人，亦俱被拒伤，饬将王得胜等殓埋，并将袁凤藻带同讯办。讵袁凤藻在途呼众抢劫。黄宪铠闻众欲来劫犯，其时正值捻匪下窜，人心惶惑，诚恐被劫，酿成巨患，未便拘泥成例，按拟招解，即在途中将袁凤藻讯明正法。禀明前大臣袁甲三、前漕臣王梦龄及该管道府查核。

维时，袁凤藻之妻袁孙氏先不知袁凤藻被匪李万轸供板有案，因闻黄宪铠平圩系由袁梦锦禀请，并有赵太昌同往，忆及袁凤藻曾因赵太昌派厘未从，袁梦锦阻圩不听，疑系赵太昌、袁梦锦衔恨串害，即与伊夫胞侄袁太乙并袁效之子袁崇芝控道委验，饬府于剿匪公出之便，就近提齐解郡审办。该府因捻氛逼近，未及赴睢提解，先已回郡。袁孙氏知该府未暇亲提，并因伊家中骡什物当俱失散，复控道委提无获，并控经臣吴棠亲提审办，当有与袁凤藻素好之灵璧县廪生高思淑，因知袁凤藻死由自取，劝令息讼，并以袁孙氏家物失人亡，光景可怜，情愿帮给钱文，令袁孙氏回家度日。袁孙氏不知高思淑与袁凤藻素有旧交为好起见，疑系黄宪铠情急，托其贿和，又控经臣委员赴县会提。比据差役提到程青、刘忠，管押候解，刘忠旋值患病，给假医调。袁孙氏疑系黄宪铠欲赚回委员假意提押，所以仍将刘忠纵放。适值黄宪铠丁忧交卸，令门〈丁〉顾四将署内行李什物发至饭店寄存，以便后任马步瀛进署。袁太乙见顾四将行李什物发店，疑系袁凤藻家失物被黄宪铠取去，交顾四变卖，控县饬差查起。时有误买失物之梁立功等各将车骡缴县给领，尚有邱培生等因恐袁孙氏冒认，未肯缴还。袁孙氏向门丁周景诵等催提审解，周景诵答以人证俱各潜逃，一时难到。袁孙氏因知顾四与周景诵等往来熟识，疑系顾四受黄宪铠嘱托，贿通周景诵等蒙蔽不提，并查出伊家公产田亩被袁凤池私卖与朱儒珍为业。伊与袁太乙先不知悉，以为朱儒珍欺懦霸横，一时情急，即令袁太乙做就呈词，进京控告。袁太乙在途患病，遣工人杨桂作抱赴京，控经都察院奏奉谕旨，交臣等提集讯办，奉经分别行提人卷，秉公严讯，据各供悉前情，诚恐尚有不实不尽，再三研诘，各供不移。

此案袁太乙呈控前睢宁县知县黄宪铠轻听枉杀、捏禀贿和各情，或怀疑所致，或事出有因，且系伊伯母袁孙氏令伊往告，并非出自己意。第不查明属实，辄代出名具呈，究属不合，应按律问拟。袁太乙除越诉轻罪不议外，合依不应重律，杖八十。系监生，照例收赎。袁孙氏因伊夫袁凤藻犯事拒捕，被获正法，怀疑情急，遣令夫侄袁太乙京控，亦属非是。惟念妇女无知，且经据实供明，尚非始终固执，业已罪坐其侄，应与不知控情作抱之工人杨桂，均请从宽免议。黄宪铠因袁凤藻先曾为匪供板，既复违禁筑圩，遂带把总赵太昌等往拿，又被逞凶抗拒，杀伤役勇多名，将其拿获，带回讯办，乃又在途呼众抢劫，时值捻匪下窜，诚恐被劫，酿成巨患，即在途中讯明正法具禀，系属权宜办理，并无枉杀捏禀情事，应请免议。袁梦锦因袁凤藻私筑圩寨，向阻不听，禀县平毁，亦属情理，应与讯属无干之差役程青、门丁顾四等均毋庸议。袁凤藻即袁耀如被匪供板，违令筑圩，本属有罪之人，复敢聚众拒捕，杀伤役勇，尤属罪犯应死，业已正法，应与被格身死之袁效均毋庸议。邱培生误买各物，讯已交清。袁凤池私卖地亩，亦已清理。役勇马得功等伤俱平复，亦毋庸议。

案经讯明，未到人证请免提质，以省拖累。尸棺饬埋。是否允协，合将审拟〈缘〉由恭折会奏，伏乞皇太后、皇上圣鉴训示祇遵。谨奏。五月十五日。

同治四年五月十八日，军机大臣奉旨：刑部议奏。钦此。[①]

【案】同治三年二月二十七日，左都御史全庆等奏报监生袁太乙京控一案折：

都察院左都御史臣全庆等跪奏，为奏闻请旨事。

窃据江苏监生袁太乙遣抱告家人杨桂，以地方官轻听枉杀、捏禀贿和等词，赴臣衙门具诉。臣等公同讯问，据杨桂供：年二十四岁，家主袁太乙系睢宁县人，写就呈词，遣身呈递。呈内何事，身不知悉。查原呈内称：缘睢宁县知县黄宪铠之官亲赵昂，即赵太昌，于咸丰十一年六月间，派勒生伯袁凤藻厘钱未遂，因此挟嫌。又堂叔袁梦锦因拦阻筑墟，被生伯斥责衔恨。梦锦与赵昂素好，伊二人不知在黄县主前如何串通陷害，是年八月十三日，生伯与生房叔袁效在家闲坐，忽闻人声鼎沸，疑系贼至，旋见外边火起，枪炮齐鸣，乃黄县主带领马步队及差役程青、刘忠等，纵火焚烧。袁效出门询问，被赵昂等攒枪刺死，并将衣服、器物抢去，生伯亦被砍伤架去，路与赵昂角争，怒触黄县主，亲刃多刀，断头抛弃。生与伯子太兴亦被拿去。尹千总怜念冤惨，暗地释放。黄县主即以谋逆抗官、捕获正法捏禀。复贿买袁梦太作线，搜捕生等。生伯母孙氏控道，

① 中国第一历史档案馆藏：军机录副，档案编号：03-5012-023。

批饬即补县沈镇验明尸伤，并无窝匪通捻及拒捕情事，取具邻供具禀在案。黄县主情急，托廪生高思淑，许钱五千串贿和。生伯母不允，复在漕宪呈控。赵昂及程青等均各潜匿，而黄县主两次报病后，遂以补守母制禀请回籍，于上年三月间解任。案悬三载，含冤莫伸！为此遣抱抄案，来京沥诉等语。

臣等查该监生袁太乙遣抱家人杨桂，呈控睢宁县职衔黄宪铠因听信官亲赵昂及袁梦锦之言，疑伊伯袁凤藻通匪，于咸丰十一年八月间，带领兵役往捕，伊房叔袁效出问，为赵昂等刺死，并焚烧掠抢，将伊伯架去，在路复被该县手刃毙命，即以谋逆捏禀。经伊伯母孙氏控道，委员验明尸伤，查无通逆情事。该县情急贿和，孙氏不允。赵昂等均各逃匿，该县亦以补守母制解任回籍，至今冤不得伸各情。

案关枉杀捏禀，虚实均须彻底根究。臣等不敢壅于上闻，谨抄录原呈，恭呈御览，伏乞圣鉴训示。再，据该抱告结称，伊主袁太乙在何衙门控告，伊不知悉。合并声明。谨奏。同治三年二月二十七日。都察院左都御史臣全庆(差)，左都御史臣单懋谦，左副都御史臣宗室钟岱(差)，署左副都御史臣桂清，左副都御史臣景霖，左副都御史臣王元方(差)，署左副都御史臣王拯。①

【附】同日，都察院左都御史全庆等呈监生袁太乙京控呈文：

具呈：监生袁太乙，年三十岁，系江苏徐州府睢宁县人，遣抱呈〔告〕家人杨桂，呈为挟嫌焚掠，枉杀捏禀，抗提巧避，录卷

① 台北故宫博物院藏：军机及宫中档，文献编号：094656。

沥陈，吁恳转奏，雪沉冤而惩官邪事。

窃生历代诗书传家，有地百顷，伯叔均列胶庠，各安本业，阖县皆知。祸缘睢宁县黄县主官亲赵昂即赵太昌，于咸丰十一年六月十四日在小王家集，势派生伯每月出集厘三十千。生伯不从，并与口角争殴。赵昂衔恨而去。又值生从堂叔聚义局墟主袁梦锦，因生伯帮同高兴集主仝庆元筑墟避难，梦锦恐分伊墟丁，向生伯拦阻，被生伯理斥掌责。梦锦亦深衔恨。且赵昂与梦锦素好，伊二人不知在县主前如何串通陷害，于咸丰十一年八月十二日，生伯正与袁大帅委员生房叔袁效闲坐，突闻人声鼎沸，初疑贼至，闭门暂守。旋见外边火起，枪炮齐鸣，潜窥乃知黄县主带领马步及差蠹程青、刘忠、曹振得等，纵火焚烧。生伯着袁效出问，被赵昂等攒枪刺倒断头，抛弃无着。旋拥入大门，宅内物件扫数抢空，眷属身衣剥净，将生伯砍伤架去，路与赵昂角争，怒触黄县主，下轿亲刃多刀，断头抛尸。生伯母孙氏闻之，收尸回家，草殓待验。生与伯子太兴亦被拿去，蒙尹千总怜念冤惨，暗地释放。黄县主反以谋逆抗官、捕获正法、缉拿余党等词捏禀。复恐生与伯子上控，贿买袁梦太作线，各处搜捕。生逃匿西山亲家，只剩生伯母孙氏，于八月十五日据情喊控道宪，并请示招告，沐批饬即补县沈镇，赴睢诣验。沐验生伯凤藻尸，颈项三刀，身首异处，肩、肋两处各有刀伤。生房叔袁效尸，头颅无着，右肋火枪伤，背腹刀伤五处，并蒙细验，室无禀捏地窖，墙无禀捏后门。屋皆瓦从外击，并无禀捏击死、战死、杀毙、活捡三十余尸。且沐查访道路、村庄，亦无禀捏窝匪、通捻及拒捕、助逆等情事，取具邻供具禀在案。

复蒙吴道宪批饬徐州府知府汪因公就近赴睢，提人起赃。讵知府汪由邳回徐，未临睢境。黄县主复托人到营，夤缘诓蒙袁大帅奏留。嗣袁效之子袁崇芝赴袁大帅大营呈控，果批：此案既委徐州府前往查办，应即转饬确审办理等因。生伯母孙氏知冤难府伸，在道呈催，沐委典史张文泗，提起人赃。生当以查确禀明一词具禀，而张文泗畏黄县主权势，不收生词。嗣吴道宪升署漕院，新任道宪张又系黄县主仁弟，接理此案数月，未蒙恩委一员。生伯母孙氏无奈，只得奔控吴漕宪，并将张文泗未收原禀黏呈。黄县主情急，托伊密交灵璧县廪生高思淑，许钱五千串，赴浦贿和。生伯母不依，复控漕宪。蒙委员从九品吴惟聪、即补县龙寅绶，先后到睢守提，而黄县主恃留藐抗，致二委员据禀漕宪，加委候补府舒文彬协提。黄县主知委难久抗，假将程青、刘忠收监候解，赚回委员，旋将程青、刘忠放令远扬。复又两次报病，巧借补守母制，禀请回籍。

去年三月间解任时，曾嘱门丁顾四在睢务使此案一人不许解审，无非以人系手刃、赃多自肥，诚恐一经讯露，难再弥缝。生见伊解任去后，始敢出头，在新任马县主案下叩押顾四，以便提解，沐批饬差查起等因。彼时，赵太昌避投黄营，袁梦锦卧病在家，袁梦太窎躲不面，程青、魏玉等潜逃在外，只将顾四、杨尚礼、李标获押待解，并查照失单起赃。讵顾四等邀出分赃丁教谕之子丁喜征、权书傅省身，并着差蠹刘怀等暗约应提应解之人与抢赃买赃之家，凑集大钱四千余串，贿通新任门丁周景诵、达汇川，蒙官舞弊，先将漕委赚回，次将管押之顾四、刘忠等纵放，并调消提人起赃之票，致生仅从抢赃之程青家起出黄骡马一匹、杨尚礼家起出马鞍一副，买赃之刘文镕缴艾青辕驴一匹，梁立功缴黑骡马一匹，王筮晋还水牛一只，韩林还黄牛一只，徐姓还白花驴一匹。其余邱培身、赵含玉、金景修等抗不遵缴。而顾四密交朱儒珍见冤不能伸，欺生愚懦，将田产霸去。

似此诬人叛逆，惨杀无辜，抢夺民财，广行贿赂，而新任门丁周景诵等又复受贿，纵犯隐匿多赃。生赃无由起，人何望提，冤仇既未能伸，田产又复被霸，可怜生案悬三载，呼吁无门，死者含冤地下，生者抱恨终天！而助恶霸产者均若无事。推原其故，皆黄县主抢掠多金，到处贿托，任其摆布，根深蒂固，实难动摇。是以生冤无由诉，犯不得提。现生伯母孙氏悲愤成疾，奄奄待毙，病中嘱生云：冤不能伸，尔即不可为人，我亦死不瞑目！生实冤惨无告，为此录卷本嚎，伏乞恩怜无辜，准赏转奏施行。上叩。①

【案】此谕旨上谕档载曰：

同治三年二月二十七日，内阁奉上谕：都察院奏，江苏监生袁太乙遣抱告以地方官枉杀贿和等词，赴该衙门呈控。据称江苏睢宁县知县黄宪铠，听倚官亲赵昂即赵太昌等，挟嫌陷害伊伯袁凤藻，致该知县带领兵役往捕。伊族叔袁效出问，被赵昂等刺死，随将袁凤藻及其子太兴并该监生一并拿去。袁凤藻在路与赵昂口角，黄宪铠即手刃多刀，将尸抛弃，遂以谋逆抗官、捕获正法各情捏禀，经伊伯母孙氏控告，审验属虚，黄宪铠许钱贿和，孙氏不允；复控赵昂等，均各潜匿，黄宪铠亦解任回籍，至

① 台北故宫博物院藏：军机及宫中档，文献编号：094657。

今冤不得伸等语。案关知县枉杀捏禀，畏罪贿和，虚实均应彻底根究！着吴棠、李鸿章提集人证卷宗，秉公严讯确情，按律定拟具奏。抱告人杨桂，该部照例解往备质。钦此。[1]

## 〇三八　续查劳绩保举州县各员遵章甄别折

### 同治四年闰五月二十四日（1865年7月16日）

头品顶戴署两广总督漕运总督臣吴棠跪奏，为续查劳绩保举州县各员，遵照新章甄别，恭折奏祈圣鉴事。

窃照接准部咨：劳绩保奏归入候补班之道府州县，遵照新章甄别，其在淮、徐当差各员，由臣漕督衙门核办，前经臣查明道府州县各员，照章甄别具奏在案。

兹查有江苏候补直隶州知州段学欧，现年三十四岁，由河南监生报捐县丞，历奉奏准以直隶州留于江苏补用。同治元年二月，验放到省。该员年强才敏，奋发有为，堪以留省以繁缺直隶州知州补用。

又，查有知府用候补知州张桐，现年三十一岁，由直隶监生议叙州同衔，投效贵州军营，保举不论双单月选用，复遵例加捐通判，分发河南，奏准免补通判，以知州尽先补用。回避堂叔河南巡抚张之万，改掣江苏，于同治三年四月到省。该员年壮才明，办事勤敏，堪以留省以繁缺知州补用。

又，查有知府衔同知用候补知县汤信昭，现年三十一岁，由湖

---

① 中国第一历史档案馆编：《咸丰同治两朝上谕档》，第14册，第59页。

南监生投效军营，统由军功劳绩奏准以知县留于江苏补用。同治三年五月，引见到省。该员才识明通，办事勤奋，堪以知县留省，酌量补用。

又，查有同知衔候补知县李宝，现年五十五岁，由顺天供事议叙从九品，指省江苏，补上元县漕化司巡检，捐升县丞。咸丰五年，奏准免补本班，留于江苏以知县升用。该员老成练达，堪以留省以知县升用。

又，查有直隶州用候补知县舒文彬，才具稳练，现年四十六岁，由安徽廪贡生报捐县丞，分发江苏。咸丰五年，奏准以知县归候补班补用。

又，查有同知衔候补知县师长乐，办事勤能，现年四十二岁，由陕西监生报捐未入流，指发直隶，补大城县典史。道光二十九年，因回避改发南河，保举以府经历县丞补用，复又改省江苏。同治元年，奏准以知县补用。

又，查有同知衔候补知县秦守忠，才具勤慎，现年三十三岁，由顺天监生报捐未入流，分发南河，补浍河闸闸官，升阜宁县马逻司巡检，保举以县丞用，改省江苏。同治元年，奏准以知县用。

又，查有同知衔候补知县李榭萱，为守兼优，现年四十八岁，由顺天监生报捐主簿，分发东河，改掣南河，补山阳县外河主簿，保举补县丞后以知县用，升阜宁县县丞。同治十年，裁汰河缺，奏准留原省以治河知县酌量补用。

又，查有同知衔候补知县朱光照，才识练达，现年五十一岁，由顺天监生报捐从九品，分发南河，改省江苏。同治元年五月，奏准以知县仍留江苏即补。

又，查有知州衔候补知县石铨，才具干练，现年三十一岁，由河南监生报捐从九品，指发南河，改省江苏。同治元年，奏准以知县用。

以上六〔八〕员，均堪留省以知县照例补用。理合遵照新章甄别，并将各该员履历另缮清单，恭呈御览，伏乞皇太后、皇上圣鉴。谨奏。闰五月二十四日。

同治四年闰五月二十八日，军机大臣奉旨：吏部知道。单并发。钦此。①

## ○三九　呈续查劳绩保举州县各员遵章甄别清单

### 同治四年闰五月二十四日（1865年7月16日）

谨将甄别各员履历缮具清单，恭呈御览。

江苏补用直隶州知州段学欧，现年三十四岁，河南陕州监生，遵筹饷例报捐双月县丞。咸丰八年九月，在浮山、蒋坝等处堵剿出力，奏准免补县丞，以知县不论双单月选用，并赏戴蓝翎。十年十月，在二河观音寺、赵家圩一带击退大股捻逆，奏准免选知县，以直隶州知州留于江苏补用。是年十一月，请咨赴部引见。同治元年二月，验放回省，现在清江行营当差。

知府用江苏候补知州张桐，现年三十一岁，直隶南皮县监生，由议叙州同衔投效贵州军营，奏准以州同不论双单月尽先选用。加捐通判，分发南河。咸丰八年，引见到省。十年，署汝宁府分防汝南埠通判，以防守出力奏准俟补缺后，以知州尽先补用。旋以剿

① 中国第一历史档案馆藏：军机录副，档案编号，03-4616 052。

办土匪杜秉德出力，奏准免补通判，仍以知州尽先补用，并赏戴蓝翎。因从堂叔张之万简授河南巡抚，遵例回避，改掣江苏。同治二年七月，攻克张冈贼巢案内，奏准俟补缺后，以知府用，先换顶戴，并赏换花翎。三年四月，自豫领咨到省。现委运解京米赴通仓交纳。

知府衔同知用江苏候补知县汤佶昭，现年三十一岁，湖南益阳县监生。咸丰九年正月，投效帮办三省剿匪事宜副都统伊兴额军营，在河南老湖坡剿捻出力，奏准以巡检不论双单月尽先选用。咸丰十一年，于徐郡三次守城出力案内奏准免选本班，以县丞不论双单月遇缺即选。同治元年，历次截剿东窜大股捻匪，奏准免选本班，以知县留于江苏补用。嗣经吏部驳正改奖，又经奏奉上谕，仍着免选本班，以县丞不论双单月遇缺即选。该员于清淮剿匪出力续经保奏，即着仍遵前旨，免选县丞，以知县留于江苏补用。钦此。同治二年，攻克长城孙疃贼巢，奏准赏加同知衔，并赏戴花翎。同治三年，援蒙解围，擒斩要逆，奏准俟补缺后以同知用，并赏加知府衔。三年五月，引见到省。现在清淮行营当差。

同知衔江苏候补知县李宝，现年五十五岁，顺天昌平州供事，祖籍浙江，由议叙从九品指省分发江苏，道光二十四年十二月到省。三十年，咨补江宁府上元县淳化司巡检。咸丰三年，在江宁捐输抚恤经费案内报捐县丞，仍留江苏补用，协剿上坊门等处窜匪出力，奏准免补本班，留于江苏以知县升用，委署江浦县知县。同治三年，于台局筹饷出力案内奏准赏加同知衔。现在运解京米赴通仓交纳。

直隶州用江苏候补知县舒文彬，现年四十八岁，安徽怀宁县廪贡生，遵豫工头卯例报捐县丞，分发江苏，道光二十二年四月到省。

咸丰三年，丰工合龙，奏经部议覆准，俟补缺后以知县用。五年，捐足三班，奉准免补本班，以知县归候补班补用。同治二年，叠次拿获勾贼要犯出力，奏准俟补缺后，以直隶州知州用，先换顶戴。三年七月，引见回省。现在运解京米赴通仓交纳。

同知衔江苏候补知县师长乐，现年四十二岁，陕西韩城县监生，遵豫工事例报捐未入流，投效直隶。道光二十一年，验看到省。二十三年，咨补大城县典史。二十七年，因病开缺。二十八年病痊，捐输顺天经费，奏准免其坐补原缺，以从九品分发北河补用。嗣因回避，改指南河，二十九年二月到工。咸丰三年，丰工合龙，奏准归遇缺前先补用。五年，在山东冯官屯军营出力，奏准以府经历县丞补用。十年，攻剿微山湖黑山寨胜仗案内，奏准赏戴蓝翎。同治元年，改指江苏，旋以历次截剿东窜大股捻匪出力，奏准免补本班，以知县补用，随在徐州粮台加捐同知。三年，以援蒙解围、擒斩要逆出力，奏准赏换花翎。现在办理清江城工。

同知衔江苏候补知县秦守中，现年四十三岁，顺天宛平县监生，祖籍浙江，遵豫工事例报捐未入流，分发南河。道光二十七年五月，验看到工，在顺天捐输经费，奏准归新班遇缺即补。咸丰元年，咨署清江闸闸官。五年，以剿办海洋股匪出力，奏准以应升之缺升用。六年，咨升阜宁县马逻司巡检。七年，以沭阳剿匪出力，奏准以县丞用，在南河捐输局报捐离任，归县丞候补。十一年，改省江苏。同治元年，以剿办东窜大股捻匪出力，奏准免补本班以知县用，遵例加捐同知衔。三年，以粮台当差出力，奏准归候补班前先用。现在清淮行营当差。

同知衔江苏候补知县李树萱，现年四十八岁，顺天宛平县监生，原籍浙江，遵豫工头卯事例，报捐主簿，分发东河，道光二十二年九月到工。二十三年，改掣南河。二十五年，在豫省捐输，奏准遇缺即补。二十六年，咨补山阳县外河主簿。二十九年，咨调山阳县高涧主簿。咸丰三年，丰工合龙，奏准赏给六品顶戴。七年，以办团出力奏准以县丞用。八年，在蒋坝剿匪出力，奏准补县丞后以知县用。九年，咨升阜宁县县丞，因河缺裁汰，奉准留原省，以沿河知县酌量补用。同治三年，以台局当差出力，奏准赏加同知衔。现在清淮行营当差。

同知衔江苏候补知县朱光照，现年五十一岁，顺天府大兴县监生，祖籍浙江，咸丰四年十一月到工。十一年，改省江苏。是年剿办盱营叛兵及高邮湖西叠次击退发逆出力，奏准免补本班，以县丞留于江苏补用。同治元年，历次截剿东窜大股捻匪，奏准以知县仍留江苏即补。三年，因台局当差出力，奏准赏加同知衔。现在运解京米赴通仓交纳。

知州衔江苏候补知县石铨，现年四十一岁，河南兰仪县监生，祖籍浙江，报捐从九品，指发南河，于咸丰五年七月到工。八年，在蒋坝等处剿匪出力，奏准俟补缺后以县丞用。十一年，以防剿出力，奏准以县丞留于江苏补用，嗣经部议不准留省，捐缴离省指省分发银两。同治元年，以历次剿匪出力，奏准以知县用。二年，于查明堵闭小六堡坝工在事出力官绅案内奏准赏加知州衔。现在清淮行营当差。

军机大臣奉旨：览。钦此。①

---

① 中国第一历史档案馆藏：清单，档案编号：03-4619-183。此清单未署具呈者，具呈日期亦未确。兹据内容判定其为档案编号03-4616-052折之附件。

# 〇四〇　奏报海门等属捐输兵米请奖折

## 同治四年闰五月二十四日(1865年7月16日)

署两江总督江苏巡抚一等肃毅伯臣李鸿章、头品顶戴署两广总督漕运总督臣吴棠跪奏，为续查统捐沪淮扬镇各营兵米捐生衔名，缮具清单，恳恩给予奖叙，恭折奏祈圣鉴事。

窃照同治元年闰八月间钦奉上谕：现在饷局裁撤，捐借办竣，当兹秋谷登场，收成丰稔，大可循案劝捐兵米。着李鸿章、吴棠遴委江北大员，督饬各州县认真办理等因。钦此。遵经臣等札饬各属仿照上届捐借改为捐米，按淮、扬、通、海十四厅州县分派，统沪淮扬镇各营并为一捐，由各属印委各员认定捐数，银米并缴，奏委升任运司乔松年，会同粮台，设局督办，并经臣等两次查明捐生履历奏请恩奖在案。兹续据江宁布政使万启琛会同该总局，将海门、如皋等十厅州县捐米一万五千九百四十一石九升八合，合银五万四千一百九十九两七钱三分三厘，查取履历，声明愿奖官阶，造册详请奏报前来。

臣等按册覆核，均与现行常例、筹饷事例减成请奖章程相符。除将细册咨部查核，并饬将其余未奖捐生接续详奏外，相应奏恳天恩，俯准饬部覆核，迅颁执照，以示奖励而昭激劝。谨合词恭折具奏，伏乞皇太后、皇上圣鉴。谨奏。闰五月二十四日。

同治四年闰五月二十八日，军机大臣奉旨：户部核议具奏，单并发。钦此。[1]

---

① 中国第一历史档案馆藏：军机录副，档案编号：03-4799-028。

# 〇四一 呈海门等属捐输兵米请奖清单

## 同治四年闰五月二十四日(1865年7月16日)

谨将如皋、泰兴、靖江、海门、甘泉、高邮、兴化、东台、盐城、山阳十三厅县统捐淮沪扬镇各营兵米案内第三批请奖各捐生衔名、银数,缮具清单,恭呈御览。

江树縠,顺天大兴县人,由俊秀捐米二百六十一石五斗,以米合银八百八十九两一钱,拟请作为监生,以盐运司知事不论双单月选用。

仲续本,如皋县人,由从九品衔捐米三百八石,以米合银一百二十九两二钱,拟请作为监生,以从九品双月选用。

吴长松,如皋县人,由浙江试用从九品捐米一百三十四石,以米合银四百五十五两六钱,拟请以府经历双月选用。

陈玉麟,如皋县人,由俊秀捐米九十一石六斗,以米合银三百十一两四钱四分,拟请作为监生,以从九品双月选用,并给伊父母九品封典。

石鲲,吴县人,由监生捐米一千五百石,以米合银五千一百两,拟请以同知不论双单月选用。

蔡光焕,泰兴县人,由从九品衔捐米三十八石,以米合银一百二十九两二钱,拟请作为监生,以从九品双月选用。

萧焕,泰兴县人,由双月选用从九品捐米二十九石八斗,以米合银一百一两三钱二分,拟请以从九品不论双单月选用。

朱学澜,靖江县人,由举人捐米二百七十九石八斗,以米合银九百五十一两三钱二分,拟请以教谕不论双单月,分缺先选用。

江步瀛，泰兴县人，由俊秀捐米八十五石三斗，以米合银二百九十两二分，拟请作为监生，以从九品不论双单月选用。

金家熊，浙江嘉善县人，由监生捐米一百十八石九斗，以米合银四百四两二钱六分，拟请以营千总分发本省拔补。

徐上达，泰兴县人，由候选州判捐米五十七石七斗，以米合银一百九十六两一钱八分，拟请给予光禄寺典簿升衔。

恽守和，武进县人，由未截取举人捐米九百二十二石七斗，以米合银三千一百三十七两一钱八分，拟请以知县不论双单月选用，并加同知升衔。

胡国彩，仪征县人，原籍安徽歙县，由蓝翎双月选用县丞捐米九十八石六斗，以米合银三百三十五两二钱四分，拟请给予布政司理问升衔。

于应图，泰兴县人，由分发试用复设训导捐米九十一石八斗，以米合银三百十二两一钱二分，拟请给予翰林院孔目衔。

费伯雄，武进县人，由增贡生捐米八十四石八斗，以米合银二百八十八两三钱二分，拟请给予翰林院待诏职衔。

朱家瑸，泰兴县人，由俊秀捐米一百十石六斗，以米合银三百七十六两四分，拟请作为监生，并给予翰林院待诏职衔。

萧韶，泰兴县人，由按察司知事职衔捐米一百六石，以米合银三百六十两四钱，拟请给予詹事府主簿职衔。

黄恩荣，泰兴县人，由府知事职衔捐米四十二石四斗，以米合银一百四十四两一钱，拟请给予布政司经历职衔。

恽守和，武进县人，由同知衔候选知县捐米七十石六斗，以米合银二百四十四两四分，拟请给予伊父母五品封典，并将本身及妻室应得之封貤给祖父母。

常增祥，泰兴县人，由双月选用府经历捐米三十五石三斗，以米合银一百二十两二分，拟请给予伊生母八品封典。

朱绳祖，靖江县人，由六品顶戴附生捐米一百四十石，以米合银四百七十六两，拟请作为监生，以从九品不论双单月尽先选用。

齐斌，河南新野县人，由候选县丞捐米一百二十三石，以米合银四百十八两二钱，拟请以布政司理问双月选用。

陈锦澜，靖江县人，由候选县丞捐米四百十三石，以米合银一千四百四两二钱，拟请以通判双月选用。

朱清连，靖江县人，由监生捐米三十石，以米合银一百二两，拟请以从九品双月选用。

谢钰，靖江县人，由府经历职衔捐米二十四石，以米合银八十一两六钱，拟请给予布政司经历职衔。

朱学澜，靖江县人，由就职教谕捐米三十六石，以米合银一百二十二两四钱，拟请给予伊父母八品封典。

刘人镜，靖江县人，由盐提举衔候选通判捐米七十一石，以米合银二百四十一两四钱，拟请给予伊父母五品封典，并将本身妻室应得之封貤给祖父母。

沈珠，海门厅人，由廪贡生捐米四十六石六斗，以米合银一百五十八两四钱四分，拟请以训导双月选用。

沈兆熊，海门厅人，由八品职衔捐米七十三石三斗，以米合银二百四十九两二钱二分，拟请作为监生，以宣课大使双月选用。

李希膺，通州人，由俊秀捐米二百七十四石，以米合银九百三十一两六钱，拟请作为监生，以县丞不论双单月选用。

顾达，浙江余姚县人，由候选巡检捐米一百三十二石，以米合银四百四十八两八钱，拟请以县丞双月选用。

沈瑛，海门厅人，由监生捐米七十一石，以米合银二百四十一两四钱，拟请给予布政司经历职衔。

沈瑛，海门厅人，由布政司经历职衔捐米七十一石，以米合银二百四十一两四钱，拟请给予伊父母从六品封典。

丁人瑞，震泽县人，由监生捐米八十五石，以米合银二百八十九两，拟请给予国子监典籍职衔。

沈珠，海门厅人，由双月选用训导捐米三十五石五斗，以米合银一百二十两七钱，拟请给予伊父母八品封典。

沙玉昆，崇明县人，由从九品职衔捐米七十七石七斗，以米合银二百六十三两五钱，拟请作为监生，并给予州同职衔。

杨斯和，崇明县人，由俊秀捐米四十四石五斗，以米合银一百五十一两三钱，拟请作为监生，并给予从九品职衔。

沈瓒，海门厅人，由增生捐米二十八石三斗，以米合银九十六两二钱二分，拟请作为增贡生。

史锦云，溧阳县人，由从九品职衔捐米六十七石，以米合银二百二十七两八钱，拟请作为监生，以从九品不论双单月选用。

卢恩绍，丹徒县人，由候选从九品捐米一百三十二石，以米合银四百四十八两八钱，拟请以县丞双月选用。

黄兰成，江都县人，由监生捐米七十一石，以米合银二百四十一两四钱，拟请给予布政司理问职衔。

施际云，甘泉县人，由监生捐米三十四石，以米合银一百十五两六钱，拟请作为贡生。

杨甘霖，兴化县人，由州同职衔捐米二百四十八石，以米合银八百四十三两二钱，拟请给予随带二级并伊父母暨本身妻室五品封典。

钱应辰，兴化县人，由俊秀捐米五十九石七斗，以米合银二百三两二钱，拟请作为监生，并作为贡生。

薛呈玉，兴化县人，由从九品职衔捐米八石三斗，以米合银二十八两二钱二分，拟请改作监生。

王勋，江都县人，由俊秀捐米五十五石六斗，以米合银一百八十九两四分，拟请作为监生，以从九品双月选用。

孔宪采，浙江西安县人，由监生捐米二百三十五石五斗，以米合银八百两七钱，拟请以盐运司知事不论双单月选用。

王瞻高，阜宁县人，由俊秀捐米九十八石三斗三升三合，以米合银三百三十四两三钱三分二厘二毫，拟请作为监生，并给予布政司理问职衔。

金邦本，东台县人，由监生捐米七十一石，以米合银二百四十一两四钱，拟请给予州同职衔。

孙长源、王顺卿、彭绍勋、黄坤，均东台县人，由从九品衔各捐米七石一斗，以米合银二十四两一钱四分，拟请改为监生。

娄康，浙江会稽县人，由俊秀捐米二百七十四石，以米合银九百三十一两六钱，拟请作为监生，以县丞不论双单月选用。

王永祥，直隶大城县人，由监生捐米五十九石五斗，以米合银二百二两三钱，拟请以从九品不论双单月选用。

包甡，安徽歙县人，由监生捐米七十石六斗，以米合银二百四十两四分，拟请给予州同职衔。

程会昌，盐城县人，由监生捐米三十四石，以米合银一百十五两六钱，拟请作为贡生。

王璈，清河县人，由分发浙江候补盐经历捐米一千十九石，以米合银三千四百六十四两六钱，拟请给予同知升衔随带加一级，并给予伊父母、生母暨本身妻室四品封典。

陈钟，山阳县人，由县丞职衔捐米二百十四石，以米合银七百二十七两六钱，拟请以县丞不论双单月选用。

许松龄，山阳县人，由双月选用州同捐米二百十三石，以米合银七百二十四两二钱，拟请作为贡生，以州同不论双单月选用。

蒋聚仁，山阳县人，由贡生捐米一百十八石，以米合银四百一两二钱，拟请给予国子监典簿职衔。

卢震清，山阳县人，由监生捐米七十一石，以米合银二百四十一两四钱，拟请给予布政司理问职衔。

丁赐绶，山阳县人，由国子监典簿职衔捐米四十八石，以米合银一百六十三两二钱，拟请给予伊父母八品封典。

马步融，山阳县人，由附生捐米一百六石，以米合银三百六十四两四钱，拟请作为监生，并给予国子监典籍职衔。

曹式玉，山阳县人，由俊秀捐米五十四石，以米合银一百八十三两六钱，拟请作为监生，并给予县主簿职衔。

陈毓瑞，山阳县人，由监生捐米七十六石，以米合银二百五十八两四钱，拟请给予翰林院孔目职衔。

高占梅、高占寿、周成、周杰、侯世骝、何桂馥、陆人庆、徐应达、匡鳌、尤恒庆、戴珊、陈祥、陶蓝田、陈镛、恽兆槐、陈维、马吉、葛彬、葛琳、于学勤、柳光荣、赵琦、吉成莲、朱沄、蔡维杭、陈言扬、陆瑞节、邱寅、孟永何、丁彭年、陈清云、韩朝魁、陈楚江、陈省三、陈经云、曹启魁、徐照、吴仁昌、陈长庚、郑钧、朱以增、陈增、杨佳笏、潘继俊、张国宾、严金鳌、陈松南、季兆驹、赵旭初、殷观生、刘庭煾、薛士州、郜凤仪、褚金浩、周元盛、徐文彬、马瑞云、陈张弓、高照、王履忠、孙尔馨、孙逢吉、顾学礼、陆福臻、刘连科、夏灿、刘立业、陈金鹏、朱珙、沈铨、陆邠、卢芳春、朱元庆、吕艺林、周莲、陆度、黄方思、张锡裳、周祖辉、沈玉、郑世勋、毛近仁、毛近伦、吴镇元、程利昌、袁思道、毛希天、倪德贵、徐希天、蔡振凤、陈朝佐、金烜、吴象贵、杨倬、戴正基、朱聘璠、黄元亨、李襄、孙万玉、钱魁、林尤、鹤田、仇双山、仇康和、周桂芳、陈东汇、徐广林、邹福林、赵润、连受天、王以衔、杨耒、丁肇槐、周永万、杨元江、陈冠士、顾映台、杨以恭、袁福增、袁连升、徐维学、杜藩、杨爱存、朱概、张卿禄、刘履墀、盛铭、袁先知、陈煦之、戴燠、汤厚山、赵德成、朱宜珍、高延英、邵淮、邵承锦、蔡如鹏、郭树荣、郭榛荣、钱师程、倪乔龄、种养和、乔怀瑾、叶墺、程德塘、张士麟、郝抡襄、丁杲、沃炳文、郝跐云、黄信符、郝鸿逵、杨宝斋、吴沄、金守勤、黄绩昌、李文科、徐保三、孙景初、胡克修、耿诩、李遐龄、唐开源、谭荫祖、杨茂堂、葛廷熙、吴锦庆、方炳燮、方杭、郝润云、王龙佐、谭元、张朝弼、张朝观、邵师亮、沈葵生、高培杞、高培桐、高宏远、喻荣。以上二百七十八名，均由俊秀各捐米十九石，以米合银六十四两六钱，拟请均给予从九品职衔。

朱辉、徐盛、朱元、常照、陆鸿盘、秦大勋、徐郁成、展龙鳌、茅南璋、黄履山、黄礼和、徐和、崔岗、沙升、陆廷梁、朱荣、顾成、刘汝昌、刘廷槐、苏锡蕃、陈斌、苏有余、苏益三、许智、宋德苍、盛又庸、瞿荣贵、吴荣、吴芹、俞孝先、朱秉彝、张以鉴、丁鸿宾、朱宏、陈祥、周纯义、姚德善、张焕文、丁士楷、杨云铠、何普成、丁汝霖、倪华松、祝廷禧、沈昀、祝嘉树、蔡祖清、杨师俊、严炳煃、詹静斋、高源淦、周玉亭、王以政、王孚之、王巽之、陈春连、陈杏园、夏松恒、谢顺荣、周增庆、周增祥、王鸣九、杜溶江、陈鹤龄、赵文渊、殷恩荣、吕治清、沈文凤、刘同开、陈煦、周国瑞、宦同时、周楚征、周长园、吕汉郁、丁春泉、贾士龙、吕秉衡、吕德标、陈应高、汪庆瑞、李文宜、孙汝椿、孔种白、杨兆庆、陆肯堂、宗性超、朱祥麟、刘鉴、朱光旂、张学储、钱垂蕙、陶旭初、徐鐄、王蔚林、徐如恒、赵致和、冯泽培、周城、张宝、高致发、周桢、吴云官、陈锦荣、王继贤、王骥、王镳、程廷庆、孙长松、储傅康、孔宪采、曹祥馨、娄丹书、汪鲲、朱文藻、袁鸿庆、宋志谦、袁先进、袁先登、戴埙。以上一百二十名，均由俊秀各捐米二十六石，以米合银八十八两四钱，拟请均作为监生。

军机大臣奉旨：览。钦此。[①]

## ○四二　奏报河运米船挽出江境日期折

### 同治四年闰五月二十四日(1865年7月16日)

头品顶戴署两广总督漕运总督臣吴棠跪奏，为河运米船挽出江境日期，恭折奏报，仰祈圣鉴事。

窃臣前于五月初间将各起米船挽上清江闸开闸日期专案奏报后，方以东省贼氛未靖、沿途阻滞为虑，节饬督运道员刘咸相机慎重前进。迨五月下旬，据探曹州一带捻股南窜皖境，当令催儹北驶，又以中运河水较小，节节浅搁，随经派弁驰往山东泇河厅境，饬起湖口闸板，放水下注，以利船行。兹据道员刘咸呈报：各起米船于闰五月二十日全数挽出江境之黄树庄交界，头起船只业已行入东境之台庄，后船跟接北上等情。

---

① 中国第一历史档案馆藏：清单，档案编号：03-4799-029。

查东境河道高仰处所，业据运河道宗稷辰禀称：督汛一律挑浚深通，现当大汛，河水涨发，可期运行无滞。所有米船挽出江境日期，理合缮折具陈，伏乞皇太后、皇上圣鉴。谨奏。闰五月二十四日。

同治四年闰五月二十八日，军机大臣奉旨：览奏，均悉。钦此。[①]

## ○四三　请开复唐维森原参处分片

### 同治四年闰五月二十四日(1865年7月16日)

再，臣前于参奏粮台委员案内，因前合肥县典史唐维森在北台办理捐务浮收局费并开捐被控之案，将该员奏参革职，奉旨：唐维森未结控案，着吴棠提讯等因。钦此。遵经饬据高邮州申覆：有该州捐职赵斌等呈控唐维森一案，当即调取卷宗，饬发淮安府提集人证确讯去后。嗣据前淮安府知府顾思尧详称：讯得唐维森于同治元年六月间，奉江北粮台委带空白执照，前赴高邮州劝捐，因叠传捐户未到，未经捐过分文，并无勒派情事。捐既未开，亦无浮收局费。其具控之赵斌等，因其时捐借各款业已改办半捐，统收分解，唐维森忽赴高邮劝捐，是以具控亦属无因，详请将案注销，并请开复唐维森原参处分前来。

臣复加察访，并又行查各处，唐维森别无被控案据。查臣前奏系因该员办捐被控，是以奏参革职。今既讯明，尚未收捐，自无浮收局费情事，相应请旨将前合肥县典史唐维森原参革职之处准予

---

① 中国第一历史档案馆藏：军机录副，档案编号：03-4863-052。

开复，出自鸿慈。为此附片具陈，伏乞圣鉴。谨奏。

同治四年闰五月二十八日，军机大臣奉旨：唐维森着准其开复。钦此。[①]

## ○四四　奏报南河苇荡青柴长发情形折

### 同治四年闰五月二十四日(1865年7月16日)

再，南河苇荡左、右两营增采苇束，原定章程每年将青柴长发情形，由该管道员确勘，详请具奏，设有水旱虫伤，随时声明，历经循办在案。兹据委办荡务按察使衔淮扬道吴世熊禀称：本年左、右两营上冬今春雨雪稀少，荡内沟港干涸，芦芽萌发之时，已受胎旱，卑洼之区，产长稍茂；高阜地段，甚属稀疏，正冀得雨滋生；复于四月间，迭遭霜煞，蚀虫丛生，青苇遍受损伤。似此情形，未知能否足额等情前来。除批令霜后核实尽数估报外，相应附片陈明，伏乞圣鉴。谨奏。

同治四年闰五月二十八日，军机大臣奉旨：知道了。钦此。[②]

## ○四五　奏报清淮捐局收捐银钱各数请奖折

### 同治四年六月二十日(1865年8月11日)

头品顶戴署两广总督漕运总督臣吴棠跪奏，为清淮捐局续收捐输银、钱、宝钞各数，分缮清单请奖，仰祈圣鉴事。

---

① 中国第一历史档案馆藏：军机录副，档案编号：03-4616-051。此片具奏日期未确，兹据同批折件校正。

② 中国第一历史档案馆藏：军机录副，档案编号：03-4968-054。此片具奏日期未确，兹据同批折件校正。

窃前准户部咨：粮台收捐，照筹饷例及常例银数酌减十分之二，以抵其运解之费。嗣经前河臣奏准以钱一千六百文作银一两给予奖叙，并饬委员分赴各州县，会同地方官劝谕，遵照部定章程，钱、钞各半交纳，叠经奏蒙恩奖。三年二月以来，清淮银价日落，每两仅易制钱一千四百文有零，核与奉准章程以钱合银未免悬殊，复经臣奏准改为银、钞各半交纳。并以近来捐生无从购钞，随时量力变通，每钱一千折收银一分，于本年四月间附陈，经户部核议，奏准以钱一千折银一钱搭收各在案。兹据委管捐局按察使衔记名盐运使李元华、按察使衔淮扬道吴世熊册报：由局核收捐生吴邦直等五百十一名，共捐银二万六千四百三十一两五钱、宝钞五万二千八百六十三千文，遵照户部现定章程，折收实银五千二百八十六两三钱。又，因清淮军需支绌，节经委员在外劝收捐生周日森等三十八名，情愿照章全缴实银三千三百零九两、制钱二千五百九十九千文，并不搭钞，详请奏奖前来。臣覆核无异。除将捐生履历各册查核外，理合分缮清单，恭呈御览，伏候恩施。

至各捐生业经填发空白执照，已于册内注明。其未经给照者，仰恳敕部迅即覆核，颁发执照来浦，以便给领而昭激劝。为此恭折具奏，伏乞皇太后、皇上圣鉴。谨奏。六月二十日。

同治四年六月二十五日，军机大臣奉旨：户部核议具奏，单二件并发。钦此。[①]

---

① 中国第一历史档案馆藏：军机录副，档案编号：03-4901-041。

## ○四六　呈清淮捐局捐输衔名、银数清单

### 同治四年六月二十日(1865年8月11日)

谨将清淮捐局捐输衔名、银数，缮具清单，恭呈御览。

吴邦直，浙江监生，捐银六千六百七十六两，拟请作为例贡生，以员外郎不论双单月选用，并免其保举。

吴元汉，安徽人，寄籍山东，由同知衔同知直隶州用署江苏宿迁县知县，捐银二百四十两，拟请给伊胞兄嫂正五品封典。

陈继瑛，江西人，由同知衔候补知县捐银二百四十两，拟请给伊父母并将本身妻室应封貤封胞兄嫂正五品封典。

姚书楷，直隶人，由大挑知县捐银六百二十三两，拟请给予同知升衔。

饶昌龄，江西监生，捐银八百四十三两，拟请以府经历不论双单月选用。

孙台，江苏人，由六品衔分发安徽县丞捐银二百七十八两，拟请免其赴部验看。

林之涵，安徽人，由双月县丞捐银二百八十一两，拟请以县丞不论双单月选用。

余廷棻，安徽人，由分发南河从九品捐银六百九十六两，拟请以县丞不论双单月选用。

汪时杰，安徽人，由候选教谕捐银五百六十二两，拟请给予内阁中书升衔。

许大文，江苏人，由分缺先用训导捐银三百五十五两，拟请给予光禄寺典簿升衔。

濮元庆，安徽人，由候选训导捐银四百七两，拟请给予国子监典簿升衔。

屠作伦，顺天人，陈其殷，浙江人。以上二名均由分发两淮盐运司知事各捐银二百七十八两，拟请均免其赴部验看。

孙天寿，安徽人，捐银三百十一两，拟请作为监生，以从九品不积班次选用。

邓景云，广东监生，捐银二百二两，拟请以从九品不论双单月选用。

沈祖同，浙江人，捐银二百九十两，拟请作为监生，以从九品不论双单月选用。

马绍勋，江苏人，由从九品职衔捐银一百二十四两，拟请作为监生，以从九品双月选用。

徐福端，浙江人，由分发南河未入流捐银一百九十五两，拟请免其赴部验看。

蔡明纲，顺天人，寄籍江苏，捐银四百九十二两，拟请作为监生，以营千总归本省拔补。

韦兆周，安徽监生，捐银二百四十五两，拟请以把总归本省拔补。

相国华，江苏人，捐银三百三十三两，拟请作为监生，以把总归本省拔补。

居凤巢，江苏人，由同知衔捐银三百二十两，拟请给伊父母及本身妻室正五品封典。

欧阳勋，江西监生，贾太初，江苏监生。以上二名各捐银二百四十两，拟请均给予州同职衔。

杨锡茂，山东人，捐银三百二十八两，拟请作为监生，给予布政司理问职衔。

朱蓬莱、高怀英、曹廉。以上三名均江苏监生，各捐银一百十六两，拟请均作为例贡生。

姜万同，安徽附生，捐银一百十六两，拟请作为附贡生。

张靖臣，江苏人，由从九品职衔捐银一百三十八两，拟请作为例贡生。

董应奎、朱蓬莱、刘惟官、刘以介、贾太初。以上六名均江苏人，由从九品职衔各捐银二百四两，拟请均作为监生。

赵寿山等二百七十五名，均由俊秀各捐银八十八两，拟请均作为监生。

黄子羽等二百一名，均由俊秀各捐银六十四两，拟请均给予从九品职衔。

统共捐生五百十一名，共捐银五万二千八百六十三两，内银二万六千四百三十一两五钱，宝钞五万二千八百六十三千文，折收实银五千二百八十六两三钱。

军机大臣奉旨：览。钦此。[①]

## 〇四七　呈清淮捐局捐输衔名、银钱实数清单

### 同治四年六月二十日（1865年8月11日）

谨将清淮捐局捐输衔名、银钱实数，缮具清单，恭呈御览。

周曰森，江苏人，由蓝翎知县用双月选用县丞捐实银九百九十

① 中国第一历史档案馆藏：清单，档案编号：03-4901-044。

两，拟请给予加五级，给伊父母并本身及妻室从五品封典。

欧廷贵，江苏监生，捐实银二百八十八两，拟请给予翰林院待诏职衔。

李庆隆，江苏监生，由从九品职衔捐实银二百二十三两，拟请作为监生，给予按察司经历职衔。

万思俭等十四名，均由俊秀各捐实银八十八两，拟请均作为监生。

王孟钊，江苏人，由从九品职衔捐制钱四百二十一千文，拟请作为监生，给予布政司理问职衔。

周豫，江苏人，捐制钱五百二十五千文，拟请作为监生，给予州同职衔。周豫由州同职衔捐制钱三百八十四千文，拟请给伊父母从六品封典。

陆佩璋等九名，均由俊秀各捐制钱一百四十一千文，拟请均作为监生。

以上捐生三十八名，共捐实银三千三百零九两，制钱二千五百九十九千文。

军机大臣奉旨：览。钦此。①

## ○四八　高、甘两邑西堤工程修筑完竣折

### 同治四年六月二十日（1865年8月11日）

头品顶戴署两广总督漕运总督臣吴棠跪奏，为扬属高、甘两邑境内西堤土石工程一律修筑完竣，恭折奏报，仰祈圣鉴事。

---

① 中国第一历史档案馆藏：清单，档案编号：03-4901-048。

窃惟扬道属高邮以下西堤系东堤重门保障，拦御全湖最要工程，尤为里下河十数州县民命、饷源所系，自道光二十八年前督臣陆建瀛会同前河臣杨以增奏准摊征普筑，迄今已阅十数年之久，历被湖浪撞刷，塌卸不堪，只以军用浩繁，河饷无出，未能按年估修。臣到任后，查看该堤愈塌愈甚，捍御无资。每至伏秋汛涨，辄虑高邮各坝不能坚守，于下河民生大有关碍，是以同治三年秋，奏明酌集民夫，择要捞砌，为得寸则寸之计。嗣因民力维艰，旋作旋辍。上年冬，仿照往前摊修成案，责令下河受益各州县劝捐协济，无如解工之数不敷甚巨，幸有清淮捐输一款，随时动拨支应，迭经臣遴派候补知县吴晋会同扬州同知范志熙等，严督汛董，认真趱办，并屡次派员坐催，至本年四月末，一律蒇功。当委淮扬道吴世熊驰往勘验，据称：高、甘两境西堤土工丈尺数足，锥试饱满，碎石亦加砌整齐，其无石处所栽种柳苇，以搪风浪，现已十分茂密等情。

查此次修筑西堤于钱粮万绌之时，设法筹捐筹款，几费周章，始得工臻完固，较之道光年间办理情形，洵属事半功倍。惟在事文武官绅两载以来，风餐露宿，倍著辛勤，且就节慎经理以成此要工，实系有劳足录。可否仰恳天恩，俟经历伏秋汛后，准臣择尤酌保之处，出自逾格鸿慈。除将所要查明工用实数分别劝捐筹拨、另造清册呈送核办外，所有扬属高、甘两邑西堤一律修筑完竣缘由，理合恭折具陈，伏乞皇太后、皇上圣鉴。谨奏。六月二十日。

同治四年六月二十五日，军机大臣奉旨：着照所请。钦此。①

---

① 中国第一历史档案馆藏：军机录副，档案编号：03-9575-022。

## ○四九　特参副将杨文全借病延宕折

### 同治四年六月二十日(1865年8月11日)

头品顶戴署两广总督漕运总督臣吴棠跪奏，为请旨将武弁革职留营示警，恭折奏祈圣鉴事。

窃查副将杨文全前在徐宿军营打仗，尚能出力，此次经臣派令带队援皖，竟敢借病延宕，实属藐玩，相应请旨将副将杨文全革职留营，以示薄惩而观后效，如再不知奋勉，再由臣据实严参。恭折具陈，伏乞皇太后、皇上圣鉴。谨奏。六月二十日。

同治四年六月二十五日，军机大臣奉旨：借病延宕不肯援皖之副将杨文全，着照该督所请，先行革职，留营效力。如再不知奋勉，即着严参惩办。钦此。[1]

## ○五○　奏报河湖水涨抢办各工片

### 同治四年六月二十日(1865年8月11日)

再，本年入夏以来，天气亢旱，河湖水势递消，节经分饬各厅将所管堤埽工程慎重防守，不得率请镶修，以节经费。迨闰五月中旬以后，大雨频倾，东省山水涨注，江境长河数月间一律涨水四五尺。六月初、中旬，迭次风狂雨骤，达旦连宵，邳、宿以下河水续又积长水六七尺不等，运、中两河长堤被刷脱坡，分别筑堰帮戗镶；安汛、盐河两岸蛰塌旧埽，择要补加。其里扬运河承受湖源及顺清河下

① 中国第一历史档案馆藏：军机录副，档案编号：03-4717-152。

注之水，运口汛束清头、二、三、四坝及各闸上下钳束托盖等坝埽，率皆被溜刷蜇。自清河至甘江等汛，两岸堤工近风犯浪，溃刷窨潮以及旧埽蛰矮之处，不一而足。

刻下甫交秋汛，正修防吃紧之时，皆应择要分别镶加，酌做防风护埽。堰盱境内因清源极旺，加以上年盐务，筹堵里河越坝，拦蓄湖水，以致志桩长存一丈一尺余寸，比上年此时大至四尺有奇，迭值西北风，鼓浪掀腾，不独该越坝挺峙湖心，势将平漫，即其余埽石各工亦复节节危险，当饬海州分司督汛赶将该越坝酌量拆展分泄。旋据禀报：涨溜涌激，接续塌宽，经该管厅员率属抢护坝基，并将被风掣塌之信、智、林、仁等坝河及新旧义河直坝拦堰护埽，分别镶补，靠坝卑矮处所，酌镶护堰防埽。其未砌石工及石后槽土被刷各段，幸先期搂护填筑，堪资抵御。凡此皆万不可缓之工，据该管道先后禀请发办前来。臣又委员勘减，照章在于荡柴变价及滩租等款内酌量动支，严饬各该厅节慎经理，不准稍有浮靡。所有节届立秋、河湖水涨、抢办各工情形，理合附片陈明，伏乞圣鉴。谨奏。

同治四年六月二十五日，军机大臣奉旨：知道了。钦此。①

## 〇五一　清淮筹防局同治三年七月至十二月收支折

### 同治四年七月初三日(1865年8月23日)

头品顶戴署两广总督漕运总督臣吴棠跪奏，为查明清淮筹防

① 中国第一历史档案馆藏：军机录副，档案编号：03-9575-023。此片具奏日期未确，兹据同批折件校正。

局同治三年七月起至十二月止收支军需各款，缮具清单，恭折奏祈圣鉴事。

窃照清淮办理防剿军需用款，向按半年奏报一次，一面造册题销，历经循办在案。同治三年六月以前收支各款，因奉恩纶特沛，免其造册报销，节经臣查明，遵照新章具奏在案。其三年七月以后，自应仍照例案办理。兹据委管报销局按察使衔淮扬道吴世熊督率委员，将收支各项逐款查明，开列清单，详请奏报前来。

臣覆加查核，计自同治三年七月初一日起至十二月二十九日止，除拨支各款应分别咨行收除并专案造报外，实计连上届实存，共收银七万三千三百七十四两一钱八分三厘二毫四丝二忽三微、钱二十三万七千六百十三千八百五十九文、宝钞三万二千五百五十七千五百九文，共支用银七万三千四十九两五钱八分七厘六毫三丝七忽七微、钱二十三万七千三百八十六千三百九十六文、宝钞六千六百千四百六十四文，均系援照例案，实用实销，并无浮冒。

除饬分别造具细册详送题销并将实存银、钱、宝钞归入下届作收支用外，所有查明清淮筹防局同治三年七月起至十二月止收支军需各款缘由，恭折具奏，并缮简明清单，敬呈御览，伏乞皇太后、皇上圣鉴。谨奏。七月初三日。

同治四年七月十一日，军机大臣奉旨：户部知道。单并发。钦此。[1]

---

① 中国第一历史档案馆藏：军机录副，档案编号：03-4800-049。

## ○五二　呈清淮筹防局同治三年七月至十二月收支清单

### 同治四年七月初三日（1865年8月23日）

谨将清淮筹防局自同治三年七月初一日起至十二月二十九日止收支军需各款，缮具简明清单，恭呈御览。

计开：旧管：一、存银二百三十三两五钱六分四厘六毫七丝三微。

一、存钱一百八十三千三百二十八文。

一、存宝钞三百十一千一百九文。

新收：一、收江北各州县月粮米麦变价一半银二千九百二十二两八钱二分六毫。查前款系奏明拨充军饷应用之款。理合登明。

一、收扬镇粮台拨解银七千五百两。查前款系奏明随时奏拨水师口粮之款。理合登明。

一、收两淮运司拨解银二千八百二十九两九钱七分一厘四毫八丝。查前款系随时拨解协济水师口粮之款。理合登明。

一、收海州运判拨解淮北已、未到新纲征收正杂课税银内一成盐票银四千二百九十三两四钱三分二厘。查前款系经两江督臣曾国藩奏定新章拨解一成盐课协济清淮军饷之款。理合登明。

一、收河海卫各滩租价银四百五十八两六钱七厘八毫，又钱一千二百八十千文。查前款系随时提用之款。理合登明。

一、收筹防捐输银十万七千五百四十一两五钱，又钱三千三百七十四千五百文，又宝钞三十三万二千二百四十六千四百文。查前款系照粮台捐输章程劝谕捐输、陆续查明具奏请奖、随时提用之款。理合登明。

一、收淮、海、扬、通各属捐厘银五千一百十八两三钱七分八厘九毫九丝二忽，又钱十六万五千五百六十千二百八十四文。查前款系陆续提用之款。理合登明。

一、收淮南泰坝抽捐盐厘钱四万六千四百七十七千八百五十文。查前款系两淮运司抽捐济饷之款。理合登明。

一、收淮、海、扬、通各厅州县统捐分解军需银二万八百十二两九钱九分九厘七毫。查前款系奏明统捐分解清淮筹防局及扬镇、徐州各粮台以济军需之款。理合登明。

一、收淮北各商捐盐济饷应提正杂课税、经费等银三万八千四百八十四两八钱一分。查前款系商捐济饷盐二万三千三百十引，给票出售，每引仍按淮北章程应提正杂课税银一两二钱五分一厘、经费银四钱，奏明作收清淮军需之款。理合登明。

一、收淮北商捐饷盐盈余银一万五千两。查前款系商捐济饷盐斤，给票出售，除提正杂课税、经费、运脚外盈余银两，拨充军饷应用之款。理合登明。

一、收各州县找解筹捐援蒙、剿苗军饷并亲王僧格林沁行营马草银一千五百二十一两六钱四分二厘。查前款系前因援蒙、剿苗，军需紧急，饬属筹捐接济找解之款。理合登明。

一、收各州县麦捐助饷钱一千五百七十六千八百九十七文。查前款系饬属捐助军饷之款。理合登明。

一、收借拨江北各州县解存淮凤常仓正银一千六百五十五两六钱一分一厘。查前款系因军需不敷、暂借济饷之款。理合登明。

一、收建筑砖、土各圩并挑筑濠、隍等工奉部核减赔缴银一千一百七十两八钱四分五厘。查前款系同治元年清江南北两岸建筑砖、土各圩并挑筑濠、隍、炮台、门楼、栅栏及搭盖木桥等工专案请销、经工部删减之款，当即转饬承办委员，照数分别赔缴，归入军需项下收用。理合登明。

一、收银易钱七万五千一百六十一千文。查前款系在收款内拨出现银五万三千四百两，按市价易换，并非另项收款。除于单后将此项现银划除外，理合登明。以上新收共银二十万九千三百十两六钱一分八厘五毫七丝二忽、钱二十九万三千四百三千五百三十一文、宝钞三十三万二千二百四十六千四百文。

一、除拨解总兵陈国瑞行营接济军饷银六千三百七十两。查前款系因该总兵前赴商、麻援剿、军饷急迫、拨解接济之款，应归徐州粮台作收造报。理合登明。

一、除拨支署淮扬镇总兵龚耀伦借领两广督标参将廉俸银四百两。查前款应归两广督臣行司收除。理合登明。

一、除拨支改建清江城工料匠等项续用银一万两，又钱五万六千千文。查前款系奏明动用军需之项，俟工竣给发清款，专案造销。理合登明。

一、除拨支试行河运采购京仓米石、船价等项先用银六万六千两。查前款系奏明动用军需捐款，俟交兑完竣，专案奏报。理合登明。

一、除拨支江北粮台借拨宝钞三十万千文。查前款系江北粮台裁撤兵勇、应找欠饷、需钞搭放、呈请借拨之款，应归该粮台作收造报。理合登明。

一、除易钱银五万三千四百两。查前款系按市价易换制钱，已于单内列收钱七万五千一百六十一千文，应将此款现银划除，以免重复。理合登明。

以上除拨支外，实计管、收两项共银七万三千三百七十四两一钱八分三厘二毫四丝二忽三微、钱二十三万七千六百十三千八百五十九文、宝钞三万二千五百五十七千五百九文。

开除：一、本省河、漕两标各营官兵盐粮等项，共支银一万三百五两三钱一分五厘六毫，又宝钞二百六十五千六百五十四文。查前款系调派各要隘及成子河、衡阳等处驻防应支盐粮、马干等项，均照例案支给。其口粮米按部定章程，每八合三勺折银一分三厘。理合登明。

一、本省各河营官兵盐粮、马干等项，共支银五千三百一两八钱五分三厘三毫六丝七忽六微，又宝钞一百三十一千五百三十文。查前款系调派各要隘驻防并邳宿防河应支盐粮、马干等项，均照例案支给。其口粮米每八合三勺折银一分三厘。理合登明。

一、文员盐粮、驮折、夫价等项，共支银七千五百九十二两五钱一分八厘二毫八丝七忽四微，又宝钞二千七百九十八千二百八十一文。查前款系调派随营差委及管带兵勇巡查守卡并蒋坝、成子河等处驻防人员，均照定章支给盐粮、跟役、书识、驮折等项，其在城在局当差各员概未支给。理合登明。

一、随营防剿各营官弁盐粮、马干、驮折等项，共支银六千二百二十八两五钱一分一厘七毫九丝九忽一微，又宝钞二千四百九千七百八十六文。查前款系调派随营及管带兵勇并蒋坝、成子河等处驻防，均照例案支给盐粮、马干、驮折等项。理合登明。

一、各项壮勇、马勇口粮、马干共支钱二十一万三百十七千文。查前款系节次添募、裁存及由徐拨浦分布各要隘，并随时派赴各处驻防，所需口粮照案每名日给钱二百文。其马干查照奉准徐州章程，每匹日给钱一百文。理合登明。

一、随营、随局医匠工食、口粮、米折等项，共支银三百十三两八钱五分七厘五毫五丝六忽六微。查前款系照例案支给。理合登明。

一、采办硝磺、铅铁、牛烛、正脚等项，共支银七千九百九十六两七钱三分六厘二丝八忽三微，又宝钞四千一百十三文。查前款系随时添办，除硫磺、铅铁均照案于例价外酌加三成外，其硝斤系查照江苏准销成案，每百斤共给例、津两项银七两。其例无定价之件，按照市价核实采办。理合登明。

一、制造、火药、火绳、铅丸、铁弹、火箭、火罐、喷筒、衣帽、帐房、旗帜、枪炮、藤牌、刀矛、器械、工料等项，共支银一万九千八百二十七两七钱四厘七毫五丝六忽二微。查前款系随时添制各件，除硝磺、铅铁另于采办项下给价外，其余工料均照案于例价外酌加三成。其火药一项系查照江苏成案奉准工料价值、分别加工寻常等次配制。统计共需银二万四千六百二十七两七钱四厘七毫五丝六忽二微，除支过前项银两外，计欠发银四千八百两，一俟有款，再行找给，专案请销。理合登明。

一、运送军饷、银钱车价等项，共支银一百六十六两一钱六分七厘二毫五丝。查前款系照例案支给。理合登明。

一、运送军火、器械水陆脚价等项，共支银三百二十九两七钱三分六厘五毫九丝二忽五微。查前款系照例案分别支给。理合登明。

一、各勇病故收埋共支银十六两。查前款系照成案支给。理合登明。

一、巡船水手饭食共支银一千一百三十九两二钱。查前款系在衡阳、黎城、金沟及成子河等处水面安设常川巡防，均照案每船给水手四名，每名日给饭食银八分。理合登明。

一、随局底夫工食共支银九百六十八两三钱二分。查前款系照江苏准销成案支给。理合登明。

一、租赁民房共支银四百七十一两一钱。查前款系堆储军火、物料、制造等项，均照例定租价支给。理合登明。

一、配制丸散药料共支银二百三十一两一钱二分五厘。查前款系防剿各兵勇随时需用，均照时价核实购办。理合登明。

一、各营官弁马干、副销共支银二千七百十二两五钱五分，又宝钞九百九十一千一百文。查前款系照奉准章程，每马一匹日给干银一钱，以例定五分作正开销，其余五分循案归于行兵省份摊补。理合登明。

一、总兵黄开榜所带水旱各队员弁勇丁盐粮等项，共支银九千四百四十八两八钱九分八毫，又钱二万七千六十九千三百九十六文。查前款系调派高、宝、洪泽湖及邳宿运河等处驻防各该员弁勇丁盐粮等项，照例应支银三千五百九十三两二钱一分一厘五毫四丝二忽九微，又钱五万五千九百三十六千四百文，又官票六百一两四钱三分一厘三毫九丝四微。除支过前项银钱外，所有不敷钱粮，随时设法筹措，一俟有款，再行找给。理合登明。

以上开除共银七万三千四十九两五钱八分七厘六毫三丝七忽七微、钱二十三万七千三百八十六千三百九十六文、宝钞六千六百千四百六十四文。

一、扣收平余银四百八十六两七钱七分三厘六毫六忽三微。

一、支发经贴各书工食、纸张、笔墨、灯油等项银五百二十二两一钱三分三厘二毫九丝一忽八微。查前款除照例动用扣存平余银两外，计不敷银三十五两三钱五分九厘六毫八丝五忽五微，在于正项款内拨垫，俟下届平余银两积有盈余，即行补还。理合登明。

实在：一、存银二百八十九两二钱三分五厘九毫一丝九忽一微。

一、存钱二百二十七千四百六十三文。

一、存宝钞二万五千九百五十七千四十五文。

以上实存银、钱、宝钞，均归入下届旧管项下作收支用。理合登明。

军机大臣奉旨：览。钦此。[①]

## ○五三　奏报湖河并涨各厅赶饬宣泄抢护折

**同治四年七月初三日(1865年8月23日)**

头品顶戴署两广总督漕运总督臣吴棠跪奏，为六月下旬大雨频倾、湖河并涨、各厅险工叠出、赶饬宣泄抢护情形，恭折具陈，仰祈圣鉴事。

窃臣昨将节届立秋、河湖水涨、抢办各工情形附片奏报，复旋据探禀：皖境起蛟，淮水陡涨长一丈六尺余寸，汇注洪湖，来源十分猛骤，由礼河口门下达高、宝湖河，深虑涨满为患。即经飞饬两淮

① 中国第一历史档案馆藏：清单，档案编号：03-4803-061。此清单未署呈报者，兹据内容判定其属档案编号03-4800-049折之附件。

运司及扬军厅，赶将盐务前堵之拦江等坝一律拆启分泄，无如江湖顶托，积涨不消，适值六月二十日以后，间日大雨，东省各路山泉同时涨注，邳宿运河续报涨水四五尺，两岸堤埽各工在在吃重。随又委弁前往宿迁县境，开启刘老涧滚坝及旧河尾口门，以资畅泄，方冀天气放晴，抢护渣工即可得手。讵六月二十六、七、八、九等日，雨益倾盆，昼夜不息，平地水深二三尺，为近年所未有。

叠据厅汛禀报：清江以下长河水势接续加长，比上年盛长大至二、三、四尺不等，察看河心饱满，水色浊浑，拍岸盈堤，溜势极为湍悍。里河之头闸以下柳园头、杨家庙等处堤工溃塌窨潮，扬河之昭关坝耳闸及车逻镇铁牛湾南、大王庙等工埽段刷蛰卑矮，均属尤为险要。此外，溃顶脱坡段落，不一而足，业已酌发钱粮，饬厅分别搂护厢加。所虑两旬以来湖河水势有长无消，两岸堤埽险工层见叠出，只恃荡柴变价及滩租等款勉强支应，亦属杯水车薪，无济于事。倘此后水仍增涨，一遇风暴，上下各工即有不堪设想之处，而高邮、甘泉等境尤属岌岌可危矣。新筑西堤土石工程现尚一律平稳，惟数百里河身上壅，即虞下溃。因查高邮各坝，本为分减汛涨而设，近年大汛期内均系得守且守，以保下河田禾。现在涨水如此旺骤，险工如此情形，不能不权衡轻重，期免顾此失彼之虞。

除饬该管道厅随时察看，若不得已酌启车逻一坝，以期减涨保堤，仍一面严督汛弁加意防护外，所有湖河并涨、各厅险工叠出、赶饬宣泄抢护情形，相应恭折具陈，伏乞皇太后、皇上圣鉴。谨奏。七月初三日。

同治四年七月十一日，军机大臣奉旨：知道了。钦此。[1]

---

① 中国第一历史档案馆藏：军机录副，档案编号：03-9575-027。

## 〇五四　奏报高邮以下各坝年久失修相机办理片

### 同治四年七月初三日(1865年8月23日)

再，正缮折间，接据淮扬道禀称：湖河逐日增涨，下游归江各坝次第启放后，不惟水未见消，且仍加长。刻下高邮汛水势已长逾放坝定志，势须先启车逻一坝，如水再涨，即当接启昭关等坝，以泄异涨而保堤工等情。臣查高邮以下各坝中，仅车逻一处工尚完整，其余如南、中、昭各坝底年久失修，不能启放。即泄水最畅之新坝，坝底亦已损坏，系不得已酌启该坝，诚恐遇水跌塘，修理滋费。然涨水过大，总以保堤为民为先，未便拘延贻误。除饬该管道厅随时察看情形、相机办理外，理合附片陈明，伏乞圣鉴。谨奏。

同治四年七月十一日，军机大臣奉旨：着督饬该管道厅等官，随时察看，相机办理，毋稍疏懈。钦此。[①]

## 〇五五　奏报借用漕折银两目前无款归还折

### 同治四年七月初八日(1865年8月28日)

头品顶戴漕运总督臣吴棠、钦差大臣协办大学士两江总督一等侯臣曾国藩、署两江总督江苏巡抚一等伯臣李鸿章跪奏，为扬防

---

① 中国第一历史档案馆藏：军机录副，档案编号：03-9575-028。此片具奏日期未确，兹据同批折件校正。

凯撤，借用漕折银两，目前无款归还，请旨敕部暂缓催提，恭折仰祈圣鉴事。

窃扬防一军于本年三月一律凯撤，所有找补欠饷等项，动用同治三年份江北各漕折价银两二十二万有奇，拟由扬防节省项下提款归还解京，经江宁将军富明阿奏明在案。兹据江宁布政使万启琛详称：上年宁属应征款一由漕粮变价折价银两，共合银二十三万四千二百一两九钱五分，内有各属欠征银一万零一十一两九钱五分五厘应由司催提批解外，统计扬营提用实应归还银二十二万四千一百八十九两九钱八分五厘，本拟截至本年四月底止，以粮台节省之项归还司库作抵，而数月以来，司库收数抵作归款者只有八万余两，现已拨解甘肃饷银三万两，安发江外粮台饷银三万两，詹启纶一军两月饷银一万四千两，清淮协饷银一万两，计八万之数，业已动用无存。嗣后虽有续收，而每月应解甘饷三万两、皖饷二万两、清淮协饷一万两，又本省徐营坐饷，议定五月份放全饷一月，闰五月以后，月给半饷，又江宁织造办贡银，奏定先拨银二万两。以上各项均系扬防凯撤后添出之款，为数甚巨，再三筹画，实有顾此失彼之虞。明知京仓支绌，漕项为凑放大档甲米之需，扬营粮台借用，本属格外通融，既经议定以节省之款当还，曷敢再有截留之请！但扬防节省仅有此数，而新添用款层出无穷，可否将扬防节省归还漕价银两暂缓解部，一俟军务平定，协解甘、皖等饷停止，再在江北厘捐项下酌提起解等因。详请具奏前来。

臣等覆查扬防一军饷项由扬镇粮台供支者，向以江北厘金为大宗，而佐以运库协济之款。所谓扬防节省之项，即于此两款言之。查运库拨款太多，本年户部拨盐课银十万两，又添拨十万两，尚未筹出，头批无期解京，岂有余力助还漕折？至江北厘金，旺月不过四万余两，自扬防凯撤以后，若专以续收之厘金还借用之漕折，亦须迟之半年，方能扫数还清。无如收款本少，放款日多，每月协济甘饷三万两，又臣国藩奏准协解皖台每月二万两，又臣棠奏准协解清淮每月一万两，又准僧格林沁咨詹启纶协饷每月七千两。此四款者，皆出之江北厘金，入不敷出，为数甚巨。臣等议定，甘省协饷除五、六等三个月已解九万外，以后按月拨解三万，绝不愆期，系属最要之款，其次皖台协饷、清淮协饷，已不克如数供支，然亦不能不稍资接济。此外如本省绿营坐支之饷，江宁织造办贡之银，亦只得于上忙钱粮内挪用。统计司库应收之项，舍此更无可筹。转瞬秋冬开征，又有本年应行解京之漕，通盘核算，前次动用漕折银二十二万四千一百八十九两九钱八分五厘，目前万难归还。

臣等公同酌议，惟有仰恳天恩，敕部查核，俟军务平定，协解甘、皖等饷停止后，再在江北捐厘项下提解归款，以清帑项而符初议。所有扬防凯撤借用漕折银两目前无款归还缘由，谨合词恭折由驿具奏，伏乞皇太后、皇上圣鉴训示。谨奏。七月初八日。

同治四年七月十四日，军机大臣奉旨：户部速议具奏。钦此。[1]

## 〇五六　赶启高邮各坝宣泄并饬竭力抢护折

**同治四年七月二十六日（1865年9月15日）**

头品顶戴署两广总督漕运总督臣吴棠跪奏，为七月中旬淫雨

① 中国第一历史档案馆藏：军机录副，档案编号：03-4800-051。

不止，湖河水势续涨，赶启高邮各坝宣泄，仍督饬道厅竭力抢护险工情形，恭折具陈，仰祈圣鉴事。

窃臣前于七月初三日将大雨频倾、湖河并涨、宣泄抢护情形缮折具奏后，节据各厅汛等驰报：洪泽湖水逐日报长，截至现在止，志存一丈六尺三寸，全湖溜势奔腾，一遇西风鼓浪，溜过堤顶，沿湖各工风掣段落续被击撞，溃伤土堰。所做坝埽槽土纷纷蛰卸，险象叠生。邳宿运河自启放刘老闸、旧河尾两坝后，水仍有长无消。十字河及中河双金闸水志长存二丈三尺至三丈七尺余寸，上游泉源陡旺，由顺清河滔滔下注，加以束清坝湖水入运，汇流涌激，浪若排山，遂致运口以下数百里长河接续旺涨，各工志存比上年此时大八九尺至一丈二三尺，比上年□长竟大至六七八尺不等。察看里扬河身涨满，实有不能容纳之势，当饬扬军厅等赶于七月初六日午刻，启放车逻坝，以资分泄。讵放坝数日，水未见消，且益加长，上下两岸堤埽岌岌可危。据厅委等禀请添启甘泉昭关坝，并声称高邮南关新坝坝底已坏等情。

臣以昭关坝地居下游，泄水过畅，一经开启，不独下河田禾率被淹浸，且恐有碍泰州盐场，批令得守且守，非至涨极工危、万不得已之时，不得率启。奈积涨不消，堤岸已将平漫。随饬淮扬道吴世熊漏夜亲往察看，如新坝之底尚可支持，赶即相机添启，较之启放昭坝情形，轻重悬殊，并先函商署督臣李鸿章，意见相同。旋据淮扬道禀报：高邮新坝于七月十二日未刻刷通过水。方冀添此去路，各工即可化险为夷，孰料十五至二十一日数昼夜之久，淫雨滂沱，倾盆不止，平地水深三四尺，濠塘长溢，街巷成渠，实为前十数年未有之事。

匝旬以来，湖河续又增涨，前水未消，后水踵至，里河头越闸、万柳园头之查家庄等处，所做防风埽戗复被雨淋溜刷，蛰塌频仍。其扬河最险各工内，高邮以上宝应一带旧有西堤千数百丈，间被湖浪掣通，仅恃东岸一线单堤屏蔽下河数十州县民田、庐舍，其势本危，近复涨溜趋刷、溃顶脱坡、窨潮添水，不一而足。如子婴闸、郎儿闸、风水洞、军民洞、朱马湾、马棚湾、清小潭等工，尤为险极。其下游甘江汛虽幸有本年新筑西堤堪资重障，无如小六堡对岸未修，旧越堤早经漫塌，兼值狂飙时作，猛烈异常，该处上下各工亦被撞刷不已，均经督饬该管道厅分投加镶抢筑，所需正杂料土等项费不赀，仅赖常年柴价、滩租，委属不敷支用。现已飞饬各厅委就近各用厘款，以济急需，即使此后水再长，各工抢护无虞，而霜后堵筑各坝补还堤工等用省料计亦需银十数万两，河饷久□，军需又无可通融，势将束手。

除与署督臣李鸿章妥为筹商另行会奏外，所有湖河续涨、启坝宣泄及竭力抢护险工情形，理合恭折具陈，伏乞皇太后、皇上圣鉴。谨奏。七月二十六日。

同治四年八月初四日，军机大臣奉旨：据奏湖河续涨，扬河等工危险异常，仍着该漕督督饬该管道厅分投加镶，极力抢护。所需经费，着与李鸿章筹商，撙节提用，核实报销。钦此。①

## ○五七　奏报荡柴变价实钱仍照前案造销折

### 同治四年九月初九日(1865年10月28日)

头品顶戴署两广总督漕运总督臣吴棠跪奏，为荡柴变价实钱

① 中国第一历史档案馆藏：军机录副，档案编号：03-9575-033。

委与例价悬殊，仍照钱合银造销，以昭核实，恭折覆陈，仰祈圣鉴事。

窃臣前以苇左、右两营荡柴变价钱文较之各厅例价尚不及十分之二，拟请嗣后湖运工用按照柴价实钱合银，分案造销，不敷之数，另行筹拨别项；所有工部辛饭等项银两，即按柴价实钱合银及拨款数目，照章核扣拨解，奉旨：工部速议具奏。钦此。嗣经部议：据称右营每束仅得钱数文，何以所奏与前署漕臣王梦龄奏定例价前后两歧？即使柴价低微，亦何至悬殊过甚？令将每年所收柴束数目并变价若干分晰查明，专折覆奏，再行酌核办理。至辛饭银两应令核明委解等因。奉旨：依议。钦此。钦遵咨会前来。

臣查苇左、右营历届围估柴数，截至同治三年止，均经分晰奏报。其变价钱数亦已随案声明。所有此项报销册籍，因咸丰十年以前苇柴积案尚多，未便越年办理。现饬清查，而赶紧分案核销，造册详题，一经办理，即可接手造报，不致迟延。惟二营荡柴向系先发刀本银两，始行尽荡搜采，分派各厅，照漕规估价，每年约银二十七八万两。除饷米、刀本、水脚、沟渠、垛基等项需银十三万数千两外，实计余银不过十四五万两，系属作抵购料例价，并无实银征存在库。自南河奉裁，额款停拨，无银发给刀本等项，不得已饬营督率樵兵自行设法采割，或就地招贩，或运往别处分销，皆系以柴办柴。右营因黄滨旁溢，苇束不能运工，兼之兵力维艰，采不足数，每年仅解钱七八千串。左营之柴虽如数采变，究非交厅作价可比，每年解钱亦不过二万余串。其次该二营扣除各项例用，净解此数，按照荡柴围估数目，分别摊算，每束实止约钱数文及十数文，与例价相去悬殊，委属共闻共见。

前署漕臣王梦龄曾于咸丰十一年七月间据实专案奏明，并附请仍照漕规，酌定报销数目，乃系牵就部章，以符案款，殊不知劳费、刀本等银十数万金，始得采柴四五百万束之多，今省刀本等银十数万金，亦得变价钱二三万串之用，其名虽与旧制不符，其实究与款项无损。若拘于成例，沾沾焉叩寂课虚，大非核实办公之道，且各厅工用临时酌发实钱，霜后转令造报虚数，岂非援属员以浮销之术而相沿成习？实相政体有乖。在部臣只执率由旧章之说，而臣心实切相率为伪之忧。辗转焦思，不得已一再沥陈，惟有仰恳天恩，俯念荡务今昔情形迥异，准照臣原奏湖运各厅工用自同治四年起，按照荡柴变价实钱合银，分案造销，与另拨摊租、捐输、厘金等款一律核实办理，以免纷歧。所有工部辛饭银两，即按柴价实钱合银及拨款数目，照章核扣搭解，不致欠延。再，同治三年以前各厅工用已经开单奏报者，应仍照旧章核办。合并陈明。为此专折覆奏，伏乞皇太后、皇上圣鉴训示。谨奏。九月初九日。

同治四年九月十五日，军机大臣奉旨：着照所请，该部知道。钦此。[1]

## ○五八　筹办高宝西堤等工出力各员请予奖励折

### 同治四年九月初九日(1865年10月28日)

头品顶戴署两广总督漕运总督臣吴棠跪奏，为节交霜降，工稳澜安，并筹办堤坝各要务，恭折奏报，仰祈圣鉴事。

窃臣前奏湖河水势续涨、启坝抢险一折，钦奉谕旨：据奏湖河

① 中国第一历史档案馆藏：军机录副，档案编号：03-4927-077。

续涨，扬河等工危险异常，仍着该漕督督饬该管道厅分投加镶，极力抢护。所需经费，着与李鸿章筹商，撙节提用，核实报销。钦此。仰见皇上慎工卫民之至意，跪诵之下，钦服难名！随经恭录咨会署督臣李鸿章筹款济用，一俟定议，另行奏明办理。查本年入秋后，湖河叠次异涨，阅两月之久，骤积不消，始由皖境起蛟，加以东省各路山泉同时涨发，来源猛骤异常，□□下游江潮海啸，顶托逆流，以致湖运各工奇险频仍。如堰盱石工风掣未砌段落，屡被波刷，大堤原宽十五丈，亦塌过半，情形固已吃重。而南北运河中惟扬属之险较淮、徐两厅为尤甚，高邮南门以下至甘江汛境赖有本年新筑西堤抵御风浪，故下游昭关坝得以坚守未放。其高邮以上宝应一带西堤久未修复，重障无资，仅恃东岸一线单堤，出水尚不及尺，此加彼塌，岌岌可危，不得已迭启车、新两坝宣泄涨水，并严饬该管道厅分投抢护，历数十昼夜，未曾少息，所幸启坝后天气晴明，每遇西风，不过二三刻即转东北，竟获化险为夷。此皆仰赖圣德感孚，神祇默佑，通工官弁绅民无不同声欢颂。

臣感幸之余，益深敬畏。兹已节届霜清，来源就弱，前启车、新两坝及上游刘老涧、旧河尾口门，若再任其敞泄，诚恐河道浅滞，于盐课、关税、厘捐均有阻碍。臣于钱粮万绌之时，设法挪措，分饬各厅委先行购集料物，次第兴堵，以资蓄潴，并以新坝石底业已跌通、不能再放，车坝底虽未跌，而三合土舌亦已塌损，责令该厅等俟堵合后，接手估修，以备来年伏秋汛期，缓急可恃。此外，如补筑高、宝西堤以及各属残缺土工分别帮培，均属当务之急，惟需费较巨，且俟筹看款项，再行择要分别勘办。

所有霜降澜安、筹办要工各缘由，理合恭折具陈，伏乞皇太后、皇上圣鉴。再，查各属印委、文武员董在工巡防，固属分所当尽，惟本年涨盛工险迥异寻常，经文武员董无分昼夜，奔走于风雨泥淖中，竭力加慎抢护，均保无虞，其辛勤倍著，实与寻常劳绩不同，可否择其尤为出力者酌保数员，附入西提准奖案内量予鼓励之处，出自天恩。合并声明。谨奏。九月初九日。

同治四年九月十五日，军机大臣奉旨：钦此。①

【案】清廷于是年九月十五日批覆此折：

同治四年九月十五日，内阁奉上谕：吴棠奏，霜降安澜，并筹办要工一折。本年入秋后，扬河等工因湖河叠涨，危险异常，经吴棠督饬该道厅等无分昼夜，分投抢护，竟能化险为平，所有在事出力各员，着吴棠择尤保奏，以示鼓励。余着照所议办理。②

## ○五九　请颁发藏香祀谢河神片

### 同治四年九月初九日(1865年10月28日)

再，本年湖河非常异涨，无工不危，扬境拍岸盈堤，尤为险极。当钱粮万绌之时，若再遇西风鼓浪，即恐人力难施。今积涨两月有余，幸西风移少，得以抢护险要，力保无虞，在工官弁兵民合谓风伯效灵，同深钦感。查昔年每届霜降，普营安澜，皆蒙钦颁藏香，交河臣诣河神庙，恭代祀谢有案。兹风伯、河神咸垂佑庇，拟恳皇上颁发藏香十柱，交臣敬谨祀谢，以答神庥。为此附片具陈。是否有当，伏候圣裁。谨奏。

---

① 中国第一历史档案馆藏：军机录副，档案编号：03-9575-047。

② 中国第一历史档案馆编：《咸丰同治两朝上谕档》，第15册，第442页。

同治四年九月十五日，军机大臣奉旨：钦此。[1]

【案】清廷于是年九月十五日批覆此折：

同治四年九月十五日，内阁奉上谕：……（吴棠）另片奏，险工叠出，幸赖神灵默佑等语。览奏，实深寅感，着发去大藏香十枝，交吴棠虔诣风伯河神庙，恭代祀谢，用答神庥。钦此。[2]

## 〇六〇　审明洋盗季三保等就地正法折

### 同治四年九月初九日（1865年10月28日）

头品顶戴署两广总督漕运总督臣吴棠跪奏，为洋盗行劫客船致事主失足，淹毙两命，于审明后就地正法，恭折具奏，仰祈圣鉴事。

窃据署通州直隶州知州黄金韶详：同治二年三月二十九日，据客民俞柏惠呈称：原籍昭文，在海门开店生理。三月二十七日，雇施洪滨沙船，同妻侄孙淞年并店伙王茂基挈眷归里，是日上午时分，行至通州北中洪洋面，遇匪船驶拢，持械上船，劫去衣饰。孙淞年及王茂基之妹王茵姑惊惧，走至后船艄躲避，均各失足落水淹毙，其尸身因浪大漂淌，无从打捞。将船收进新开港住泊，开单呈请勘缉等情。据经饬差严缉，一面会营前诣新开港，勘得施洪滨系单桅沙船一只，前后四舱。据事主俞柏惠指称：

---

① 中国第一历史档案馆藏：军机录副，档案编号：03-4956-045。此片具奏日期未确，兹据同日奉旨之折件及《咸丰同治两朝上谕档》校正。

② 中国第一历史档案馆编：《咸丰同治两朝上谕档》，第15册，第442页。

伊船行至北中洪洋面，被匪赶拢，持械上船，劫去衣饰，伊妻侄孙淞年同王茵姑惊惧走避，均各失足落水淹毙等语。查看船板翻动，有被劫情形。其北中洪洋面离新开港海口约三十余里，系通州管辖内洋，勘毕绘图附卷，饬差打捞孙淞年等尸身无获；提讯事主、船户人等，供与报词相同，传牙估计，失赃值银二百二十七两六钱六分，催差会同营练先后获犯蔡开郎、朱蟢子即朱绍亭，起同原赃到州，讯认听从季三保出洋行劫事主俞柏惠客船衣饰不讳。起赃传主认领，造册录供通详。朱蟢子旋即在狱病故，禀道札委海门厅验讯详报。嗣所差续获伙犯沈得郎即沈小得郎，起同原赃衣饰，并获盗首季三保解州，讯供通详，均经臣等批饬，遵照奏定章程，会勘详办。兹据海门厅同知李焕文、署通州知州黄金韶会勘议拟，详由常镇通海道许道身覆核具详前来。

臣覆加查核，缘季三保、蔡开郎、沈得郎即沈小得郎，均籍隶通州。朱蟢子即朱绍亭籍隶海门厅。均驾船度日，先未为匪犯案。同治二年三月二十七日，季三保与熟识已获之蔡开郎、沈得郎并监毙之朱蟢子、在逃颜朝选、张石郎、陈家春、倪春沅，遇道贫难。季三保起意出洋行劫，蔡开郎等允从。季三保又纠允倪道郎、施小和尚入伙，即于是日，分带刀械，同伙十人乘坐朱蟢子船只，驶至通州北中洪洋面，适事主俞柏惠雇坐施洪滨沙船，同妻侄孙淞年及店伙王茂基等挈眷回里。季三保瞥见，喝将船驶拢，留沈得郎、沈得春、陈家春、倪春、倪道郎、施小和尚在本船接赃。季三保与蔡开郎、朱蟢子、颜朝选、张石郎跳过事主船上，劫得衣饰，递交沈得郎等接收过船。其时，事主孙淞年及王茂基之妹王茵姑惊惧走避，均各失足落海淹毙，其尸身因浪大漂淌，无从打捞。季三保等将船驶至僻处，查点赃物，俵分各散。事主俞柏惠开单报州，会勘饬缉，先后获犯，讯认通详。朱蟢子旋即在监病故。禀道委验详报，会同提勘，据供前情不讳，诘无另犯窝伙抢劫别案。赃经主领，正盗无疑，按例议拟，详由署常镇通海道许道身拟详前来。臣覆核无异。

查例载：江洋行劫大盗立斩枭示等语。此案季三保纠同蔡开郎等出洋行劫事主俞柏惠客船衣饰，致孙淞年等失足落海淹毙，实属不法。沈得郎虽讯只在船接赃，惟系同恶相济，自应遵照新例，与首盗一律问拟。季三保、蔡开郎、沈得郎即沈小得郎、朱蟢子即朱绍亭，均应如所拟，合依江洋行劫大盗立斩枭示例，各拟斩立决枭示。朱蟢子在监病故后，仍照例戮尸，枭首示众。惟季三保等出洋行劫得赃，致事主失足落海，淹毙两命，情节较重。臣于核定后，即饬署通州知州黄金韶，会同狼山镇游击周鼎，将盗犯季三保、蔡开郎、沈得郎即沈小得郎三犯先行就地正法，枭首示众，并将监毙之朱蟢子戮尸枭示，以昭炯戒。季三保有兄季三郎，朱蟢子有兄朱喜郎、朱海郎，沈得郎有父沈三友，不能禁绝子弟为匪，饬州照例提责。余讯无同居亲属知情分赃、牌保得规包庇情事，应与朱蟢子在监病故讯无凌虐情事之刑禁人等，均毋庸议。孙淞年等尸身因浪大漂淌，无从打捞，亦毋庸议。起赃给主，未起饬州照估追赔。盗械供弃免追。逸犯颜朝选等饬缉，获日另结。

此案首伙十人，仅只获犯四名，虽盗首已获，尚未及半，仍饬照例开参。朱蟢子在监病故，死系盗犯，监毙职名请免开报。除将全案供招咨部外，所有审明定拟缘由，谨会同署两江总督一等伯臣李鸿章、护理江苏巡抚臣刘郇膏，[①]合词恭折具奏，伏乞皇太后、皇上圣鉴训示。谨奏。九月初九日。

同治四年九月十五日，军机大臣奉旨：该部知道。钦此。[②]

## 〇六一　奏报吴振元署理徐州府同知折

### 同治四年九月二十二日(1865年11月10日)

头品顶戴署两广总督漕运总督臣吴棠跪奏，为改设河厅要缺人地相需，再恳天恩，仍以尽先人员署理，以重修防，恭折覆陈，仰祈圣鉴事。

窃照两河裁缺案内，奏准运河、中河二厅改设徐州府同知一员，高堰、山盱二厅改设淮安府同知一员，前经臣会同督臣曾国藩请以试用同知路崇署理淮安府同知，尽先同知吴振元署理徐州府同知，奉旨：着照所请，该部知道。钦此。旋准部议：试用同知路崇准补淮安府同知，其尽先同知吴振元服满到工在改设徐州同知以后，与例不符，所请署理徐州府同知之处，应毋庸议，仍令另拣合例人员，按班请补等因。奉旨：依议。钦此。钦遵咨行到臣。自应遵照部议。惟查徐州府同知员缺，系以运、中二厅归并改设，应兼捕

---

① 刘郇膏(1818—1867)，字松岩，河南太康人。道光二十年(1840)，中式举人。二十七年(1847)，中式进士。咸丰三年(1853)，署江苏娄县知县。四年(1854)，署江苏嘉定县知县。五年(1855)，补江苏青浦县知县。次年，捐加同知衔。八年(1858)，调江苏上海县知县。九年(1859)，授直隶州同知。十年(1860)，晋加道衔。十一年(1861)，升知府。同治元年(1862)，署江苏按察使。二年(1863)，实授江苏藩司。同年，擢江苏布政使。四年(1865)，护理江苏巡抚，旋丁母忧，回籍终制。六年(1867)，卒于籍。赠右都御史衔。

② 中国第一历史档案馆藏：军机录副，档案编号：03-5053-066。

务、河工、地方，一切创始，现又试办河运，非精明干练之员，不足以资整顿。

查该员老成干练，熟悉修防，惟服满在改设徐州同知以后，与例稍有未符，第人地实在相需，例得专折奏请，合无仰恳天恩，俯念员缺紧要，河工虽有合例人员，与此缺均不甚相宜，倘因迁就拟补，设有贻误，关系实匪浅鲜，拟请仍以先尽同知吴振元署理徐州府同知，实与河工、地方两有裨益。如蒙俞允，仍照河工之例，试署一年后，题请实授，送部引见。谨会同署两江总督一等伯臣李鸿章，合词覆陈，伏乞皇太后、皇上圣鉴训示。谨奏。九月二十二日。

同治四年十月初一日，军机大臣奉旨：吴振元着准其试署，该部知道。钦此。[1]

## 〇六二　徐局同治三年八月至四年五月收支折

**同治四年九月二十二日(1865年11月10日)**

头品顶戴署两广总督漕运总督臣吴棠跪奏，为查明徐州粮台自同治三年八月十八日起至四年五月初十日止收支军需各款，照案缮具清单，恭折奏陈，仰祈圣鉴事。

窃照徐州办理防剿，设立粮台分局，支应军需，业经臣将前办徐州分局朱善张任内同治三年七月初一日起至八月十七出缺日止收支各款开单附奏在案。兹据前署徐州道颜培瑚将前办徐州分局自同治三年八月十八日接管日起，于四年正月间改为善后局至五

① 中国第一历史档案馆藏：军机录副，档案编号：03-4618-072。

月初十日卸事日止军需各款，分晰缮具清单，详奏前来。

臣逐加查核，自同治三年八月十八日起至四年五月初十日止，除划销及以银易钱外，实计管、收两项共银六万八千二百九十七两三钱三分二厘一毫六丝五忽七微、钱二十四万七千三百七十六千四百七十六文、饷票五万两、官票一万六千二百八两、宝钞七十五万四千一百三十七千二百五十七文，共支用银五万七千九百五两三钱三分二厘一毫六丝五忽七微、钱二十四万七千三百七十六千四百七十六文、饷票二万七千八百三十四两，均系查照例案，撙节动支，并无浮冒。除饬造具细册另详核办外，理合照案先缮清单，恭呈御览。为此恭折具陈，伏乞皇太后、皇上圣鉴。谨奏。九月二十二日。

同治四年十月初一日，军机大臣奉旨：户部知道。单并发。钦此。[①]

## ○六三　呈徐局同治三年八月至四年五月收支清单

**同治四年九月二十二日（1865年11月10日）**

谨将前署徐海道颜培瑚任内办理徐州分局自同治三年八月十八日接管日起，于四年正月间改为善后局至五月初十日止收支各款简明四柱，缮具清单，恭呈御览。

计开：旧管：一、存银九十六两二钱五分六厘四毫一丝四忽三微。

① 中国第一历史档案馆藏：军机录副，档案编号：03-4802-004。

一、存钱一百四十七千四文。

一、存官票一万六千二百八两。

一、存宝钞五十八万二百五十七文。

新收:一、收徐属各州县卫拨解地漕等项银五万七千八百二十九两七钱九分四厘五毫。查前款系奏准饬令各州县卫按月拨解之款,理合登明。

一、收山西藩司拨解银一万两。

一、收山西河东道拨解银三万五千两。

一、收河南军需局拨解饷票五万两。查前三款系奏准按月拨解济饷之款。理合登明。

一、收徐州分局捐输银八万八千一百九十六两五钱,又宝钞十七万四千一百三十七千文。查前款系奉部颁发徐局空白监职,并由局遵照粮台收捐章程陆续收纳、随时提用之款。理合登明。

一、收各绅富捐输银一万五千九十四两。查前款系因饷需支绌、劝谕各绅富捐输济饷之款,现在查取履历,另行请奖。理合登明。

一、收徐州分局收捐饷票二万五千八百三十七两。查前款系豫省协解军饷、奏明收捐解还河南查销之款。除于单后划除外,理合登明。

一、收徐海属各州县厘捐钱二万七千一百二十八千四百九十四文。查前款系陆续提用之款。理合登明。

一、收邳、宿、睢、丰四州县麦捐钱五千五百六十七千九百七十八文。查前款系饬属捐助军饷之款。理合登明。

一、收各州县统捐分解银六千八百六十八两八钱四分三厘一毫一丝五微。查前款系各州县统捐分解以济军需之款。理合登明。

一、收银易钱二十一万四千五百三十三千文。查前款系以收款内现银兑换，并非另项收款，除于单后将此项现银划除外，理合登明。

一、收平余用存银一百十一两九钱三分八厘一毫四丝九微。查前款系照例扣收平余，除动支经贴、各书工食、纸张、笔墨、灯油等项银两外，计存前项银两，应行列收。理合登明。

以上新收共银二十一万三千一百一两七分五厘七毫五丝一忽四微、钱二十四万七千二百二十九千四百七十二文，内实收钱三万二千六百九十六千四百七十二文，又银易钱二十一万四千五百三十三千文，饷票共七万五千八百三十七两，宝钞十七万四千一百三十七千文。

一、除兑钱银十四万四千九百两。查前款系按市值兑换制钱，已于单内列收钱二十一万四千五百三十三千文，应将此款现银划除，以免重复。理合登明。

一、除饷票二万五千八百三十七两。查前款系遵照奏案收捐饷票截角解还豫省查销之款，应行划除。理合登明。

以上除划除外，实计管、收两项共银六万八千二百九十七两三钱三分二厘一毫六丝五忽七微、钱二十四万七千三百七十六千四百七十六文、饷票五万两、官票一万六千二百八两、宝钞七十五万四千一百三十七千二百五十七文。

开除：一、本省徐州镇标各营官兵盐粮等项，共银九千八百两一钱三厘七毫一丝六忽四微、饷票二千四百五十两二分五厘九毫二丝九忽一微。查前款系随时派赴各处防剿，应支钱粮、马干等项，均照例案支给。其兵丁只支盐粮，减去马干，不给余丁。理合登明。

一、随营长夫工食共支钱七千六百四十五千五十六文，饷票九百五十五两六钱三分二厘。查前款系查照成案支给。理合登明。

一、文员盐粮、驮折、夫价等项，共支银五千一百二十九两二钱七分七厘三丝五忽七微、饷票一千二百八十二两三钱一分九厘二毫五丝八忽九微。查前款系随营差委、管带兵勇巡查防剿，应支盐粮、驮折等项，均照例支给。理合登明。

一、随营防剿官弁盐粮、马干等项，共支银四千五百二十两二分三厘三毫三丝七忽四微、饷票一千一百三十两四钱一分三毫一丝二忽。查前款系随营防剿、管带兵勇巡查、侦探，所需盐粮、马干等项，均照例案支给。理合登明。

一、各项练勇、马勇口粮、马干共支银三十三万七千三十五千二十文、饷票二万二千十五两六钱一分二厘五毫。查前款系随时分派各处防剿，口粮、马干，照例支给，应需钱二十九万三千五百四十一千五百文，除支过前项钱文、饷票外，计欠发钱一万二千四百七十五千二百五十五文，俟饷项稍充，再行找发。理合登明。

一、随营医生、画匠工食、口粮等项，共支银九十四两五钱三分四厘九毫七丝四忽一微。查前款系查照成案支给。理合登明。

一、采办铁锅、白蜡木、牛烛、芦席、纸张等项，共银三千一百三两八钱五分。查前款系随时需用，均按市价核实办理。理合登明。

一、制造帐房、旗帜、衣帽、长枪、火箭、喷筒、铅丸、火药、火绳、铁锨、铁锹、铁斧、铁丝、灯笼等项，共支银三万二千二百一两九钱六分九厘二毫四丝八忽四微。查前款系随时添制应用，所需一切工料均照成案，于例价外酌加三成。其火药一项，系查照成案奉准工料价值加工配制，共计应需银三万七千四百七十四两五钱五分四厘四毫四丝九忽六微。除支过前项银两外，计欠发银五千二百七十二两五钱八分五厘二毫一忽二微，俟饷项稍充，再行找发。理合登明。

一、运解宿州支发局军饷、银钱车价等项，共支银一千四百五十四两六钱三分三厘六毫五丝三忽七微。查前款系查照例案支给。理合登明。

一、随营长车、夫工、马料，共支钱二千五百四十千四百文。查前款系随营运送军火、器械等项，照案支给夫工、马料钱文。理合登明。

一、各项勇丁阵伤养伤等，共支钱一百五十六千文。查前款系照案分别支给。理合登明。

一、配制丸散药料，共支银二百五十四两二钱八分一厘。查前款系防剿各兵勇随时需用，均按市价核实购办。理合登明。

一、修筑营盘土方，共支银一千三百四十六两六钱五分九厘二毫。查前款系移营挑筑，其土方价值照案支给。理合登明。以上开除共银五万七千九百五两二钱三分二厘一毫六丝五忽七微、钱二十四万七千三百七十六千四百七十六文、饷票共二万七千八百三十四两。查前项饷票，共支用二万七千八百三十四两，内除已经收捐饷票二万五千八百三十七两截角解还河南查销外，其余饷票一千九百九十七两，尚未收捐。理合登明。

一、扣收平余银五百九两七分一厘四毫六丝五忽六微。

一、支经贴、各书工食、纸张、笔墨、灯油，共支银三百九十七两一钱三分三厘三毫二丝四忽七微。查前款除照例动用扣存平余银两外，计有盈余银一百十一两九钱三分八厘一毫四丝九微，已于新收项下作收支用。至前项制造、军火、器械等项，内有欠发银两，此次已将平余先行扣收，俟找发前欠，毋庸再扣平余。理合登明。

实在：一、存银一万三百九十二两。

一、存饷票二万二千一百六十六两。

一、存官票一万六千二百八两。

一、存宝钞七十五万四千一百三十七千二百五十七文。

以上实存各款，均经移交淮徐道张树声接收造报。理合登明。

欠发项下：一、欠发制造、军火、器械等项银五千二百七十二两五钱八分五厘二毫一忽二微。

一、欠发各勇口粮、马干钱一万二千四百七十五千二百五十五文。

查前二款俟饷项稍充，再行找给，专案请销。理合登明。

军机大臣奉旨：览。钦此。①

## 〇六四　续查劳绩保举知县各员甄别折

### 同治四年九月二十二日(1865年11月10日)

头品顶戴署两广总督漕运总督臣吴棠跪奏，为续查劳绩保举知县各员，遵照新章甄别，恭折仰祈圣鉴事。

窃照前准部咨：劳绩保奏归入候补班之道府州县，遵照新章甄别。其在淮、徐当差各员，由臣漕督衙门核办。迭经臣查明道府州县各员，照章甄别具奏在案。兹查有直隶州用候补知县孙士〔世〕达，才识明敏，现年三十五岁，由浙江俊秀在直隶

① 中国第一历史档案馆藏：清单，档案编号：03-4802-001。

捐备军装，奏准以知县选用，分发直隶。因回避游幕省份，改省江苏，于咸丰八年十月到省。同知衔候补知县谢祖馨，办公勤慎，现年六十岁，由浙江监生报捐县丞，指发江苏。咸丰七年，奏准免补本班，以知县用。同知衔候补知县寻世珍，精明练达，现年三十五岁，由安徽监生报捐县丞，加捐知县，于咸丰九年七月引见到省。六品衔候补知县翟敦甫，笃实无华，现年六十三岁，由安徽监生报捐主簿，指发南河，补桃源县中河主簿，升睢宁县县丞。咸丰十一年，奏准以知县留于江苏补用。同知衔候补知县恽保，老成稳练，现年六十二岁，由顺天监生报捐主簿，分发东河，奏留南河，补清河县里河主簿，升调山阳县县丞。咸丰十年，奏准以知县用。候补知县汪绍煃，朴诚谙练，现年四十六岁，由安徽监生报捐从九品，分发南河，补署宿迁归仁司巡检，保举县丞，以知县升用阜宁县县丞。咸丰九年，奉准开缺，以知县归候补班补用。同知衔候补知县葛景贤，办事勤能，现年五十六岁，由浙江附监生报捐从九品，分发南河。咸丰十年，奏准以江苏沿河知县补用。候补知县周崇礼，勤奋耐劳，现年三十四岁，由顺天监生报捐从九品，分发南河，捐升县丞。咸丰十一年，奏准以知县留于江苏补用。直隶州用候补知县王延赍，明干有为，现年四十五岁，由顺天监生报捐从九品，指发南河。咸丰十一年，奏准以知县留于江苏补用。同知衔候补知县赵佩萸，任事勤奋，现年三十岁，由天津监生报捐未入流，加捐县丞，指发南河。咸丰十一年，奏准以知县留于江苏补用。三年五月，验放回省。同知衔候补知县林绍芝，办事稳慎，现年四十一岁，由顺天监生报捐从九品，分发南河，加捐县丞，奏准俟补缺后，以知县用。嗣在徐州粮台报捐分发江苏。候补知县张光甲，听断勤明，现年四十六岁，由安徽监生报捐从九品，分发江苏，捐升县丞仍留江苏补用。同治元年，奏准免补本班，以知县用。

以上十二员，均堪以知县留省，照例补用。理合遵照新章甄别，并将〈各〉员履历另缮清单，恭呈御览，伏乞皇太后、皇上圣鉴。谨奏。九月二十二日。

同治四年十月初二日，军机大臣奉旨：吏部知道。单并发。钦此。①

## ○六五　呈甄别孙世达等各员清单

### 同治四年九月二十二日(1865年11月10日)

谨将甄别各员缮具清单，恭呈御览。

直隶州用江苏候补知县孙世达，现年三十六岁，浙江会稽县俊秀，在直隶捐备军装，奏准以知县选用。复遵筹饷事例，指捐分发。咸丰五年，由吏部带领引见，分发直隶试用，因回避游幕省份，改省江苏，于八年十月到省。九年，在衡阳防剿出力，奏准不论繁简，遇缺即补。十年，复在衡阳击退大股粤逆，奏准俟补缺后，以直隶州用，先换顶戴。嗣又于剿办盱营叛兵及高邮、湖西叠次击退发逆案内，奏准赏戴蓝翎。现在淮安府帮审案件。

同知衔江苏候补知县谢祖鑫，现年六十岁，浙江余姚县监生，遵例报捐县丞，指发江苏，咸丰五年十二月到省。七年，以剿匪出力奏准免补本班，以知县用。八年三月引见回省。九年，署理海州

① 中国第一历史档案馆藏：军机录副，档案编号：03-4618-074。

州判。同治三年，以清淮筹防局筹办、转运军饷出力，奏准加同知衔。现在清淮当差。

同知衔江苏候补知县寻世珍，现年三十五岁，安徽盱眙县监生，遵筹饷事例报捐县丞，加捐知县指发江苏，并加同知衔，咸丰九年七月，引见到省。现在青河县帮审案件。

六品衔江苏候补知县翟敦甫，现年六十三岁，安徽泾县监生，遵豫工二卯事例报捐主簿，投效南河，道光二十三年九月到工。二十八年，咨署桃源县中河主簿。咸丰六年，咨升睢宁县县丞。旋以剿办海洋股匪出力，奏准加六品衔。嗣因南河员缺裁汰，呈缴关防。十一年，击退三河、衡阳等处大股粤逆，奏准免其补选原班，以知县留于江苏补用。现在清淮当差。

同知衔江苏候补知县恽保，现年六十二岁，顺天府大兴县监生，遵豫工事例报捐主簿。道光二十二年，赴部验看，分发东河，奉委来江查看水势，奏留南河，咨补里河主簿，升睢宁县丞，调山阳县粮河县丞。咸丰三年，丰工合龙，奏准以应升之缺升用。五年，在清江防堵出力，奏准赏加六品衔。十年，在衡阳防剿出力，奏准以知县用，赏戴蓝翎。旋捐离任，并加同知衔。十一年，以上年收城出力，奏准赏换花翎。现在清淮当差。

江苏候补知县汪绍煃，现年四十六岁，安徽黟县监生，遵例报捐从九品，分发南河，道光二十七年五月到工。三十年，防汛出力，奏准不论班次，遇缺酌量即补。咸丰二年，咨补宿迁县归仁司巡检。四年，以拿获要犯高士蕃等出力，奏准以县丞补用。七年，以徐州解围出力，奏准俟补缺后，以知县用。旋蒙咨升阜宁县县丞。九年，报捐开缺，奉准以知县归候补班补用。现在淮城巡缉。

同知衔江苏补用知县葛景贤，现年五十六岁，浙江仁和县附监生，在浙西捐输善后局报捐从九品，分发补用，又在顺天捐输指省南河，道光二十九年七月，验看到工。咸丰三年，丰工合龙，奏准遇缺先补。七年，徐州解围案内，奏准以县丞即补。十年，历次剿匪获胜案内，奏准免补本班，以知县仍留南河补用。嗣经部议，归江苏以沿河知县补用。同治三年，台局员弁出力案内奏准，赏加同知衔。现在清淮办理厘务。

江苏补用知县周崇礼，现年三十四岁，顺天宛平监生，祖籍浙江，报捐从九品，分发南河，咸丰五年验看到工。七年，捐升县丞，仍留南河归分缺先用。是年七月，以剿办土匪、洋匪出力，奏准补缺后以知县用。八年，赴部验看。十一年，以邳州防河守城出力，奏准免补本班，以知县留于江苏补用。现在淮城巡缉。

直隶州用江苏候补知县王廷赉，现年四十五岁，顺天府宛平县监生，遵豫工二卯事例报捐从九品，投效南河，道光二十四年十月到工。二十五年，赴部验看。咸丰三年，丰工合龙，奏准分缺先用。七年，剿办洋匪，奏准免补本班，以县丞用。八年，以筹防等局出力，奏准俟补缺后，以知县用。旋于蒋坝、浮山等处剿匪出力，奏准赏戴蓝翎。十一年，在三河防剿出力，奏准免补本班，以知县留于江苏补用。先因清淮侦探军情，奏准赏加知州衔。同治元年，截剿东窜大股捻匪，奏准赏换花翎。又于克复湖沟及浍北一律肃清案内奏准俟补缺后，以直隶州知州用。现在清淮办理厘务。

同知衔江苏候补沿河知县赵佩荚，现年三十岁，直隶天津县人，由从九品衔遵筹饷例，报捐监生，以未入流选用，加捐县丞指发南河，咸丰九年到工。徐州府城捐修完竣出力，奏准俟补缺后，以知县用。十一年，攻剿黑山寨等处股匪，奏准免补本班，留于江苏，以知县用，加捐同知升衔。嗣准吏部咨查各员劳绩，又经奏准仍免补本班，以沿河知县用。三年三月，钦派王大臣验放，五月回省。现在清淮当差。

同知衔江苏候补知县林绍芝，现年四十一岁，顺天大兴县监生，遵豫工事例捐纳从九品双月选用，又在顺天捐输经费案内报捐指省，分发南河，道光三十年，验看到工。咸丰七年，加捐县丞，仍留南河。八年，奏准俟补缺后，以知县用。十一年，在徐州粮台捐输案内报捐指省，分发江苏补用。同治元年，历次截剿东窜大股捻匪出力，奉准免补本班，以知县用。十二月，在徐州粮台捐输案内加捐同知衔，奉准部咨：该员系保举知县曾经验看分发人员，准俟补缺后，再行送部引见。现在管带淮城河下练勇。

江苏候补知县张光甲，现年四十六岁，安徽桐城县监生，遵豫工事例报捐从九品，赴部验看，道光二十四年到省。咸丰八年十二月，遵筹饷事例在徐州粮台捐升县丞，仍留江苏补用。同治元年，清淮历次截剿捻匪出力，奏准免补本班，以知县用。现在帮办淮安府发审案件。

军机大臣奉旨：览。钦此。①

## 〇六六　奏报湖运工需支绌拟饬捐济折

### 同治四年九月二十二日（1865年11月10日）

署两江总督江苏巡抚一等肃毅伯臣李鸿章、头品顶戴署两广总督漕运总督臣吴棠跪奏，为湖运工需万绌，拟饬受益各州县暨盐

① 中国第一历史档案馆藏：清单，档案编号：03-4619-132。此清单未署具呈者，日期亦未确。兹据内容确定其为档案编号03-4618-074折之附件。

务一体劝捐济用，以重修守而卫民生，仰祈圣鉴事。

窃维江北之精华，悉萃于下河完善，而下河之保障，全赖夫湖运堤防，盖湖运各工为徐、淮、扬三属数百万生灵命脉所系，凡地丁、漕粮、关税、厘捐以及现办金陵大捐，胥出乎此。欲裕江北饷源，须先固湖河堤岸，堤岸一固，则捍御水患，以免灾黎亡流而为匪者，卫民命正所以杜乱萌，遇有贼氛窜扰，凭水设防，亦复有险可扼。此河工与地方并重，而实与军务相为表里者也。

又，南漕为天庾正供，一旦复□□□□千余里，运河久未修复之闸坝、水口纤堤，均应分别补修、挑浚。即运河头、二、三闸高下过大，如漕艇在境而汛涨忽增，势难逆溜上挽，又须将杨家庄以下黄河抽挑沟线，泄涨入河，并于闸上酌做排束各坝，以平闸溜而利漕行。此外，清河引河及中河双金闸、山盱礼字河，尤应随时挑筑，借资蓄潴，庶淮北出湖盐艘得以遄行无滞。此又河工与漕运并重、兼与盐务相为表里者也。从前黄水东趋，工程林立，计南河二十一厅，岁需帑金二百余万，虽其中不免浮费，而逐年镶筑堤埽、闸坝，增益良多。迨澜工漫溢，越数年而南河奉裁，部议湖运七厅改并四厅，每年伏秋大汛，遇有应办要工，仅将荡柴变价二三万千钱，随时酌量分拨，择要补苴，并就地劝集民夫，不愿出夫者，捐缴夫价钱文，稍稍接济。幸频年水小，得保安恬。此亦侥幸一时之计，究不可恃以为常。今秋非常异涨，无工不危，或札枕镶埽以搪风浪，或加堰帮戗以顾汛防，所需正、杂、料、工等项，为数不赀，于万分急迫之时，不得已百计筹挪，勉强支应，实已力竭智穷。

现在霜清源弱，即须赶堵车、新等坝，以资蓄潴，且新坝石底业已跌通，车坝底虽未跌，而三合土舌亦已冲损，均应于堵合后赶紧修复，庶来岁汛期，缓急可恃。此外补筑高、宝西堤以及各属残破土工，分别帮培，通盘科计，至少亦需银十数万金，实非常年荡柴例数及零星捐集夫价所能敷用。臣吴棠前次奏奉谕旨：所需经费，着与臣李鸿章筹商提用等因。钦此。查昔日南河工款，除奏拨及别省应解河饷外，计本省江宁藩库额解银十八万余两，两淮运库额解银三十五万两。嗣因南北军务吃紧，部议一律停拨，湖运各厅工用，除柴价一款，别无指实，以致两岸堤埽大半停修，日久糜烂，至于此极。本年经此异涨，残塌更甚于前，若再置之不问，将堤防有失，民不聊生，财源亦因之而绝，其为穷可胜言哉？

臣吴棠先与臣李鸿章函商，原拟饬藩、运司库各按额解河银例数，筹拨二三成，以济工用。奈大局同艰，即奏蒙俞允，恐各司库无款可筹，转虞缺误，会筹至再，惟有援照道光年间摊修西堤成案，责令受益各州县附于地丁项下，按亩摊捐经费，由该牧令先行垫解。其堤坝各工有利于盐运、场灶者，并饬海、泰两分司劝谕恒、贩各商，捐资协济，以成要工。在高民摊数无多，尚易为力，而湖运各工裨益实非浅鲜。除由臣等会檄饬遵外，相应合词具陈，伏乞皇太后、皇上圣鉴训示。谨奏。九月二十二日。

同治四年十月初一日，军机大臣奉旨：着照所请，务须督饬地方各官，工归实用，有益民生，认真办理，该部知道。钦此。[1]

## ○六七　奏报江北新漕民折官办折

### 同治四年十月初八日（1865年11月25日）

暂署两江总督江苏巡抚臣李鸿章、漕运总督臣吴棠跪奏，为会

① 中国第一历史档案馆藏：军机录副，档案编号：03-4968-069。

筹江北新漕民折官办，分别解运情形，恭折覆陈，仰祈圣鉴事。

窃臣等承准军机大臣字寄：同治四年八月二十五日，奉上谕：户部奏，江、浙来年海运，请饬催赶办一折。江北久经肃清，各属本年新漕应即征收本色，扫数起运。惟本年河运系封雇民船，诚恐米数太多不无掣肘，如江北全漕不能概由河运，即由该省酌量情形，划分成河海并运，一切章程赶紧妥议，奏明办理等因。钦此。遵经转饬代理江宁藩司勒方锜、[①]署江安粮道李鸿裔妥议筹办。兹据会详前来。

伏查江北淮、扬、徐、通四府州属，额征起运漕米十六万余石，本年淮、扬等处夏旱秋涝，被灾较重，尚未勘定分数，约计可征米九万余石。窃自咸丰三年以来，运道不通，漕船尽坏，应征漕米均经奏明，饬属变价，分解扬、徐各粮台充饷。各州县因征米既须变价，即按逐年米价折收钱文，易银解台。臣棠于试办河运时，将各省漕粮因军需孔亟先后改征折色之处附片陈明在案。今年扬防尽撤，欠饷已清，臣鸿章曾豫饬司道，本年漕价必应全数解京，虽有急需，不得援例截留，以实部库。惟江北漕价部定每石折银一两四钱，嗣粮台因米价日增，军饷日绌，历年饬令加增各州县以收钱盈余并节省帮费等项，全数捐解充饷，每米一石解银二两四钱。当军务紧急之时，民间咸知为天庾正供，竭力报

① 勒方锜（1816—1882），字悟九，号少仲，江西新建人。道光十八年（1838），充刑部七品小京官。二十四年（1844），中式进士。二十五年（1845），补主事。咸丰五年（1855），升员外郎。翌年，拔郎中。九年（1859），放广西南宁府知府。同年，署桂林府知府。同治四年（1865），代理江宁布政使。五年（1866），署江苏按察使。光绪元年（1875），升江苏盐法道。同年，授江苏按察使。三年（1877），迁广西布政使，旋调江苏布政使。四年（1878），护理江苏巡抚。五年（1879），擢福建巡抚。七年（1881），调补贵州巡抚。是年，授河东河道总督。八年（1882），卒于任。有《太素斋集》行世。

效，官民相安。十余年来，从无闹漕抗粮之案，今若改征本色，民间完米，既虑弊端百出，而以米运京之费一无所措。本年试办河运，每米一石所用船价、耗米、运脚、经费、闸挽、牵缆、席片及通仓经纪个儿钱等项，约共需银二两数钱。民间完纳漕粮既不能违例加收运费，州县征米起运亦不能勒令赔贴解资，则此每石运费二两数钱，臣等实无从挪垫。

至本年苏松起运漕米可较上届加增，海运沙船无多，正虞不敷装运，势不能加入江北漕米，则江北之漕仍须另筹河运。臣等往返函商，并督饬司道各员再四熟筹，惟有仿淮、徐等属民折官办章程变通办运。本届江北全漕约米九万余石，拟请令各州县照旧每米一石折收银二两四钱，全数解司，以一半按部定例价，每石作银一两四钱先行解京，其余一半派员于米粮荟萃之区分投采买。江北粳米无多，米色不能一律，仍照试行章程红白兼收，粳籼并买，约计米价每石需银二两有余，以一半解部，例价外之节存银一两，又益以例支漕项行月赠五给丁等银，作为一半河运之费，计尚不敷，再由外设法筹补，事竣分别报销。

此次雇用民船并起运事宜，容臣等参酌上届试办河运章程，续行妥议具奏。所有遵旨会议办理情形，合先恭折覆陈，伏乞皇太后、皇上圣鉴训示。谨奏。十月初八日。

同治四年十月十五日，军机大臣奉旨：户部妥速议奏。钦此。[1]

---

① 中国第一历史档案馆藏：军机录副，档案编号：03-4863-082。

## ○六八　请饬议新漕全数解折片

### 同治四年十月初八日(1865年11月25日)

再,查此次筹办江北新漕,采买运京,权宜试行,尚未知能否应手。南漕停运已久,大乱之后,亟应与民休养,一旦改议征收起运,各有为难,谨为皇上沥陈之:漕弊积久愈深,大略不外于丁胥递事,诛求帮兑,互相鱼肉,究其受害最切,厥维小民。道光间,诸臣章疏、宣宗谕旨言及州县浮收,旗丁帮费,未尝不深恨刺骨,终以积重难返,无可如何。道光二十七年,王大臣、户部议将南漕改征折色,以实部库而苏民困,为前督臣李星沅①奏驳未行。咸丰元年,江苏抚臣傅绳勋②力陈浮收帮费弊端,请收折色,又经部科议驳。盖以数

① 李星沅(1797—1851),字子湘,号石梧,湖南湘阴人。道光十二年(1832),中式进士,改庶吉士。次年,授翰林院编修。十四年(1834),选汉办事翰林官。同年,充四川乡试正考官。十五年(1835),授会试同考官。同年,简广东学政。十八年(1838),放陕西汉中府知府。同年,升河南粮盐道。十九年(1839),署河南按察使。二十年(1840),迁陕西按察使。是年,调四川按察使。二十一年(1841),补江苏按察使,旋调江西布政使。同年,转江苏布政使。二十二年(1842),擢陕西巡抚。二十五年(1845),调补江苏巡抚。同年,署陕甘总督。二十六年(1846),授云贵总督,兼署云南巡抚。次年,补两江总督,加太子太保。二十八年(1848),兼署河道总督。三十年(1850),授钦差大臣。咸丰元年(1851),卒于军。谥文恭。有《梧笙馆联吟初辑》、《李文恭奏议》等行世。

② 傅绳勋(1793—1865),字接武、和轩,号古村,山东聊城人。嘉庆十九年(1814),中式进士,改庶吉士。二十二年(1817),选工部主事。道光二年(1822),入直军机处章京。四年(1824),任工部主事。翌年,充顺天乡试同考官。七年(1827),升工部员外郎。十年(1830),升工部郎中。次年,放广东琼州府知府。十五年(1835),调补四川夔州府知府。十六年(1836),迁陕西潼商道。十八年(1838),授浙江盐运使。二十二年(1842),调广东盐运使。同年,升陕西按察使。二十四年(1844),拔云南布政使。次年,调广东布政使。二十六年(1846),补江宁布政使。二十八年(1848),擢浙江巡抚。是年,调江西巡抚。二十九年(1849),授江苏巡抚。咸丰元年(1851),以病开缺回籍。咸丰三年(1853),办理本籍团练。晚年,主讲启文书院。同治四年(1865),卒于籍。

百万之米易银，则银必贵；以数百万之银易米，则米亦必贵。皆不敢轻为尝试。迨至时势所迫，改为折色，数十年锢弊不期除而自除，凋瘵之民于以少得休息。今若重收粮米，必致诸弊复萌。夫小民之情，减则顺而加则逆，稍有抑勒，势将难堪。

军兴十有余年，闾阎琐尾流离，不忍遍视，虽有完善之处，而官捐私借，亩费抽厘，几无一岁能宽，亦无一家得免，困苦至此，非大培元气，不特疮痍莫起，兼虑铤险生端。旁观者谓完米完钱并无二致，何以折色易而本色难！不知征收折色照部定每石折银一两四钱，必不敷买米之数。州县所收纵有增益，民间以部价相衡断不能加至倍蓰，即如江北近年折至二两四钱，已较江、楚各省为多，然照市价亦仅能买米一石耳。民间输纳较易，力量较省，若令备米交仓，则向所谓踢斛淋尖、风筛打样以及并合包勺各种苛勒，乘机而来。绅士包漕，棍徒揽抗，亦闻风自起。民间以米上兑，有一石完至数石者，更有由单铺席、挂号、抽丰等项讹取钱文。米色与银钱不同，明属洁净干圆，何难指为丑米格外需索！更属防不胜防。是完收本色总较现在折收之数有增无减，近日民力实有不逮，江北尚属一隅之地，既收本色，将来须推及两楚、江西，而江、楚漕折较江北为减，收米必更掣肘，似应宽以数年之力，俟各省军务大定，防军全撤，次第筹酌举行。骤议改征，恐滋事故，此所谓征收之难也。

至于起运南粮，唐代用转般法，沿水置仓，由江而淮而汴，递输于官。宋崇宁中改为直达。明季置屯卫。我朝因之。今漕船尽废，欲全数修复，约需银三千万两。若转搬之法，必先建仓。南漕正耗四百余万石，以一仓储万石计之，须四百余仓，一时均无此巨款。浙、苏海运历届幸安，乃近年北口通商各货为洋船揽载，沙船生意淡薄，减歇之后，糟朽过多。本届苏、浙之漕尚虑不敷装运，断不能益以江北之米，即原运之数亦恐此后海船日少，不能不预为熟筹，则惟有仿直达之策，以民船代漕艘较为近便。臣棠本年试行河运，原欲为先事之道以济海运之穷，虽已挽运抵通，而运费不赀，雇船亦极艰苦，卸米之后，尚无回空日期。闻山东戴村坝复决，河水泄枯，济宁以上干涸已多，前船年内不归，则来年需用之船必致无人受雇。且近来剿捻各军皆由运河转运军装、饷米，兵差日多，民船日少，雇价日重，沿途之偷窃，运道之阻滞，在在堪虞，只可强试一行，而米数必不能多，迟速必不能定。此所谓起运之难也。

有此二难，若欲解运，本色渐复，旧规固非咄嗟可办，即采买雇船，耗费滋多，亦非经久之策。臣等筹思至再，力为其难。本年江北之米仍拟照上年试行河运章程再行试办，而以半折半运通融用费，冀稍弥补而免贻误。若半银之数不以例价解京，则少每石一两之节存，半米更不能起运。近时捻踪飘忽，往来运河左右，踪迹靡常，内河船只愈见稀少，届期能否雇觅齐全及运行无阻之处，当随时察看情形，奏明办理。

抑臣等更有请者，此次漕米运至通州，连米价及运脚杂费每石总须合银四两数钱，无可再省。本届苏、浙海运稍多，京仓储备亦稍裕，似不争此四五万石之米，且因此修理沿途闸坝，挑浚长河，耗费更巨，尤为不值，莫若全数解折，省出运费，每石可实折银二两四钱，在津、通买米填仓既可有盈无绌，即以之抵放俸甲，亦得实惠均沾，似于国计不无裨益。并请敕下部臣迅速通筹妥议，核覆饬遵。理合据实附片陈明，伏乞圣鉴。谨奏。①

---

① 中国第一历史档案馆藏：军机录副，档案编号：03-4863-082-1。据《李鸿章全集》，此为档案编号03-4863-082折之附片。

## ○六九　奏请徐属冬漕循旧折价充饷片

### 同治四年十月初八日(1865年11月25日)

再，本年正月间，臣吴棠以徐宿捻氛未靖，奏准将徐属本年地漕仍解徐饷在案。兹奉谕旨：江北各属本年新漕应即征收本色，仿照河运成案扫数起运等因。钦此。查漕粮为天庾要需，自应一律酌征筹运。惟徐宿饷源本极支绌，原拨东、豫、陕、晋四省协饷均已停解。徐属地瘠民贫，蹂躏已久，钱漕征数无几，全供防军，不敷甚巨。现在捻逆大股由东境回窜，逼近徐城，防剿万分吃紧，军士枵腹荷戈，尚赖属征地漕稍资接济，若并此有着要款提解京仓，匪惟以后军需无从设法，即此时征兵筹饷，何以支持。惟有仍将本年冬漕先其所急，循旧折价，解充军饷，方免饥军哗溃之虞。据徐海道张树声详请具奏前来。

臣等复加体察，委系实在情形，合无仰恳天恩，俯念徐宿防务吃紧，待饷孔殷，准将徐属本年冬漕循旧折价解充徐饷，以系军心，一俟捻氛肃清，再筹起运，出自逾格鸿慈。理合附片陈明，伏乞圣鉴训示。谨奏。[①]

## ○七○　请奖修筑西堤及防汛出力官绅折

### 同治四年十月二十二日(1865年12月9日)

头品顶戴署两广总督漕运总督臣吴棠跪奏，为修筑高、甘西

① 中国第一历史档案馆藏：军机录副，档案编号：03-4863-082-2。据《李鸿章全集》，此为档案编号03-4863-082折之附片。

堤及淮、扬两属防守大汛尤为出力官绅，遵旨分别保奏，仰祈圣鉴事。

窃臣前奏扬属高、甘两邑西堤修筑完竣，声明在事文武官绅历久勤劳，可否择尤酌保，奉旨：着照所请。钦此。又，臣恭报霜降安澜，钦奉上谕：在事出力各员，着吴棠择尤保奏，以示鼓励等因。钦此。仰见皇上慎重河防、微劳必录之至意。伏查扬属高邮以下，西堤为里下河民命、饷源所系，臣于钱粮万绌之时，设法筹捐筹款，督饬厅委汛董等百计经营，阅两年之久，始克修筑完成。迨大汛经临甘江汛境，东堤赖兹重障，较之道光年间摊征普筑事半而功实倍之。惟入秋后，河湖异涨，积久不消，淮、扬两属险工叠出，岌岌可危，经该管道员率同厅委州县，奔走于风雨泥淖中，节次分投抢护，并以工项不敷，各就地劝谕董多方筹措协济，竭数十昼夜之力，竟得化险为夷。其辛勤倍著，实与寻常劳绩不同。

兹蒙圣主逾格鸿慈，准予保奏，臣谨择其尤为出力之文武官绅，秉公酌核，分案开列清单，恭候恩施，以示鼓励。其余出力稍次员弁，容臣照例咨部给奖。为此恭折具陈，伏乞皇太后、皇上圣鉴。谨奏。十月二十二日。

同治四年十月二十八日，军机大臣奉旨：钦此。[①]

## 〇七一　呈承办西堤及防汛出力官绅清单

### 同治四年十月二十二日(1865年12月9日)

谨将承办高、甘西堤及防汛出力官绅择尤开列清单，恭呈

① 中国第一历史档案馆藏：军机录副，档案编号：03-4968-076。

御览。

在事出力员弁：扬州府军捕同知范志熙，督率汛董，妥办要工，并防大汛，矢慎矢勤，拟请以知府用。

同知用江苏候补知县吴晋，常川督工，实心任事，抢险尤著勤劳，拟请赏加知府衔。

都司衔尽先守备永高汛千总袁定标，办公防汛，勤干有为，拟请赏戴蓝翎。

尽先千总新设甘江汛把总王鸿恩、五品衔尽先千总帮办甘江汛把总陈兆华、扬属差委河营尽先千总魏宏业、六品衔尽先把总甘江汛协防朱荣，以上四弁，分办工程，始终勤奋。王鸿恩拟请以苇营守备尽先补用，先换顶戴；陈兆华拟请俟补缺后，以守备用，先换顶戴；魏宏业拟请赏加守备衔，朱荣拟请赏加五品衔。

在事出力绅董：知府衔户部候补主事朱楠，总理堤工捐款，洁己急公，任劳任怨，拟请给予三品封品〔典〕。

拣选知县举人卞庶凝、翰林院待诏附生姜澍勋、州同衔汪敦复、布政司经历汪建中，以上四员，催捐监工，不辞劳瘁。卞庶凝拟请以知县不论双单月尽先选用。姜澍勋拟请赏加光禄寺典簿衔。汪敦复、汪建中二员，拟请均赏加五品衔。

知府衔候选同知夏家谷、知州衔王惟贤、候选教谕拔贡生邱广生、附贡生赵德圭、附生谈应元、扬州府学附生徐卉生，以上六员，筹捐工用，稽核认真。夏家谷拟请以同知遇缺即选，王惟贤拟请赏加四品顶戴，邱广生拟请赏加内阁中书衔，赵德圭、谈应元、徐卉生三员，拟请均以双月训导归部选用。

双月候选从九品范凌奎、董事杜世荣，以上二员，分段催工，始终勤慎。范凌奎拟请给予六品顶戴，杜世荣拟请给予从九品衔。[1]

军机大臣奉旨：览。钦此。[2]

## ○七二　呈淮、扬两属防汛出力官绅清单

### 同治四年十月二十二日(1865年12月9日)

谨将淮、扬两属防守大汛出力官绅择尤开列清单，恭呈御览。

在事出力员弁：知府用淮安府同知路崇，抢护险工，不遗余力，拟请赏加道衔。

运同衔江苏候补同知直隶州陈际春，督工防险，历著勤能，拟请补缺后，以知府用。

前署高邮州知州候补知县长康、同知衔宝应县知县邓泽培，以上二员集捐济用，防护认真。长康请旨交部，从优议叙；邓泽培拟请以应升之缺升用。

同知衔直隶州用甘泉县知县李修梅、同知直隶州用候补知县顾景濂，以上二员抢工御涨，实力实心，拟请均赏加知府衔。

知县用候补县丞吴尔镇，抢办险工，无糜无误，拟请赏加知州衔。

改补巡典署宝应槐楼司巡检王金诏、江苏候补从九品联科，以上二员防险慎勤。王金诏拟请赏加理问衔，联科拟请赏加六品衔。

都司衔前运河营守备陈垣，办公勤干，拟请遇有苇营守备缺出，尽先即补。

---

① 中国第一历史档案馆藏：清单，档案编号：03-4968-077。

② 此批覆系据推补。

守备衔淮扬镇标城守营千总金殿华，巡防奋勇，拟请以守备尽先补用。

在事出力绅董：五品衔知县用试用教谕吴澍霖，倡捐急公，不辞劳怨，拟请给四品封典。

分发安徽试用县丞季承霖、试用训导刁云庆、布政司理问朱瑛、州同衔董事杭万余，以上四员，筹捐工料，会汛慎防。季承霖拟请赏给五品顶戴，刁云庆拟请赏加国子监学正衔，朱瑛拟请给予五品封典，杭万余拟请赏加盐提举衔。

分发直隶试用县丞毛凤起、文生任维新、从九品职衔张长泰、监生涂璜、甘泉县学增生毛凤藻，以上五员，办捐妥慎。毛凤起、任维新、张长泰三员，拟请均赏加州同衔。涂璜拟请赏加六品衔，毛凤藻拟请以训导选用。[①]

军机大臣奉旨：览。钦此。[②]

【案】此案于同治四年十月二十八日得允行：

同治四年十月二十八日，内阁奉上谕：吴棠奏，遵保承办堤工及防汛出力官绅，开单请奖一折。江南高邮、甘泉两邑西堤，经吴棠督率官绅修筑完竣。迨入秋后，河湖异涨，淮、扬两属险工叠出，复经该员弁等抢护平稳，均属著有微劳，自应量予鼓励。所有单开之同知范志熙，着以知府用。知县吴晋，着赏加知府衔。千总袁定标，着赏加蓝翎。王鸿恩着以苇守备尽先补用，先换顶戴。千总魏宏业，着加守备衔。把总朱荣，

① 中国第一历史档案馆藏：清单，档案编号：03-4968-078。

② 此批覆系据推补。

着赏加五品衔。知府衔主事朱楠,着赏给三品封典。举人卞庶凝,着以知县不论双单月,尽先选用。生员姜澍勋,着赏加光禄寺典簿衔。州同衔汪敦复等二员,均着赏加五品衔。同知夏家谷,着遇缺即选。知州衔王维贤,着赏加四品顶戴。教谕邱广生,着赏加内阁中书衔。贡生赵德圭等三名,均着以双月训导选用。从九品范凌奎,着赏给六品顶戴。董事杜世荣,着赏给从九品衔。同知衔骆崇,着赏加道衔。同知直隶州知州陈际春,着俟补缺后,以知府用。知县长康,着交部从优议叙。邓泽培着以应升之缺升用。李修梅等二员,均着赏加知府衔。县丞吴尔镇,着赏加知州衔。巡检王金诏,赏加布政司理问衔。从九品联科,着赏加六品衔。守备陈垣,着遇有盐营守备缺出,尽先即补。千总金殿华,着以守备尽先补用。教谕吴澍霖,着赏给四品封典。县丞李承霖,着赏给五品顶戴。训导刁云庆,着赏加国子监学正衔。布政司理问衔朱瑛,着赏给五品封典。州同衔杭万余,着赏加盐提举衔。县丞毛凤起等三员,均着赏加州同衔。监生凃璜,着赏加六品衔。生员毛凤藻,着以训导选用。该部知道。单二件并发。钦此。[①]

## ○七三　请奖知县师长乐等出力人员折

### 同治四年十月二十二日(1865年12月9日)

头品顶戴署两广总督漕运总督臣吴棠跪奏,为清江浦城工告成,绘图具说,恭折奏祈圣鉴事。

---

① 中国第一历史档案馆编:《咸丰同治两朝上谕档》,第15册,第211页。

窃照清江南岸曾于同治元年春建筑砖圩，因值捻氛环逼，仓促施工，深恐不能经久。三年正月间，臣委候补知县师长乐确切勘估，将旧砖圩一律拆除，改造城垣，加高帮宽，为一劳永逸之计。奈清邑地瘠民穷，筹捐匪易，不得已酌拨清淮军需及饷盐变价等款，陆续支应，且幸有旧工砖石、桩木，分起挖运，加以碎石烧灰，化无用为有用，节经附折奏明，并添派淮安府知府章仪林随时督催师长乐暨文武员弁等，分段督匠赶办。兹截至本年九月底止，城工一律报竣，当委淮扬道吴世熊逐细验收。据覆此项改进城垣，计城门四、水门一、水关二，周围外露工长一千二百七十三丈六尺五寸，雉堞一千三百二十有四，城基重硪排桩，盘筑坚实，继以下石上砖，层层密砌，垛墙均属完固。其内隍外濠分别丈量，亦复高厚宽深，无不如式。斯城北临运河，东、西、南三面悉就旧有汪塘，挑切顺势，实足资环抱而壮观瞻。臣覆勘无异。以清江凋敝之区，值饷需支绌之际，百计经营，几及两年之久，竟得成此巨工，俾南北咽喉重地控守有资，实非臣始愿所能及此。现在城中庐舍逐见增多，市廛亦已复旧，关邑居民无不兴歌乐和，感颂皇仁。

此案工程浩大，累月经年，虽今秋霪雨频倾，久工不免多费，而统计工料等项实共用银十二万有奇，较之约估数目，尚属有减无增。除督饬章仪林专案核实报销并先取保固切结备案外，合将城垣形势并高、长丈尺绘图贴说，恭呈御览。所有清江城工告成缘由，理合恭折具陈，伏乞皇太后、皇上圣鉴。

再，查修城之出力者照军功请奖，曾经前漕臣袁甲三奏准有案。前岁徐州府修理城垣，亦系援照办理。此次清河县创建新城，保固綦严，与仅只修理者劳逸不同，所有在事各员鸠庀认真，无间寒暑，均属著有微劳，惟有知县师长乐系承办之员，尤为出力，可否仰恳赏加知府衔，俟补缺后，以直隶州知州用，其余各员容臣查明酌保，以示鼓励之处，出自天恩。谨奏。十月二十二日。

同治十年十月二十八日，军机大臣奉旨：师长乐着俟补缺后，以直隶州知州用，并赏加知府衔。其余出力各员，着准其择尤酌保，毋许冒滥。该部知道。图并发。钦此。[①]

## 〇七四　清淮捐局收捐银钱、宝钞请奖折

### 同治四年十月二十二日(1865年12月9日)

头品顶戴署两广总督漕运总督臣吴棠跪奏，为清淮捐局续收捐输银钱、宝钞各数，分缮清单请奖，仰祈圣鉴事。

窃前准户部咨：粮台收捐，照筹饷例及常例银数酌减十分之二，以抵其运解之费。嗣经前河臣奏准，以钱一千六百文作银一两给予奖叙，并饬委员分赴各州县，会同地方官多方劝谕，遵照部定章程钱、钞各半交纳，叠经奏蒙天恩。三年二月以来，清、淮银价日落，每两仅易制钱一千四百文有零，奉准以钱合银，未免悬殊。复经臣奏准改为银、钞各半兑收，其有愿以钱、钞各半交纳者，仍听其便。并以近来捐生无从购钞，随时量力变通，于本年四月间附陈，经户部核议奏准，以钞一千折银一两搭收各在案。兹据委管捐局按察使衔记名盐运使李元华、按察使衔淮扬道吴世熊册报：捐生连桂等三百十三名，共捐银一万七千八百六十一两四钱、宝钞三万五千七百二十二千八百文，遵照户部现定章程，折收实银三千五百七十二两二钱八分。又，捐生

---

① 中国第一历史档案馆藏：军机录副，档案编号：03-4986-075。

万庆源等三十名，共捐制钱一千八百四十九千文、宝钞一千八百四十九千文，折收实银一百八十四两九钱。又，因清、淮军需支绌，节经委员在外劝收，捐生吴涛等十一名情愿照章全缴实银一万四千六百二十八两，制钱四百二十一千文，并不搭钞。详请奏奖前来。

臣覆核无异。除将捐生履历各册咨部查核外，理合分缮清单，恭呈御览，伏候恩施。至各捐生业经填发空白执照，已于册内注明。其未经给照者，仰恳敕部迅即覆核，颁发执照来浦，以便给领而昭激劝。为此恭折具奏，伏乞皇太后、皇上圣鉴。谨奏。十月二十二日。

同治四年十月二十八日，军机大臣奉旨：户部核议具奏，单二件并发。钦此。①

## ○七五　呈清淮捐局捐输衔名、银钱清单

### 同治四年十月二十二日(1865年12月9日)

谨将清淮捐局捐输衔名、银钱数目缮具清单，恭呈御览。

连桂，内务府正白旗永安佐领下人，由例贡生捐银六百十六两，拟请以七品笔帖式本班尽先补用，并免其考试。

恒毓、恒谦，以上二名均由内务府正黄旗庆禄管领下汉军人，由例贡生各捐银六百十六两，拟请均以七品笔帖式本班尽先补用，并免其考试。

石庆增，江苏监生，捐银九百八十七两，拟请以州同双月选用。

吴廷荣，浙江人，祖籍江西，由分发两淮盐运司经历捐银三百九十六两，拟请免其赴部验看。

① 中国第一历史档案馆藏：军机录副，档案编号：03-4902-089。

李炳森，江苏人，由布政司理问衔分发福建县丞，捐银二百七十八两，拟请免其赴部验看。

林之涵，安徽人，由分发江苏县丞捐银二百七十八两，拟请免其赴部验看。

宣锟，安徽恩贡生，捐银二百八十一两，拟请以训导不论双单月选用。

詹家发，山东监生，捐银二百六十三两，拟请以巡检不论双单月选用。

欧阳忠，四川监生。胡志仁，浙江监生。以上二名各捐银二百二两，拟请均以从九品不论双单月选用。

谢嘉猷，顺天人，捐银二百九十两，拟请作为监生，以从九品不论双单月选用。

毕大宾，由双月选用从九品捐银一百二十两，拟请给伊父母从九品封典。

李崇俭，安徽人，捐银一百八十九两，拟请作为监生，以从九品双月选用。

徐光鉴，浙江人，由分发南河未入流捐银一百九十五两，拟请免其赴部验看。

巴培元，湖北监生，祖籍安徽，捐银二百八十八两，拟请以未入流不论双单月选用。

孙恒一，江苏人，由苇荡左营出河汛千总捐银八百七两，拟请以营守备即用。

吴嘉山，江苏监生，捐银二百八十八两，拟请给予翰林院待诏职衔。

乔金鳌，江苏人，由州同职衔捐银一千一百二十两，拟请给予加二级，给伊父母从五品封典，并将本身妻室应封貤封本生父母。

严希扬，江苏监生，捐银四百八十两，拟请给予州同职衔，给伊父母从六品封典，并将本身妻室应封貤封祖父母。

许庾，江苏监生，捐银四百八十两，拟请给予州同职衔，给伊生母从六品封典。

周大矩，江苏人，由布政司理问职衔捐银一千五百二十两，拟请给予加三级，给伊父母、继母并本身妻室正五品封典。

张锦，山东人，由布政司理问职衔捐银一千一百二十两，拟请给予加二级，给伊父母从五品封典，并将本身妻室应封貤封祖父母。

卢席珍，江苏人，由布政司理问职衔捐银二百四十两，拟请给伊父母从六品封典，并将本身妻室应封貤封祖父母。

赵映华，江苏人，由县丞职衔捐银八十两，拟请给予布政司理问职衔。

节妇成尹氏，江苏人，为故夫成殿扬捐银三百二十八两，拟请将伊故夫作为监生，给予布政司理问职衔。

王源桐，江苏监生，捐银一百六十两，拟请给予县丞职衔。

孙之楷，江苏人，由营千总职衔捐银三百十二两，拟请给予营守备职衔。

芮鸿飞、汤森培、刘元浩、乔逢春、梁登枢、王豫卿。以上六名均江苏廪生，各捐银八十六两四钱，拟请均作为廪贡生。

刘苹，江苏廪生，各捐银八十八两，拟请均作为廪贡生。

翟调元，江苏增生，捐银九十六两，拟请作为增贡生。

祁炳文、刘锡朋。以上二名均江苏附生，各捐银一百十五两二钱，拟请均作为附贡生。

于步墀，山东附生，捐银一百十六两，拟请作为附贡生。

刘锡范、连桂、恒毓、恒谦、詹际云。以上五名均由监生各捐银一百十六两，拟请均作为例贡生。

姜殿邦等一百七十三名，均由俊秀各捐银八十八两，拟请均作为监生。

高步云等九十五名，均由俊秀各捐银六十四两，拟请均给予从九品职衔。

万庆源等十六名，均由俊秀各捐钱一百四十一千文，拟请均作为监生。

苗逢时等十四名，均由俊秀各捐钱一百三千文，拟请均给予从九品职衔。

统共捐生三百四十三名，共捐银三万五千七百二十二两八钱，内银一万七千八百六十一两四钱，宝钞三万五千七百二十二千八百文。共捐钱三千六百九十八千文，内制钱一千八百四十九千文，宝钞一千八百四十九千文。

军机大臣奉旨：览。钦此。①

## ○七六　呈清淮捐局捐输衔名、银钱实数清单

### 同治四年十月二十二日(1865年12月9日)

谨将清淮捐局捐输衔名、银钱实数缮具清单，恭呈御览。

吴焘，安徽举人，捐实银六千三百二十四两，拟请以郎中不论

① 中国第一历史档案馆藏：清单，档案编号：03-4902-090。

双单月选用。

黄海安，汉军镶红旗吴鉴佐领下人，由江苏补用同知捐实银二千二百三十八两，拟请给予知府升衔。

黄海安由知府升衔捐实银五百四两，拟请给伊父母四品封典，并将本身妻室应封貤封祖父母。

徐佐廷，安徽人，由盐课司提举升衔江苏补用府经历捐实银一千二百两，拟请给予加二级，给伊父母从四品封典，并将本身妻室应封貤封祖父母。

吴炳蔚，安徽人，由江苏补用县丞捐实银一千九十一两，拟请给予布政司理问升衔加二级，给伊父母从五品封典，并将本身妻室应封貤封胞伯父母。

姚杨煦，浙江人，由两淮补用盐运司捐实银四百两，拟请免其赴部验看。

马文翰，山东监生，捐实银八百两，拟请以盐运司知事双月选用。

许广成，安徽人，捐实银六百七两，拟请作为监生，以盐运司知事双月选用。

吴乐，安徽人，由同知职衔捐实银一千一百三十六两，拟请给予加一级，给伊本生父母及本身妻室从四品封典。

崔柏龄，安徽人，捐实银三百二十八两，拟请作为监生，给予州同职衔。

朱春荣，江苏人，由议叙九品顶戴捐制钱四百二十一千文，拟请作为监生，给予布政司理问职衔。

以上捐生十名，共捐实银一万四千六百二十八两，制钱四百二十一千文。

军机大臣奉旨：览。钦此。[1]

## ○七七 请赐扬属风神、大王二庙匾额片

### 同治四年十月二十二日（1865年12月9日）

再，臣奉到钦颁大藏香十枝，谨择于十月十六日，恭诣清江河口等处风伯河神庙，虔洁告祭，默陈圣主祀谢之诚。伏查扬属甘江汛风神庙，建自道光十二年，今秋积涨不消，厅委等祈祷神前，两月以来，仅西北风三次，均未及数刻，旋即平静，虽险工迭出，幸俱抢护无虞。又，宝应子婴闸大王庙，当河湖极涨、风雨交加之时，人心惶惶，经官绅焚香默祷，立时转危为安。此皆神灵显应垂佑。河防在工员弁、兵民，无不同深钦感，合无仰恳天恩，颁赐扬属风神、大王二庙匾额，俾遐迩咸瞻宸翰，并迓神庥。相应附片陈明，伏乞圣鉴。谨奏。

同治四年十月二十八日，军机大臣奉旨：钦此。[2]

【案】此片于是年十月二十八日得允行。《清实录》：

己未，以神灵显佑，颁江苏扬州府甘江汛风神庙匾额曰：应律扬仁；宝应县大王庙匾额曰：波恬仰镜。[3]

---

① 中国第一历史档案馆藏：清单，档案编号：03-4902-091。

② 中国第一历史档案馆藏：军机录副，档案编号：03-4968-075。

③ 《穆宗毅皇帝实录（四）》，卷一百五十八，同治四年十月下，第687页。

# 〇七八　南台咸丰七年九月至八年三月收支折

## 同治四年十一月十一日(1865年12月28日)

署理两江总督江苏巡抚一等肃毅伯臣李鸿章、头品顶戴署两广总督漕运总督臣吴棠跪奏，为查明江南粮台自咸丰七年九月十三日起至八年三月初五日止收支军需各款，遵照新章，缮具简明清单，恭折会陈，仰祈圣鉴事。

窃臣上年钦奉上谕：同治三年六月以前各处办理军务未经报销之案，准将收支总数分年分起开具简明清单，奏明存案，免其造册报销。嗣经部臣奏请，严饬各统兵大臣、督抚认真督办。又奉上谕：江南、江北粮台，着责成曾国藩、吴棠办理各等因。钦此。钦遵分别咨行。据办理江南粮台报销记名道江清骥将前江宁盐巡道萧时馥[①]及前直隶督臣文煜承办江南粮台军需各款分起造具清单，详请会奏，适督臣曾国藩奉命视师北上，未及核办，将原案咨送前来。

臣等查萧时馥自咸丰七年九月十三日代办日起，至十月二十五日交卸前一日止，管收正、杂两项共银六十二万六千九百八十七两五钱四厘四丝六忽八微三纤、部票银三千两、米一万四千一百九十三石六斗二升七合六勺六抄，共支正、杂等款及移支银六十五万

① 萧时馥，生卒年未详，字种香，号仲香、梅生，贵州开州人。道光二十年(1840)，中式进士，改庶吉士。二十一年(1841)，授编修。二十三年(1843)，充湖北乡试正考官。翌年，任国史馆协修。二十七年(1847)，放河南学政。咸丰元年(1851)，补浙江道监察御史。三年(1853)，授江宁盐巡道。

二千八百三十三两五钱八分六厘三毫六丝六忽六微五纤、部票银三千两、米一万四千一百九十三石六斗二升七合六勺六抄，计不敷银二万五千八百四十六两六分二厘三毫一丝九忽八微二纤。文煜自咸丰七年十月二十五日接办日起至八年三月初六日交卸前一日止，管收正杂两项，除借支各款外，共银一百九十一万八千四百六十五两二钱九分六厘九毫六丝一忽三纤、部票三千两、米四万七千八百九十七石八斗一升二合九勺五抄，共支正、杂等款及移支银二百四十一万七千一百二十两九钱九分四厘九毫六丝八忽二微六纤、部票银三千两、米四万七千八百九十七石八斗一升二合九勺五抄，计不敷银四十九万八千六百五十五两六钱九分八厘七忽二微三纤，均系已经造册咨部核销之款。

臣等复将报销底册集齐，核对收支，俱属相符，并无浮冒。理合遵照新章，分别造具清单，恭呈御览存案。为此恭折会陈，伏乞皇太后、皇上圣鉴。谨奏。十一月十一日。

同治四年十一月十九日，军机大臣奉旨：户部知道。单四件并发。钦此。[①]

## ○七九　呈咸丰七年九至十月收支杂款清单

### 同治四年十一月十一日(1865年12月28日)

谨将前江宁盐巡道萧时馥办理江南粮台自咸丰七年九月十三日起至十月二十五日交卸前一日止收支杂款总数，开具简明清单，恭呈御览。

① 中国第一历史档案馆藏：军机录副，档案编号：03-4802-030。

旧管：一、存银四万一千九百五十六两八钱三厘八毫三丝四忽五微。

一、存米四百十八石六斗八升六合二勺二抄。

新收：一、收平余用存银三十六两四钱七厘三毫四丝一忽六微三纤。

一、收采买米五斗二升四合五勺六抄。

以上管、收共银四万一千九百九十三两二钱一分一厘一毫七丝五忽六微八纤、米四百十九石二斗七勺八抄。

开除：一、随营文职各员盐米等银三千九百七十五两五钱二分九厘九毫九丝四忽四微五纤。

一、满、绿各营兵勇伤亡赏恤银一万一千八百三十五两。

一、采买硝磺、米石脚价银三万六千六百八十三两三钱二分三厘二毫二丝二忽七微三纤、米五斗二升四合五勺六抄。

一、运送各营军火等物脚价、盘费银三千八百十九两五钱五分四厘、米三百七十六石一斗三升八合。

一、雇备医、书、匠、役、租赁房价银二百四十二两二分七厘九毫九丝八忽三微二纤、米四十二石五斗四升八合二勺二抄。

一、制造军火等项工料银三千一百五十二两七钱八厘六毫八丝。

一、修筑镇江各营挖濠筑垒工料银八千一百三十一两一钱四分九厘六毫。

以上共支银六万七千八百三十九两二钱九分三厘四毫九丝五忽五微，米四百十九石二斗一升七勺八抄。

实在：计不敷银二万五千八百四十六两八分二厘三毫一丝九忽八微二纤，米无项。

军机大臣奉旨:览。钦此。①

## ○八○　呈咸丰七年九至十月收支正款清单

### 同治四年十一月十一日(1865年12月28日)

谨将前江宁盐巡道萧时馥办理江南粮台自咸丰七年九月十三日起至十月二十五日交卸前一日止收支正款总数,开具简明清单,恭呈御览。

旧管:一、收前办江南粮台前江宁藩司杨能格移交银二万九千二百四十八两八钱三分八厘七毫五丝三忽七微,又移交部票银三千两,又移交米一千一百九十三石一斗三合一勺。

新收:一、收江苏筹饷局解银六十二万三千七百九十四两一钱一分二厘二毫二丝一忽五微。

以上管、收总共银六十五万三千四十二两九钱五分九毫七丝五忽二微,除垫放各营勇粮等项银二万六千九十一两八钱五分四厘二毫七丝不由该台造报外,计收银六十二万六千九百五十一两九分六厘七毫五忽二微、部票银三千两,又共收米一万四千一百九十三石一斗三合一勺。

开除:一、镇江大营亲军暨各省官兵盐粮等银二千一百五十二两九钱三分七厘九毫九丝七忽九纤、米一百二十五石七斗八升一合五勺二抄。

一、吉林、黑龙江满营官兵盐粮等银二万二千五百七十三两一分六厘九毫八丝九忽三微九纤、米二百七十八石五斗四升三合八

① 中国第一历史档案馆藏:清单,档案编号:03-4802-031。

勺五抄。

一、西安青德州满营官兵盐粮等银一万二千一百二十二两二分二厘六毫六丝四忽二微七纤、米四百六十四石三斗八升八勺五抄。

一、各省绿营官兵盐粮等银六万六千二百六十二两三钱二分四厘六毫五丝一忽四微二纤、米五千二百九十八石一斗九升四勺六抄。

一、本省旗营官兵盐粮等银二万九十五两一钱五分九厘九毫九丝六忽三微四纤、米五百九十六石八斗七升三合七勺五抄。

一、本省绿营官兵盐粮等银四千一百六十九两四钱七厘三毫三丝二忽二微四纤、米三百三十七石四升六合四抄。

一、水师各营官兵盐粮等银七千四百六两三钱二分九厘九毫九丝七忽四微、米七百三石七斗九升八合五勺。

一、水师各营战船雇价并配驾勇工等银二万八千九百八两六钱六分六厘六毫六丝六忽六微。

一、各省管带壮勇官兵盐粮等银三千六百五十两一钱三分九厘三毫三丝七微、米二百十七石一斗七升七合八勺。

一、兼支食米、各省壮勇口粮共银九万七百六十六两八钱、米三千八百二十一石六斗一升八合八勺。

一、不支食米各省壮勇口粮共银七万六千八百五十三两八钱。

一、续招各省壮勇口粮共银一万二千六白十七两八钱，米五百三十四石六斗三合。

以上共支银三十四万七千五百四十八两四钱五厘六毫二丝五忽四微五纤、米一万二千三百七十八石一斗四合九勺二抄。又，移交升任江苏藩司文煜接收军饷银二十三万七千四百十五两八钱八分七厘二毫四丝五忽七微、部票银三千两、米一千三百九十六石四斗一合九勺五抄。

实在:存银四万一千九百五十六来八钱三厘八毫三丝四忽五纤,存米四百十八石六斗八升六合二勺二抄。

以上实存银米归于杂款册内入收造报。理合登明。

军机大臣奉旨:览。钦此。①

## ○八一　呈咸丰七年十月至八年三月收支杂款清单

### 同治四年十一月十一日(1865年12月28日)

谨将升任江苏藩司文煜办理江南粮台自咸丰七年十月二十五日起至八年三月初六交卸之前一日止收支杂款总数,开具简明清单,恭呈御览。

旧管:一、存银十九万七千七百五十三两五分一厘五毫一丝八忽四微九纤。

一、存米一千一百二十九斗八合四勺二抄。

新收:一、收平余银一万三千三百五十三两七钱五分四厘九毫三丝九忽八微五纤。

一、收采买米一石四斗一升一合。以上管、收共银二十一万一千一百六两八钱六厘四毫五丝八忽三微四纤,除借支各款共银四千二百三十三两七钱另行解还外,实计收银二十万六千八百七十

---

① 中国第一历史档案馆藏:清单,档案编号:03-4802-032。

三两一钱六厘四毫五丝八忽三微四纤、米一千一百四石三斗一升九合四勺二抄。

开除：一、随营文职各员盐菜等银一万六千八百十三两一钱六分八厘六毫二丝一忽四微九纤。

一、文职各员养廉银一万九千八百五十五两七钱三分七厘一毫七丝九忽三微四纤。

一、满、绿各营兵勇伤亡赏恤银三万七千八百二十两。

一、采办硝磺、米石脚价银十三万三千四百十三两二钱一分二厘七丝一忽六微、米一石四斗一升一合。

一、制造军火等项工料银九千七百四十一两八钱四分五毫四丝。

一、运送各营军火等物脚价、盘费银一万一千三百十一两一钱五分六厘，米九百二十八石三斗一升四合。

一、雇备医、书、匠、役、租赁房价银九百四十五两八钱六分三厘六毫六丝八微二纤、米一百七十四石五斗九升四合四勺二抄。

一、修筑金陵大营、挑濠筑垒工料银四十七万五千六百二十七两八钱二分六厘三毫九丝二忽三微二纤。以上共支银七十万五千五百二十八两八钱四厘四毫六丝五忽五微七纤、米一千一百四石三斗一升九合四勺二抄。

实在：计不敷银四十九万八千六百五十五两六钱九分八厘七忽二微三纤，米无项。

军机大臣奉旨：览。钦此。[①]

---

① 中国第一历史档案馆藏：清单，档案编号：03-4802-033。

## ○八二　呈咸丰七年十月至八年三月收支正款清单

### 同治四年十一月十一日(1865年12月28日)

谨将升任江苏藩司文煜办理江南粮台自咸丰七年十月二十五日起至八年三月初六交卸之前一日止收支正款总数，开具简明清单，恭呈御览。

旧管：一、收前办江南粮台前江宁盐巡道萧时馥移交银二十三万七千四百十五两八钱八分七厘二毫四丝五忽七微，又移交部票银三千两，又移交米一千三百九十六石四斗一合九勺五抄。

新收：一、收江苏筹饷局解银一百八十二万八千三百七十五两七钱三分五厘一毫四丝九忽三微。

以上管、收总共银二百六万五千七百九十一两六钱二分二厘三毫九丝五忽，除垫放各营薪粮等项银十五万六千四百四十六两三钱八分三毫七丝三忽八微二纤不由该台造报外，实计收银一百九十万九千三百四十五两二钱四分二厘二丝一忽一微八纤、部票银三千两，又米四万七千八百九十六石四斗一合九勺五抄。

开除：一、金陵大营亲军暨各省官兵盐粮等银九千一百六十两七钱四分七厘六毫五丝三忽三微六纤、米五百七石五斗九升六勺五抄。

一、吉林、黑龙江满营官兵盐粮等银三万六千三百七十二两八钱九分二厘九毫八丝四忽七微四纤、米一千九十二石八斗二升三合六勺五抄。

一、西安青德州满营官兵盐粮等银五万三百四十八两二钱七分三厘九毫九丝三忽四微四纤、米一千六百七十一石九斗六升四合四勺五抄。

一、各省绿营官兵盐粮等银二十七万八千三百九两七钱九分七厘九毫三丝九忽五微、米二万一千四十三石七斗七升二勺。

一、本省旗营官兵盐粮等银七万四千二百八十八两七钱三分二厘九毫九丝六纤、米七百六十七石三斗一升一勺。

一、本省绿营官兵盐粮等银一万七千五百三十六两一厘九毫九丝六忽二微六纤、米六百十一石一斗一合五勺七抄。

一、水师各营官兵盐粮等银二万八千七百九十六两一钱三毫二丝二忽二微一纤、米二千三百二十五石二斗五升四合一勺三抄。

一、水师各项战船雇价并配驾勇工等银十一万七千六百二十一两四钱九分九厘九毫九丝九忽二微四纤。

一、各省管带壮勇官兵盐粮等银一万五千九十两九钱九分一厘六毫四丝九忽六微二纤、米九百四石二斗四升一合三勺四抄。

一、兼支食米各省壮勇口粮银四十一万九千九百二两二钱，米一万六千四百十九石六斗一升六合一勺。

一、不支食米各省壮勇口粮银二十八万八千七百九十四两二钱。

一、新招兼支食米各省壮勇口粮银五千八百二十两、米六百五十六石五斗三升。

一、新招不支食米壮勇口粮银二万八千二百八十八两。以上共支银一百三十八万三百二十一两四钱三分九厘五毫二丝八忽四微三纤、米四万六千石二斗一升二合一勺九抄，又移交代解粮台江苏候补道李万杰接收银三十三万一千二百七十两七钱五分九厘七丝四忽二微六纤、部票银三千两、米七百九十三石二斗八升一合三勺四抄。

实在：存银十九万七千七百五十三两五分一厘五毫一丝八忽四微九纤，存米一千一百二石九斗八合四勺二抄。以上实存银米归于杂款册内，入收造报。理合登明。

军机大臣奉旨：览。钦此。[①]

## ○八三　奏请奖励徐㢸廷等办事得力片

### 同治四年十一月十一日(1865年12月28日)

再，徐州地方素称疲难，催科之艰之难冠于江省。比年捻氛未靖，旱潦频仍，征缴尤难迅速，而徐台饷项向赖该属地漕以资接济，若非经征之员认真办理，难保无缺乏之虞。查前署铜山县知县徐㢸廷、前署丰县知县王厚庄，经征同治元、二两年地漕钱粮，均能遵限全完，毫无蒂欠，洵属催科得力。前据徐海道朱善张禀请奖励，经臣饬据署江宁布政使勒方锜查明详覆。

臣覆核无异。可否仰恳天恩，俯准将运同衔升用同知直隶州知州前署铜山县知县正任丰县知县徐㢸廷以同知直隶州知州遇缺即补、同知直隶州知州用前署丰县知县候补知县王厚庄归候补班前先用，以示鼓励之处，理合附片具陈，伏乞圣鉴训示。

① 中国第一历史档案馆藏：清单，档案编号：03-4802-033。

谨奏。

同治四年十一月十九日，军机大臣奉旨：钦此。①

【案】此片于同治四年十一月十九日得允行：

同治四年十一月十九日，内阁奉上谕：吴棠奏，经征漕粮遵限全完之知县，恳恩奖励等语。江苏铜山等县叠年捻氛未靖，旱潦频仍，知县徐弼廷等经征同治元、二两年地漕钱粮，均能依限全完，洵属催科得力，即着照所请，前署铜山县知县徐弼廷，着以同知直隶州知州遇缺即补，同知直隶州知州用前署丰县知县王厚壮，着归候补班前先用，以示鼓励。钦此。②

## 〇八四　奏报陈国瑞病疯请旨革职押送回籍折

### 同治四年十一月二十七日（1866年1月13日）

头品顶戴署两广总督漕运总督臣吴棠跪奏，为总兵患病疯狂，现在派员押送回籍，请旨革职示惩，仰祈圣鉴事。

窃臣前据浙江处州镇总兵官陈国瑞呈请请假在淮就医，当经恭折奏奉俞允在案。本年十一月初六日，臣在清江接据淮安府知府、山阳县知县等禀称：总兵陈国瑞因义子副将陈振邦逃走，派弁饬令闭城搜索等情。臣以该总兵陈国瑞尚知体制，不应如是妄为，

① 中国第一历史档案馆藏：军机录副，档案编号：03-4848-032。

② 中国第一历史档案馆编：《咸丰同治两朝上谕档》，第15册，第550页。

当赴淮察看，始见该总兵言语尚能明白，继则笑啼间作，语无伦次，病类疯狂。旋即延医赴陈国瑞寓所，赶为诊治。又据副将陈振邦投署禀称：陈国瑞病势至十月下旬，忽又更变，喜怒无常，终日鞭责陈振邦等。十一月初五日夜间，陈国瑞寻刀逐杀陈振邦，以致陈振邦情急逃避，求臣饬令归宗各情。臣当饬令陈振邦候臣劝谕陈国瑞后，再行往见。

十一月二十五日，臣正派员劝谕陈国瑞间，乃于三更后，陈国瑞率勇十余人，徒步行抵漕臣衙署，将头门碰撞，肆口辱骂，经臣派员禁止，该随勇始行散退，陈国瑞当即疲厥倒地。臣复令人送回寓所调理。除将滋闹衙署之随勇另行拿办、并派弁押送陈振邦归寄外，伏查陈国瑞在淮安一带并无家属，照料乏人，近患疯狂日甚，更虑妄滋事端。臣现已派弁押令回籍，咨交湖广督臣、湖北抚臣，饬令地方官管束。

至陈国瑞虽病疯狂，滋闹衙署，究属罪有应得，相应请旨将浙江处州镇总兵陈国瑞即行革职，以示惩儆而肃营规。所有总兵患病疯狂押送回籍各缘由，恭折具陈，伏乞皇太后、皇上圣鉴。谨奏。十一月二十七日。

同治四年十二月初二日，军机大臣奉旨：钦此。[①]

【案】此案于是年十二月初二日获批覆：

同治四年十二月初二日，内阁奉上谕：吴棠奏，请将患病疯狂之总兵革职一折。浙江处州镇总兵陈国瑞因病在淮就医，辄因与其义子陈振邦有隙，始则派弁闭城搜索，继复寻刀

① 中国第一历史档案馆藏：军机录副，档案编号：03-4719-073。

逐杀，并于黉夜率勇十余人，向漕运总督衙署滋闹，虽系患病疯狂，究有应得之咎。陈国瑞着即行革职，以示惩儆。余着照所议办理，该部知道。钦此。[①]

## 〇八五　请饬湖广督抚派员妥视陈国瑞片

**同治四年十一月二十七日(1866年1月13日)**

再，陈国瑞性本耐苦，自奉甚薄，历年军需节省尚有盈余，月前几次即思捐助军饷，现今病殆，苦无司事帐目稽查。闻参将陈浚家领有资本银数万两，出湖售盐，容臣派员查明实数，奏请提充淮徐兵饷。又闻宝应置有田产数处，为陈振邦婚宴之资。查陈振邦系前守天长总兵陈文胜之侄，今既归宗，则田产无用，应饬地方官查明，存备公款。又，该营尚存小队三百名，已由臣派员管带；战马四十匹，一并交营。另存现银库平二万五千两，拟由臣封解官文，饬司存储，分年交陈国瑞收领，以资回籍生计。

臣思陈国瑞战功屡著，深沐天恩。迹其生平，奋勇过人，是其所长；性情躁急，是其所短。方冀陶熔奖励，宣力戎行，乃因病致狂，细故不忍，几成大恶，实出臣意料之外。惟仰体圣朝保全功臣之意，仍请饬下两湖督臣、湖北抚臣，派员妥视，纵使他日病痊，而性情仍旧犷悍，慎勿轻任兵事，出自高厚鸿慈。臣不胜待命之至。谨附片陈明，伏乞圣鉴。谨奏。

---

① 中国第一历史档案馆编：《咸丰同治两朝上谕档》，第15册，第560页。

同治四年十二月初二日，军机大臣奉旨：钦此。[①]

【案】此片于十二月初二日得允行：

又谕：吴棠奏，陈国瑞患病疯狂，押送回籍，请旨革职，并请饬湖北督抚派员妥视各折片。本日已降旨将该总兵革职矣。所有该革员售盐资本提充淮徐兵饷、宝应田产归公、战马交营各节，均着照所请行。其另存现银二万五千两已由吴棠封解官文，即着官文、郑敦谨饬司存储，分年交陈国瑞收领，以资回籍生计。该革员现既病疯，即使他日就痊，而喜怒无常，性情犷悍，官文等亦不可再任以兵事，致滋贻误。第念其从前宣力戎行，战功叠著，今竟成废，情殊可悯！官文等务当随时派员妥视，毋令失所，其疯疾能否痊愈，并着随时察看具奏，以副朝廷保全爱惜之至意。原折片着钞给官文、郑敦谨阅看。将此各谕令知之。寻奏，陈国瑞业经到籍，察看病势，渐可痊愈。其胞兄陈光荣、堂兄陈光藻出结，领回原籍应城县医治。解到银两，存汉黄道库，以备该革员随时支领，俾资养赡。报闻。[②]

## ○八六　奏请赏假调理折

### 同治四年十二月初二日(1866年1月18日)

头品顶戴署两广总督漕运总督臣吴棠跪奏，为微臣旧疾增发，

① 中国第一历史档案馆藏：军机录副，档案编号：03-4719-072。

② 《穆宗毅皇帝实录(四)》，卷一百六十二，同治四年十二月上，第743页。

新添胁痛怔忡各证，吁恳天恩赏假调理事。

窃臣旧患遍体湿疮，今秋肝阳内扰，谨于本年正月、九月间，先后陈奏在案。秋冬之交，正值捻氛东扰，不敢图安，于时兵饷两穷，益增焦灼，幸贼踪稍远，辖境皆靖。连月医药不离，希冀精神复旧，乃冬至以后，湿疮比旧增剧痛苦，彻夜不眠，加以血亏肝郁，肺气不降，新增胁痛之证，向之眩晕怔忡，时时举发。医家日进疏气、平肝、养心之剂，猝难见效。若不赶速调理，病躯难以望痊。合无仰恳天恩，赏假两月，俾得安心调理，出自逾格鸿慈。臣不胜悚惶待命之至。

所有微臣增病请假缘由，恭折吁陈，伏乞皇太后、皇上圣鉴。再，来年新漕，已会商署督臣李鸿章，饬令江安粮道许道身赶紧筹办。合并声明。谨奏。十二月初二日。

同治四年十二月初八日，军机大臣奉旨：吴棠着赏假两个月调理，遇有紧要事件，仍着照常办理。钦此。①

## 〇八七　南台咸丰九年正月至十年八月收支各款折

### 同治四年十二月初二日(1866年1月18日)

署两江总督江苏巡抚一等肃毅伯臣李鸿章、头品顶戴署两广总督漕运总督臣吴棠跪奏，为查明江南粮台自咸丰九年正月二十日起至十年八月十二日止收支军需各款，遵照新章，分起缮具简明清单，恭折会陈，仰祈圣鉴事。

---

① 中国第一历史档案馆藏：军机录副，档案编号：03-4719-095。

窃照同治三年六月以前各处办理军务未经报销之案，奉上谕准将收支款目总数分年分起开具简明清单，奏明存案，免其造册报销，并着严禁劝捐归补名目。嗣经部臣奏请，严饬各统兵大臣、督抚认真督办，又奉上谕：江南、江北粮台，着责成曾国藩、吴棠办理。其同治三年七月初十以前已经咨题到部尚未核覆之案，即由户部查明收支总数，暂行存案，毋庸题覆，仍行文各该省自行覆加确核，遵照新章，开单奏报等因。钦此。钦遵转行。旋据已革江苏按察使查文经[①]详称：经办江南粮台收支军需各款，已于三年七月初十日以前造册咨部，相应开具简明清单，详请奏报等情。适督臣曾国藩督师北上，未及会核，咨送原案前来。

臣等查查文经自咸丰九年正月二十日接办粮台日起至十年八月十三日交卸前一日止，共收银五百七十万九千一百八十九两四钱三分四厘六毫八丝四忽七微五纤，又部票七千两，米二十五万二千一百九十二石八斗七升六合八勺五抄，代放垫解等项银一百五十八万四千四百四十四两三钱四分九厘四忽一纤、米五万七千四百五十四石二斗五升一合，支销银四百三十三万七千九百八十五两四分七厘八毫八丝六忽四微六纤、米十九万六千二百八十八斗六升五合八勺三抄，计不敷银二十万三千二百三十九两九钱六分

① 查文经（1792—1871），字耕麓，号查墀香馆，湖北京山人，廪生。道光二年（1822），中式举人。六年（1826），中式进士，充户部行走、河南司主稿。十五年（1835），拔户部河南司主事，兼捐纳房主稿、则例馆纂修。十八年（1838），补户部江南司员外郎。翌年，充顺天乡试同考官。二十一年（1841），放江苏常州府知府，兼署苏州府知府。二十二年（1842），护理常镇道。次年，补江宁府知府，兼护盐巡道。同年，署徐州道。二十五年（1845），署江宁布政使。二十七年（1847），迁淮扬道。二十九年（1849），擢福建按察使。咸丰元年（1851），调江苏按察使。次年，补福建布政使。后署甘肃按察使，赏戴花翎。后复调江苏按察使，署漕运总督。六年（1856），督办江南粮台。八年（1858），告老休致，捐建凤山书院。同治十年（1871），卒于籍。有《木樨香馆诗稿》梓行。

二厘二毫五忽七微二纤，不敷米一千五百五十石二斗三升九合九勺八抄，均系已经造册咨部核销之款。臣等覆验收支底册，核对亦属相符，并无浮冒。理合遵照新章，分起缮具清单，恭呈御览存案。为此恭折会陈，伏乞皇太后、皇上圣鉴。

再，查文经垫支杂款银两，为数甚巨，据称情愿自行捐款找发，不请库项，亦不劝捐归补，以恤民力，应请免其报销。至正饷项下不敷银二十万三千二百三十九两零，除将所存部票七千两抵还外，其余银两应俟续有收款，再行找发。倘续收无款，或收不足数，亦由该革员自行捐款找发，不请捐补。合并声明。谨奏。十二月初二日。

同治四年十二月初八日，军机大臣奉旨：户部知道。单四件并发。钦此。[①]

## 〇八八　呈南台咸丰十年正月至八月收支总数清单

**同治四年十二月初二日(1866年1月18日)**

谨将呈已革臬司查文经办理江南粮台自咸丰十年正月初一日起至八月十三日交卸前一日止收支各款总数，开具简明清单，恭呈御览。

旧管：一、存银三十四万三千九百三十两六钱七分七厘四毫三丝二忽九微四纤，又存部票银七千两。

、存米一万八千五百八十石七斗六升一合三抄。

新收：一、收苏州筹饷局解银一百三十一万五千七百七十两五

① 中国第一历史档案馆藏：军机录副，档案编号：03-4803-015。

钱四分八厘二丝八忽。

一、收江宁藩库拨解饷银五万两。

一、收江北粮台转解上海银四万九千九百九十四两。

一、收山西委解饷银一万两。

一、收河南委解饷银一万两。

一、收直隶大名镇总兵马得昭缴回饷银五千二百九十二两。

一、收各营勇壮缴还米价银七万九百十二两一钱一分五厘六毫三丝七忽。

一、收江北粮台代放军饷银一万七千六百四十八两一钱七分二厘三毫。

一、收三案共扣存平余银四千三百五十四两五钱八分九厘九毫九丝六忽四微。

一、收首饰六件，计重四两二钱三分。

一、收洋钱五元。

一、收苏州筹饷局购交咸丰十年正月至五月份兵米共九万一千一百石。

一、收接办江南粮台江清骥补放八月以前各营食米三千三百九十二石八斗七升六合八勺五抄。

一、收江北粮台拨解镇营米一千石。以上旧管、新收总共银一百八十七万七千九百二两一钱三厘三毫九丝四忽三微四纤。又首饰六件，计重四两二钱三分，洋钱五元。除饬代放、垫放各款共银一百十万一千三百六十二两七钱七厘六毫三丝六忽四纤应由各台局、司库分别扣还造报外，实计收银七十七万六千五百三十九两三钱九分五厘七毫五丝八忽三微，部票银七千两。又总共收米十一万四千七十三石六斗三升七合八勺八抄。除代放、垫放、拨放各款共米五万四千五十四石九斗二升三合应由江宁藩司及各台局分别核扣造报外，实计收米六万十八石七斗一升四合八勺八抄。

开除：一、吉林、黑龙江满营官跟、盐菜、马干、夫价等银七千六百七十两七钱九分七厘三毫一丝八微，米二百九十四石二斗二升六合七勺。

一、吉林、黑龙江满营兵丁盐菜、夫价等银八千八百七十八两五钱九分二厘九丝八忽六微二纤、米六百十二石六斗二升七合一勺五抄。

一、驻防满营官跟、盐菜、马干、夫价等银七千九百七十五两七钱八分一厘二毫九丝七忽六微一纤、米三百四十一石八斗二升七合二勺。

一、驻防满营兵丁盐菜、夫价等银二万三千一百十八两七钱三分五厘六毫五丝二忽九微二纤、米二千一百八十五石二斗二升四合。

一、绿营官跟、盐菜、马干、夫价、工食、米折等银三万三千四百七十二两八钱六分五厘二毫四忽二微三纤、米三千一百四十一石七斗七升四合一勺。

一、绿营兵丁盐菜、马干等银十二万八千九百六十五两一钱九分五厘、米一万六千九百九石五斗八升三合二勺四抄。

一、防堵官跟、盐菜、马干等银二百十九两八钱三分九厘九毫九丝九忽四微二纤。

一、防堵兵丁盐菜、马干等银六百十三两六钱四分。

一、水师官跟、盐菜、工食、米折等银一千一百九十八两一分九厘三毫一丝二忽九微七纤。

一、水师兵丁盐菜银二万二千七百五十七两八钱七分五厘。

一、水师船价、勇工银七万四千九百九十八两九钱七分八毫九忽七微九纤。

一、各起壮勇口粮钱合银五十五万八千三百十二两五钱六分二厘五毫、米三万六千六十石五斗二升八合六勺。

一、楚信、楚义勇口粮银六千二百四十两九钱三分三厘三毫三丝一忽四纤。

一、文职各员盐菜、夫价、工食、米折等银二万一千六百七十五两七钱九分八厘五毫三丝六忽四微六纤。

一、文员养廉银一千六百六十一两六钱三分七毫六丝九忽一微七纤。

一、满、绿水师各营额外兵丁、长夫工食银三万六千三百六十七两二钱六分四厘。

以上共支银九十三万四千一百二十八两五钱八毫三丝三忽三纤,米五万九千五百四十五石七斗九升九勺九抄。

实在:计不敷银十五万七千五百八十九两一钱五厘六丝四忽七微三纤,存部票银七千两,存米四百七十二石九斗二升三合八勺九抄。

军机大臣奉旨:览。钦此。①

## 〇八九　呈南台咸丰九年上半年收支总数清单

### 同治四年十二月初二日(1866年1月18日)

谨将已革臬司查文经办理江南粮台自咸丰九年正月二十日起

① 中国第一历史档案馆藏:清单,档案编号:03-4803-016。

至六月底止收支各款总数，开具简明清单，恭呈御览。

旧管：一、收前办江南粮台前江苏巡抚徐有壬移交银十四万二千三十一两四钱四分五厘八毫四丝五忽四微八纤，又移交部票银七千两。

新收：一、收苏州筹饷局解银一百七十九万七千七百九十九两四钱四厘七毫八忽。

一、收两淮运司解到饷银二万两。

一、收苏州筹饷局购交咸丰九年二月至六月份兵米共七万五千四百石。

以上旧管、新收总共银一百九十五万九千八百三十两八钱五分五毫五丝三忽四微八纤。除垫放、代放各款共银二十七万九千二百二十两八钱六分九厘八毫五丝一忽九微七纤应由各台局、司库分别扣还造报外，实计收银一百六十八万六百九两九钱八分七毫一忽五微一纤、部票银七千两，又米七万五千四百石。除拨放山东河标左营、江宁督协四营兵丁口粮共米二千八百九十九石八斗三升四合应归皖省造报及江宁藩司核扣外，实计收米七万二千五百石一斗六升六合。

开除：一、吉林、黑龙江满营官跟、盐菜、马干、夫价等银一万八百四两九钱七分八厘六毫三丝五忽四微四纤、米三百八十四石六斗三升三勺。

一、吉林、黑龙江满营兵丁盐菜、夫价等银一万二千四十一两六钱二分三厘七毫七丝七忽五微、米九百二十五石八升四合八勺。

一、驻防满营官跟、盐菜、马干、夫价等银一万三千四百三十一两五钱九分六毫七忽七纤、米四百九十七石八升七合。

一、驻防满营兵丁盐菜、夫价等银四万八百九十一两六钱七分九厘八毫四丝八忽五微六纤、米三千一百八十二石二斗八升二合二勺五抄。

一、绿营官跟、盐菜、马干、夫价、工食、米折等银五万一千九十八两八钱三分四厘四毫七丝三忽六微六纤、米三千一百八十石七斗六升四合八勺。

一、绿营兵丁盐菜、马干等银二十二万二千二百七十三两四分、米一万八千八百五十九石六斗三合六勺二抄。

一、防堵官跟、盐菜、马干等银四百五十七两七钱六厘六毫六丝四忽七微五纤。

一、防堵兵丁盐菜、马干等银一千三百四十八两八钱五分。

一、水师官跟、盐菜、工食、米折等银一千四百八十六两九钱六分一厘九毫七丝六忽三微八纤。

一、水师兵丁盐菜银二万三千八百二十三两六钱五分五厘。

一、水师船价、勇工银八万五千二十四两。

一、各起壮勇口粮钱合银九十五万七千五百七十七两五钱、米三万三千九百八十石八斗五合九勺。

一、文职各员盐菜、夫价、工食、米折等银二万二千三百六十八两九钱六分五厘一毫九丝二忽七微七纤。

一、各员养廉银四千五百两九钱七分四厘二毫五丝四忽一微四纤。

一、满、绿水师各营额外兵丁、长夫工食银五万九千一百六十六两九钱一分二厘。

以上共支银一百五十万六千二百九十七两二钱七分二厘四毫三丝二微七纤、米六万一千十石二斗五升八合六勺七抄。

实在:存银十七万四千三百十二两七钱八厘二毫七丝一忽二

微四纤，存部票银七千两，存米一万一千四百八十九石九斗七合三勺三抄。

军机大臣奉旨：览。钦此。①

## 〇九〇　呈南台咸丰九年正月至十年八月收支总数清单

**同治四年十二月初二日(1866年1月18日)**

谨将已革臬司查文经办理江南粮台自咸丰九年正月二十日起至十年八月十三日交卸前一日止收支杂款总数，开具简明清单，恭呈御览。

旧管：计不敷银十五万七千五百八十九两一钱五厘六丝四忽七微三纤，存部票银七千两。

一、存米四百七十二石九斗二升三合八勺九抄。

新收：一、收扣存平余银二千六百八十七两五钱六分五毫九忽八微七纤。

以上除管、收相抵外，计不敷银十五万四千九百一两五钱四分四厘五毫五丝四忽八微六纤，存部票银七千两。米无项。

开除：一、满、绿各营征兵阵伤、亡故，自咸丰九年正月二十日起至十二月底止，支过赏恤银八千六百十两。

一、满、绿各营征兵阵伤、亡故，自咸丰十年正月初一日起至八月十三日交卸前一日止，支过赏恤银七百七十五两。

一、各营勇丁阵伤、亡故自咸丰九年正月二十日起至十二月底

---

① 中国第一历史档案馆藏：清单，档案编号：03-4803-018。

止，支过赏恤银三万三千三百四十二两。

一、各营勇丁阵伤、亡故自咸丰十年正月初一日起至八月十三日交卸前一日止，支过赏恤银一千三百八十八两。

一、各营医、书、匠、役自咸丰九年正月二十日起至十二月底止，支过盐菜、工食等银二千三百二十八两一钱八分九厘六毫五丝六忽一微六纤，又口粮米五百十九石三斗九升九合四勺二抄。

一、各营医、书、匠、役自咸丰十年正月初一日起至八月十三日交卸前一日止，支过盐菜、工食等银一千八百九十五两二钱二分七厘九毫九丝四忽七微，又口粮米四百三十二石五斗五升四勺五抄。

一、垫放参将冯日坤等军口粮米一千七十一石二斗一升四合。

以上共支银四万八千三百三十八两四钱一分七厘六毫五丝八微六纤，米二千二十三石一斗六升三合八勺七抄。

实在：计不敷银二十万三千二百三十九两九钱六分二厘二毫五忽七微二纤，存部票银七千两。计不敷米一千五百五十石二斗三升九合九勺八抄。

军机大臣奉旨：览。钦此。①

## ○九一　呈南台咸丰九年七月至十二月收支总数单

### 同治四年十二月初二日（1866年1月18日）

谨将已革臬司查文经办理江南粮台自咸丰九年七月初一日起至十二月底止收支各款总数，开具简明清单，恭呈御览。

① 中国第一历史档案馆藏：清单，档案编号：03-4803-019。

旧管：一、存银十七万四千三百十二两七钱八厘二毫七丝一忽二微四纤，又存部票银七千两。

一、存米一万一千四百八十九石九斗七合三勺三抄。

新收：一、收苏州筹饷局解银二百二十二万二千六百九十九两五钱九分七厘六毫六丝。

一、收苏州筹饷局购交咸丰九年七月至十二月份兵米共八万一千三百石。

以上旧管、新收总共银二百三十九万七千十二两三钱五厘九毫三丝一忽二微四纤。除奉饬代放、垫放各款共银二十万三千八百六十两七钱七分一厘五毫一丝六忽应由各台、局、司库分别扣还造报外，实计收银二百十九万三千一百五十一两五钱三分四厘四毫一丝五忽二微四纤、部票银七千两，又总共米九万二千七百八十九石九斗七合三勺三抄。除代放江宁督协四营兵丁口粮米四百九十九石四斗九升四合应由江宁藩司核扣外，实计收米九万二千二百九十石四斗一升三合三勺三抄。

开除：一、吉林、黑龙江满营官跟、盐菜、马干、夫价等银一万二千八百七十六两六钱四分九厘二毫九丝七忽二微一纤、米四百七十九石二斗九升一合八勺。

一、吉林、黑龙江满营兵丁盐菜、夫价等银一万四千六百七十二两七钱八分四厘五毫一忽二微四纤、米一千八十二石二斗六升六合五抄。

一、驻防满营官跟、盐菜、马干、大价等银一万六千六百五十二两六钱一分七厘二毫五丝八忽六微八纤、米五百九十一石三斗三勺。

一、驻防满营兵丁盐菜、夫价等银五万三百十三两九钱九分一厘八毫九丝一忽九微八纤、米三千七百六十六石五勺。

一、绿营官跟、盐菜、马干、夫价、工食、米折等银六万九千一百四两三钱一分九厘七丝一忽四微五纤、米三千七百二十石五斗二升四合八勺。

一、绿营兵丁盐菜、马干等银二十八万七千一百九十六两七钱四分、米二万三千二百七十一石二斗七升八合五勺五抄。

一、防堵官跟、盐菜、马干等银五百七十八两一钱九厘九毫九丝八忽一微。

一、防堵兵丁盐菜、马干等银一千六百八十二两三钱二分。

一、水师官跟、盐菜、工食、米折等银一千八百三两一钱六分五厘九毫七丝一忽六微五纤。

一、水师兵丁盐菜银二万八千九百八十四两五钱三分五厘。

一、水师船价、勇工银十万六千九百四十五两。

一、各起壮勇口粮钱合银一百十五万二千七十三两六钱八分七厘五毫、米四万七百九十八石九斗九升三勺。

一、文职各员盐菜、夫价、工食、米折等银二万八千一百六十六两八钱八厘四毫九丝二忽一微二纤。

一、各员养廉银二千五百五十六两七钱九分九厘九毫九丝九忽八微七纤。

一、满营水师各营额外兵丁、长夫、工食银七万五千五百二十三两三钱二分八厘。以上共支银一百八十四万九千二百二十两八钱五分六厘九毫八丝二忽二微,米七万三千七百九石六斗五升二合三勺。

实在:存银三十四万三千九百三十两六钱七分七厘四毫三丝二忽九微四纤,存部票银七千两,存米一万八千五百八十石七斗六升一合三抄。

军机大臣奉旨：览。钦此。[①]

## 〇九二　查明督运京米道员刘咸等出力员弁请奖折

### 同治四年十二月初六日（1866年1月22日）

头品顶戴署两广总督漕运总督臣吴棠跪奏，为查明试行河运出力员弁，择尤分别酌保，恭折具陈，仰祈圣鉴事。

窃照本年试行河运米石，先经奏准设局委员筹办，押运赴通，事竣后仿照海运章程，如果著有劳绩，分别鼓励。嗣于九月间，准仓场侍郎钟岱、[②]宋晋[③]抄咨：河运到通，全数收竣，米色一律干洁折内，声明押运各员，咨臣另行请奖，奉旨：依议。等因。钦此。各

① 中国第一历史档案馆藏：清单，档案编号：03-4803-017。

② 钟岱，即宗室钟岱，爱新觉罗氏，生卒年未详。咸丰四年（1854），充宗人府主事，后任大理寺少卿。同治元年（1862），补通政使司通政使、都察院左副都御史。同年，署仓场侍郎。三年（1864），实授仓场侍郎。七年（1868），补泰宁镇总兵。同年，授总管内务府大臣。八年（1869），因病开缺。

③ 宋晋（1802—1874），字锡蕃、佑生，号雪帆，江苏溧阳人。道光十九年（1839），中式举人。二十四年（1844），中式进士，改庶吉士。翌年，授翰林院编修。二十六年（1846），补国史馆纂修。同年，充顺天乡试同考官。二十七年（1847），补左春坊右中允，授文渊阁校理。二十八年（1848），转左春坊左中允。二十九年（1849），授河南乡试正考官。三十年（1850），任司经局洗马、实录馆帮汉总纂官。咸丰二年（1852），升翰林院侍讲学士。次年，补光禄寺卿，署礼部左侍郎，兼实录馆帮汉总纂官。五年（1855），授宗人府府丞。六年（1856），迁内阁学士，兼礼部侍郎衔。七年（1857），署文渊阁直阁事，管稽查中书科事务。八年（1858），署户部右侍郎，兼管钱法堂事务。同年，补授工部右侍郎，并充考试大臣。九年（1859），任顺天武乡试正考官。十一年（1861），授国史馆副总裁，兼署礼部右侍郎。同治元年（1862），调补仓场侍郎。七年（1868），补内阁学士。九年（1870），署文渊阁直阁事。十一年（1872），任仓场侍郎。次年，署吏部右侍郎，旋迁户部左侍郎，兼管三库事务。十三年（1874），卒。有《水流云在馆集》行世。

在案。伏查此次委员于上冬派令采购米石，干圆洁净；雇备船只，亦尚迅速。今春兑米开行，适值东省各股捻匪沿运窜扰，经道员刘咸督饬押运催儹各员，相机前进，并派护送炮船沿途侦探，得以履险如夷。凡经由闸坝及遇长河浅险处所，雇夫设法牵挽，冒暑遄行，频遭阴雨，均能竭力照料。计自采办儹运历八月之久，不惟烽火风涛，毫无损失，即抵通交仓，米色一律干洁，实属办理妥善，著有微劳。此外东省挑挖河道、催雇驳船各印委，亦皆有劳足录。

现在事已告竣，谨择尤为出力员弁，分别缮具清单，仰恳天恩给奖，以示鼓励。至督运京米候补道刘咸当捻氛逼近，妥慎儹行，不避难险，业经仓场侍郎保奏，奉准赏加按察使衔。管理河运局按察使衔淮扬道吴世熊，创办试用，筹画尽心，可否量予奖叙，恭候恩施。其余出力稍次员弁，容臣查明，咨部酌奖。为此缮折具陈，伏乞皇太后、皇上圣鉴训示。谨奏。十二月初六日。

同治四年十二月初八日，军机大臣奉旨：钦此。[①]

## ○九三　呈江苏河运京米出力员弁择尤请奖清单

**同治四年十二月初六日(1866年1月28日)**

谨将河运出力员弁择尤开列清单，恭呈御览。

知府用江苏尽先补用知州张桐、同知衔直隶州用江苏候补知县陈鹏、直隶州用江苏候补知县舒文彬、同知衔江苏候补知县李宝、朱光照、王震，六品顶戴江苏试用府经历姚德钧、江苏尽先补用

① 中国第一历史档案馆藏：军机录副，档案编号：03-4863-095。

主簿冯继春，以上八员，分投购办米石，洁净干圆，运解京仓，交兑无误；沿路风涛烽火，艰险备尝，实属辛勤最著。张桐拟请给予三品封典。陈鹏、舒文彬二员，拟请均俟补直隶州知州后，以知府用，先换顶戴。李宝、朱光照、王震三员，拟请均俟补缺后，以同知直隶州知州用，并恳赏加运同衔。姚德钧拟请俟补缺后，以知县用。冯继春拟请归候补班前尽先补用。

江苏试用巡检顾树宝、候补都司陈勋，以上二员，催儹认真，沿途照料起剥，侦探贼踪，极为得力。顾树宝拟请俟补缺后，以主簿用，并恳赏加六品衔。陈勋拟请俟补缺后，以游击用，先换顶戴。

同知衔候补知县秦守忠、升用守备周象臣，以上二员，分投雇备船只，照料闸坝，著有劳绩。秦守忠拟请俟补缺后，以同知直隶州知州用。周象臣拟请赏加都司衔。

尽先补用副将汪升发、尽先选用副将龚云福、补用游击黄中理，以上三员，管带炮艇，护送米船，当捻匪窜扰东境，深资防护，得以挽渡无虞。汪升发、龚云福二员，拟请赏加总兵衔。黄中理拟请以参将尽先补用，并恳赏加副将衔。

军机大臣奉旨：览。钦此。[①]

## 〇九四　呈东省河运出力人员择尤请奖清单

### 同治四年十二月初六日(1866年1月22日)

谨将东省地方河工出力人员择尤开列清单，恭呈御览。

---

① 中国第一历史档案馆藏：清单，档案编号：03-4863-112。此清单未署呈报者，呈报日期亦未确。兹据内容及参照主折推定其为档案编号03-4863-095号折之附件。

山东即补知府济宁直隶州知州程绳武，先期多备剥船，迎至交界剥运，经过寿张、阳谷等境，挽送渡黄，毫无阻滞，洵属急公任事，拟请赏加道衔。

山东临清直隶州知州张应翔，挑浚临清砖板闸，塘、河一律深通，两日之内，催儹米船，全数挽过，办理认真，拟请赏加知府衔。

同知用东昌府上河通判毓明，所管汛地堤岸，修筑整齐，俾河水不致旁泄，船过各闸，照料勤慎，拟请赏加知府衔。

都司衔山东运河营守备鲍福元，经管全省运河，自台庄至临清，冒暑往来，催儹一月之久，倍著勤劳，拟请赏加游击衔。

军机大臣奉旨：览。钦此。[①]

【案】此案于是年十二月初八日得允行：

同治四年十二月初八日，内阁奉上谕：吴棠奏，查明试行河运出力员弁开单请奖一折。本年试行河运米石，该委员采办押运，于春间兑米开行，历八月之久，押送催儹，设法牵挽，冒暑遄行，竭力照料，抵通交仓，米色亦一律干洁，暨东省挑挖河道、雇备剥船各委员均著有微劳，自应量予奖叙。管理河运局按察使衔淮扬道吴世熊，着交部从优议叙。所有单开之补用知州张桐，着赏给三品封典；直隶州知州用陈鹏、舒文彬，均着俟补直隶州知州后，以知府用，先换顶戴；知县李宝等三员，均着俟补缺后，以同知直隶州

① 中国第一历史档案馆藏：清单，档案编号：03-4863-105。此清单未署呈报者，呈报日期亦未确。兹据内容及参照主折推定其为档案编号03-4863-095号折之附件。

知州用，并赏加同知衔；府经历姚德钧，着俟补缺后，以知县用；主簿冯继春，着归候补班前尽先补用。巡检顾树宝，着俟补缺后，以主簿用，并赏加六品衔；都司陈勋，着俟补缺后，以游击用，先换顶戴；知县秦守忠，着俟补缺后，以同知直隶州知州用；守备周象臣，着赏加都司衔；副将汪升发、龚云福，着赏加总兵衔；游击黄中理，着以参将尽先补用，并赏加副将衔；济宁州知州程绳武，着赏加道衔；临清州知州张应翔、通判毓明，均着赏加知府衔；守备鲍福元，着赏加游击衔，以示鼓励。该部知道。单二件并发。钦此。[①]

## ○九五　候补通判朱守和请以同知升用片

### 同治四年十二月初六日（1866年1月22日）

再，知府衔江苏候补通判朱守和，经臣以该员历办山阳等处团练并料理城守巡防、迭御捻氛，著有劳绩，请以同知升用。旋奉部文：查照章程，除攻克城池、斩擒要逆，其余概为经保奏免补、免选本班，应将朱守和俟补缺后以同知升用等因。臣伏查该员于咸丰九年即在淮安、山阳等处办理团练，当十年间捻匪窜扰淮安之时，该员带练守城，并出队迎剿，屡获胜仗，斩擒捻逆多名，当经详细声叙，咨请吏部核办。

现有部文覆称，应由臣奏明办理。臣查该员实系曾经斩擒捻逆，著有战功，核与免补本班章程相符，合无仰恳天恩，俯准将知府

① 中国第一历史档案馆编：《咸丰同治两朝上谕档》，第15册，第568页。

衔江苏候补通判朱守和仍照原保以同知升用，以昭激劝。谨附片具陈，伏乞圣鉴。谨奏。

同治四年十二月初八日，军机大臣奉旨：朱守和着以同知升用，该部知道。钦此。[①]

## 〇九六　审拟通州王彬等在洋行劫淹毙命案折

**同治四年十二月初六日(1866年1月22日)**

头品顶戴署两广总督漕运总督臣吴棠跪奏，为盗犯出洋行劫，拒伤事主，致令失足落海，淹毙两命，审明定拟，恭折具奏，仰祈圣鉴事。

窃据署常镇通海道许道身详：据署海门同知李焕文、署通州直隶州知州黄金韶会详称：案于同治元年三月二十三日据事主职员葛尧封呈称：本月十八日，由上海搭坐李长泰沙船，携带货物至仙女镇贩卖，有许福、张嘉福、马馥、朱升、冯长明、钱如海、孙友松、张寿、孙连宝、马荣春、贾锡恩、陈迪一同搭船开行。二十三日早，驶至通州姚港口外内洋，被匪船赶拢，持械上船，劫去银钱、衣物，拒伤多人。许福、张嘉福均失足落海淹毙，现将船只收进姚港口内，除查明失赃另呈外，令先报叩勘缉等情。并据马馥等及地保陈桂各报到州，据经署州依勒通阿查姚港口离城二十里，随选差严缉，一面会营诣勘，验伤拨医，饬差捞获许福尸身，验系受伤后落水身

① 中国第一历史档案馆藏：军机录副，档案编号：03-4719-093。此片具奏日期未确，兹据同批折件校正。

死，填格取结，尸饬棺殓，传属领埋。其张嘉福尸身已漂出大洋，无从捞获。提讯事主葛尧封等及地保陈桂，各供均与报词相同。讯据水手薛怀春，供出船户萧太包有通匪情事，饬差严拿去后。旋据各事主补呈失单，传牙估计失赃，共值库平纹银一千一百六十七两七分三厘，取结附卷。当以萧太包船只系属盗产，应先照例变赔，随饬牙估变价值，先行给事主葛尧封等具领，一面饬查各事主，伤均平复。比差先后拿获萧太包并盗犯王彬到案，验无拷刺痕迹，讯供通详。依勒通阿旋即卸事，接署州黄金韶到任，据报薛怀春在押病毙，验无别故。提讯看役人等，供无凌虐情事，填格详报，均经批饬缉审。兹据该署州黄金韶以逸犯弋获无期，遵照定章，会同署海门同知李焕文提犯覆讯，按例议拟，详由署常镇通海道许道身核拟转详前来。

臣覆加查核，缘王彬、萧太包均籍隶通州，王彬佣趁营生，萧太包向驾沙船为业，均未为匪犯案。同治元年三月十八日，萧太包在上海揽载客人葛尧封、许福、张嘉福、马馥等货物开行，言明至仙女庙交卸。二十二日下午，船停牛洪港口，萧太包上岸，至镇上买物，会遇素识已获之王彬、在逃之丁二郎、刘荣、张渭闲谈。丁二郎询悉萧太包船内装有客货，起意纠人行劫，令萧太包在船艄插黑旗为记。萧太包先未允从。丁二郎声言，如果不从，连船劫去。萧太包畏其凶恶，勉强答应。丁二郎即纠王彬等入伙，王彬等允从，约定次早驾船出洋行劫。萧太包回船，用旧黑布做成小旗，插在后艄。水手薛怀春向其查问，萧太包将前情告知，嘱勿声张。薛怀春应允。

二十三日早，丁二郎又纠允素识在逃之施加郎、黄汶学、黄二并不识姓名广勇四人，连王彬、刘荣、张渭共伙十一人，各携刀械，分驾丁二郎、刘荣两船，由姚江口开行出洋，约有十余里，适萧太包船插黑旗驶至。丁二郎喝令两船一齐赶拢，留王彬、黄二各在本船带住篷索。丁二郎与刘荣等跳过事主船上，萧太包心生悔惧，又虑被事主看破，即与薛怀春躲入舱底。事主葛尧封等出舱拦捕，均被拒伤。事主许福、张嘉福于受伤后失足落海淹毙。丁二郎等劫得赃物，陆续搬运回船，驶至僻处查点，先分给王彬洋钱四元，余约变价再分而逸。事主报经前署州依勒通阿会营诣勘，饬缉捞验，获犯讯详。依勒通阿旋即卸事，该署州黄金韶等抵任，据报薛怀春在押病故，又经验讯详报，均批饬缉审。兹据该州以逸犯弋获无期，遵照新章，会同署海门同知李焕文提犯覆鞫，按例议拟，详由署常镇通海道许道身覆拟转详前来。臣覆核无异。

查例载：江洋行劫大盗立斩枭示。又，窝线如不上盗，又未得财，但为贼通线引路者，照强盗窝主不行又不分赃律，杖一百，流三千里各等语。此案盗犯王彬听从逸犯丁二郎行劫得赃，在本船带住篷索，即属同恶相济，自应按例问拟。王彬合依江洋行劫大盗立斩枭示例，拟斩立决，枭首示众，先行照例刺字。萧太包听从丁二郎插旗为记，虽临时悔惧躲避，并未随同上盗，亦未分得赃物，第船载客货，通盗引劫，即与窝主为贼通线引路无异，亦应按例问拟。萧太包合依窝线如不上盗，又未得财，但为贼通线引路者，照强盗窝主不行如不上盗又未得财律杖一百、流三千里例，拟杖一百，流三千里。虽事犯到官在同治元年八月初二、九月初一等日历次恭奉恩旨以前，第通盗引劫情节较重，应不准其援减，定地发配，折责安置。薛怀春知情不首，本干例议，业经病故，应毋庸议。余讯无同居亲属知情分赃、牌保得规包庇情事，应与薛怀春在押病故、讯无凌虐情事之看役人等，均毋庸议。

失察王彬为盗之牌保事在赦前，请免提责。事主葛尧封等伤已平复。张嘉福尸身漂出外洋，无从捞获，亦无庸议。事主许福并薛怀春尸棺，分别传属领埋。萧太包所驾船只系属盗产，业已变价，给主具领。未起各赃，照估追赔。盗械供弃免追。逸犯丁二郎等饬缉，获日另结。

此案首伙十一人，仅获从犯一名，仍应照例开参。是否允协？除将全案供招咨部外，所有审明定拟缘由，谨会同署两江总督臣李鸿章、护理江苏巡抚臣刘郇膏，合词恭折具奏，伏乞皇太后、皇上圣鉴，敕部核覆施行。谨奏。十二月初六日①。

同治四年十二月初八日，军机大臣奉旨：刑部议奏。钦此。②

---

① 此具奏日期系据推补。

② 中国第一历史档案馆藏：军机录副，档案编号：03-5042-041。此折具奏日期脱落，兹据同批折件校正。

# 同治五年(1866)

## ○○一　奏请李鸿裔补授徐海道折

### 同治五年正月二十五日(1866年3月11日)

漕运总督臣吴棠、暂署两江总督臣李鸿章、护理江苏巡抚臣刘郇膏跪奏,为拣员请补要缺道员,恭折奏祈圣鉴事。

窃照徐海河务兵备道张树声,钦奉上谕:简放直隶按察使,饬令迅赴新任,以重职守。江苏徐海道员缺紧要,着该督抚拣员请补等因。钦此。臣等查徐海道驻扎徐州,控制三省边界,屏蔽江淮,政务最为繁剧。督臣曾国藩驻兵徐州,营务、粮台转运各事宜,均须该道兼管,必得精明干练、熟悉军情之员,方克胜任。

查有江苏遇缺即补道李鸿裔,年三十六岁,四川举人,由兵部主事奏调赴皖,奉旨发往安徽军营差遣委用。同治元年,攻克太平府金柱关等处案内奏奉上谕,以同知不论双单月选用,并赏加知府衔。二年十一月,经督臣曾国藩奏保贤员,以备器使,奉上谕:交军机处存记,候旨录用等因。钦此。三年六月,克复东坝、句容各城隘案内,奏奉上谕,免选本班,以知府尽先选用,并赏加道衔。随克金陵省城,八月二十一日,奉上谕:以道员留于江苏,遇缺即补等因。钦此。四年六月,奏署江安督粮道，办理金陵善后各事，均臻妥洽。该员廉正豁达，条理精详，以之请补斯缺，堪期胜任。第该员奏保今职，尚未赴部引见，与例稍有未符，而捻氛流窜，为地择人，未便稍事拘泥。

臣等往返咨商，意见相同，合无仰恳天恩，俯准将李鸿裔补授徐海河务兵备道，于军务、地方均有裨益。如蒙俞允，仍照河工道员定例，试署一年，期满再请实授。除先檄委署理外，谨会同钦差大臣协办大学士两江督臣曾国藩，合词恭折具陈，伏乞皇太后、皇上圣鉴训示。谨奏。正月二十五日。

同治五年二月初二日，军机大臣奉旨：钦此。①

【案】此折于是年二月初二日得允行：

同治五年二月初二日，内阁奉上谕：李鸿章等奏，拣员请补要缺道员一折。江苏徐海道员缺，着准其以李鸿裔补授，仍着照例试署一年，期满再请实授。该部知道。钦此。②

## 〇〇二　奏为赏福字谢恩折

### 同治五年正月二十六日(1866年3月12日)

头品顶戴署两广总督漕运总督臣吴棠跪奏，为恭谢天恩，仰祈圣鉴事。

同治五年正月初十日，折弁回淮，赍到上年十二月二十一日御赐福字一方。臣当即恭设香案，望阙叩头祗领，恭谢天恩讫。钦惟

① 中国第一历史档案馆藏：军机录副，档案编号：03-4620-124。

② 中国第一历史档案馆编：《咸丰同治两朝上谕档》，第16册，第26页。

我皇上尧屋单心，禹畴锡极，恩敷寿寓占星符见丙之祥，泽洽春台吹律协建寅之气。泰祉则调鸿广运，乾文则悬象同瞻。爰贲云章，下临淮甸。臣铨庸自揣，报称毫无，仰资训诲之秉承，俾免职司之陨越。兹幸军符羽檄，稍远游氛，转漕修防，渐规旧制。频年拜赐，益增敬畏于臣心；献岁储庥，愿播和甘于帝德。

所有微臣感激下忱，理合缮折具奏，恭谢天恩，伏乞皇太后、皇上圣鉴。[①] 谨奏。正月二十六日。

同治五年二月十一日，军机大臣奉旨：知道了。钦此。[②]

## ○○三　奏报病渐就痊销假谢恩折

### 同治五年正月二十八日（1866年3月14日）

头品顶戴署两广总督漕运总督臣吴棠跪奏，为微臣病渐就痊，恭折销假，叩谢天恩，仰祈圣鉴事。窃臣前于同治四年十二月初二日因旧疾增发，恳恩赏假，钦奉谕旨：吴棠〈着〉赏假两个月调理，遇有紧要事件，仍着照常办理。钦此。仰荷圣慈逾格，感悚交深！臣当即延医，赶紧调治。自立春以后，胁痛、怔忡等证渐次平愈，惟湿疮未尽脱体，所幸内证已清，饮食无碍，仍可照常理事，现计假期将满，不敢稍耽安逸。理合恭折销假，叩谢天恩，伏乞皇太后、皇上圣鉴。谨奏。正月二十八日。

同治五年二月初五日，军机大臣奉旨：知道了。钦此。[③]

---

① 《望三益斋存稿·谢恩折子》仅作“伏乞圣鉴”。

② 中国第一历史档案馆藏：军机录副，档案编号：03-4620-150。

③ 中国第一历史档案馆藏：军机录副，档案编号：03-4620-140。

## ○○四　北台咸丰十一年至同治元年收支折

### 同治五年正月二十八日(1866年3月14日)

署两江总督江苏巡抚一等肃毅伯臣李鸿章、头品顶戴署两广总督漕运总督臣吴棠跪奏，为查明江北粮台自咸丰十一年十一月初一日起至同治元年二月二十六日止收支军需各款，遵照新章，分起缮具简明清单，恭折会陈，仰祈圣鉴事。窃照同治三年六月以前各处军需收支款目，钦奉上谕：分起开单，奏明存案，免其造册报销。江南、江北粮台，着曾国藩、吴棠办理各等因。钦此。钦遵转行。据承办江北粮台报销江苏候补道姚仰云将军需收支正、杂各款分起开单详奏，督臣曾国藩未及会核，即已赴徐。臣等检查姚仰云原送清单内咸丰十一年十一月初一日起至同治元年二月二十七日前一日止，除协拨外，计管、收两项共银三十五万六千九百六十九两六分四厘五毫三丝八忽六微九纤、钱十万一千一百一千六百三十文、官票银十四万一千二百八十五两、米一万七千八百六十二石六斗二升七合四勺七抄，应支银钱、官票、米石等项内，实发银三十五万五千五百四十五两二钱二分四厘一毫二忽五纤、钱九万五千九百九十一千七百十三文、官票银一万一千二百五十一两、米一万七千四百八十二石六斗二升七合四勺七抄，又移交接办粮台候补道许道身收银一千四百二十三两八钱四分四毫三丝六忽六微四纤、钱五千一百九千九百十七文、官票十三万四十四两、米三百八十石。欠发正饷银二十四万四千八百四十两三钱六分九厘七毫一丝四忽七微一纤、钱三万二千三百七十一千八百文、官票银二千七百二十五两，欠发杂款银十三万三千三百三十两八钱四分九厘二毫五丝四忽五微二纤，又欠发代销筹饷局各款银二千三百三十二两四钱五分二厘六毫五忽九微六纤，均系已经造册咨部核销之款。臣等调核底册，收支亦属相符，并无浮冒。理合遵照新章，缮具简明清单，恭呈御览存案。为此恭折会陈，伏乞皇太后、皇上圣鉴。谨奏。正月二十八日。

同治五年二月初五日，军机大臣奉旨：户部知道。单并发。钦此。①

## 〇〇五　呈江北粮台收支各款总数清单

**同治五年正月二十八日(1866年3月14日)**

谨将江苏候补道姚仰云办理江北粮台自咸丰十一年十一月初一日起至同治元年二月二十七日交卸前一日止收支正、杂各款，开具简明清单，恭呈御览。

旧管：一、收前办江北粮台升任安徽巡抚乔松年移交银二百二十七两七分四厘五毫二丝四忽四微八纤，又移交钱二万三百三十五千四百七十三文，又移交官票银十三万二千三百二两，又移交米二千二百七十七石一斗一升六合八勺。

新收：一、收筹饷局解银二十三万八千一百七十六两二钱三分一厘五毫二丝二忽五微。

一、收两淮运司解银三万两。一、收江北各州县解到地漕、芦课、漕价、亩捐、捐借、厘捐等项银六万八千五百六十四两八钱五分九厘三毫。

① 中国第一历史档案馆藏：军机录副，档案编号：03-4873-013。

一、收泰州解凑大饷银二千两。

一、收记名道施宜泰借支银二千两。

一、收捐输银一万三千一百六十五两。

一、收平余银七千四十三两三钱八分五厘二毫七丝九忽四微二纤。

一、收筹饷局移存银五千七百九十二两五钱一分三厘九毫一丝二忽二微九纤，又收拨解钱一万三千一百三十二千一百五十六文。

一、收扬、通、淮、海各厅州县及各局卡解到厘捐、亩捐、捐借、房捐、盐厘等项钱六万七千零八千八百一文。

一、收捐输正米随收运脚钱六百二十五千二百文。

一、收官票银八千九百八十三两。

一、收捐输米五千三百六十六石三斗。

一、收采买米一万二百十九石二斗一升六勺七抄。

一、收借拨已革运司金安清买存米二千石。以上管、收总共银三十六万六千九百六十九两六分四厘五毫三丝八忽六微九纤。除协拨总兵黄开榜饷银一万两应由清淮筹防局造报外，实计收银三十五万六千九百六十九两六分四厘五毫三丝八忽六微九纤、钱十万一千一百一千六百三十文、官票银十四万一千二百八十五两，又总共米一万九千八百六十二石六斗二升七合四勺七抄。除协拨提督李世忠军营米二千石应由该营造报外，实计收米一万七千八百六十二石六斗二升七合四勺七抄。

开除：一、将军都兴阿随带楚省官弁兵勇找支盐折等项银九千五十四两三钱一分二毫七丝二忽二微九纤、官票五两。

一、江北满、绿各营官弁兵勇找支盐折等银十二万六千九百四十八两四分五厘六毫五丝五忽九微二纤、钱二百四十七千五百文、官票一千四百九十八两。

一、江南留防江北官弁兵勇找支盐折等项银二万五千九百六十八两六钱一分六厘一毫二丝九忽八微九纤、钱二万一千八百三十二千八百文、官票九百四十两。

一、收集江南各营官弁勇壮找支盐折等项银三万八千七百四十五两三钱三分八厘五毫三丝一忽五微三纤、官票三十四两。

一、将军都兴阿随带楚省官弁兵勇盐粮等项，应支银三万四千九百七十五两五分四厘四毫二丝三忽六微五纤，内实发银三万四千六百七十八两六钱三分一厘一毫八丝九忽八微九纤，计欠发银二百九十六两四钱二分三厘二毫三丝三忽七微六纤、官票九百六十七两、米二百一石八斗三升九合四勺。

一、江北满、绿各营官弁兵勇盐粮等项，应支银十八万七千二百十八两六钱一分一毫二丝六忽七微九纤，内实发银二万九千四百三十五两七钱七厘九毫九丝九忽四微，计欠发银十五万七千七百八十二两九钱二厘一毫二丝七忽三微九纤；钱九百八十三千二百五十文，内实发钱七百六十千九百五十文，计欠发钱二百二十二千三百文；官票三千四百五十一两，内实发官票一千四百十七两，计欠发官票二千三十四两；米一万一千七百七十九石二升五勺三抄。

一、江南留防江北各营官弁兵勇盐粮等项，应支银三万五千二十八两四钱六分五厘四丝一忽三微一纤，内实发银二百六十一两六分八厘三毫三丝二忽七微三纤，计欠发银三万四千七百六十七两三钱九分六厘七毫八忽五微八纤；钱四万二千八百二十九千五百文，内实发钱七千八十千文，又钱款不敷支银二千四百两，作钱三千六百千文，计欠发钱三万二千一百四十九千五百文；官票六百四十九两，内实发官票二十四两，计欠发官票六百二十五两；米一千八百十六石五斗六升九合五勺四抄。

一、收集江南各起勇壮盐粮等项，内实发米三千五百二十四石一升四合。欠发银五万一千九百九十三两六钱四分七厘六毫四丝四忽九微八纤，欠发官票六十六两。

一、该道暂借养廉银一千两。

一、还记名道施宜秦银二千两。

一、运送军装、军火、夫、骡、船、车、脚价，应支银二万九千四百三十七两五钱六分四毫七忽六微二纤，内实发银一万二千五百两，又银款不敷支钱一万五千千文，每钱一千五百文作银一两，合银一万两，计欠发银六千九百三十七两五钱六分四毫七忽六微二纤。

一、采办硝磺、铜铁、铅斤等项，应支银九万四千五百七十六两九钱六分七厘七毫四丝九忽二微五纤，内实发银三万五千两，又银款不敷支钱三千八百四千三百七十三文，每钱一千五百文作银一两，合银二千五百三十六两二钱四分八厘六毫六丝六忽六微六纤，计欠发银五万七千四十两七钱一分九厘八丝二忽五微九纤；官票三千两。

一、制造、火药、火绳、铅丸、炮子、帐房、刀械等项，应支银十一万三千二十五两七分六厘六毫一丝九忽一微三纤，内实发银三万两，又银款不敷支钱三万千文，每钱一千五百文作银一两，计欠发银五万九千六百六十九两七分六厘六毫一丝九忽一微三纤；官票三千三百五十六两。

一、雇备勇、壮、夫、骡、船、房、书、匠等项，应支银一万一千八十三两八钱三分七厘四毫九丝七忽六微六纤，内实发银五千二百五十三两五钱五厘九毫九丝四微，计欠发银五千八百三十两三钱三分一厘五毫七忽二微六纤；钱一万二千二百九十三千二百九十文，米一百六十一石一斗八升四合。

一、保赏勇号、花红银二百两。

一、修筑营垒等项，应支银八千九百五十三两一钱六分一厘二毫八丝，内实发银二千一百两，计欠发银六千八百五十三两一钱六分一厘二毫八丝；钱四千九百七十二千八百文。以上实共支银三十五万五千五百四十五两二钱二分四厘一毫二忽五纤、钱九万五千九百九十一千七百十三文、官票一万一千二百四十一两、米一万七千四百八十二石六斗二升七合四勺七抄。又移交接办粮台候补道许道身入收银一千四百二十三两八钱四分四毫三丝六忽六微四纤、钱五千一百九千九百十七文、官票十三万四十四两、米三百八十石。

实在：欠发正饷银二十四万四千八百四十两三钱六分九厘七毫一丝四忽七微一纤、钱三万二千三百七十一千八百文、官票二千七百二十五两。欠发杂款银十三万三千三百三十两八钱四分九厘二毫五丝四忽五微二纤。欠发代销筹饷局各款银二千三百三十二两四钱五分二厘六毫五忽九微六纤。

军机大臣奉旨：览。钦此。①

## ○○六　请饬河臣、东抚择要筹浚河道折

### 同治五年正月二十八日(1866年3月14日)

署两江总督江苏巡抚一等肃毅伯臣李鸿章、头品顶戴署两

① 中国第一历史档案馆藏：清单，档案编号：03-4928-007。此清单未署具呈者，具呈日期亦未确。兹据内容判定其为档案编号03-4873-013号折之附件。

广总督漕运总督臣吴棠跪奏，为理漕须先理河，拟请旨饬下山东河臣、抚臣择要妥筹清筑，以济运行，恭折会陈，仰祈圣鉴事。窃臣等接准部咨：议覆东河督臣张之万、山东巡抚阎敬铭奏江北一半新漕河运难期妥速折内声叙河运淤浅，自宜及早挑挖，逐年办理新漕运，即逐年修浚，理漕正以理河。本届新漕起运之米无几，无有成案可循，且已预筹运资，办理尚有把握。该督抚等须通筹全局，为国家经久之图，河运甫有成效，不宜旋举旋废等因。奉旨：依议。钦此。钦遵咨会前来。臣等前准部咨，赶办河运，遵经会同，筹商办理。嗣准河臣张之万等抄奏咨会，正在踌躇间，适准部咨前因，现已遴员分投购米雇船，一俟办有就绪，另行具折奏报。伏思东省河道乃行漕最要关键，亟宜预筹浚筑，方免临时周章，而当此钱粮极绌之时，二帑必须两筹有费，务期得当。查上届试行河运，东省所挑泇、运两属各工不无多费，而米船仍需绕湖而行。现在江省转运济宁潘鼎新一军粮、药等船，自浦达济，冬夏皆无险阻。是湖路可以绕行，不致格碍。本届粮艘自应入湖行走，所有十字河等处挑工大可酌量停办，仅将东境下游大泛口、古城及郗山进湖处所量加疏浚，以节省十字河挑挖之资，并力于黄水穿运之处，自可费省功倍。至该处情形，须将戴村坝先期坚筑，遏汶水以达运河。其沈家口一带淤垫段落，早为挑浚，渡黄后由南坝头至张秋镇数里之内，淤垫最甚，口门高仰，尤宜认真挑挖。纵使汛水屡涨屡退，陆续停沙，究竟底深可以容纳，俟船将至时，再加捞洗，并将张秋两岸民堰官为修筑，以免旁泄，不专诿之于民，似挽运不至于阻滞。凡此实在情形，臣等虽未自历其境，而勘河、运米各员往还两次，目睹口述如此，与部议逐年办运即逐年修浚之意正相符合也。

臣等更有请者，现办新漕，似因实创，而理漕须先理河，虽创而尤贵乎固。臣吴棠溯查道光二十二年河决口境桃源北岸，黄水穿运，正当有漕年份，赶紧筑做草闸，倒塘灌放，得以空重无误。今东省张秋以北之运河，仅恃黄河旁溢之水为来源，盛涨挟沙，水落沙停，诚属难于拱手。臣等愚以为本届米石无多，东省只可择要挑筑，先其所急，期无糜误而止。若将来南漕全运，必须另筹经久之法，或于南坝头口门以上酌做钳口草坝数道，盛涨则以坝束水，不致淤垫过甚，其水小则设法蓄潴，长河不致干涸，空重运行，按时启闭，一如南河草闸灌塘办法，虽借黄济运，别无来源，与南河情形稍异，而〈因〉地制宜，妥慎经理，似于河运不无裨益。臣等悉心商酌，拟请饬下东河督臣、山东抚臣赶紧浚筑，一切事宜，先行择要妥办，一面体察河道情形，另筹长策，以复全漕河运旧规，庶办理较有把握，不致半途而废矣。理合恭折会陈，伏乞皇太后、皇上圣鉴训示。谨奏。正月二十八日。

同治五年二月初五日，军机大臣奉旨：钦此。①

【案】此折于十年二月初五日得允行：

军机大臣字寄：署理两江总督江苏巡抚一等肃毅伯李、署两广总督漕运总督吴、河东河道总督张、山东巡抚阎，传谕护理山东巡抚布政使丁宝桢：同治五年二月初五日，奉上谕：李鸿章、吴棠奏，理漕须先理河，请饬择要浚筑一折。据称东省

① 中国第一历史档案馆藏：军机录副，档案编号：03-9622-006。

河道乃行漕最要关键，上届东省所挑泇、运两属各工不无多费，而米船仍系绕湖而行。本届粮艘自应入湖行走，所有十字河等处挑工大可酌量停办，仅将东省下游及进湖处所量加疏浚，并将沈家口、张秋镇淤垫段落认真挑浚，似挽运不至阻滞。其本届米石无多，止可择要挑筑，或于南坝头口门迤上酌做钳口草坝数道各等语。现在江省已遴员分投购米雇船，渐有头绪，亟宜将运道豫筹浚筑，方免临事周章。前据阎敬铭奏，漕船入运，全无把握；张之万奏，南坝头等处运河挑挖深浅，皆有可虞各等语。东省运道久经淤滞，疏浚自属费手，惟现当办理新漕之际，岂可任令河道废弛。着张之万、阎敬铭、丁宝桢按照李鸿章等所拟妥筹办理，不得畏难推诿，致误漕行。李鸿章、吴棠亦当随时体察情形，与张之万等悉心咨商，务臻妥善。李鸿章等折着钞给张之万等阅看。吴棠所奏请催晋省徐防协饷等语，本日已谕令王榕吉拨解矣。将此谕知李鸿章、吴棠、张之万、阎敬铭，并传谕丁宝桢知之。钦此。遵旨寄信前来。[①]

## ○○七　请饬催山西欠解徐防协饷片

### 同治五年正月二十八日（1866年3月14日）

再，徐州界连东、豫、皖三省，为江境边陲重镇。军兴以来，设防十有余年。客秋钦差大臣曾国藩移师至徐，虽有重兵驻扎，而本

① 中国第一历史档案馆编：《咸丰同治两朝上谕档》，第16册，第27—28页；《穆宗毅皇帝实录（五）》，卷一百六十八，同治五年二月上，第46—47页。

境防兵未能遽撤，即以湘、淮各军皆需进剿，尚赖此集有兵勇，为防守城寨之资。惟此项军饷，仅恃本属地漕厘款，及奏再拨山西河东饷项，以资敷衍。上年秋歉兵灾，征收益形减色，而晋省协拨之款又复经年未解，虽经升任按察使前徐海道张树声竭力维持，而仰屋兴嗟，时虞饥溃。指日曾国藩移师前进，徐防兵勇更单，防守益形吃紧，荷戈枵腹，情属可怜！惟有仰恳天恩，饬下山西抚臣，严饬藩司、河东道将欠解徐防协饷各先拨银二万两，赶紧解徐，俾济目前之急，仍自同治四年五月起遵照部拨银数，按月源源解济，以拯饥军而维大局。谨附片具陈，伏乞圣鉴。谨奏。

同治五年二月初五日，军机大臣奉旨：钦此。[①]

【案】此片于十年二月初五日得允行：

同治五年二月初五日，奉上谕……吴棠所奏请催晋省徐防协饷等语，本日已谕令王榕吉拨解矣。将此谕知李鸿章、吴棠、张之万、阎敬铭，并传谕丁宝桢知之。钦此。遵旨寄信前来。[②]

## ○○八　南河各厅修守料价等项照章造报片

### 同治五年正月二十八日(1866年3月14日)

再，河工修守，以柴秸正料为大宗。案查南河正料例价内，运、

① 中国第一历史档案馆藏：军机录副，档案编号：03-4804-046。此片具奏日期未确，兹据同批折件校正。

② 中国第一历史档案馆编：《咸丰同治两朝上谕档》，第16册，第27—28页；《穆宗毅皇帝实录(五)》，卷一百六十八，同治五年二月上，第46—47页。

中、里、盱等厅秸料每堆银一百十七两至一百五、七十两不等。柴料则堰、盱、里、中等厅每堆银一百五、六、七十两不等。其湖芦、江柴两项虽以次递减，而运河、扬江每堆例价仍发银八十余两至一百四十余两，盖昔时工多料少，价值不免居奇。自南河奉裁，仅止湖运七厅改并四厅，工程既减，需料亦复无多，且荡柴变价一款，现已奏准照钱合银，核实造销。所有各厅料价亟应分别核减，以期工归实在，款不虚糜。饬据徐海、淮扬两道详覆：以湖运四厅近数年料价通盘筹核，霜后新柴采割，每堆合银不过八十两，及至春间，价又稍昂，当伏秋大汛之时，总须一百余两，方符漕规例定之斤重。一岁之中，大有低昂。从前工多料少，深恐料户居奇，力杜冒销之弊，原不能不额定划一章程。现在湖运工需既经照钱合银，核实造销，则各厅购用料价以及随正杂料，亦应按时合银，随柴声叙，似觉更昭核实。详请奏明立案前来。臣查该道等所议，委系实在情形。除批饬自同治四年起各厅正、杂料物均按时作价，随案声叙，以昭核实，其三年以前各厅工需料价仍照旧章造报外，理合附片陈明，伏乞圣鉴。谨奏。

同治五年二月初五日，军机大臣奉旨：该部知道。钦此。[①]

## ○○九　奏报洪湖滩租应征减缓数目片

### 同治五年正月二十八日(1866年3月14日)

再，洪湖滩地同治三年应征麦秋租数，曾于三年十二月间附

---

① 中国第一历史档案馆藏：军机录副，档案编号：03-4940-009。此片具奏日期未确，兹据同批折件校正。

折奏明在案。兹查该滩三年麦秋应征租钱七千五十一千五百八十七文，压征二年草租钱一千四百九十四千十二文，二共应征钱八千五百四十五千五百九十九文，已征钱七钱五百二十千五百四十四文，民欠钱一千二百五千五十五文。又，秋租应征钱七千五十一千五百八十六文，已征钱五千八百四十五千一百三十八文，民欠钱一千二百六千四百四十八文。又，二年份民欠内又收麦租二百六十七文，秋租十二千六百五十四文。至四年麦租应征钱七千五十一千五百八十七文，因旱歉收，原滩减缓四分，征收六分；尾滩减缓三分七厘，征收六分三厘。计缓征钱二千七百五十六千七百三十五文，实应征钱四千二百九十四千八百五十二文，又，压征三年草租钱一千四百九十四千十二文，二共应征钱五千七百八十八千八百六十四文。又，秋租应征钱七千五十一千五百八十六文，因雨水过多，秋收歉薄，原滩减缓一分五厘，征收八分五厘；尾滩减缓三分，征收七分。计缓征钱一千三百七十七千二百三十九文，实应征钱五千六百七十四千三百四十七文，均经按时启征。所有四年麦、秋两季缓征分数，均俟五年麦季察看情形，再行带征，以纾民力。又，四年草租因被湖水淹损，酌减三分五厘，次年麦季压征六分五厘，计钱九百七十一千一百八文。据管理湖滩局淮扬道吴世熊禀请具奏前来。臣覆核相符，除饬将应征未完钱文赶紧征解外，所有洪湖滩租应征减缓数目情形，理合附片陈明，伏乞圣鉴。谨奏。

同治五年二月初五日，军机大臣奉旨：该部知道。钦此。[①]

---

① 中国第一历史档案馆藏：军机录副，档案编号：03-4864-003。此片具奏日期未确，兹据同批折件校正。

## ○一○　核办河工官员三年大计片

### 同治五年正月二十八日(1866年3月14日)

再，臣接准部咨：定例各省官员，大计三年一次。自同治元年十二月扣至四年十二月三年之期已届，其各省官员卓异者，应行荐举。其有干六法者，应照例统为一本参奏等因。具题，奉旨：依议。钦此。〈钦〉遵咨会前来。臣查江苏一省地方三佐官员，应由藩、臬两司出考造册，详送督臣、抚臣，分别举劾。臣兼司河务，所有河工大小官员自应一体核办，惟有南河裁汰，奉留徐海、淮扬两道，均有分巡事务，并兼管河防之淮军、扬军两厅，应汇同地方官考核。此外，仅只徐州、淮安两厅闸官八缺，人数无多，大半莅任未久，现无应举应劾之员，拟请缓至下届由该管河道出考，咨送江藩司汇办。理合附片陈明，伏乞圣鉴。谨奏。

同治五年二月初五日，军机大臣奉旨：知道了。钦此。[①]

## ○一一　南台咸丰十年至同治元年收支折

### 同治五年二月二十二日(1866年4月7日)

署两江总督江苏巡抚一等肃毅伯臣李鸿章、头品顶戴署两广总督漕运总督臣吴棠跪奏，为查明江南粮台自咸丰十年八月二十日起至同治元年二月初五日止收支军需各款，遵照新章，分起缮具

① 中国第一历史档案馆藏：军机录副，档案编号：03-4720-042。此片具奏日期未确，兹据同批折件校正。

简明清单，恭折会陈，仰祈圣鉴事。

窃照同治三年六月以前各处军需收支款目总数，钦奉上谕：分起开具清单，奏明存案，免其造册报销。嗣经部臣奏饬各统兵大臣、督抚认真督办。又奉上谕：江南、江北粮台，着责成曾国藩、吴棠办理各等因。钦此。钦遵转行。业将已革臬司查文经承办江南粮台截至咸丰十年八月十二日止收支军需各款开单奏明在案。兹查查文经交卸后任江苏记名道江清骥接办，迭据该道详送江南粮台收支正、杂各款清单，因督臣曾国藩移师北上，未及会核，咨送原案前来。臣等核查江清骥原送清单内，咸丰十年八月二十接办日起至十一年六月底止，除垫放外，计管、收两项共银七十二万五千九百七十二两四钱五分七厘七忽一微四纤、米四万四千三百四十三石八升五合五抄。共支正、杂等款银五十一万九千一百三十五两九钱三分三厘九毫三丝三忽三微五纤、米四万二千五百四石九斗六升九合七勺七抄，不敷银十九万三千一百六十三两四钱七分六厘九毫二丝五忽二微一纤。又，咸丰十一年七月初一日起至同治元年二月初五日交卸日止，除垫放外，计管、收两项共正款饷银四十三万二千五十一两二钱五分四丝一忽六纤、米三万一千九百六十二石二斗八升三合六勺四抄。共支正款银四十三万四千九十七两七钱九分八厘六毫八丝一忽七微二纤、米三万一千五百六十九石二斗二升九合二勺八抄。又，共收杂款饷银七万一百九十二两二钱三分九厘二毫四忽五微三纤。共支杂款银二十七万三千七百九十九两三分四厘九毫四丝九微二纤、米三百九十三石五斗四合三勺六抄，计不敷银二十万三千六百六两七钱九分五厘七毫三丝六忽三微九纤，均系已经造册咨部核销之款。臣等复调核底册核对，收支亦属相符，并无浮冒。理合遵照新章，缮具清单，恭呈御览存案。为此恭折会陈，伏乞皇太后、皇上圣鉴。谨奏。二月二十二日。

同治五年二月二十九日，军机大臣奉旨：户部知道。单三件并发。钦此。①

## ○一二　呈南台咸丰十至十一年收支总数清单

### 同治五年二月二十二日(1866年4月7日)

谨将江苏记名道江清骥办理江南粮台，自咸丰十年八月二十日起至十一年六月底止收支正、杂各款总数，缮具简明清单，恭呈御览。

旧管：一、收前办粮台已革臬司查文经移交银九百六十七两七钱三分七厘六毫六丝三微六纤，又移交银首饰六件，计重四两二钱三分，洋钱五元。

新收：一、收前办粮台已革臬司查文经续行移交银二千二百五十一两九钱九分七厘八毫五忽七微八纤。

一、收江苏藩司及各省协拨暨各处解缴银七十万一千二百四十一两八钱七分二厘四毫二丝五忽。

一、收沿江并都天庙等处厘捐银十八万五千四百六十三两八钱五分四厘六毫六丝六忽。以上旧管、新收，共银八十八万九千九百二十五两四钱六分二厘五毫五丝七忽一微四纤。除垫放各营薪、粮等项共银十六万三千九百五十三两五厘五毫五丝不由该台造报外，实计收银七十二万五千九百七十二两四钱五分

① 中国第一历史档案馆藏：军机录副，档案编号：03-4804-083。

七厘七忽一微四纤，又银首饰六件，计重四两二钱三分，洋钱五元，又收各处拨解并采买米四万四千三百四十三石八升五合五抄。

开除：一、江宁驻防满营官弁兵丁盐菜等银一万一千五百二十一两八钱四厘四毫七丝一忽一微一纤、米一千二百五十九石八斗一升一合三勺五抄。

一、各省绿营官弁兵丁盐菜等银六万八千一百五两七分五毫八丝六忽七微五纤、米一万一千九百九十二石七升九合四抄。

一、水师各营官弁兵丁盐菜等银三万八千七百十一两一钱六分七厘九毫六丝九忽二微九纤。

一、水师各项战船雇价配驾勇工等银十八万五千七百八十五两七钱一分六厘六毫六丝一忽五微一纤。

一、兼支食米各起勇壮口粮钱，合银二十万二千二百七十二两、米二万八千六百八十五石七斗四升六合二勺。

一、不支食米各起勇壮口粮钱，合银四万三千六百五十一两三钱一分二厘五毫。

一、楚信、楚义官弁勇壮口粮钱，合银一万七千五百八十八两八钱八分三厘三毫三丝四忽四纤。

一、随营文职盐菜等银一万八千八百九十六两二钱五分四厘五毫五丝四微四纤。

一、文职养廉银一千两。

一、满、绿各营额外兵丁、长夫工食银一万八千五十六两七钱四厘。

一、满、绿各营兵丁勇壮阵伤、亡故赏恤银五千一百七十五两。

一、各营医、书、匠、役工食银二千四百二十两二钱五分五厘九毫九丝五忽九微二纤、米五百六十七石三斗三升三合一勺八抄。

一、采买硝磺等项银十五万二千三百六两六钱四厘九毫三丝一忽六微七纤。

一、制造、军火、器械等项银十五万四百十九两三钱九分三厘二毫六丝二忽四纤。

一、运送各营兵米军火、器械等项脚价银二千九百三十七两一钱三分九厘。

一、台局租赁房价银二百八十八两六钱二分六厘六毫六丝四忽五微八纤。以上共支银九十一万九千一百三十五两九钱三分三厘九毫三丝二忽三微五纤、米四万二千五百四石九斗六升九合七勺七抄。

实在：计不敷银十九万三千一百六十三两四钱七分六厘九毫二丝五忽二微一纤。存米一千八百三十八石一斗一升五合二勺八抄。存银首饰六件，计重四两二钱三分。存洋钱五元。

军机大臣奉旨：览。钦此。①

## ○一三　呈南台咸丰十一年至同治元年收支正款清单

### 同治五年二月二十二日(1866年4月7日)

谨将江苏记名道江清骥办理江南粮台，自咸丰十一年七月初一日起至同治元年二月初五交卸之日止收支正款总数，缮具简明

① 中国第一历史档案馆藏：清单，档案编号：03-4804-090。

清单，恭呈御览。

旧管：一、存初案正、杂各款扣收平余银一万九千二百五两七钱三分七厘三毫七丝六忽九微三纤；银首饰六件，计重四两二钱三分；又洋钱五元。

一、存米一千八百三十八石一斗一升五合二勺八抄。

新收：一、收前办粮台已革臬司查文经续行移交银二千二百五十三两八钱八厘六毫五丝四忽。

一、收筹饷局暨两淮运司、常镇道等处解银四十二万二千六百二十三两六钱六分八厘六毫。

一、收沿江及八里铺等处厘捐银十一万五千八百三十五两七钱五分六厘四毫。

一、收本案正款扣收平余银三百五两八钱一分六厘六毫六丝四忽三微三纤。

一、收粮台捐输并采买米三万一百七十五石五合八勺六抄。以上旧管、新收，共银五十六万二百二十四两七钱八分七厘六毫九丝五忽二微六纤，共米三万二千十三石一斗二升一合一勺四抄。除垫放各营薪、粮等项共银十二万八千一百七十三两五钱三分七厘六毫五丝四忽二微、米五十石八斗三升七合五勺不由该台造报外，实计收银四十三万二千五十一两二钱五分四丝一忽六纤；又，银首饰六件，计重四两二钱三分；洋钱五元；米三万一千九百六十二石二斗八升三合六勺四抄。

开除：一、江宁驻防满营官弁兵丁盐菜等银八千七百三十三两三钱一厘四毫一丝六忽、米一千七石三升九合。

一、各省绿营官弁兵丁盐菜等银四万四千七百四十二两八钱七分四厘六毫二忽三微二纤、米八千六百五十五石九升五合五勺八抄。

一、兼支食米各起勇壮口粮钱合银十四万八千九百三十八两三钱七分五厘，米二万一千一百三十五石三斗二升七合五勺。

一、不支食米各起勇壮口粮钱合银二万八千八百十一两六分二厘五毫。

一、楚信、楚义官弁勇壮口粮银一万一千六百四十九两一钱八分三厘三毫三丝二忽八微九纤、米七百七十一石七斗六升七合二勺。

一、随营文职各员盐菜等银二万三百九十六两八钱一分四厘八毫六丝二忽一微。

一、水师各营官弁兵丁盐菜等银二万二千七十九两三分六厘九毫七丝三忽四微四纤。

一、水师各项战船雇价配驾勇工等银十四万八千七百四十七两一钱四分九厘九毫九丝四忽九微七纤。以上共支银四十三万四千九十七两七钱九分八厘六毫八丝一忽七微二纤、米三万一千五百六十九石二斗二升九合二勺八抄。

实在：计不敷银二千四十六两五钱四分八厘六毫四丝六微六纤。存米三百九十三石五升四合三勺六抄。存银首饰六件，计重四两二钱三分。存洋钱五元。

军机大臣奉旨：览。钦此。①

① 中国第一历史档案馆藏：清单，档案编号：03-4804-092。

## 〇一四　呈南台咸丰十一年至同治元年收支杂款清单

### 同治五年二月二十二日(1866年4月7日)

谨将江苏记名道江清骥办理江南粮台，自咸丰十一年七月初一日起至同治元年二月初五日交卸之日止收支杂款总数，缮具简明清单，恭呈御览。

旧管：一、存米三百九十三石五升四合三勺六抄。

新收：一、收江苏藩司、筹饷局等处解银五万六千四十二两二钱三分五厘。

一、收都天庙等处厘捐钱，合银六千二百八两一钱三分五厘六毫。

一、收各州县捐输米石钱，合银一千八百三十三两八钱三分一厘二毫五丝。

一、收本案杂款扣收平余银六千一百八两三分七厘三毫五丝四忽五微三纤。以上共收银七万一百九十二两二钱三分九厘二毫四忽五微三纤，米三百九十三石五升四合三勺六抄。

开除：一、满、绿各营额外兵丁、长夫工食银一万六百四十三两二钱九分六厘。

一、满、绿各营兵丁及各起勇壮阵伤、亡故赏恤银一千八百九十四两。

一、各营医、书、匠、役工食银一千六百七十六两七钱七分八厘六毫六丝一忽七微二纤、米三百九十三石五升四合三勺六抄。

一、采买硝磺等项银八万九千八十六两六分二厘一毫四丝五微。

一、制造、军火、器械等项银九万九千八百六十二两二钱五分一厘二丝九忽一微八纤。

一、运送各营兵米军火、器械等项脚价银二千六十一两三钱八分六厘九毫。

一、台局租赁房价银一百九十八两五钱七分三厘三毫三丝一忽九微二纤。

一、挖濠筑垒工料等项银六万八千三百七十六两六钱八分六厘八毫七丝七忽六微。以上共支银二十七万三千七百九十九两三分四厘九毫四丝九微二纤，米三百九十三石五升四合三勺六抄。

实在：计不敷银二十万三千六百六两七钱九分五厘七毫三丝六忽三微九纤。

军机大臣奉旨：览。钦此。[①]

## 〇一五　请将武弁韩文元等开复回任折

### 同治五年二月二十二日(1866年4月7日)

头品顶戴署两广总督漕运总督臣吴棠跪奏，为查明失守城池、卫所，开缺备弁因公出境，遵照部咨，先就已覆者，据实奏请开复回任，仰祈圣鉴事。窃查咸丰八年，滁州、庐州、扬州等城失守。又，咸丰十年，苏州省城失守。先后接准兵部咨：将驻扎失守城池各备弁开缺注册，所遗简缺，照例铨选，繁缺照例拣选合例人员，题请调补各等因。移咨到前漕臣邵灿、王梦龄，当经札饬粮道查覆，随时

① 中国第一历史档案馆藏：清单，档案编号：03-4804-091。

奏明在案。嗣又据江安、苏松粮道分别查明覆称：滁州卫守备张为鼎在营普选，咸丰七年九月，奉饬回淮候补。八年八月十六日，札饬赴滁任事，二十七日接印。维时，滁州城尚未克复，滁苏帮千总韩文元，委看本帮减歇苏州府吴江县水次漕船。庐州头帮千总韩毓和，委看本帮截泊宝应县途次减船。庐州二帮千总王焕庭，饬委在苏州查办本帮折变漕船。庐州三帮千总潘樵，委看本帮减泊苏州水次船只。扬州头帮千总李国彰，委署太仓印务。仪征调补兴武三帮千总蓝福恩，委看本帮停泊苏州减歇船只。镇海前帮千总何世暄，咸丰十年三月，调赴江南军营差遣，四月十三日，苏州失守，该弁业已离任。以上各卫备弁，均系因公出境，其城池失守之时并未在卫。既据各该粮道确查属实，委无捏饰情事，自应先将已覆各员据实奏明，令其仍回本任，以免悬缺。合无仰恳圣恩，俯准将滁苏帮千总韩文元、庐州头帮千总韩毓和、庐州三帮千总潘樵、镇海前帮千总何世暄，一体开复，仍令各回本任；庐州二帮千总王焕庭、扬州头帮千总李国彰，业经病故，应请一并准其开复。又，已故滁州卫守备张为鼎、仪征调补兴武三帮千总蓝福恩，滁州、扬州二城失守时，均系因公出境，应请一并免议。其选补各帮千总，照章留于所选省份，遇有题选缺出，即行补用。至未覆各备弁，容臣分别严催，一俟粮道查覆至日，另行具奏。是否允协，理合恭折具奏，伏乞皇太后、皇上圣鉴，敕部议覆施行。谨奏。二月二十二日。

同治五年二月二十九日，军机大臣奉旨：兵部议奏。钦此。[①]

---

① 中国第一历史档案馆藏：军机录副，档案编号：03-4620-202。

# 〇一六　审明盗犯韩淋就地正法折

## 同治五年二月二十二日(1866年4月7日)

头品顶戴署两广总督漕运总督臣吴棠跪奏，为盗犯迭劫得赃，拒伤事主平复，于审明后就地正法，照例议拟，恭折具奏，仰祈圣鉴事。

窃据淮扬道吴世熊详：据淮安府知府章仪林详：据山阳县知县姚德彰详称：案于同治三年九月初五日，据世美七乡下坊黄家集乡约郭树林、地保龚得禀称：本月初四日夜三更时分，身等在防巡缉，听闻鸣锣喊救，往见陶立成杂货店被匪行劫，当同事主、邻佑兜拿，获住一匪，询名韩淋，并拿获刀、棍各一件。事主陶立成等均被拒伤，余匪携赃逃逸，追捕无踪。据事主陶立成指称：被盗用磨捶开店门，持械入室，劫去银钱、衣饰、布物。伊妻陶朱氏、伊弟陶日朗起捕，被拒受伤，经伊鸣锣喊拿，匪始携赃逃走等语。查看店门撞落，门外遗有破小石磨一扇，理合将犯及刀、棍解候讯究等情。并据事主陶立成开单同报到县，据经前署县李振賫提讯韩淋即韩春业，供认纠同在逃之王玉即王如咸、史格升、刘英、蒋玉如、王贵、花生云、王生富、杨怀业即杨怀、高三、张璧行劫，并逼胁刘玉双、李佃华抬运赃物不讳。将犯收禁，刀、棍储库。查该处离城五十里，随选差严缉，一面会勘验伤，传牙估计失赃值银二百四十五两九钱，取结附卷。李振賫不及详报，卸事。接署县熊嘉澍到任，比差拿获刘玉双、李佃华到案，并准桃源县先后缉获逸犯刘英、王玉即王如咸、史格升、蒋玉如，起同原赃，移解到县，声明山阳、清河、宝应、沭阳等县捕役，协同拿获。经熊嘉澍提犯，讯认不讳。并据韩淋、王玉、史格升供认，另有伙劫宝应县事主成份家衣饰、拒伤事主一案。当经移查宝应县事主成份，报案相符，录供通详，批饬缉审。熊嘉澍不及拟解卸事。该县姚德彰到任，提犯覆讯无异。比缉逸犯无获。因捻匪东窜，逼近清淮，禀经臣以该犯等迭次行劫，拒伤事主，不法已极，当此贼氛肆扰，军务倥偬，亟应变通办理。当经札饬该府县会营，将盗犯韩〈淋〉即韩春业、王玉即王如咸、史格升、刘英、蒋玉如五名，先行就地正法，以昭炯戒而戢盗风，一面饬县照例议详去后。兹据山阳县知县姚德彰将各犯处决通报，并提刘玉双、李佃华，覆审议拟，解经淮安府知府章仪林提犯勘详，由淮扬道吴世熊核拟转详前来。臣覆加查核，缘韩淋即韩春业、王玉即王如咸、史格升、刘英，均籍隶沭阳县。蒋玉如籍隶宿迁。俱务农为业。刘玉双、李佃华分隶清河、桃源，推车营生，均未为匪犯案。刘英与刘玉双同姓不宗。同治三年九月初四日，韩淋会遇素识之王玉即王如咸、史格升、刘英、蒋玉如并在逃之王贵、花生云、王生富、杨怀业即杨怀，各道贫难。韩淋稔知黄家集开杂货店之陶立成家道殷实，起意行劫，王玉等允从。王贵又转纠在逃之高三、张歪入伙，即于是夜，韩淋带小刀、木棍，王玉等各带刀棍、油捻，一共十一人，行抵空地，适素识之刘玉双、李佃华推车走至，各自坐下闲谈。韩淋即将欲往陶立成店内行劫缘由向刘玉双等告知，纠令推运赃物。刘玉双等不允欲走，韩淋声言如不同去，定即杀害，喝令王贵等逼胁刘玉双等推车同行。三更时分，偕抵事主陶立成门首，刘玉双、李佃华畏惧不前，韩淋即令刘玉双等在路口等候，又虑刘玉双等逃回，令高三、张歪看管。韩淋同王贵用街上破小石磨撞开陶立成店门，王玉等点起油捻，一齐进至事主卧房，劈开箱柜行劫。事主起捕，王贵、花生云各将事主拒伤。韩淋等劫去钱文，递交高三、张歪，分装两车，押令刘玉双、李佃华推车先行。韩淋等复又劫得银洋、衣饰、布物，用事主店内口袋装盛。经陶立成鸣锣喊捕，各犯分拿赃物逃出。事主同邻佑拦住捉拿，史格升、刘英、蒋玉如、王贵、花生云、杨怀业携赃先逃，韩淋与王玉、王生富各用刀棍拒捕。何人拒伤何人何处，均未看清。其时，乡约、地保闻声趋至帮捕，将韩淋拿获，王玉等逃脱，赶上史格升等，告知各自拒捕并韩淋被获情由，同到僻处，寻见高三、张歪，询知刘玉双等已将钱文卸下逃回。王玉等查点赃物，俵分而逸。事主、乡、地将韩淋解县，勘讯饬缉，获犯刘玉双、李佃华到案。并据桃源县先后拿获王玉、史格升、刘英、蒋玉如，解经山阳县讯供通详，批饬缉审。因捻匪东窜，逼近清淮，禀经臣饬令会营，将盗犯韩淋、王玉、史格升、刘英、蒋玉如五名先行就地正法，一面饬县议详。兹据该县将各犯处决通报，并提刘玉双等审拟、解府提勘，详道核拟转详前来。臣覆核无异。

查律载：强盗已行但得财者，不分首从皆斩。又，例载：洋盗案内，如系被胁只为盗匪服役并未随同上盗被获者，杖一百、徒三年。又，名例载：断罪无正条者，援引他律，比附定拟各等语。此案韩淋起意纠同王玉等行劫事主陶立成店内银钱、布物，拒伤事主平复，自应按律问拟。韩淋即韩春业、王玉即王如咸、史格升、刘英、蒋玉如，均合依强盗已行但得财者不分首从皆斩律，拟斩立决，业已就地正法，应毋庸议。刘玉双等讯只被逼推运赃物，并未上盗分赃。遍查律例，并无作何之罪明文，自应比例问拟。刘玉双、李佃华二犯均应比照洋盗案内如系被胁只为盗匪服役、并未随同上盗被获者杖一百、徒三年例，各拟杖一百、徒三年，就地发配，折责充徒。该犯等系比例拟徒，毋庸刺字。韩淋等讯无同居亲属知情分赃，其在外为匪，原籍牌保无从觉察，应与买赃之不识姓名人并免查提。

陶立成等伤均平复，应毋庸议。起赃给主，未起追赔。逸犯王贵等饬缉，获日另结。该犯韩淋、王玉、史格升，尚有认劫宝应县事主成份家衣饰、拒伤事主一案，已由县抄供，移知宝应县，查案议详，情罪相等，应归此案拟结。至此案首伙十一人，已于疏防限内获犯过半，兼获盗首，例免开参。再，桃源县知县曾惠首先拿获此案罪干斩决之邻境盗犯王玉、史格升、刘英、蒋玉如四名，缉捕尚属认真，应请照例送部引见。又，协获此案罪干斩决之邻境盗犯四名，系署清河县知县龙寅绶，应请敕部照例议叙。是否允协，除全案招供咨部外，所有审明后饬令将各犯先行就地正法，一面照例议拟缘由，谨会同署两江总督一等肃毅伯臣李鸿章、护理江苏巡抚臣刘郇膏，合词恭折具陈，伏乞皇太后、皇上圣鉴，敕部核覆施行。谨奏。二月二十二日。

同治五年二月二十九日，军机大臣奉旨：该部议奏。钦此。[①]

## ○一七　奏报委令刘咸署理淮扬道片

### 同治五年二月二十二日（1866年4月7日）

再，昨据淮安府同知路崇禀报：淮扬〈道〉吴世熊于正月二十八日丁本生母忧，当查淮、扬道一缺经管河湖工程及分巡淮扬两府地方，事繁责重，不可一日旷悬，且复设斯缺未及一年，诸务悉同创始，非坚卓有为之员不足以资整顿。兹查有按察使衔江苏候补道刘咸，精明干练，熟悉情形，于防河理漕事宜，尤多阅历，堪以署理。除檄饬遵照赶紧赴任以专责成外，谨会同署两江总

① 中国第一历史档案馆藏：军机录副，档案编号：03-5054-018。

督一等肃毅伯臣李鸿章、护理江苏巡抚臣刘郇膏，附片陈明，伏乞圣鉴。谨奏。

同治五年二月二十九日，军机大臣奉旨：知道了。钦此。[①]

## 〇一八　奏明新设淮扬镇营制片

### 同治五年二月二十二日(1866年4月7日)

再，新设淮扬镇营制事宜，前经臣遵旨斟酌损益，奏蒙敕部核议覆准，当经转行该镇督率各营，会同州县划分汛地界址，安设弁兵，分别存营、司、哨，造具图册送核，并添委淮扬道吴世熊会议具详：内左营参将原议驻扎清江，嗣据清邑绅董公呈，以清河北岸王营镇地方四达通衢，五方杂处，近接西坝，为盐务、钱粮重地，请将左营参将、守备移驻王营。又，宿迁营游击，原议驻扎邳州、宿迁县交界之磘湾镇地方，嗣据该管营县禀：宿邑新安镇北界东省郯城，东接海州沭阳，为南北通京要道，匪徒出没靡常，请将宿迁营游击移驻新安镇各等情。先后饬据该镇等查覆，该二营改扎防守，均属得宜，并以河营兵丁多系土著，迁徙稍有未协，声请略予变通，按照原营与改设营份道路相近者，递推挑选，以顺兵情。至部步守兵内挑选马兵三百名，为数本属无多，因查向来外委一项，俱系支食马粮，今奉准改操，外委员数与马兵数目各不牵涉，是以遵照部议，按营分设外委缺份，并未列入马兵数内。凡此皆营制案内未尽事宜，经臣随时体察情形，酌核办理。除将淮扬镇营制图册及应补各营

① 中国第一历史档案馆藏：军机录副，档案编号：03-4956-090。此片具奏日期未确，兹据同批折件校正。

将备等缺照例会同督臣、抚臣分别题咨外，相应附片陈明，伏乞圣鉴。谨奏。

同治五年二月二十九日，军机大臣奉旨：该部知道。钦此。[①]

## ○一九　奏报徐台捐补欠项请照减成核奖片

**同治五年二月二十二日(1866年4月7日)**

再，臣准户部咨：议覆臣奏徐州粮台欠发制造、军火等项银两，劝捐归补，准如所奏办理。惟劝捐归补各案，均按筹饷例暨现行常例减二成核奖。同治三年十月间，议准前任湖南巡抚恽世临[②]具奏军需报销章程，系援照元年十一月严树森所奏官员领款作为捐项成案，统照筹饷例及现行常例正项核给奖叙，不准减成。此次归补徐州欠发捐项，应令查照办理等因。奉旨：依议。钦此。钦遵咨会到臣。查前署漕臣王梦龄前办徐州粮台，欠发制造、军火等项银二万三千二百九十三两零；臣前办徐州粮台，亦有欠发前项银一万九百四两零。均系同治三年七月以前之款，核与江南、江北粮台奉准劝捐归补之案相符，并因江南、江北粮台捐补各案均按筹饷例及现行常例减成核奖，徐台捐补欠发银两，事同一律，是以附片陈明，

---

① 中国第一历史档案馆藏：军机录副，档案编号：03-4720-065。此片具奏日期未确，兹据同批折件校正。

② 恽世临(1817—1871)，字次山、季咸，江苏阳湖人。道光二十三年(1843)，中式举人。二十五年(1845)，中式进士，改庶吉士，后任吏部主事。咸丰三年(1853)，充考功司主事，兼上谕馆行走。五年(1855)，补考功司员外郎。七年(1857)，选文选司郎中。八年(1858)，授山西道监察御史。同年，放湖南长沙府知府，转常德府知府。十一年(1861)，升湖南岳常澧道，加盐运使衔。是年，署布政使。同治元年(1862)，迁湖南布政使。二年(1863)，擢湖南巡抚。未几，被劾褫职。十年(1871)，卒于籍。

一面饬令承办报销各委员援案劝捐，仍照减成章程核给奖叙。前案捐项业据委员收齐，于上年十二月间造具捐生履历，详由臣咨奖在案。即臣后案捐项，现亦收齐。伏思此次劝捐归欠，系同治三年七月以前应发军需要款，本与官员领款有间，且多方劝谕输将，始克如数。各捐生报兑在先，今忽于核奖之后再令补缴减成银数，委属窒碍难行。筹思至再，惟有仰恳天恩，俯念前两案归补捐项为数无多，准仍照从前江南北粮台捐补成案，一律按筹饷例及现行常例核奖，以免纷歧。相应附片覆陈，伏乞圣鉴。谨奏。

同治五年二月二十九日，军机大臣奉旨：户部议奏。钦此。①

## 〇二〇　奏报江北新漕筹办河运折

### 同治五年二月二十二日(1866年4月7日)

暂署两江总督江苏巡抚臣李鸿章、头品顶戴漕运总督臣吴棠跪奏，为江北新漕遵办河运，谨将购运米数、筹议情形恭折会陈，仰祈圣鉴事。

窃臣等会奏江北漕米拟请每石仍折收银二两四钱，以一半米数按一两四钱例价解部，每石节省银一两，合之一半折色银两，仿照民折官办章程，买米河运，奉旨饬交户部，议令力为其难，以图规复河运旧制。遵经督饬司道迅筹妥办。旋准山东河臣、抚臣咨会，以河运难期妥速，奏请仍准全数折价，以节浮费而资实用。臣等恐运道不能修复，则挽运难行，不敢遽行采办。嗣于同治四年十二月

---

① 中国第一历史档案馆藏：军机录副，档案编号：03-4804-087。此片具奏日期未确，兹据同批折件校正。

二十二日接准部咨:河运甫有成效,不宜旋举旋废,奏请仍遵前奏办运,毋庸再议更张等因。奉旨:依议。钦此。钦遵咨会到臣。遵复转饬江宁布政使李宗羲、[1]江安粮道许道身,催提漕价,刻速买米雇船,提前赶办。兹据会议具详前来。查同治四年,江北起运冬漕,只有淮、扬、通三府州属,剔除灾缓,计应征正兑改兑正耗米七万七千三十二石四斗二升七合一勺,分半起运,为数畸零,拟请以正耗米四万石试行河运,其余三万七千余石,即按例价每石作银一两四钱,另行派员解部。伏思河运系创办之事,以配船为最难,既无官造漕艘,则受雇应从民便,又无弁丁押护,则长途尤费周防。上年试办之船,以东境汛后河干,至今未返,闻多拆卖船板,空身自归,以致各埠舟子、篙师传为畏途,竟无一船受雇。臣等以此次试办正漕,原期规复旧制,断不可暂图敷衍,致误远谋。若以威令迫胁开行,今岁或可勉从,来年决难为继。因令优加体恤,必船户乐从,方能行之久远。上年试运,水脚每石共给银六钱。部议以后不得援以为例。按海运水脚每石仅给银四钱二分有奇,诚觉河运较重,第海运船大,行驶四月之久,每船得领水脚千有余金,尚以疲乏无力出洋,现须另为调剂。河运则一船只装米二百余石,加以二成货物,所得运费总不及二百余金,自淮至通,非七

---

① 李宗羲(1818—1884),字雨亭、禹亭,号耐轩主人,四川开县人。道光二十三年(1843),取举人。二十七年(1847),中式进士。三十年(1850),选湖北英山县知县。同年,调补安徽婺源县知县,转安徽太平县知县。咸丰五年(1855),以军功保同知,戴花翎。七年(1857),保知府。十年(1860),署安徽安庆府知府,旋因病回籍。同治元年(1862),保道员。翌年,代理荆州府事。三年(1864),署江苏苏松太道。四年(1865),署两淮盐运使,升安徽按察使,迁江宁布政使。同年,署漕运总督。八年(1869),擢山西巡抚。十二年(1873),授两江总督,办理南洋大臣事物,加太子少保。光绪元年(1875),以病休致。十年(1884),卒于籍。著有《开县李尚书政书》。

八月不能往返，毋怪其相率裹足，驱迫势穷。臣等现令每米一石仍给水脚及神福犒赏等款银六钱，并许以海运沙船，已奏请回空时准装货物，免交北税。如蒙俞允，则河运船只准其仿行，应如何给照稽查，另行议办。各船户有此希冀，受雇遂多。因令于多船之中，认真挑选，务取坚实稳固者，现已选雇完备，饬令以扬州为水次，按帮停泊，取具承揽保结，编定号数，择日受兑开行。江北向产粳米无多，应照奏定章程，红白兼收，粳、籼并买，惟以干圆洁净为主。岁杪时因起运未定，采买稍迟。本年正初，米价骤增，办理极形棘手，幸饬分投购办，不任囤户居奇，现亦一律买就。接准东河河臣函知，黄河穿运之区，非五月盛涨不能浮送。臣等拟令该粮道于三月上旬受兑，衔尾开行，趁盛涨未至之前，全帮挽抵张秋，一俟汛水初生，即可儧行无阻；一面飞咨山东河臣督饬厅县，赶紧修理闸坝，挑浚古淤，俾利遄行；并饬经过各地方官，一体防护接催，不准稍有羁滞，总期秋前交米，俾船户乘水回空，以广招徕而利后运。惟查向来漕务弊端，互为鱼肉，事属相因，州县既浮收于民，帮丁即取求于官，抵通之后，丁胥、经纪亦从而向帮丁勒索之。本年解运虽属正漕，系于无可筹备之时，为民折官办之举，绝无累民累官各病。运资较海运尤绌，办法与正漕不同，所费银钱系节省解部折价及漕项银两，事竣应一律造册报销。凡有用项，无不力求撙节，竭蹶以从，由淮径达通仓，剥费、杂费两款，固毋庸批解，即轻赍银两亦仅能照米数合银交仓，只有经纪个儿钱在所必需，则仿照海运成规办理。此外，向来解漕陋规杂费，一无所出，恐丁胥、经纪仍沿从前勒索帮丁之弊，惟有仰恳天恩，饬下仓场衙门，严行禁革，随时稽查。如有需索苛求，应予严提究办，务使漕弊乘此裁革，河运可以畅行。将来江、广各处正漕，渐次添造河船，设法推广，似有益于天庾正供，为国家经久之谟，所关实非浅鲜。所有办理章程，缮具清单，敬呈御览。谨会同护理江苏巡抚臣刘郇膏，合词恭折由驿具奏，伏乞皇太后、皇上圣鉴训示。谨奏。

同治五年三月初一日，军机大臣奉旨：钦此。[①]

## ○二一　呈江北新漕试办河运筹议章程清单

### 同治五年二月二十二日(1866年4月7日)

谨将江北新漕试办河运，筹议章程，缮具清单，恭呈御览。

一、分定米数。查江北淮、扬、通三府州起运熟田漕粮，剔除灾缓，应征正耗米七万七千三十二石四斗三升七合一勺，分半起运，为数畸零，拟请以四万石试行河运，内正兑米二万六百八石六斗六升二合九勺，加三耗米六千一百三十七石五合八勺，改兑米一万五百七十五石二斗五升八合三勺，加二五耗米二千六百五十九石一升二合一勺，加二二耗米二十石六升九勺，共合米四万石，全数交仓。

一、挑选米色。江北粳米最少，现仿海运成案，红白兼收，粳、籼并买，总以干圆洁净为主，不得潮杂，仍令备具样米呈验后，加贴印花，携赴通仓比验交兑。

一、调剂船户。上届试运船只，浅阻未归，致民船无人受雇。现议每米一石仍给水脚及神福犒赏共银六钱，照例准带土宜二成，仍议明如海运沙船，准带回空货物，许其一体带装。另定稽查给照

① 中国第一历史档案馆藏：军机录副，档案编号：03-4864-008。

章程，以示格外体恤。

一、核解轻赍。江安粮道额解两省正漕四十八万六千一百八十五石零，例解仓场衙门轻赍银一万八千六百六两，系何款目，现无案卷可稽。惟计每米一石，应解银三分八厘二毫七丝，今系民折官办，所用均属正款，拟请照米数摊派。本届运米四万石，应实解银一千五百三十两零八钱，毋庸照额全解，以重正款。

一、用款核实。此次运费系以解部折价内节存之每石一两并提给丁之米折银两，以资应用。除买米按照市价、水脚计算石数给发外，所有闸坝、挽缆、席片等项未能预计，俟事竣核实开报。扬州所设河运局经费，及押运各委员川资，均令粮道格外撙节支销，一并造报。

一、删除杂费。河运漕米，径抵通仓。所有海运案内应解之津、通剥费、杂费，遵照上届试办时部议，无庸批解经纪个儿钱一项，前经仓场奏准，每石给银二分，应照解仓场衙门汇收核办。此外向来解正漕时陋规杂费，均请严行禁革，以祛积弊而利运行。

一、较定漕斛。查征收漕粮，向由工部铸造小口铁斛，颁发应用。历届海运，均以漕斛较兑。此次亦按漕斛采买，仍将淮安府存储铁斛携带赴通，以便较对。

一、增给船耗。查海运章程，正米一石给沙船耗米八升，督运委员食米均在其内。上年试行河运，议给民船耗米一升。海运与河运固夷险不同，但河运途长时久，日食较多，兼之盘剥折耗，仅给一升，实有不敷。此次民船耗米，应请酌加，每石二升，以免亏累，俾易招徕。

一、空船回南。东境黄河穿运之处，虽经挑浚，非汛涨不能浮送。上届试运船只，至今未归。此次米船如不趁汛水未落之前回空，则下次难以雇备。应由仓场总督转饬坐粮厅，于米船抵通，随到随验。除实有霉湿应立时风晾外，如系干洁之米，务须随验随收。倘有需索留难，严行惩办。

一、粮道督解。试办河运，系济海运之穷，冀将规复旧制，应令粮道督运赴通，以昭慎重。随带押运员弁，如果实有劳绩，事竣援案请奖，俾示鼓励。

军机大臣奉旨：览。钦此。[①]

【案】此奏于同治五年三月初一日得允行：

同治五年三月初一日，内阁奉上谕：李鸿章、吴棠奏，江北新漕遵办河运，将现办章程开单呈览一折。据称上年试办之船，以东境汛后河干，至今未返，以致人人视为畏途，必须优加体恤，船户乐从，方可行之久远。现拟每米一石给水脚及神福犒赏等款银六钱，仍仿照海运沙船之例，准于回空时装载货物，免交北税；并请饬仓场衙门，严革陋规等语。上年漕船回空，停泊东境，日久未归。若不量为变通，无以广招徕而利后运。着照该署督等所请，每米一石给银六钱，并准照海运沙船之例，回空时准装货物，免交北税。应如何给照稽查示以限制之处，由该署督等妥议具奏。所有经过山东、直隶地方，着各该督抚一体催趱，毋任阻滞。本年解运正漕，运资较海运尤绌，所有一切陋规，自当永远裁革。恐丁胥、经纪仍沿从前勒索帮丁之弊，着仓场侍郎严行禁

① 中国第一历史档案馆藏：清单，档案编号：03-4864-009。

革，随时稽察。如有需索苛求，立予重惩，务期漕政从此整顿，河运可以畅行。余着照所议办理。该部知道。单并发。钦此。[①]

## ○二二　南台同治元年二至十一月收支折

### 同治五年三月初十日(1866年4月24日)

署两江总督江苏巡抚一等肃毅伯臣李鸿章、头品顶戴署两广总督漕运总督臣吴棠跪奏，为查明江南粮台自同治元年二月初六日起至十一月二十日止收支军需各款，遵照新章，分起缮具简明清单，恭折会陈，仰祈圣鉴事。窃照同治三年六月以前各处军需收支各款，钦奉上谕：分起开单，奏明存案，免其造册报销。嗣经部臣奏饬各统兵大臣、督抚认真督办。又奉上谕：江南、江北粮台，着责成曾国藩、吴棠办理各等因。钦此。钦遵转行。业将前办江南粮台江清骥任内咸丰十年八月二十日至同治元年二月初五日止收支各款总数，开单奏明在案。兹查接办江南粮台江苏候补道许如骏曾将军需收支正、杂各款分起开单详奏，督臣曾国藩未及会核，即已赴徐。臣等检查许如骏原送清单内，同治元年二月初六日起至六月底止除代放外，计管、收两项共银二十八万八百五十九两九钱三分七厘三毫一丝七忽二微、钱二万五千一百九十六千一百七十六文、米一万五千八百七十八石一斗六升六合九勺七抄。又，银首饰六件，计重四两二钱三分，洋银五元。共支银三十七万五千五十六两三钱二分一厘六毫六丝六忽五微四纤、钱二万五千一百九十六

① 中国第一历史档案馆编：《咸丰同治两朝上谕档》，第16册，第48页。

千一百七十六文、米一万五千八百七十八石一斗六升六合九勺七抄,计不敷银九万四千一百九十六两三钱八分四厘三毫四丝九忽三微四纤。又,同治元年七月初一日起至十一月二十一日交卸前一日止,除代放移交外,计共收银三十八万七千六百九十六两一钱一分三厘三毫七丝五忽五微一纤、钱九万四百八十五千一百五十九文、米二万一千三百三十二石八斗三升六合一勺二抄。共支银五十四万八千五百九十三两二钱七分八毫八丝四忽四微三纤、钱九万四百八十五千一百五十九文、米二万七千三百三十二石八斗三升六合一勺二抄,计不敷银十六万八百九十七两一钱五分七厘五毫八忽九微二纤,均系已经造册咨部核销之款。臣等复调底册核对,收支亦属相符,并无浮冒。理合遵照新章,分起缮具简明清单,恭呈御览,伏乞皇太后、皇上圣鉴。谨奏。三月初十日。

同治五年三月十五日,军机大臣奉旨:户部知道。单二件并发。钦此。[①]

## ○二三　呈南台同治元年二至六月收支清单

### 同治五年三月初十日(1866年4月24日)

谨将江苏候补道许如骏办理江南粮台,自同治元年二月初六日起至六月底止,收支正、杂各款总数,开具简明清单,恭呈御览。

旧管:一、收前办江南粮台记名道江清骥移交银首饰六件,计重四两二钱三分。又洋钱五元。

新收:一、收前办江南粮台记名道江清骥续行移交银三千三百

① 中国第一历史档案馆藏:军机录副,档案编号:03-4805-034。

五十三两一钱六分八厘六毫九丝一忽二微。

一、收江苏藩司拨饷及前湖南藩司王藻捐款、常镇道关税等银十七万一千三百九两五钱七分八厘六丝，又钱一万二千三百九十六千文。

一、收沿江厘捐暨各项捐款等银十五万六百五两六钱四厘六毫八丝二忽，又钱一万一千八百十六千一百七十六文。

一、收淮、扬、通、海各州县劝捐兵米八千二百石。

一、随收前项米石运脚钱九百八十四千文。

一、收采买兵米七千六百七十八石一斗六升六合九勺七抄。以上管、收总共银三十二万五千二百六十八两三钱五分一厘四毫三丝三忽二微、钱二万五千一百九十六千一百七十六文，又银首饰六件，计重四两二钱三分，洋钱五元。除代放各款共银四万四千四百八两四钱一分四厘一毫一丝六忽应由各该省分别扣还造报外，实计收银二十八万八百五十九两九钱三分七厘三毫一丝七忽二微，共收钱二万五千一百九十六千一百七十六文，又米一万五千八百七十八石一斗六升六合九勺七抄。又收银首饰六件，计重四两二钱三分，洋钱五元。

开除：一、江宁驻防满营官弁甲兵盐折等银六千九十两六钱八分一厘二毫五丝六忽三微九纤。

一、各省绿营官弁兵丁盐菜、马干等银三万六千七百二十七两一钱八分六厘六毫八忽六微四纤。

一、水师各营官弁兵丁盐菜等银一万二千四百五十一两八钱四分四厘三毫一丝五忽一微六纤。

一、水师船价、勇工等银六万四千一百六十二两六钱三分九厘三毫五丝三忽四微一纤。

一、支食米各起勇壮口粮钱十二万四千九百四十一千三百文，内支钱二万五千一百九十六千一百七十六文，又钱合银六万八十七两四钱二分四厘九丝六忽三微八纤。

一、不支食米各起勇壮口粮钱合银一万六千二百九十六两六钱八分六厘七毫四丝六忽九微八纤。

一、楚信、楚义两营官勇口粮银七千二百七十四两二钱三分三厘三毫三丝三忽六纤。

一、文职盐菜、马干等银九千八百五十八两七分二毫六丝六忽八微二纤。

一、满、绿各营额外兵丁长夫工食等银六千八百六十三两三钱六分。

一、满、绿各营兵勇阵伤、亡故赏恤银二千四百七十三两五钱。

一、挑濠筑垒工料银一万六千七百十三两一钱五分二厘八毫一丝三忽二微八纤。

一、采买兵米及硝、磺、铅、铁等项银六万八千七百九十九两一钱九分八厘二毫二丝六忽二微。

一、制造、军装、军火、器械等项银六万四千一百五十七两九钱一分八厘三毫二丝七微。

一、运送各营兵米、军火、器械脚价银一千七百七十三两八钱六分三厘。

一、台局租赁房价银一百三十三两九钱四分三厘三毫三丝九微五纤。

一、医、书、匠、役工食银一千一百九十二两六钱一分九厘九毫九丝八忽五微七纤。

一、各营本色米一万五千八百七十八石一斗六升六合九勺七抄。以上共支银三十七万五千五十六两三钱二分一厘六毫六丝六忽五微四纤、钱二万五千一百九十六千一百七十六文，米一万五千八百七十八石一斗六升六合九勺七抄。

实在：计不敷银九万四千一百九十六两三钱八分四厘三毫四丝九忽三微四纤。

一、存银首饰六件，计重四两二钱三分，洋钱五元。

军机大臣奉旨：览。钦此。[①]

## ○二四　呈南台同治元年七月至冬月收支清单

### 同治五年三月初十日（1866年4月24日）

谨将江苏候补道许如骏办理江南粮台，自同治元年七月初一日起至十一月二十一交卸前一日止收支正、杂各款总数，开具简明清单，恭呈御览。

旧管：一、存银首饰六件，计重四两二钱三分。又，洋钱五元。

新收：一、收前办江南粮台记名道江清骥续行移交银二千四百三十九两六钱九分四毫八丝。

一、收苏藩司、常镇道、江北粮台、楚、粤两省拨解军饷及江北各州县捐借等银二十二万六百十一两一钱七分八厘八毫四丝，又钱八千七百六十五千文。

一、收沿江厘捐银二十二万三千一百二两四钱三分八厘一毫八丝三忽，又钱八万三百三十四千五百十九文。

一、收淮、扬、通、海各州县劝捐兵米一万一千五百四十七石，

---

① 中国第一历史档案馆藏：清单，档案编号：03-4805-036。

又随收前项米石运脚钱一千三百八十五千六百四十文。

一、收采买兵米九千七百八十五石八斗三升六合一勺二抄。

一、收福山镇总兵鞠耀乾一营官兵盐粮、船价、勇工等银六千二百七十八两五钱一分六厘三毫三丝一微九纤。

一、收估变头猛艇一只，价值银二百六十四两六钱八分七厘五毫。

一、收正、杂各款扣存平余银二万三百二十八两三钱六分六厘九毫二丝三忽九微二纤。以上旧管、新收总共银四十七万三千二十四两八钱七分八厘二毫五丝七忽一微一纤，又钱九万四百八十五千一百五十九文。除代放、放存及移交各款，共银八万五千三百二十八两七钱六分四厘八毫八丝一忽六微。又银首饰六件，计重四两二钱三分，洋钱五元。应由各该省及后任分别扣还造报外，实计收银三十八万七千六百九十六两一钱一分三厘三毫七丝五忽五微一纤。又，钱九万四百八十五千一百五十九文。又，米二万一千三百三十二石八斗三升六合一勺二抄。

开除：一、江宁驻防满营官弁、甲兵盐折、马干、驮折等银七千一百四十九两九分七厘二毫五忽二微一纤。

一、各省绿营官弁兵丁盐菜、马干等银一万三千四百七十一两一钱一分六毫四丝四忽五微四纤。

一、不支米各起勇壮口粮钱一万四千三十八千八百文。

一、楚信、楚义营官勇口粮银五千七百九十六两五钱四分九厘九毫九丝九忽七微七纤。

一、镇江驻扎绿营官弁兵勇盐菜、马干、口粮等银十二万九百六十六两六钱七分五厘三毫七忽八微。

一、扬州驻扎绿营官弁兵勇盐菜、马干、口粮等银一万三千二百四十两九钱八分一厘六毫一丝五忽二微四纤、钱二万一千九九百八千七百五十九文。

一、水师官弁及额外兵丁盐菜等银一万八千一百九十八两一钱六分八厘六毫三丝五忽九微六纤。

一、水师船价、勇工等银九万一千一百六十五两七钱七分八毫二丝九忽三微一纤。

一、文职盐菜、马干等银一万四千八百八十七两七钱六分四厘九毫三忽二微八纤。

一、水师满、绿各营额外兵丁、长夫工食等银八千三百八十九两四钱八厘。

一、满、绿各营兵勇阵伤、亡故赏恤银一千八百九两。

一、挑濠筑垒工料银七万八千八百五十七两八钱一厘四毫六丝二忽一微六纤。

一、采买兵米及硝磺、铅、铁等项银八万六千三百四十一两二钱五分一厘六毫六忽八微。

一、制造、军装、军火、器械等项银八万四千五百八十四两九钱六分一厘六毫七丝七忽七微。

一、运送各营兵米、军火、器械脚价银二千一百七十九两九钱五分九厘。

一、台局租赁房价银一百三十九两七钱二分三厘三毫三丝五微五纤。

一、医、书、匠、役工食银一千四百十五两四分六厘六毫六丝六忽一微一纤。

一、各营本色米二万一千三百三十二石八斗三升六合一勺二抄。以上共支银五十四万八千五百九十三两二钱七分八毫八丝四忽四微三纤，钱九万四百八十五千一百五十九文，米二万一千三百三十二石八斗三升六合一勺二抄。

实在：计不敷银十六万八百九十七两一钱五分七厘五毫八忽九微二纤。

军机大臣奉旨：览。钦此。[①]

## 〇二五　请敕速解空白执照来浦片

**同治五年三月初十日（1866年4月24日）**

再，清淮军需向赖捐输协济，近以报兑寥寥，委员携带执照、印收，分赴淮、海、扬、通等属酌派银数，会同各州县，劝谕绅富，捐资集腋，业经奏明在案。惟此次劝捐，大半须用执照，现查臣署所存各照，为数无多，诚恐临时不敷填用，转阻绅富报效之忱。臣悉心酌核，拟恳敕下户部、国子监颁发花、蓝翎照各八十张，正五品衔至正九品衔照计九项各一百张，从九品衔照四百张，监生照四百副，贡生照二百副，封典照二百张，迅速解浦，俾资填用而济军需。理合附片具陈，伏乞圣鉴。谨奏。

同治五年三月十五日，军机大臣奉旨：着照所请，该衙门知道。钦此。[②]

---

① 中国第一历史档案馆藏：清单，档案编号：03-4805-035。

② 中国第一历史档案馆藏：军机录副，档案编号：03-4805-038。此片具奏日期未确，兹据同批折件校正。

## 〇二六　奏请奖励知县双斌等片

### 同治五年三月初十日(1866年4月24日)

再，徐州地方为疲乏之冲，值旱潦之歉岁，加以捻氛叠扰，民困未苏，催科之难，冠于江省，而徐台军饷向赖徐属地漕以资接济，必须经征之员认真办理，方无缺乏之虞。兹据升任直隶按察使徐海道张树声禀称：署丰县知县双斌、署沛县知县徐弼廷于上年秋歉后接遇兵灾，勉力启征，所有同治四年地漕钱粮均已依限扫数全完，洵属催科出力，可否仰恳天恩，准将知府衔同知直隶州用候补知县署丰县知县双斌，俟补缺后，以直隶州遇缺即补；运同衔遇缺即补同知直隶州正任丰县知县调署沛县知县徐弼廷，俟补直隶州后，以知府升用，俾益感奋而昭激劝，出自逾格鸿慈。谨附片具陈，伏乞圣鉴训示。谨奏。

同治五年三月十五日，军机大臣奉旨：钦此。①

【案】此片于是年三月十五日得允行：

同治五年三月十五日，内阁奉上谕：吴棠奏，知县催科出力，恳请给予奖励等语。江苏署丰县知县双斌等经征同治四年地漕钱粮，均能依限全完，实属催科得力。着照所请，署丰县知县双斌，着俟补缺后，以直隶州知州遇缺即补。丰县知县徐弼廷，着俟补直隶州知州后，以知府升用，以示鼓励。该部知道。钦此。②

---

① 中国第一历史档案馆藏：军机录副，档案编号：03-4621-059。此片具奏日期未确，兹据同批折件校正。

② 中国第一历史档案馆编：《咸丰同治两朝上谕档》，第16册，第59页。

## 〇二七　请奖办理清河城工出力员董折

### 同治五年三月初十日(1866年4月24日)

头品顶戴署两广总督漕运总督臣吴棠跪奏,为查明随办清河城工出力员董,遵旨择尤酌保,仰祈圣鉴事。窃臣前奏清江浦城工告成一折,声明在事各员著有微劳,奉旨:师长乐着俟补缺后,以直隶州知州用,并赏加知府衔。其余出力各员,着准其择尤酌保,毋许冒滥等因。钦此。伏思清河县创建新城,工程浩大,以冲繁凋敝之区,值钱粮支绌之际,百计持筹,办理殊非易易。经臣遴委候补知县师长乐承办,并添派淮安府知府章仪林,督催在事员董等分段赶筑,经营两载,实力实心,虽上年春间捻氛逼近淮属,人心震动,而克工不辍,迄于蒇事,洵属鸠庀认真,勤劳倍著。除师长乐一员业经恩奖外,其余出力员董,据章仪林开单禀保前来。臣查修城出力者准照军功请奖,此次清河县创筑城垣,与仅只修理者劳逸不同,谨择其尤为出力之员董等,酌核开具衔名清单,仰恳圣主逾格鸿慈,给予奖叙,以示鼓励。至出力稍次员弁,容臣另行咨部给奖。为此恭折具陈,伏乞皇太后、皇上圣鉴。谨奏。三月初十日。

同治五年三月十五日,军机大臣奉旨:钦此。[①]

---

① 中国第一历史档案馆藏:军机录副,档案编号:03-4987-001。

## ○二八　呈办理清河城工出力人员请奖清单

### 同治五年三月初十日(1866年4月24日)

谨将清河县创建城工在事出力员董，择尤开列清单，恭呈御览。在事出力各员：大挑知县前署清河县知县龙寅绶，催工勤慎，并弹压夫匠出力，拟请赏加同知衔。知县用候补县丞万堪，承管砖石工出力，拟请免补本班，以知县用。理问衔试用县丞王万甡、候补县丞王寿榆，以上二员分管石工出力，拟请均俟补缺后，以知县用。候补从九品杨畴，管砖工出力，拟请不论班次，遇缺即补。蓝翎候选府经历张愚溪、盐提举衔候补府经历许佐廷、候补县丞潘福荫，以上三员集料催工，并撙节估计出力，张愚溪拟请留江苏省补用，仍饬缴分发银两。许佐廷、潘福荫二员，拟请俟补缺后，以知县用。

在事出力董事：指发河南未入流王成，管碱工出力，拟请俟到省后，不论班次，尽先补用。从九品衔王琈，管灰砖两厂出力，拟请赏加州同衔。四品衔同知用即选知县石寿棠、同知衔即选训导杨启源、附贡生鲁蕡、文生秦瑞符、蓝翎州同衔候选从九品丁德五、布理问衔沈繖堂、六品军功监生陈卿文，以上七员名，系承催安东、清河、桃源等县民夫出力。石寿棠拟请赏给三品封典。杨启源拟请选缺后，以知县用。鲁蕡、秦瑞符，均拟请以训导即选。丁德五拟请赏加同知衔。沈繖堂拟请赏加盐提举衔。陈卿文拟请赏加五品衔。[1]

【案】此奏于是年三月十五日得允行：

---

① 中国第一历史档案馆藏：清单，档案编号：03-4987-002。

同治五年三月十五日，内阁奉上谕：吴棠奏，遵保随办清河城工出力员董，开单请奖一折。江苏清河县创建新城，工程浩大，该委员、绅董等当经费支绌之时，鸠工庀材，两载经营，始克蒇事，实属著有微劳，自应量予鼓励。所有单开之前署清河县知县龙寅绶，着赏加同知衔。县丞万瑾，着免补本班，以知县用。王万甡等二员，均着俟补缺后，以知县用。从九品杨畴，着不论班次，遇缺即补。府经历张愚溪，着留于江苏省补用，仍缴分发银两。许佐廷等二员，均着俟补缺后，以知县用。河南未入流王成，着俟到省后，不论班次，尽先补用。从九品衔王琈，着赏加州同衔。四品封职知县石寿棠，着赏给三品封典。训导杨启源，着选缺后，以知县用。贡生鲁蒉等二名，均着以训导即选。州同衔从九品丁德五，着赏加同知衔。布政司理问衔沈黻堂，着赏加盐提举衔。六品军功陈卿文，着赏加五品衔。该部知道。单并发。钦此。[1]

●军机大臣字寄：署两广总督漕运总督吴：同治五年三月十五日，奉上谕：吴棠奏，严防捻匪东窜情形一折。张总愚股匪窜至山东曹县，旋窜定陶及郓城交界地方，该逆复欲勾合赖牛等股，由泰安、曲阜折窜清江、徐州，并探闻贼至嘉祥、金乡，逼近江境。捻逆行踪飘忽，难保不乘虚东犯，清江及邳宿运河南北两岸，在在需防。该漕督已饬姚广武等各率所部，分布清江及邳宿等处，并饬徐海道张树声修整民圩，派兵分驻徐州，并防堵湖团、王团。布置尚属周密。即着吴棠严饬在防员弁

① 中国第一历史档案馆编：《咸丰同治两朝上谕档》，第16册，第59页。

兵勇，实力筹防，毋稍疏懈。至里下河完善之区尤关紧要。该漕督已就现有兵力严密防范，并着俟刘秉璋督勇移扎宿迁之后，与之熟商妥办，以固疆圉。将此由五百里谕令知之。钦此。遵旨寄信前来。[①]

## 〇二九　奏报湖运各工次第兴办折

### 同治五年四月初四日(1866年5月17日)

头品顶戴署两广总督漕运总督臣吴棠跪奏，为湖运各工择要次第兴办，仍饬受益各州县催捐济用，以重修防，恭折仰祈圣鉴事。窃照上年九月间，臣以湖运工需万绌，会同署督臣李鸿章奏请援照道光年间摊修西堤成案，责令受益各州县按田摊捐经费，并饬海、泰两分司劝谕恒贩各商捐资协济，奉旨：着照所请。等因。钦此。钦遵分别转行照办，一面札饬各州县等先行垫解，以济要需。嗣因冬令水枯，盐柴课厘，均有关碍，当饬各该管道督率厅委等，将宿迁之刘老涧、山盱之礼字河、高邮之车、新两坝次第堵筑完成。查高邮新坝石底跌通，原议于堵合后赶紧修复，奈逐加确估，约计需银三万数千两之多，急切无此巨款，不得已而改修高邮南关坝底，以节经费。现将该工料匠等项减成银一万有奇，饬令妥速兴修，以备大汛期内缓急可恃。又，查邳宿运河及桃源十县汛水全入里河，虑难容纳，现派委员将浦家庄至铁心坝一带黄河高仰工段，择要挑浚，备泄运中河盛涨之水，再于中河口北岸酌做排水坝一道，逼溜入黄河，可期得力。其运口头闸上并筑束水坝，以平闸溜而利漕

① 台北故宫博物院藏：军机及宫中档，文献编号：408018063。

行。再，高宝西堤及各属两岸土工多年失修，残缺不一而足，加以近年著名险要之砖石埽工率多塌卸，亦应分别补加，均属必不可缓。先饬前淮扬道吴世熊督厅逐一确估，继令现署道员刘咸，会同署督臣所派之知府高梯，复加勘核，现已酌发米粮，饬令分投兴办，赶于汛水未涨以前一律告竣。惟工用较繁，时虞缺乏，各州县摊捐经费，须自本年上忙催收，其垫解钱文及淮北盐捐等项，亦未扫数全清。臣焦灼万分，拟拨清淮军需，稍济眉急，又苦查一空，难以周转，当经咨商署督臣暂借银三万两，解浦备拨，于金陵厘捐应解清淮项下陆续抵还。凡此沿途要工，当经费万绌之时，皆系加意撙节，核实估办。除严督该管道厅等率汛认真办理、仍饬受益各州县上紧催捐济用以重修防外，理合恭折具陈，伏乞皇太后、皇上圣鉴。谨奏。四月初四日。

同治五年四月初八日，军机大臣奉旨：知道了。钦此。[1]

## 〇三〇　奏报统捐沪淮扬镇兵米请奖折

### 同治五年四月初四日（1866年5月17日）

署两江总督江苏巡抚一等肃毅伯臣李鸿章、头品顶戴署两广总督漕运总督臣吴棠跪奏，为续查统捐沪淮扬镇各营兵米捐生衔名，缮具清单，恳恩给予奖叙，恭折仰祈圣鉴事。窃照同治元年闰八月间，钦奉上谕：现在饷局裁撤，捐借办竣，当兹秋谷登场，收成丰稔，大可循案劝捐兵米。着李鸿章、吴棠遴委江北大员，督饬各州县认真办理等因。钦此。遵经臣等札饬各属改捐借为捐米，按

---

① 中国第一历史档案馆藏：军机录副，档案编号：03-9576-013。

淮扬通海十四厅州县分派，统沪淮扬镇各营并为一捐，由各属印委各员认定捐数，银、米并缴，奏委升任运司乔松年会同粮台，设局督办，并经臣等三次查明捐生履历，奏请恩奖在案。兹续据江宁布政使李宗羲会同该总局，将通州、如皋、江都、甘泉、泰州、东台、兴化、盐城等八州县捐米二万四千四百三十九石七斗四升，合银八万三千九十五两一钱一分六厘，查取履历，声明愿奖官阶，造册详请奏奖前来。臣等按册覆核，均与现行常例、筹饷事例减成请奖章程相符。除将细册咨部查核并在事出力各员另请奖励外，相应奏恳天恩俯准，敕部覆核，迅颁执照，以示奖励而昭激劝。谨合词恭折具陈，伏乞皇太后、皇上圣鉴。谨奏。四月初四日。

同治五年四月初八日，军机大臣奉旨：户部核议具奏，单并发。钦此。[①]

## 〇三一　呈沪营兵米捐输各捐生请奖清单

### 同治五年四月初四日（1866年5月17日）

谨将沪营兵米捐输各捐生指请官阶等项，缮具简明清单，恭呈御览。知府衔兵马司指挥程立忻，捐银五千三百七十九两，请以郎中不论双单月选用。盐提举衔候选州同蒋来恩，捐银八百四十两，以双月盐提举用；又捐银一千三百四十两，请以同知双月选用。不论双单月县丞吴承豫、双月县丞沈璜，各捐银三千三百六十三两，均请以同知双月选用。监生黄焯，捐银五千七十七两，请以同知不论双单月选用。俊秀朱桐，捐银五千一百六十三两，请作为监生，以同

① 中国第一历史档案馆藏：军机录副，档案编号：03-4806-034。

知不论双单月选用。双月銮仪卫经历吴振烈、双月太常寺博士沙鸿钧，各捐银一千一两，均请以主事双月选用。国子监典簿衔宋寿镜，原衔抵资银五百两，今捐银二千二百六十四两，请以主事双月选用。双月州同施猷，捐银一千八百九两，请以通判不论双单月选用。候选训导徐德怀，捐银二千一百七十八两，请以通判双月选用，并加盐提举衔。俊秀张祖培，捐银二千五百十两，请作为监生，以通判双月选用，并加盐提举衔。双月州同吴璜、刘魁鳌，各捐银六百六两，又补缴前捐监生四成实银四十两，共捐银六百四十六两，均请以州同不论双单月选用。贡生孙鼎，捐银一千五百九十三两，请以州同不论双单月选用。监生李泰封，捐银二千五百三十九两，请以州同不论双单月选用，并加盐提举衔。监生程立焘，捐银九百八十七两，请以州同双月选用。双月府经历季学荀，捐银六百六两，请以布政司理问双月选用。布经历衔娄士章，捐银八百十四两，请以布政司经历双月选用。监生黄焕，捐银二千九百九十六两，请以盐运判选用。詹事府主簿衔沈裕河，捐银九百二两，请以太常寺典簿双月选用，并加寻常三级。詹事府主簿职衔沈之瑾，捐银二百十六两，请以詹事府主簿双月选用。候选直隶州州判郑振祚，原衔抵资银六百九十三两，今捐银二百五十二两，请以盐经历双月选用。蓝翎九品顶戴刘际春，捐银一千四百十二两，请作为监生，以盐经历不论双单月选用。监生王寿杞，捐银一千三百二十六两，请以盐经历不论双单月选用。监生王寿榕，捐银八百八两，请以盐经历双月选用。举人王鼎元，捐银三百九十六两，请以复设教谕不论双单月选用。举人刘开文，捐银三百九十六两，请以教谕不论双单月选用。廪贡生武洪钫，捐银一百六十两，请以复设训导双月选用。五品衔分缺先选巡检严思恭，捐银一千六百七十二两，请以盐大使补用。府经历衔周谦，原衔抵资银二百两，今捐银五百九十两，请以府经历双单月选用。双月县丞沈之璋，捐银五百三十五两，请以县丞不论双单月选用，并加布理问衔。双月县丞顾达、储舜卿，各捐银二百八十一两，均请以县丞不论双单月选用。县丞衔孙绍耽，原衔抵资银二百两，今捐银六百八十三两，请以县丞不论双单月选用。不论双单月从九李步璃，捐银六百二十七两，请以县丞不论双单月选用。不论双单月选用从九包栋，捐银七百三十两，请以县丞不论双单月选用。军功五品衔候选从九杨泳恩，捐银七百二十九两，请以县丞不论双单月选用，仍留五品衔。府知事衔吴锡祚，原衔抵资银一百二十两，今捐银四百六十六两，请归双月县丞；又捐银二百八十一两，以不论双单月选用。监生李卿谋，捐银八百四十四两，请以县丞不论双单月选用。附贡生吴毓沈，监生石崇谟、卞祖贻、李臣谋，各捐银五百六十二两，均请以县丞双月选用。监生杜宏勋，捐银二百六十四两，请以指项盐巡检不论双单月选用。附贡生钟然，监生吴霖、朱庆铨，各捐银五百十九两，均请以盐知事双月选用。监生黄炽昌，捐银八百一两，请以盐知事不论双单月选用。俊秀姚玉琪，捐银六百六两，请作为监生，以盐知事双月选用。俊秀陈位修，捐银八百八十六两，请作为监生，以盐知事不论双单月选用。监生王寿樟，捐银五百六十二两，请以县主簿不论双单月选用。俊秀郃文璐、吴之圻，各捐银四百三十二两，均请作为监生，以县主簿双月选用。监生吴廷荣，捐银二百六十四两，请以指项州税课大使不论双单月选用。监生郝炳经，捐银二百九两，请以刑部司狱补用。监生黄赠福，捐银一百一两，请以府照磨双月选用。军功五品从九职衔费荫梧，捐银二百八十四两，请以指项巡检不论双单月选用。不论双单月候选从九品赵国勋，捐银三百四十六两，请以从九品分缺先用。监生曹家献，捐银五百三十八两，请以从九品不论双单月分缺先选用。候选从九侯煊，捐银一百一两，请以从九品不论双单月选用。从九品衔陈铭，原衔抵资外，捐银一百二十四两，请改作监生，以从九品双月选用。监生张集之、张景高、秦起麟、汪一飞、苏福溥、吴廷璋、周泳，各捐银二百二两，均请以从九品不论双单月选用。监生雒锡书、沈元文、居殿臣、沈裕常、吴焜各捐银一百一两，均请以从九品双月选用。监生文格，捐银三百六十二两，请以从九品不论双单月选用，并免考试。俊秀王普生、袁豫，各捐银二百八十八两，请作为监生，以从九品不论双单月选用。俊秀顾翰文，捐银一百八十八两，请作为监生，以从九品双月选用。监生钟启明、赵锡恩，各捐银二百二两，均请以未入流不论双单月选用。俊秀徐馥生，捐银一百八十八两，请作为监生，以未入流双月选用。詹事府主簿衔卢金城，原衔抵资银六百五十两，今捐银五百两，请给予光禄寺署正衔，并加随带二级。五品顶戴分部行走主事季纶全，捐银三百四十八两，请加随带二级。同知衔署安徽凤阳县知县许焕，捐银二百五十二两，请加随带一级。双月候选布政司经历沈煌，捐银一百五十两，请加寻常一级。卫守备衔黄永康，捐银一千五百二十两，请以卫守备双月选用。武生袁峥，在未奉新章以前捐银四百四两，请以营千总分发江南通州本省标营拔补。五品顶戴千总李步瑶，捐银四百十五两，请加守备衔。

军机大臣奉旨：览。钦此。[1]

---

① 中国第一历史档案馆藏：清单，档案编号：03-4826-049。此清单目录日期、具呈者及官衔未确，兹据《李鸿章全集》推定，其为档案编号03-4806-034折之附件。

## 〇三二　江北镇道暂行节制抑复旧制片

### 同治五年四月初四日(1866年5月17日)

再，南河裁缺案内新设淮扬镇营制，未尽事宜，钦奉谕旨，斟酌损益，遵经筹议具奏，经部覆准后，饬据淮扬镇道会核，造送册图前来。臣查此案原准部咨：江北镇道以下各员，奏准归漕运总督暂行节制，俟江南军务稍定，仍归两江总督专辖。是淮扬镇一切事宜若循原案核定，可暂而不可久，今臣与署督臣李鸿章会商，应援照徐州镇章程逐加覆核，缕晰条分，统归两江总督衙门办理，以垂久远。业照造前项册图，咨送会题立案。惟同治三年冬间，臣以金陵克复，疏辞江北地方事宜，奉旨仍着臣兼理，俟江苏善后完竣，再循旧章等因。钦此。现在节制江北镇道，臣固不敢再辞，且清淮正办防务，呼应尚灵，未便稍事诿卸。除专司樵采并未改操之苇荡左右两营已于上年四月间奏归淮扬道专管，以符旧制而免纷更，合之徐扬道所辖属湖运四厅及修防官弁，应统归漕督专辖外，所有江北地方镇道是否仍遵前旨暂行节制，抑即复旧制之处，恭候训示祇遵。相应附片陈明，伏乞圣鉴。谨奏。

同治五年四月初八日，军机大臣奉旨：钦此。[①]

【案】此片于十年四月初四日获清廷批覆。《清实录》：

丙申，谕军机大臣等……吴棠另片奏，江北地方镇道是否仍暂行节制，抑即复旧制等语。现在江北防务吃紧，所有该处镇道各官，着仍归吴棠暂行节制，俟军事大定，再行奏明办理。

---

① 中国第一历史档案馆藏：军机录副，档案编号：03-9576-014。

将此由六百里各谕令知之。[1]

## 〇三三　清淮捐局续收捐输请奖折

### 同治五年四月十四日(1866年5月27日)

头品顶戴署两广总督漕运总督臣吴棠跪奏,为清淮捐局续收捐输银钱各数,分缮清单请奖,仰祈圣鉴事。窃前准户部咨:粮台收捐,照筹饷例及常例银数酌减十分之二,以抵其运解之费。嗣经前河臣奏准以钱一千六百文作银一两,给予奖叙,并饬委员分赴各州县,会同地方官多方劝谕,遵照部定章程,钱钞各半交纳,叠经奏蒙恩奖。同治三年二月以来,清淮银价日落,每两仅易制钱一千四百文有零,核与奉准以钱合银未免悬殊。复经臣奏准,改为银钞各半兑收,并以近来捐生无从购钞,随时量力变通,于四年四月间附陈,经户部核议奏准,以钱一千折银一两搭收各在案。兹据委管捐局按察使衔记名盐运使李元华、按察使衔署淮扬道刘咸册报:捐生陆式谷等四百五十五名,共捐银二万六千六百五十四两、宝钞五万三千三百八千文,遵照户部定章,折收实银五千三百三十两八分。又,因清淮军需支绌,节经委员在外劝收捐生蒋怀幹等四名,情愿照章全缴实银一千七百五十三两,并不搭钞,详请奏奖前来。臣覆核无异。除将捐生履历各册咨部查核外,理合分缮清单,恭呈御览,伏候恩施。至填给执照各捐生,已于册内注明。其未经给照者,仰恳敕部迅即覆核,颁发执照来浦,以便给领而昭激劝。为此恭折具奏,伏乞皇

① 《穆宗毅皇帝实录(五)》,卷一百七十四,同治五年四月上,第137页。

太后、皇上圣鉴。谨奏。四月十四日。

同治五年四月十九日，军机大臣奉旨：户部核议具奏，单二件并发。钦此。[①]

## 〇三四　呈清淮捐局捐输衔名、实银清单

**同治五年四月十四日（1866年5月27日）**

谨将清淮捐局劝收捐输衔名、实银数目，缮具清单，恭呈御览。蒋怀午，安徽人，由记名同知借补广西西隆州知州，丁忧服满，应归双单月选用，捐实银三百八十二两，拟请以同知不论双单月选用。吴梗，安徽廪生，捐实银二百四十七两，拟请作为廪贡生，以训导双月选用。吴炳彝，安徽增生，捐银一千八两，拟请作为增贡生，给予国子监典簿职衔加二级，给伊父母从七品封典，并将本身妻室应封貤封祖父母。吴灼，安徽附生，捐实银一百十六两，拟请作为附贡生。以上捐生四名，共捐实银一千七百五十三两。

军机大臣奉旨：览。钦此。[②]

## 〇三五　呈清淮捐局收捐衔名、银数清单

**同治五年四月十四日（1866年5月27日）**

谨将清淮捐局续收捐输衔名、银数，缮具清单，恭呈御览。陆式谷，湖北人，由双月选用员外郎捐银一千一百五十二两，拟

① 中国第一历史档案馆藏：军机录副，档案编号：03-4906-068。

② 中国第一历史档案馆藏：清单，档案编号：03-4906-069。

请以不论双单月选用。胡海清，改名济清，江西人，由前任浙江广济布库大使捐银四千二百四十两，拟请以主事不论双单月选用，并免其保举。程增贤，江苏人，由员外郎升衔俟选光禄寺署正捐银二千三百九十四两，拟请给予加六级，给伊父母从二品封典，并将本身妻室应封貤封本生父母。奎临，内务府正白旗蒙古人，由现任淮关七品笔帖式捐银八百七十八两，拟请给予主事升衔。魏源，浙江人，由两淮中正场盐课大使捐银一千四百六十一两，拟请给予同知升衔。华楷，江苏人，由双月选用州同捐银七百八十两，拟请给予加二级，给伊父母暨本身妻室，并同日另请祖父母从五品封典。吴炳耀，安徽人，由两淮候补盐知事捐银一千五百四十七两，拟请给予盐课司提举升衔。徐大璋，浙江人，由江苏沙沟司巡检捐银四百六十七两，拟请给予布政司理问升衔。沈维垣，浙江人，由分发江苏从九品捐银六十一两，拟请以府税课大使补用。印玉麟，江苏人，由已满未考吏捐银一百二十三两，拟请以从九品双月选用。巴培元，湖北人，祖籍安徽，由分发南河未入流捐银一百九十五两，拟请免其赴部验看。胡涟，江西人，捐银二百九十两，拟请作为监生，以未入流不论双单月选用。沈耆，浙江人，捐银一百八十九两，拟请作为监生，以未入流双月选用。曹会元，江苏人，由尽先营守备捐银七百二十两，拟请给予都司升衔。朱文炳，江苏人，由分发到标卫守备捐银三百六十两，拟请给予都司升衔。唐高彪，江苏人，由武生捐银四百八十三两，拟请以卫千总补用。聂元伟，安徽监生，捐银二百八十八两，拟请给予国子监典簿职衔。周鸾鸣，江苏监生，捐银二百八十八两，拟请给予翰林院待诏职衔。黄守伦，江苏监生，捐银二千七百三十六两，拟请给予同知职衔加一级，给伊父母从四品封典，并将本身妻室应封貤封祖父母。郑儒珍，江苏贡生，捐银二百四十两，拟请给予布政司经历职衔。陈菊生、段云起、孟金兰，以上三名均江苏监生，各捐银二百四十两，拟请均给予州同职衔。秦茂官，安徽监生，捐银一百六十两，拟请给予县丞职衔。卢家镎，江苏监生，捐银九十六两，拟请给予按察司照磨职衔。葛铭，江苏人，由从九品职衔捐银一百六十两，拟请给伊父母从九品封典。刘文华，江苏人，捐银二百五十六两，拟请作为监生，给予营千总职衔。鲁萫，江苏增生，捐银九十六两，拟请作为增贡生。胡淑文、丁一栻，以上二名均江苏附生，各捐银一百十六两，拟请均作为附贡生。赵焜然、王昶，均江苏监生；戴中义、黄中元，均福建监生。以上四名，各捐银一百十六两，拟请作为例贡生。刘树堂、金燮、陈学之、段云起、闵兆奎、周光祖、孙得麒，以上七名均江苏人，由从九品职衔各捐银二十四两，拟请均作为监生。朱廷瑜等二百三十二名，均由俊秀各捐银八十八两，拟请均作为监生。金锡彭等一百八十二名，均由俊秀各捐银六十四两，拟请均给予从九品职衔。统共捐生四百五十五名，共捐银五万三千三百零八两，内银二万六千六百五十四两、宝钞五万三千三百零八千文，照户部定章每钞一千折银一钱，共折收银五千三百三十两零八钱。

军机大臣奉旨：览。钦此。[①]

---

① 中国第一历史档案馆藏：清单，档案编号：03-4906-070。

## ○三六　清淮善后局同治四年正月至六月收支折

### 同治五年四月十四日(1866年5月27日)

头品顶戴署两广总督漕运总督臣吴棠跪奏,为清淮善后局同治四年正月起至六月止收支军需各款,缮具清单,恭折仰祈圣鉴事。窃照清淮办理防剿,军需用款向按半年奏报一次,截至同治三年十二月止,节经循办在案。四年正月起,因江苏全省肃清,奏明将向设之筹防局改为清淮善后局。迨之四月间,豫捻闯入东境,渡运下窜,充斥于海、沭、邳、宿之间,经臣派拨水陆各军,并添募马步勇队,分扼上下要隘,防剿兼施,阅一月之久,贼始退去,而军用浩繁,左支右绌,迭次设法筹挪接济,幸免哗溃之虞。兹据委员报销局按察使衔署淮扬道刘咸督率委员,将收支各项逐款查明,开列清单,详请奏报前来。臣覆加查核,计自同治四年正月初一日起至六月二十九日止,除拨支各款应分归各台、省收销并专案造报外,实计连上届实存共收银八万四千一百五十八两二钱九分二厘五毫四丝六忽六微、钱二十八万二千九百十七千一百五十三文、宝钞二万五千九百五十七千四十五文,共支用银八万三千八百三十九两一钱八分七厘五毫一丝七忽四微、钱二十八万二千七百十一千一百文、宝钞四千六百十八千八百二十三文,俱系援照例案,实用实销,并无浮冒。除饬令分造上、今两届各款细册接续详送咨销并将实存银钱、宝钞归入下届作收支用外,所有查明清淮善后局自同治四年正月起至六月止收支军需各款缘由,恭折具奏,并缮简明清单,敬呈御览。伏乞皇太后、皇上圣鉴。谨奏。四月十四日。

同治五年四月十九日，军机大臣奉旨：户部知道。单并发。钦此。[1]

## 〇三七　呈清淮善后局同治四年正月至六月收支清单

### 同治五年四月十四日(1866年5月27日)

谨将清淮善后局自同治四年正月初一日起截至六月二十九日止收支各款简明四柱，缮具清单，恭呈御览。

计开：

旧管：一、存银二百八十九两二钱三分五厘九毫一丝九忽一微。一、存钱二百二十七千四百六十三文。一、存宝钞二万五千九百五十七千四十五文。

新收：一、收江宁藩司拨解扬防军需银二万两。查前款系奏准饬令江宁藩司自四年四月起在于扬防军需节省项下月拨清淮防饷银一万两之款。理合登明。一、收海州运判拨解盐课银二万两。查前款系奏明提借充饷之款，嗣经两江督臣、江苏抚臣饬令两淮运司在于淮南盐课项下作拨归款。理合登明。一、收海州运判拨解淮北己未纲征收正杂课税银内一成盐课银一万七千两。查前款系两江督臣曾国藩奏定拨解一成盐课协济清淮军饷之款。理合登明。一、收淮安关拨解银四千两。查前款系提督

[1] 中国第一历史档案馆藏：军机录副，档案编号：03-4806-061。

刘铭传[①]挑选精锐数千名赴直隶扼防应给饷需、奏明关税作为该关协济之款。理合登明。一、收淮北各商捐盐济饷应提正杂课税、经费等银五千三百九十八两七钱七分。查前款系商捐济饷盐三千二百七十引,仍按淮北章程提正杂课税银一百二两五分一厘、经费银四钱,奏明作收清淮军需之款。理合登明。一、收江北各州县月粮米麦变价一半银六千五百九十七两三钱八分七厘一毫。查前款系奏明拨充军饷应用之款。理合登明。一、收扬镇粮台拨解银七千五百两。查前款系奏明随时凑拨清淮水师口粮之款。理合登明。一、收淮海扬通各厅州县统捐分解淮徐军需银一万八千六百二十九两八钱九分三厘一毫八丝九忽五微。查前款系奏明统捐分解清淮及扬镇、徐州各粮台以济军需之款。理合登明。一、收两淮运司拨解盐课银一万二千两。查前款系两江督臣饬司月拨济饷之款。理合登明。一、收清淮捐输银三万七千三百四十九两五钱七分,又钱一万九千六百千文。查前款系照粮台捐输章程劝谕捐输、陆续查明具奏请奖、随时提用之款。理合登明。一、收淮海扬通各属捐厘银四万三十六两六钱四分一厘五毫五丝,又钱十五万七千七百七十五千八百十二文。查前款系陆续提用之款。理合登明。一、收淮南泰坝抽捐盐厘钱三万五千三百五十千一百七十八文。查前款系两淮运司抽捐济饷之款。理合登明。一、淮安关监督文

---

① 刘铭传(1836—1896),字省三,安徽合肥人。咸丰四年(1854),在籍办团,后参军。九年(1859),充千总。翌年,加都司衔。同治元年(1862),升都司,晋游击衔。同年,迁副将,加骠勇巴图鲁勇号。三年(1864),授直隶提督。六年(1867),封三等轻车都尉。七年(1868),督办陕西军务,加一等男。十年(1871),晋巡抚衔,督办台湾军务。十一年(1872),擢福建台湾巡抚。光绪十五年(1889),加太子少保。十六年(1890),授兵部尚书衔,帮办海军事务,旋因病回籍。二十一年(1896),卒于籍,赠太子太保,谥壮肃。有《大潜山房诗钞》、《刘壮肃公奏议》行世。

明捐廉银二百两。查前款系该监督捐廉添募勇丁、防守板闸土圩发给口粮之款。理合登明。一、收借拨江北州县解存淮凤常仓正银三千九百十两三钱二分四厘。查前款系因军需不敷、暂借济饷之款。理合登明。一、收银易钱十一万五百七十五千五百文。查前款系在收款内拨出现银七万八千八百两，按市价易换，并非另项收款，除于单后将此项现银划除外，理合登明。一、收平余用剩银四十六两四钱七分七毫八丝八忽。查前款自咸丰三年设局起，截至同治三年十二月止，历次平余不敷支用，均在正项款内拨垫。除已补还外，仍有未还银一千一百四十三两一钱九厘八毫一丝四忽六微。所有此次前项用剩银两即尽数补还，其余银一千九十六两六钱三分九厘二丝六忽六微，俟下届平余积有成数，再行补还。理合登明。一、收购买白米四百四十八石。查前款系淮扬中营水师由苏调浦防剿、拨济军食之款。理合登明。以上新收共银十九万二千六百六十九两五分六厘六毫二丝七忽五微、钱三十二万三千三百一千四百九十文、白米四百四十八石。

一、除拨支淮扬中营水师协饷银六千两，又白米四百四十八石。查前款系淮扬中营水师由苏调浦防剿、拨协军饷之款，应归江南大营粮台收销。理合登明。一、除拨支直隶提督刘铭传军饷银四千两。查前款系该提督挑选精锐数千名，赴直隶扼防，应给饷需，奏明借拨淮安关税作为该关协济之款，应归该提督列收造报。理合登明。一、除拨支协济皖营军饷钱七千四百十一千八百文。查前款应归皖营粮台收销。理合登明。一、除拨支改建清江城工料匠等项续支银一万两，又钱一万四千千文。查前款系奏明动用军需之款，俟给发清款，专案造销。理合登明。一、除拨支试行河运采购京仓米石、船价等项，续支银一万两，又钱一万九千二百千文。查前款系奏明动用军需之款,另行专案造销。理合登明。一、除拨支易钱银七万八千八百两。查前款系按市价易换制钱,已于单内列收钱十一万五百七十五千五百文,应将此款现银划除,以免重复。理合登明。以上除拨支外,实计管、收两项共银八万四千一百五十八两二钱九分二厘五毫四丝六忽六微、钱二十八万二千九百十七千一百五十三文、宝钞二万五千九百五十七千四十五文。

开除:本省河、漕两标各营官兵盐粮、马干等项,共支银一万二千四十三两六钱七分五毫八丝四忽八微,又宝钞三百四十三千七百四文。查前款系调派各要隘及成子河、射阳湖、马家荡等处防堵,应支盐粮、马干等项,均照例案支给,其口粮米按部定章程,每八合三勺折银一分三厘。理合登明。一、本省淮扬镇标各营官兵盐粮、马干等项,共支银五千七十七两七钱一分一厘三毫七丝五忽四微,又宝钞一百二十七千六百四十六文。查前款系调派各要隘并安东等处防剿,应支盐粮、马干等项,均照例案支给,其口粮米每八合三勺折银一分三厘。理合登明。一、文员盐粮、驮折、夫价等项,共支银八千六百八十四两二钱四分二厘七毫一丝一忽一微,又宝钞三千十六千六十六文。查前款系调派随营差委及管带兵勇巡查守卡并蒋坝、成子河等处驻防人员,均照部定章程,支给盐粮、跟役、书识、驮折等项。其在城在局当差各员,概未支给。理合登明。一、随营防剿各营官弁盐粮、马干、驮折、夫价等项,共支银七千六百四十七两九钱二分九毫三四六忽九微,又宝钞三千八千二百三十七千文。查前款系调派随营及管带兵勇并蒋坝、成子河、沭阳等处防剿,均照例案支给盐粮、马干、驮折等项。理合登明。一、各项壮勇、马勇口粮、马干等项,共支钱二十三万九千三百二十二千三百文。查前款系节次添募、裁存及由续拨浦各勇队,分布各要隘,并随时派赴各处防剿。所需口粮照案每名日给钱二百文，其马干照奉准章程，每匹日给钱一百文，共计应支钱二十四万七千一百二十二千三百文。除支过前项钱文外，计欠发钱七千八百千文，一俟有款，再行找给，专案请销。理合登明。一、随营随局医匠工食、口粮、家口米折等项，共支银三百六十三两二钱二分八厘四毫八忽二微。查前款系照例案支给。理合登明。一、采办硝磺、铅铁、蜡杆、白米、牛烛、正脚等项，共支银一万一百三两六钱五分一厘四毫六丝，又宝钞四千三百三十六文。查前款系随时添办，除硝磺、铅铁均照案于例价外酌加三成，其硝斤系查照江苏准销成案，每百斤共给例、津两项银七两。其例无定价之件，按照市价核实采办。理合登明。一、制造、火药、火绳、铅丸、铁蛋、火箭、火罐、喷筒、衣帽、帐房、旗帜、枪炮、藤牌、刀矛、器械、工料等项，共支银三万六千三两七钱一分四厘七毫七丝六忽。查前款系随时添制各件，除硝磺、铅铁另于采办项下给价外，其余工料均照案于例价外酌加三成。其火药一项，系查照江苏奉准成案分别加工寻常等次配制。理合登明。一、运送军火、器械、水陆脚价等项，共支银二百十一两一钱八分七厘五丝五忽。查前款系照例案分别支给。理合登明。一、各勇阵亡、阵伤、病故恤赏、收埋，共支银四百三十二两。查前款系照例案核实支给。理合登明。一、各巡船水手饭食共支银一千三百十八两四钱。查前款系在蒋坝、高良涧、十三堡、成子河等处水面安设常川巡防，均照案每船给水手四名，每名日给饭食银八分。理合登明。一、随局底夫工食共支银一千一百二十两六钱四分。查前款系照江苏奏销成案支给。理合登明。一、租赁民房，共支银五百六十九两三钱。查前款系堆储军火、物料、制造等项，均照例定租价支给。理合登明。一、配制丸散药料，共支银二百二十八两三钱八分五厘。查前款系防剿各兵勇随时需用，均照时价核实购办。理合登明。一、各应官弁马干、副销共支银三千三百九十五两八分五厘，又宝钞一千二百六十一千三百三十文。查前款系照奏准章程，每马一匹日给干银一钱，以例定五分作正开销，其余五分循案归于行兵省份摊补。理合登明。一、清淮水师炮船员弁勇丁盐粮共支银二千五百八十两五分二毫一丝，又钱四万三千三百八十八千八百文，又宝钞八百五十七千五百四文。查前款系调派邳宿运河及盐阜、射阳湖、马家荡并山东、直隶等处防剿，各该员弁勇丁均系乘驾船只，只支盐粮，不给马干、驮折。理合登明。以上开除共银八万三千八百三十九两一钱八分七厘五毫一丝七忽四微、钱二十八万二千七百十一千一百文、宝钞八千六百十八千八百二十三文。

一、扣收平余银六百五十两七钱三分七厘四毫六忽六微。一、支发经贴各书工食、纸张、笔墨、灯油等项银六百四两二钱六分六厘六毫一丝八忽六微。查前款除照例动用扣存平余银两外，计平余用剩银四十六两四钱七分七毫八丝八忽，在于新收项下作收支用。理合登明。

实在：一、存银三百十九两一钱五厘二丝九忽二微。一、存钱二百六千五十三文。一、存宝钞一万七千三百三十八千二百二十二文。以上实存银、钱、宝钞，均归入下届旧管项下作收支用。理合登明。

军机大臣奉旨：览。钦此。[1]

---

① 中国第一历史档案馆藏：清单，档案编号：03-4806-059。

## 〇三八　奏报添募兵勇饷需万绌片

### 同治五年四月十四日(1866年5月27日)

再，增兵必先增饷，而筹饷尤难于筹兵。清淮饷源支绌，久邀圣明洞鉴。上年九月，捻股东窜，防兵不敷堵剿，当经臣酌量添募，奏奉恩准，饬拨淮关税课每月三千两，仅据移解二千两，节准该监督世荣函覆停拨。当此各路军兴孔亟，筹饷维艰，但使稍可支撑，断不敢琐琐奏拨，无如捻氛剽疾，倏去倏来，此次大股骎骎，直逼清淮门户。以旧有七千余名之兵勇，分布邳、宿、清、桃四五百里之间，实属岌岌可危，不得已先后添调漕河标兵三千名，招募勇丁三千余名，勉资敷衍。约计续添饷银月需二万余两。查清淮饷项，向恃厘捐等款。此时捻逆□骚，商贾裹足，厘捐愈成涓滴，统核准与所入以济原额兵勇，尚形短缺，骤增巨款，万难支持，设有饥哗，岂堪设想！除由臣函商署督臣李鸿章先行筹拨银二万两暂资接济，仍俟察看军情，究须月拨若干，再行奏恳天恩俯赐饬拨外，所有现在添募兵勇饷需万绌缘由，理合附片具陈，伏乞圣鉴。谨奏。

同治五年四月十九日，军机大臣奉旨：知道了。钦此。[①]

## 〇三九　请奖通州等地捐生捐输军米折

### 同治五年四月二十一日(1866年6月3日)

署两江总督江苏巡抚一等肃毅伯臣李鸿章、头品顶戴署两

---

① 中国第一历史档案馆藏：军机录副，档案编号：03-4806-058。此片具奏日期未确，兹据同批折件校正。

广总督漕运总督臣吴棠跪奏，为查明统捐军需案内捐生衔名，缮具清单，恳恩给予奖叙，恭折仰祈圣鉴事。窃照同治元年秋间，因淮沪扬镇等营军食缺乏，奏明改捐借为捐米，截至二年十二月止一年届满，旋经升任江宁布政使乔松年议自同治三年正月起，改为统捐名目，按淮扬通海十四厅州县共捐银三十万两，分解清淮筹防局及扬州、镇江、徐州各粮台。其旧欠米石随同新捐分月带收，以清款目而裕饷需，前经臣等会折具奏在案。兹据扬镇粮台报销前江宁布政使万启琛查明，通州、如皋、泰兴、甘泉、兴化、泰州、山阳、盐城等八州县，共捐生六百十九名，循照上届米捐章程，每银二两二钱准抵米一石，申收银三两四钱，共米三万七千一百三十石零五斗，合银十二万六千二百四十三两七钱。查取履历，声明愿奖实官、虚衔等项，造册详请奏奖前来。臣等按册覆核，与现行常例筹饷事例减成请奖章程均属相符。除将细册咨部查核并饬将其余未奖捐生接续详奏外，相应仰恳天恩，俯准饬部核覆，迅颁执照，以示鼓励。谨合词恭折具奏，伏乞皇太后、皇上圣鉴。谨奏。四月二十一日。

同治五年四月二十六日，军机大臣奉旨：户部核议具奏，单并发。钦此。①

## ○四○　呈山阳等属捐生循照米捐请奖清单

### 同治五年四月二十一日(1866年6月3日)

谨将同治三年统捐军需案内山阳、盐城、甘泉、泰州、兴化、通

① 中国第一历史档案馆藏：军机录副，档案编号：03-4806-072。

州、如皋、泰兴等属第一批捐生，循照米捐请奖成案，缮具简明清单，恭呈御览。

林乃勋，山阳县人，由候选詹事府主簿捐银合米三百九十五石，以米合银一千三百四十三两，拟请以光禄寺署正双月选用。何其厚，山阳县人，由廪贡生捐银合米二百二石，以米合银六百八十六两八钱，拟请以复设训导不论双单月选用，分缺先选用。周昂骏，浙江会稽县人，由监生捐银合米三百二十三石，以米合银一千九十八两二钱，拟请以县丞不论双单月选用，并加布理问升衔。许席珍，山阳县人，由不论双单月尽先选用从九品捐银合米十九石，以米合银六十四两六钱，拟请以巡检不论双单月尽先选用。周骏龙，浙江会稽县人，由俊秀捐银合米一百四石，以米合银三百五十三两六钱，拟请作为监生，以从九品指项巡检，不论双单月选用。陈铭，山阳县人，由附生捐银合米九十四石，以米合银三百十九两六钱，拟请作为贡生，以从九品不论双单月选用。王承志，浙江山阴县人，由俊秀捐银合米一百四十五石，以米合银四百九十三两，拟请作为监生，以未入流不论双单月尽先选用。边嶷，山阳县人，由三品衔捐银合米七百七十二石，以米合银二千六百二十四两八钱，拟请随带加二级，给伊祖父母、父母并本身原配妻室二品封典。陈寿山，山阳县人，由同知职衔捐银合米九十五石，以米合银三百二十三两，拟请给伊父母及本身妻室正五品封典。高延愹，山阳县人，由从九品衔捐银合米八十石，以米合银二百七十二两，拟请作为监生，并加布政司理问职衔。陈本安，山阳县人，由从九品衔捐银合米七十八石，以米合银二百六十五两二钱，拟请作为监生，并加布政司理问职衔。丁储庆，山阳县人，由光禄寺署正衔捐银合米六百九十二石，以米合银二千三百五十二两八钱，拟请给予郎中职衔。涂又新，山阳县人，由监生捐银合米一百五石，以米合银三百五十七两，拟请作为贡生，并加捐布政司理问职衔。黄士云，山阳县人，由俊秀捐银合米九十七石，以米合银三百二十九两八钱，拟请作为监生，并加州同职衔。赵怀仁，盐城县人，由双月选用州判捐银合米一百五十三石，以米合银五百二十两二钱，拟请以州判不论双单月选用。章学忠，浙江上虞县人，由监生捐银合米二百三十五石五斗，以米合银八百两七钱，拟请以盐运司知事不论双单月选用。

陶景龙，盐城县人，由同知衔捐银合米一千一百五十五石，以米合银三千九百二十七两，拟请以同知不论双单月选用。郭福沅，福建闽县人，由分发行走内阁中书捐银合米一千一百五十四石五斗，以米合银三千九百二十五两三钱，拟请作为现任中书，递捐主事，并加捐员外郎不论双单月选用。陈玉瑞，丹徒县人，由布政司理问衔捐银合米二百三十九石五斗，以米合银八百十四两三钱，拟请以布政司理问双月选用。王永祁，顺天府大城县人，由俊秀捐银合米二百六十一石，以米合银八百八十七两四钱，拟请作为监生，以盐运司知事不论双单月选用。白榕，盐城县人，由光禄寺署正衔捐银合米五十三石，以米合银一百八十两二钱，拟请给伊父母从六品封典，并将本身妻室应封貤封胞兄嫂。白榕，盐城县人，由光禄寺署正衔捐银合米五十三石，以米合银一百八十两二钱，拟请给伊祖父母及生祖母从六品封典。金从先，盐城县人，由盐提举衔分发布经历捐银合米一百四十一石二斗，以米合银四百八十两八分，拟请给伊祖父母及本身原配、继配妻室并第三继妻从五品封典。金从新，盐城县人，由员外郎衔候选主事捐银合米七十石六斗，以米合银二百四十两四分，拟请给伊伯兄嫂从五品封典，并将本身妻室应封貤封次兄嫂。金从先，盐城县人，由盐提举衔分发安徽布政司经历捐银合米三百六十八石，以米合银一千二百五十一两二钱，拟请随带加二级，给伊祖父母从四品封典，并将本身妻室应封貤封本生父母。陈玉瑞，丹徒县人，由候选布政司理问捐银合米五十三石，以米合银一百八十两二钱，拟请给伊父母从六品封典，并将本身妻室应封貤封祖父母。宋惟康，盐城县人，由州同衔捐银合米五十三石，以米合银一百八十两二钱，拟请给伊父母从六品封典，并将本身妻室应封貤封祖父母。仇纯，盐城县人，由国子监典簿衔捐银合米三十六石，以米合银一百二十二两四钱，拟请给伊父母从九品封典。张钟骏，盐城县人，由从九品衔捐银合米七十八石，以米合银二百六十五两二钱，拟请作为监生，并加州同职衔。白榕，盐城县人，由监生捐银合米二百十二石，以米合银七百二十两八钱，拟请给予光禄寺署正职衔。仇纯，盐城县人，由附贡生捐银合米八十五石，以米合银二百八十九两，拟请给予国子监典籍职衔。吴文光，高邮州人，由从九品衔捐银合米七十八石，以米合银二百六十五两二钱，拟请作为监生，并加布政司经历职衔。朱辂，盐城县人，由从九品衔捐银合米七十八石，以米合银二百六十五两二钱，拟请作为监生并布政司理问职衔。徐象乾，盐城县人，由监生捐银合米四十七石五斗，以米合银一百六十一两五钱，拟请给予县丞职衔。郭铠，丹徒县人，由俊秀捐银合米九十七石，以米合银三百二十九两八钱，拟请作为监生，并加州同职衔。徐泌，盐城县人，由监生捐银合米七十一石，以米合银二百四十一两四钱，拟请给予布政司理问职衔。汤景龙，盐城县人，由俊秀捐银合米九十七石，以米合银三百二十九两八钱，拟请作为监生，并加州同职衔。马绍闻，盐城县人，为已故祖父国由俊秀捐银合米六十石，以米合银二百四两，拟请作为例贡生。仇纯、朱黼、徐立生、姜鼎和，均盐城县附生；仇濬川，盐城县监生；朱燮山，宝应县附生。以上六名各捐银合米三十四石，以米合银一百十五两六钱，拟请均作为贡生。仇濬川，盐城县人，由从九品衔捐银合米七石一斗，以米合银二十四两一钱四分，拟请作为监生。王铨，山东单县人，由山东曹州镇标蓝翎尽先拔补把总捐银合米三百九十石，以米合银一千三百二十六两，拟请注销把总改捐文职，作为蓝翎监生，以盐运司经历不论双单月选用。唐亮工，江都县人，由不论双单月选用未入流捐银合米十八石，以米合银六十一两二钱，拟请以典史不论双单月选用。毛凤章，甘泉县人，由监生捐银合米七十一石，以米合银二百四十一两四钱，拟请给予州同职衔。朱廷瑜，甘泉县人，由监生捐银合米四百七十一石，以米合银一千六百一两四钱，拟请给予同知职衔。范显德，甘泉县人；王士栋，仪征县人。以上二名，均由附生各捐银合米三十四石五斗，以米各合银一百十七两三钱，拟请均作为贡生。刘长龄，兴化县人，由从九品衔捐银合米三十五石五斗，以米合银一百二十两七钱，拟请给予原品封典。

钱凌霈，兴化县人，由从九品衔捐银合米七十九石九斗，以米合银二百七十一两六钱六分，拟请作为监生，并加州同职衔。陈耀奎，兴化县人，由武生捐银合米四十九石五斗，以米合银一百六十八两三钱，拟请给予营千总职衔。张献廷，兴化县人，由俊秀捐银合米七十三石，以米合银二百四十八两二钱，拟请作为监生，并加县丞职衔。吴炳，兴化县人，由监生捐银合米七十一石，以米合银二百四十一两四钱，拟请给予布政司理问职衔。王维翰，泰州人，由举人捐银合米五百十三石，以米合银一千七百四十四两二钱，拟请以内阁中书不论双单月选用。吴用霖，浙江仁和县人，由俊秀捐银合米一千三百三十五石，以米合银四千五百三十九两，又补加监生四成实银四十三两二钱，拟请作为监生，以主事不论双单月选用，并免保举。刘忠锦，泰州人，由从九品衔捐银合米五十五石，以米合银一百八十七两，拟请作为监生，以从九品指项巡检，双月选用。谢栋，泰州人，由监生捐银合米二百九十一石，以米合银九百八十九两四钱，拟请以州同双月选用。张兆璠，泰州人，由廪贡生捐银合米九十石，以米合银三百六两，拟请以复设训导不论双单月选用。王维翰，泰州人，由候选内阁中书捐银合米一百四十五石，以米合银四百九十三两，拟请加四级，给伊父母五品封典，并将本身妻室应封貤封祖父母。卢金声，泰州人，由光禄寺署正衔捐银合米五十三石，以米合银二百八十两二钱，拟请给伊父母从六品封典，并将本身妻室应封貤封祖父母。唐震之，泰州人，由侍读衔候选内阁中书捐银合米一百十五石，以米合银三百九十一两，拟请随带加一级，给伊父母五品封典，并将本身妻室应封貤封祖父母。乔寿嵩，泰州人，由从九品衔捐银合米一百三十一石，以米合银四百四十五两四钱，拟请作为监生，加布政司理问职衔，给伊父母及本身妻室六品封典。李柏，泰州人，由监生捐银合米一百二十四石，以米合银四百二十一两六钱，拟请给予布政司理问职衔并伊父母从六品封典。范鸿禧，泰州人，由俊秀捐银合米五十五石，以米合银一百八十七两，拟请给予从九品职衔并伊父母从九品封典。陈宝华，泰州人，由双月选用布政司经历捐银合米四百三十九石，以米合银一千四百九十二两六钱，拟请给予知州升衔。王培，泰州人，由从九品衔捐银合米一百六十石，以米合银五百四十四两，拟请作为监生，并加詹事府主簿职衔。卢金声，泰州人，由附生捐银合米二百四十六石，以米合银八百三十六两四钱，拟请作为贡生，并加光禄寺署正职衔。潘淮树，泰州人，由监生捐银合米七十一石，以米合银二百四十一两四钱，拟请给予州同职衔。乐宝衡，泰州人，由都司衔捐银合米二百十八石，以米合银七百四十一两二钱，拟请给予游击职衔。李鋆，泰州人，由从九品衔捐银合米七十八石，以米合银二百六十五两二钱，拟请作为监生，并加布政司理问职衔。王鹏程，通州人，由俊秀捐银合米八十六石，以米合银二百九十二两四钱，拟请作为监生，以从九品不论双单月选用。沈沐曾，通州人，由监生捐银合米九十石，以米合银三百六两，拟请以从九品指项巡检，不论双单月选用。陈确章，通州人，由监生捐银合米三十石，以米合银一百二两，拟请以从九品双月选用。葛承恩，通州人，由俊秀捐银合米一百四十五石，以米合银四百九十三两，拟请作为监生，以营千总分发本省补用。施猷，通州人，由知州升衔候选通判捐银合米二百三十二石，以米合银七百八十八两八钱，拟请随带加一级，给伊父母正五品封典，并将本身妻室应封貤封祖父母。施钧，通州人，由国子监典簿衔捐银合米五十石，以米合银一百七十两，拟请以本身应得八品封典貤封伊生母，并据该员呈明，伊父母已请过五品封典。施承曾，通州人，由县丞衔捐银合米五十石，以米合银一百七十两，拟请以本身应得八品封典貤封伊父母。

刘际春，通州人，由蓝翎盐提举升衔浙江候补盐运司经历捐银合米九十五石，以米合银三百二十三两，拟请给伊父母从五品封典，并将本身妻室应封貤封祖父母。李文吉，通州人，由州同衔捐银合米三百三十石，以米合银一千一百二十二两，拟请随带加一级，给伊父母从五品封典，并将本身妻室应封貤封祖父母。刘际春，通州人，由蓝翎州同升衔浙江候补盐运司经历捐银合米三百八十石，以米合银一千二百九十二两，拟请给予盐课司提举升衔。吴璜，通州人，由候选州同捐银合米三百八十石，以米合银一千二百九十二两，拟请给予盐课司提举升衔。陈兆祥，海门听人，由监生捐银合米四百七十一石，以米合银一千六百一两四钱，拟请给予州同职衔。冯金镎，通州人，由国子监典簿衔捐银合米九十五石，以米合银三百二十三两，拟请给予光禄寺署正职衔。周光鼎，通州人，由员外郎衔捐银合米二百四十九石，以米合银八百四十六两六钱，拟请给予知府职衔。施钧，通州人，由监贡生捐银合米一百十八石，以米合银四百一两二钱，拟请给予国子监典簿职衔。施承曾，通州人，由监贡生捐银合米五十石，以米合银一百七十两，拟请给予县丞职衔。李文吉，通州人，由县丞职衔捐银合米二十四石，以米合银八十一两六钱，拟请给予州同职衔。陈丹梯，通州人，由附贡生捐银合米八十五石，以米合银二百八十九两，拟请给予国子监典籍职衔。陆筠，通州人，由增生捐银合米二十九石，以米合银九十八两六钱，拟请作为贡生。葛学贵，通州人，由从九品衔捐银合米四十一石，以米合银一百三十九两四钱，拟请作为监生，并加捐贡生。施湝、袁尚志，均通州附生；邵曦荣，通州监生。以上三名，各捐银合米三十四石二斗，以米合银一百十六两二钱八分，拟请均作为贡生。朱邦基，如皋县人，由候选州判捐银合米四百六十六石，以米合银一千五百八十四两四钱，拟请以光禄寺署正双月选用。朱邦珍，如皋县人，由候选太常寺典簿捐银合米三百七十五石，以米合银一千二百七十五两，拟请以通判单月选用。沈裕沅，如皋县人，由双月选用盐运司经历捐银合米一百五十三石，以米合银五百二十两二钱，拟请以盐运司经历不论双单月选用。沈经，如皋县人，由俊秀捐银合米五十六石，以米合银一百九十两四钱，拟请作为监生，以从九品双月选用。沈纶，如皋县人，由俊秀捐银合米五十六石，以米合银一百九十两四钱，拟请作为监生，以从九品双月选用。余恒，如皋县人，由监生捐银合米六十石，以米合银二百四两，拟请以从九品不论双单月选用。黄森，宿迁县人，由布政司理问衔捐银合米九百六十六石，以米合银三千二百八十四两四钱，又补交监生四成实银四十三两二钱，拟请以布政司理问不论双单月选用，并加知州升衔。钱文炳，如皋县人，由监生捐银合米六十二石，以米合银二百十两八钱，拟请以兵马司吏目补用。陈增鸾，如皋县人，由监生捐银合米六十石，以米合银二百四两，拟请以从九品不论双单月选用。冷金藻，山东胶州人，由候选训导捐银合米一百四十六石五斗，以米合银四百九十八两一钱，拟请以府经历不论双单月选用。汪士愿，安徽歙县人，由监生捐银合米二百八十四石，以米合银九百六十五两六钱，拟请以翰林院待诏不论双单月选用。吴虎文，如皋县人，由候选州吏目捐银合米一百二石，以米合银三百四十六两八钱，拟请以县丞双月选用。张选奎，如皋县人，由监生捐银合米二百三十六石，以米合银八百二两四钱，拟请以盐运司知事不论双单月选用。朱容，如皋县人，由候选布政司理问捐银合米五百三十二石，以米合银一千八百八两八钱，拟请以通判不论双单月选用。

吴振烈，如皋县人，由监生捐银合米四百八十八石，以米合银一千六百五十九两二钱，拟请以銮仪卫经历双月选用。孙兰生，通州人，由监生捐银合米一百六十五石五斗，以米合银五百六十二两七钱，拟请以县丞双月选用。冒杏林，如皋县人，由俊秀捐银合米五十六石，以米合银一百九十两四钱，拟请作为监生，以从九品双月选用。明观章，如皋县人，由俊秀捐银合米二百七十四石，以米合银九百三十一两六钱，拟请作为监生，以县丞不论双单月选用。李嵩林，丹徒县人，由监生捐银合米三百九十石，以米合银一千三百二十六两，拟请以州判不论双单月选用。黄文弼，如皋县人，由布政司经历衔捐银合米二百四十石，以米合银八百十六两，拟请以州同双月选用。朱芹生，如皋县人，由监生捐银合米七十七石七斗，以米合银二百六十四两一钱八分，拟请以从九品指项府照磨，不论双单月选用。朱葵生，如皋县人，由监生捐银合米七十七石七斗，以米合银二百六十四两一钱八分，拟请以从九品指项道库大使，不论双单月选用。姚钺，安徽桐城县人，由俊秀捐银合米五十六石，以米合银一百九十两四钱，拟请作为监生，以从九品双月选用。沈檀，如皋县人，由六品顶戴孝廉方正候选训导捐过加二级，今捐银合米三百二十五石，以米合银一千一百五两，拟请随带加二级，给伊父母并本身妻室从四品封典。孙锡蕃，通州人，由太常寺博士衔捐银合米五十三石，以米合银一百八十两二钱，拟请给伊父母正七品封典，并将本身妻室应封貤封祖父母。黄长庆，如皋县人，由从九品衔捐银合米三十六石，以米合银一百二十二两四钱，拟请以本身应得封典貤封父母。陈达仁，如皋县人，由监生捐银合米六十四石，以米合银二百十七两六钱，拟请给予按察司照磨职衔，以本身应得正九品封典貤封父母。沈煌，如皋县人，由双月选用布政司经历捐过加一级，今捐银合米一百十五石，以米合银三百九十一两，拟请加一级，给伊父母并本身妻室从五品封典。许思祖，如皋县人，由浙江试用布政司经历捐银合米一百六十石，以米合银五百四十四两，拟请加二级，给伊父母暨本身妻室从五品封典，并据该员呈称，父母已请有从四品封典。吴金鉴，如皋县人，由布理问升衔候选县丞捐银合米五十三石，以米合银一百八十两二钱，拟请给伊父母从六品封典，并将本身妻室应封貤封祖父母。孙锡蕃，通州人，由监生捐银合米一百七十七石，以米合银六百一两八钱，拟请给予太常寺博士职衔。吴毓榛，如皋县人，由监生捐银合米四十八石，以米合银一百六十三两二钱，拟请给予府经历职衔。陈安清，如皋县人，由武生捐银合米五十九石，以米合银二百六两六钱，拟请给予卫千总职衔。朱煦和，如皋县人，由从九品衔捐银合米三十七石，以米合银一百二十五两八钱，拟请作为监生，并加按察司照磨职衔。许玉灿，如皋县人，由监生捐银合米七十一石，以米合银二百四十一两四钱，拟请给予布政司理问职衔。许玉度，如皋县人，由监生捐银合米七十一石，以米合银二百四十一两四钱，拟请给予布政司理问职衔。陈洙，如皋县人，由监生捐银合米七十一石，以米合银二百四十一两四钱，拟请给予布政司理问职衔。朱鸿文，如皋县人，由俊秀捐银合米一百二十石，以米合银四百八两，拟请作为监生，并加守御所千总职衔。陈钟，如皋县人，由监生捐银合米九十五石，以米合银三百二十三两，拟请给予守御所千总职衔。朱钟文，如皋县人，由监生捐银合米七十一石，以米合银二百四十一两四钱，拟请给予布政司经历职衔。管祺，如皋县人，由从九品衔捐银合米一百三石，以米合银三百五十两二钱，拟请作为监生，并加守御所千总职衔。孙文定，通州人；徐长安、钱士杓、钱士楷，均如皋县人。以上四名，均由从九品衔各捐银合米八石五斗，以米各合银二十八两九钱，拟请均作为监生。

蔡桂崇，泰兴县人，由从九品衔捐银合米八十五石四斗，以米合银二百九十两三钱六分，拟请作为监生，以从九品指项府照磨，不论双单月选用。蔡均，泰兴县人，由俊秀捐银合米二百七十三石七斗，以米合银九百三十两五钱八分，拟请作为监生，以县丞不论双单月选用。汪文培，江都县人，由俊秀捐银合米八十五石二斗，以米合银二百八十九两六钱八分，拟请作为监生，以从九品不论双单月选用。汪大熙，泰兴县人，由从九品衔捐银合米八十五石四斗，以米合银二百九十两三钱六分，拟请作为监生，以未入流指项典史，不论双单月选用。丁人麒，泰兴县人，由试用训导捐银合米一百八十石，以米合银六百十二两，拟请以国子监典簿双月选用。丁人谷，泰兴县人，由双月选用训导捐银合米四十二石四斗，以米合银一百四十四两一钱六分，拟请以训导不论双单月选用。徐宗儒，泰兴县人，由监生捐银合米二十九石七斗，以米合银一百两九钱八分，拟请以未入流双月选用。丁沅，泰兴县人，由监生捐银合米七十七石一斗，以米合银二百六十二两一钱四分，拟请以未入流指项典史，不论双单月选用。尹高仪，泰兴县人，由附贡生捐银合米七十七石一斗，以米合银二百六十二两一钱四分，拟请以从九品指项巡检，不论双单月选用。高汉，泰兴县人，由监生捐银合米五十九石三斗，以米合银二百一两六钱二分，拟请以从九品不论双单月选用。朱家璐，泰兴县人，由监生捐银合米一百一石七斗，以米合银三百四十五两七钱八分，拟请以府知事双月选用。杨梯，泰兴县人，由从九品衔捐银合米一百九石八斗，以米合银三百七十三两三钱二分，拟请作为监生，以府知事双月选用。张家瑞，顺天大兴县人，由俊秀捐银合米五百三十四石二斗，以米合银一千八百十六两二钱八分，拟请作为监生，以盐课大使补用。李春，清河县人，由俊秀捐银合米九十七石九斗，以米合银三百三十二两八钱六分，拟请作为监生，以把总分发本省补用。黄中乾，泰兴县人，由监生捐银合米二十九石七斗，以米合银一百两九钱八分，拟请以从九品双月选用。杜瑞昌，浙江山阴县人，由俊秀捐银合米一百七十八石四斗,以米合银六百六两五钱六分,拟请作为监生,以盐知事双月选用。常秉如,清河县人,由俊秀捐银合米一百五十石九斗,以米合银五百十三两六分,拟请作为监生,以把总分发本省补用,并给以父母七品封典。吉镕,泰兴县人,由县丞捐银合米八十三石,以米合银二百八十二两二钱,拟请加一级,给伊父母从七品封典,并将本身妻室应封貤封祖父母。赵元善,泰兴县人,由刑部主事捐银合米一百十四石八斗,以米合银三百九十两三钱二分,拟请加二级,给伊嗣父母正五品封典,并将本身妻室应封貤封生父母。

田情,泰兴县人,由守御所千总衔捐银合米七十石六斗,以米合银二百四十两四分,拟请给伊父母五品封典。徐宗儒,泰兴县人,由候选未入流捐银合米十七石七斗,以米合银六十两一钱八分,拟请以本身从九品封典貤封父母。陈玉山,泰兴县人,由未入流捐银合米三十六石五斗,以米合银一百二十四两一钱,拟请以本身从九品封典貤封父母。黄兆骅,泰兴县人,由布政司经历衔捐银合米五十三石,以米合银一百八十两二钱,拟请给伊父母从六品封典,并将本身妻室应封貤封祖父母。唐勋,泰兴县人,由从九品衔捐银合米五十五石三斗,以米合银一百八十八两二分,拟请作为监生,并加府经历职衔。蔡�,泰兴县人,由从九品衔捐银合米五十五石三斗,以米合银一百八十八两二分,拟请作为监生,并加县丞职衔。叶葆元,泰兴县人,由从九品衔捐银合米五十五石三斗,以米合银一百八十八两二分,拟请作为监生,并加县丞职衔。叶葆光,泰兴县人,由监生捐银合米四十七石一斗,以米合银一百六十两一钱四分,拟请给予县丞职衔。张颐龄,泰兴县人,由按经历衔捐银合米九十四石二斗,以米合银三百二十两二钱八分,拟请给予詹事府主簿职衔。江沅,安徽歙县人,由俊秀捐银合米七十三石,以米合银二百四十八两二钱，拟请作为监生，并加盐课大使职衔。

谭松林、张昆延、张彦江、周炯、朱恒、沈瑞骖、王世谦、金鸣山、邵成煦、刘崇德、王崇杰、陈克让、邵承枞、洪耀祖、李瑞珩、王经鼎、王汝南、程宝书、田焜、周锦荣、余福基、江嵩龄、周佡、陈绪铭、周麟书、程宝善、陈汝湘、朱坤章、张锡三、朱曜云、李锡祺、屠椿龄、宰继高、崔锡遐、张汝琪、宰廷熙、王永稀、胥蔼堂、陶夔龙、胥吁廷、丁光德、胥霭堂、薛凤銮、薛凤岗、郝景圣、樊锦标、成拔、曹启康、陈茂村、程增选、朱厚祥、陈长生、詹焕、庄汶学、吴光福、陈长龄、宋焕章、宋锡钟、郁太和、吴德履、杭亮宏、仇慎山、刘廷瑞、陈懿宝、贺永禧、周长春、贾世佑、黄启崖、徐明玉、丁长连、戚万裕、朱济舟、仇润之、周铸、程堃、詹莘田、贾际昌、马长松、黄佑之、谢恩荣、陈兆兴、冷兆瑞、沈祥麟、万左泉、刘春如、姚武勋、黄杰、黄宅安、黄一桂、黄群彦、钱庆熙、钱锡瓒、缪兆龙、缪相、王枫、费德庆、王理中、潘永锡、郭沆、宋鉴、仲沄、马昌芑、刘瑯、朱瑶春、吴光河、刘松龄、黄镒之、陈凤沄、孙义宾、蒋西松、蒋承恩、王晋卿、徐敬时、彭光模、徐锡恩、徐锡庆、徐锡藩、金长勋、顾惟勤、宗金纶、沈逢屋、李东园、刘万程、刘万钟、陈珍麟、丁家俊、陈欲仁、陈辅仁、黄大缙、王竹池、郁世琦、吴琨、封禧大、赵茂松、吕泮林、陈正华、翁璜、朱点勋、朱峰、张培堂、赵熙、顾照林、印廷望、虞克谐、卢荣邦、印步蟾、吴荣福、王彬、陈乔松、何绪、周湘、张艺、熊瑞临、叶岐凤、林旗、蔡熙麟、李恩浩、李芗林、张文炳、张鉴堂、赵振祚、孙凤鸣、冯熙、李文玉、李源、范廷璋、金镛、刘大珩、吉士、罗淦涛、顾鹏程、刘宏道、鞠九新、陈忠、陈金林、陆彦文、刘明元、何宏文、周亮采、季香龄、印如琴、印光华、王松高、张汝熊、张希庚、汪焕、李蹊、罗俊、赵乾泰、吴俊、秦鳌、萧斌、李和昆、耿春柳、芮贵先、吴天爵、焦承初、唐鉴、季裕仁、季欲明、金永康、蔡光前、耿贯中、丁凤翔、朱铭、戴魁、谢永福、阚钟秀、徐献廷、余腾濠、吴邦林、罗庆善、罗庆祥、罗庆禧、刘宏兴、戴润、叶冠贤、陆仁康、卜祥麟、郎仪元、王恒宝、王超凡、秦琨，以上二百二十三名，均由俊秀各捐银合米十九石，以米各合银六十四两六钱，拟请均给予从九品职衔。

陶洪章、陶洪文、姜作舟、姜智囊、夏午山、张恬、周沄、卞宝庆、崔泽、曹涵、高丽章、陈乃猷、王金钰、朱慎斋、徐盛祥、朱德均、何惟贞、姜望溪、姜九牧、王晋书、姜作砺、严寅宝、包庆禧、周汉、王月江、夏汝桢、束聘卿、还承志、卞宜春、刘振瑶、张涟、朱少文、杨启炯、潘开丕、陈长庆、汪光禧、宋裕乾、李成林、宋恭寅、仇寿辰、郭世信、黄步周、席敏善、许龙元、何养源、还鉽、张璠、许桂芬、刘爽、徐茂荣、刘澄、陶瑾、罗星垣、唐国栋、王灿云、梁耀山、朱嘉玺、夏松仁、王兆荣、张荫祖、钱鸿逵、仲廷臣、项雨田、陈德纯、陈遂桃、陈德增、陈仁宝、萧柏春、萧福康、李天寿、瞿葆君、陈钢、杨履蟾、杨生之、钱敦仁、陈元本、陈嘉、萧福来、陈道年、吴禹贡、李师韩、陈琪、陈立坚、顾长玉、朱贵临、朱凤临、陈仁寿、董岳、王鸿宾、洪承勋、冯芝起、钱瑞征、张保庆、张士烈、张士炘、唐桂金、唐桂蟾、唐桂山、唐桂园、高小珊、黄楣庆、马昌政、马昌迪、滕诗言、戴廷铨、潘淮树、胡裕均、周润兰、丁恩福、袁璜、陈贵森、陈介潮、尹承泽、钟廷勋、陈阴生、顾配乾、戴元美、程礼仁、冯辉祖、张起、殷大德、张缙安、张凤岐、李师琪、陈友书、赵熙成、华殷、凌瑞清、王耀堂、李福庆、凌震、顾胜镀、葛蕴华、吴镛、蒋云骝、费垣、杨鹤如、曹心田、朱集清、孙承霖、王济桢、顾文煌、孙锡恩、徐敬修、陈元辅、钱钊、曹春煦、曹春融、蒋鑫、景立生、徐源、钱广仁、薛应榴、吴志第、汤增庆、朱衔荣、朱衔春、钱章焕、吴锦江、萧体乾、张长春、张茂林、施德纯、陈济川、陈四皓、尤拔、朱贞恒、季盛也、朱荣清、徐宝琨、白世谦、陈云藻、刘桧森、徐敏廉、刘轩如、黄应智、沈毓英、顾绍祖、张学濂、范席珍、钱士栻、张林杓、许鸢、冒桂、王松严、倪元亨、李普周、冯祥、管广裕、陈金荷、丁恩福、朱玉庆、何世馨、丛鴇、杨城、徐士彦、徐士棻、潘干吉、朱瀛、施佶、许荷、张德晖、余丰、张用霖、朱石泉、沈裕信、陈达聪、陈育万、陈烜、陈联瑗、张鲁珍、吴润、梁捷三、凌诚、凌称、凌道深、凌道法、丛世伟、陈千驹、姚辛、徐棻、何桂墉、陈晓树、邓嘉煌、郁杰、夏金铎，以上二百二十六名，均由俊秀各捐银合米二十六石，以米合银八十八两四钱，拟请均作为监生。

军机大臣奉旨：览。钦此。[①]

●议政王军机大臣字寄：署两广总督漕运总督吴：同治五年五月初八日，奉上谕：吴棠奏，大股捻逆扑犯清淮，官军分路扼剿并履勘调度情形一折。张、赖各逆因东、皖、豫各省官军林立，意图窜扰清淮，并力以逞，经吴棠督饬各军，一败之于成子河，再败之于运河。刘秉璋等复于洋河一带痛剿数次，先后毙贼数百名。贼于五月初二日仍向泗州一带遁去。剿办尚属出力，在事水陆员弁暨各属练董，着准由吴棠择尤存记，汇案保奖，毋许冒滥。惟此股贼匪奔突靡常，难保不思回窜，清淮兵力无多，虽未能越境追剿，而防范不可稍松，仍着吴棠严督在防将士及绅董人等，力扼水陆要隘，坚守圩寨，以遏贼冲，毋

① 中国第一历史档案馆藏：清单，档案编号：03-4806-073。

令乘隙抵瑕，扰及完善。其徐州等处防务仍饬李鸿裔、董凤高等严密防剿，毋稍疏虞。将此由五百里谕令知之。钦此。遵旨寄信前来。[①]

## 〇四一　河运漕船挽上清江闸开行日期折

**同治五年五月二十二日(1866年7月4日)**

头品顶戴署两广总督漕运总督臣吴棠跪奏，为江北河运漕船挽上清江闸开行日期，恭折奏报，仰祈圣鉴事。窃照同治四年江北漕米起运四万石，饬据江安粮道许道身赶紧受兑齐全，申报四月十五日，自扬州水次起程，督率委员押护北上，于月杪挽抵淮安，适值贼踪窜扰宿、桃等境，窥伺运滨。饬令暂时停待，刻交夏至，汛水自必日长，而江境三闸五坝必须趁水小之时，方易纤挽。兹幸捻逆各股均已西窜，臣自泉兴折回，督同署淮扬道刘咸逐船查验米色，一律干洁。随即催令押运委员，将各起漕船于五月十三日悉数挽上清江闸，连樯北上。臣又咨行江、东沿途水师各营，酌拨炮船，接替护运，一面通饬沿途地方文武，催儹护送，以昭慎重。所有漕船上闸开行日期，理合缮折专案奏报，伏乞皇太后、皇上圣鉴。谨奏。五月二十二日。

同治五年五月二十八日，军机大臣奉旨：知道了。钦此。[②]

●军机大臣字寄：署两广总督漕运总督吴、山东巡抚阎：

① 台北故宫博物院藏：军机及宫中档，文献编号：408018064。
② 中国第一历史档案馆藏：军机录副，档案编号：03-4864-033。

同治五年五月二十八日，奉上谕：吴棠奏，清淮增兵防剿，请饬山东省按月拨饷接济等语。张、赖各股捻匪奔窜靡定，江北防务吃紧，该处先后添募兵勇六千余名，核计每月需银二万余两，清淮既无款可筹，江苏省亦未能按月接济。若不宽筹饷项，深恐以饥疲之军当窜突之寇，稍有疏虞，不特震惊淮海，更难保不抢渡运河，扰及山东完善。即着阎敬铭督饬藩司丁宝桢，每月筹拨银二万两，自本年五月起，按月分批委员解至清淮军营，交吴棠核实支放，以济军食。阎敬铭务当照数源源拨解，毋得迟延推诿。将此由五百里各谕令知之。钦此。遵旨寄信前来。①

## ○四二　奏报漕船全数挽出江境日期折

### 同治五年六月十九日（1866年7月30日）

头品顶戴署两广总督漕运总督臣吴棠跪奏，为江北河运漕船全数挽出江境日期，恭折奏报，仰祈圣鉴事。窃臣前将各起漕船挽出清江闸开行日期专案奏报，复尚以江、东交界上下河多古浅阻碍漕行为虑，幸先经札饬徐海道督厅及县，赶将拦蓄微山湖水之蔺家山坝克期堵合完工，嗣又派弁驰往山东泇河厅境，饬启湖口闸板，放水下注。迨六月初间，大雨频倾，河水陡涨，赖以浮送遄行。兹据江安粮道许道身呈报：各起漕船于六月十三日全数挽出江境之黄林庄交界，连樯北上等情。查东境汶济长河至大泛口等处，业据运河道敬和禀称：汶源渐长，未能空水兴挑，现筑候迁闸月坝下板

① 台北故宫博物院藏：军机及宫中档，文献编号：408018065。

擎托水势，并将由坡入河淤浅处所一律捞竣。刻当大汛，涨水正旺，可期运行无滞。所有江北河运漕船挽出江境日期，理合缮折具陈，伏乞皇太后、皇上圣鉴。谨奏。六月十九日。

同治五年六月二十七日，军机大臣奉旨：知道了。钦此。[1]

## 〇四三　湖运四厅同治四年各工收支折

### 同治五年六月十九日(1866年7月30日)

头品顶戴署两广总督漕运总督臣吴棠跪奏，为查明湖运四厅同治四年霜降止择办各工收支银数，核实开具清单，恭折具奏，仰祈圣鉴事。窃维江皖洪湖及南北运河堤埽各工，皆系保卫清淮、里下河地方民命、饷源，关系甚巨。自咸丰十年额解河饷全拨军需，只留荡柴一项奉准全数变价，拨济湖运工需，仍照漕规报销。上年九月间，臣以荡柴变价实钱与例价大相悬殊，奏请从同治四年起以钱合银核实造报，奉旨：着照所请，该部知道。钦此。钦遵转行在案。查同治三年霜后起至同治四年霜降止，湖运工需除扬属西堤分别劝捐筹款归并本年续案造报外，其余抢镶防风护埽以及搂护堵坝等工，均经臣于荡柴变价款内核实动支，并因柴款不敷，酌拨滩租、厘捐、捐输等项，随时接济，督饬各该厅员分投办理，节次奏明，抄折咨部。兹据淮扬、徐海二道分案造册开单，先后呈送，计同治四年各厅工需项下，收苇左、右二营荡柴变价足钱三万五千一百八十六千七百七十三文，又拨滩租、厘捐共足钱一万九千九百六十六千六百五十五文，二共合银三万九千三百九十五两三钱零六厘。

① 中国第一历史档案馆藏：军机录副，档案编号：03-4864-044。

加以增拨各州县额征滩租及清淮捐局等款，通共收银五万四千二百九十二两七钱零六厘。各厅共支用银五万四千二百六十四两二钱二分八厘二毫。臣逐细覆核，与叠次勘验删准册案银数均属相符。除饬该二道分别造具细册，详送咨部核销，并将实存银两归入下年收用外，所有湖运四厅同治四年霜降止各工收支银数，相应查照奏定新章，核实开具清单，恭呈御览，伏乞皇太后、皇上圣鉴。再，此届工用清单始因奉准新章，饬令更造及厅册送齐，又值防务吃紧，是以查办稍迟，合并陈明。谨奏。六月十九日。

同治五年六月二十七日，军机大臣奉旨：该部知道。单、片并发。钦此。①

## ○四四　呈湖运四厅同治四年各工收支清单

### 同治五年六月十九日(1866年7月30日)

谨将湖运四厅同治四年霜降止择办各工收支银数核实，开具四柱清单，恭呈御览。

计开：旧管，无项。

新收：一、收苇荡左营同治四年采变三年份正余柴价，九九二钱二万八千零八十五千七百四十二文，折足钱二万七千八百六十一千零五十六文。查该营围估正余柴二百三十三万五千零六十九束，奏准以柴办柴，除扣支各项例用，净解前项钱数，按围估数目摊算，每束牵合变价九九二钱十二文零二丝七忽八微。理合登明。一、收苇荡右营前项九九二钱七千三百八十四千七

① 中国第一历史档案馆藏：军机录副，档案编号：03-4956-117。

百九十五文,折足钱七千三百二十五千七百十七文。查该营围估正余柴二百八十三万四千八百束,奏准以柴办柴,因黄流旁溢,运售维艰,除扣支各项例用,净解前项钱数,按围估数目摊算,每束牵合九九二钱二文六毫零五忽零五纤。理合登明。一、拨收各案滩租足钱九千九百二十二千二百六十四文,又拨收清淮捐厘足钱一万零四十四千三百九十一文。查前二项系因公费不敷、奏明拨用之款。理合登明。以上四项共足钱五万五千一百五十三千四百二十八文。上年奏准实钱合银造报,以霜降截销,照清邑九月份市价,每两一千四百文,共合银三万九千三百九十五两三钱零六厘。一、收各州县额解各年滩租正银五千五百九十七两四钱。查前项本系额征工需之款。理合登明。一、收清淮捐输银九千三百两。查前项系因公费不敷、奏明拨用之款。理合登明。以上通共收银五万四千二百九十二两七钱零六厘。

开除:徐州府同知属:运中河两岸长堤抢护防风,共工长四百九十丈零五尺,牵宽六尺至八尺,牵高六尺至七尺。又,加镶安汛盐河旧埽,共工长四十一丈九尺,牵宽一丈六尺,牵高六尺。共用料土、夫工银五千二百二十九两一钱一分三厘六毫。宿迁中河汛越堵刘老涧滚坝,先筑土坝基,自上转角起,长二十五丈,顶宽二丈,底宽三丈二尺,高六尺。又,外镶护埽,长二十五丈,宽一丈,高六尺。接前堵闭工,长三十六丈,宽三丈,牵高深一丈。共用料土、夫工银二千一百八十二两六钱九分。

淮安府同知属:运、清、平三汛内头越闸迤下柳园头、盛家庄一带,抢镶护埽,共工长二百五十三丈,牵宽一丈五尺至一丈七尺,牵高深一丈四尺至一丈六尺。又,镶做防风,共工长一百零八丈五尺,宽一丈,高八尺至九尺。共用料土、夫工银一万八千八百十七两九钱三分七毫。

扬州府同知属：宝、氾、永、高、甘五汛内各工镶做护埽，共工长七百二十七丈一尺，宽一丈至一丈二尺，高九尺至一丈二尺。又，镶做防风，共工长五百十七丈九尺，宽八尺至九尺。共用料土、夫工银二万一千二百八十八两八钱七分七厘九毫。

淮安府军捕通判属：堰、涧、徐三汛沿堤石工节年风暴掣塌未砌段落，择要用料搂护，共旧工长一百十四丈四尺，连越湾共长一百二十一丈，牵宽一丈至二丈，牵高四尺至一丈。共用料土银三千三百四两一钱四分。又，择紧镶做护堰防埽，共工长一百五十四丈，牵宽六尺至一丈，牵高四尺至八尺，共用料土银一千七百六十四两八钱八分三厘。二共用银五千零六十九两零二分三厘。徐坝汛信、智、林、仁等坝及新旧义河直坝护埽掣塌，共工长七十八丈，兜缆补镶，宽一丈，高深六尺，共用料土、夫工银一千六百七十六两五钱九分三厘。

以上通共支用银五万四千二百六十四两二钱二分八厘二毫。

实在：一、存银二十八两四钱七分七厘八毫，归入下年旧管项下收用。理合登明。

军机大臣奉旨：览。钦此。[①]

## 〇四五　奏报历年荡柴变价等情片

### 同治五年六月十九日(1866 年 7 月 30 日)

再，查历年荡柴变价，均由苇左、右营陆续解缴。迨扫数清

① 中国第一历史档案馆藏：清单，档案编号：03-4956-118。

完后，已久逾霜降截销之期，找支各厅工项，往往迟至次年春间。当此新章甫定，势不能不按年核销，以清案款，且从前各厅工程分别岁修、抢护及常年专款各另案，岁需帑金数百万之多，照例于年终开单汇奏后，复逐条次第估销，动辄累月经年，未能结案。今则湖运各厅堤埽必系万不可缓之工，方准择要修补，并无岁抢、另案各名目，每岁需用银尚不及从前十分之一。臣愚以为工需报销，应仿照军需报销办理，嗣后各厅一年工需，拟俟找支清款后，于次年四月开单奏报，一面造册咨销，以省烦牍而免积压。臣为实事求是起见，相应附片具陈，伏乞圣鉴训示。谨奏。

同治五年六月二十七日，军机大臣奉旨：览。钦此。[①]

## ○四六　奏报水涨工险现饬宣泄抢护折

### 同治五年六月十九日(1866年7月30日)

头品顶戴署两广总督漕运总督臣吴棠跪奏，为连旬大雨，河湖水涨工险，现饬道厅分别宣泄抢护情形，恭折具陈，仰祈圣鉴事。窃臣前将湖运各工择要次第兴办缘由，缮折具奏在案。嗣因本年河湖底水较大，未交汛期以前，业已陆续报长。严饬各厅及委员等将最要之砖石土埽等工赶紧分别补修，以资御涨。据报黄河高仰工段，照估挑通，并将中河口之桃坝头闸上之束坝分投厢筑兼施。高邮南涧坝底，已于五月初间修砌完成。其宝应西堤碎石，因汛水较大，捞砌维艰，缓俟秋后再办，将高邮南门以

① 中国第一历史档案馆藏：军机录副，档案编号：03-4973-013。此片具奏日期未确，兹据同批折件校正。

上两岸残缺处所择要修竣，随时饬经淮扬道认真验收，务使一律稳实。臣初意汛涨如不甚旺，或旋涨旋消，即令厅汛慎守各工，以节经费。孰料五月二十五日起，无日不雨，无雨不大。至六月初一日以后，雨益倾盆，阅十数昼夜，迨未少息，平地水深三四尺，沟塘胥溢，街巷成渠，较之去秋为尤甚。迭据厅汛禀报：东省山泉涨注，运中河水数日间陡长丈余，来源十分猛骤，由顺清河口门下达里扬运河，深虑涨满为患。即经飞饬淮安同知督汛赶启中河口拦水土埝，减涨入黄。复委弁前往宿迁县境刷放刘老闸滚坝，以期畅泄而固堤防。惟淫雨滂沱，来水陡旺，各厅险工迭出，如运中两河长堤被刷脱坡，分别筑堰帮戗厢防风。里河头越闸下旧埽，先经逐段拆厢，遇涨复垫，现仍随垫随加，以下柳园头堤身迎溜埽□，情形吃重，酌做排水小坝三道。其杨家庙、查家庄等处溃塌频仍，亦即用料搂护。

至洪湖水势，同时旺涨。截至现在止，志存一丈二尺八寸。迭值西北风暴，鼓浪掀腾，不独礼河越坝挺峙湖心，势将平漫，即其余埽石各工，亦复节节危险。当饬该管厅员赶将该越坝酌量拆展分泄，一面择被风掣塌最要之各坝河埽段，分别厢补。其未砌石工及石后漕土被刷段落，亦已搂护填筑，堪资抵御。又，下游扬河追缘礼字河泄水下注，势更浩瀚，虽新筑两岸土石等工现尚一律平稳，而高、甘境内之马棚湾、马字直、小六堡、铁牛湾、南大王庙等工埽段刷垫卑矮，均属尤为险要。此外无工处所溃顶脱坡，不一而足，业已酌发钱米，饬令厅委分段搂护厢加。所虑前水未消，后水踵至，数百里河身上壅下溃，在在可危。因查高邮各坝本为分泄汛涨而设，倘此后水仍增涨，或积涨不消，容臣随时督饬道厅，率汛加意防护，一面察看情形，必不得已，方准酌启坝座，减涨保堤。所有河湖水涨工险、宣泄抢护情形，相应恭折具陈，伏乞皇太后、皇上圣鉴。谨奏。六月十九日。

同治五年六月二十七日，军机大臣奉旨：知道了。着即督饬工员设法抢护，仍须察看汛涨情形，酌放坝座，以资宣泄，而卫堤工。钦此。①

## ○四七　新筑圩墙坍塌察看情形赶办片

### 同治五年六月十九日(1866年7月30日)

再，臣前因捻氛剽悍，图窜运河，议由江境黄林庄以下北岸一带构筑长圩，以保运东完善，当经分饬委员会同邳、宿、桃三州县，勒限兴筑，先后竣工，业将办理情形奏蒙圣鉴在案。讵自五月下旬以迄本月中旬，狂飙骤雨，奔腾冲刷，所有新筑圩墙昼夜震荡，坍塌颇多，据该州县等具禀前来。查现当三伏盛涨，水潦特行，土性松浮，本难坚实，若令其冒雨修筑，不特民力实有未逮，且旋筑旋圮，无裨要工，应俟白露节后，查看情形，再行严饬各文武加工赶办，庶几一劳永逸。刻下，河水涨发弥望，已成巨浸，贼踪难以窜渡。仍饬沿运水陆各防，认真堵扼，用备不虞。理合附片具陈，伏乞圣鉴。谨奏。

同治五年六月二十七日，军机大臣奉旨：知道了。钦此。②

---

① 中国第一历史档案馆藏：军机录副，档案编号：03-9576-038。

② 中国第一历史档案馆藏：军机录副，档案编号：03-9576-039。此片具奏日期未确，兹据同批折件校正。

## 〇四八　核明通州等处捐生名数请予奖叙折

### 同治五年七月初二日(1866年8月11日)

署两江总督江苏巡抚一等肃毅伯臣李鸿章、头品顶戴署两广总督漕运总督臣吴棠跪奏，为统捐军需案内捐生衔名，缮具清单，恳恩给予奖叙，恭折仰祈圣鉴事。窃照同治元年秋间，因淮沪扬镇等营军食缺乏，奏明改捐借为捐米，截至二年十二月止，一年届满，旋经升任江宁布政使乔松年议自三年正月起，改为统捐军需名目，按淮扬通海十四厅州县共捐银三十万两，分解清淮筹防局及扬州、镇江、徐州各粮台。其旧欠米石随同新捐分月带收，以清款目而裕饷需，经臣等会折奏明劝办。嗣初次查明应奖捐生，即经会核开单请奖在案。兹续据督办扬镇粮台报销前江宁布政使万启琛查明通州、靖江、江都、甘泉、高邮、兴化、东台等七州县共捐生二百五十八名，循照上届米捐章程，每银二两二钱准抵米一石，申收银三两四钱，共米一万三千六百十八石三斗，合银四万六千三百二两二钱二分，查取履历，声明愿奖实官、虚衔等项，造册详请奏奖前来。臣按册覆核，与现行常例筹饷事例减成请奖章程均属相符。除将细册咨部查核并饬其余未奖捐生接续详奏外，相应仰恳天恩，俯准饬部覆核，迅颁执照，以示鼓励。合词恭折具奏，伏乞皇太后、皇上圣鉴。谨奏。七月初二日。

同治五年七月初十日，军机大臣奉旨：户部核议具奏，单并发。钦此。[①]

---

① 中国第一历史档案馆藏：军机录副，档案编号：03-4907-064。

## ○四九　呈通州等处捐生捐输数目清单

**同治五年七月初二日(1866年8月11日)**

谨将同治三年统捐军需案内通州、靖江、江都、甘泉、高邮、兴化、东台等属第二批捐生，循照米捐请奖成案，缮具简明清单，恭呈御览。

徐福保，通州人，由双月选用郎中捐银合米四百七石，以米合银一千三百八十三两八钱，拟请以郎中不论双单月选用。徐芝征，通州人，由候选中书科中书捐银合米一百三十六石，以米合银四百六十二两四钱，拟请以中书科中书不论双单月选用。朱祈龄，江宁县人，由双月选用县丞捐银合米八十三石，以米合银二百八十二两二钱，拟请以县丞不论双单月选用。徐希仪，通州人，由道衔捐银合米七百五十三石，以米合银二千五百六十两二钱，拟请给予随带加三级，并伊生母及本身妻室二品封典。徐锡宫，通州人，由翰林院待诏衔捐银合米三十八石，以米合银一百二十九两二钱，拟请以本身应封貤封嗣父母。徐源泉，通州人，由同知衔捐银合米七十六石，以米合银二百五十八两四钱，拟请给予伊父母五品封典，并将本身及妻室应封貤封伯父母。程仁闻，安徽休宁县人，由太常寺典簿衔捐银合米一百九十四石，以米合银六百五十九两六钱，拟请给予随带加三级并伊父母五品封典，暨将本身妻室应封貤封祖父母。王恩瀚，通州人，由国子监典籍衔捐银合米一百五十四石，以米合银五百二十三两六钱，拟请给予国子监典簿职衔、随带加二级并伊父母七品封典。程兆荣，安徽休宁县人，由布理问衔捐银合米一百十八石，以米合银四百一两二钱，拟请给予寻常加二级。

陈桂芬，通州人，由员外郎衔分发主事捐过随带加三级纪录五次，今捐银合米二百五十四石，以米合银八百六十三两六钱，拟请再加随带四级纪录五次。保堃，通州人，由监生捐银合米二百十二石，以米合银七百二十两八钱，拟请给予光禄寺署正职衔。汪美旸，安徽歙县人，由国子监典簿衔捐银合米三十六石，以米合银一百二十二两四钱，拟请给予中书科中书职衔。汪美曦，安徽歙县人，由布理问衔捐银合米一百四十二石，以米合银四百八十二两八钱，拟请给予光禄寺署正职衔。吴恩连，通州人，由按照磨衔捐银合米四十三石，以米合银一百四十六两二钱，拟请给予布政司理问职衔。徐希正，通州人，由同知衔捐银合米五百三十一石，以米合银一千八百五两四钱，拟请给予知府职衔。徐希仪，通州人，由郎中衔捐银合米三百三十二石，以米合银一千一百二十八两八钱，拟请给予道衔。徐源泉，通州人，由布理问衔捐银合米四百石，以米合银一千三百六十两，拟请给予同知职衔。程仁闻，安徽休宁县人，由翰林院孔目衔捐银合米一百二石，以米合银三百四十六两八钱，拟请给予太常寺典簿职衔。江家璥，吴县人，由俊秀捐银合米二百三十八石，以米合银八百九两二钱，拟请作为监生，给予光禄寺署正职衔。管飞熊，浙江归安县人，由监生捐银合米二百七十一石，以米合银九百二十一两四钱，拟请给予光禄寺署正职衔并寻常加二级。陈殿传，通州人，由附贡生捐银合米一百十八石，以米合银四百一两二钱，拟请给予国子监典簿职衔。叶章松，安徽休宁县人，由州同衔捐银合米四百石，以米合银一千三百六十两，拟请给予同知职衔。吴肇基，安徽歙县人，由监生捐银合米二百十二石，以米合银七百二十两八钱，拟请给予光禄寺署正职衔。保澜，通州人，由俊秀捐银合米六十石，以米合银二百四两，拟请给予监生，并作为贡生。韩逢春、许为先，均通州附生；陈培元，通州监生。以上三名各捐银合米三十五石，以米各合银一百十九两，韩逢春、许为先拟请作为附贡生，陈培元作为贡生。张邦彦，通州人，由从九品衔捐银合米七石五斗，以米合银二十五两五钱，拟请作为监生。瞿守和，靖江县人，由俊秀捐银合米二百二十五石，以米合银七百六十五两，拟请给予监生，并作为贡生，以县丞双月选用。范铭，靖江县人，由六品顶戴候选府照磨捐银合米六十二石，以米合银二百十两八钱，拟请以县丞双月选用。陆云藻，宜兴县人，由六品顶戴监生捐银合米六十石，以米合银二百四两，拟请以从九品不论双单月选用。陈型，靖江县人，由从九品衔捐银合米三十八石，以米合银一百二十九两二钱，拟请作为监生，以从九品双月选用。王谨仪，靖江县人，由附贡生捐银合米七十一石，以米合银二百四十一两四钱，拟请给予布政司经历职衔。朱标、祝清熙，均靖江县附生，以上二名各捐银合米三十四石，以米各合银一百十五两六钱，拟请均作为附贡生。

程枢生，安徽歙县人，由监生捐银合米一百十八石，以米合银四百一两二钱，拟请给予国子监典簿职衔。严江，浙江山阴县人，由监生捐银合米二百九十一石，以米合银九百八十九两四钱，拟请以州同双月选用。朱煦，浙江余姚县人，由监生捐银合米二百石，以米合银六百八十两，拟请以翰林院待诏双月选用。尤锡恩，高邮州人，由俊秀捐银合米八十六石，以米合银二百九十二两四钱，拟请作为监生，以从九品不论双单月选用。王炳智，高邮州人，由花翎五品衔候选州同捐银合米四百六十九石，以米合银一千五百九十四两六钱，拟请以州同分缺先即用。王寿堃，高邮州人，由监生捐银合米七十八石，以米合银二百六十五两二钱，拟请以从九品指项按察司司狱，不论双单月选用。赵子衡，高邮州人，由按察司经历衔捐银合米十二石，以米合银四十两八钱，拟请给予布政司理问职衔。赵保衡，高邮州人，由监生捐银合米四十八石，以米合银一百六十三两二钱，拟请给予盐大使职衔。王森之，高邮州人，由监生捐银合米二百十二石，以米合银七百二十两八钱，拟请给予都司职衔。王为栋，高邮州人，由武生捐银合米五十九石，以米合银二百两六钱，拟请给予卫千总职衔。郭占鳌，高邮州人，由武生捐银合米五十石，以米合银一百七十两，拟请给予营千总职衔。冯达夫，高邮州人，由监生捐银合米四十八石，以米合银一百六十三两二钱，拟请给予县丞职衔。王庆珍，高邮州人，由监生捐银合米七十一石，以米合银二百四十一两四钱，拟请给予布政司理问职衔。郭殿鳌，高邮州人，由从九品衔捐银合米六十六石，以米合银二百二十四两四钱，拟请作为监生，并给予卫千总职衔。宋森槐，高邮州人，由武生捐银合米五十九石，以米合银二百两六钱，拟请给予卫千总职衔。周兆樾、王兰陔、王庆瑞，均高邮州监生，以上三名各捐银合米三十五石，以米各合银一百十九两，拟请均作为贡生。杨映儒、周子端、居子浩，均高邮州俊秀，以上三名各捐银合米六十石，以米各合银二百四两，拟请均给予监生，并作为贡生。吴文钺，安徽歙县人，由不论双单月指项巡检捐银合米五十九石三斗，以米合银二百一两六钱二分，拟请以指项巡检本班尽先即选。杨起南，兴化县人，由从九品衔捐银合米三十五石五斗，以米合银一百二十两七钱，拟请给予原品封典。曹希和，安徽绩溪县人，由俊秀捐银合米三十六石七斗，以米合银一百二十四两七钱八分，拟请给予未入流职衔并从九品封典。郑培安，兴化县人，由贡生捐银合米八十二石六斗，以米合银二百八十两八钱四分，拟请给予县丞职衔并八品封典。陈履同，兴化县人，由从九品衔捐银合米七十八石九斗，以米合银二百六十八两二钱六分，拟请作为监生，并给予州同职衔。戎煦斋，兴化县人，由州同衔捐银合米四百石，以米合银一千三百六十两，拟请给予同知职衔。钱一枝、宗怀荃，均兴化县附生；束性存，兴化县监生，以上三名各捐银合米三十三石九斗，以米各合银一百十五两二钱六分，钱一枝、宗怀荃均拟请作为附贡生，束性存作为贡生。李鹤千、谢鸣铎，均兴化县从九品职衔。以上二名各捐银合米四十二石二斗，以米各合银一百四十三两四钱八分，拟请均准改监生作为贡生。崔楹，东台县人，由附生捐银合米三十四石二斗，以米合银一百十六两二钱八分，拟请作为附贡生。孙近仁，东台县人，由从九品衔捐银合米四十二石五斗，以米合银一百四十四两五钱，拟请准改监生作为贡生。

袁荣、周宸、陈嵩、王体元、严士芳、陆均、瞿梁、杨璜、刘永江、严耀、孙清泰、徐善庆、闻钟义、印长庚、范蓉、杨至德、郑振鹭、刘万兴、徐文灿、孙景沅、宋懋昭、侯淦、徐庆沅、陶熙元、徐允贵、张吉庵、沈青华、李达聪、詹丽春、丁长庚、姚必寿、叶廷秀、吴维城、胡金钺、沈丙勋、管兆玺、强裕庭、邱省垣、李延华、王标、费汝谦、陈懿、冯毓泉、钱士英、顾凯南、徐荣、刘夔和、吴庆松、余惟梁、赵文科，以上五十名，各捐银合米十九石，以米各合银六十四两六钱，拟请均给予从九职衔。

程绍高、娄嵩、林保芬、范墀孙、苏铨、周棣华、叶祺麟、孙文镕、孙文麟、钱运生、汪彭寿、曹兴宗、李文达、吴芳传、严瑞廷、黄炳、印锦江、柳大宾、吴毓麟、唐寅春、周士选、徐镇、黄礼纯、黄恒廉、范显鸿、范莱、印逢春、丁国勋、李振霖、朱煦、赵恩钧、王兰亭、宋兰生、秦禹平、赵鸿春、宋洵、董长龄、王兰皋、赵恩鉴、谢惟仁、居宏庆、居启培、杨德明、王大成、吕增喜、吕全之、李邦瑞、夏瑛、杨文藻、夏敦庸、王兰池、朱正纲、刘香圃、谢秉忠、吴衍仁、王兴、卞长龄、李孝先、臧思本、吴杏林、吴遂生、李焕章、印兆皋、杨国香、王恩诰、居长松、华齐安、王本源、林殿标、王景荣、张春燕、赵金章、雍承休、魏国瑞、周以恭、徐增祺、夏寿龄、吴兆琮、管权之、王德明、赵学东、冯毓铨、冯毓文、邓德舆、徐安邦、季庆树、陈海文、陈文汉、周广寿、钱兰馨、钱以益、陈显昭、季懋乐、朱毓钟、顾鸿基、杨淮芳、金天锡、黎握衡、史南浦、蔡文华、范席珍、范怀珍、方熙斋、林雨村、任恺堂、吴长元、王敬熙、程鳌、徐德昌、王从礼、许尔臧、罗锦煌、葛彭年、张永庆、金士馨、郑学曾、吴镕、陈仁寿、姚武仪、许鲁珍、王璋、周聩、周骧、崔懋、叶文琳、朱植之、何才、杨如涛、张铸、汪振镛、王廷明、智子耆、傅恒煜、吉鸿鼎、吉鸿恩、姜炳南、周嘉诚、陶同兴、谢顺宣，以上一百三十九名，各捐银合米二十六石，以米各合银八十八两四钱，拟请均作为监生。

军机大臣奉旨：览。钦此。[①]

## 〇五〇　查明清淮捐局续收捐生银钱数目折

### 同治五年七月初二日（1866年8月11日）

头品顶戴署两广总督漕运总督臣吴棠跪奏，为清淮捐局续收

① 中国第一历史档案馆藏：清单，档案编号：03-4907-065。

捐输银钱、宝钞各数，分缮清单请奖，仰祈圣鉴事。窃前准户部咨：粮台收捐照筹饷例及常例银数酌减十分之二，以抵其运解之费。嗣经前河臣奏准以钱一千六百文作银一两，给予奖叙，并饬委员分赴各州县，会同地方官多方劝谕，遵照部定章程，钱钞各半交纳，叠经奏蒙恩奖。同治三年二月以来，清淮银价日落，每两仅易制钱一千四百文有零，核与奉准以钱合银未免悬殊，复经臣奏准改为银钞各半交纳。其有愿以钱钞交纳者，仍听其便，并以近来捐生无从购钞，随时量力变通，于四年四月间附陈，经户部核议，奏准以钞一千折银一钱征收各在案。兹据委管捐局按察使衔记名盐运使李元华、按察使衔署淮扬道刘咸册报：捐生陆式谷等一百三十六名，共捐银二万六千零七十两，宝钞二万四千一百四十千文，遵照户部定章，折收实银二千四百四两。又，因清淮军需支绌，节经委员在外劝收捐生徐希濂等一百八十二名，共捐银七千两、制钱一万三千八百八十七千五百文、宝钞一万三千八百八十七千五百文，折收实银一千三百八十八两七钱五分，详请奏奖前来。臣覆核无异。除将捐生履历各册咨部查核外，理合分缮清单，恭呈御览，伏候恩施。至填给执照各捐生，已于册内注明。其未给执照者，仰恳敕部迅即覆核，颁发执照来浦，以便给领而昭激劝。为此恭折具奏，伏乞皇太后、皇上圣鉴。谨奏。七月初二日。

同治五年七月初十日，军机大臣奉旨：户部核议具奏，单二件并发。钦此。[①]

① 中国第一历史档案馆藏：军机录副，档案编号：03-4907-060。

## ○五一　呈清淮捐局捐输衔名、银数清单

### 同治五年七月初二日(1866年8月11日)

谨将清淮捐局捐输衔名、银钱数目缮具清单，恭呈御览。徐希濂，江苏人，由道衔双月选用知府捐银七千两，拟请赏戴花翎。徐石鳞，江苏人，由光禄寺署正职衔捐钱二千五百六十千文，拟请给予同知职衔。顾墉，江苏贡生，捐钱二千五百六十千文，拟请给予同知职衔。捐职同知陈采，为已故嗣父陈涪(江苏卫籍)捐钱一百四十一千文，拟请将伊故父作为监生。吕朝阳等一百十名，均由俊秀各捐钱一百四十一千文，拟请均作为监生。钱彭寿等六十八名，均由俊秀各捐钱一百三十千文，拟请均给予从九品职衔。以上捐生一百八十二名，共捐银七千两、钱二万七千七百七十五千文，内制钱一万三千八百八十七千五百文、宝钞一万三千八百八十七千五百文，照户部定章，每钞一千折银一钱，共折收银一千三百八十八两七钱五分。

军机大臣奉旨：览。钦此。[①]

## ○五二　呈清淮捐局续收捐输衔名、银数清单

### 同治五年七月初二日(1866年8月11日)

谨将清淮捐局续收捐输衔名、银数缮具清单，恭呈御览。

陆式谷，湖北人，由不论双单月选用员外郎捐银八百两，拟请免其保举。汪廷荣，江苏人，由理问衔准署河南陈留县县丞，除原

---

① 中国第一历史档案馆藏：清单，档案编号：03-4907-062。

衔抵银外,今捐银二千四百五十二两,拟请以通判不论双单月选用,并给予盐课司提举升衔。顾景濂,顺天人,由知府衔同知直隶州知州用江苏补用知县捐银一千三百六十八两,拟请给予加二级,给伊祖父母、父母从三品封典,并将本身妻室应封貤封曾祖父母,现在覃恩期内,应请给予覃恩字样。顾景濂由知府衔同知直隶州知州用江苏候补知县捐银五百四两,拟请给伊妻、父母从四品封典,现在覃恩期内,应请给予覃恩字样。吴炳经,安徽人,由同知衔署江苏奉贤县知县捐银六百三十两,拟请给予随带加二级、寻常加一级。孙堉,浙江人,由分发两淮盐运司经历捐银三百九十六两,拟请免其赴部验看。李蓉镜,江苏人,由大理寺评事衔分发试用训导署淮南府教授捐银一千三百六十一两,拟请给予同知升衔。李蓉庆,江苏人,由光禄寺典簿衔分发试用训导捐银一千五百十二两,拟请给予知州升衔。葛秀芳,江苏廪贡生,捐银一百五十九两,拟请以训导双月选用。徐明庆,湖北贡生,捐银八百两,拟请以盐运司知事不论双单月选用。颜振禄,江苏人,由分发浙江县主簿捐银一百九十五两,拟请免其赴部验看。李炳文,山西人,捐银五百五十二两,拟请作为监生,以道库大使不论双单月本班尽先选用。佟寿征,正蓝旗汉军蔡桂佐领下人,由分发江苏从九品捐银一百九十五两,拟请免其赴部验看。许成仪,四川人,捐银二百九十两,拟请作为监生,以从九品不论双单月选用。李曙东,江苏人,由双月选用未入流捐银一百二十二两,拟请以不论双单月,不积班次选用。胡官甫,江苏监生,捐银二百八十八两,拟请给予翰林院待诏职衔。张杰,江苏监生,捐银二百四十两,拟请给予州同职衔。杨渭,江苏监生,捐银二百两,拟请给予按察司经历职衔。徐佩珩、吴士杰,以上二名,均广东人,由都司职衔各捐银七百四十两,拟请均给予游击职衔。徐佩珩、吴士杰，以上二名均由游击职衔各捐银七千两，均拟请赏戴花翎。贾子瓛，山西武生，捐银七百二十两，拟请给予都司职衔。钱清远，山东武生，捐银三百二十两，拟请给予守御所千总职衔。扈凤鸣，山东武生，捐银一百六十八两，拟请给予营千总职衔。潘鹤龄、刘攀龙、黄云林，以上三名均山东人，各捐银二百五十六两，拟请均作为监生，给予营千总职衔。宋卓然，安徽人；陈宏楫，湖南人；丁式镛，江苏人。以上三名均由附生各捐银一百十六两，拟请均作为附贡生。姚经纶，安徽人；张长达，湖南人。以上二名均由监生各捐银一百十六两，拟请均作为例贡生。杨渭，江苏人，由从九品职衔捐银二十四两，拟请作为监生。潘捷三，山东人，由已满吏捐银四十两，拟请给予从九品职衔。姜得骍等六十三名，均由俊秀各捐银八十八两，拟请均作为监生。吕宗恺等三十八名，均由俊秀各捐银六十四两，拟请均给予从九品职衔。

通共捐生一百三十六名，共捐银三万八千一百四十两，内银二万六千零七十两、宝钞二万四千一百四十千文，照户部定章，每钞一千折银一钱，共折收银二千四百十四两。

军机大臣奉旨：览。钦此。①

## 〇五三　奏报水涨启坝宣泄并抢护险工折

### 同治五年七月初二日(1866年8月11日)

头品顶戴署两广总督漕运总督臣吴棠跪奏，为河湖异涨，赶饬道厅启坝宣泄，仍竭力抢护险工情形，恭折具陈，仰祈圣鉴事。窃

① 中国第一历史档案馆藏：清单，档案编号：03-4907-061。

臣前于六月十九日将连旬大雨河湖水涨工险、分别宣泄抢护情形，缮折具奏在案。旋据各厅汛等驰报：邳宿运河自启放刘老涧后，水仍有长无消，十字河、中河双全闸水志长存二丈七尺七寸至四丈零六寸。宿迁之临城一带及刘老涧撑堤、桃源之泉兴、石马头、王家庄、盛家河头等处，被溜汕刷，溃塌纷纷，间有漫决之虞，均经该管厅员加埝帮戗，扎枕搂护，期保无虞。匝旬以来，雨水、泉源续又汇流涌激，浪若排山，幸新挑黄河分泄运中河涨溜约有六七分之多，方冀去路获畅，下游各工可化险为平，讵洪湖水势逐日报长数寸，虽有礼河敞放，仍属泄不敌涨。截至现在止，志存二丈零一寸，比上年今日大六尺七寸，湖滩最高田亩悉入水中，测深四五六尺不等。淮源旺骤如斯，实为历年所未有。察看全湖溜势，浩瀚奔腾，一遇西风鼓荡，漫过堤顶，沿湖石上风掣未砌段落续被击撞溃伤土埝，并厢坝埽漕土亦复蛰卸频仍。高埝禹王庙西首掣塌长五十余丈，险要叠生，抢护迄未停手。尤可虑者，湖水由东清坝口门涌注入运，湍悍异常，以致运口以下数百里河身时有涨满之患，头、二、三闸之背将次平漫。各该闸下东岸堤埽遇溜，均刷蛰塌，不一而足。而余家坝石工显涵洞等工窨潮患串漏情形，尤为紧要，节经遴派妥员分投前往，会厅厢筑兼施，务期一律平稳。至扬属长河多一礼河来源，日涨日盛。高、甘各工志桩长存水一丈七尺一寸至二丈三尺，比上年盛长尚大二三尺。西堤碎石被浪撞刷，业已大半入水。东堤则千钧一发，岌岌可危，且仅出水数寸及一尺余寸，并已有平水之处，一经犯风，势必普漫。迭据厅县禀请启坝，当以本年节令尚早，汛期方长，谆饬署淮扬道刘咸，常川驻工，得守且守，以保下河田禾。据覆扬属东岸险工不可枚举，如杠桥、清水潭、车逻镇、露筋祠、夏家直、昭关坝、小三闸等处，皆要中之要，随时严督厅委等无分雨夜，竭力抢加子埝，掩厢防风，并将各汛被刷坝埽随蛰随加，仍复随加随蛰，保坝数日，积涨不消，较常年启放定志已逾二尺余寸，加以狂风暴雨，无日无之，实有万难支持之势。遂于六月二十七日未刻，启放车逻坝，至二十八日，高邮河水仍长四寸，不得已赶将南关坝接手启放，于申刻过水，并据声称，如水再涨，尚须添启新坝，以资畅泄等情。正批答间，接据安徽怀远县禀报：淮河接续涨水三丈有奇，汇注洪湖，遂致如此异涨，恐邮境仅放一二坝，断不足以资宣泄，惟甘泉之昭关坝地居下游，有碍东属盐场，未便轻放。其南关新坝，上年启放，坝底冲损跌塘，再启则堵闭浩縻。然至涨极工危之际，亦不能不权衡轻重，期免顾此失彼之虞。除饬道厅相机酌办外，复查清河吴城七堡仅系道光年间泄黄入湖之处，兹黄河滩水低于湖水一尺余寸，经臣委弁会厅赶将七堡刷放，以泄湖涨而固河堤，兼可收接清刷黄之效；仍通饬各属一律加慎防护，务保安恬。所有河湖异涨、启坝宣泄及竭力抢护险工情形，理合恭折具陈，伏乞皇太后、皇上圣鉴。谨奏。七月初二日。

同治五年七月初十日，军机大臣奉旨：览奏，均悉。仍着督饬河员竭力抢护，其南关新坝应否启放，着权衡轻重，相机办理。钦此。[①]

## 〇五四　奏报各处险工仍饬抢护片

### 同治五年七月初二日（1866年8月11日）

再，正缮折间，续据淮扬道驰禀：扬河水势自放南关坝后，仍

① 中国第一历史档案馆藏：军机录副，档案编号：03-9576-045。

渐增涨，高、宝、甘三州县境内东岸数百里一线单堤节节平水，势将普漫漏，应抢加子埝，并厢防风掩护，无如险要处所水高于堤，仅恃新埝搪御，情形实属危急。而风水洞、子婴闸、清水潭、火姚闸等工尤为险极，并间有满溢之处，现仍竭尽人力，分段抢护等情。除由臣续发钱粮谆谕该道厅□手抢办外，谨附片陈明，伏乞圣鉴。谨奏。

同治五年七月初十日，军机大臣奉旨：知道了。风水洞等处险工，务须督饬淮扬道分段抢护，毋稍松懈。钦此。[①]

## ○五五　奏报南台欠发银两请准捐补清债片

### 同治五年七月初二日(1866年8月11日)

再，前办江南粮台江苏候补道许如骏承办军需欠发各款，前据该道详称：接准部文内有欠发银十六万八百九十七两零，系同治三年九月初三日销册到部，不准劝捐归补，应作何归结之处，由督抚大臣覆核，奏明办理。当经臣覆加确核，拟请准其给奖抵欠，以资归结，钦奉谕旨：户部议奏。钦此。旋准部覆，仍饬照前奏办理，遵经行知该道遵办去后。兹复据许如骏详称：前于同治元年承办江南粮台时，正值饷需竭蹶，军火、粮米动形缺乏，随时设法欠贷，得以无误要需。迨为期既久，无款筹还，不得已按照欠数分别抵捐。此实军需万绌之中勉为弥补一时之计。曾于同治元、二等年先将欠户内择其尤为迫切者请奖，已覆核准，援案

① 中国第一历史档案馆藏：军机录副，档案编号：03-9576-046。此片具奏日期未确，兹据同批折件校正。

归补。今同一欠发而归补有准驳之分，在未经给奖者，实属向隅，且历经四载有余，欠款一日不清，经手之员即追呼一日不已。兹查徐州粮台欠发制造、军火等项银两，于上年十二月，经户部议准捐补，所有南台欠发银两系属同治元年之款，与徐州粮台情事相同，详请再行援案具奏等情。臣查此案报销，均已造册报部，并经臣会同署督臣李鸿章核无浮冒，开单具奏在案。其欠发银两，自应清结。惟除捐补外，别无归结之方，可否仰恳天恩，准照徐州粮台捐销之案俾清积欠之处，出自逾格鸿慈。谨附片具陈，伏乞圣鉴。谨奏。

同治五年七月初十日，军机大臣奉旨：户部议奏。钦此。[①]

## ○五六　请旨将刘咸等分别摘顶、革职折

### 同治五年七月初八日(1866年8月17日)

头品顶戴署两广总督漕运总督臣吴棠跪奏，为湖河异涨非常，放坝后水仍旺聚，致将扬河东岸清水潭以南民闸漫掣倒卸，带塌正堤，现仍抢护上下各险工情形，恭折由驿驰陈，仰祈圣鉴事。窃臣于七月初二日将湖河异涨、启坝宣泄、竭力抢护险工情形缮折奏报后，续据汛报：湖水又长三寸，现在志存二丈零四寸，在等敞放坝河之时，虽未有积涨如此之盛，不独堰圩境内以一线单堤抵御万顷巨浪，岌岌可虞，而里河、扬河等厅两岸堤工尤属处处危险，实有顾此失彼之忧。正严饬抢护间，据淮扬道禀称：

① 中国第一历史档案馆藏：军机录副，档案编号：03-4808-063。此片具奏日期未确，兹据同批折件校正。

湖源过旺，虽启车、南两坝，仍未见消，加以风雨时作，东堤节节平漫，经厅汛等漏夜抢加正堤，此筑彼漫，人力实有不及，致将高邮汛清水潭以南二坝南墙于六月二十九日辰刻，漫掣刷卸，带塌正堤过水等情。臣接阅之下，惊骇莫名！随经委员前往查勘，据覆清水潭以南二闸向系归民启闭，引水灌田，本已年久损坏，当抢筑子堰之时，长堤平漫处有马棚湾及火姚闸等工，幸皆抢护平稳，独向无工程之二闸，因高下过大，漫水猛骤，遂致被掣倒卸，带塌正堤，口门尚未塌完。该处在高邮四坝之上，漫水仍由坝河归海，情形与启放四坝相同。察看水虽旁泄，正河溜势如常。该处居民于河水涨满时，多已迁移高邮阜，或就堤栏栖身，且时当白昼，尚易趋避。惟被水灾黎荡析离居，情殊可悯！臣先捐廉现钱二千串，并于军需项下筹挪四千串，檄饬扬州府知府孙恩寿、候补知府存葆驰赴口门上下，妥为抚恤，一面飞咨督臣、抚臣行司委员，分往高、兴、东等境勘灾赈济。为今之计，惟有俟水势稍定，赶盘漫口裹头，俾免续塌，将来水消兴堵。所需正杂料物、钱粮，容另派员确估，由臣会同署督臣李鸿章，预为筹备，一过霜降，克日进占施工，及早蒇事，无误来岁春耕。现在秋汛方长，自邮境二闸漫口后，河水仅消数寸，而洪湖仍在加长，堰圩残破，石堤及里河上游、杨河下游各工，仍属万分紧要。时值西风司令，焦思辗转，寝食难安，现仍严饬道厅竭力抢护，不准再有疏虞。

伏念本年江北各属，因淫雨连旬，田禾多被淹漫，方湖河并涨之初，窃欲此下河一隅以苏民困，是以高邮河水虽长逾各坝定制，道厅屡请启放，而遍野菁葱，臣心有所不忍，随时批令得守且守，如察看河身实难容纳，即行相机酌启。原拟稍迟旬日，以俟早稻登场，孰料数日之间，高邮水志长至一丈七尺五寸，为历来所未有，即经连启车、南两坝，以资宣泄，无如来水旺极，积涨不消，遂致仓猝失事，实非意料所及。至扬属堤工，经上年盛涨后残塌不堪，厅估率皆应办，因筹款维艰，饬道再三剔缓择要发办，仅御上年盛涨而止。讵本年涨水比上年尚大二三尺，通工平水入水，奇险叠生，诚有鞭长莫及之患。但漫口究在该管汛境，总属疏于防范，应请旨将署淮扬道刘咸摘去顶戴，扬州军捕同知兼管河务范志熙先已由臣札饬摘顶，仍请革职留任；永高汛千总袁定标、协防徐顺系专管汛弁，均应革职留汛效力，以示惩儆。臣有督率之责，筹画无方，亦属咎无可辞，并请将臣交部议处。所有湖河异涨非常，扬河东岸清水潭以南民闸倒卸、带塌正堤过水缘由，理合专折由驿驰奏，伏乞皇太后、皇上圣鉴。谨奏。七月初八日。

同治五年七月十四日，军机大臣奉旨：钦此。[①]

【案】此折于是年七月十四日得批覆：

同治五年七月十四日，内阁奉上谕：吴棠奏，湖河盛涨，扬河东岸民闸倒卸，带塌正堤过水一折。本年江北各属因阴雨连旬，湖河并涨，经在事人员启放车、南两坝，旁泄水势，而正河溜势如常，此筑彼漫，致将高邮汛清水潭迤南二闸南墙于六月二十九日辰刻漫掣倒卸，带塌正堤过水。虽因来源旺极、积长不消所致，该管河汛各员究属疏于防范，署淮扬道刘咸，着摘去顶带；扬州军捕同知兼管河务范志熙，着革职留任。永高

① 中国第一历史档案馆藏：军机录副，档案编号：03-9576-047。

汛千总袁定标、协防徐顺，均着革职留汛效力，以示惩儆。吴棠有督率之责，未能先事筹画，咎亦难辞，着交部议处。该处被水灾黎荡析离居，情殊可悯。吴棠现已捐廉动款，派员驰赴口门上下，妥为抚恤。即着李鸿章、郭柏荫遴委妥员，分往高邮、兴化、东台等处，勘灾赈济，务令实惠均沾，毋使一夫失所。余着照所议办理。钦此。[①]

## ○五七　奏为简放闽浙总督谢恩折

### 同治五年八月二十四日(1866年10月2日)

头品顶戴补授闽浙总督漕运总督臣吴棠跪奏，为恭谢天恩，仰祈圣鉴事。本年[②]八月二十一日，兵部火票递到八月十七日内阁奉上谕：闽浙总督，着吴棠补授，其未到任以前，[③]着英桂兼署。张之万着调补漕运总督。河东河道总督，着苏廷魁[④]署理。均着即赴新任，毋庸来京请训。钦此。当即恭设香案，望阙叩头，祗谢天恩讫。伏念臣皖北庸材，渥蒙殊遇，戎行洊历，遂优陟于崇阶；转漕专司，复叨

---

① 中国第一历史档案馆编：《咸丰同治两朝上谕档》，第16册，第182页；《穆宗毅皇帝实录(五)》，卷一百八十，同治五年七月上，第245页。

② 《望三益斋存稿·谢恩折子》无“本年”二字。

③ 以前，《望三益斋存稿·谢恩折子》作“之前”。

④ 苏廷魁(1800—1878)，又名苏廷奎，字赓堂、德辅，号庸叟，广东高要人。道光十五年(1835)，中式进士，选庶吉士，散馆授编修。二十二年(1842)，选福建道监察御史。二十三年(1843)，丁忧去官。三十年(1850)，补兵科给事中。咸丰八年(1858)，倡设团防局。同治初，授河南开归陈许道。同治三年(1864)，署河南布政使。四年(1865)，迁河南布政使。五年(1866)，署东河总督。七年(1868)，以河决革职留任，旋开复。九年(1870)，授东河总督。翌年，以病开缺回籍。光绪四年(1878)，卒于籍。著有《守柔斋行河集》、《守柔斋诗集》等。

荣于久任。中间持符江左，权节岭南，屡邀不次之恩，仍责驾轻之效。乃以捻踪四出，虑防遏之难周；湖涨兼旬，复宣防之寡策。遇事愈怀于深薄，抚衷莫报于涓埃。兹复仰荷恩纶，畀以兼圻重任，伏念总督有文武兼辖之职，闽浙为东南扼要之区，虽兵氛已就荡平，稍宽民瘼，而吏治亟资整顿，犹切宸廑，诚梦寐所不期，亦忧兢而倍切！臣惟有拙诚自矢，劳勚不辞，疆寄初膺，遇盘错而皆资阅历；民风未悉，征原隰而随切咨询，以翼仰副高厚鸿慈于万一。除高、宝一带要工即日束装前赴勘估明确、另行具奏外，所有微臣感激下忱，理合缮折具奏，恭谢天恩，伏乞皇太后、皇上圣鉴。谨奏。八月二十四日。

同治五年九月初六日，军机大臣奉旨：知道了。钦此。[①]

## ○五八　奏报审理民人陶连昌京控一案折

### 同治五年九月初一日(1866年10月9日)

头品顶戴补授闽浙总督漕运总督臣吴棠跪奏，为审明京控要案，按律拟奏，仰祈圣鉴事。窃准都察院咨：据江南民人陶连昌遣抱告侄陶寅林，以焚杀掳掠、串抵纵逃等词赴院呈诉一案，于同治四年五月十一日具奏，十二日[②]奉上谕：都察院奏，江南民人陶连昌遣抱以焚杀掳掠、串抵纵逃等语等因。钦此。钞录原奏原呈，移咨钦遵等因到臣。当查此案前据陶连昌赴都察院具控，奏交臣等讯办，节经札发淮安府提讯、解候勘奏在案。兹复遣陶寅林赴京具诉前情，未便再由府讯，致滋借口；分咨署督臣李鸿章、前

---

① 中国第一历史档案馆藏：军机录副，档案编号：03-4625-025。

② 据上谕档，应为“十一日”。

护抚臣刘郇膏，一体钦遵办理，并行淮安府将人证、卷宗解苏，抱告陶寅林解臬司收审，暨饬该司提集人、卷讯办。旋据淮安府将李成英、吴廷梧、陶寅林同卷解司，原告陶连昌赴司投到；并据海州申称：许茂林外出，其子许在东代质。李成英、李占英、李同春、丁敬迁均已病故，其余证人查提另解。并据经承具禀：咸丰四年间，客民高淑浦被抢一案，报州饬差协董吴廷梧、陶连昌，拿获李双英、王春华到案讯办。其时，李姓见陶、吴两姓充董，怀嫌互讼，经漕院饬发淮海道讯办，州卷解道后，因清江失守，案卷被毁，李双英、王春华均系陶连昌京控案内要被，禀请并解等情。将提到之李焕英、沈欢桐与监禁之李双英、王春华递解到司，饬发长、元、吴三县分别收禁管押，一面催提未到人证。解质间，经臣续准都察院咨：据江苏监生李焕英遣抱陈明顺，以挟仇讼陷并被残害焚杀等词赴院呈递一案，于同治四年七月二十八日具奏，二十九日奉上谕：都察院奏，江苏监生李焕英遣抱告陈明顺，以挟仇讼陷等词赴该衙门呈诉等因。钦此。钞录原奏原呈，移咨钦遵办理等因。并据山阳县呈报：抱告陈明顺转递解苏，臣当咨会前护抚臣刘郇膏查明，钦遵办理；并札臬司俟抱告陈明顺解到归案，提审确情，详覆会奏。旋据海州提到要证陶秉轮即陶小柱解司，即经该司提集人证，发委苏州府质讯明确，由司议拟解候勘奏前来。

臣亲提覆鞫，缘陶连昌、李焕英均籍隶海州。李焕英报捐监生，嗣因海洋剿匪出力，经该州赏给六品军功，与陶连昌堂弟陶继昌及旷课褫革之文生吴廷梧，均南岗镇团练董事。咸丰五年间，海州地方盗案迭出。该州饬差，会同团练缉拿。十二月，因客民高淑浦在范庄地方被抢布匹，报州饬缉。陶继昌、吴廷梧协差拿获李焕英族人李双英、王春华解州，并控李焕英窝匪。李焕英因与陶继昌等互控挟嫌。九年三月十三日，陶继昌、陶环昌在龙苴地方与李焕英撞遇争闹。陶环昌将李焕英扳倒，挖去二目。适吴廷梧之子吴秉汗走过观看，李焕英即控吴廷梧等帮殴，一并控州提讯。吴廷梧不甘，遣抱同陶继昌各以李焕英之兄李成英等率众抢夺、拒伤差董等词，赴都察院具控，奏奉谕旨交审，发委淮海道，饬提人、卷审办。十年正月，西捻窜扰清江，解道原卷焚毁，人证各自潜回。是年十一月初三日，李成英因弟李占英、李华英等赴陶家庄上寻衅，将陶继昌堂兄陶怀昌等殴伤，控州查究。陶继昌于二十一日领同陶环昌、陶正平等前往报复。李成英之婿成大运被陶继昌用枪戳伤身死，陶正平等亦将李克昌致伤，报州验缉。同治元年二月十五日，李占英于捻匪窜扰后，带同子侄李同春等至陶家庄找寻牛只，与陶继昌等争吵，将陶继昌、陶环昌、陶属祥杀死。次日黎明，捻匪复来，杀死陶国昌、陶聚昌、陶正荣、陶凤林、陶凤城、陶凤梁、陶凤□、陶小德、陶大全、陶大个、陶晚来、刘成荣十二人，焚烧房屋无算，烧毙幼孩五人，并将死尸烧毁。陶必奎、陶解氏、陶成氏及现已逃回在家患病之陶怀绪、陶小桂，俱被掳去。陶继昌之妻陶钱氏等因匪来时曾见李姓多人从该庄逃过，疑系李成英等诈捻焚杀，控州会营饬缉。嗣陶连昌逃难回家，陶钱氏告知前情，控经臣批饬勒拿究办。陶连昌因前充州书禁，经迟卯之、沈观桐与李成英等素识，疑其从中弊蒙，□无一□复控经臣提审，发委淮安府讯供□□。李焕英之戚汤晋明出为调处，禀经臣批准保释。陶连昌即以各情，添砌汤晋明等庇匪勒和等词，遣侄陶寅林作抱，赴都察院呈控。奏奉谕旨交审，咨解回浦，发委淮安府讯办，禀请委提人证。三年六月初七日，海州饬差随同汛弁往提李焕英等解审，适李焕英等已赴淮投质，家中妇女避开汛弁等，转回后家只幼孩，不知如何失火，延烧房屋，并烧毙幼孩三命。时有李廷英之婿陶凤文前往救火，致被误拿。又值陶寅林自浦潜回取资，李陆氏等随疑系陶寅林等假装官员，挟仇烧杀，控州委勘，并将陶凤文解归淮安府收审屡讯，供情各执。臣以陶继昌、吴廷梧京控原卷焚失，咨准都察院录案咨送，发府核讯。李同春在歇患病，保释病故。旋因捻逆窜扰海、沭，图犯清淮，案内人证各自潜回。李焕英亦报在歇患病，经臣批准回籍医治。该府详请咨明部院，俟军务稍松，提集人证审办。陶连昌复遣陶寅林作抱京控，李焕英亦以陶连昌残挖二目、焚杀多命、吴廷梧挟仇唆讼等词，令工人陈明顺作抱，先后在都察院具控，奏奉谕旨交审，咨解回苏，饬提人证至省，发委苏州府讯明，由司审拟解浦。经臣亲提覆鞫，据各供悉前情。严诘陶连昌、李焕英，委无率众焚杀、抢掠、淫掳。沈观桐、吴廷梧亦无朋比贿嘱、挟仇唆讼。陶寅林更无假冒官员、纠众焚杀情事。究诘不移，似无遁饰。

此案陶环昌挖瞎李焕英两目，陶继昌戳伤成大运致毙，及李成英率众纠殴，李占英、李同春将陶继昌、陶环昌、陶广祥杀死，均干律拟。陶环昌、陶继昌俱已被杀，李成英、李占英、李同春俱已病故，应毋庸议。陶连昌讯无残挖焚杀，李焕英亦无窝匪拒辱情事。惟各遣抱赴京砌渎，虽出自怀疑，究属失实，应各按律问拟。陶连昌、李焕英应如该司所议，俱照申诉不实律，各拟杖一百。陶连昌年逾七十，李焕英二目俱瞽，已成笃疾，均请照律收赎，追银册报。已革文生吴廷梧讯未挟仇唆讼，其遣抱告未控，因被李焕英牵控帮殴，情尚可原。沈观桐亦讯无捏改报呈、朋比贿嘱情事，应与讯未假冒官员纠众焚杀之陶寅林，均毋庸议。余属无干，概毋庸议。李双英、王春华认抢事主高淑浦布匹一事，原卷焚失，应先发回海州，确查讯办。李盛兴、许在东、陶秉轮即陶小柱，亦先由苏省释。李克昌、陶怀昌等伤早平复，陶正平、李华英等饬缉，获日另结。案已讯明，未到人证概免提质。除供招咨部外，合将审明定拟缘由，会同署两江总督一等肃毅伯臣李鸿章，恭折具奏，伏乞皇太后、皇上圣鉴，敕部核覆施行。谨奏。九月初一日。

同治五年九月初七日，军机大臣奉旨：刑部议奏。钦此。①

【案】咸丰九年六月十六日，左都御史绵森等奏报江南民人陶继昌京控一案折：

都察院左都御史臣宗室绵森等跪奏，为奏闻请旨事。窃据江南民人陶继昌以除匪遭殃、蠹弊理冤等词，赴臣衙门呈诉。又据江南文生吴廷梧遣抱告张俊元，以匪党济恶等词，同时赴臣衙门呈诉。臣等公同讯问，据陶继昌供：年五十三岁，海州直隶州人，缘咸丰五年冬，幅匪李成英纠众，各持刀棍，抢劫高淑浦布匹、钱物。乡团夏乐山等因身系团练庄董，邀身拿获幅党李双英等五名。李成英同弟李占英率伊子侄多人，各执器械，将李双英等夺去，并伤身及差。差团与身禀州验明，匪亦供窝不讳。州主加差韩太提案，李成英等抗不遵提，亦不交赃。身控河宪，蒙批淮海道亲提。李成英、韩太托蠹书沈观桐贿发州审，替李成英出脱。于是贼胆愈炽，种种图陷，身皆隐忍。讵李成英窥身赴京捐监，虑身呈控，匪弟李焕英率领子侄李同椿、李同方、李同丰、李同柏、李同森、李同梁并幅匪李

① 中国第一历史档案馆藏：军机录副，档案编号：03-5020-047。

振清、李思荣、李现盘、李冰盘等，各执枪刀追身。幸乡团夏乐山送信，身方潜回。身往南岗鸣团张希配，李占英突率匪族，各执刀械追杀。身躲入张国远家，幸团首张希配带勇喝阻，令身逃回。李成英又率数百党匪，蜂拥身庄，逐户搜屠，砍伤身兄陶振铎、陶振乾。邻人滕富春解救，亦被砍伤。身幸未遭围屠，三次情急，着堂兄陶连昌奔州请验。匪舅丁正英助匪肆虐，勾通门丁杨四，将陶连昌私押班房，逼赃二百千，陈保过付。身亲弟陶环昌送盘川，路过龙苴镇。李焕英带匪王春华之子王小中等，接屠身弟，受伤投验。李成英畏罪，托韩太、沈观桐贿门丁钱七百五十千。丁正英过付，扭架李焕英受重伤，反将身弟收押班房。身妹婿窦荆玉探望，亦弊押在所，逼赃五十千。身妹往探，亦管押，逼赃二十千。泣思身为团练，始充庄董，因充庄董，始邀办匪，匪犹未除，身反受害，冤极畏极，是以来京呈诉等语。又讯据张俊元供：年四十四岁，系海州直隶州人。身系文生吴廷梧家雇工，吴廷梧写就呈词，遣身呈递。缘幅首李成英作恶不悛，肆行为匪。咸丰五年冬，抢劫客民高淑浦布匹、货物。乡团夏乐山因吴廷梧督办团练，邀与庄董陶继昌帮拿，获李成英窝伙。李成英等率兄弟子侄，抢赃夺犯，拒伤差董。差团禀州堂讯，均系李成英等窝劫。州主加差韩太，庇玩不拘。高淑浦及陶继昌上控，李成英、李焕英恨吴廷梧列证，百计图陷。七年秋，谋及蠹书沈观桐，架它坝大题，张冠李戴，黑陷无辜。幸州讯明，与吴廷梧无干。韩太藐法不遵，擅自鏖押。李成英、李占英积赃挥霍，加以韩太、沈观桐通同作弊，道提拨州，州提高搁。尤恨李成英等盗心未死，窥州不办，仗恃韩太、沈观桐，无孽不作，任意牵栽。韩太把持衙门，唆李占英勾领幅匪李振清、李鹤盘、李现盘、李同森、李小八等，寻抢寻杀，不容鸣冤。韩太济恶得赃包庇，表里为奸，蒙蔽州主，通同一气。吴廷梧不敢归家，性命莫保。可怜办理团练为除一方之害，反结杀身之祸，良懦难安，冤情交迫，为此遣抱来京沥诉等语。余与原呈均大略相同。臣等查陶继昌、吴廷梧，以匪蠹抄抢、陷害团练等情，同时呈诉，所称幅匪抢劫客民高淑浦布物，俱系李成英为首，陶继昌身充庄董，吴廷梧办理团练，拿获窝伙李双英等，李成英率党抢夺，拒伤差役、团董，控州，州差韩太、州书沈观桐代李成英出脱。伊等上控李成英积赃挥霍，加以韩太、沈观桐通同舞弊，蒙蔽该州，把持衙门，并贿门丁杨四，任意严押无辜。案关幅匪肆扰、书役贿庇，亟宜认真缉获，按照控情，严切讯究。谨抄录原呈二件，恭呈御览，伏乞皇上训示遵行。再，据陶继昌结称，在本道及河道总督衙门各控告二次，均未亲提。又据抱告张俊元结称，伊主吴廷梧在本道及河道总督衙门各控告一次，均未亲提。合并声明。谨奏。咸丰九年六月十六日。都察院左都御史署工部尚书署正红旗汉军都统臣宗室绵森（留署），左都御史臣沈兆霖，左副都御史臣富康，左副都御史臣宗室煜纶（试差），左副都御史臣钱宝青（试差）。①

【附】咸丰九年六月十六日，左都御史绵森等呈海州民人陶继昌京控一案呈状：

具呈：民人陶继昌，年五十四岁，住江南海州南岗镇，为除匪遭殃、蠹弊理冤事。祸缘高淑浦被劫，差役韩兴、王顺、

① 中国第一历史档案馆藏：军机录副，档案编号：03-4549-039。

乡团夏乐山因身系团练庄董，邀身拿匪，获幅首李成英同族戚佃李双英五名，成同弟占英率兄弟子侄，抢赃夺犯，伤身及差。差团与身禀验注卷，匪亦供窝不讳。加差韩太贿庇不提，致成匪弟焕英屠抢身牛。身控河宪沐批，仰道亲提。成、太托蠹书沈观桐贿发州审，替成出脱。成因不办，贼胆愈炽，种种图陷，身皆哑忍。讵成窥身前月初六往京捐监，虑身呈控，着弟焕英率领子侄同椿、同方、同丰、桐柏、同森、同梁并幅匪李振清、李思荣、李现盘、李鹤盘、李冰盘等，各持枪刀追身。幸港河镇乡团夏乐山信身潜回。初八日，身往南岗镇鸣团张希配。占英突率族匪李盛英、李茂英、李庆禄等，各持刀械追屠。身躲入张国远家，幸团张希配带勇喝阻，令身逃回。成弟占英率领子侄并数百匪党，蜂拥身庄，逐户搜屠，砍伤身兄振铎、振乾。邻人滕富春解救，亦被砍伤。身幸未遭围屠，三次情急，着堂兄连昌奔州请验。焕有匪舅丁正英匿庇有案，助匪肆虐，串同捺验，将身兄连昌私押班房，逼赃二百千，经陈保过付。十三日，身弟环昌送盘川，路过龙苴镇。焕带劫匪王春华之子王小中等接屠身弟，环昌受伤投验。成畏法究，旋托腹党太、桐，贿门丁杨四七百五十千，又是正英过付，架焕伤重，将身弟陶环昌收押班房。无奈托身妹婿窦荆玉探望。太、桐弊押在所，逼赃五十千。身妹往州探夫，太等亦着媒婆管押，逼赃二十千。替身写呈官代书杨秀贤、龙苴镇乡团嵇茂南，秉公确证，均被弊押班房。匪蠹济恶，活活冤埋！泣思身为团练，始充庄董，因充庄董，始邀办匪，匪犹未除，身反受害！现成纠聚幅党扬言，贼风甚竞，包藏祸心，不知欲作何孽！不叩早为除办，将会丁离散，贼势猖獗，身固性命莫保，即一方亦难免幅匪之患。冤极！畏极！为此上叩。①

【附】咸丰九年六月十六日，左都御史绵森等呈江南文生吴廷梧京控一案呈状：

具呈：文生吴廷梧，年四十四岁，抱告工人张俊元，为匪蠹济恶，抄叩奏办事。幅首李成英同弟占英、焕英，于咸丰三年纠匪千余，打劫扒抢，幸道宪剿散。成带李黑老二十余匪，窜入县境，被沭阳县会董郁继宗等拿获，送县收监，黑等正法，成赖蠹脱。祸缘成恶不悛，肆行为匪。五年冬，主劫客民高淑浦，差韩兴、王顺、乡团夏乐山，因生谕董督办团练，邀生与陶继昌帮拿，获成窝伙。成、占等率兄弟子侄，抢赃夺犯，拒伤差董。差团具禀，贼匪堂供均系成等窝劫，加差韩太庇玩不拘。高、陶上控，左委会审。成、焕恨生列证，百计图陷。前秋谋及蠹书沈观桐，架它坝大题，张冠李戴，窥生出场，太率徐相及成子弟，先拾后禀，黑陷无辜。幸州讯明，会禀运宪，与生无干。太藐不遵，擅自鏖押。情急控道、控河，虽沐金批，成、占积赃挥霍，加以太、桐通同作弊，道提拨州，州提高搁，此匪蠹之害者非浅，尤恨英等盗心未死，窥州不办，仗恃太、桐，无孽不作，借陶讼案，任意牵栽。蠹太得手，把持衙门，唆占勾领幅匪李振清、李鹤盘、李现盘、李同森、李小八数十余匪，寻拾寻杀，不容生鸣冤，不思武生窝拒，罪无可宽；胥役庇匪，法所难宥！况太济成恶，得赃包庇，表里为奸，蒙蔽州聪，通同一气，是以窝匪多年，控案累累，会拿不拿，会办不办；匪仗蠹势，蠹架匪虐，

① 中国第一历史档案馆藏：呈状，档案编号：03-4549-040。

叠叠陷生，日日寻屠，致生家不敢归，性命莫保！可怜生团练办匪，为除一方之害，反结杀身之祸！不叩早办诛除，将匪蠹日炽，良懦难安！生冤愤交迫，为此遣抱上呈。①

【附】同治二年七月初九日，左都御史载龄等奏报江南民人陶连昌京控折：

都察院左都御史臣宗室载龄等跪奏，为奏闻请旨事。据江南民人陶连昌遣侄抱告陶寅林，以逆党助谋、烧杀淫掳等词，赴臣衙门呈诉。臣等公同讯问，据陶寅林供：年二十四岁，海州直隶州人，陶连昌系身胞叔。缘逆首李成英并其子侄李同椿等向居海、沭之地，素昔无恶不作。咸丰五年冬，抢劫客民高淑浦，经差团邀同镇董文生吴廷梧，与身叔庄董陶继昌会拿，获得伊族李双英等多犯。乃李成英劫犯殴差，复仗恃州蠹沈观桐，即改名蒙充之沈炯，并韩太、丁敬迁，为之庇护弊搁。旋挟恨三围身庄，打伤多人。身叔连昌上控，反被囚押勒索，是以身叔继昌于咸丰九年五月间赴院具控，蒙奏交河督庚就近提审，身叔继昌投到，而李成英等倚恃权蠹，抗不到案。迨十年正月，清江失守，李更胆大。身等获幅匪陈开解道，饬州候讯，又遭捺搁。是年十一月间，率抢身叔继昌钱、驴、衣物，复纠多匪围身庄抄杀。叠次上控，未经提办。以此成英等益无忌惮。去春，私筑城墟，招军打劫。二月内，成英忽率二千余匪，抬枪、火炮，蜂围身庄，杀死身叔继昌等大小二十三命，抢劫九十余户，掳去解氏、陈氏二妇，放火烧房，极其惨烈！陶继昌妻钱氏奔州请

① 中国第一历史档案馆藏：呈状，档案编号：03-4549-041。

验，经沈观桐等摆布，未获一匪。身叔连昌上控漕督，始蒙批拿沈观桐、李成英究办，又委员会州剿捕。无如成英抗拒，一犯未获，州差又代为捏禀搪塞，只有焕英与其侄同椿等三人到案。同芬旋又贿保脱逃，焕英等词供两异。身叔连昌与陶钱氏等先后禀催，奉批仰淮安府将李焕英提讯。身叔连昌在府候讯，不意三月二十三日，突奉漕宪谕，至府将身叔连昌与焕英提辕候和。次早，将身叔传至官厅，据李焕英戚党汤晋明等着身叔回籍候和，伊已将焕英保回等语。泣思前控之案，奉旨交办，尚未完结。今李成英焚杀身族二十三命，烧抢九十余家，淫掳妇女，屠戮幼孩，李罪应灭门，岂有私和之例！汤晋明明托和息，暗脱匪党，助恶欺良，莫此为甚！为此身叔连昌情急，遣身抱呈，再次赴京沥诉等语。余与原呈大略相同。臣等查本案前经民人陶继昌、文生吴廷梧以除匪遭殃等词，于咸丰九年五月初二日赴臣衙门具控，当经奏奉谕旨：此案着交庚长就近亲提人证、卷宗，秉公严讯确情，按律定拟具奏。原稿民人陶继昌、抱告民人张俊元，该部照例解往备质。钦此。当经移咨江南河道总督钦遵办理，迄今未据奏结。兹民人陶连昌遣侄陶寅林抱呈，复以李成英等倚恃州书沈观桐等为之庇护，抗不到案；清江失守，愈无忌惮。去年二月内，又率多匪围庄，烧杀伊家大小二十三命，抢劫九十余户，并掳去二妇，赴州呈控，为沈观桐等弊搁。上控漕督，将李焕英三人提案，忽被焕英之戚汤晋明助逆蒙禀，欲令私和，遽将李焕英保释各等情。案关恶徒惨杀一家至二十三命之多，淫掳焚抢，并蠹书袒护恶党助谋，不法已极！当此军务未靖，亟应认真剿办，以除凶暴而安地方。谨抄录原呈，恭呈御览，伏乞圣鉴训示。再，据该抱告结称，自陶继昌赴案呈控后，陶连昌又在漕运总督衙门控告，不记次数，并未亲提。合并声明。谨奏。同治二年七月初九日。都察院左都御史臣宗室载龄，左都御史臣单懋谦，左副都御史臣宗室钟岱（丁忧），左副都御史臣桂清，左副都御史臣景霖（未到任），左副都御史臣晏端书（未到任），左副都御史臣王发桂。①

【附】同治二年七月初九日，左都御史载龄等呈民人陶连昌京控呈状：

具呈：江南海州直隶州民人陶连昌，年七十二岁；抱告侄陶寅林，年二十四岁，离京城二千里，呈为逆党助谋蒙脱、烧杀淫掳、冤沉害急、号奏钦委剿除、慰死救生事。窃逆首李成英、华英、焕英，其子侄同椿、同芬等，向居海、沭交界之地，素行为匪，无恶不作，强劫窝匪，叠叠有案。与伊戚党汤晋明、丁正英即冠群等，于咸丰四年在沭地汤家沟伙立黑关，私开盐巢，拦河勒索，历案可稽。州蠹沈观桐即改名蒙充之沈炯，与韩太、丁敬迁等坐地分赃，遇犯有案，沈等布置，书不传，差不拿，庇纵虎狼，民不聊生。祸因五年冬，客民高淑浦被劫，差团韩兴、夏乐山等访系李成英等所做，邀镇董文生吴廷梧与身弟庄董陶继昌帮拿，旋在李成英庄拿获伊族李双英等多犯。讵李等劫赃劫犯，拒捕殴差。幸李双英未被劫去，解州蒙讯，供明成使，认抢不讳。差团禀明。因此恨继钉心，屠抢耕牛。继即上控，委讯谕成交贼，谁知权蠹弊搁，李匪得志。闻继赴京捐监，

① 台北故宫博物院藏：军机及宫中档，文献编号：089778。

李焕英婪杀，继避李追，经团张希配带勇解救。李等凶心不息，三围身庄，打伤多人。身当奔州请验，身弟环昌送川，途被焕扭，喝令劫匪王春华之子王小中，砍环多伤。环抓伤焕目，始得生命。各自投验。局蠹神通，将身弟兄囚押逼赃，水泄不通，四面伏杀。继昌不敢归家，央恳妹夫窦以衡〔恒〕即荆玉往探，被李栽讼贿押。继闻冤未伸雪，转遭囚押，不得已于咸丰九年五月间奔京，控蒙奏奉谕旨，此案着交庚长就近亲提，按律拟奏。蒙将继等发下，继即投到。李等避不到案，权蠹硬抗，不提不理。迨至岁底，李焕英空词投到。十年正月底，清江失守，李更胆大，聚匪寻屠。身等获得幅匪陈开解道，蒙道饬州抄案，听候究办。孰又遭捺。李仗护符，抢杀任意。是年十一月初二日，率抢继昌钱、驴、衣物，砍伤身兄怀昌等，请验未办，李匪无惧。是月二十一夜，李成英等纠领多匪，围庄抄杀。继等拼阻，格伤匪婿成大运。差团冯学等实禀确据。继等叠次上陈，均未提匪到案，致匪益无忌惮。去春，私筑城墟，招军如蚁。李焕英坐谋，乘火打劫。二月十五日，李成英率华英、占英、俊英、茂英、恒英、盛英，子侄同椿、同芬、同方、同梁、同柏、同森、同勋、同槐、大昌、李士兰、李五髦、士元、运昌、克昌、李鹤盘、冰盘、现盘、绵源、振清、嘉桂、嘉善、嘉宽、恒敬、同珠、同山、王铁头、李套昌、王歪嘴、李大双等二千多匪，抬枪火炮，蜂拥身庄，杀死身弟继昌、环昌等共大小二十三命；九十余户粮粟、衣物、牛驴、农具、契据、什物，抢劫空空；淫掳二妇解氏、陈氏，放火烧房；复将尸身剖腹抽肠，焚骨扬灰，惨不堪言！致男女四散奔逃，无家可归！继昌妻钱氏奔州，叩勘叩验，只沐批饬会拿。沈、丁等又代摆布，未获一匪。身迫上控，奉漕督始批拿沈观桐究办，继批李成英：现筑私墟，情同叛逆，仰候亲提究办。又蒙委员会同州营剿捕。无如成匪抗拒，一犯未获，州差代为捏禀，伪以匪全投案搪塞。迨至漕辕，只有李焕英与侄同椿、同芬三人。当蒙漕宪饬委严讯。芬畏贿保脱逃，焕等供词两异。身当与陶钱氏、陶刘氏等先后分别禀呈，奉批：李成英遽难捕获，仰候淮安府将李焕英等提案，研讯指控各情究详，毋任狡脱。又批委员会拿。身冀冤伸有日，候府集讯间，不意三月二十日，突奉漕宪钧单至府，将身与李提辕候和。次早，将身传至官厅，据李戚党汤晋明等，着身回籍候和，伊已将李保回等语。一派扰勒。泣思前控之案，蠹未拿解，违旨酿祸，已不堪言。今李杀人如此之多，幼孩撩入火塘，淫掳二妇，烧毁木主。李应灭门之罪，岂有私和之例！显汤明称和案，暗脱匪党，并可一蒙再蒙，代狡宕案，恶甚，毒甚！身正度至此，果然汤晋明助恶谋置，脱去党逆，忽又捏名具禀，诿以唆使难和，计在卸李罪。埋身焚杀之冤，查劫财伤人，尚有应坐之条，况烧杀淫掳，反如草芥至轻。乃汤藐国法，蒙大宪，助逆欺良，莫此为甚。可怜焚杀身族二十三命，烧抢两庄九十余家，种种惨冤，何待人唆？汤禀唆使，足见狼狈通同，代饰卸罪，天良何存！惟念继昌团练拿匪，例得奖赏，本系无罪之人，遭此惨杀，已不瞑目！复怜环昌急抓焕目，纵有罪而不应死，李竟杀之，并敢害身一族无辜，实属目无王章。汤现一禀，李更胆大，任然聚众，见影即杀。田为伊伯，麦为他收。死冤被埋，生命不保。不求大宪奏请剿除，将匪风日炽，民害何休！死冤不白，情急无奈，只得遣抱，签捧各案，冒死奔叩恩准，奏请钦差剿除李匪，拿蠹拟办，儆匪类，救庶黎，以彰国典，以靖地方，海隅戴德，朱衣万代。哀哀上叩！[1]

【附】同治四年五月十一日，左都御史全庆等奏报江南民人陶连昌京控一案折：

都察院左都御史臣全庆等跪奏，为奏闻请旨事。据江南民人陶连昌遣抱告侄陶寅林，以焚杀掳掠、串抵纵逃等词，赴臣衙门呈诉。臣等公同讯问，据陶寅林供：年二十六岁，海州直隶州人，陶连昌系身胞叔。缘逆匪李成英、李同椿、李焕英等挟身叔继昌拿伊伙匪李双英、王春华之嫌、京控之恨，于同治元年二月，纠各墟匪李士兰等，率众二千余人，围攻身庄，杀死身叔继昌等二十三命，焚烧房屋九十余家，并掳去解氏、陈氏二妇。陶继昌妻钱氏等赴州呈控，州书沈观桐等搁案不办。李焕英又串嘱汤晋明等蒙蔽漕宪，捏和逃脱。同治二年六月，身来京，赴都察院呈诉，蒙奏交漕督吴讯办。是年十一月，奉解回省，发交淮安府候质。讵李成英等仍抗不到案，李焕英诓批取保，并将身诬控。身与对质，均各词穷。蒙府遵谕饬，严拿李成英等究办。不料忽有密函投府，将沈观桐保释。观桐又唆焕英，贿保逃脱。其余各犯均托病取保。委员孙士奎不核州详，不问身供，惟以案大漕宪不办为词，勒身和息。负屈难伸，是以三次来京呈诉等语。余与原呈大略相同。臣等查此案于咸丰九年五月、同治二年六月，经该民人陶继昌、陶连昌等赴京呈控，先后奉旨交庚长、吴棠亲提确审等因。钦此。迄今未据奏结。兹该民人陶连昌遣侄陶寅林报呈，复以李成英烧杀抢掠、沈观桐等朋比贿嘱并委员孙士奎延搁勒和等情

① 台北故宫博物院藏：军机及宫中档，文献编号：089779。

呈控。臣等核其情节，三次京控，悬案七年，尚未审结，案情较重，未敢壅于上闻，谨抄录原呈，恭呈御览，伏乞圣鉴训示。再，据该抱告结称，自赴案呈控后，又在本府、漕运总督衙门控告，不记次数，均提审讯。合并声明。谨奏。同治四年五月十一日。都察院左都御史臣全庆，左都御史臣曹毓瑛，左副都御史臣景霖，左副都御史臣宗室恒恩，左副都御史臣潘祖荫，左副都御史臣贺寿慈。[1]

【附】同日，左都御史全庆等呈江南民人陶连昌京控一案呈状：

具禀：江南海州直隶州耆民陶连昌，年七十四岁；抱告侄陶寅林，年二十六岁，呈为终抗永霸、串抵纵逃、捺讯勒和、违旨益冤，非叩奏请部提钦委剿办，黑冤终沉，蚁命莫救事。窃同治二年六月，身遣侄寅林奔京，在大宪案下呈诉，仇匪李成英、占英、华英、盛英、茂英、恒英、俊英，子侄同椿、同方、同柏、同森、同丰、同梁、同槐、同勋、大双、大昌等，听李焕英指使，挟身弟继昌咸丰五年拿窝伙劫犯李双英、王春华等之嫌，并九年身弟环昌抓伤伊目之仇、京控之恨，于同治元年二月十五日，纠伊东墟、西墟、后墟、中庄、大新庄、小新庄、高家庄、邱家庄、林头庄、大前庄等处匪族李士兰、李士元、李五髦即恒玉、李运昌、李克昌、李套昌、李鹤盘、李冰盘、李加桂、李加善、李绵源、李加宽、李恒敬、李玉昌、李九龄、李振兴（惧有赏格，改名李恒），私冒乡团；李同珠、李同山、王铁头、王歪嘴、大兴嘴、王小中等二千余匪，鸣锣响枪，围身东、西两庄，杀死身弟继昌、环

[1] 中国第一历史档案馆藏：军机录副，档案编号：03-5012-015。

昌、国昌、巨昌、振荣、广祥、怀绪，子侄凤六、凤林、凤城、凤乐、必奎、大奎、小德、大纲、小住、晚来、亲戚刘盛荣，烧死幼孩五个，大小共二十三命，解体分尸，匀作三堆，纵火焚烧，锉骨扬灰，臭闻数里。李五髦将环头割去焕前领赏，焕令悬杆试枪，惨毒何极！身族九十余家，十数代木主，契据、房屋等件，俱为灰烬，伤心更甚！抢掠两庄牲畜、粮粟、银钱、衣物，搬运四五天方尽，观者如市，阖属周知！掳去弟妇解氏、孙媳陈氏，陈给李玉昌，解给王铁头、焕英。自供府案，身兄遐昌、亲戚王宗爱均受重伤，疤痕现在，身幸逃出，远避百里。匪等跟杀，不敢投州。继妻钱氏、环妻刘氏、荣母葛氏、巨母张氏，并陶陈氏、陶孙氏越路奔城，击鼓鸣冤。仇蠹沈观桐、丁敬迁、总役韩太，内外弊弄，改身报呈，以致不勘不验、不拿不办。幸黄州尊先访差禁，据实通详。前词粘呈，再抄叩电。焕英妻兄丁振英，又名冠群，勾党汤晋明，假捏宣儒，昭徐鹤庄、倪绪生、荣硕章、汤成杰、王兆昌等，蒙混漕聪，捏和脱匪，朋埋身冤等情一案，蒙恩具奏，荷奉上谕：都察院奏，江南民人陶连昌遣抱告以冤悬未结、复被焚杀抢掠等词，向该衙门呈诉。此案前经民人陶继昌等于咸丰九年赴都察院呈控，奉旨交庚长提讯，何以案悬数年尚未讯结？案关恶徒惨杀一家多命，岂容延搁不办！着吴棠亲提前后人证、卷宗，秉公严讯确情，一并按律定拟，毋再迟延！抱告民人陶寅林，该部照例解往备质。钦此。泣寅由京发漕，漕发江藩司，司发淮安府，往返道路数千里，收押班歇数十处，冤固云极，苦亦莫甚！是年十一月十三日，寅始解淮。身亦是日投到。顾府宪悯身朽寅病，赏保在案。去春，府委从九严汝林往州守提。沈等通风，成即纠众抗拒三月之久。匪无弋获，蠹不一解。四月二十六日，仅将身妹夫窦以恒一人解府。可怜窦本咸丰九年继昌案内被许茂林帮匪李同椿等架案，冤囚六载。继遭惨杀，原告无人，其余被证皆系烧杀淫掳案内正犯。前案惟窦一人讯无对质，不叩恩赏饬释，将必拖毙。五月，府禀漕宪，遴委武弁蔡参府带勇剿办。成等知难再抗，带同椿投谋清河县大讼李发云并清江漕署西关帝庙恶僧朗波，百计蒙混，投到漕辕，讵批发府取保。逆犯取保，古今罕闻！六月初七，州委县丞黄受廷、千总范从秀、王外委、州差马怀、王冠、刘萃、王佩并蔡委跟丁，督带兵役，剿拿众匪。沈等信成男女老幼避伊西墟，未获一犯。讵天网不漏，火焚匪穴，贼智顿生。李同方、李加桂等捆抬身侄凤文送州。钱氏声鸣，州案成撮。华妻陆氏并伊枪师流僧俊岭潜州，商同许茂林，诬栽寅林装官放火等谎，诳准勘验，并云：焕英亦于是日在府喊禀，不久委员到州等语。查焕果于初九蒙呈词，带范汛作证。海州至淮三百余里，一日之隔，两地词意相通，其为豫谋作案可知。李光居贿托沈观桐、汤晋明，通关串节，嘱令黄委谋差勘验，希图一手扶禀抵制。汤与鄌州尊同盟契好，州署内外无不趋汤之炎、奉汤之势，汤命是听，于是做假成真。幸蔡委秉公两禀漕宪，禀稿抄电。其获解之李五髦、李盛英二犯，到淮收审。焕唆髦母张氏、盛妻于氏，两词同情，冒充泗州人氏，蒙耸漕宪诳批，饬令取保。更勾伊戚佃石宗贤、王克念、夏财元、李廷风、郑志贵、刘兆凤，伙告伙证，蒙漕宪押府并讯，未沐刑审，焕、椿自认窝劫拒捕并纠约六百余人与继昌打仗等供。既有窝拒，则继前词非虚；纠约打仗，则烧杀淫掳更真。五髦、盛英是身当堂认明割取环昌、凤乐头颅之人，亦各俯首无词。王克念等六人与寅文对质，均各词穷，扶抵愈明。堂谕将王克念、夏财元、刘兆凤并髦、盛同发山阳县收管，一面分催州委赶拿成等首犯解办。身喜冤伸。不料九月间，沈观桐持有郜州尊名片一张、密函二纸，赴府投审。函云：桐办抚捐，不堪久羁，早释回籍等语。函、片附卷。府经胡道川措不给抄，更将报漕恭折以被作原，颠倒弊弄，得贿显然。又有府书张振扬，恨身回禀府宪，不准伊管身案，代桐贿赂府门张甫廷。幸甫公正，除不受贿，并欲上禀，阖署周知。及焕认供，惧用刑审。扬又勾李秀章、仲鹏飞，架称说和，计图霸讯。桐复唆焕撮髦，贿保李德、王元逃跑。德又为李于氏作抱，计脱盛英。蒙漕宪批押海州着交，不知何故，竟不押发，遂即提释。李同椿报死脱罪，王克念等六人借病蒙脱，沈观桐亦藐视府批，私行逃跑。身叠声鸣府、漕，并叩刑审。承审官忽加孙士奎一员，奎系漕代书向宗浩之婿，宗浩系焕盟兄，串通一气，庭讯之下，不核州详，不阅委禀，不审凶犯，不由身供，惟以案大漕宪不办为词，勒身归和。泣思恶匪聚众二千余人，杀死一家大小二十三命，解体分尸，淫掳二妇，烧抢一族九十余家，较甚叛逆，即将已案十一犯全行法办，尤不足以偿辜！今逃其九，所余焕、盛，恃暓装病，绝未刑审，冤无伸日！且烧杀淫掳重案，岂有勒和之理！尤怜被杀之冤魂不散、被抢之老幼无依，杀人者逍遥法外，恶胆愈壮；伸冤者川资无措，羁留待毙。更有被掳二妇，各有子女，其母在彼忍辱偷生，指日偕亡；其子在此哀泣望哺，对影呼天。伤心惨目，莫此为最！再者，身妹夫窦以恒无辜被冤，拖累数载，母老丁单，家贫子幼，啼饥号寒，愈觉可悲！似此两次京控，案悬七年；四载沉冤，罪无一抵，而凶匪讼蠹，一局盆埋，轻人命如鸿毛，藐谕旨为具文，若不哀恳奏请部提钦委办理，将来练董畏缩，众匪效尤，恐良民之被杀者不止身家，恶匪之抢掠者更多匪类。为此抄案捧结，仍遣寅林三叩大宪广保赤之仁、怜如火之冤，作福作主，奏请钦差，按律剿办；并叩饬释窦以恒，孝养其母，身族生当衔环，死当结草！如身有一字虚诬，阖族愿甘加倍治罪。公卿万代，哀哀上禀！①

【案】十二日奏上谕：都查院奏……等因：此谕旨上谕档载曰：

同治四年五月十一日，内阁奉上谕：都察院奏，江南民人陶连昌遣抱告以焚杀掳掠、串抵纵逃等词，赴该衙门呈诉。同治元年二月间，逆匪李成英等纠墟匪李士滥等，围攻陶连昌村庄，杀毙多命，焚烧房屋，并掳去民妇解氏等。二年六月，经都察院奏交吴棠讯办，李成英仍抗不到案，并有贿保脱逃等情。案关逆匪纠众焚掠、贿串纵匿，亟应严行讯办，以成信谳，仍着吴棠、李鸿章提集全案人证、卷宗，督同臬司严讯明确，按律定拟具奏，毋得再涉稽延。抱告民人陶寅林，该部照例解往备质。钦此。②

【案】同治四年七月二十八日具奏：同治四年七月二十八日，左都御史全庆等奏报江苏监生李焕英京控一案情形，曰：

都察院左都御史查全庆等跪奏，为奏闻请旨事。据江苏监生李焕英遣抱工人陈明顺，以挟仇讼陷并被残害焚杀等词，赴臣衙门呈递。臣等公同讯问，据陈明顺供：年四十一岁，江

---

① 中国第一历史档案馆藏：呈状，档案编号：03-5012-032。

② 中国第一历史档案馆编：《咸丰同治两朝上谕档》，第15册，第238页。

苏淮安府沭阳县人，家主做就呈词，遣身呈递，所控情节，恳为详阅便悉。查原呈内称：生系海州人，咸丰四年，匪扰海州，州主谕生充练董缉匪，生获匪首吴学孔等。五年，又获捻匪周明珠等。皆经文生吴廷梧恳释不允，送州讯明正法。吴廷梧勾戚党陶继昌，唆高淑浦控生窝匪。蒙州讯明，高姓听唆妄控，通详定案。吴廷梧更加怨恨。七年、八年，将生捏控，复勾陶继昌赴沭阳县，捏陈松年等名，控生窝抢。经陈松年陈明捏名，伊又勾讼师窦以恒，谋通州书杨守真，捏生殴打请验。生往州具诉，半路被吴廷梧之子吴禀汉打伤头颅、左膀，及陶连昌乞瞎二目，报州验明，将窦以恒监禁、吴廷梧详革文生。乃伊仍与陶继昌伙赴京控，发回尚未提讯。十年春，清江不守，案卷焚毁。至十一月，伊等率众围攻身庄，将身守夜之成大运戳死，州验未办。同治元年，匪扰州境，各庄均被焚掳。伊等即移栽身家阖族为匪，控州驳斥。陶连昌又控漕宪，讯系全诬。二年，陶连昌赴京谎控。三年六月，伊等勾同州差马怀、刘萃，率领陶桂林等百余人，假冒官弁，焚毁身家房屋百间，烧死幼孩三人，并抢身家及李廷凤等六家物件。经邻庄齐练当获党匪陶凤文，州讯认抢不讳。生被残杀焚烧，均有案据。伊等财灵，重贿府书王荣光舞弊，以致邻人李廷凤、李同椿等均被押毙，生亦候讯无期，为此遣抱呈诉等语。臣等查咸丰九年五月、同治二年六月及本年四月，江南民人陶继昌、陶连昌以逆匪李成英、李同椿、李焕英等焚杀掳掠等词呈控，历经臣衙门具奏交讯在案。兹据该监生李焕英呈控吴廷梧挟仇唆讼，并勾陶连昌等，将伊残乞二目、焚杀多命各情。两造各执一词，彼此均难凭信，必须严行讯究，方成信谳。臣等不敢壅于上闻,谨抄录原呈,恭呈御览,伏乞圣鉴训示。再,据该抱告结称,伊主李焕英在何衙门控告,伊不知悉。合并声明。谨奏。同治四年七月二十八日。都察院左都御史臣全庆,左都御史臣曹毓瑛,左副都御史臣景霖,左副都御史臣宗室恒恩,左副都御史臣潘祖荫,左副都御史臣贺寿慈。①

【附】同日,左都御史全庆等抄呈李焕英呈状,曰:

具呈人:监生李焕英,年五十五岁,系淮安府海州民,遣抱告工人陈明顺,呈为挟仇唆诬,残它二目,黑夜围杀,借匪抵害,潜逃充官,掳掠焚杀,拖毙多命,叠冤无伸,捧案号叩,奏拟律办,以别虚实事。窃查咸丰四年,江南贼匪窜扰海州,汤家沟等处土匪蠢动。前州宪于谕生充当练董,遇匪率同练丁缉拿。因有邻庄文生吴廷梧亲族弟兄,聚众扰害,生当获匪首吴学孔多名。生当带练丁,解送本州。廷梧向生恳释未允。五年,又获捻匪周明珠等。珠系梧表侄,梧又恳释。生因案关奉州缉拿要犯,未敢允释,均送本州,讯明正法有案。梧与生遂成冰炭,勾戚党土棍陶继昌,百计谋陷。曾有客商高淑浦被夺,生闻,协同乡保,拿获贼犯,同赃解州。梧、陶唆高控生窝匪。生随赴州,面见高姓,言系误听栽害,愿具甘结认诬,呈蒙本州讯明,高姓听梧、陶唆使妄控,通详定案。梧更怨恨。七年,廷梧私挖河坝,奉盐运使宪饬拿,又捏控生抬诈私押。八年,梧兄廷桢纠抢胥克容。胥指明控桢,而廷梧又赴河宪,反控生抢,谋害愈毒。复勾陶继昌,潜赴沭阳县,砌捏陈松年等名,攻生窝抢。松等闻生叠被梧等陷害,赴州均递继昌捏名。州提沭阳代书涂季春未

① 中国第一历史档案馆藏:军机录副,档案编号:03-5013-035。

案，梧等见生均未被伊害死，恶胆愈炽，又勾陶继昌妹婿大讼窦以恒即子璧，谋通州书经承杨守真，劈空装伤，栽生打殴请验，守真信。生往州具诉，梧与兄廷桢及陶继昌、陶连昌、环昌等埋伏半路，窥生经过，于九年三月十三日，梧子秉汉持棍突出，打伤头颅倒地，左膀打折。连昌等㐌瞎二目，已死复醒，报蒙本州验明。州宪亲带丁役，拿获连昌妹婿讼师窦以恒，起同拜匣，搜出多案呈稿、提齐唆使各案，讯明以恒唆讼属实，众供确凿，恒认不讳。州宪将犯监禁，照案通详，奉各宪批饬：此等凶恶讼徒，亟应按拟解勘等因。廷梧奉州缉拿不案，经学详革文生。乃梧瞀不畏法，仍与继昌狼狈残毒，伙赴京控，抹煞㐌残重罪，诓蒙批饬。前河宪转发淮海道，亲提讯办。生即投到，蒙将昌、梧饬发清河县收监。道宪提到本州各案卷宗解浦，尚未提讯。十年春，清江不守，昌、梧由监逃回，京控要案未结各案卷宗亦被焚毁无存。至十一月二十一日黎明，又率匪众，蜂拥生庄，将生守夜之成大运戳死，州诣验明，差拿未获未办。生叠赴州催，移营会拿逃逸。同治元年，捻逆窜扰本境，各庄被掳被焚，无不被害。梧、陶知生难甘，又因以恒难出囹圄，借以各家被杀、被掳、被烧妇女、人命大题，迟至半月，陡生毒计，移栽身家阖族为匪，意图抵罪挟制；遣抱无赖妇女控州，驳饬。连昌又控漕宪吴，亲提讯办，生即投案，着昌藏埋头颅呈案，昌竟狡赖。漕宪审伊控情全诬，札饬淮安府按拟律办。屡蒙府宪顾提审，伊无实据，谕俟下堂拟罪详办。连昌知罪难容，情虚潜逃，四处缉拿未获。毒计重生，祸害无底。连昌于二年三月又遣侄寅林二次赴京，添砌摆布等谎，诬陷挟制。蒙文漕宪转饬布政使，饬委淮安府提审。州将大讼窦以恒锁押解淮，昌、梧亦即投案。皆因以恒犯案卷宗被失无存，重贿府承王荣光、差王文，代恒蒙请，饬发小邑，取保在外。梧、窦、昌一局毒谋，又贿山阳县差宋德，串放寅林私回，于三年六月初七日勾同州差马怀、刘萃，率领陶桂林、陶正平、陶凤丹、陶凤卓、陶与林、吴廷梧、吴廷桢、王凤梧、吴炳汉、陶运林、陶正昌、陶小信、陶小言、陶小可、陶富来、陶怀绪、陶正凡、陶玉林、陶凤山、陶乐山、陶凤舞、陶凤文、陶三歪、陶日毓、陶日贵、陶凤立、陶宝昌、陶景昌、陶秀昌、吴炳璜、吴炳琉、吴炳配、王锡林、王怀珍、徐凤山、于廷有、陶怀昌、于廷其、徐凤舞、陶绍昌等百余人，假冒官弁，形同捻匪，抢轰内宅，烧毁房屋百间，烧死幼孩三口，掳抢牛、驴、骡、衣服、器物一空，并抢掠邻人李廷凤等六家。当经邻庄齐练，追获党匪陶凤文。奔州喊控，验勘明确，讯明凤文供认听从抢掳不讳。骸骨存库，勘单在案。报明漕宪，连同凤文解赴府，归案讯办。州差各役起回原骡、赃物。生复控漕宪案下，奉批：陶寅林潜回，白昼烧抢，实与土匪无异，等示。以上生被残杀、焚杀重案，各有卷据。其连昌、廷梧等移栽抵罪之案，屡沐讯问，生当堂供明，伊词云王宗爱受伤甚重，州饬抬验宗爱，何以不案？足见虚捏，诬害显然。又云二月十五日被生凶伤十七命，烧化灭迹，内有陶怀绪至二十四日方死，其未被焚化灭迹可知，何以不请州验？况怀绪前经被匪掳去，现在逃回，被昌藏匿，移栽更见。又云由火光窃藏头颅二颗埋记。前奉漕、府二宪当堂着伊检呈，覆讯何以又云焦骨胡灰无存？由此论之，生冤似可立白。且伊庄只四十余家，伊云被烧九十余家，已死尸亲二十三家，何以连昌一人为二十三家之尸亲？何以连昌一人代九十家以捏报？焉有是理！又云刘盛荣亦被轰死，何以刘姓并无一人告状，直待陶控？谎更离奇！又云不独烧杀伊庄，并烧抢邵景白、陈兰方二家。陈、邵如被烧抢，何不控告？陶系何人，竟敢代告？足见诬栽。种种移害，情节不合者共计十余层。当堂盘诘，无词可供，无理可对。且以恒详卷虽失，而海州有六年监犯口粮卯簿，足凭不赦之罪。府蠹荣光等竟贪梧、昌钱财，舞弊取保，纵令逃跑，以致案悬。可怜生被残杀、焚烧有据，陶以捻匪烧杀大题，无凭无证。局谋杀害，既无尸身请验，又无证据可质，府宪讯办，梧仗财灵，重贿荣光、王文等，纵令潜逃，以拖害人。尤痛邻人李廷凤及生侄武生同椿，竟被府承荣光弄权舞弊，嘱差看押，吓诈毙命，耸县不收呈词，不验尸身，冤更可惨！更有州书沈观桐并不承行，只以代摆布二字牵拖淮城，母死不面，奔丧归葬，复行回淮，途遇捻匪掳去，现无下落，举家嚎泣！不独生被局谋栽害，而被诬牵闲人拖毙多命，其中惨苦均由讼蠹谋殃所致。以恒、连昌、寅林、凤文贿蠹等潜逃无踪，坑生在淮候讯无期，若不捧案嚎叩，奏拟发办讯蠹，任其毒谋，一空再控，虚实不分，害将胡底！生命必致拖毙，阖族难以安枕。为此捧案遣抱嚎叩，俯电局陷，彻底昭雪，照案具题，逐层拟办，虚实得分。上叩。①

## ○五九　请将朱舜卿归于守备候补片

### 同治五年九月初一日(1866年10月9日)

再，都司衔候补守备淮安城守营千总朱舜卿，前于咸丰元年甄别案内奉旨准以守备拔置题补，嗣因剿匪出力，先后奏保以应

① 中国第一历史档案馆藏：呈状，档案编号：03-5013-036。

升之缺升用，并加都司衔。查该弁系以守备升补人员，应即开除千总底缺，留标补用。经臣咨准部覆，行令奏明办理等因。相应请旨将候补守备淮安城守营千总朱舜卿准其开缺，归于守备候补班用。除咨兵部查照外，理合附片陈明，伏乞圣鉴训示。谨奏。

同治五年九月初七日，军机大臣奉旨：着照所请，兵部知道。钦此。[①]

## 〇六〇　援案停征天妃口仲庄等厘税片

### 同治五年九月初一日(1866年10月9日)

再，江北地方惟里下河一带为产米之区，清淮以上兵民食米咸取给焉。本年水潦为灾，秋成甚歉，下河被水各邑，大半告饥，上游食米来源亦因顿缺，必须设法招商，庶于小民有益。而招商之法莫要于免厘、免税，乃能望其踊跃。江北厘捐已经署督臣李鸿章通饬停止，以广招徕。查灾年暂免米税，历经奏准有案，合无仰恳天恩，俯念江北各属被灾，小民嗷嗷待哺，敕下淮安关监督，循照成案，将应征米税上至天妃口仲庄，下至军饷关，一律暂停，俟来春麦熟，察看情形，再行征收之处，出自高厚鸿慈。理合附片具陈，伏乞圣鉴。谨奏。

同治五年九月初七日，军机大臣奉旨：着照所请。钦此。[②]

---

① 中国第一历史档案馆藏：军机录副，档案编号：03-4723-016。此片具奏日期未确，兹据同批折件校正。

② 中国第一历史档案馆藏：军机录副，档案编号：03-4850-025。此片具奏日期未确，兹据同批折件校正。

## ○六一　请将知县陈鹏等赏加知府衔片

**同治五年九月初一日(1866年10月9日)**

再，同知衔直隶州用江苏候补知县陈鹏、直隶州用江苏候补知县舒文彬，前因试行河运出力，经臣保奏，均请俟补直隶州知州后，以知府用，先换顶戴。同治四年十二月初八日，钦奉谕旨允准在案。嗣经吏部汇奏，以该二员系寻常劳绩，按照章程不准候选预保，应令另核请奖等因。查该二员办理河运，正值捻匪窜扰东省之时，皆能冒暑履险，竭力照料，是以列名奏保，且已有直隶州用保案，经吏部饬令另奖。臣覆加查核，可否仰恳天恩，准将直隶州用江苏候补知县陈鹏、舒文彬赏加知府衔，以示奖励，出自皇上逾格鸿慈。相应附片陈明，伏乞圣鉴。谨奏。

同治五年九月初七日，军机大臣奉旨：陈鹏等均着赏加知府衔。该部知道。钦此。①

## ○六二　奏报南河两营增采柴束未知能否敷额片

**同治五年九月初一日(1866年10月9日)**

再，南河苇荡左、右两营增采柴束，原定章程每年将青柴长

① 中国第一历史档案馆藏：军机录副，档案编号：03-4625-027。此片具奏日期未确，兹据同批折件校正。

发情形，由该管道员确勘，详请具奏，设有水旱虫伤，随时声明，历经循办在案。兹据署淮扬道刘咸禀称：本年青苇春间芦芽萌发之时，得雨滋润，低洼地段长发尚茂，高阜之处所产稍觉矮茸，夹生蒿草。前值大雨时行，矮柴间有入水，不免受伤，未知能否敷额等情前来。除批令霜后据实尽数估报外，相应附片陈明，伏乞圣鉴。谨奏。

同治五年九月初七日，军机大臣奉旨：知道了。钦此。[①]

## ○六三　甄别知州方德骥等州县各员折

### 同治五年九月初十日(1866年10月18日)

头品顶戴补授闽浙总督漕运总督臣吴棠跪奏，为劳绩保奏州县，遵照新章甄别，恭折奏祈圣鉴事。窃照部咨：劳绩保奏归入候补班之道府州县，令各该督抚即以此项人员到省之后起，予限一年，详加察看，认真考核，俟挨次甄别后，仍照旧例补用。嗣又接准部咨：在淮关当差各员，有经手事件未能赴苏考试者，准就近由臣漕督衙门核办等语。又，奉部议山东请示案内，嗣后各项正途试用以及捐纳试用人员，均应照劳绩候补人员甄别，以昭平允。节经遵照办理在案。兹查有候补知州方德骥，现年四十二岁，浙江附贡生，遵例报捐复设训导，加捐知县，分发补用。咸丰八年，克复镇江府城案内，奏准免补知县，以知州分发补用，指发江苏。同治三年，汇保克复丹阳在事出力，奏准归劳绩班尽先

① 中国第一历史档案馆藏：军机录副，档案编号：03-4809-016。此片具奏日期未确，兹据同批折件校正。

补用，并加知府衔。该员才识明达，堪以留省以繁缺知州补用。又，查有候补知县万叶封，现年四十九岁，安徽举人，选补含山县教谕，于同治二年奏准开缺，以知县留于江苏补用。该员办事稳练。又，查有候补知县李鸿勋，现年六十二岁，顺天人，由刑部供事报捐县丞职衔，在安徽军营叠经奏保，于咸丰六年奉准以知县分发江苏，遇缺即补。该员朴诚谙练。又，查有大挑知县姚书楷，现年五十一岁，直隶举人。同治元年，大挑一等，签分江北。四年，于援蒙解围案内奏准，以知县不论繁简即补。该员诚实明敏。又，查有候补知县吴元汉，现年四十三岁，安徽监生，遵筹饷例报捐从九品，叠在军营保升县丞，分发江苏。咸丰十一年，于徐州守城案内奉准免补本班，以知县用。该员能守兼优。又，查有大挑知县龙寅绶，现年四十五岁，广西举人。同治元年，大挑一等，签分江北。四年，援蒙解围案内奏准，归本班尽先补用。该员赋断详明。又，查有候补知县王厚庄，现年四十三岁，浙江监生，遵豫工例报捐从九品，分发南河，在安徽军营保升县丞，咨署丰县县丞，于咸丰十一年在徐州守城出力，奏准留于江苏，以治河知县即补。该员才具明干。又，查有候补知县陈鹏，现年四十八岁，浙江监生，遵例报捐府经历，于咸丰二年咨补徐州府经历。三年，丰工合龙案内奏准以知县用，报捐离任，现署清河县知县。该员办事精详。又，查有候补知县朱培深，现年四十二岁，浙江监生，报捐未入流，加捐县丞。咸丰八年，于筹饷捐厘出力案内，奏准留于江苏，以县丞遇缺即补。咸丰十一年，奏准补缺后，以知县用，捐足三班，以知县归候补班补用。该员有守有为。又，查有候补知县徐福增，卅五岁，浙江监生，遵例报捐从九品，分发江苏，叠在军营出力，于同治元年奏准免补本班，仍留江苏以知县用。该员办公勤慎。又，查有候补知县韩汝纲，现年卅五岁，顺天监生，遵例报捐从九品，分发南河，叠在军营出力，于同治元年奏准以知县仍留江苏即补。该员谨饬细心。以上十员，均堪以知县留省，照例补用。理合遵照新章甄别，恭折具陈，伏乞皇太后、皇上圣鉴。谨奏。九月初十日。

同治五年九月十六日，军机大臣奉旨：吏部知道。钦此。[①]

## ○六四　奏报道员郭礼图请旨赴部候选片

### 同治五年九月初十日（1866年10月18日）

再，盐运使衔前选四川永宁道郭礼图，于选缺后未经到任，丁忧开缺。因原籍道路梗阻，在江北守制。时值军务紧要，经前督办江北团练臣晏端书奏准，留办团练。嗣届服阕，经臣奏请就近起复，并先后奏委督办盐阜、东兴等县圩练，总理粮台厘捐，暨督带炮船，扼守射阳湖，保卫里下河门户。该员守洁才优，办事精练，历派各差均能任劳任怨。查该员系福建进士，由庶吉士改主事，拣发南河，曾经前河臣杨以增遵旨明保，嗣蒙简放常州府知府，未及到任，选补四川永宁道，服阕后应行赴部候选，并照例仍由军机处进单之员。兹江北差事已竣，除饬该员请咨赴部外，理合附片陈明，伏乞圣鉴。谨奏。

同治五年九月十六日，军机大臣奉旨：知道了。钦此。[②]

---

① 中国第一历史档案馆藏：军机录副，档案编号：03-4625-064。

② 中国第一历史档案馆藏：军机录副，档案编号：03-4625-062。此片具奏日期未确，兹据同批折件校正。

## ○六五　请将游击吴璜即行革职片

### 同治五年九月初十日(1866年10月18日)

再,臣前参处州镇总兵陈国瑞案内,查得该革镇于宝应置有田产数处,曾经附片声明,饬地方官查明、存备公用在案。当据该革镇声称:田产等项均系候选游击吴璜经手,此外尚有交存现银,恳请究追等语。臣查陈国瑞所置田产既已归公,其所存现银自应按数追交,为该革镇回籍生计。饬据吴璜开呈清帐,除已还外实亏欠现银一万七千四百四十两零,即经勒限追缴,吴璜百计延宕。臣一面催令陈国瑞起程回籍,一面即将吴璜发交淮安府押追。乃迄今半年有余,仅据呈缴现银四千两,其余屡催不缴,显系以此项为陈国瑞私帐,存心吞匿。查陈国瑞实力戎行,历有年所,今已革职回籍,恃此为养赡之资,未便任令狡延,相应请旨将候选游击吴璜即行革职,以儆刁诈而便比追。谨附片具陈,伏乞圣鉴。谨奏。

同治五年九月十六日,军机大臣奉旨:吴璜着即革职比追,该部知道。钦此。[1]

## ○六六　续查沪淮扬镇各捐生衔名请奖折

### 同治五年九月初十日(1866年10月18日)

署两江总督江苏巡抚一等肃毅伯臣李鸿章、头品顶戴补授

---

[1] 中国第一历史档案馆藏:军机录副,档案编号:03-4723-036。此片具奏日期未确,兹据同批折件校正。

闽浙总督漕运总督臣吴棠跪奏，为续查沪淮扬镇各营兵米捐生衔名，缮具清单，恳恩给予奖叙，恭折仰祈圣鉴事。窃照同治元年闰八月间钦奉上谕：现在饷局裁撤，捐借办竣，当兹秋谷登场，收成丰稔，大可循案劝捐兵米。着李鸿章、吴棠遴委江北大员，督饬各州县认真办理等因。钦此。遵经臣等札饬各属改捐借为捐米，按淮扬通海十四厅州县分派，统沪淮扬镇各营并为一捐，由各属印委各员认定捐数，银米并缴；奏委升任运司乔松年会同粮台，设局督办，并经臣等四次查明捐生履历，奏请恩奖在案。兹续据江宁布政使李宗羲会同该总局，将海门、如皋、江都、高邮、泰州、盐城六厅州县劝捐米一万二千五百九十二石三斗一升，合银四万二千八百十三两九钱五分六厘，查取捐生履历，声明愿奖官阶，造册详请陈恳恩奖前来。臣等按册覆核，均与现行常例、筹饷事例减成请奖章程相符。除将细册咨部查核外，相应奏恳天恩俯准，饬部覆核，迅颁执照，以示奖励而昭激劝。再，此案共捐米十一万余石，五次统计请奖米九万余石，其余米石未经请〈奖〉者，或因本身已有职衔，或因捐数零星不敷奖叙，应行截数停止。合并声明。谨合词恭折具奏，伏乞皇太后、皇上圣鉴。谨奏。九月初十日。

同治五年九月十六日，军机大臣奉旨：户部核议具奏。单并发。钦此。[①]

---

① 中国第一历史档案馆藏：军机录副，档案编号：03-4809-055。

## ○六七　呈各捐生衔名、银数清单

### 同治五年九月初十日(1866年10月18日)

谨将海门、如皋、江都、高邮、泰州、盐城六厅州县统捐淮沪扬镇各营兵米第五批捐生衔名、银数，缮具清单，恭呈御览。

蔡廷本，浙江桐乡县人，由附生捐米一百八十七石，以米合银六百三十五两八钱，拟请作为附贡生，以盐知事双月选用。

许之琛，浙江仁和县人，由俊秀捐米二百七十四石，以米合银九百三十一两六钱，拟请作为监生，以府经历不论双单月选用。

张继鹏，海门听人，由俊秀捐米三百七十二石，以米合银一千二百六十四两八钱，拟请作为监生，以县丞不论双单月选用，并加布理问升衔。

李煜，浙江慈溪县人，由监生捐米四百七十一石，以米合银一千六百一两四钱，拟请给予同知职衔。

倪懋贤，崇明县人，由从九职衔捐米七十九石，以米合银一百八十两二钱，拟请给予伊父母从六品封典。

陈序生，海门听人，由从九品职衔捐米八石三斗，以米合银二十八两二钱二分，拟请作为监生。

黄煜，浙江钱塘县人，由双月选用主事捐米三百四十石，以米合银一千一百五十六两，拟请以主事不论双单月选用。

黄襄业，宿迁县人，由不论双单月选用从九品捐米二百十五石，以米合银七百三十一两，拟请以县丞不论双单月选用。

费楚白，浙江归安县人；胡越屏，浙江山阴县人；黄炽康、梁国勋、陈家修，均浙江钱塘县人。以上五名各捐米二百七十四石，以米合银九百三十一两六钱，拟请均作为监生，以县丞不论双单月选用。

高肇骞，安徽舒城县人，由候选从九品捐米二百十五石，以米合银七百三十一两，拟请以县丞不论双单月选用。

束承修，安徽舒城县人，由监生捐米二百四十八石，以米合银八百四十三两二钱，拟请以县丞不论双单月选用。

李振谟，安徽舒城县人，由监生捐米四百七十一石，以米合银一千六百一两四钱，拟请给予同知职衔。

项沅，江都县人，由五品顶戴捐米一百九十二石九斗七升六合，以米合银六百五十六两一钱一分八厘，拟请作为监生，以县丞双月选用。

郭蔚华，江都县人，由监生捐米一百六十六石，以米合银五百六十四两四钱，拟请以县丞双月选用。

黄常曙，湖南湘阴县人，由监生捐米二百三十七石六斗六升四合，以米合银八百八两五分七厘六毫，拟请以盐知事不论双单月选用。

汪国章，江都县人，由俊秀捐米五十六石，以米合银一百九十两四钱，拟请作为监生，以从九品双月选用。

钱宝书，安徽寿州人，由湖北试用未入流捐米一百四十三石三斗，以米合银四百八十七两二钱二分，拟请以指项典史仍归湖北，分缺间用，并免试用。

项君辅，仪征县人，由监生捐米一百十二石，以米合银三百八十两八钱，拟请以从九品双月选用，并加二级，给予伊父母从八品封典。

陈昆，广东南海县人，由双月选用詹事府主簿捐米一百四十五石，以米合银四百九十三两，拟请加四级，给予伊父母从五品封典，并将本身妻室应封貤封祖父母。

陈津章，广东南海县人，由监生捐米四百七十一石，以米合银一千六百一两四钱，拟请给予同知职衔。

程朝辅，江都县人，由监生捐米七十一石，以米合银二百四十一两四钱，拟请给予州同职衔。

宋道询，高邮州人，由附生捐米三十四石，以米合银一百五十两六钱，拟请作为附贡生。

赵体仁，盐城县人，由候选科中书捐米一百四十二石，以米合银四百八十二两八钱，并补交监生四成实银四十三两二钱，拟请以中书科中书双月选用，并免保举。

叶祥麟，高邮州人，由詹事府主簿职衔监生捐米二百十四单，以米合银七百二十七两六钱，拟请以太常寺典簿双月选用。

王培森，江都县人，由州同职衔捐米二百五十二石，以米合银八百五十六两八钱，拟请以县丞不论双单月选用，并加布政司理问升衔。

詹国华，甘泉县人，由不论双单月选用巡检捐米一百石，以米合银三百四十两，拟请以巡检分缺先选用。

陈昆，广东南海县人，由监生捐米二百七十八石，以米合银九百四十五两二钱，拟请以詹事府主簿双月选用。

诸润，江都县人，由监生捐米三十石，以米合银一百二两，拟请以从九品双月选用。

韩士华，甘泉县人，由双月候选从九品捐米十石，以米合银一百二两，拟请以从九品不论双单月选用。

韩士华，甘泉县人，由双月选用从九品捐米三十五石九斗，以米合银一百二十两七钱，拟请给予伊父母从九品封典。

汪本林，东台县人，由布理问职衔捐米五十三石，以米合银一百八十两二钱，拟请给予伊父母从六品封典，并将本身妻室应封貤封胞兄嫂。

许尔瑞，东台县人，由从九品职衔捐米七十八石，以米合银二百六十五两二钱，拟请作为监生，并给予州同职衔。

徐溶，江都县人，由俊秀捐米九十七石，以米合银三百二十九两八钱，拟请作为监生，并给予州同职衔。

汪国臣，泰州人，由候选府照磨捐米四百三十五石，以米合银一千四百七十九两，拟请以布理问不论双单月选用。

王以勋，泰州人，由候选县丞捐米一百五十七石，以米合银五百三十三两八钱，拟请以县丞不论双单月选用，并加布理问升衔。

汪锡湛，上元县人，由俊秀捐米四百九十四石，以米合银一千六百七十九两六钱，拟请作为监生，以布理问不论双单月选用。

彭德荣，安徽怀宁县人，由候选从九捐米一百三十六石，以米合银四百六十二两四钱，拟请以县丞双月选用。

赵松年，泰州人，由监生捐米六十石，以米合银二百四两，拟请以未入流不论双单月选用。

刘德华，安徽合肥县人，由俊秀捐米五十六石，以米合银一百九十两四钱，拟请作为监生，以从九品双月选用。

许玉书，泰州人，由浙江试用县丞捐米二百七十五石，拟请以县丞分缺先补用，并免试用。

赵云芬，泰州人，由候选县丞捐米七十四石，以米合银二百五十一两六钱，拟请给予布理问升衔。

朱金，泰州人，由提举衔候选通判捐米四百五十六石，以米合银一千五百五十两四钱，拟请给予伊父母正四品封典，并将本身妻室应封貤封祖父母。

巫桂根，泰州人，由从九品衔捐米八石，以米合银二十七两二钱，拟请作为监生。

杨廷桢，福建侯官县人，由候选知县捐米二百二十四石，以米合银七百六十一两六钱，拟请给予同知升衔。

杨廷钰，福建侯官县人，由俊秀捐米一百五十四石，以米合银五百二十三两六钱，拟请给予詹事府主簿职衔。

刘元培，丹徒县人，由监生捐米七十石六斗，以米合银二百四十两四分，拟请给予布政司理问职衔。

詹瑛，甘泉县人，由从九品衔捐米八石，以米合银二十七两二钱，拟请作为监生。

蔡学箕、杨文瀚、陈思欧、陆宗礼、杨省三、李元杰、施怀瑛、沈序镛、王联祥、黄锡纯、姚伯宜、姚国魁、施鹤昆、陆贵龄、陆贵恩、李文魁、罗亨道、徐杏楼、徐杏岭、谈柳塘、李应长、余鸿来、王履吉、王履端、诸鳌、张荣鳌、殷家荐、曾振先、赵锡均、巫常禄、吴贵昌、张修五、钱治平、张联庆、陈文权、朱崇淦、谈长华、刘恒春、张筠楼，以上三十九名，均由俊秀各捐米十九石，以米合银六十四两六钱，拟请均给予从九品职衔。

秦欲飞、郭熊、施文烇、陆文海、陆文汉、沈煜、陈祖桓、陆步梯、徐瓒、徐义方、徐义和、黄世鼎、龚渐鸿、钱启心、徐思忠、徐思敬、顾震远、钱元龙、李振发、李昌龄、李明鼎、余长荣、戚宏德、王世玉、李锦华、杨福谦、高文沆、薛肇彤、黄常曙、佘镕、朱联庆、、胡渭卿、徐鉴、朱占鳌、詹永学、曹士炳、陈文藻、唐殿勋、顾云清、周光庆、郑嘉裕、萧光第、崔仲暄、张恒春、刘兆镕、朱连科、孙梓骐、张从善、岳焕、高履基、高履同、章志仁、时汉文、金怀仁、潘恩观、李庆元、董福征、胡湘、胡泽、葛继贤、张继功、潘云楼、吴玉山、谈茂林、谭松泉、康祖培、康祖言、葛继宗、葛继美、彭德宝、刘裕廉、李荫棠、杨廷钰、袁世璜、崔宗平、李长赓，以上七十七名，均由俊秀各捐米二十六石，以米合银八十八两四钱，拟请均作为监生。

军机大臣奉旨：览。钦此。[①]

## ○六八　查明清淮善后局同治收支军需各款折

### 同治五年九月十九日(1866年10月27日)

头品顶戴补授闽浙总督漕运总督臣吴棠跪奏，为查明清淮善后局同治四年七月起至十二月止收支军需各款，缮具清单，恭折仰祈圣鉴事。

窃照清淮办理防剿军需用款，向按半年奏报一次，截至同治四年六月止，节经循办在案。兹据委员报销局按察使衔署淮扬道刘咸督率委员，续将四年下半届军需收支各款查明，开列清单，详请奏报前来。臣覆加查核，自同治四年七月初一日起至十二月二十九日止，除拨支各项应归江南大营收销并专案造报外，实计连上届实存共收银六万三千六百三十九两一分九厘六毫五丝七微、钱二十七万五百四十八千二百三十四文、宝钞一万七千三百三十八千二百二十二文，共支用银六万五千五百六十三两六钱三分九厘九毫三忽一微、钱二十七万四百七十九千六百文、宝钞七千三百四十

① 中国第一历史档案馆藏：清单，档案编号：03-4811-072。此清单未署具呈者，具呈日期亦未确。兹据内容判定，其为档案编号03-4809-055折之附件。

一千二百九十八文，俱系援照例案，实用实销，并无浮冒。除饬分造各款细册另行详送咨销并将实存银、钱、宝钞归入下届作收支用外，所有查明清淮善后局自同治三年七月起至十二月止收支军需各款缘由，恭折具奏，并缮具清单，敬呈御览，伏乞皇太后、皇上圣鉴。谨奏。九月十九日。

同治五年九月二十七日，军机大臣奉旨：户部知道。单并发。钦此。[1]

## 〇六九　呈清淮善后局同治四年下半年收支清单

### 同治五年九月十九日（1866年10月27日）

谨将清淮善后局自同治四年七月初一日起至十二月二十九日止收支各款简明四柱，缮具清单，恭呈御览。

计开：旧管：一、存银三百十九两一钱五厘二丝九忽二微。一、存钱二百六千五十三文。一、存宝钞一万七千三百三十八千二百二十二文。

新收：一、收淮安关拨解银二千两。查前款系查明拨解协济军饷之款。理合登明。一、收江北各州县拨解月粮米麦变价一半银一千五百四两三钱五厘八毫。查前款系奏明拨充军饷应用之款。理合登明。一、收扬镇粮台拨解共银一万二百三十九两二钱七分五厘六毫六忽五微。查前款系奏明随时凑拨水师口粮之款。理合登明。一、收海州运判拨解淮北己未、庚申两纲征收正杂课税银内一成盐课银二万九千八百五十九两一分六厘二毫。查前款系两江

① 中国第一历史档案馆藏：军机录副，档案编号：03-4809-105。

督臣曾国藩奏定章程拨解一成盐课协济军饷之款。理合登明。一、收两淮运司拨解盐课银一万六千两。查前款系两江督臣曾国藩饬司月拨协济之款。理合登明。一、收金陵捐厘总局拨解银一万九千七百二十二两二钱二分七厘四毫一丝一忽。查前款系两江督臣曾国藩饬司按月匀拨协济军饷之款。理合登明。一、收清淮捐输银五万三千六百八十四两，又钱三千三百三十四千四百四十文。查前款系照粮台捐输章程劝谕捐输、陆续查明具奏请奖、随时提用之款。理合登明。一、收淮海扬通各属捐厘银二万四千二百九十两六钱六分五厘，又钱十二万四千九百六十六千四十一文。查前款系陆续提用之款。理合登明。一、收淮南泰坝抽捐盐厘钱三万七千一百八十八千七百文。查前款系两淮运司抽厘济饷之款。理合登明。一、收借拨江北各州县解存淮凤常仓正银三千五百四十九两八钱三分六厘。查前款系因军需不敷、暂借济饷之款。理合登明。一、收银易钱十万四千八百五十三千文。查前款系在收款内拨出现银七万四千六百两，按市价易换，并非另项收款，除于单后将此项现银划除外，理合登明。一、收平余用剩银七十两五钱八分八厘六毫四忽。查前款系自咸丰三年设局起截至同治四年六月底止，历次平余不敷支用，均在正款内垫拨，除已补还外，仍有未还银一千九十六两六钱三分九厘二丝六忽六微。所有此次前项用剩银两，应即尽数补还。其余银一千二十六两五分四毫二丝二忽六微，俟下届平余积有成数，再行补还。理合登明。一、收购买白米一千三百四十四石。查前款系淮扬中营水师由苏调浦防剿、拨济军食之款。理合登明。以上新收共银十六万九百十九两九钱一分四厘六毫二丝一忽五微、钱二十七万三百四十二千一百八十一文、白米一千三百四十四石。

一、除拨支淮扬中营水师协饷银九千两，又白米一千三百四十四石。查前款系淮扬中营水师由苏调浦防剿、拨协军饷之款，应归江南大营收销。理合登明。一、除拨支改建清江城工料匠等项，续支银一万四千两。查前款系奏明动用军需之款，俟给发清款，专案造销。理合登明。一、除拨支易钱银七万四千六百两。查前款系按市价易换制钱，已于单内列收钱十万四千八百五十三千文，应将此款现银划除，以免重复。理合登明。以上除拨支外，实计管、收共银六万三千六百三十九两一分九厘六毫五丝七微、钱二十七万五百四十八千二百三十四文、宝钞一万七千三百三十八千二百二十二文。

开除：一、本省河、漕两标各营官兵盐粮、马干等项，共支银四千五百四十两九钱六分三厘三毫九丝六忽四微，又宝钞一百十八千三百八十九文。查前款系调派各要隘及成子河等处防堵，应支盐粮、马干等项，均照例案支给。其口粮米按部定章程，每八合三勺折银一分三厘。理合登明。一、本省淮扬镇标各营官兵盐粮、马干等项，共支银八百四十两六钱四分七厘九毫九丝六忽四微，又宝钞十九千三百六十三文。查前款系调派各要隘并安东等处防剿，应支盐粮、马干等项，均照例案支给。其口粮米按部定章程，每八合三勺折银一分三厘。理合登明。一、文员盐粮、驮折、夫价等项，共支银七千三百三十四两一钱一分五厘九毫五丝五忽四微，又宝钞二千四百九十六千六百十六文。查前款系调派随营差委及管带兵勇、巡查守卡并成子河等处驻防人员，均照部定章程支给盐粮、跟役、书识、驮折等项，其在城在局当差各员，概未支给。理合登明。一、随营防剿各营官弁盐粮、马干、驮折、夫价等项，共支银八千二百八十九两四分六厘九毫九丝三忽五微，又宝钞二千九百七十八千四百十三文。查前款系调派随营及管带兵勇并成子河、邳、宿等处防剿，均照例案支给盐粮、马干、驮折等项。理合登明。一、各项壮勇、马勇口粮、马干共支钱二十三万九千四十四千八百文。查前款系节次添募、裁存分布各要隘，并随时派赴各处防剿，所需口粮照案每名日给钱二百文。其马干照奉准章程，每匹日给钱一百文。理合登明。一、随营、随局医匠工食、口粮等项，共支银三百十三两八钱五分七厘五毫五丝六忽六微。查前款系照例案支给。理合登明。一、采办硝磺、铅铁、白米、芦席、牛烛、正脚等项，共支银一万五百五十六两五分八厘二毫九丝二忽五微，又宝钞三千六百六十八文。查前款系随时添办，除硫磺、铅铁均照案于例价外酌加三成，其硝斤系查照江苏准销成案，每百斤共给例、津两项银七两。其例无定价之件，按照市价核实采办。理合登明。一、制造火药、火绳、铅丸、铁弹、火箭、火罐、喷筒、衣帽、帐房、旗帜、枪炮、藤牌、刀矛、器械、工料等项，共支银二万三千九百五十五两六钱二分六厘六丝五忽二微。查前款系随时添制各件，除硝磺、铅铁另于采办项下给价外，其余工料均照案于例价外酌加三成。其火药一项查照江苏奉准成案，分别加工寻常等次配制。理合登明。一、运送军火、器械脚价等项，共支银九十两七钱一分五厘二毫六丝。查前款系照例案分别支给。理合登明。一、各勇病故收埋共支银十六两。查前款系照案核实支给。理合登明。一、巡船水手饭食共支银九百四十九两七钱六分。查前款系在高良涧、十三堡、成子河等处水面安设常川巡防，均照案每船给水手四名，每名日给饭食银八分。理合登明。一、随局底夫工食共支银九百六十八两三钱二分。查前款系照江苏准销成案支给。理合登明。一、租赁民房，共支银四百三十三两八钱。查前款系堆储军火、物料、制造等项，均照例定租价支给。理合登明。一、配制丸散药料，共支银二百四十三两一钱四分七厘四毫。查前款系防剿各兵勇随时需用，均照时价核实购办。理合登明。一、各应官弁马干、副销共支银三千一百八两二钱八分五厘，又宝钞一千八十七千五百三十文。查前款系照奏准章程，每马一匹日给干银一钱，以例定五分作正开销，其余五分巡按归于西部省份摊补。理合登明。一、清淮水师炮船员弁勇丁盐粮，共支银一千九百二十三两二钱九分五厘九毫八丝七忽一微，又钱三万一千四百三十四千八百文，又宝钞六百三十七千三百十九文。查前款系调派邳宿运河及成子河等处防剿，各该员弁勇丁均系乘驾船只，只支盐粮，不给马干、驮折。理合登明。以上开除共支银六万三千六百五十三两六钱三分九厘九毫三忽一微、钱二十七万四百七十九千六百文、宝钞七千三百四十一千二百九十八文。一、扣收平余银五百三十三两五钱二分一厘九毫一丝六微。一、支发津贴各书工食、纸张、笔墨、灯油等项银四百六十二两九钱三分三厘三毫六忽六微。查前款除照例动用扣存平余银两外，计平余用剩银七十两五钱八分八厘六毫四忽，在于新收项下作收支用。理合登明。

实在：一、存银七十五两三钱七分九厘七毫四丝七忽六微。一、存钱六十八千六百三十四文。一、存宝钞九千九百九十六千九百二十四文。以上实存银、钱、宝钞均归入下届旧管项下作收支用。理合登明。

军机大臣奉旨：览。钦此。[①]

---

① 中国第一历史档案馆藏：清单，档案编号：03-4809-104。

## 〇七〇　查明徐州善后局支销军需各款折

### 同治五年九月十九日(1866年10月27日)

头品顶戴补授闽浙总督漕运总督臣吴棠跪奏,为查明徐州善后局自同治四年五月十一日起至五年三月初六日止收支军需各款,缮具清单,恭折仰祈圣鉴事。窃照徐州办理防剿军需用款,截至前署徐海道颜培瑚同治四年五月初十日交卸日止,节经分起造销在案。兹据直隶按察使张树声将前在徐海道任内办理徐州善后局收支各款开单,详请奏报前来。臣覆加查核,计自同治四年五月十一接管日起至五年三月初六卸事前一日止,除以银易钱并收捐饷票划除外,实计管、收两项共银六万八千六百十一两三钱七分一厘九毫七丝四忽七微、钱十八万五千七百八十文、饷票七万二千一百六十六两、官票一万六千三百八两、宝钞七十五万四千一百三十七千二百五十七文,共支用银六万六千一百六十两三钱七分一厘九毫七丝四忽七微、钱十八万五十四千七百八十文、饷票三万四千六百四十六两,俱系查明例案,撙节动支。复调原办底册核对,亦属相符,并无浮冒。除饬另造各款细册详送咨部核销并将实存银两、票钞移交徐海道李鸿裔接收造报外,理合缮具清单,恭呈御览。为此恭折具陈,伏乞皇太后、皇上圣鉴。谨奏。九月十九日。

同治五年九月二十七日,军机大臣奉旨:户部知道。单并发。钦此。[①]

---

① 中国第一历史档案馆藏:军机录副,档案编号:03-4809-101。

# ○七一　呈徐州善后局同治四年至五年收支清单

## 同治五年九月十九日（1866年10月27日）

谨将徐州善后局自同治四年五月十一接管日起截至五年三月初六卸事前一日止收支军需各款简明四柱，缮具清单，恭呈御览。

计开：旧管：一、存银一万三百九十二两。一、存饷票二万二千一百六十六两。一、存官票一万六千二百八两。一、存宝钞七十五万四千一百三十七千二百五十七文。

新收：一、收徐属各州县卫拨解地漕等项银八万七百七十九两三钱九分七厘七毫。查前款系奏准饬令各州县卫按月拨解之款。理合登明。一、收山西藩司拨解银五千两。一、收河南军需局拨解饷票五万两。查前二款系奏准按月拨解济饷之款。理合登明。一、收淮海扬通各厅州县统捐分解银一万九千二百五十两。查前款系奏明统捐分解以济军需之款。理合登明。一、收徐州善后局捐输银六千一百十八两五钱，又宝钞折价银一千二百二十三两七钱。查前款系由部颁发徐局空白监职各照，并由局遵照粮台收捐章程陆续收纳、随时提用之款。理合登明。一、收各绅富捐输银二万二千三百两。查前款系因饷需支绌，劝谕各绅富捐输济饷之款，现在查取履历，另行请奖。理合登明。一、收徐州善后局收捐饷票五万一千三百十九两。查前款系豫省协解军饷，奏明收捐解还河南查销之款，除于单后划除外，理合登明。一、收徐海属各州县厘捐钱五万五千八百六千五百二十九文。查前款系陆续提用之款。理合登明。一、收湖田地租钱一万九百四十千二百五十一文。查前款系随时提用之款。理合登明。一、收已革总兵陈国瑞售盐资本银五千两。查前款系奏明提充淮徐兵饷应用之款。理合登明。一、收银易钱十一万三千三百八千文。查前款系以收款内现银兑换,并非另项收款,除于单后将此项现银划除外,理合登明。一、收平余用剩银四十七两七钱七分四厘二毫七丝四忽七微。查前款系照例扣收平余,除动支津贴各书工食、纸张、笔墨、灯油等项银两外,计有用剩前项银数,应行列收。理合登明。以上新收共银十三万九千七百十九两三钱七分一厘九毫七丝四忽七微、钱十八万五十四千七百八十文,内实收钱六万六千七百四十六千七百八十文,又银易钱十一万三千三百八千文,饷票十万一千三百十九两。一、除兑钱银八万一千五百两。查前款系按市价兑换制钱,已于单内列收钱十一万三千三百八千文,应将此款现银划除,以免重复。理合登明。一、除饷票五万一千三百十九两。查前款系遵照奏案收捐截角,解还河南查销,应行划除。理合登明。以上除划除外,实计管、收共银六万八钱六百十一两三钱七分一厘九毫七丝四忽七微、钱十八万五十四千七百八十文、饷票共七万二千一百六十六两、官票一万六千二百八两、宝钞七十五万四千一百三十七千二百五十七文。

开除:一、本省徐州镇标各营官兵盐粮、马干等项,共支银一万二千九百八十二两三钱七分三厘三毫一丝二忽、饷票三千二百四十六两。查前款系随时派赴各处防剿,应支盐粮、马干等项,均照例案支给,其兵丁只支盐粮,减去马干,不给余丁。理合登明。一、随营长夫工食共支钱一万七十五千二百文、饷票一千二百六十两。查前款系查照成案支给。理合登明。一、文员盐粮、驮折、夫价等项，共支银八千七百八十七两二钱四分五厘七毫七丝九微、饷票二千一百九十七两。查前款系随营差委、管带兵勇，巡查防剿，应支盐粮、驮折等项，均照例案支给。理合登明。一、随营防剿官弁盐粮、马干等项，共支银四千九百九十四两二钱六分四厘八毫二丝五忽八微、饷票一千二百四十九两。查前款系随营防剿管带兵勇，巡查侦探，所需盐粮、马干等项，均照例案支给。理合登明。一、各项练勇、马勇口粮、马干共支钱十六万六千六百八十千九百八十文、饷票二万六千一百两。查前款系随时分派各处防剿，口粮、马干照案支给，应需钱二十二万四千四百五十三千八百文。除支过前项钱文、饷票外，计仍欠发钱五千五百七十二千八百二十文，俟饷项稍充，再行找发。理合登明。一、随营医生、书匠工食、口粮等项，共支银一百十六两七钱九分九厘九毫六丝八忽。查前款系查照成案支给。理合登明。一、采办铁锅、白蜡木、牛烛、芦席、纸张等项，共支银三千八百十两四钱。查前款系随时需用，均按市价核实购办。理合登明。一、制造帐房、旗帜、衣帽、长枪、喷筒、火箭、火罐、铅丸、火药、火绳、弓箭、腰刀等项，共支银二万九千三百八十九两八钱二分四厘四毫六丝七忽三微。查前款系随时添制应用，所需一切工料均照案于例价外酌加三成。其火药一项系查照成案奉准工料价值加工配制，共计应需银三万七千五百二十七两七钱三分三厘二毫九丝六忽三微。除支过前项银两外，计仍欠发银八千一百三十七两九钱八厘八毫二丝九忽，俟饷项稍充，再行找发。理合登明。一、运解宿州支发局军饷银钱车价，共支银一千七百六十两一分九厘二毫三丝七微。查前款系查照例案支给。理合登明。一、随营长车、夫工、马料共支银三千一百九十八千文。查前款系随营运送军火、器械等项，照例案支给夫工、马料钱文。理合登明。一、各项勇丁阵伤养伤共支钱一百千文。查前款系照案分别支给。理合登明。一、配制丸散药料，共支银三百五两四钱六厘。查前款系防剿各兵勇随时需用，均按市价核实购办。理合登明。一、修筑营盘土方，共支银一千六百四十两四钱三分八厘四毫。查前款系移营挑筑，其土方价值照案支给。理合登明。一、各营官弁马干、副销共支银二千三百七十三两六钱、饷票五百九十四两。查前款系照奏准章程，每马一匹日给干银一钱，以例定五分作正开销，其余五分循案归于行兵省份摊补。理合登明。以上开除共银六万六千一百六十两三钱七分一厘九毫七丝四忽七微、钱十八万五十四千七百八十文、饷票共三万四千六百四十六两。一、扣收平余银五百三十八两四钱四分九毫三丝七微。一、支经贴各书工食、纸张、笔墨、灯油等项，共支银四百九十两六钱六分六厘六毫五丝六忽。查前款除照例动用扣存平余银两外，计有用剩银四十七两七钱七分四厘二毫七丝四忽七微，已于新收项下作收支用。至前项制造军火、器械等项内有欠发银两，此次已将平余先行扣收，俟找发前欠，毋庸再扣平余。理合登明。

实在：一、存银二千四百五十一两。一、存饷票三万七千五百二十两。一、存官票一万六千二百八两。一、存宝钞七十五万四千一百三十七千二百五十七文。以上实存各款，均移交徐海道李鸿裔接收造报。理合登明。

欠发项下：一、欠发制造军火、器械等项银八千一百三十七两九钱八厘八毫二丝九忽。一、欠发各勇口粮、马干钱五千五百七十二千八百二十文。查前二款俟饷项稍充，再行找给，专案请销。理合登明。

军机大臣奉旨：览。钦此。[1]

## ○七二　请旌恤江北等处殉难官民折

### 同治五年九月十九日(1866年10月27日)

头品顶戴补授闽浙总督漕运总督臣吴棠跪奏，为续查淮扬、徐海各属，并补查江宁、常州、镇江暨籍隶东省之殉难官民人等，恳恩分别旌恤，恭折奏祈圣鉴事。窃臣前于同治元年、三年节将江北等处殉难之官绅人等查明具奏，均荷天恩分别奖恤，仰见圣朝褒彰义烈、励节劝忠之至意。兹又续查得淮扬、徐海各属并补查江宁、常州、镇江及籍隶东省之殉难人等，共计文武官弁、绅士六十二员名，绅民、练丁七百四十三名，妇女一百五十八口，又军营积劳病故官三员，由各府县造册汇送，并各士民赴局具报禀前来。臣等复加查核，该殉难人等抗节舍生，见危授命，或备团防而成仁取义，或守贞操而誓死靡他。即因病以云亡，亦积劳之可悯！允宜仰邀圣泽，阐发幽光，谨将殉难文武官绅及军营病故之官员缮具清单，恭呈御览，仰乞圣恩，饬部照例分别优恤。其余绅民、妇女人等，人数较多，未便概列单内，现因仍分类汇造清册，咨送军机处查核，并乞恩施，一并饬部旌恤，以彰义节而慰忠魂。所有续查淮扬、徐海各属并补查江宁、常州、镇江暨籍隶东省之殉难官绅人等，恳恩饬部分别旌恤缘由，谨会同署两江总督一等肃毅伯臣李鸿章、护理江苏巡

① 中国第一历史档案馆藏：清单，档案编号：03-4809-102。

抚臣郭柏荫、[1]江苏学政臣鲍源深、[2]合词恭折附驿具奏，伏乞皇太后、皇上圣鉴。再，此外未经查报者，容另确查，续行奏报。合并声明。谨奏。九月十九日。

同治五年九月二十七日，军机大臣奉旨：张于飞等均着照所请，交部分别旌恤。余依议。单并发。钦此。[3]

---

① 郭柏荫（1807—1884），字远堂、弥广，号荫堂，福建侯官人。道光十二年（1832），中式进士，改庶吉士。翌年，授翰林院编修。十五年（1835），充国史馆协修。十七年（1837），选浙江道监察御史。次年，升掌山西道监察御史。十九年（1839），转京畿道监察御史，巡视西城。二十年（1840），授掌京畿道监察御史，旋调刑科给事中。同年，放甘肃甘凉道。二十三年（1843），保以主事用。咸丰三年（1853），在籍会办本省团练，赏四品顶戴，以员外郎选用。七年（1857），补郎中。九年（1859），加三品衔，赏戴花翎。同治元年（1862），赴曾国藩军营差委。次年，授江苏苏松常镇太粮储道。同年，迁江苏按察使，晋二品顶戴。五年（1866），授江苏布政使。是年，护理江苏巡抚。六年（1867），擢广西巡抚。同年，调补湖北巡抚。九年（1870），署湖广总督。十二年（1873），因疾请辞。光绪元年（1875），回籍。次年，主鳌峰书院讲席。十年（1884），卒于籍。著有《嘐嘐言》、《天开图画楼文稿》等。

② 鲍源深（1812—1884），字邃川，号花潭、穆堂、华潭、淡庵，安徽和县人。道光十七年（1837），拔贡。二十六年（1846），中式举人。二十七年（1847），中式进士，改庶吉士。三十年（1850），散馆，授翰林院编修。同年，补国史馆协修、纂修官。咸丰二年（1852），充顺天乡试同考官。三年（1853），任翰林院撰文、教习庶吉士、实录馆纂修。四年（1854），放贵州学政。九年（1859），充上书房行走，补文渊阁校理。同年，任磨勘顺天各省乡试试卷官。十年（1860），署日讲起居注官，充磨勘会试试卷官。同治元年（1862），授日讲起居注官、文宗显皇帝实录馆纂修官。是年，放广西学政，旋升侍讲、右庶子，迁侍讲学士。二年（1863），补翰林院侍读学士。翌年，授大理寺卿。四年（1865），入直上书房。五年（1866），简授江苏学政。同年，调都察院左副都御史。次年，充江南乡试监临官。七年（1868），兼署礼部右侍郎。是年，任考试大臣，调工部右侍郎兼管钱法堂事务，兼署礼部右侍郎。同年，授工部左侍郎，兼礼部左侍郎。九年（1970），兼署吏部右侍郎。同年，授顺天学政。十年（1871），调兵部右侍郎，旋补户部右侍郎兼管钱法堂事务。同年，放山西巡抚，兼提督盐政，节制太原城守尉。光绪元年（1875），辞官归里。十年（1884），卒于籍。有《补竹轩诗文稿》、《题图小品》、《偏庐诗草》等梓行。

③ 中国第一历史档案馆藏：军机录副，档案编号：03-4684-039。

## 〇七三　呈续查各属阵亡、殉难清单

### 同治五年九月十九日(1866年10月27日)

谨将续查江北淮扬徐海等属阵亡、殉难文武绅士及随同殉难眷属人等，并军营立功后病故二员，[①]缮具清单，恭呈御览。计开：候选从九品张于飞，查该员在本籍清河县涧桥镇，于咸丰十年二月带练击贼，力战阵亡。理合登明。从九品衔丁业璜、从九品衔丁业瑛、文生丁业琛，查该职员等在本籍清河县境，于咸丰十年二月率兄弟子侄并团练数十人，击贼阵亡。理合登明。贡生章自强，查该生系清河县人，咸丰十年二月，贼至清邑，携妻马氏骂贼殉难。理合登明。文生曹守清，查该生本籍清河县境，于咸丰十年二月带练击贼，接仗受伤，力竭阵亡。理合登明。监生王振扬，查该生本籍清河县境，于咸丰十年二月击贼被害，其妻胡氏亦同时被杀。理合登明。主簿衔王廷彦、文生蒋利遂、监生卢爱堂，查该员等在本籍清河县境，于咸丰十一年六月遇贼不屈被害。理合登明。从九品衔王临春、王增，查该员等在本籍清河县境，于咸丰十一年六月率领乡团击贼，力竭阵亡。理合登明。武举张宝珍，查该武举在本籍清河县境，于同治元年正月带练力战阵亡。其长子穆之、次子辅之、三子聘之、长媳靳氏携幼子、次媳周氏，先后殉难。理合登明。从九品衔朱瑄如、汤慕杰、监生汪廷栋、王镛，查该职员等在本籍清河县境，于同治元年正月遇贼不屈被害。理合登明。监生杜湘、杜九成，查该生等在本籍清

① 据内容及主折应为三员。

河县境，于同治元年正月率领乡团与贼接仗，力竭阵亡。理合登明。文生郑宝，查该员系清河县人，同治元年正月，贼至清邑。率眷属三口，阖门殉难。理合登明。从九品衔王应儒，查该职员系武进县人，于咸丰十一年六月贼至清河县境，会率练丁击贼，力竭阵亡。理合登明。前睢南营协防李锦成，查该弁于咸丰十年正月，会率练丁，遇贼接仗，力竭阵亡。理合登明。文生张弼堂、马芹藻，查该生等在本籍桃源县境，咸丰十年正月带练剿贼，力竭阵亡。理合登明。武生邱名元，查该生在本籍桃源县，于咸丰十年正月带练守河，与贼接仗，力竭阵亡。其母时氏及弟妇陈氏并二女二侄，亦同时殉难。理合登明。文生孙曙林、陈润身，查该员等在本籍桃源县境，于咸丰十年正月带练守河，与贼接仗，力竭阵亡。理合登明。文生丁艺醇，查该生在本籍桃源县境，于咸丰十年二月带练遇贼接仗，力竭阵亡。理合登明。监生田春华、文生杨逢春，查该生等在本籍桃源县境，于咸丰十年带练防守成子河，击贼接仗，力竭阵亡。理合登明。监生葛明道，查该生在本籍桃源县境，于咸丰十年带练守城，击贼接仗，力竭阵亡，并阖家眷属九口投河殉难。理合登明。武生王东璧，查该生在本籍桃源县境，于同治元年带练击贼，接仗被围，力竭阵亡。理合登明。从九李如辕、监生张青选、李步纲、吴启贵，查该职等在本籍海州境，于同治四年三月带练剿贼阵亡。理合登明。举人钱淮，查该举人于咸丰三年扬城失陷，同父廪贡生嗣远、兄廪监生法，率家属男妇十数口，同时殉难。理合登明。增生赵永濂，查该生在本籍江都县境，于咸丰三年遇贼殉难。理合登明。文生蒯征时，查该生在本籍江都县，于同治三年二月城陷，偕妻毕氏同时遇难。理合登明。从九品衔胡炳仁，查该职员在本籍江都县境，于咸丰六年三月督团御贼阵亡，其妻龚氏骂贼被戕。理合登明。布理问衔王家翰、廪监生陈寿文、文生谢绍瑗、监生焦棣园，查该职员等在本籍甘泉县，于咸丰三年城陷殉难。理合登明。文生巫文瑛，查该生在本籍甘泉县，于咸丰三年城陷，率子宜勖、媳张氏，阖门殉难。理合登明。武生龚长泰，查该生在本籍甘泉县，于咸丰三年城陷，与贼战亡。理合登明。议叙八品孙永年、从九品衔孙永瑞、廪生李绳斌，查该职员等在本籍甘泉县，于咸丰八年城陷不屈，骂贼殉难。理合登明。文生王僧保，查该生系仪征县人，于咸丰三年在甘泉县城遇贼被害，其妻周氏、子文生建和、孙积厚，亦同时殉难。理合登明。捐职州同徐璋，查该职员在本籍仪征县境，于咸丰八年九月带练击贼，力竭阵亡。理合登明。议叙从九品沈钰，查该职员在本籍仪征县，于咸丰八年八月遇贼，与堂兄铨同时骂贼被杀。理合登明。捐职从九品陆昌，查该职员在本籍仪征县境，于咸丰九年十月遇贼殉难。理合登明。监生李志元，查该生在本籍仪征县，于咸丰六年三月带练遇贼，城陷被杀，其女亦同时殉难。理合登明。文生赵含章，查该生在本籍仪征县，于咸丰八年九月带练击贼被害。理合登明。监生张铃，查该生在本籍仪征县，于咸丰九年四月骂贼被戕。理合登明。职员李宗尧，查该职员在本籍仪征县，于咸丰十一年骂贼被戕。理合登明。廪生徐春舫，查该生系浙江上虞县人，于咸丰三年在仪征县幕中遇贼被害。其妻王氏率子徐梁并二女，全家自焚殉节。理合登明。江藩司典史顾宝善、侄文童顾侣俦，查该吏苏州元和县人，寄居江宁。咸丰三年二月，谕派团练守城，该吏率侄顾侣俦并仆张贵，带练防御。贼至，同时被害。理合登明。州同衔江苏试用府知事张渠，查该员直隶大兴县人,祖籍浙江山阴县人。咸丰六年三月初一日,随同扬州府世荣在城防堵。发贼拥至,该员率勇冲杀,被贼刀伤殒命。理合登明。候选卫千总魏学陶,查该千总系浙江余姚县人,于咸丰三年在扬州城遇贼殉难。理合登明。以上阵亡、殉难文武绅士共六十二员名。

同知用江苏候补知县马炳文,查该员系直隶东光县人,由南河候补从九品调徐州行营,当差十载,随征三省,因积劳成疾,于同治四年二月在徐州防次病故,照依五品官军营立功后病故例相符。理合登明。提举衔两淮候补盐经历周作钧,查该员系浙江乌城县人,自咸丰八年调江北军营当差,从戎九载,颇著勤劳,因积劳成疾,于同治五年正月在清江营次病故,照依五品官军营立功后病故例相符。理合登明。五品衔升用县丞仪征县旧江司巡检王灿,查该员系浙江山阴县人,咸丰九年到任,邻境天长、六合未复,贼常窜扰。该员不避艰险,率练随时击退,严防五载,民业借安。讵意积劳致疾,同治三年七月十三日,在任病故,照依五品官军营立功后病故例相符。理合登明。以上军营立功后病故三员名。

军机大臣奉旨:览。钦此。[①]

## 〇七四　请于徐州捐建王梦龄专祠折

### 同治五年九月十九日(1866年10月27日)

头品顶戴补授闽浙总督漕运总督臣吴棠跪奏,为徐属绅民以

---

① 中国第一历史档案馆藏:清单,档案编号:03-4685-013。此清单未署具呈者,具呈日期亦未确。兹据内容判定其为档案编号03-4684-039折之附件。

已故大员功德在民，吁请捐建专祠，查明实有政绩，恭折奏恳天恩事。窃臣接阅邸抄，钦奉上谕：御史汪朝棨奏，闻江苏徐州绅民向漕运总督衙门请为已故前任江宁布政使候补五品京堂王梦龄建祠，日久未奏等语。着漕运总督查明该故员从前是否实有政绩，及徐州绅民曾否为该故员恳请建祠之处，据实具奏。钦此。遵查本年春间，据徐州府属在籍前庶吉士直隶候补知府段广瀛、举人王宗琦、知府衔严良玨、东河候补通判徐毓朴、河南候补知县张爱基、张达、五品衔张永照、贡生王会瀛、廪生徐志清、增生侯启文等禀称：前署漕运总督已故江宁布政使候补五品京堂王梦龄，于咸丰元年莅任徐道，正值水灾之后继以兵燹，民情岌岌，有如倒悬，幸赖首办赈抚，继筹兵饷，创行团练，修筑城圩，备求战守之方，为坚壁清野之计，是以发、捻频窥，闻风宵遁。捻氛近扰，无隙可乘，徐郡城民得以保全无恙，迄今遵守不易，民到于今受其赐。至于勤政爱民，兴利除弊以及捐廉施济，惠及穷檐，鞫谳公明，案无冤狱，此尤共闻共见者。功在民生，报宜崇祀，公请奏恳恩准建祠等情。臣查王梦龄任徐十载，正当发、捻交乘，该故员议剿筹防，修城筑寨，俾民心得以固结，获保安全，至今徐郡城乡得以守御有资者，尚赖其诫谕经营之力。该绅民等报功崇德，实属出于至诚。前据具禀请奏前来，臣又按照所呈，复加确访，以期核实。正在查明具奏间，钦奉前因，理合据实奏陈，可否仰恳天恩，俯如所请，准于徐州地方由绅民等捐建王梦龄专祠之处，出自逾格鸿慈。为此恭折具陈，伏乞皇太后、皇上圣鉴。谨奏。九月十九日。

同治五年九月二十七日，军机大臣奉旨：钦此。[1]

① 中国第一历史档案馆藏：军机录副，档案编号：03-4674-025。

【案】此折于是年九月二十七日得允行：

同治五年九月二十七日，内阁奉上谕：吴棠奏，已故大员功德在民，恳请捐建专祠一折。前署漕运总督已故江宁布政使候补五品京堂王梦龄，于咸丰年间在徐州地方，当发、捻交乘之际，修城筑寨，力为堵御，俾徐郡得以保全。既据该绅民等恳请专祠致祭，自应俯如所请，着准其于徐州地方捐建王梦龄专祠，以顺舆情。钦此。[①]

## 〇七五　清淮防剿出力人员请奖片

### 同治五年九月十九日(1866年10月27日)

再，臣前于五月初三日奏报清淮防剿折内，声明水陆员弁并各属练董在事出力，钦奉上谕：着准由吴棠择尤存记，汇案保奖，毋许冒滥等因。钦此。仰见圣慈广被，鼓励戎行，传谕三军，欢声雷动。查清淮一防，控扼运、黄，界连东、皖，捻氛出没，一岁数警，幸圣主天威，在防水陆文武员弁以及各州县官绅练董无不踊跃用命，且战且守。数载以来，虽狂寇压境，屡濒于危，而率能化险为夷，俾里下河十数州邑晏然，不见兵革。臣以菲材受兹重寄，当军事孔亟之际，频年规画，幸免疏虞，无非上禀宸谟，下资群力。此次各股捻匪悉数东趋，骎骎有扑运之势，臣激励兵练，同心协力，严扼河防，现幸铭字等军于郓、巨一带连获胜仗，贼已败向西窜，由归德扰及颍州。各军亦跟踪追剿，运防稍松。臣交

① 中国第一历史档案馆编：《咸丰同治两朝上谕档》，第16册，第265页。

卸在即，未便没将士等前日之劳，合无仰恳天恩，俯准将清淮军营历年在事文武员弁暨各属官绅练董，择其尤为出力者，汇叙成劳，分别开单，请旨给奖，以广皇仁而作士气。是否有当，理合附片具陈，伏乞圣鉴训示。谨奏。

同治五年九月二十七日，军机大臣奉旨：着准其择尤保奏，毋许冒滥。钦此。①

## ○七六　请将同知衔鲍抡弼改奖片

### 同治五年九月十九日(1866年10月27日)

再，臣于同治三年间奏保团练出力官绅一案，嗣准部咨，饬查各该员到营任事日期，当经查明各该员在差均已十年之久。并查有原保折内四品封典同知衔鲍抡弼，原请漏叙四品封典，又中书科中书衔附贡生卢金台，原请声叙附生，漏叙中书科中书衔。拟请将鲍抡弼改奖三品衔，卢金台改奖同知衔，咨覆吏部在案。兹准部咨，应由臣奏明核办，理合附片陈恳，合无仰恳天恩，俯准饬部核议给奖，以示鼓励，出自鸿施。伏乞圣鉴。谨奏。

同治五年九月二十七日，军机大臣奉旨：着照所请，该部知道。钦此。②

---

① 中国第一历史档案馆藏：军机录副，档案编号：03-4723-063。此片具奏日期未确，兹据同批折件校正。

② 中国第一历史档案馆藏：军机录副，档案编号：03-4625-125。此片具奏日期未确，兹据同批折件校正。

## 〇七七　核销摊补各营马干银两片

### 同治五年九月十九日(1866年10月27日)

再,江北调用本省、外省各营官兵应支马干一项,曾经前署臣福济、[1]前河臣杨以增会同奏准,每马一匹日给干银一钱,以资喂养,以例定五分作正开销,其余五分俟事竣后,归于行兵省份摊补等因。查江北筹防局支过副销五分马干银两系动用正款,历次造销在案。至徐州分局自咸丰四年五月与安徽粮台划分之日起至同治四年五月止副销五分马干银两,因无正款,系将徐属各州县漕米

---

① 福济(?—1875),字元修,必录氏,满洲镶白旗人,优贡。道光十一年(1831),中式举人。十三年(1833),中式进士,改翰林院庶吉士。十五年(1835),补翰林院编修、国史馆纂修、功臣馆提调。同年,升侍讲,授文渊阁校理。翌年,任日讲起居注官。十七年(1837),授翰林院侍读。十八年(1838),迁侍讲学士。十九年(1839),补翰林院侍读学士、咸安宫总裁、少詹事。同年,充河南乡试正考官。二十三年(1843),署国子监祭酒,补大理寺卿。同年,任考试汉荫生阅卷大臣。二十四年(1844),调都察院左副都御史,充顺天乡试监临官。是年,授盛京兵部侍郎,转兵部右侍郎。二十五年(1845),补镶白旗蒙古副都统、总管内务府大臣、工部右侍郎兼管钱法堂事务。同年,充会试考试、阅卷大臣、教习庶吉士。二十六年(1846),署户部左侍郎,兼管三库事务。同年,授右翼总兵,补吏部右侍郎、正蓝旗满洲副都统、崇文门副监督。二十七年(1847),署户部右侍郎兼管钱法堂事务,充会试副考官。二十八年(1848),署管理户部三库事务大臣,授经筵讲官。同年,补户部右侍郎兼管钱法堂事务。二十九年(1849),授正白旗护军统领、江南乡试正考官、实录馆副总裁、左翼总兵、稽查内七仓大臣、右翼监督。是年,放山东按察使。咸丰元年(1851),署山东布政使。二年(1852),补奉天府府尹。同年,擢河东河道总督。三年(1853),调补漕运总督,转安徽巡抚,加太子少保。八年(1858),补内阁学士,兼礼部侍郎衔。同年,授西宁办事大臣。十年(1860),调工部左侍郎,署陕甘总督。十一年(1861),授成都将军。是年,调补云贵总督。同治六年(1867),任头等侍卫,调科布多帮办大臣。七年(1868),任布伦托海办事大臣。八年(1869),授乌里雅苏台将军。九年(1870),因乌里雅苏台失陷褫职。十二年(1873),捐银助赈开复原衔。光绪元年(1875),卒于旗。

加价及湖田价租两项支用。彼时因徐属漕米变价每石原奏银一两二钱，已入军需正款收销，嗣照江北粮台章程，每石加银二钱，未经详奏，又湖田地价岁租亦未定案，是以统归副销马干动用，迄未作正开销。经各前道造册，详送臣衙门备查，并据声明动用前项银钱均未筹摊归补、各清各款在案。兹查徐局副销马干一款，已照清淮章程于正款内开支，湖租一项业经奏明给照，应行列收。徐属各州县漕米变价每石加提银二钱，亦应归入正销案收销。所有徐州善后局同治四年五月十一日起至五年三月初六日止收过漕米加价及湖田地租并支应各营官弁马干银两，一律循案归入军需案内作正开销。至各前任所收湖租及漕米变价加提银两，均系抵支副销马干，应仍俟军务告竣、归于行兵省份摊补后，再行清出归款，据直隶按察使张树声详请随案附奏前来。臣覆查无异。相应附片陈明，伏乞圣鉴。谨奏。

同治五年九月二十七日，军机大臣奉旨：知道了。钦此。[①]

## 〇七八　请准徐局收捐饷票仍照旧章核奖片

### 同治五年九月十九日(1866年10月27日)

再，徐州粮台前以饷需支绌，并因疏通饷票，奏准以现银、宝钞各半收捐，暨以饷票全数上兑，并经前督办军务云南提督臣傅振邦奏准，照筹饷例常例减二成后递减一成交纳，由徐州道径行达部。嗣经奏改粮台为善后局，亦仍循照办理各在案。兹臣接据部咨：覆

---

① 中国第一历史档案馆藏：军机录副，档案编号：03-4809-096。此片具奏日期未确，兹据同批折件校正。

核升任徐海道张树声达部之第二十案捐输文内，以徐州粮台已于同治四年正月十九日改为善后局，既照清淮捐局章程专收实银，自不得再收饷票。但此案既据该道咨呈请奖，此次姑准核办。惟查送到收捐饷票册内，系属全收饷票，仍照例减二成后再减一成，未免太滥，应令按照苏省、皖省收捐饷票成案，无论实职、虚衔、封典、级记，照例定银数请奖，不准减成。嗣后凡捐实职等项照例减二成，封典等项照例减四成，以一半实银一半宝钞，折银收捐等因。臣细绎部咨，系为慎重收捐起见，自应遵照办理。惟查徐州界连东、豫，为捻踪常扰之区，筹饷之难，甲于他处。是以前督办军务臣傅振邦奏准，照筹饷例常例减二成后递减一成收捐，并以豫省协饷前以饷票抵解，不得不设法疏通，因即以全数饷票收捐，均系万不得已而奏明准办也。上年奏改粮台为善后局，而应发防饷仍由该局支给，是虽无粮台之名，仍与粮台无异。现在捻氛尚炽，屡迫徐疆，协饷既无，厘捐又复减色，全赖此收捐接济，以为缓急之资。今若骤改章程，则捐生怀疑裹足，势所必然，且升任徐海道张树声任内报部之第二十、二十一两案均在未奉新章之前收捐造报，更难于经年数月之后饬令捐生补足。至于徐州所收之饷票，系豫省抵解协饷，与别营之自发饷票找欠者不同，以后应否收捐，应以有无搭发为断。据升任徐海道现任直隶按察使张树声、现任徐海道李鸿裔，禀请沥情具奏前来。惟有仰恳天恩，准将徐州善后局第二十、二十一两案收捐饷票，仍照旧章减成核奖，嗣后如再收捐，遵奉新章，按照例定银数，不准减成。其银钞各半捐输，仍照奏准章程，按例银减二成后递减一成核奖，以资招徕而资军食。臣为徐防饷绌起见，是否有当，伏乞圣鉴训示。谨奏。

同治五年九月二十七日，军机大臣奉旨：户部议奏。钦此。[①]

## ○七九　历年动用驳船造费请作正开销片

**同治五年九月十九日(1866年10月27日)**

再，案查咸丰十年五月间，清淮防剿吃紧，需饷孔殷，经前署漕臣王梦龄动用山东粮道解存六年驳船造费银一千五百十六两九钱四分八厘。同治元年春间，臣因饷需缺乏，复动用各粮道解存前项银一千二百零四两二钱八分一厘五毫三丝三忽，均经汇入清淮军需造销，开单奏报在案。嗣准部咨：驳船造费应如数归还，解部交纳等因。饬据清淮报销局详称，无款归还，恳请附奏作正开销前来。臣查清淮饷无来源，数年以来，每值防剿吃紧，俱系百计掘罗，勉为支应，所有两次动用前项银两，委属无款归还，合无仰恳天恩，准将前署漕臣王梦龄及臣任内动用驳船造费银两，一并作正开销，以后不复动用，出自逾格鸿施。相应附片陈请，伏乞圣鉴。谨奏。

同治五年九月二十七日，军机大臣奉旨：户部议奏。钦此。[②]

## ○八○　奏报湖河水势渐消筹堵各坝折

**同治五年十月初六日(1866年11月12日)**

头品顶戴补授闽浙总督漕运总督臣吴棠跪奏，为节逾霜降，

---

① 中国第一历史档案馆藏：军机录副，档案编号：03-4809-097。此片具奏日期未确，兹据同批折件校正。

② 中国第一历史档案馆藏：军机录副，档案编号：03-4809-095。此片具奏日期未确，兹据同批折件校正。

湖河水势递消，赶筹堵筑各坝河情形，恭折具陈，仰祈圣鉴事。窃查本年六月下旬清水潭堤工漫溢后，上游河水掣消甚缓，而湖水仍积涨不消，实为从来未见、未闻之异涨，加以秋汛，风暴时作，鼓浪掀腾，致将埝圩石工未砌段落溃刷宽深，大堤旧制十五丈，今塌存四五丈不等，仅恃一缕子埝抵御万顷波涛，情形危险已极。节饬厅委等督汛，赶紧捞取大石，分段搂护，并多用碎石压护被掣各坝埽戗，暂救燃眉。其里河石工头撑堤等处，因涨水浸泡日多，串漏较甚，随时赶做帘埽，帮筑裹戗，抢护两日之久，始皆化险为平。目下霜清节届，湖河水势均已逐渐递消。转瞬立冬，又虞浅滩，现饬道厅赶将前启宿迁之刘老涧滚坝、山盱之礼字河越坝，分别堵筑收束，以资蓄潴，不独盐课税厘及转运军火可免阻滞之虞，且拦截湖源，于清水潭诸工尤有裨益。迤下高邮车、南两坝石脊均不过水，应缓至诸工合龙时，察看水势情形，再行堵闭。兹查漫口溜已平缓，西堤南北两头及中间石工全行涸露，经派员赶筑坝基，俟正杂各料集有四五分数，即行接进埽□，克期堵合，应不误来岁春耕。至邮工善后及应修湖运残破堤工，俱宜未雨绸缪，次第经画。臣交卸在即，统俟漕臣张之万到任，逐细督勘，会同署督臣李鸿章随时筹款发办，以固汛守而卫民生。所有节逾霜降、湖河水势递消、筹堵各坝河情形，理合缮折具陈，伏乞皇太后、皇上圣鉴。谨奏。十月初六日。

同治五年十月十二日，军机大臣奉旨：知道了。钦此。[①]

---

① 中国第一历史档案馆藏：军机录副，档案编号：03-9622-042。

# ○八一　清淮捐局续捐各数并请奖叙折

## 同治五年十月初六日(1866年11月12日)

头品顶戴补授闽浙总督漕运总督臣吴棠跪奏，为清淮捐局续收捐输银、钱、宝钞各数，分缮清单请奖，仰祈圣鉴事。窃前准户部咨：粮台收捐照筹饷例及常例银数酌减十分之二，以抵其运解之费。嗣经前河臣奏准以钱一千六百文作银一两，给予奖叙，并饬委员分赴各州县，会同地方官多方劝谕，遵照部定章程，钱、钞各半交纳，叠经奏蒙恩奖。同治三年二月以来，清淮银价日落，每两仅易制钱一千四百文有零，核与奉准以钱合银未免悬殊。复经臣奏准改为银、钞各半交纳，其有愿以钱、钞交纳者，仍听其便，并以近来捐生无从购钞，随时量力变通，于四年四月间附陈，经户部核议，奏准以钞一千折银一钱征收各在案。兹据委管捐局按察使衔记名盐运使李元华、按察使衔署淮扬道刘咸册报：捐生颜钟光等一百八十六名，共捐银一万零一百四十三两、制钱四千三百九十七千文、宝钞二万四千六百八十三千文，遵照户部定章，折收实银二千四百六十八两三钱。又，因清淮军需支绌，节经委员在外劝收捐生张树玉等六名，情愿照章全缴实银二万零九百九十九两二钱，并不搭钞，详请奏奖前来。臣覆核无异。除将捐生履历各册咨部查核外，理合分缮清单，恭呈御览，伏候恩施。至填给执照各捐生，已于册内注明。其余未经给照者，仰恳敕部迅即覆核，颁发执照来浦，以便给领而昭激劝。为此恭折具奏，伏乞皇太后、皇上圣鉴。谨奏。十月初六日。

同治五年十月十二日，军机大臣奉旨：户部核议具奏，单二件并发。钦此。[①]

## ○八二 呈清淮捐局捐输衔名、银数清单

### 同治五年十月初六日(1866年11月12日)

谨将清淮捐局续收捐输衔名、银钱数目,缮具清单,恭呈御览。颜钟光,广东人,由同知衔分缺先用通判捐银三千一百四两,拟请以同知不论双单月选用。边汝为,江苏人,由理问衔分发山东县丞,除原衔抵银外,今捐银二千二百四两,拟请以通判不论双单月选用。边汝为由不论双单月选用通判捐银四百二十八两,拟请给予盐提举升衔。叶汝楫,江苏人,由盐提举衔分发安徽州同捐银五百六十五两,拟请免其赴部验看。李师濂,河南人,由同知衔署上元县知县捐银一百二十六两,拟请给予加一级。熊文策,江西人,由盐提举升衔分发两淮盐运司经历捐银三百九十六两,拟请免其赴部验看。马长源,奉天人,由分发两淮盐运司经历捐银三百九十六两,拟请免其赴部验看。马文翰,山东人,由分发两淮盐运司知事捐银二百七十八两,拟请免其赴部验看。吴鞭,顺天人,由分发两淮盐巡检捐银一百四十四两,拟请以训导不论双单月选用。谢涛,顺天人,由分发两淮盐巡检捐银一百九十五两,拟请免其赴部验看。胡恩溥,浙江人,由不论双单月选用从九品捐银六十一两,拟请以盐巡检不论双单月选用。许庆埏,浙江监生,捐银二百二两,拟请以从九品不论双单月选用。华森,江苏监生,捐银八百四十两,拟请给予大理寺评

---

① 中国第一历史档案馆藏:军机录副,档案编号:03-4908-064。

事职衔，给伊父母并本身妻室正七品封典。丁莲，江苏人，由同知职衔捐银二千五百九十九两，拟请给予道员职衔。王如蓉，江苏人，由同知职衔捐银三百二十两，拟请给伊嫡母正五品封典。庄学增，江苏监生，捐银一千三百六十两，拟请给予州同职衔加二级，给伊父母并本身妻室从五品封典。朱拱辰，江苏监生，捐银二百四十两，拟请给予布政司理问职衔。孙殿魁，山东人，由卫千总职衔捐银二百八十两，拟请给予卫守备职衔。秦尔焜，安徽廪生，捐银八十八两，拟请作为廪贡生。黄培元，江苏附生；吴炳仁，安徽附生。以上二名各捐银一百十六两，拟请均作为附贡生。芮序乾，江苏附生，捐银七十二两，拟请作为附监生。许庆埏，浙江人；张德绵，江苏人。以上二名均由从九品职衔捐银二十四两，拟请均作为监生。王鲤门等三十八名，均由俊秀各捐银八十八两，拟请均作为监生。仲洛书等四十六名，均由俊秀各捐银六十四两，拟请均给予从九品职衔。徐立言等二十名，均由俊秀各捐钱一百四十一千文，拟请均作为监生。崇百余等五十八名，均由俊秀各捐钱一百三千文，拟请均给予从九品职衔。

统共捐生一百八十六名，共捐银二万零二百八十六两，内银一万零一百四十三两、宝钞二万零二百八十六千文。又捐钱八千七百九十四千文，内制钱四千三百九十七千文，宝钞四千三百九十七千文，照户部定章，每钞一千折银一钱，共折收银二千四百六十八两三钱。

军机大臣奉旨：览。钦此。[①]

① 中国第一历史档案馆藏：清单，档案编号：03-4908-065。

## 〇八三 呈清淮捐局捐输衔名、实银数目清单

### 同治五年十月初六日(1866年11月12日)

谨将清淮捐局捐输衔名、实银数目,缮具清单,恭呈御览。

张树玉、张云端、张云路,以上三名均系安徽附生,各捐银五千八百七十五两二钱,拟请均作为附贡生,以员外郎不论双单月选用。

王椿荫,顺天人,祖籍广东,由盐提举衔江苏尽先补用知县前在徐州粮台捐银一千两,尚未请奖,归并积算,今再捐银二千五百两,先后共捐银三千五百两,拟请赏戴蓝翎。

吴檠,安徽人,由同知衔加一级捐银六百七十二两,拟请给予本身妻室从四品封典。

王廷勋,江苏监生,捐银二百一两六钱,拟请以从九品不论双单月选用。以上捐生六名,共捐实银二万零九百九十九两二钱。

军机大臣奉旨:览。钦此。[1]

## 〇八四 试行河运京米脚价等款报销折

### 同治五年十月初六日(1866年11月12日)

头品顶戴补授闽浙总督漕运总督臣吴棠跪奏,为查明试行河

---

① 中国第一历史档案馆藏:清单,档案编号:03-4908-066。

运京仓米石，动用脚价等款，缮具清单报销，恭折奏祈圣鉴事。窃臣前以东南军务大定，虑及河运废弛，于同治三年二月间奏请于清淮军需款内竭力节省，采购米三万石，试行河运，仰蒙俞准。随经酌议章程，除买米按照市价开报、水脚按照石数给发外，所有闸坝纤挽等项，拟请事竣后，核实造报，奏蒙饬部妥议，覆准遵办在案。查此项试运米石，于同治四年八月二十九日在通仓交纳完竣，计交仓正米三万石、耗米六百石、余米九百五十石二斗二升五合，又船耗米三百九十石五升一合二勺五抄。通计购米三万一千八百十四石一斗七升六合二勺五抄。兹饬据现署淮扬道刘咸将动用米价、运脚等款核实造报前来，共计支用银十一万八千一百十九两一钱一分二厘。臣按册覆核，均属相符。伏查此案雇船河运，事属试行，且江、东两省河道已停运有年，处处浅滞，纤挽起驳之费，势不能省，经臣严饬在事各员务期用所当用，固不得因节省误公，更不准稍有浮费。臣前于署督臣李鸿章于用款未经截数时，约略合计每石运脚经费等项，共须二两数钱，加以购米价值约总需银四两以外。现除船耗已交仓，正耗、余米通盘核算，每米一石，计脚价等项仅只三两七钱有奇，委系实用实销，并无丝毫浮冒。理合缮具简明清单，恭呈御览，仰恳天恩俯念事属创始，款系实支，并无成案可循，饬部照数准销，以清案款。除造具收支细册咨部外，为此恭折具陈，伏乞皇太后、皇上圣鉴。谨奏。十月初六日。

同治五年十月十二日，军机大臣奉旨：户部知道。单并发。钦此。[①]

---

① 中国第一历史档案馆藏：军机录副，档案编号：03-4864-074。

## ○八五　呈试行河运购米价等项清单

### 同治五年十月初六日(1866年11月12日)

谨将试行河运购米价、脚等项，缮具四柱清单，恭呈御览。

计开：旧管：无。

新收：一、动用清淮军需项下银十一万八千一百十九两八钱八分二厘。

开除：一、采买米三万一千八百十四石一斗七升六合二勺五抄，共用银七万六千三百五十四两二分三厘。一、前项米石运脚银一万九千八十八两五钱六厘。一、沿途加添短纤并遇浅添雇驳船，价银一万三千七百六十一两八钱六分五厘。一、通仓经纪个儿钱，银六百两。一、坐粮厅书吏茶果银三百九十两五钱八分八厘。一、米船回空浅阻东境黄河以北，两次接济船户、头舵口粮银二千一百两。一、总局押运、攒催各员弁薪水并书识饭食等银五千八百二十四两九钱。以上共支银十一万八千一百十九两八钱八分二厘。

实存：无。

军机大臣奉旨：览。钦此。①

## ○八六　奏报候补县丞万堪等员改奖片

### 同治五年十月初六日(1866年11月12日)

再，臣前于本年奏保创办清江城工出力各员内，知县用候补

---

① 中国第一历史档案馆藏：清单，档案编号：03-4864-097。此清单未署具呈者，具呈日期亦未确。兹据内容等判定其为档案编号03-4864-074号折之附件。

县丞万堪，请免补本班，以知县用；试用从九品杨畴，请不论班次，遇缺即补；指分河南未入流王成，请俟到省后，不论班次，尽先补用。现准部咨，以原保与例不符，行令另核请奖等因。自应遵照办理。拟请将知县用江苏候补县丞万堪改请赏加知州衔；江苏试用从九品杨畴，指分河南未入流王成均改奖各归本班，尽先补用。相应奏恳天恩俯准给奖，以示鼓励。谨附片具陈，伏乞圣鉴。谨奏。

同治五年十月十二日，军机大臣奉旨：万堪等均着照所请改奖。吏部知道。钦此。①

## ○八七　淮扬道吴世熊服满给咨引见片

### 同治五年十月初六日（1866年11月12日）

再，臣仰承恩命，以漕督兼管江北地方事宜，于属员之贤否，随时留心考察，节将庸劣之员奏参在案。而于可用之才，诚恐知之未深，未敢有所荐举。兹查有丁忧按察使衔前江苏淮扬道吴世熊，现年四十九岁，浙江监生，由捐纳州同洊升道员。该员才识练达，吏事精勤。同治元年，臣奉命驻扎清江浦，其时诸务草创，又值捻氛逼近，一切备圩备城，筹防筹饷，悉倚该员尽心擘画，得资臂助。上年，该员任淮扬道时正值湖河异涨，督率厅员汛弁，奔驰抢护，得保安澜。即创办试行河运，一切筹定章程，亦深资其赞助之力。前代理江宁布政使，并办扬镇水陆粮台，勾稽

① 中国第一历史档案馆藏：军机录副，档案编号：03-4625-182。此片具奏日期未确，兹据同批折件校正。

详慎，措置裕如，实为司道中出色之员。现在丁降服忧，来春即届服满，可否饬下浙江抚臣马新贻，俟该员服阕后，即行给咨送部带领引见，以备简用之处，出自圣裁。臣为人才起见，谨附片保奏，伏乞圣鉴。谨奏。

同治五年十月十二日，军机大臣奉旨：钦此。[①]

【案】此片于是年十月十二日得允行：

同治五年十月十二日，内阁奉上谕：吴棠奏保丁忧按察使衔前江苏淮扬道吴世熊，才识练达，吏事精勤，实为司道中出色之员，请饬送部引见等语。吴世熊着俟服阕后由马新贻给咨送部引见，候旨简用。钦此。[②]

## ○八八　奏报清淮捐局续收银钱请奖折

### 同治五年十月十八日(1866年11月24日)

头品顶戴补授闽浙总督漕运总督臣吴棠跪奏，为清淮捐局续收捐输银钞各数，缮具清单请奖，仰祈圣鉴事。窃前准户部咨：粮台收捐照筹饷例及常例银数酌减十分之二，以抵其运解之费。嗣经前河臣奏准以钱一千六百文作银一两，给予奖叙，并饬委员分赴各州县，会同地方官多方劝谕，遵照部定章程，钱钞各半交纳，叠经奏蒙恩奖。同治三年二月以来，清淮银价日落，每两仅易制钱一千四百文有零，核与奏准以钱合银未免悬殊，复经臣奏准改为银钞各

① 中国第一历史档案馆藏：军机录副，档案编号：03-4625-180。

② 中国第一历史档案馆编：《咸丰同治两朝上谕档》，第16册，第276页；《穆宗毅皇帝实录(五)》，卷一百八十六，同治五年十月上，第340—341页。

半交纳，并以近来捐生无从购钞，随时量力变通，于四年四月间附陈，经户部核议，奏准以钞一千折银一钱搭收各在案。兹据委管捐局按察使衔记名盐运使李元华、按察使衔署淮扬道刘咸册报：捐生陈熉奎等六十五名，共捐银二万三千二百六十两，宝钞三万九千五百二十千文，遵照部定章程，折收实银三千九百五十二两，详请奏奖前来。臣覆核无异。除将捐生履历清册咨部查核外，理合缮具清单，恭呈御览，伏候恩施。至填给执照各捐生，已于册内注明。其未经给照者，仰恳敕部迅即覆核，颁发执照来浦，以便给领而昭激劝。为此恭折具陈，伏乞皇太后、皇上圣鉴。谨奏。十月十八日。

同治五年十月二十五日，军机大臣奉旨：户部核议具奏。单并发。钦此。[①]

## 〇八九　呈清淮捐局续收捐输衔名、银数清单

### 同治五年十月十八日(1866年11月24日)

谨将清淮捐局续收捐输衔名、银数，缮具清单，恭呈御览。陈熉奎，江苏人，由花翎三品衔分部行走郎中捐银九百八十四两，拟请加二级，给伊曾祖父母从二品封典。徐大开，山东人，由候选同知捐银三千二百四十两，拟请以郎中不论双单月选用。丁储庆，江苏人，由郎中职衔捐银二千四百五十八两，拟请以郎中双月选用。林乃勋，江苏人，由双月光禄寺署正捐银二千七百二十二两，拟请以员外郎双月选用。吴毓年，江苏人，由本班先

① 中国第一历史档案馆藏：军机录副，档案编号：03-4908-073。

用主事捐银一千三百三十五两，拟请加五级，给伊祖父母、父母从三品封典，并将本身妻室应封貤封祖父母。何其杰，江苏人，由侍读衔内阁中书捐银八百四两，拟请加三级，给伊祖父母从四品封典，并将本身妻室应封貤封胞叔、父母。韦福年，江苏人，由就职直隶州州判拔贡生捐银一千三百六十八两，拟请以内阁中书双月选用。沈开勋，顺天人，由蓝翎江苏候补同知捐实银三千五百两，拟请赏换花翎。余虎臣，浙江人，由候选县丞捐银三千三百六十三两，拟请以同知双月选用。徐恩厚，江苏人，由同知职衔捐银二千三百三十二两，拟请以同知双月选用。徐恩厚由双月选用同知捐银二百四十两，拟请给伊父母正五品封典，并将本身妻室应封貤封胞兄嫂。张良沅，江苏人，由分发山东试用县丞捐银二千二百二十五两，拟请以通判不论双单月选用。张良沅由候选通判捐银四百二十八两，拟请给予盐课司提举升衔。丁禧生，江苏人，由同知衔候选知县捐银八百五十二两，拟请加一级，给伊父母从四品封典，并将本身妻室应封貤封胞叔父母。顾钱，甘肃人，由盐课司提举衔分发两淮盐运司经历捐银三百九十六两，拟请免其赴部验看。陈镐，江苏监生，捐银一千三百二十五两，拟请以盐运司经历不论双单月选用。胡家桢，浙江人，由分发两淮盐课大使捐银二百四两，拟请给予随带加一级。姚毓麟，顺天人，祖籍浙江，捐银一千八百十六两，拟请作为监生，以盐课大使补用。程载春，江苏人，由分发浙江试用县丞捐银二百七十八两，拟请免其赴部验看。钱兆龙，江苏人，由保举即选从九品捐足两班，嗣奉部咨，应补足候补候选银两，今捐银七十二两，拟请以从九品不论双单月选用。李鹏章，江苏监生，捐银二百六十三两，拟请以典史不论双单月选用。聂文谟，安徽人，捐银二百九十两，拟请作为监生，以未入流不论双单月选用。鲍抡秀，江苏人，由布政司理问职衔捐银三千一百六十五两，拟请给予知府职衔。陈锟、杨景沆，以上二名均江苏人，由布政司经历职衔各捐银一千三百六十两，拟请均给予同知职衔。许恩隆，江苏人，由同知职衔捐银三百二十两，拟请给伊嫡堂兄嫂正五品封典。汤桐，江苏人，由保举知州衔捐银三百二十两，拟请给伊父母从五品封典，并将本身妻室应封貤封本生父母。张义能，顺天人，由保举六品衔捐银七百二十两，拟请加一级，给伊父母并本身妻室从五品封典。程秉直，江苏人，由布政司理问衔捐银一千一百二十两，拟请加二级，给伊本生父母并本身妻室从五品封典。王厚廉，江苏监生，捐银一千三百六十两，拟请给予州同职衔加二级，给伊父母并本身妻室从五品封典。陈清选，直隶增生，捐银九十六两，拟请作为增贡生。丁广用，安徽附生；王樟，直隶附生。以上二名各捐银一百十六两，拟请均作为附贡生。李维清、郝以德，以上二名均直隶监生，各捐银一百十六两，拟请均作为例贡生。王厚廉，江苏人，由从九品职衔捐银二十四两，拟请作为监生。杨公修等十五名，均由俊秀各捐银八十八两，拟请均作为监生。丁德安等十四名，均由俊秀各捐银六十四两，拟请均给予从九品职衔。

统共捐生六十五名，共捐银四万三千零二十两，内银二万三千二百六十两，宝钞三万九千五百二十千文，照户部定章，每钞一千折银一钱，共折收银三千九百五十二两。

军机大臣奉旨：览。钦此。①

---

① 中国第一历史档案馆藏：清单，档案编号：03-4908-074。

## ○九○　饬调李元华等随带赴闽差委片

### 同治五年十月十八日(1866年11月24日)

再,臣以菲材仰蒙委任,虽才识驽下,自当殚竭心力,勉效涓埃。一切应办事宜,端绪纷繁,必须文武各员交相佽助,庶收指臂之益。兹查有记名盐运司李元华,廉正朴诚,才识敏达;前浙江杭州府知府薛时雨,尽心教养,卓著循声;直隶州知州用候选知县魏邦庆,守洁才优,通晓吏事。又,参将陈顺理、游击张祖云、都司范承先、守备乔献廷、李廷栋,从军日久,均能熟悉营务,屡立战功。以上八员,堪以随带赴闽,差遣委用。合无仰恳天恩,俯准分别饬调,以资得力。是否有当,理合附片具陈,伏乞圣鉴训示。谨奏。

同治五年十月二十五日,军机大臣奉旨:着照所请,该部知道。钦此。[①]

## ○九一　饬调李元华等随带赴闽差委片

### 同治五年十月十八日(1866年11月24日)

再,臣迭奉寄谕,闽省营伍、吏治废弛已久,务令认真整顿。又以闽省设厂制造轮船,尤为水营要务,即着接办,不可日久废弛;并以浙省海塘上廑宸虑,敕臣顺道查勘,与马新贻筹商办理各等因。

① 中国第一历史档案馆藏:军机录副,档案编号:03-4625-223。此片具奏日期未确,兹据同批折件校正。

钦此。伏查闽省阻山滨海，民俗强悍喜斗，盗风孔炽，狱讼繁兴。凡整饬官方，讲求武备，在在均宜经理。至浙省塘工关系东南大局，尤非浅鲜。臣以菲材，既蒙委任，虽才识驽下，自当殚竭心力，勉效涓埃。惟一切查办事宜，端绪纷繁，必须文武各员交相佽助，庶收指臂之益。兹查有记名运司李元华，廉正朴诚，才识敏达；前浙江杭州府知府薛时雨，尽心教养，卓著循声；直隶州知州用候补知县魏邦庆，守洁才优，通晓吏事。又，参将陈顺理、游击张祖云、都司范承先、守备乔献廷、李廷栋，从军日久，均能熟悉营务，屡立战功。以上八员，堪以随带赴闽，差遣委用。合无仰恳天恩，俯准分别饬调，以资得力。是否有当，理合附片具陈，伏乞圣鉴训示祗遵。谨奏。

同治五年十月二十五日，军机大臣奉旨：着照所请，该部知道。钦此。①

## ○九二　奏报陈国瑞报效军饷请广原籍学额片

### 同治五年十月十八日（1866年11月24日）

再，臣前参处州镇总兵陈国瑞案内，声明参将陈浚家承领该革镇盐本银两，提充淮徐军饷在案。当经委员密查，并据陈浚家禀呈：原领本银数目内，除陈国瑞先期提回银两不计外，将存盐及作抵各款逐一开具清折呈送。臣于核明后，即派员将所存坝盐扫数

① 中国第一历史档案馆藏：军机录副，档案编号：03-4978-022。此片具奏日期未确，兹据同批折件校正。

售卖，一面饬令陈浚家将应抵各款勒限清理呈缴，计共收库平银四万一千六百五十两，均已收入淮徐军饷项下，分别造报。查此项银两，系奏明充饷之款，应毋庸给予陈国瑞奖叙，惟念究系该革镇历年节省所余，与各路军营报效欠饷请广学额、中额之例情事相同，可否仰恳天恩，俯准将前项银四万两加广该革镇原籍湖北应城县文武学定额各四名，以示鼓励之处，出自鸿施。谨附片具陈，伏乞圣鉴。谨奏。

同治五年十月二十五日，军机大臣奉旨：该部议奏。钦此。[①]

## ○九三　奏报请假调病及绕道省墓片

### 同治五年十月十八日(1866年11月24日)

再，臣旧患湿疮，冬春举发，前两次吁请赏假调理。本年自夏徂秋，疮疾更剧，迭服清凉药数十剂，交冬将次就痊。医者谓：经年气血受损，仍须避风静摄，方可就道。合无仰恳逾格鸿慈，俯准赏假两月，延医调理。再，臣原籍安徽盱眙洊遭兵燹，闾里萧条，瞻望松楸，时添感怆，仍恳恩俟假满后，另给假二十日，绕道盱眙，回籍省墓，即由滁州、六合渡江赴浙，断不敢稍事稽延。所有恳恩赏假暨绕道省墓缘由，附片具陈，伏乞圣鉴训示。谨奏。

同治五年十月二十五日，军机大臣奉旨：吴棠着遵奉前旨，专办淮徐防务，即在营调理，毋庸给予假期，俟防务事竣，再行赏假二

① 中国第一历史档案馆藏：军机录副，档案编号：03-4724-045。此片具奏日期未确，兹据同批折件校正。

十日，回籍省墓，假满即行赴任。钦此。[1]

## ○九四　奏报卸交淮徐防务起程赴任折

### 同治五年十一月十八日(1866年12月24日)

头品顶戴闽浙总督臣吴棠跪奏，为卸交淮徐防务，恭报微臣起程由籍赴任日期，仰祈圣鉴事。窃臣于同治五年十一月初十日准钦差大臣江苏抚臣李鸿章咨会：钦奉谕旨：吴棠谅已痊愈，着赏假二十日，回籍省墓，即赴新任。吴棠所部兵勇，均着归李鸿章节制调遣，以一事权等因。钦此。当即分饬在防镇将钦遵谕旨，听候李鸿章节制调遣，一面知会漕臣知照。又于本月十六日，臣前奏专办防务折批回，内开：军机大臣奉旨：着即懔遵本月初一日谕旨，俟二十日假满后，即赴新任，并查勘浙江海塘要工，毋稍延缓。钦此。俯念臣以疏庸之质，渥邀高厚大恩，仰蒙赏给假期，许松楸之展视，借以暂归乡里，得桑梓之重亲，圣恩如天，感铭无地。现在微臣病体自交卸漕篆后，安心调理，已渐就痊。兹定于十一月二十二日自淮起程回籍，假期满后，由籍南行，约计岁杪春初，可以抵浙，即当遵奉谕旨，将浙江海塘要工详细查勘，会商抚臣马新贻筹议具奏后，由浙江赴闽，不敢延缓。所有卸交防务及起程由籍赴任各缘由，理合缮折具陈。再，臣前在漕督任内经手徐淮军需，除已依限造报外，其截至交卸日止动用各款，业经饬令委员赶紧查造，另行奏报。前奏明刊刻专办防务木质关防，现已销毁。合并声明。伏

---

① 中国第一历史档案馆藏：军机录副，档案编号：03-4625-224。此片具奏日期未确，兹据同批折件校正。

乞皇太后、皇上圣鉴。谨奏。十一月十八日。

同治五年十一月二十五日，军机大臣奉旨：知道了。钦此。[1]

【案】钦奉谕旨：吴棠……以一事权：此上谕《清实录》载曰：

又谕：李鸿章奏，剿贼大略情形，并刘铭传等军节次胜仗，请调察哈尔等马匹各折片。本日已明降谕旨，令曾国藩回两江总督本任，授李鸿章为钦差大臣，专办剿匪事宜。该大臣膺此重任，自当益加奋勉，以竟全功。曾国藩回任后，可暂缓来京陛见，即在江宁安心调理，俟贼势稍平，再行奏请。该督在省坐镇，前敌军饷及中外交涉事宜自不难从容办理，李鸿章必不至有掣肘之虑。李鸿章办理通商钦差大臣关防，着交曾国藩署理。刘铭传等军已于金乡等处各获胜捷，贼虽逸去，其胆已寒，着李鸿章督饬诸军，认真追剿，毋任旁窜。贼窜郓城，距河甚近，难保不乘间北窜，着刘长佑、阎敬铭严饬在事文武各员弁，认真防守，毋令一贼偷渡。阎敬铭并须派队拦截，与刘铭传等追师互为联络声势，以资得力。李鸿章俟此股贼匪剿尽，再行酌量移营进扎。吴棠谅已痊愈，着赏假二十日回籍省墓，即赴新任。吴棠所部兵勇均着归李鸿章节制调遣，以一事权。东贼恐由郓城、曹州仍窜豫境兰考一带，李鹤年饬军迎截，河南省城防务着李鹤年督同藩司卞宝第等妥办，如该抚须出省督师，省城防务即交卞宝第督同在省司道认真经理，不得有名无实。西窜之贼仍在华阴一带盘踞，逼近省门。据刘蓉、

---

① 中国第一历史档案馆藏：军机录副，档案编号：03-4771-076。

穆隆阿等叠次陈奏，请兵援剿，是以令鲍超一军入关，该提督不知已抵何处？刘蓉虽系知兵，所辖各营亦复不少，而此大股悍贼一意西行，回、捻交乘，兵分力薄，实属支持不易。鲍超已否入关，抑或另派援军入秦助剿，即令鲍超待于楚、豫境上，防贼回窜。着李鸿章酌度情形，仍与曾国藩随时筹商妥办，务期万全无失，未可谓陕省有备遂可置之膜外也。乔松年谅已到陕，即着与刘蓉妥筹防剿之策。刘蓉须俟此股贼众击退，陕防无恐，方准卸肩。李鸿章请调察哈尔等马匹，已谕知理藩院、察哈尔都统等照数调拨矣。将此由六百里各谕令知之。[1]

## ○九五　报销清江南岸改造城垣等工经费片

### 同治五年十一月十八日(1866年12月24日)

再，查清江南岸，同治元年春建筑砖圩，因仓促施工，垛墙卑薄，圩根亦未排桩，究恐不能经久，是以二年三月复将南北两岸土圩普律培筑，挑展濠河。嗣于三年正月间，委候补知县师长乐勘估，将旧砖圩一律拆除，改造城垣，先就南岸地势盘筑城基，多用桩木排钉，下石上砖，层层密砌，截至四年九月底告成，当委前淮扬道吴世熊，验收如式。前项工程系启拆无关修守之废工砖石、桩木，并以碎石烧灰，随时添购砖木等项。复于旧圩拆存砖内，选搭三成应用，经臣节次奏报声明，督饬淮安府章仪林专案核实报销，并将城工形势、高、长丈尺绘图贴说，附陈在案。兹据章仪林造册呈送前来。臣覆查城墙凑长一千一百二丈一尺五

---

① 《穆宗毅皇帝实录(五)》，卷一百八十八，同治五年十一月上，第367—368页。

寸，城楼四座，城台共七座，水门一座，水关二座，月城凑长九十九丈，大炮台方圆各二座，小炮台二十三座。又，南北两岸土圩凑长二千八百二十八丈四尺，俱培高五尺，仍筑土圩墙垛。又，创挖内外濠，共凑长五千七百三丈五尺，内濠木桥六座，石桥一座；外濠木桥二座。通共用过人工、杂费及添购砖木等项，共银十二万七千五百四十四两五钱九分四厘，而启拆废工砖石、桩木及碎石烧灰，咨准部覆，并无办过例案，悉照实用启拆夫工及程途里数、运力，分别核实开报。其余工料各项，系按工程做法，并清河县物料价值则例造报，均无浮冒。除将细册咨部核销外，相应附片陈明，伏乞圣鉴。谨奏。

同治五年十一月二十五日，军机大臣奉旨：知道了。钦此。[①]

① 中国第一历史档案馆藏：军机录副，档案编号：03-4987-038。此片具奏日期未确，兹据同批折件校正。

# 同治六年(1867)

## ○○一　奏为赏福字谢恩折

### 同治六年正月二十二日(1867年2月26日)

头品顶戴闽浙总督臣吴棠跪奏,为恭谢天恩,仰祈圣鉴事。窃臣自正月初九日由杭赴海宁、海盐一带,察勘塘工,十八日回省,适赍折差弁至杭,奉到御赐福字一方,当即恭设香案,望阙叩头,祗领讫。伏念臣质本拘墟,学惭测蠡,渥邀厚植,忝任连圻,转漕则久愧旷官,修塘则方期安堵。兹值驰驱周道,上膺宠贲,宸章瑞协,箕畴皇极,仰辰居之建,祥征华祝舆情;沐子惠之恩,沾湛露于銮坡。龙光志喜,溥浓膏于海,滋鳌戴明虔。

臣惟有勉效涓埃,力筹绥靖,风恬鲸浪,愿推渐被之仁施;日励驽骀,冀答生成之盛德。所有感激荣幸下忱,谨缮折具陈,叩谢天恩,伏乞皇太后、皇上圣鉴。谨奏。正月二十二日。

同治六年二月二十一日,军机大臣奉旨:知道了。钦此。[1]

---

① 中国第一历史档案馆藏:军机录副,档案编号:03-4629-164。

## 〇〇二　漕督任内续收捐输银钱各数请奖折

### 同治六年正月二十五日(1867年3月1日)

头品顶戴闽浙总督臣吴棠跪奏,为查明臣在漕督任内续收捐输银钞各数,分缮清单请奖,仰祈圣鉴事。

窃前准户部咨:粮台收捐照筹饷例及常例银数酌减十分之二,以抵其运解之费,嗣经前河臣奏准以钱一千六百文作银一两,给予奖叙,并饬委员分赴各州县,会同地方官多方劝谕,遵照部定章程,钱钞各半交纳,叠经奏蒙恩奖。同治三年二月以来,清淮银价日落,每两仅易制钱一千四百文有余,核与奉准以钱合银未免悬殊,复经臣奏准改为银钞各半兑收,并以近来捐生无从购钞,随时量力变通,于四年四月间附陈,经户部核议,奏准以钞一千折银一钱搭收各在案。兹续据委管捐局布政使衔记名盐运使李元华、按察使衔署淮扬道刘咸册报:捐生王锡纯等十一名,共捐银二千七百二十二两五钱、宝钞五千四百四十五千文,遵照部定章程,折收实银五百四十四两五钱。又,因清淮军需支绌,节经委员在外劝收捐生吴炳麒等二十三名,情愿全缴实银九千五百六十九两,并不搭钞。详请奏奖前来。

查此项捐输,系臣漕督任内续收之款。除覆加确核汇入本届军需收销并将捐生履历各册咨部查核外,理合分缮清单,恭呈御览,伏候恩施。至填给执照各捐生,已于册内注明,其未经给照者,仰恳敕部迅即覆核,将各项执照颁发漕臣衙门给领,以昭激劝。为此恭折具奏,伏乞皇太后、皇上圣鉴。谨奏。正月二十二日。

同治六年二月初六日,军机大臣奉旨:户部核议具奏,单二件并发。钦此。[①]

## 〇〇三　呈漕督任内捐输实银数目请奖清单

### 同治六年正月二十五日(1867年3月1日)

谨将漕督任内清淮捐输实银数目，缮具清单，恭呈御览。

吴炳麒，安徽人，由花翎即选直隶州知州捐银一千六百七十三两，拟请给予知府升衔。

高德隅，江苏人，由蓝翎运同衔双月选用同知捐银一千一百四十五两，拟请以同知不论双单月选用。

刘履芬，浙江人，由花翎江苏候补同知直隶州知州捐银八百五十二两，拟请加一级，给伊父母从四品封典，并将本身妻室应封貤封祖父母。

吴扬休，安徽人，由蓝翎盐课司提举衔尽先选用县主簿捐银四百九十七两，拟请以府经历不论双单月选用。

吴士荣，安徽人，由六品顶戴改签江苏从九品捐银六百四十一两，拟请以县丞不论双单月选用。

徐明庆，湖北人，由候选盐运司知事捐银一千五百三十四两，拟请以盐课大使补用。

黄海明，镶黄旗汉军吴鉴佐领下人，由分发江苏补用巡检捐银一百九十五两，拟请免其赴部验看。

叶复源，顺天人，祖籍江苏，由六品衔从九品保留江苏补用巡

① 中国第一历史档案馆藏：军机录副，档案编号：03-4910-020。

检捐银一百六十二两，拟请以盐巡检不论双单月选用。

施培锟，顺天人，祖籍浙江，捐银三百五十一两，拟请作为监生，以盐巡检不论双单月选用。

吴登瀛，安徽人，捐银二百九十两，拟请作为监生，以从九品不论双单月选用。

海观，镶红旗汉军吴鉴佐领下人，捐银一百八十九两，拟请作为监生，以从九品双月选用。

姜姚，顺天人；石印苹，河南人，祖籍浙江。以上二名，各捐银二百九十两，拟请均作为监生，以未入流不论双单月选用。

王寿昌，江苏人，由都司职衔捐银七百四十两，拟请给予游击职衔。

李美昆等六名，均由俊秀各捐银八十八两，拟请均作为监生。

沈烒等三名，均由俊秀各捐银六十四两，拟请均给予从九品职衔。

以上捐生二十三名，共捐实银九千五百六十九两。

军机大臣奉旨：览。钦此。[①]

## ○○四　呈漕督任内清淮续收捐输银数请奖清单

### 同治六年正月二十五日（1867年3月1日）

谨将漕督任内清淮续收捐输银数，缮具清单，恭呈御览。

王锡纯，江苏人，由员外郎衔本班先用主事捐银一千三百三十

① 中国第一历史档案馆藏：清单，档案编号：03-4910-021。

五两，拟请由主事加五级，给伊父母并本身妻室从三品封典。

王琮，江苏人，由理问衔候选县丞遵照新章八品人员准捐五品升衔，除原衔照例抵银外，今捐银一千二百六十两，拟请给予盐课司提举升衔，给伊父母从五品封典，并将本身妻室应封貤封堂兄嫂。王琮由盐课司提举衔候选县丞捐银二百四十两，拟请给伊妻父母从五品封典。

王琇，江苏人，由不积班次选用县丞捐银二百五十一两，拟请给予布政司理问升衔。

程学铣，安徽人，由保举不论双单月训导复捐分发，今捐银一百四十四两，拟请以训导不论双单月选用。程学铣由分发试用训导捐银一千二百九十九两，拟请给予州同升衔加二级，给伊父母从五品封典，并将本身妻室应封貤封祖父母。

周象清，江苏人，由筹饷例双月选用州吏目捐银二百六十两，拟请以州吏目不论双单月不积班次选用。

谷元炜，江苏监生，捐银二百四十两，拟请给予布政司经历职衔。

谷绍祺，江苏监生，捐银二百四十两，拟请给予州同职衔。

汪光履、许奎文，以上二名各均江苏人，各捐银八十八两，拟请均作为监生。

统共捐生十一名，共捐银五千四百四十五两，内银二千七百二十二两五钱、宝钞五千四百四十五千文，照户部定章，每钞一千折银一钱，共折收银五百四十四两五钱。

军机大臣奉旨：览。钦此。[①]

---

① 中国第一历史档案馆藏：清单，档案编号：03-4910-022。

## 〇〇五　会勘浙江海塘要工筹款次第办理折

### 同治六年正月二十五日(1867年3月1日)

头品顶戴闽浙总督臣吴棠、浙江巡抚臣马新贻跪奏，为会勘浙江海塘要工，谨拟筹拨厘款，分别最要、次要，次第办理情形，恭折覆陈，仰祈圣鉴事。

窃臣等先后承准军机大臣字寄：同治五年九月十三日，奉上谕：候补内阁侍读学士钟佩贤奏，海塘关系东南大局，请派员督修，以策万全一折等因。钦此。仰见皇上垂念要工，痌瘝在抱，跪聆之下，钦悚难名！臣棠于交卸漕篆后，仰荷圣恩，赏假二十日，回籍省墓，即由原籍来浙，于本年正月初四日行抵杭州，先将连年修办塘工情形详加察询，即于初九日会同臣新贻轻骑减从，自仁和县李家埠汛勘至海宁州境之尖山止，又自尖山勘至海盐，于十八日折回省城。勘得海塘自李汛五堡起至尖山止一百四十余里，悉皆滨临大海。从前塘外尚有涨沙，足以拥护塘根，现在南岸淤沙日宽，有相距不过数里者，以致潮势全趋北岸，直逼塘身。其西、中、南防所属与上游诸山相近，一遇阴雨连绵，山泉下注，冲击尤为劲利。

臣等于潮汐来时，亲立塘上，详加察看，远见海水从东南进至尖山以内，如行涌起潮期，直扑念里亭汛，折而之南，复又北趋，电掣星驰，倏忽百数十里，涨水至一丈数尺。其间以念里亭、翁家埠及李汛之九、十、十一、十二等堡，最为迎潮吃重之区。就通塘形势而论，西防受山水浸淘之患，东防受海潮拗掣之患，中防则兼受江海交激之患，此现在海潮趋向之大概情形也。至塌损工程，卷查三防，原通石塘一万七千二十二丈，现在原、续坍缺口四千四百九十六丈六尺四寸，拗裂外辟石塘二千二百十九丈二尺二寸。其现因办海宁绕城石塘坍缺、拗辟各工者，实二万六千七丈一尺七寸，不在其内，原通埽工并柴塘一万二千八百五丈三尺八寸，盘头二十九座，现在塘外埽工及盘头均已无存。原通头、二条石坎及块石坎一万一千六十四丈二尺，现在间有存留，三防土条塘均一律完整。其尖山以下盐、平两汛，计泼损石塘共长一万八十七丈三尺，泼损土塘共长五百五十三丈五尺，柴工十八丈。此工段塌损之实在情形也。

现做柴埽工程，自四年二月兴工后，经臣新贻饬令前杭嘉湖道苏式敬、段光清、陈璚先后常驻工次，督率厅汛委员，核实经理，截至现在止已堵缺口二千二百五十八丈六尺四寸。计越筑柴坝二千九百五十七丈五尺，均系层土层柴，视地段之平险，分别坝面之宽窄，自数丈起至十余丈不等。以一丈六尺至三丈以外长桩，由三坯至五六坯，分次峨钉，每丈用柴数百担至一二千担不等，总以坚实为度，不任稍有草率。其外埽二坎等工，做法亦复相同。计已成埽工、埽坎、附土子塘行路，共四千七百二十四丈五尺。至海宁绕城石塘，于上年十月初二日兴办，初仅匀拨桩架二十副，现在设法招募，积至四十余架。惟长桩沉石，逐段皆然，一丈之地，淘拔辄须十数日，方能施工。且临水筑做，潮来即须停止。截至现在止，约成石塘二成有余，坎水不过一成。其向来砌法，九层以下不用枪锔。

今因脱卸塘石多层，底层先裂，概自第二层起，间层每丈扣砌锭三个、五分锔三个、□石一层，扣脚锭十六个，较原办每丈约加锭二十二个，加锔十个，以期石势联络，并因近水做工，一日两潮，灰浆未干，每多渗舱，用严州所产之茑灌搂浸和灰，参以米汁，层层灌砌。复于临水一面用桐油、麻绒，仿照舱船之法，加工舱缝。此现办石塘较之历办之日程格外讲求之实在情形也。

臣等伏查浙省海塘为江浙六府州民命、饷源所系，有关于东南大局者甚巨。诚如钟佩贤所陈，非克期修复石塘，不足以资捍御，惟查历届兴修塘工，从未有至数千丈之多。其时，集料□支易于措手，非兵燹之余所能比拟。臣新贻前将种种为难之处缕晰奏陈，均属实在情形，未敢于圣主之前稍有欺饰。此次周历塘次，会商熟筹，石塘系属至要之工，而蒇功难以迅速，且此时潮势北趋，山泉溲刷，断非此一线石塘所能支柱，外而柴埽坦水，内而附土垫工，均属缺一不可。若同时并举，是徒博兴办之虚名，而并无成功之达效。惟有筹定专款，分别最要、次要办理，则有条不紊，庶几日计不足，月计有余。查中、东两防所属缺口，尚有二千二百三十八丈未经堵合，近两年来，培梗已成之土□塘，以御潮汐，一经冲决，则下游各州县又成斥卤，万不足以久恃，是因前所办堵御缺口之柴坝实为最要，次则现存之石塘，若不设法保护，三则海潮昼夜啮漱，势必东修西塌，终无可期。而得赶镶外埽，达复坦水，以为重门之障，能多保一丈旧塘，即节省一丈之新工。此又次要工所中之不可从缓者。然后酌形势之重轻，定兴工之先后，将全塘石工接续修复，庶潮水早资拦御，旧工不致多兴，斯蒇事可期有日矣。

臣等约略综计以上各工，非用七八百万帑金、竭十年人力，不能告厥成功。连日与本省司道公同筹画，闽饷现虽停解，而上年已增新拨之款，本无所谓增月存十四万之数。厘捐一项，上、今两年将坐贾酌减五成，进款已绌于前。内如本省防勇、新兵、甘省、云贵各协饷、织造、月拨红单船口粮及善后各务，无不取给于此。亦不得不兼筹并顾，而苏省协济一层，臣棠前与李鸿章等商云，江省现在捐挑浏河，无暇顾及，又复无可指望。现拟于丝捐及盐贸各厘内，每年拨定银八十万两，并佐以海塘捐输，专备塘工之需，按月按数提存，不准挪移别用。此时仅办柴工，无需用此巨款，即以每岁所余之项采办石塘新料，捞取旧石，约计柴工年余竣事，则石工料物已可寻有成数，接手兴修，亦不致有减工待料之虑。倘以后军务戡平，外拨之款可以从省，民气渐复，人夫桩架可以踊跃，或能无待十年厥成，是则存此希冀之心，而不敢预为者也。

至于现办柴坝，目前原为堵御缺口而设，将来定筑塘基，或在柴坝之内，或仍须临水筑砌，由臣新贻随时相度形势酌定，奏明办理，则柴坝即可作为外埽内靠之用，并不多费。其尖山以东盐、平两汛泼损工段，容随时酌量修复，以固全塘。臣新贻惟当督饬在工各员，视如家事，各矢勤慎，程功不厌其精求，用款务归于核实；仍一面设法招徕，多集夫料，以期早办一日，纾一日宵旰之廑，仰副圣主轸怀民瘼之至意。

所有会同勘筹海塘工程缘由，理合联衔由驲恭折覆陈，仰祈皇太后、皇上圣鉴训示。再，臣棠于拜折后，即由浙起程赴闽，合并陈明。谨奏。正月二十五日。

同治六年二月初六日，军机大臣奉旨：钦此。[1]

【案】此折于同治六年二月初六日获批覆：

① 中国第一历史档案馆藏：军机录副，档案编号：03-9577-001。

军机大臣字寄：闽浙总督吴、浙江巡抚马：同治六年二月初六日，奉上谕：吴棠、马新贻奏，遵勘浙省海塘要工，筹拨款项，分别工程办理一折。浙江海塘工程浩大，值此经费支绌之时，若一时悉行兴办，必至有名无实，自应循照旧章，分别最要、次要，次第办理。吴棠等以堵御缺口之柴坝为最要，保护残损石塘为次要，拟每年拟定银八十万两，佐以海塘捐输，次第兴修。此亦就目前情形而论。惟所筑柴坝、赶镶外埽、建复坦水各工，不过暂时堵御潮汐，将来仍需兴建石塘，马新贻当通盘筹画，使现办各工坚实稳固。石塘兴建后，即可以保护塘身，则此次办理各工，钱粮不至虚縻，而于将来有益。若止为目前一时之计，则日后兴建石塘仍须多费帑项，未免漫无规画。马新贻既知以十年为期，谅能筹画及此。海宁塘工现在止办有二成，马新贻饬令酌加锭锔，自当益臻坚固。闻道光年间帅承瀛在浙江巡抚任内，修理海盐石塘，最为精密，历久不坏。即着饬令在工各员仿照办理，傥此次海宁塘工办理不能经久，必将承办各员赔修治罪，决不宽贷。海塘用款虽繁，历届办理银数皆有案可稽，现即工料较昂，何至七八百万！该督抚等不可任听属员张大之词，稍存畏难之心，是为至要。……将此由四百里各谕令知之。钦此。遵旨寄信前来。①

【案】同治五年九月十三日，奉上谕：此上谕《清实录》载曰：

① 中国第一历史档案馆编：《咸丰同治两朝上谕档》，第17册，第37页；《穆宗毅皇帝实录(五)》，卷一百九十六，同治六年二月上，第512页。

己巳，谕军机大臣等：候补内阁侍读学士钟佩贤奏，海塘关系东南大局，请派员督修，以策万全一折。据称此项工程，非用数年人力、数百万帑金，不足以臻巩固。若为苟且补苴之计，岁费仍不下数十万，而工之能否无虞仍不敢必。所陈四害、三可虑等情，均尚不为无见。着吴棠于赴闽浙新任时，便道先往海塘，详细查勘，与马新贻妥速筹商，现办土备塘，是否足资捍御，如必须兴筑石塘，应如何筹拨款项，约期竣事。该学士所请于停解闽省月饷十四万之外，再提厘金八成，专办塘工之处，均着统筹全局，酌度奏明办理。苏松太当海塘下游，与浙省休戚相关，如须通筹协济，即着咨商该省督抚，一体会筹兴办。将此各谕令知之。①

## ○○六　请准陈璚仍留浙江办理海塘工程片

### 同治六年正月二十五日(1867年3月1日)

再，浙江海塘工程筹费不易，经理苟不得人，则虚糜即不能免。臣到浙后，详加访察，抚臣马新贻于塘工事宜尽心擘画，不时单骑赴工，讲求指示，在工员弁无不懔服。其未能早办石工之故，委因费巨工繁，夫料难集，且此时所最要者，莫如先堵缺口，以御海潮，并非为苟且补苴之计，实系先其所急也。惟工程浩大，必得熟悉塘务人员，以资指臂。查有前杭嘉湖道陈璚，人甚明干，闻其驻工年余，暑雨祁寒，皆能黾勉从事。该员来谒时，询

① 《穆宗毅皇帝实录(五)》，卷一百八十四，同治五年九月上，第310—311页。

以潮汐情形、工程做法，均能明悉，尚系实心任事之员。昨经前督臣左宗棠遵旨查参，以同知降补，业已交卸。原片言其办理塘工，亦称勤慎。可见左宗棠并不没其劳也。

现在兴办要工，正当吃紧，熟手更不可多得，可否仰恳天恩，准将陈璚仍留浙江办理海塘，交抚臣差委，如果始终诚勤，再由臣会同抚臣马新贻，随时奏恳恩施。臣为要工得人起见，谨附片具陈，伏乞圣鉴。谨奏。

同治六年二月初六日，军机大臣奉旨：钦此。[1]

【案】此片于同治六年二月初六日同获批覆：

军机大臣字寄：闽浙总督吴、浙江巡抚马：同治六年二月初六日，奉上谕……吴棠另片奏，降调道员陈璚请留浙差委等语。陈璚人既明干，着准留于浙江，办理海塘工程，交马新贻差遣。将此由四百里各谕令知之。钦此。遵旨寄信前来。[2]

## ○○七　恭报接受闽浙总督篆务日期谢恩折

### 同治六年三月初十日(1867年4月14日)

头品顶戴闽浙总督臣吴棠跪奏，为恭报微臣接印日期，叩谢天恩，仰祈圣鉴事。

窃臣钦承恩命，补授闽浙总督，节将交卸漕督篆务日期及到浙

① 中国第一历史档案馆藏：军机录副，档案编号：03-4969-003。此片具奏日期未确，兹据同批折件校正。

② 中国第一历史档案馆编：《咸丰同治两朝上谕档》，第17册，第37页；《穆宗毅皇帝实录(五)》，卷一百九十六，同治六年二月上，第512页。

查勘海塘各缘由，先后恭折奏报在案。兹臣行抵福州省城，于三月初三日准兼署督臣福州将军英桂饬委署福州府知府尹西铭、督标中军副将杨在元，恭赍闽浙总督关防、福建盐政印信并王命旗牌、圣训、上谕、御赐白螺同部颁律例、各书火牌、吏书文卷等项，移交到臣。当即恭设香案，望阙叩头谢恩，祗领任事，并准吏部咨明应否兼兵部尚书衔，具奏奉旨：照例加衔。钦此。伏念臣才识迂庸，由牧令府道迭次渥荷特达殊恩，畀兹兼圻重寄，并跻枢部崇班，自顾何人，频邀异数，愧涓埃之未报，益兢惕以时深！连月途次经历浙、闽地方，访问疾苦，浙境虽迭遭兵燹，而商民逐渐复业，尚觉安恬；闽境则延、建各属，俗敝民贫，颇形困殆。询之汀、漳、东南各郡，尤为疲瘠。又况营制未定，洋面多虞。举凡察吏安民、海防鹾务，均当加意讲求，随时整饬。

臣躬膺艰巨，夙夜悚惶，极以不胜职任为惧，惟有会同两省抚臣，以和衷共励，而不敢偏执己私，以集益相期，而不敢妄持成见，勉酬恩遇，力济时艰，以仰副皇上廑念海疆、勤求郅治之至意。除将接印任事日期另行恭疏题报外，所有微臣感激下忱，理合缮折，叩谢天恩，伏乞皇太后、皇上圣鉴。谨奏。三月初十日。

同治六年四月二十九日，军机大臣奉旨：知道了。钦此。[1]

---

① 中国第一历史档案馆藏：军机录副，档案编号：03-4630-144。

## 〇〇八　请准陈星聚调补同安县知县折

### 同治六年三月二十八日(1867年5月2日)

头品顶戴闽浙总督臣吴棠、福建巡抚臣李福泰①跪奏，为调补闽省海疆要缺知县，以资经理，恭折仰祈圣鉴事。

窃照准补同安县知县姜桐冈闻讣丁母忧，所遗同安县知县系冲、繁、疲、难海疆兼四要缺，例应在外拣选调补，经前督抚臣奏请以候补知县准补噶马兰头围县丞游念祖补授，吏部以折内未声明补交免保银两日期，驳令另行拣选，同治四年九月初四日具奏，奉旨：依议。钦此。由部咨行前抚臣查照。饬据署藩司夏献纶、②臬司康国

① 李福泰(1807—1871)，字星衙、星衢，山东济宁人。道光二十四年(1844)，中式进士。二十九年(1849)，选广东潮阳县知县。咸丰二年(1852)，补广东番禺县知县。四年(1854)，升广州府海防同知。七年(1857)，丁父忧。十一年(1861)，署广州府知府。同治元年(1862)，授潮州府知府。同年，保道员补用。二年(1863)，护理广东盐运使。三年(1864)，实授广东盐运使。同年，迁广东按察使。四年(1965)，升广东布政使，赏戴花翎。五年(1866)，擢福建巡抚。六年(1867)，调补广东巡抚。九年(1870)，兼署广西巡抚。十年(1871)，卒于任。谥文达。

② 夏献纶(1837—1879)，字黼臣，号筱涛、小涛，江西新建人，监生出身。咸丰六年(1856)，捐主事，充兵部行走，兼兵部职方司主事。七年(1857)，丁父忧，回籍终制。十年(1860)，丁母忧。次年，赴浙江军营效力。同治三年(1864)，加道衔。四年(1865)，保知府，赏戴花翎。五年(1866)，保升道员。同年，署福建汀漳龙道，兼总理营务，是年，署福建盐法道。六年(1867)，署福建布政使。七年(1868)，晋按察使衔。九年(1870)，兼理船政，加布政使衔。十一年(1872)，署福建台湾道。光绪元年(1875)，补授福建台湾道，兼按察使衔。是年，兼提督台湾学政。五年(1879)，卒于任。著有《台湾舆图》。

器[①]详称：同安县民俗刁悍，政务殷繁，且地处海疆，素称难治，非精明干练、熟悉风土民情之员，不足以资治理。在于现任简缺知县内详加遴选，查有顺昌县知县陈星聚，[②]年五十一岁，河南临颍县人，由附生应道光己酉科乡试，中式举人，在籍守城出力，咸丰十年十二月十四日，奉旨以知县不论双单月选用，选授今职，同治三年十一月初三日到任。前督臣左宗棠以该员政声卓著保奏，同治五年十二月初九日，军机大臣奉旨：着交部带领引见等因。由吏部咨行知照在案。该员办事廉干，舆论翕然，在任五年，整顿地方，于闽省风土情形均较熟悉，任内尚无积案未结及欠解钱粮、承缉盗案未获有关降革处分，以之调补同安县知县，洵堪胜任。惟本任顺昌县历俸未满三年，与例稍有未符，已饬该员赴京铜局补缴捐免历俸银两，应请援照人地实在相需之例，专折奏调等情具详前来，兼署督臣英桂、护抚臣周开锡[③]移交前来。

---

① 康国器（1811—1884），原名以泰，字交修，号友之，广东南海人，少充吏员。道光二十七年（1847），补江西赣州府赣县巡检。咸丰二年（1852），调抚州府乐安县巡检。五年（1855），署南城知县。十年（1860），升知府，加道衔。同治三年（1864），补延建邵道，加按察使衔。同年，署福建按察使。四年（1865），晋布政使衔。五年（1866），迁福建按察使。八年（1869），擢补广西布政使。十年（1871），护理广西巡抚。十一年（1872），以疾归。光绪十年（1884），卒于籍。

② 陈星聚（1816—1885），字耀堂，河南临颍人，道光二十九年（1849），中式举人。咸丰十年（1860），保知县。同治三年（1864），选顺昌县知县。六年（1867），调补同安县知县。同年，署建安县知县，转顺昌县知县。七年（1868），补授闽县知县。十一年（1872），补台湾府淡水同知。光绪七年（1881），迁台湾府知府。十一年（1885），在任病故。

③ 周开锡（1826—1871），原名开鉷，字绶珊、受山、行三，湖南益阳人。咸丰三年（1853），在籍办团。六年（1856），保知县。十年（1860），保知府，戴蓝翎。同治元年（1862），署温宿府知府、温台处道员。四年（1865），署福建按察使。五年（1866），护理福建巡抚。七年（1868），请假回籍。八年（1869），充船政局帮办。同年，赴陕，总统南路各军。十年（1871），卒于任。

臣等到任未及三月，例不出考，相应据详奏恳圣恩俯准以顺昌县知县陈星聚调补同安县知县，殊于要缺有裨。如蒙俞允，该员奉旨调取引见之案，请照案给咨送部。所遗顺昌县知县选缺，闽省现有应补人员，应请留闽另行拣员请补。谨合词恭折具陈，伏乞皇太后、皇上圣鉴，敕部议覆施行。谨奏。同治六年三月二十八日。

同治六年六月初三日，军机大臣奉旨：吏部议奏。钦此。①

## ○○九　筹解同治四年份茶税京饷银两折

### 同治六年三月二十八日(1867年5月2日)

头品顶戴闽浙总督臣吴棠、福建巡抚臣李福泰跪奏，为筹解茶税银两，委员赴部投收，恭折由驿驰奏，仰祈圣鉴事。

窃照同治四、五年份京饷案内部拨闽省茶税银两，经前署督、抚臣以库款入不敷出，奏请暂缓，奉旨饬部议覆：闽省尚欠四年份七万两、五年份十五万两，统限三月内一律解清等因。由前署督、抚臣移交前来。臣等伏查闽省茶税上年所收者，均已拨解军饷，并无存储。本年新茶未起，税饷无征，所有部议三月内一律解清之处，委属万难遵办。第京饷要需，不得不先其所急，现经饬司于无可筹措之中，设法挪凑银五万两，饬委在闽差遣补用同知浙江补用知县胡振钧管解，定于三月内起程，由海道解部投收，作为四年份茶税京饷。

除咨部查照并饬司将四、五两年余欠及同治六年指拨之银续筹起解、不敢稍任延宕外，所有饬司设法挪凑、委解茶税京饷五万

① 中国第一历史档案馆藏：军机录副，档案编号：03-4631-094；朱批奏折，档案编号：04-01-12-0503-055。

两缘由，臣等谨合词恭折由驿驰奏，伏乞皇太后、皇上圣鉴。谨奏。同治六年三月二十八日。

同治六年四月二十二日，军机大臣奉旨：户部知道。钦此。[①]

## 〇一〇　请免已故巡抚徐宗幹欠缴赔款片

### 同治六年三月二十八日(1867年5月2日)

头品顶戴闽浙总督臣吴棠、福州将军臣英桂、福建巡抚臣李福泰跪奏，为已故巡抚欠缴赔款无多，吁恳天恩豁免，恭折奏祈圣鉴事。

窃查前抚臣徐宗幹兼署福州将军任内，适值皖、浙败匪窜逼闽疆，商贾阻滞，所有闽海关同治三年份短征常税、额外盈余银两，前经援照成案，奏请免赔。嗣准户部咨：会议准予减免八成，其减剩二成，仍着匀摊赔缴，徐宗幹在任二百二十日，应摊陪六千九百二十六两三钱，照例予限三年完缴等因。即经徐宗幹于四年三月措银二千五百两，五年八月措银二千两，先后咨解臣英桂查收汇解部库在案。兹查此案应以同治三年十月二十二日奉旨之日起，扣至六年十月二十二日三年限满，每限该完银二千三百八两零，徐宗幹于同治五年十月二十日二限未满，因病出缺，统计所完已逾六成之数，尚欠缴银二千四百二十六两三钱，系未满限、未届限之银。该抚臣身后萧然，无异寒素，若责令家属照案完缴，实属力有未逮。

伏思该抚臣短征税款由于地方多故，且额外盈余银似与正额有间，而未经满限及未届限之银，又与逾限未完者不同，可否仰恳

---

① 中国第一历史档案馆藏：军机录副，档案编号：03-4890-047；朱批奏折，档案编号：04-01-35-0561-086。

天恩准予豁免，以示体恤，出自逾格鸿慈。除咨明户部及总理各国事务衙门查核外，臣等谨合词恭折具奏，伏乞皇太后、皇上圣鉴训示。谨奏。三月二十八日。

同治六年四月二十二日，军机大臣奉旨：钦此。[①]

【案】此片于十年四月二十二日得允行：

同治六年四月二十二日，内阁奉上谕：英桂等奏，已故大员欠缴赔款恳请豁免一折。已故福建巡抚徐宗幹，前在兼署福州将军任内应赔短征关税银两，尚欠缴银二千四百两零，业经身故，着免其追陪，以示体恤。该衙门知道。钦此。[②]

## ○一一　调换原定委署琉球伴送官片

### 同治六年三月二十八日(1867年5月2日)

再，查兴永泉道曾宪德先经前署督抚臣饬委伴送琉球国贡使进京，所遗员缺奏明委员署理在案。该道现已交卸来省，惟查兴永泉道驻扎厦门，该处孤悬海岛，华洋杂处，控驭不易。前督臣左宗棠以该道年壮才明，安详干练，治匪缉盗，动合机宜，于中外交涉事件尤能措置允协，奏奉谕旨，准其补授。

现值洋务吃紧之际，相应请旨饬回本任，以资整饬而专责成。琉球使臣起程在即，查有道衔候补知府周懋琦、留闽补用知县傅崇品、升署闽安水师副将刘兴邦，堪以派委一同伴送北上。除分檄饬

① 中国第一历史档案馆藏：录副奏折，档案编号：03-4851-045。

② 中国第一历史档案馆编：《咸丰同治两朝上谕档》，第17册，第134页。

遵外，臣等谨合词附片陈明，伏乞圣鉴。谨奏。

军机大臣奉旨：知道了。钦此。[①]

## 〇一二　奏报藩司周开锡因病请假片

### 同治六年三月二十八日(1867年5月2日)

再，署福建藩司周开锡于卸护抚篆后，以前在胡林翼[②]湖北行营积受潮湿，遂得呕吐关格之疾。前岁奉调来闽，随同筹兵筹饷，刻无暇晷。洎全省肃清后，清厘积案，抚字催科，事务愈繁，心血愈耗。本年正月，旧疾大发，展转呕吐，汗出如雨，赶速调治，总未见效，若再勉强趋公，恐致贻误，请予给假一月调治，如可治愈，即行销假供职等情，具禀前来。臣等查系实在情形，相应奏明，请旨准予给假一月，俾资调治。其藩司印务前经署督臣英桂奏委道员夏献纶接署，现仍饬该道暂行署理。

至臣棠与福州将军臣英桂另奉谕旨，研究竹枝词案内有牵涉该署藩司情节，容俟查访核实，另行奏报。所有署藩司周开锡因病

---

① 中国第一历史档案馆编：《清代中琉关系档案选编》，第1052页，中华书局，1993。

② 胡林翼(1812—1861)，字润之、贶生，号咏之，湖南益阳人。道光十五年(1835)，中式举人。十六年(1836)，中式进士，改庶吉士。十八年(1838)，授翰林院编修。翌年，充国史馆协修。二十年(1840)，任会试同考官、江南乡试副考官。次年，丁父忧，回籍终制，改捐中书。二十六年(1846)，以知府分发贵州补用。二十八年(1848)，署安顺府知府。三十年(1850)，署镇远府知府。同年，调署思南府知府，赏戴花翎。咸丰元年(1851)，补贵州黎平府知府。四年(1854)，升贵州贵东道，补四川按察使。同年，调补湖北按察使。五年(1855)，迁湖北布政使，署湖北巡抚。六年(1856)，擢湖北巡抚。八年(1858)，加太子少保。是年，丁母忧。十一年(1861)，卒于任。授太子太保、骑都尉。谥文忠。著有《读史兵略》、《抚鄂批札》等。

请假缘由,理合附片陈明,伏乞圣鉴。谨奏。

同治六年四月二十二日,军机大臣奉旨:周开锡着赏假一个月。钦此。[1]

## 〇一三 密陈藩司周开锡与闽省不甚相宜片

**同治六年三月二十八日(1867年5月2日)**

再,藩司一缺以理财用人为要图,当前督臣左宗棠入闽之时,正值兵事方殷,饷需万紧。周开锡挺身任事,于各路厘捐力加整顿,俾转输相继,迅奏肤功。其时力支危局,尤称治事之才,是以左宗棠叠次奏保,委署藩司,并以官民均无异词为久任之请。伏思救时之政、长治之图,总以经权得宜,方无流弊。臣等到省月余,随地随时留心察访,窃见百物昂贵,民食维艰,兵燹余生,弥形困殆。叠据各路商民百十成群,环呼呈诉,皆以厘金太重、民力难支为词。访诸在省官绅,异口同声。体察现在情形,商贩营运之艰难,穷黎生计之支绌,实切隐忧。至闽省吏治,久在圣明洞鉴之中,整饬自不容缓。第用人之道不容偏倚,臣等检查官簿,接见属僚,候选者或摄要区,实缺者多留省会,自差委勿拘常例,在省需次各员大都投诸闲散,似于整饬之中亦失持平之议。除分饬查察随时奏请训示外,臣等窃维周开锡沉毅果决,勇于任事,实有过人之才,惟于此时闽省情形似属不甚相宜,应如

[1] 中国第一历史档案馆藏:军机录副,档案编号:03-4727-070;朱批奏折,档案编号:04-01-12-0503-054。

何另行简用之处，出自逾格鸿慈。

至制造轮船要务，有钦派前江西抚臣沈葆桢在籍督办西征协饷，仍由接任藩司，照旧按解，均可不致遗误。谨合词附片再陈，伏乞圣鉴训示。谨奏。[①]

## ○一四　请将县丞韩杰被参之案开复片

### 同治六年三月二十八日(1867年5月2日)

再，查咸丰六年份溢课奏销案内，前署安溪县事石狮县丞韩杰欠完溢课银九百余两。又，欠完晋江县任内溢课银四百余两。据前任福建盐法道崇福[②]会同藩司瑞瑸[③]汇案详请摘顶限追，经前督

① 中国第一历史档案馆藏：军机录副，档案编号：03-4636-003。此片具奏日期未确，兹据推补。

② 崇福，生卒年未详，满洲正红旗人，廪贡生。道光年间，报捐笔帖式兵部学习行走。咸丰元年(1851)，充兵部笔帖式。五年(1855)，补兵部堂主事。次年，升兵部员外郎。七年(1857)，迁兵部郎中。同治二年(1863)，放甘肃甘州府知府。七年(1868)，升甘肃巩秦阶道。八年(1869)，迁甘肃按察使。十二年(1873)，调补湖南按察使。光绪二年(1876)，擢湖南布政使。四年(1878)，署湖南巡抚。

③ 瑞瑸(1801—1862)，字仲文，富察氏，满洲镶白旗人，官学生。道光八年(1828)，充工部制造库库使。同年，补工部清档房笔帖式。二十四年(1844)，升工部都水司主事，署宝源局监督。是年，任钦差街道厅火药局监督、工部皇木厂监督。二十五年(1845)，补工部营缮司主稿，充营缮司员外郎。二十六年(1846)，升虞衡司掌印郎中。二十八年(1848)，任工部木仓监督。三十年(1850)，放浙江宁绍台兵备道。咸丰元年(1851)，调补福建盐法道。三年(1853)，加按察使衔。四年(1854)，授福建按察使。七年(1857)，调浙江按察使。同年，迁福建布政使。九年(1859)，擢福建巡抚。十一年(1861)，兼署福建学政。同治元年(1862)，卒于官。

臣王懿德[1]会同前抚臣庆端[2]奏请，摘去顶戴，勒限完缴，钦奉朱批允准，遵即恭录转饬钦遵完缴去后。兹据该县丞韩杰以欠完前项溢课银两，因当时下游匪氛不靖，盐引滞销，以致奏销时无力完缴，并非有心贻误，现将所欠安溪县任内溢课银九百余两、晋江县任内溢课银四百余两照数完解，禀由盐法道海钟会同署藩司夏献纶，核与原参欠解之数相符，请将原参摘顶处分准予循例开复，详请奏咨，并声明此案尚有各县、场未完银两容再催追，俟有续完，随时详办等情前来。

臣等覆查无异。合无仰恳天恩，俯念该员韩杰欠完咸丰六年份安溪、晋江两县任内溢课银两已于参后照数完清，其原参摘顶处分准予开复，以资观感。除饬该司道迅将此案尚有原参各县、场未完该年溢课银两赶紧催追完缴，并分咨吏、户部查照外，臣等谨合词附片具奏，伏乞圣鉴训示。谨奏。

---

① 王懿德(1798—1861)，字春岩、绍甫，河南祥符人。道光三年(1823)，中式进士。十六年(1836)，授礼部主事。同年，升礼部员外郎。翌年，迁礼部郎中。十九年(1839)，放湖北襄阳府知府。二十四年(1844)，升山东兖沂曹济道。二十九年(1849)，迁山东盐运使。是年，补浙江按察使，旋调山东按察使。三十年(1850)，授陕西布政使。咸丰元年(1851)，护理陕西巡抚。同年，擢福建巡抚。二年(1852)，兼署闽浙总督。四年(1854)，实授闽浙总督，兼署福建巡抚。七年(1857)，兼署福州将军。十年(1860)，以病乞罢。十一年(1861)，卒于籍，谥靖毅。

② 庆端(1805—?)，字午岩，号正轩，富察氏，满洲镶黄旗人，荫生。道光八年(1828)，选太仆寺员外郎。十八年(1838)，补湖广道监察御史。次年，任巡城御史。二十年(1840)，授京畿道监察御史。翌年，升掌京畿道监察御史。二十四年(1844)，授工科给事中。同年，放甘肃西宁道。二十七年(1847)，署安肃道。二十八年(1848)，补镇迪道。同年，迁江苏按察使。二十九年(1849)，授江苏布政使。同年，调补福建布政使。咸丰元年(1851)，护理福建巡抚。三年(1853)，署福建督粮道。七年(1857)，擢福建巡抚。八年(1858)，署闽浙总督。九年(1859)，实授闽浙总督。是年，兼署福州将军。同治元年(1862)，调补杭州将军。同年(1862)，被参革职。

同治六年四月二十二日，军机大臣奉旨：韩杰着准其开复原参摘顶处分。该部知道。钦此。①

## ○一五　藩司邓廷楠暂缓赴部引见折

### 同治六年四月初八日(1867年5月11日)

头品顶戴闽浙总督臣吴棠、福建巡抚臣李福泰跪奏，为闽省吏治需人，恳恩饬下实缺藩司暂缓赴部引见，先行赴任，以资佐理，仰祈圣鉴事。

窃署藩司周开锡于卸护抚篆后，因旧疾复发，请假调治，经臣等查系实情，奏请给假一月，俾资调理在案。兹接该署藩司禀称：呕吐渐止，饮食渐可如常，惟精神实觉疲乏，若遽勉强从事，恐难耐劳，拟再静摄数日，奏请续假前来。臣等查福建十府两州，幅员辽阔，山海错杂，地瘠民贫，被兵地面，十室九空，尤堪悯恻。臣棠由浙入闽，臣福泰由粤入闽，各将沿途目睹疾苦情形于到任折内奏报在案。此时培养元气，抚恤凋残，必得舆情爱戴之大员，方足以资表率。

查福建布政使邓廷楠，②由庶吉士改官部曹、传补军机章京

---

① 中国第一历史档案馆藏：军机录副，档案编号：03-4884-024。此片具奏日期未确，兹据同批折件校正。

② 邓廷楠(1815—?)，字伯材，号双坡，广西新宁州人。道光十四年(1834)，中式举人。二十四年(1844)，中式进士，改翰林院庶吉士。二十五年(1845)，充工部屯田司行走。同年，补军机章京、工部虞衡司主事。咸丰四年(1854)，授工部营缮司员外郎，升工部都水司郎中。五年(1855)，任琉璃窑监督。六年(1856)，补陕西道监察御史。同年，放江西饶州府知府。八年(1858)，署江西广饶九南道。同治三年(1864)，迁福建兴泉永道。四年(1865)，升福建按察使。五年(1866)，擢福建布政使。

后，由御使外用府道，洊升福建按察使。上年九月内奉旨：福建布政使着邓廷楠补授。钦此。先时该员在臬司任内因病请假，前督臣左宗棠虑其不胜藩司之任，有病痊后送部引见之奏。臣等入闽以来，访诸舆论，均言邓廷楠前在兴泉永道暨福建按察使任内循声卓著，众口同称。及臣等抵闽晤见，知其假期已满，病体已痊，接谈数次，吏治民情均能洞悉。

兹值周开锡因病请假，合无仰恳天恩，俯准饬下实缺藩司邓廷楠暂缓赴部引见，先行到任，以资治理，或另简放署员之处，出自圣裁。臣等为闽省吏治需人起见，谨合词具陈，伏乞皇太后、皇上圣鉴训示。谨奏。四月初八日。

同治六年四月二十九日，军机大臣奉旨：周开锡现未假满，福建布政使着邓廷楠署理，即着暂缓引见。该部知道。钦此。①

## ○一六　请以梁元桂调补台湾府知府折

### 同治六年四月初八日(1867年5月11日)

头品顶戴闽浙总督臣吴棠、福建巡抚臣李福泰跪奏，为拣员请调海外知府要缺，恭折奏祈圣鉴事。

窃准部咨：同治五年五月初十日，奉上谕：福建台湾府知府员缺紧要，着该督抚于通省知府内拣员调补，所遗员缺着尹西铭补授。钦此。知照到闽。臣等查台湾府知府，系海外要缺，民蕃杂处，政务殷繁，素称难治，非廉明勤干之员，不足以资治理。随督同藩、臬二司遵于现任知府内逐加遴选，惟查有现署延平府知府准补福宁府知

① 中国第一历史档案馆藏：军机录副，档案编号：03-4630-148。

府梁元桂，年五十岁，广东肇庆府恩平县人，由附贡生报捐主事，签分户部。道光二十六年，应顺天乡试，中式举人。咸丰二年会试，中式进士，奉旨：着以主事即用。钦此。三年，补浙江司主事。四年，题升江西司员外郎。十月，因案降调。十一月，捐复原官引见，奉旨：着准重捐复员外郎原官，照例用。钦此。五年，选授礼部祠祭司员外郎。六年，题升祠祭祀司郎中。七年，俸满截取引见，奉旨：着照例记名，以繁缺知府用。钦此。嗣因回籍办理土客事务，限满开缺。同治元年，差竣到部，补授仪制司郎中。四年八月，奉旨：补授福建福州府遗缺知府。钦此。九月，定陵永远奉安礼成保奏，奉旨：赏加道衔。钦此。领照来闽，奏补福宁府知府，现署延安府事。

臣等到任未及三月，例不出考，经两司查得该员梁元桂，老成练达，为守兼优，自委署延平府篆到任以来，办理亦属裕如，以之调补台湾府知府，洵堪胜任。惟准补福宁府知府员缺在于台湾府奏文开缺之后，与例稍有未符，第人地实在极需，例得专折奏请，合无仰恳天恩，俯念海外知府员缺紧要，请准以现署延平府事准补福宁府知府梁元桂调补台湾府知府，俾海疆要缺得人而治。如蒙俞允，该员系现任知府初调知府，衔缺相当，毋庸送部引见，并免查叙参罚。所遗福宁府知府，应即遵旨以遗缺知府尹西铭补授。据署福建布政使夏献纶、按察使康国器会详前来。臣等谨合词恭折奏陈，伏乞皇太后、皇上圣鉴，饬部核覆施行。谨奏。四月初八日。

同治六年四月二十九日，军机大臣奉旨：吏部议奏。钦此。[1]

---

[1] 中国第一历史档案馆藏：军机录副，档案编号：03-4630-150。

## ○一七　续筹福建银课银两委解京饷折

### 同治六年四月初八日(1867年5月11日)

头品顶戴闽浙总督臣吴棠跪奏,为续查盐课银两,委员解充京饷,恭折具奏,仰祈圣鉴事。

窃查钦奉上谕:户部奏,预拨来年京饷,据称历届京饷,均系年前预拨,现届应拨同治六年京饷,拟在各省地丁、盐课、关税等项等因。钦此。计单开拟拨同治六年京饷福建盐课银十五万两,当经恭录咨行,一律钦遵办理。即据福建盐法道海钟钦遵谕旨,先筹银三万两,委令福建候补知县谢昌霖解送,详经前署督臣英桂会同前护理巡抚臣周开锡,分别奏咨在案。兹复据该道海钟在于票课项下设筹银五万两,作为奉拨同治六年份京饷,委令浙江候补知县胡振韵解送,仍由西商汇兑,进京支取,赴部投纳。尚余银七万两,容再陆续设筹,分批解济,详请汇案奏咨,核给咨文恭领,饬取起程日期详咨,并声明此项京饷非奉文指拨盐课,并无随征、加平、饭食等银,无从随解等情前来。

除核给咨文发领、仍饬再将余银续筹报解并取起程日期咨部查照外,臣谨会同福建巡抚臣李福泰,合词恭折具奏,伏乞皇太后、皇上圣鉴。谨奏。四月初八日。

同治六年四月二十九日,军机大臣奉旨:户部知道。钦此。[①]

【案】户部奏……关税等项:同治五年十二月初一日,户部

① 中国第一历史档案馆藏:军机录副,档案编号:03-4884-026。

尚书倭仁等具奏预拨六年京饷曰：

大学士管理户部事务臣倭仁等谨奏，为豫拨来年京饷，恭折仰祈圣鉴事。窃查历届京饷，均系年前豫拨。上年原拨本年京饷银六百万两，嗣因臣部垫解奉饷，并神机营添练兵勇，需用较多，当于六月间添拨一百万，共拨银七百万两。现届应行豫拨同治六年京饷，臣等公同商酌，拟在各省地丁、盐课、关税等款内仍拨银七百万两。惟历届京饷内，山西地丁均系拨银一百八十万。嗣因该省协饷太多，经臣部将上年并本年京饷均改为一百五十万。本年该抚复请减拨，应即将来岁京饷仍照上两年数目，拨银一百五十万，俾该省借资周转。此外所拨款项均系就各省缓急情形，斟酌提用。谨缮清单，恭呈御览，请旨饬下各该督抚、将军、通商大臣、盐政、藩司、运司、盐道、监督等，务于来年开印后，分批起解，限五月前解到一半，十二月初间，全数解清，不准截留改拨，借词延误。倘届限不到，即照奏定章程，指名严参。至本年未解京饷，臣部节经奏咨飞催，现时将届年终，报解仍未踊跃，应再催令迅速报解，以供开放。所有酌拨来年京饷缘由，理合恭折具奏，伏乞皇太后、皇上圣鉴。谨奏。同治五年十二月初一日。大学士管理户部事务臣倭仁，户部尚书臣宝鋆，户部尚书臣罗惇衍，户部左侍郎臣皂保(差)，署户部左侍郎刑部左侍郎臣宗室灵桂，户部左侍郎臣谭廷襄(差)，署户部左侍郎吏部左侍郎臣毛昶熙，户部右侍郎臣崇纶，户部右侍郎臣毕道远。①

【案】钦奉上谕：户部奏……等因：此上谕《清实录》载曰：

---

① 中国第一历史档案馆藏：军机录副，档案编号：03-4811-075。

丙寅……谕军机大臣等：户部奏，豫拨来年京饷，据称历届京饷均系年前豫拨，现届应拨同治六年京饷，拟在各省地丁、盐课、关税等项银内拨银七百万两，请饬各该省于来年分批起解等语。京饷关系最为紧要，现经该部就各省缓急情形斟酌动拨，自应遵照奏定银数，源源报解，以济要需。着各该将军、通商大臣、督、抚、盐政、监督等，务于来年开印后，分批起解，限五月前解到一半，十二月初间全数解清，不准截留改拨，借词延误。倘届限不到，即着照奏定章程，指名严参。至本年未解京饷，前经该部节次奏咨飞催，现届年终，仍未能如数解清，着各该督抚等迅速筹款报解，毋再迟延干咎。原单均着钞给阅看。将此由五百里谕知福州将军、三口通商大臣、直隶、两江、四川、江苏、福建、浙江、安徽、江西、山东、山西、河南、湖北、湖南、广东各督抚，并传谕粤海关监督知之。①

## 〇一八　请以梁成华升署福州城守副将折

### 同治六年四月初八日(1867年5月11日)

头品顶戴闽浙总督臣吴棠跪奏，为省会城守副将要缺，遴选干员请补，以重地方，恭折覆奏，仰祈圣鉴事。

窃照福建福州城守副将员缺，前准部咨，轮用拣发人员，行文照例拣选题补，当经前督臣左宗棠以拣发副将仅有常山一员，于署理兴化城守副将营伍不能整顿，缉巡漫不经心，撤任查参，无员可补，应行退班，即以邵武城守营参将梁成华勇干有为、战功素著具奏，请

① 《穆宗毅皇帝实录(五)》，卷一百九十一，同治五年十二月上，第409—410页。

予升署，钦奉谕旨：兵部议奏。钦此。兹准部咨：议覆查福州城守营副将出缺在先，梁成华到闽在后，核与轮缺不符，应令迅拣合例人员请补等因，经前兼署督臣英桂移行遵照在案。臣抵任后，伏查该副将驻扎福州省城，会垣重地，营务最繁，控制巡防，盘查奸宄，在在均关紧要，必须谋勇兼优、慎勤干练、熟悉情形之员，方足以资整饬。

现在拣发一班无员可补，应于现任人员内拣升，复在闽、浙两省副将、参将内逐加查核，非现居要缺，即人地未宜，或例应回避，或历俸未满，一时实无堪以升调之员，未便迁就请补。惟有现署顺昌协副将事邵武城守营参将梁成华，年三十七岁，广东茂名县人，由行伍出师各省，打仗奋勇，迭著战功，洊升今职。同治三年十二月，领札任事，现署顺昌协副将，办理裕如，整顿营伍，亦极认真。当兹更议营制、整饬戎伍之际，亟宜为缺择人，期收实效。虽该员到任在后，出缺在先，历俸未满，与例稍有未符，然其升补参将尚在出缺之前。

臣为要缺需人起见，例得声请，合再据实陈奏，仰恳天恩俯念员缺紧要，仍准以梁成华升署福州城守营副将，于省垣要缺实有裨益。如蒙俞允，该员引见未满三年，应请饬部给与升署札付，俟俸满再请换给实棱札付。臣谨会同福州将军臣英桂、署福建陆路提督臣罗大春，①合词恭折具奏，伏乞皇太后、皇上圣鉴训示。谨奏。

---

① 罗大春（1832—1891），贵州施秉人，行伍出身。咸丰三年（1853），充外委。五年（1855），补把总。翌年，加守备衔。七年（1857），补贵州安顺城守营守备。八年（1858），升四川川北镇右营都司。九年（1859），迁广西提标后营游击。十一年（1861），授湖南抚标中军参将。同治元年（1862），加冲勇巴图鲁勇号。五年（1866），署福建漳州镇总兵，兼署福建陆路提督。是年，调补福建台湾镇总兵，转补福建福宁镇总兵。六年（1867），加提督衔。十一年（1872），署福建水师提督。次年，实授斯缺。光绪四年（1878），调湖南提督。五年（1879），以擅提添练兵革职。十六年（1890），补福建建宁镇总兵。十七年（1891），因病出缺。

四月初八日。

同治六年四月二十九日，军机大臣奉旨：着照所请，兵部知道。钦此。[1]

## ○一九　请准陈瑞和引见时免予骑射片

### 同治六年四月初八日(1867年5月11日)

再，留浙尽先补用副将陈瑞和，湖南宁乡县人，于咸丰二年由湖南本省团练入营投效，剿匪积功，保升副将，留浙尽先补用。该员从征十余年，转战数省，身受多伤，惟右手曾被炮子打穿，受伤尤重，难开弓矢，禀经浙江抚臣马新贻，饬据布政使杨昌濬[2]查验属实，取结详请奏免射箭等情前来。

臣覆查无异。合无仰恳天恩，俯准将该副将陈瑞和援照打仗受伤成废例，遇有军政大阅之年，或补缺送部引见，免予骑射，以示体恤。除咨部注册外，谨附片陈奏，伏乞圣鉴。谨奏。

---

① 中国第一历史档案馆藏：军机录副，档案编号：03-4727-091。

② 杨昌濬(1827—1897)，字石泉，湖南湘乡人，附生。咸丰二年(1852)，从罗泽南练乡勇，会集湘潭，出《讨粤匪檄》，后随湘军进剿太平军。四年(1854)，选训导。九年(1859)，充教授。十年(1860)，补知县，并赏戴花翎。同治元年(1862)，保同知。同年，补浙江衢州府知府。二年(1863)，授浙江粮储道。三年(1864)，任浙江盐运使，加按察使衔。同年，迁浙江按察使，署浙江布政使。五年(1866)，升补浙江布政使。八年(1869)，署浙江巡抚。次年，实授浙江巡抚。光绪二年(1876)，因案革职。四年(1878)，赴陕甘，赏给四品顶戴。五年(1879)，署甘肃布政使，加二品顶戴。六年(1880)，晋头品顶戴，护理陕甘总督。七年(1881)，授甘肃布政使。九年(1883)，迁漕运总督。十年(1884)，帮办福建军务。同年，补授闽浙总督。十一年(1885)，兼署福建巡抚。十四年(1888)，调补陕甘总督。翌年，监临乡试。后因回民暴动革职。二十年(1894)，加太子太保衔。二十三年(1897)，卒于籍。著有《平浙纪略》、《平定关陇纪略》、《学海堂课艺》、《五好山房诗稿》等。

同治六年四月二十九日，军机大臣奉旨：兵部知道。钦此。[1]

## ○二○　都司吴福祥贪劣不职请旨革职片

**同治六年四月初八日(1867年5月11日)**

再，蓝翎游击衔广东尽先补用都司吴福祥，经署建宁镇总兵吴光亮派委，前往建阳县查点勇数，竟敢任意勒索弁勇银钱，并又沿途招摇生事，实属贪劣不职。若不严行参革，无以肃官箴而整戎行，相应将蓝翎游击衔广东尽先补用都司吴福祥请旨革职，并拔去蓝翎，永不叙用，以儆官邪，据署建宁镇总兵吴光亮具禀前来。臣谨附片具奏，伏乞圣鉴训示施行。谨奏。

同治六年四月二十九日，军机大臣奉旨：吴福祥着即行革职，并拔去蓝翎，永不叙用。钦此。[2]

## ○二一　请以李世雄升补海坛镇标左营游击折

**同治六年四月二十二日(1867年5月25日)**

头品顶戴闽浙总督臣吴棠跪奏，为外海水师游击员缺紧要，遴员请旨仍准升补，恭折具奏，仰祈圣鉴事。

窃照福建海坛镇标左营游击李钟英病故遗缺，接准部咨：轮用应升、应补人员，行令照例拣选题补。当经前代办督臣徐宗幹会同

① 中国第一历史档案馆藏：军机录副，档案编号：03-4727-092。此片具奏日期未确，兹据同批折件校正。

② 中国第一历史档案馆藏：军机录副，档案编号：03-4727-093。此片具奏日期未确，兹据同批折件校正。

前任督臣左宗棠，请以开复候补水师游击李世雄升补，旋准兵部咨覆，以李世雄系革职开复，应行引见，尚未送部，请补游击与例不符，驳令另拣合例人员题补。旋经左宗棠查明，是缺游击实无合例堪题人员，奏请于内河军功人员内拣补，钦奉谕旨：着照所请。钦此。嗣以军功尽先补用水师副将李廷芳奏请借补，仍留副将尽先原阶，奉旨：兵部议奏。钦此。现准部臣议覆：准其借补，行令给咨送部等因。

伏查该员李廷芳，先据署福建金门镇总兵郭定猷[①]呈报：已于本年正月初五日，在署金门右营游击任内病故等情，业经题报在案。现在闽省更议营制、整饬戎伍之际，员缺未便悬旷，应即先行遴员请补，以重职守。第额设水师各营都司、守备，均与是缺游击出缺时，并无合例堪以请升之人。臣详加遴选，惟查有前经请补是缺游击之开复候补水师游击李世雄，年五十六岁，福建福州府闽县人，由行伍历升海坛镇标左营游击，因籍隶本府，调任水师提标左营游击，于咸丰十一年二月间，统带金、夏各营兵丁赴连城县剿匪不力，当经前督臣庆端奏参革职，仍奏令随营效力。旋即随同官兵克复连成暨汀州府城，奏准开复原官。复于同治三年间，随同出洋拿获盗犯李鸟绥等出力，经左宗棠、徐宗幹会折奏请以参将升用，且该员曾署是缺游击，于该处海洋、营伍情形均极熟悉，以之仍请升补海坛镇标左营游击，洵堪胜任。惟系籍隶本府，即开复案内亦

① 郭定猷(1831—1885)，广东番禺人。道光二十九年(1849)，投效军营，充勇目，历保守备，赏戴花翎。咸丰六年(1856)，保升游击。八年(1858)，保参将，加副将衔。十年(1860)，保总兵，加骠勇巴图鲁勇号。同治二年(1863)，晋提督衔。三年(1864)，借补乍浦协副将。四年(1865)，署金门镇总兵。六年(1867)，署金门协副将。七年(1868)，署福建海坛镇总兵。八年(1869)，署理福建福宁镇总兵。十一年(1872)，署浙江海门镇总兵。十二年(1873)，补授浙江定海镇总兵。光绪十一年(1885)，卒。

未送部引见，与例稍有未符，第水师人材难得，实无合例堪升之员，溯查从前水师缺出，经各前督臣以不合例人员声明，奏请升署，历蒙允准有案。

合无仰恳天恩，俯准仍以开复候补水师游击李世雄升补海坛镇标左营游击，于营务、洋务均有裨益。如蒙俞允，该员系应行引见之员，容俟部覆到日，即行并案给咨送部引见，恭候钦定。谨会同福建水师提臣李成谋，[1]合词恭折具奏，伏乞皇太后、皇上圣鉴，敕部议覆施行。再，臣到任未及三月，例不出考，合并陈明。谨奏。四月二十二日。

同治六年五月十五日，军机大臣奉旨：兵部议奏。钦此。[2]

## ○二二　奏报杨芳桂出洋统巡日期代奏折

### 同治六年四月二十二日(1867年5月25日)

头品顶戴闽浙总督臣吴棠跪奏，为署理总兵出洋统巡日期，恭代奏祈圣鉴事。

窃照案准部咨：钦奉上谕：嗣后水师提、镇，着于每岁出洋时具奏一次，俟出洋往返事毕，即将洋面如何情形据实具奏等因。钦

---

① 李成谋(1827—1892)，字与吾，湖南芷江人。咸丰四年(1854)，充右哨营官，保外委，加六品顶戴，赏戴蓝翎。同年，保千总、守备，赏换花翎，再保都司，晋游击衔。五年(1855)，保游击。六年(1856)，保参将，加锐勇巴图鲁名号。是年，保副将，升总兵衔。七年(1857)，补江苏太湖协副将。八年(1858)，迁福建漳州镇总兵。十年(1860)，加提督衔。同治元年(1862)，保记名提督。五年(1866)，擢福建水师提督。十一年(1872)，调长江水师提督。光绪二年(1876)，丁母忧。四年(1878)，回长江水师提督本任。十六年(1890)，封太子少保衔。十八年(1892)，卒于任。谥勇悫。

② 中国第一历史档案馆藏：军机录副，档案编号：03-4728-030。

此。咨行钦遵在案。当查同治六年二月系届出洋统巡之期，惟经前署督臣英桂以署福宁府延恒于开篆后亲赴各县，查办土匪，郡城不可无大员控制，已于奏办捕治各属土匪片内陈明，俟延恒事竣回郡，再行出洋在案。兹据署理福宁镇总兵杨芳桂禀报：本年三月十八日，署福宁府延恒拿办土匪回郡，该镇即于三月二十四日出洋，管带兵船，督缉南北洋面，以重防务而符定制。所有福宁郡城地方一切事宜，仍交延恒办理外，合将出洋统巡日期禀请代奏等情前来。臣查该署总兵例无奏事之责，谨循例案恭折代奏，伏乞皇太后、皇上圣鉴。谨奏。四月二十二日。

同治五年五月十五日，军机大臣奉旨：知道了。钦此。[①]

## 〇二三　请以黄亨铭升署台湾镇标右营守备折

**同治六年四月二十二日(1867年5月25日)**

头品顶戴闽浙总督臣吴棠跪奏，为海外守备员缺紧要，遴员请旨升署，恭折奏祈圣鉴事。

窃照福建台湾镇标右营守备周梦渭升署北路中营都司，所遗该守备员缺系台湾陆路题补之缺。前准兵部咨行，令在于台地人员内拣选题补，当经前督臣左宗棠以邵武城守左营千总蔡褒清奏请升署，奉旨：兵部议奏。钦此。旋准部臣议覆，以蔡褒清系内地千总请升台湾守备，与例案均属不符，仍令迅拣合例人员请补等因。定例台湾陆路武职缺出，即于台湾所属人员内拣送题补。如

① 中国第一历史档案馆藏：军机录副，档案编号：03-4772-040。

无合例可题之人，再于内地各营内拣选熟悉风土之员，题请调补。又，陆路千总已出兵者，历俸三年；未出兵者，历俸六年。又，陆路守备缺出，以隔府别营人员题补各等语。臣查台湾陆路各营额设千总，或历俸未满，或丁忧及缘事撤任，或系新拔尚未授札，或已请升守备。其内地陆路守备，非现居要缺，即于海外人地未宜，一时实无合例堪升、堪调之员。

臣详加遴选，惟查有台湾城守右军千总黄亨铭，年五十三岁，福建福州府闽县人，由行伍历拔今职，于咸丰八年八月内投札。同治五年间，在台迭次搜捕逆匪出力，经前台湾镇道曾元福、丁日健奏奉谕旨：着以守备留于福建尽先补用，并赏戴蓝翎。钦此。并经前署台湾镇总兵曾元福以该千总年壮技可，缉捕勤能，在台有年，熟悉风土民情，禀保请升台营守备在案，以之升署台湾镇标右营守备，洵堪胜任。惟该千总承领札付虽经有年，核计是秋守备出缺时，历俸尚未届满六年，与例稍有未符，第查从前海外守备缺出，一时如无合例可升之员，经各前督臣以不合例人员声明，奏请升署。

合无仰恳天恩，俯念海外守备员缺紧要，准以台湾城守右军千总黄亨铭升署台湾镇标右营守备，俾营伍、地方均有裨益。如蒙俞允，应俟部覆到日，即行给咨送部引见，恭候钦定。臣谨会同福建水师提臣李成谋，合词恭折具奏，伏乞皇太后、皇上圣鉴，敕部议覆，施行。再，臣到任未及三月，例不出考，合并陈明。谨奏。四月二十二日。

同治六年五月十五日，军机大臣奉旨：兵部议奏。钦此。[①]

---

① 中国第一历史档案馆藏：军机录副，档案编号：03-4728-032。

## ○二四　请将胡光墉等员仍照原保官阶补用片

**同治六年四月二十二日(1867年5月25日)**

再,前督臣左宗棠于先克复浙江杭州、余杭等城案内,请将运使衔江西试用道胡光墉改留福建,以道员补用,并加按察使衔。又于援江克复崇仁等城案内请将安徽补用府经历朱幹隆,以知县改留福建尽先补用。又于克复湖州等城案内请将升用知县候补县丞彭光藻改留福建,以知县尽先补用。经部驳覆奏后,现又复准部咨:以奏定章程,无论何项劳绩,概不准援引筹饷例指省名目,今该督奏请照原保给奖,仍系指省名目,将胡光墉一员仍照前咨,签掣分省补用。朱幹隆、彭光藻二员,均令另核请奖等因。自应遵照部咨办理。惟查胡光墉系于同治四年间经左宗棠奏以闽省吏治需人,奏调来闽,嗣又以该员熟悉洋务,奏奉饬交总理船政事务前江西抚臣沈葆桢遣用。其朱幹隆、彭光藻二员,亦系左宗棠咨调随营差委,并分别委令代理连城县知县、福州府海防同知篆务,亦经奏咨有案。该员等在闽有年,著有劳绩,若因格于章程,概予议驳,固不以足昭激劝,且均系先经奏调、咨调随营在闽之员,核与现准部咨保留出力省份究与指省不同,及声明后准予更正新章相符,据闽省军需局司道具详前来。

合无仰恳天恩,俯准将道员胡光墉、知县朱幹隆、彭光藻三员仍照左宗棠原保官阶,改留福建补用,出自逾格鸿慈,谨会同福建抚臣李福泰附片陈奏,伏乞圣鉴训示。谨奏。

同治六年五月十五日，军机大臣奉旨：着照所请，该部知道。钦此。[①]

## ○二五　檄调吴世熊来闽差遣委用片

**同治六年四月二十二日(1867年5月25日)**

再，臣上年将赴闽浙时，曾经奏调记名运司李元华、前浙江杭州府知府薛时雨等来闽，钦蒙俞允在案。李元华旋经漕臣张之万留，薛时雨病休，难于就道。臣抵闽后，查吏治、军政、筹饷及中外交涉事宜，在在均关紧要，本省虽多可用之才，而臣履任方新，未能尽悉。查有按察使衔前江苏淮扬道吴世熊，才识胜人，讲求吏事，曾代理江苏布政使，兼管粮台，办理裕如，上年丁忧回籍，臣以该员为司道中出色人员保奏，奉上谕：吴世熊着服阕后，由马新贻给咨送部引见，候旨简用。钦此。该员现已服阕，例应起复，引见后请旨发往原省，并于奏保案内，遵旨送部，恭候简用。

现当用人之际，合无仰恳恩施，准臣檄调来闽差遣委用，将来即由臣给咨赴部，俾先资指臂之使，仍恳天恩量予录用，出自鸿慈。臣为闽省需才起见，谨附片具陈，伏乞圣鉴。谨奏。

同治六年五月十五日，军机大臣奉旨：着照所请，该部知道。钦此。[②]

---

① 中国第一历史档案馆藏：军机录副，档案编号：03-4631-060。此片具奏日期未确，兹据同批折件校正。

② 中国第一历史档案馆藏：军机录副，档案编号：03-4631-061。此片具奏日期未确，兹据同批折件校正。

## ○二六　委令萧仪斌署理福宁镇总兵片

**同治六年四月二十二日(1867年5月25日)**

再,署福建建宁镇总兵吴光亮蒙恩补授闽粤南澳镇总兵员缺,应行遵旨晋京陛见。所遗福宁镇总兵篆务,应另委员接署,以专责成。查有延平协副将萧仪斌,堪以署理。除咨行遵照外,谨附片陈明,伏乞圣鉴。谨奏。

同治六年五月十五日,军机大臣奉旨:知道了。钦此。[①]

## ○二七　勘明澎湖协标应行补制军装等项银数折

**同治六年四月二十二日(1867年5月25日)**

头品顶戴闽浙总督臣吴棠跪奏,为福建澎湖协标左右营应制补剿匪打仗遗失及配船沉失各军装、炮械,估需工料银数,恭折具奏,仰祈圣鉴事。

窃照修制军械银数在一千两以上者,则应奏明办理。闽省同治元年间,派拨澎湖左、右营精兵,前赴台湾剿匪,与贼打仗,陆续遗失及配船沉失各军装、炮械,现据该二营呈请制补,当经由司汇案开册,详经前督臣左宗棠批准,转移督标右营参将迅速按册估价,动项制补在案。兹据福建督标右营参将侯定贵将澎湖左右营

① 中国第一历史档案馆藏:军机录副,档案编号:03-4728-031。此片具奏日期未确,兹据同批折件校正。

调赴台湾剿匪遗失及配船沉失各军装、炮械按例确估，共需工料银二千三百四十三两三钱三分，开造名目、件数清册，送由署福建藩司夏献纶覆核明确，详请奏咨前来。

臣查各营剿匪打仗遗失及配船沉失各军械，例准不拘年限，随时动项制补。今澎湖左、右营请制各军装、炮械，核与定例相符，既经分晰造册送司，由司查核无浮，自应准予制补。所有估需工料共银二千三百四十三两三钱三分，应准动支盐法道年票课款银办理，以足军实而资操防。应需铁斤据该营估册内声明，附近营厅县库均无存储荒铁，并准购买荒铁配用。除将估册分咨部科查核外，合将估需工料银数恭折具奏，伏乞皇太后、皇上圣鉴。谨奏。四月二十二日。

同治六年五月十五日，军机大臣奉旨：知道了。钦此。[①]

## 〇二八　拿获闽省洋盗万枋等讯明拟办折

### 同治六年四月二十二日（1867年5月25日）

头品顶戴闽浙总督臣吴棠跪奏，为在洋拿获盗犯，讯明拟办，仰祈圣鉴事。

窃照闽省海洋辽阔，港汊纷歧，每有盗匪出没伺劫，为害商渔，经各前督臣严饬地方文武及巡洋舟师，实力巡缉，叠次获犯讯办，随时具奏在案。兹臣钦奉简命补授闽浙总督，莅闽任事，查接管卷内，前署福宁镇池建功于咸丰六年十二月二十四日，亲率舟师在鱼鸟溪口巡见盗船一只，捕获匪犯万枋、段世芳、陈奇、林东、叶犬、陈

---

① 中国第一历史档案馆藏：军机录副，档案编号：03-4814-019。

阿鳞、李金陇七名，并救出难民万成发、林坪、林确、程光盛四名，当即由营省释，一面将万枋等七名发交前署霞浦县高会嘉讯办。该县随提各犯研审，据万枋、段世芳、陈奇供认，听从逸盗林寅舵纠邀，出洋行劫客船，按赃勒赎。林东、叶犬、陈阿鳞、李金陇四犯，据各供认被逸盗林寅舵逼胁在船，或把舵，或打水爨饭等供。经该县录供通详，因值办理军务，暂行停办。该犯万枋、段世芳、陈奇、李金陇、陈阿鳞五人，先后在监病故，均经验讯详报。高会嘉及接任各县，均未审解卸事。前署县周丙曾抵任，提犯覆鞫，详经批饬拟办。旋据该县饬提现犯林东、叶犬，覆审议拟。叶犬在监患病，未能并解，先将林东一犯由府解司，查核案情未协，饬发福州府确审拟办。前署福州府李嘉玮核卷提犯，研讯具详。正在拟办间，据报林东一犯在侯官县监病故，当经验讯详报。该府未及拟详卸事，现署福州府知府尹西铭抵任，接准移交，覆查无异，核拟具详，经福建按察使康国器拟详请奏前来。臣查此案，盗犯万枋等听从逸犯林寅舵出洋行劫，林东等被胁服役，既经前任福州府知府丁嘉玮[①]暨前署霞浦县知县高会嘉等先后提讯，供悉前情，究诘不移，案无遁饰。

查例载：江洋行劫大盗立斩枭示。又，洋盗案内被胁在船服役并未随行上盗被获者，杖一百、徒三年各等语。此案万枋、段世芳、

① 丁嘉玮(1817—?)，顺天大兴人，祖籍浙江，由荫生入国子监肄业，以县丞签分福建。道光二十二年(1842)，补县丞，历署福清、霞浦县知县。二十九年(1849)，升补同安县知县，加同知衔。三十年(1850)，调署闽县知县。咸丰五年(1855)，保同知，戴蓝翎，历署龙岩直隶州知州、厦防同知。八年(1858)，补授福州福海防同知。九年(1859)，保知府，赏戴花翎。同治元年(1862)，进京陛见。二年(1863)，授福宁府知府。四年(1865)，调补福州府知府，加道衔。五年(1866)，署兴泉永道。六年(1867)，被参革职。八年(1869)，办理通商事务。十年(1871)，仍以知府用。十二年(1873)，署汀州府知府。

陈奇，听从逸盗林寅舵纠邀，出洋行劫，接赃勒赎，实属法无可贷，均合依江洋大盗立斩枭示例，拟斩立决枭示。该犯业已在监病故，饬县戮尸，传首至海口，悬竿示众，以昭炯戒。林东、叶犬、陈阿鳞、李金陇四犯，或在船把舵，或打水爨饭，均系被胁服役。除林东、李金陇、陈阿鳞业已病故外，叶犬一犯合依洋盗案内被胁在船服役并未随行上盗者杖一百、徒三年例，拟杖一百、徒三年，仍照福建省抢窃案由拟结锁礅之例，递籍锁带石墩，五年限满责释。各犯在洋为匪，原籍牌保无从觉察，请免置议。万枋等先后在监病故，刑禁人等讯无凌虐情弊，应毋庸议。

犯系强盗，官经数任，所有监毙职名，并请免开。其文武疏防应议及获盗出力应叙各职名，分别查取另办。逸盗林寅舵等仍严饬水队文武暨各舟师，实力搜捕，随时认真巡缉，以靖海洋而安商旅。除备录供招咨部外，谨会同福建巡抚臣李福泰，恭折具奏，伏乞皇太后、皇上圣鉴，敕部议覆施行。谨奏。四月二十二日。

同治六年五月十五日，军机大臣奉旨：刑部议奏。钦此。[①]

## ○二九　奏报闽省续捐军饷银数请广乡试中额折

**同治六年四月二十五日(1867年5月28日)**

头品顶戴闽浙总督臣吴棠、福建巡抚臣李福泰跪奏，为查明闽省士民续捐饷项积有成数，吁恳天恩加广文武中额，恭折奏祈圣鉴事。

① 中国第一历史档案馆藏：军机录副，档案编号：03-4772-039。

窃照前准部咨：奉上谕：绅士商民捐资备饷，一省至十万两者，准广该省文武乡试中额各一名；一厅州县捐至二千两者，准广该处文武试学额一名等因。钦此。又，查部议加额章程：捐银三十万两者，准加文武乡试定额各一名，均以十名为限，广额余银准并入续捐计算各等因。闽省捐输先于咸丰己未恩科，并补行戊午正科乡试，加足文武定额各十名。嗣于同治三年甲子科乡试，请将续捐银数加广文武中额各四名，随案声明广额余银七万七千六百七十四两八钱二分五厘，应并入续捐计算各在案。前自同治三年造报以后截至现在止续捐兵饷票本，换交五成实银，援剿经费、筹防经费等项，除外省台属士民在闽捐输及户部驳查剔出另行分别办理外，所有内地各府州属已经报捐缴银，造册请奖、部覆照准者，共捐实银一百三十七万二千七百九十三两一钱五分，合之前次广额余银，统计一百四十六万四百六十四两五钱七分五厘，相应吁恳天恩，准将福建省本年丁卯科乡试加广文武举人中额各一十四名，尚余银六万四百六十八两五钱七分五厘，照案存俟下次续捐，并入计算。据省局司道造册会详请奏前来。

除将各册分咨户、礼、兵部核办并咨学臣查明各州厅县实捐银数、核计应广文武学额另行专案造册送部外，所有闽省续捐饷项应请加广文武乡试中额缘由，臣等谨会同福建学臣曹秉濬，①合词恭折由驿具奏，伏乞皇太后、皇上圣鉴，敕部议覆施行。谨奏。同治

① 曹秉濬（1839—?），广东番禺人，廪生。咸丰十一年（1851），中式举人。同治元年（1862），中式进士，改庶吉士，散馆，授编修。三年（1864），放福建学政。七年（1868），交卸学政篆务。九年（1870），简放山西正考官。十二年（1873），京察一等，保知府。十三年（1874），放江西赣州府知府。同年，补南康府知府。光绪四年（1878），调补赣州府知府。十三年（1887），补授九江府知府。十七年（1891），授南昌府治府。

六年四月二十五日。

同治六年五月二十五日，军机大臣奉旨：该部速议具奏。钦此。[1]

## ○三○ 奏报知府李萼棻期满甄别折

### 同治六年四月二十七日(1867年5月30日)

头品顶戴闽浙总督臣吴棠、福建巡抚臣李福泰跪奏，为知府查看一年期满，堪以留闽补用，恭折具奏，仰祈圣鉴事。

窃准吏部咨：嗣后道府州县，无论何项劳绩保奏归入候补班人员，即以到省之日起予限一年，详加察看，认真考核，出具切实考语，奏明分别繁、简补用等因。兹查候补知府李萼棻，年四十八岁，安徽阜阳廪贡生。咸丰二年，遵筹饷例报捐部寺司务，分发行走。三年，在籍办团，随剿亳、蒙捻匪、攻破王圩出力案内奉上谕：着以主事分发补用。钦此。嗣于克复六安州城在事出力，奉上谕：着以员外郎分发补用。钦此。赴部注册，签掣户部陕西司行走，办理民科事件。因病请假出都，病痊回京，道经临淮，奉札留营差委。旋于克复定远县城并固镇剿贼出力，同治元年三月初五日，奉上谕：着以知府分发省份补用。钦此。复于攻破湖沟及浍北一律肃清出力，是年九月十五日，奉上谕：着赏戴花翎。钦此。赴部验看，签掣福建，在京铜局缴清捐免保举银两，经吏部带领引见，奉旨：着照例发往。钦此。四年九月十三日到省，十一月管解军饷、军火，赴漳

---

[1] 中国第一历史档案馆藏：军机录副，档案编号：03-4911-021；朱批奏折，档案编号：04-01-35-0694-013。此折军机录副目录具奏日期误为“同治六年五月二十五日”，兹据朱批奏折校正。

州军营交纳，汇入闽省办团、解饷、剿匪出力保奏，奉上谕：着交部从优议叙。钦此。现委发审局会督核审案件。计自到省之日起，扣至五年九月十三日，一年期满。据福建藩、臬两司查得该员朴诚干练，通达治体，堪膺表率之任，出具考语，会详请奏以繁缺知府留闽，照例补用等情前来。

臣等到任未及三月，例不出考，相应据详，合词恭折具奏，伏乞皇太后、皇上圣鉴训示。谨奏。同治六年四月二十七日。

同治六年六月二十一日，军机大臣奉旨：吏部知道。钦此。①

## 〇三一　奏请奖励捐输军饷官绅士民折

### 同治六年四月二十七日（1867年5月30日）

头品顶戴闽浙总督臣吴棠、福建巡抚臣李福泰跪奏，为闽省官绅士民捐输军饷银两，恳请饬部核奖，以昭激劝，恭折奏祈圣鉴事。

窃照闽省历年筹备军需，久形竭蹶。同治四年冬间，军务紧迫更甚于前，经前督抚臣仿照成案，向殷实绅商妥劝捐助，会折奏明，悉照捐输筹防经费章程，并遵筹饷及现行各例，分别实减二成再递减一成，每百两以七十二两计算，仍照部议定章，每两折银五钱五分，合计每百两实折银三十九两六钱上兑。计劝办以来，据共捐银十万两有奇，缴局汇解司库，凑应急需，先经截至同治五年五月初十日止，请奖银四万四千四百八十一两八钱，由前督抚臣开单具奏在案。兹自同治五年五月十一日起至十二月二十日止，据前护抚臣周开锡等二百一十员名捐请封典及报捐文武职官，共折实银八

① 中国第一历史档案馆藏：军机录副，档案编号：03-4631-146。

万五千五百六十两，每两折实银五钱五分，共折收实银四万七千五十八两，分填实收给领。据省局司道列册详请作为第二次奏奖，并声明两次共请奖实银九万一千五百三十九两八钱，尚有已捐未请奖银一万数千两，按名催令开具官职、履历三代送局，另行核办。所收捐项统归军需案内汇册报销等情。

臣等查该官绅等踊跃输将，力图报效。先已缴库，支应急需。兹第二次由局请奖前来，合无吁恳天恩，俯准敕部查照历办成案，分别给奖，以资观感。至此次请奖武职系在未奉停止以前报捐，应请一体奖叙。除将各捐生年籍、履历清册同截存副、实收分别咨部暨国子监换给执照、发闽给领外，臣等谨合词恭折具奏，并缮清单，恭呈御览，伏乞皇太后、皇上圣鉴，敕部核覆施行。谨奏。同治六年四月二十七日。

同治六年六月二十一日，军机大臣奉旨：户部核议具奏，单并发。钦此。[1]

## ○三二　呈闽省捐助军饷请给官衔等项清单

### 同治六年四月二十七日(1867年5月30日)

谨将闽省官绅士民捐助军饷银两请给文武官阶、职衔及封典、加级等项，第二次缮具清单，恭呈御览。

计开：二品顶戴前护理福建巡抚周开锡，捐实银五百七十两三

---

① 中国第一历史档案馆藏：军机录副，档案编号：03-4814-064；朱批奏折，档案编号：04-01-01-0896-038。

钱五分，以为前在捐输筹防经费第五次请奖案内捐级请封，奉部核覆，应行补请二轴覃恩二品封典。

候选同知举人陈承祖，捐缴实银二千八百六十三两三钱，应请给予郎中不论双单月分部行走，并加五级，请慈祖母并父母二品封典，将本身妻室应得封典貤封兄承庥、嫂曾氏。

分发即用员外郎举人张隆，捐缴实银一千四百五十七两五钱，应请旨给予郎中不论双单月分部学习。

钦赐举人邵鸿禧，捐缴实银三千八百四十三两四钱，应请旨给予郎中不论双单月分部学习，并免保举。

俊秀李向荣，捐缴实银二千七百二十四两三钱，应请旨给予监生并员外郎双月选用，暨免保举。

理问衔松溪县永和里县丞李时英，捐缴实银一千四百三十九两九钱，应请旨给予同知双月在任候选，并据呈明遵例即赴捐铜局捐免离任。

俊秀李昂，捐缴实银一千六百七十八两六钱，应请旨给予监生并主事双月选用，暨免保举。

署霞浦县事福建候补知县梁景韶，捐缴实银五百七十六两四钱，应请旨给予加寻常一级、随带一级，并加同知升衔。

监生郑珩璜，捐缴实银一千二百八十三两一钱五分，应请旨给予盐课司提举双月选用。

同知衔现署邵武县事尽先知县路昭勋，捐缴实银一百三十三两一钱，应请旨给予加寻常二级。

保升签分知县朱必昌、福建补用知县傅崇品、福建补用知县汪宝驹，以上三员各捐缴实银三百七十六两七钱五分，应请旨给予同知升衔。

署沙县事准补龙溪县知县陈培桂，捐缴实银一百三十三两一钱，应请旨给予随带加一级。

盐提举衔指分福建补用布经历王曰瑛，捐缴实银八百九十四两八钱五分，应请旨给予通判不论双单月选用。

保举从九品衔区兆璜，捐缴实银三百两零三钱，应请旨给予监生并詹事府主簿职衔。

留浙补用县丞董飞熊，捐缴实银一百二十四两三钱，应请旨给予布政司理问升衔。

保举盐提举衔遇缺前先选训导唐正廷，捐缴实银一千一百三十九两六钱，应请旨给予盐课大使指省分发江苏补用。

俊秀李宝琛，捐缴实银一千二百七十八两七钱五分，应请旨给予监生并盐课大使指省分发广东补用。

保举尽先选用县丞夏允达，捐缴实银一百二十七两五分，应请旨准予指省分发福建补用。

指分广东补用县丞刘士彦，捐缴实银一百三十七两五钱，应请旨准予捐免赴部验看。

不论双单月分缺先用县丞元德升，捐缴实银一百七十一两六钱，应请旨准予指省分发江西补用，并免试用。

不论双单月候选县丞温运珩，捐缴实银二百六十四两五钱五分，应请旨准予指省分发福建补用，并免赴部验看。

双月选用县主簿杨兆壎，捐缴实银二百四十二两五钱五分，应请旨给予县丞不论双单月选用。

俊秀刘应邻，捐缴实银四百六十两三钱五分，应请旨给予监生并县丞不论双单月选用。

俊秀况尚焕，捐缴实银七百二十四两三钱五分，应请旨给予监生并府经历不论双单月指省分发湖北补用，暨免赴部验看。

俊秀孟肇勋、刘元善，以上二名各捐缴实银三百二十一两二钱，应请旨均给予监生并府经历双月选用。

福建永福县际门巡检陆元熙，捐缴实银八十二两五钱，应请旨给予加寻常二级。

军功六品分发即用从九品李冠清，捐缴实银八十二两五钱，应请旨准予指项按察司司狱，并指省江西补用。

俊秀黄庆云，捐缴实银三百一十二两四钱，相应请旨给予监生，并指项典史不论双单月指省分发福建补用。

俊秀孙鼎臣，捐缴实银三百一十二两四钱，相应请旨给予监生，并指项巡检不论双单月指省分发福建补用。

指分福建补用从九品盛象乾，捐缴实银五十两零五分，应请旨准予补足二班。

指分江苏候补从九品陈瑞樚，捐缴实银九十六两二钱五分，应请旨准予捐免赴部验看。

俊秀陈绍登，捐缴实银三百七十七两八钱五分，应请旨准予从九品职衔，递捐从九品不论双单月指省分发福建补用，并免赴部验看。

不论双单月候选从九品汪庆元，捐缴实银一百三十九两七钱，应请旨给予指省分发福建补用。

俊秀万应鳞，捐缴实银三百七十八两四钱，相应请旨给予监生并从九品不论双单月指省分发福建补用，暨免赴部验看。

捐职从九品龚崧，捐缴实银二百五十两二钱五分，应请旨给予从九品不论双单月指省分发浙江补用。

俊秀刘荃，捐缴实银二百八十二两一钱五分，应请旨给予监生并从九品不论双单月指省分发江西补用。

俊秀狄炳蔚，捐缴实银二百八十一两六钱，相应请旨给予从九品职衔，递捐从九品不论双单月指省分发浙江补用。

监生李鸿岚，捐缴实银一百两零一钱，应请旨给予从九品不论双单月选用。

俊秀杨春澍、汪之芬，以上二名各捐缴实银一百四十三两，应请旨给予监生并从九品不论双单月选用。

监生王文洁，捐缴实银五十两零五分，应请旨给予从九品双月选用。

俊秀王柱，捐缴实银九十二两四钱，应请旨给予从九品职衔，递捐从九品双月选用。

蓝翎军功六品王文霁、俊秀张亮时、万文沅，以上三名各捐缴实银九十二两九钱五分，应请旨均给予监生并从九品双月选用。

捐职从九品程邦基，捐缴实银六十一两零五分，应请旨给予从九品双月选用。

俊秀胡浩，捐缴实银二百八十二两一钱五分，应请旨给予监生并未入流不论双单月指省分发福建补用。

恩贡生刘澍桂、骡箎谦，以上二名各捐缴实银三百零五两八钱，相应请旨给予教谕不论双单月，分发即用。

举人王青，捐缴实银二百五十九两六钱，相应请旨给予教谕不论双单月，分发即用。

恩贡生苏冠馨、毛炳凤、刘鸣銮、优贡生姜友梅、举人冯拱辰，以上五名各捐缴实银一百九十两八钱五分，应请旨均给予训导不论双单月，分发即用。

廪生郑尚彬，捐缴实银四百三十三两四钱，相应请旨给予贡生并训导不论双单月分发分缺先用。

保举不论双单月尽先训导张锡龄，捐缴实银一百三十九两九钱，应请旨准予捐足不论双单月，分发即用。

廪生杨士鉎、柯汝舟、刘锋、马维新，以上四名各捐缴实银二百四十四两二钱，应请旨均给予贡生并训导不论双单月，分发即用。

不论双单月候选训导陈植英，捐缴实银五十一两七钱，应请旨准予分发即用。

岁贡生徐锡麒，捐缴实银三百二十八两三钱五分，应请旨给予训导不论双单月，分缺先选用。

廪生王宝坫，捐缴实银三百八十二两二钱五分，应请旨给予优贡生并训导不论双单月，分缺先选用。

廪生陈濂、黄庆春、陈荣烺、孙培年，以上四名各捐缴实银一百二十一两五钱五分，应请旨均给予贡生并训导双月选用。

福建候补知府已捐加四级朱以鉴，捐缴实银二百八十五两四钱五分，应请旨给予二品封典，貤封妻父母。

福建尽先补用知县朱幹隆，捐缴实银五百零三两八钱，应请旨给予同知升衔，并请父母五品封典，将本身妻室应得封典貤封本生父母。

提举衔指分浙江补用布经历李湘，捐缴实银一百二十七两五分，应请旨给予父母五品封典，将本身妻室正五品封典貤封祖父母。

俊秀郑准，捐缴实银九百六十一两九钱五分，应请旨给予监生并同知职衔，暨请父母五品封典，将本身应得封典貤封胞伯父国彦。

保举州同衔陈采，捐缴实银四百四十三两八钱五分，应请旨给予加二级，请五品封典。

捐职县丞施纲，捐缴实银四百八十三两四钱五分，应请旨给予布政司经历职衔暨加二级，请父母并本身妻室五品封典。

捐职布政司经历蔡鸣鹿，捐缴实银九十五两一钱五分，应请旨给予父母六品封典，并将本身妻室应得封典贻封祖父母。

俊秀范永年，捐缴实银二百五十六两八钱五分，应请旨给予监生并州同职衔，暨请父母六品封典，将本身妻室应得封典贻封祖父母。

捐职从九管栋梓，捐缴实银六十三两八钱，应请旨给予九品封典贻封父母。

俊秀张安全、巫兴云，以上二名各捐缴实银九十五两七钱，应请旨给予从九品职衔，并请九品封典贻封父母。

监生俞构，捐缴实银三百五十六两四钱，相应请旨给予光禄寺署正职衔。

监生徐承甲，捐缴实银一百七十六两，应请旨给予贡生并布政司理问职衔。

俊秀林廷材、罗振基，以上二名各捐缴实银一百六十以两七钱，应请旨均准予监生并布政司理问职衔。

俊秀洪绍璧，捐缴实银一百六十以两七钱，应请旨给予监生并布政司理问职衔。

监生郭寿昆，捐缴实银一百七十六两，应请旨给予贡生并州同职衔。

俊秀金廷昌，捐缴实银二百一十八两九钱，相应请旨给予监生并贡生暨州同职衔。

俊秀吴采章、王吉、罗藻华、谢隆，以上四名各捐缴实银一百六十以两七钱，应请旨给予监生并州同职衔。

俊秀刘世绰，捐缴实银三百两零三钱，应请旨准予代为已故胞弟俊秀刘世纶报捐监生并中书科中书职衔。

俊秀陈禧宾、杨维叙、伍起彤，以上三名各捐缴实银一百二十二两一钱，应请旨均给予监生并县丞职衔。

俊秀徐宝光，捐缴实银一百八十五两九钱，相应请旨给予监生并翰林院待诏职衔。

廪生沈颖超、卢潮清、李锡棻，以上三名各捐缴实银九十两七钱五分，相应请旨均给予贡生并按察司照磨职衔。

增生张际唐，捐缴实银九十五两一钱五分，相应请旨给予贡生并按察司照磨职衔。

附生裴中桂、罗允功，以上二名各捐缴实银一百零五两五分，相应请旨均给予贡生并按察司照磨职衔。

捐职从九品任秀延、陈步先，以上二名各捐缴实银一百一十六两六钱，应请旨均给予监生并贡生，暨按察司照磨职衔。

俊秀丁宗汉、张启南、郑煜、唐应魁、郑藏器，以上五名各捐缴实银一百四十七两九钱五分，应请旨均给予监生并贡生暨按察司照磨职衔。

捐职从九品李业文、何亮彩，以上二名各捐缴实银五十九两四钱，应请旨均给予监生并按察司照磨职衔。

俊秀邓佳品、郭云峰、陈锋、黄世忠、李际盛、吴志章、张守诚、叶绍箕、李安森、黄尚达、马萃林、孙成瑶、陈如璋、黄毓藩、张锦荣、巫登熙，以上十六名各捐缴实银九十两七钱五分，应请旨均给予监生并按察司照磨职衔。

监生王蔚兰、附生陈昌世，以上二名捐缴实银一百零五两五分，相应请旨均给予贡生并县主簿职衔。

俊秀邓洵、林凤鸣、祝允升、祝庆丰、郑凤池、潘作桂、余达麒、谢士清、丁炳然、廖祖成、姜第彭、施有政、黄吉耀、李青珩、龚春畴、方祖烈、朱华堂、朱凤仪、陶锡璜、张和、聂衍钦、张作训、张作舟、张维灘、伍廷佑、吴仕喜、江昭临、聂珩铭、郑永铎、郑彤藩、郑拱机、郑骏机、张汝托、黄启荣、吴光奎、王作模、蓝田玉、何亮彩、黄致和、董启勋、郑让阶、张椿辉、王道昌、赵奉先、叶文镳、罗家彦、孙成珠、邱大杰、刘仰高、黄益平、应金堂、阉爱珍、戴志才、程邦基、李启华、彭荣显、彭荣升、许嘉彪、邓金英、朱时中、王凤廷、蓝春芳、李志纯、唐国池、朱师竹、杨志超、熊洪盛、钟炳鸿、邓元章，以上六十九名各捐缴实银三十一两九钱，应请旨均给予从九品职衔。

游击升衔双月都司周成镐，捐缴实银二百零三两五钱，应请旨给予游击双月即用。

俊秀陈云龙，捐缴实银六百四十四两零五分，应请旨给予武监生并营千总，分发本省拔补，暨免赴部验看，加营守备升衔。

武生王志正，捐缴实银二百五十九两五分，相应请旨给予营千总分发本省拔补，并免赴部验看。

俊秀林捷升，捐缴实银三百零一两九钱五分，应请旨给予武监生，并营千总分发本省拔补，暨免赴部验看。

俊秀朱占堂，捐缴实银三百九十九两三钱，相应请旨给予武监生并都司职衔。

俊秀邓飞举，捐缴实银二百零一两三钱，应请旨给予武监生并守御所千总职衔。

武生邹肇熊，捐缴实银九十九两，应请旨给予卫千总职衔。

俊秀朱旭明、张登鳌，以上二名各捐缴实银一百二十六两五钱，应请旨均给予武监生并营千总职衔。

俊秀蔡廷勋，捐缴实银九十两七钱五分，应请旨给予武监生并把总职衔。

军机大臣奉旨：览。钦此。[①]

## 〇三三 奏报琉球国谢恩使起程进京日期折

### 同治六年四月二十七日（1867年5月30日）

头品顶戴闽浙总督臣吴棠、福建巡抚臣李福泰跪奏，为琉球国谢恩使臣自闽起程，恭折奏祈圣鉴事。

窃照上年册封琉球国王事竣，该国王遣使赍捧表文、方物，同常贡使臣坐驾贡船来闽，晋京恭谢天恩。因常贡已有兼谢御书贡品，沿途需用夫马繁多，此项贡物应令派员伴送北上，经前护抚臣恭疏题报，并将贡船到闽缘由奏明在案。兹该国谢恩正使法司王舅马朝栋等赍解前项表文、方物，择于本年四月初七日自闽起程。当即遴委候补知府周懋琦、补用知县傅崇品、升署闽安协副将刘兴邦等，沿途妥为照料，飞咨经由各省一体派员接护，暨饬沿途地方官将照例应付之夫船、车辆等项，预为备应，以免迟滞。约计本年六月中旬可以到京，据署藩司夏献纶具详请奏前来。

除咨明吏部外，臣等谨恭折具奏，伏乞皇太后、皇上圣鉴。谨奏。同治六年四月二十七日。

军机大臣奉旨：礼部知道。钦此。[②]

---

① 中国第一历史档案馆藏：清单，档案编号：03-4913-022；此清单未署具呈者，具呈日期亦未确。兹据内容判定其为档案编号04-01-01-0896-038折之附件。

② 中国第一历史档案馆编：《清代中琉关系档案选编》，第1053页。

## 〇三四　奏报石鸣韶等调署政和等县知县片

### 同治六年四月二十七日(1867年5月30日)

再，署政和县事新选上杭县博尔欢泰饬赴上杭本任，所遗政和县缺，本任知县魏应芳前经调省查看，另有差委，未能回任。又，代理惠安县事拣发委用知县王经庭人地不宜，所遗惠安县员缺，准补之王文棨前由嘉义县署任调省查看，旋因欠运兵谷奏参摘顶勒追，未便饬赴本任。以上两缺，均应遴员接署，以专责成。据藩、臬两司查有调省差委之永安县知县石鸣韶，堪以调署政和县事；又调省查看之屏南县知县章凤翔，堪以调署惠安县事。该二员本任内均无承缉盗案将届四参限满处分等情，具详前来。

臣等覆查无异。除批饬遵照外，谨会同附片陈明，伏乞圣鉴。谨奏。

同治六年六月二十一日，军机大臣奉旨：知道了。钦此。[①]

## 〇三五　请赏还松溪县知县王若金顶戴片

### 同治六年四月二十七日(1867年5月30日)

再，松溪县知县王若金先因欠解同治四年份省仓粮米一百九十石零，又五年春夏雨季米九十一石零，共欠解米二百石零。经前护抚臣周开锡汇同前署峡阳县丞余家声欠完米石，会片参奏，同治

---

① 中国第一历史档案馆藏：军机录副，档案编号：03-4631-145；军机录副，档案编号：04-01-12-0503-063。此片具奏日期未确，兹据朱批奏折校正。

六年四月初三日，差弁赍回原片，后开军机大臣奉旨：王若金着摘去顶戴，余家声着暂行革职，均勒限一个月，按数补解等因。遵经恭录转行钦遵在案。兹据督粮道傅观海会同署布政使夏献纶详称：该员王若金所欠四年份之米，续据具禀，除分征之永和里县丞未交米二十石八斗零外，余皆实欠在民，业于奏销案内据实开报等情。核对奏册，尚无捏饰。其五年春夏二季欠解米九十余石，已据该令于参后两次续解清款。由该司道详请准予开复顶戴，并声明该县四年民欠同永和里县丞未交米石，仍饬作速催征补解等由前来。

相应请旨俯准将现任松溪县知县王若金原参摘去顶戴，准予给还，以昭鼓劝。臣等谨附片具奏，伏乞圣鉴训示。至同案参追之余家声一员曾否补缴，现饬催查办。合并声明。谨奏。

同治六年六月二十一日，军机大臣奉旨：王若金着赏还顶戴。余依议。钦此。①

## 〇三六　筹拨茶税、固本两项京饷委员解部折

### 同治六年五月十四日(1867年6月15日)

头品顶戴闽浙总督臣吴棠、福建巡抚臣李福泰跪奏，为筹拨茶税、固本两项京饷银两，委员解部，恭折由驿驰奏，仰祈圣鉴事。

窃照部拨京饷案内指拨福建省各年份茶税银两，经前督抚臣以库款不敷，奏请暂缓，准部议覆：闽省旧欠同治四、五年份二十二

① 中国第一历史档案馆藏：军机录副，档案编号：03-4911-036。此片具奏日期未确，兹据朱批奏折校正。

万两，限三月内一律解清。又，另准部咨：同治六年份京饷，指拨福建省茶税一十万两，速行委解各等因。臣于本年三月抵任，查得闽省茶税上年所收均已拨解军饷，新茶尚未起征，当于无可筹措中，赶筹银五万两，发交委员胡振钧领解，赶于三月内起程，由海道解部投收，作为四年份茶税京饷。又，直隶省固本京饷案内，闽省每月拨解银五千两。同治五年九月十六日，承准军机大臣字寄：八月二十八日，钦奉上谕：着照原定数目，改解部库缴纳，自奉旨之日起，或一月一解，或两三月一解，不准拖延。从前欠解之款，并着免其解补等因。钦此。自是年九月奉文起至十二月止四个月，经前督抚臣共筹银二万两，分作两批，委解赴部各在案。

兹饬据藩司详称：茶税初届起征，尚无成数。而本年拨饷之外，又须代筹补解上年积欠，办理更行竭蹶。惟京饷关系綦重，不敢不竭力预筹，兹在税厘项下筹借银六万两，以三万两作为六年份茶税京饷，以三万两补解五年份茶税旧欠，连同随解部饭等银，委令在闽差委之浙江补用知府遇缺即补同知胥寿荣，督同西商汇解进京，赴部投纳，以期迅速。并据军需局司道续筹同治六年正、二两月份应解固本京饷共银一万两，一并发交委员胥寿荣承领汇解，赴部交收，分案具详前来。

除饬令赶解起程并分咨部科查照暨催藩司将此外未解茶税京饷银两上紧续筹委解、不敢稍事宕延外，臣等谨合词恭折，由驿驰奏，伏乞皇太后、皇上圣鉴。谨奏。同治六年五月十四日。

同治六年六月初八日，军机大臣奉旨：户部知道。钦此。[1]

---

① 中国第一历史档案馆藏：军机录副，档案编号：03-4942-095；朱批奏折，档案编号：04-01-35-0971-073。

## 〇三七　请将知县胡惟寅革职查办折

### 同治六年五月十四日(1867年6月15日)

头品顶戴闽浙总督臣吴棠、福建巡抚臣李福泰跪奏,为特参信任丁胥横征扰民之知县,请旨革职查办,恭折奏祈圣鉴事。

案查接管卷内,同治五年十一月,据福建漳州府知府刘惠人具禀:访闻署长泰县事委用知县胡惟寅,信任丁胥,横征扰民,并有生员戴清汉赴控该令征粮短给串票各情。正在委员查办间,据胡惟寅以县属田头社监生叶呈祥等抗粮殴差,禀府请兵围捕。该府委员查覆,与该令所禀大相径庭,该府未允移营拨兵。胡惟寅辄即赴府,妄肆咆哮等情。当经兼署督臣英桂、前护抚臣周开锡批司将胡惟寅撤任查办,遴委即用知县郑宗瑞接署,并饬移行该管道员勒提丁胥人等解郡,督同该府查讯核参。讵胡惟寅卸事后,并不交出门丁王二赴讯,又不清理交代,甚至征粮红簿串根亦不移交后任,辄即携眷回省。据漳州府就已到案之戴清汉、叶呈祥等,提讯录供,详报前来。

臣等抵任,即经严札饬令赴漳州质审,一面赶算交代,清厘经手钱粮,迄今已阅两月,延不遵照前往。似此胆大任性,未便稍予姑容。据署藩司夏献纶、臬司康国器详揭请参前来。相应请旨将前署长泰县事拣发委用知县胡惟寅革职,饬司派员押解回彰,会算交代,饬缴红簿串根,确核实征钱粮,尽数提解;并饬令将门丁王二交出,由道府提同粮书等质讯确情,分别按律详办,以肃官方。臣等谨合词恭折附驿具奏,伏乞皇太后、皇上圣鉴训示。谨奏。同治六年五月十四日。

同治六年六月初八日，军机大臣奉旨：胡惟寅着即革职审讯。余依议。该部知道。钦此。[1]

## ○三八　查询丁杰竹枝词情形请交部议处折

### 同治六年五月十九日（1867年6月20日）

福州将军兼管闽海关税务臣英桂、头品顶戴闽浙总督臣吴棠跪奏，为查询候补道丁杰交出竹枝词一案情形，恭折覆陈，仰祈圣鉴事。

窃臣等钦奉寄信谕旨：英桂奏，道员丁杰交出竹枝词，牵涉督抚司道大员，钞录呈览一折等因。钦此。臣吴棠于三月初三日任事后，即会同臣英桂钦遵谕旨，认真查察，并传应讯各员，切实研究。据候补道员丁杰供称：同治五年十一月二十三日，往拜督粮道傅观海，行至鼓楼前，突有一人将纸包抛入轿内，回身跑去，喊追不及，看系刊刻竹枝词一样两本，旋往盐法道海钟道署，谈及前事，当因两本一样，取一本与看，旋经带回，本拟销毁，因海钟向要，随即一并交去。前蒙传问，一时恍惚，未将海钟向要各情声说，迨蒙覆问，即经面回供明在案。至刊本内牵引诸人，向无嫌隙，亦无有心倾陷情事编造之，实不知道等语。再三盘诘，矢口不移。

至竹枝词有所指，臣等逐加察访，如抽取厘税、创造轮船、调员来闽差委等事及道员曾宪德考语前后歧异并收复漳州、剿办

---

① 中国第一历史档案馆藏：军机录副，档案编号：03-4631-104；朱批奏折，档案编号：04-01-35-0087-026。

永春州上场堡土匪、崇安斋匪各情形，均经左宗棠奏明有案。检查卷册，奏咨调闽及派委厘差各员，亦多籍隶各省，并非尽属楚人。所指左宗棠去闽时，密商绅士攀留一节。查臣英桂前据绅士之禀，会同前抚臣徐宗幹奏奉谕旨，饬令左宗棠俟臣吴棠到任再行交卸，即经左宗棠以轮船局务俱有眉目，毋俟臣吴棠之至即行料理起程，沥情覆奏；且卷查闽省绅士，其时又以遵旨缓行为词，再三禀留，情词肫切，左宗棠均未允其请，岂有先时密商挽留之理！

又，所指以厘金充修脯一节。查闽省鳌峰书院旧藏有正谊堂先儒书板，久已虫蛀无存。左宗棠设局重刊，考取举贡多人，筹给膏火，分司校理，系为讲明正学、教养士林起见。

又，所指周开锡去妾纳妾等事。据周开锡声称：现年四十二岁，尚无子嗣，生母、嗣母均迎养在署，前在湖南原籍买妾余氏，因不服教训，于四年腊月间去之，其时同知沈应奎早赴泉州府任，并不在省。周开锡之弟开铭，由京来闽省视其母，十月中旬即回湖南原籍，未曾与闻此事。五年夏间，用银二百两，买陕西人师姓之婢，明立契据，并非知府李庆霖[1]所送。臣等勒传沈应奎研究，据沈应奎供称，并未为周开锡安顿已出之妾。李庆霖供称，不知周开锡买妾之事。

---

① 李庆霖（1817—1883），顺天宛平人，祖籍山西，由监生报捐从九品，分发奉天，试用期满，改发福建。咸丰二年（1852），捐升县丞。五年（1855），捐升同知，赏戴蓝翎。六年（1856），赏戴花翎。八年（1858），保知府。同治二年（1863），进京陛见。四年（1865），加道衔。五年（1866），补授延平府知府，旋保道员。六年（1867），被参革职，旋经沈葆桢奏留差遣。七年（1868），经崇厚保奏，开复道衔、花翎，赏加三品衔。九年（1870），进京陛见，以知府用。十一年（1872），补授湖北安陆府知府。光绪九年（1883），同年，卒。

又，所指李庆霖、丁嘉玮为周开锡求护抚篆一节。查前抚臣徐宗干因病出缺，其时臣英桂已蒙恩命兼署督篆，万不能再兼巡抚之事，致滋贻误，是以据实奏请以周开锡接护抚篆。此岂属员所敢代求！臣英桂亦何能以封疆重任勉徇属员之请！其中真伪，难逃圣明洞见〔鉴〕。①

又，所指现署汀漳龙道朱明亮与〔于〕前道杜义山病故后赴府署索印一节。卷查杜义山于同治五年九月十八日出缺，经漳州府知府刘惠人将道印封储府库，禀请委员接署，于九月二十四日禀报到省，前督抚臣檄委朱明亮前往接署。据报于十月二十九日抵漳莅任，声明由府派委府经历张振玉赍送关防，计朱明亮奉委到任，距杜义山开缺之期相隔月余之久。其非当时在漳索印，班班可考。

又，所指左宗棠以红顶二人扶轿及周开锡等各拥亲兵百余人各节。查亲兵系带兵大员随身护卫，其中原有积劳保至副、参、游者，臣英桂当时近在同城，臣吴棠现在逐细访查，左宗棠并无以红顶二人扶轿之事；周开锡、夏献纶现无亲兵随从，惟吴大廷莅任台湾，带勇五百名前往，此外委员中或派赴各郡县缉捕，或护解饷项、军需，酌拨勇丁随伺，间亦有之。此皆事属因公，并非为护卫本员而设。他如所指吴大廷、周开锡、夏献纶等有抽筋、剥皮、刮骨之称，并周开锡、夏献纶得银遮护楚人等事，均属语出无稽。此查询竹枝词一案之实在情形也。

臣等伏查闽省抽厘济饷，同治四年二月以前，原设局卡无多，嗣因军用无出，经左宗棠奏明，按照江浙章程办理，推广添设，所收厘银全数归入军需局收支。当时固明此无以赡军，即令全省肃清，而

---

① 录副作“洞见”，似误，兹据校改。

防兵尚未尽撤，且须协拨外省军需，兼筹东饷，正不能不取资于厘款，实有万不得已之苦衷。至于创造轮船，最为目前要务，岂容无知之人妄议害多利少！即正谊局刊书一事，亦为力昌正教、培植人才起见。此外，或查有奏案，或事属子虚，显系一二失意之人信口雌黄，情殊可恶！亟应严行惩办，以儆奸险而遏刁风。惟研讯道员丁杰坚称：拜客时经不知姓名人将竹枝词刊本投入轿中，实不知何人编造。

臣等明察暗访，该员系候选侨寓人员，与词内所指诸人素无交涉，且该员如果知编造之人有意污蔑，亦不敢公然出于己手，所供向无嫌怨及不知何人编造之处，尚属可信。惟该员身系职官，应知例案，乃于例应销毁之件不行即时毁弃，辄复送入官司，实属不合，相应请旨将按察使衔候补道丁杰交部，照例议处，即令回籍，听候部议，不准再留闽省。所有编造竹枝词之人，容留心察访得实，再行严究惩办。是否有当，谨合词恭折覆陈，伏乞皇太后、皇上圣鉴训示。再，此案竹枝词内所指永春州上场堡颜姓土匪一案，现查尚未定谳，应俟讯明后，另行奏结。合并声明。谨奏。五月十九日。

同治六年六月十二日，军机大臣奉旨：钦此。[1]

【案】钦奉寄信谕旨：英桂奏……等因：此上谕《清实录》载曰：

又谕：英桂奏，道员丁杰交出竹枝词，牵涉督抚司道大员，钞录呈览一折。据称护巡抚周开锡咨称，署藩司夏献纶持有

① 中国第一历史档案馆藏：军机录副，档案编号：03-5065-038。

刊本竹枝词，系盐法道海钟所交，询之海钟，则称得自道员丁杰，及传丁杰面询，前后供词两歧等语。匿名揭帖，例应销毁，立案不行，惟出自丁杰之手，亲供又复支离，不无疑窦，且皆关系地方公事，着英桂面传丁杰切实研诘，究系何人所编。吴棠初抵闽省，无所用其回护，并着会同英桂认真查究，如有挟嫌污蔑情事，必应从严惩办，以杜刁风。词内所指各节亦当悉心察访，核实办理，毋稍容隐。将此各谕令知之。①

## 〇三九　请将沈应奎交部议处片

### 同治六年五月十九日（1867年6月20日）

再，案内同知沈应奎牵涉之处，现经讯明，并无其事。惟臣等查得该员现充税厘局委员，因局设藩署，辄携带家眷，住居藩司署内，经臣吴棠面谕该员搬出。其平日之不能远嫌，可以概见。应请旨将知府衔留闽尽先补用同知沈应奎一并交部议处。谨附片具陈，伏乞圣鉴。谨奏。

同治六年六月十二日，军机大臣奉旨：钦此。②

【案】以上折片于同治六年六月十二日得允行。清廷饬令吴棠、英桂等将编造竹枝词之人严拿究办，以儆刁顽：

同治六年六月十二日，内阁奉上谕：前因英桂奏，道员丁杰交出竹枝词，牵涉督抚司道大员，当经谕令英桂会同吴

① 《穆宗毅皇帝实录（五）》，卷一白九十六，同治六年二月上，第512—513页。

② 中国第一历史档案馆藏：《军机录副》，档案编号：03-5066-037。

棠，查明编造之人惩办，并将词内所指各节悉心查访。兹据英桂、吴棠查明实在情形覆奏，据称词内所指抽收厘税、创造轮船、调员来闽差委等事，及道员曾宪德考语前后歧异，并收复漳州、剿办永春州上场堡土匪、崇安斋匪各情形，均经左宗棠奏明有案。其调闽及派委厘差各员亦多籍隶各省，并非尽属楚人。所指左宗棠去闽时绅士攀留一节，前经英桂等据禀陈明，左宗棠以轮船局务俱有眉目，即行料理起程，覆奏后，经绅士再三禀留，均未允行，并无商令绅士挽留之事。所指以厘金充脩脯一节，闽省鳌峰书院旧藏正谊堂书板无存，左宗棠设局重刊，考取举贡，筹给膏火，分司校理，系为教养士林起见。周开锡所买师姓之婢，并非知府李庆霖所送，同知沈应奎并未为周开锡安顿已出之妾。英桂因兼署督篆，不能再兼巡抚，奏请以周开锡接护抚篆，并非李庆霖等代为恳求。朱明亮接署汀漳龙道印务，距杜义山开缺之期相隔月余，并非当时索印。左宗棠并无以红顶二人扶轿，周开锡、夏献纶现无亲兵随从。惟吴大廷赴任台湾，带勇五百名前往，并此外委员缉捕护饷，间亦拨勇随行，并非为护卫本员而设。周开锡等亦无遮护楚人等情。均着无庸置议。按察使衔候选道丁杰所呈竹枝词，查系不知姓名人投入轿中，惟于例应销毁之件不行毁弃，辄复送入官司，实属不合，着交部照例议处，饬令回借听候部议。左宗棠前在闽省办理军需、厘捐等事，均系地方要务，岂可任令无知之人信口雌黄！所有编造竹枝词之人，仍着英桂等严拿究办，以儆刁顽。另片奏，请将不知远嫌之同知议处等语。知府衔福建尽先补用同知沈应奎，充当厘局委员，辄携卷居住藩署，实属不能远嫌，着交部议处。该部知道。片并发。钦此。[1]

## ○四○ 奏报筹拨盐课银两委解本年京饷折

### 同治六年五月十九日(1867年6月20日)

头品顶戴闽浙总督臣吴棠跪奏，为筹拨盐课银两，委员解充京饷，恭折具奏，仰祈圣鉴事。

窃查钦奉上谕：户部奏，预拨同治六年京饷，拟在各省地丁、盐课、关税等项等因。钦此。计单开拟拨同治六年京饷福建盐课银十五万两，当经饬据福建盐法道海钟在于票课项下筹拨银三万两，委令福建候补知县谢昌霖领解；又筹拨银五万两，委令浙江候补知县胡振钧解送，即经前兼署督臣英桂及臣先后奏报在案。计两次共已拨解银八万两，尚应筹拨银七万两。兹复饬据福建盐法道海钟具详：遵即筹拨银三万两，作为奉拨同治六年份京饷，委补用知府浙江候补同知苟寿荣领解，仍由西商汇兑，进京支取，赴部投纳；并声明此项京饷系指拨盐课，并无随征加平、饭食等银，呈请具奏前来。

除饬赶紧领解起程并将尚应拨解银四万两迅速筹拨，详明委解暨咨部查照外，臣谨会同福建巡抚臣李福泰，合词恭折具奏，伏乞皇太后、皇上圣鉴。谨奏。五月十九日。

同治六年六月十二日，军机大臣奉旨：户部知道。钦此。[2]

---

① 中国第一历史档案馆编：《咸丰同治两朝上谕档》，第17册，第189—190页；《穆宗毅皇帝实录(五)》，卷二百五，同治六年六月上，第652—653页。

② 中国第一历史档案馆藏：军机录副，档案编号：03-4884-032。

## ○四一　请以谢国忠等升署外海水师参将各缺折

**同治六年五月十九日(1867年6月20日)**

头品顶戴闽浙总督臣吴棠跪奏，为外海水师参将各员缺紧要，遴员请旨递行升署，恭折具奏，仰祈圣鉴事。

窃查福建烽火门参将杨洲升署澎湖协副将，所遗该参将员缺系外海水师题补之缺，前准部咨，轮用应补应升人员，行令照例拣题，当经前督臣左宗棠奏请以军功保升水师参将萧瑞芳补用，奉旨：兵部议奏。钦此。旋准部咨议覆：以萧瑞芳系捐纳双月都司，未经指名分发，例应赴部候选，且未请改水师，遽请补缺，与例不符，仍令另拣合例人员请补等因。查该参将驻扎福鼎县山秦屿地方，滨临海口，所辖洋面辽阔，港汊纷歧，巡缉稽查，均关紧要，必须勇干之员，方足以资整饬。闽省水师各游击，现在并无合例可题之员。兹准水师提督李成谋以现当更议营制，员缺未便久悬，选保得升署水师提标后营游击谢国忠，年力强壮，水务精明，咨请升署烽火门参将员缺前来。

臣查现署烽火门参将署水师提督后营游击谢国忠，年四十一岁，四川崇庆州人，由行伍历升今职。该员前经委令护送册封琉球使臣，往返海洋，均无遗误，现委署理烽火门参将事务，办理亦属裕如，以之升署烽火门参将，洵堪胜任。其所遗水师提标后营游击员缺，亦属水师题补之缺，本应俟部覆到日再行遴员请补，第该游击甫经议准移驻锱五店地方，该处背山环海，实为水陆要冲。当此整顿海防，水师尤为紧要，应先遴员请补，以重职守。并经提臣李成谋遴选得掣补水师提标中营守备张联奎，年富力强，营伍练达，曾经出兵著绩，堪以升署水师提标后营游击员缺，移咨到臣。复查掣补水师提标中营守备张联奎，年四十二岁，福建福清县人，由行伍历升今职。该员前于咸丰十年间派令赴浙援剿，于杭城解围出力案内，经前浙江抚臣王有龄奏奉谕旨，赏戴蓝翎。又于同治四年间剿平台湾逆匪出力，经前督臣左宗棠会同前福建抚臣徐宗幹保奏，奉旨：张联奎着免补都司，以游击升用。钦此。现委护理南澳左营游击，营务认真，兵民爱戴，以之升署提标后营游击，亦堪胜任。惟该二员未经领札，并无俸次可计，核与请补之例稍有未符。

第水师人材难得，溯查从前水师参将、游击缺出时，无合例题升之员，经各前督臣以不合例人员声明奏准升署有案，合无仰恳天恩，俯念外海水师员缺紧要，现当整顿营伍之际，准以升署水师提标后营游击谢国忠升署烽火门参将，掣升水师提标中营守备张联奎递准升署水师提标后营游击，实于营伍、海洋均有裨益。

臣到任未及三月，例不出考，如蒙俞允，该二员本系应行引见之员，容俟部覆到日，即行并案给咨送部引见，恭候钦定。臣谨会同福建水师提臣李成谋，合词恭折具奏，伏乞皇太后、皇上圣鉴，敕部议覆施行。谨奏。五月十九日。

同治六年六月十二日，军机大臣奉旨：兵部议奏。钦此。①

---

① 中国第一历史档案馆藏：军机录副，档案编号：03-4729-017。

## 〇四二　总兵吴光亮暂缓陛见先行赴任片

### 同治六年五月十九日(1867年6月20日)

再，臣准署建宁镇总兵吴光亮咨呈：蒙恩补授闽粤南澳镇总兵员缺，奏请陛见，奉旨：着来见。钦此。恭录咨报前来。经臣具奏委令延平协副将萧仪斌接署建宁镇篆务在案。惟查南澳为闽粤重镇，水师营务亟须整顿。前督臣左宗棠奏请酌改营制，现未一律更定，尤应赶紧筹办。该员吴光亮久经战阵，熟悉营伍，遇事实力讲求，如令先赴南澳新任，及时整理，以专责成，于营务有裨。可否请旨饬令吴光亮暂缓陛见、先行赴任之处，出自鸿施。臣谨会同两广督臣瑞麟，[1]合词附片具奏，伏乞圣鉴训示。谨奏。

---

① 瑞麟(1809—1874)，字澄泉，叶赫那喇氏，满洲正蓝旗人，文生。道光二十四年(1844)，充太常寺读祝官。次年，充赞礼郎。二十七年(1847)，加五品顶戴，戴花翎。二十八年(1848)，补太常寺少卿。同年，任西陵查礼大臣。二十九年(1839)，授内阁学士，兼礼部侍郎衔。同年，充顺天乡试大臣。三十年(1850)，补礼部右侍郎。是年，任考试汉教习请题大臣，署正黄旗护军统领。咸丰元年(1851)，授镶蓝旗汉军副都统。二年(1852)，任查仓大臣、正黄旗护军统领、随扈大臣，转正红旗满洲副都统。同年，授经筵讲官，兼署镶黄旗护军统领、工部左侍郎。三年(1853)，任左翼前锋统领、左翼监督，管理圆明园八旗事务，兼工部左侍郎、崇文门副监督。同年，授户部右侍郎兼管钱法堂事务，兼礼部右侍郎，是年，入直军机，任帮办大臣。四年(1854)，转户部左侍郎，管户部三库大臣。五年(1855)，授西安将军，加都统衔，授巴达琅阿巴图鲁勇号。同年，补礼部尚书，兼镶白旗蒙古都统。六年(1856)，任玉牒馆副总裁、镶黄旗汉军都统、总管内务府大臣。七年(1857)，授经筵讲官，署理钦天监事务。八年(1858)，署工部尚书、巡防大臣，管理健锐营事务。同年，兼署直隶总督，补户部尚书。是年，擢大学士，兼管礼部、鸿胪寺事务。九年(1859)，任正白旗领侍卫内大臣，兼管火器营事务。同年，授文渊阁大学士、会试大臣。十年(1860)，任内大臣，充殿试读卷大臣。十一年(1861)，补镶黄旗汉军都统，兼正白旗蒙古都统，管理神机营事务，晋四品顶戴。同治元年(1862)，兼署镶白旗汉军都统、热河都统。二年(1863)，调补广州将军。四年

同治六年六月十二日，军机大臣奉旨：吴光亮着先行赴任，一俟该处营务办有起色，即行来京陛见。钦此。[①]

## ○四三　审拟龙溪县文童林伦京控一案折

### 同治六年五月十九日(1867年6月20日)

头品顶戴闽浙总督臣吴棠跪奏，为京控积案讯明议结，恭折具奏，仰祈圣鉴事。

窃查道光三十年十一月二十三日，前督臣刘韵珂[②]任内准都察院咨：据福建龙溪县文童林伦以铳毙二命、冤沉三载等词赴院呈控一案，讯供具奏，奉旨：此案着交刘韵珂亲提人证、案卷，秉公严讯，按律定拟具奏。原告林伦该部照例解往备质。钦此。钞录原奏、原呈，并递解原告林伦到闽，当经发司委员往提犯证、卷宗，解省审办。旋据同安、龙溪二县会获被犯李误、李江总即李江、李治、李通、曹和五名，检同卷宗解省，发委前任福州府知府胡应泰提讯，

(1865)，兼署两广总督。五年(1866)，授两广总督。七年(1868)，兼署广州将军。九年(1870)，兼署广东巡抚。十年(1871)，授文渊阁大学士。翌年，迁文华殿大学士。十三年(1874)，卒于任。赠太子太保，谥文庄。

① 中国第一历史档案馆藏：军机录副，档案编号：03-4729-018。此片具奏日期未确，兹据同批折件校正。

② 刘韵珂(1792—1864)，字次白、玉坡，山东汶上人，由拔贡授刑部七品京官。道光二年(1822)，充刑部额外主事。六年(1826)，任刑部直隶司主事。翌年，补四川司员外郎。八年(1828)，充律例馆提调，补刑部山东司郎中。同年，放安徽徽州府知府。十年(1830)，补安徽安庆府知府。十二年(1832)，调补云南盐法道。十三年(1833)，升浙江按察使。十五年(1835)，署浙江布政使。十八年(1838)，调广西按察使。同年，迁四川布政使。二十年(1840)，擢浙江巡抚。二十三年(1843)，兼署杭州织造。是年，授闽浙总督。三十年(1850)，以病乞假，罢职回籍。咸丰二年(1852)，因案褫职。同治元年(1862)，进京候补。复乞病归。三年(1864)，卒于籍。

佥供李能、李五铳毙林彪、林申两命，系与原控情节互异。原告林伦患病取保，饬拿凶犯李能等未获，无从质讯。将李误等分别禁押，催提犯证未到。李误、李江总先后在监患病，提禁身故，委令闽、侯两县验讯看役人等，均无凌虐情弊。福州府知府保泰接任，催据同安县传到见证李邦、李误等，原供无异，饬发看管。李治旋亦在监患病，提禁身故，委验属实。李邦、李通、曹和先后在押患病，取保医调。节经催提犯证未获，照例咨展，并将提解迟延职名汇案奏参在案。

兹据署龙溪县知县杨发蓉、署同安县知县白冠玉会详：以查逃凶李能、李五先后潜回，在籍病故，即经该县勘明埋尸处所，其余被控人证系由咸丰三年、同治三年该处叠遭匪扰，逃亡殆尽，无从拘解。随传族邻李溪、曹山与原告林伦、林香等到案，讯系李治偷放林伦坝水，经族长李清渊处息。林彪、林申途遇李误、李江总等，口角争殴，致被李能、李五铳伤身死。其余各情，实因怀疑误控。现在李能、李五病故，情愿具结销案等情。录取供结，绘图具详请示，批司核讯详办。经福建按察使康国器督同前福州府知府丁嘉玮，议详请奏销案前来。

臣覆加查核，缘李能即李诰、李五即李曲、李误、李江总即李江、李治，均籍隶同安县。已死龙溪县民林彪、林申，系林伦之堂弟，与李能等素识无嫌。李能等族人李治有祖遗山田六亩，与林伦田亩毗连，各自筑坝蓄水灌溉。道光二十八年四月间，李治因天时亢旱，田涸难耕，见林伦坝内尚有蓄水，邀同族人李带、李鉴，将林伦水坝挖掘，窃放蓄水，灌入己田，被林伦查知不依。经族长李清渊议令李治向林伦赔礼息事。

是月初七日，李带同族人李误、李江总各携刀挑，在田割草。

林彪、林申赴田巡视撞遇，即以李带不应偷放林伦田水出言讥诮。李带回骂，互相争闹。林彪举拳向李带扑殴，李误、李江总拢护，李误即用割草镰刀砍伤林彪右胯、右腿，李江总亦用刀砍伤其右膝跑逃，林彪追赶。维时，李误等族人李能、李五赴山打雀转回，上前劝阻。林彪转向李能拼命。李能顺用装便竹铳点放，致沙子飞伤林彪左太阳穴倒地。林彪在地滚骂，李能气忿，即拔身带小刀，砍伤林彪咽喉连食气嗓，当即身死。林申拾石向李五掷殴，李五闪至林申背后，顺点装便竹铳吓放，致沙子飞伤林申发际倒地。经村邻李邦喝阻不及，报知林彪之母林王氏、林申之兄林友梅趋视，问明情由。讵林申伤重，旋即殒命。林王氏、林友梅报经龙溪县，验讯通详。是晓二更时分，林伦族人林肇端家失火，延烧房屋。李清渊带同族众李治、李通并邻人曹和、王智、王敏种等，赶往救援。因风狂火猛，人力难施，以致全村屋宇、祠庙并已故生员林振、举人林云青、林巽中、林绍徽等旌匾及村中停厝尸棺，均被焚毁。男妇惊惶，逃往邻乡并李清渊村内暂避。迨火息后，李清渊等均各回家。

次日，林伦乡内查点老幼男妇，林张氏等四十二人尚未回村，一时找寻无着，并因财物各有损失，林伦忆及失火延烧时，曾见李清渊等同其族众多人，并曹和、王智、王敏种在村内往来，心疑李清渊挟李带等窃放田水争闹之嫌，放火抢掳，又以林彪、林申究被何人刀铳致毙，其时未经查悉，亦疑有所主使，即以李清渊率众持械铳毙二命及焚毁祠屋、尸棺、掳掠男妇等词，赴龙溪县具控。经前署龙溪县王世清会营查勘绘图，移会同安县协缉。嗣林伦乡内男妇陆续搬回，惟幼孩林挨、林扩二名，本系林牲在长泰县买回为子，于失火时逃回原籍。林伦因林挨等日久未归，复以前情并林挨等尚被延匿不放等词，与族人林香先后赴府道暨各衙门呈控，均经批饬押放拿办。

又，李清渊有族人李郑氏、李满，向在各村求乞度日。是年八月，李郑氏、李满患病，在林伦村外空庙因病身死。李清渊查知，就近报由灌口巡检，禀经同安县移知龙溪县查验，老李郑氏、李满委系病毙，饬令官殓收埋，传讯人证结案。林伦闻知，疑系李清渊买尸图抵，控经漳泉府道，饬县查核。二十九年十月间，王智、王敏种私将林伦族内公共管业荒山开垦种作，因该山葬有林伦族人林兆凤、林一实妻棺，林伦疑被毁掘弃，因李清渊、李能等日久未获，同安县差役王钳系李清渊之表戚，龙溪县差役李池与李清渊同姓，疑有贿闻情弊，复以王智等毁掘林兆凤等妻棺并差役贿闻等情，赴巡抚衙门催控。批饬严拿未获，林伦心怀不甘，即以前情赴都察院呈控，奏奉谕旨交审，经前督臣行司委员，往提犯证，解省审办，旋据同安、龙溪二县会获被犯李误、李江总、李治等，检同县卷解省，发府提讯，供情互异。饬拿凶犯未获。李误、李江总提禁病故，委验属实。催据同安县解到见证李邦，讯与李误等原供相符，饬发看管。李治旋亦病故，李邦、李通、曹和先后在押患病取保。节经催提犯证未到，旋据龙溪、同安二县会详：以查逃凶李能、李五，先后潜回，在籍病故，勘明埋尸处所。其余被控人证系由咸丰三年、同治三年该处叠遭匪扰，逃亡殆尽，无从拘解，随传族邻李溪、曹山与原告林伦及林香等到案，讯悉前情，诘求销案。详经批饬司府核议，具详到臣覆核。

此案林彪被李误、李江总刀伤右胯等处，均非致命，惟被李能即李诰铳伤倒地，复以刀砍咽喉连食嗓毙命，实属故杀。林申系被李五即李曲铳伤发际身死，并非李清渊率众持械致毙，亦无起衅别故及另有在场帮殴之人。其林伦等村内屋宇、祠庙、旌匾及停厝尸棺系族人失火烧毁，即老幼男妇均因失火，自往邻乡及李清渊村内避火。李清渊等并无放火抢掠。至林挨、林扩均系逃往原籍，业已寻回。李郑氏、李满因病在林伦村外空庙病故，亦非李清渊等掩匿不报及买各尸图抵。王智等仅止私垦林姓荒山种作，实无毁掘坟墓。县差王钳等均无贿搁情弊，已据林伦自认怀疑误控。现在凶犯李能等均已病故，林伦自愿具结销案。据龙溪、同安二县查勘，讯供取结，绘图具详，核与前府胡应泰原讯各供吻合。林彪、林申系在逃病故之李能、李五各自致毙，见证李邦到案供明，更无疑义，应即拟结。

查律载：故杀人者，斩监候。又，刃伤人者，杖八十、徒二年。又例载：因争斗擅将竹铳施放人者，以故杀论。又，民间已业池塘潴蓄之水，他人擅自窃放以灌己田者，按其所灌田禾亩数，照侵占他人田一亩以下笞五十、每五亩加一等罪止，杖八十、徒二年各等语。此案李能即李诰，因拦劝争殴，铳伤林彪倒地，复由辱骂将林彪故杀身死，自应按律问拟。李能即李诰合依故杀人者斩监候律，拟斩监候。李五即李曲，铳伤林申身死，合依因争斗擅将竹铳施放杀人者斩监候律，拟斩监候。业俱病故，应毋庸议。李误刀伤林彪右胯右腿，李江总即李江，刀伤林彪左膝，均应照刃伤人者杖八十、徒二年律，拟杖八十、徒二年。李治窃放林伦蓄水灌润己田六亩，应照民间已业池塘潴蓄之水他人擅自窃放以灌己田者，按其所灌田禾亩数照侵占他人田五亩加一等例，拟杖六十。均已提禁在押病故，亦毋庸议。原告林伦所告人命得实，其余牵控各情均由怀疑所致，并非有心诬陷，且事在历次钦奉恩赦以前，应与讯未在场之李通、曹和并喝阻不及之李邦，均请免议。李误等先后提禁病故，看役人等讯无凌虐情弊,应免置议。案已讯结,未到人证概免提质,以省拖累。听从窃放田水之李带与私垦林伦公山之王智等暨失火延烧之林肇端,均罪有应得,事在赦前,并免缉究。凶刀供弃免追,各尸棺饬属领埋。是否允协,除供招分咨刑部、都察院查照外,臣谨恭折具奏,伏乞皇太后、皇上圣鉴,敕部核覆施行。再,此案未奉新章以前交审,系属请销之件,所有办理迟延职名并请免议。合并陈明。谨奏。五月十九日。

同治六年六月十二日,军机大臣奉旨:刑部议奏。钦此。[1]

【案】道光三十年九月初四日,左都御史花沙纳等奏报福建文童林伦京控一案折:

都察院左都御史臣花沙纳等跪奏,为奏闻请旨事。

据福建文童林伦以铳毙二命、冤沉三载等词,赴臣衙门具控。臣等公同讯问,据该文童供称:年三十一岁,系漳州府龙溪县人。缘身族小丁稀,世居丁洋社地方,与王、李两姓同庄,素遭欺压。道光二十八年四月间,有同安县所辖林后社匪棍李清渊,串谋龙邑所辖铺头社王智、王敏种等,借挟李带决坝之嫌,纠党千余人,各执旗械刀铳,拥入身社,将族中男妇老幼抢掳四十二人,合庄大小祠屋焚毁三百余间,劫掘故生员林兆溷等妻柩,打毁故举人林云清等旗匾。经族人林香呈报县营,会勘属实。奈县主有心讳饰,仅将身堂弟林申、族人林彪铳毙详报。其被掳人口林挨、林扩,延匿不放给领,纵犯不拿。叠次上控,均蒙严批会营究办。无如李清渊恃财藐法,反买为盗

① 中国第一历史档案馆藏:军机录副,档案编号:03-5066-036。

被杀之丐妇李郑氏、邻邑棍徒李满尸身，捏辞诬控，希图抵制，当蒙灌口巡检查明通禀。匪等仍敢贿嘱县差王钳、李池，包庇串搁，犯无一获，冤沉三载，是以来京沥诉等语。余与原呈大略相同。

臣等查该文童呈控匪棍李清渊挟决坝之嫌，胆敢纠众，铳毙林申、林彪二命，并掳掠男妇至四十余口之众，焚毁房屋有三百余间之多，报经县营会勘属实，该县纵犯不拿。叠次上控，该匪复敢捏尸诬控，贿差搁案等情。案关棍徒纠众焚掳、铳毙二命，如果属实，不法已极！该府历奉严批，何以不缉拿李清渊究办？实属玩视民命，亟宜会拿凶、要各犯，饬提严究，按律惩办，以重民命而防枉纵。谨抄录原呈，恭呈御览，伏乞皇上训示。

再，据该文童结称，伊族林香在本府控告五次，本道控告八次，臬司、藩司、巡抚衙门各控告一次，总督衙门控告二次，本省提督衙门控告二次，总兵衙门控告三次，均未亲提。合并声明。谨奏。道光三十年九月初四日。都察院左都御史臣花沙纳，左都御史臣季芝昌，左副都御史臣宗室和淳，左副都御史臣文瑞，左副都御史臣李菡（留署），左副都御史臣程庭桂（学差）。①

【附】同日，左都御史花沙纳等呈福建文童林伦京控一案呈状：

具呈人：福建省漳州府龙溪县民丁洋社林伦，为焚村掳抢，杀毙占戕，下控穷冤，三载沥泣，万里号伸事。

① 中国第一历史档案馆藏：军机录副，档案编号：03-3833-001。

缘伦族小丁稀，孱插龙、同王、李二大姓肘下，素遭图并乡土。不虞道光二十八年四月初七日，惨被同辖山边林后社著匪李清渊、李猛串谋龙辖铺头社王智、王敏种等，借挟李带、李銮、李伐盗毁坡坝、断绝回水被获坐法前嫌，纠党山边诗仔、林后、狮头、东阪、下泥楼、长北寨、后齐塘、后坑、铺头等社匪徒千余，猛姓名未录，各执旗械刀铳，黎明，蜂拥入社。族人逃走不及，闺女、寡妇、幼孩被掳四十二口，通乡祠屋大小三百余间，悉遭焚废占戕一尽；洗抢擢发难以胜数；毁林一赛妻棺，劫故生员林兆澖妻柩，推灭故贡生林振、故举人林云青、林巽中、林绍徽旗匾。闻者伤心，见者流涕！经伦族人林香等登控，龙邑主汪、同邑主杨会勘情真，一切讳详，仅报林申、林彪惨被铳毙二命，是诚何心哉！香等先后赴府及漳州、厦门道宪号催，暨叩本省司、院，均批饬县会营究办。无如著匪李清渊等恃财压法，延至三月之后，始买泼丐李郑氏及越邑赤棍李满，借尸移诬图抵。随蒙灌口该管巡私查明通禀。同邑主据仍赂权差同邑王钳、龙邑李池，包布拦遏，以致穷冤三载，后害百端。窥伦社人星散，借居求食，又复党伙周围，伏掳伺抢，截杀不休，族命釜鱼！

泣思盛平世界，岂容如此奇横？孱民无辜，奚堪遭此毒害！可怜社被焚废占戕，不留寸木片瓦；人被铳毙，验报不获拿偿；男女被掳多口，尚匿林挨、林扩不放。计抢赃物无数，劫毁故生员妻柩，推灭故举人旗匾。有此暴戾凶横，虽扰酿曷甚于此！罔知龙、同邑主何故讳廷，仅报二命，任香沥控文武衙门，相因转饬，概无一应；号催次数，舌敝唇焦，费亦莫给。若不负冤万里号伸，不惟族人流离失所，逃死难以胜数，而且所存余生人等必无遗种！为此上叩。[1]

## 〇四四　奏报安徽绅商在闽捐输造册送皖请广中额、学额折

**同治六年五月二十八日(1867年6月29日)**

头品顶戴闽浙总督臣吴棠、福建巡抚臣李福泰跪奏，为查明安徽绅士商民在闽捐输银数，造册移送安徽省汇办广额，以示激励，恭折奏祈圣鉴事。

案准部咨，钦奉上谕：绅士商民捐输备饷，一省至十万两，准广该处文武试学额各一名。一厅州县捐至二千两者，准广该处文武试学额各一名。倘捐数较多，准其于奏请时声明，分别酌加永远定额等因。钦此。伏查闽省自军兴以来，需饷浩繁，全赖捐输济应，本籍绅民报捐银数已历次奏请加广文武中额、学额，声明外省捐生银数另行办理。旋将浙江、江苏、江西、广东等省士民在闽捐银名数，造册咨送各该省，汇请广额，并经前督、抚臣先后会折奏明在案。兹查安徽省绅士商民自咸丰二年七月起至同治五年二月奏奖止，在闽捐输，历照部案折算，共收过捐项银五十八万八千二百八十九两零，均已拨充军饷，另行汇案造销。兹据省局司道将捐生姓名、银数造册，呈请奏咨前来。

臣等覆查无异。除将省局原册咨送安徽抚臣会同安徽学臣汇核应广中额、学额名数，奏请一体加额，以广皇仁而昭公溥，并分咨户、礼二部查找外，臣等谨合词恭折具奏，伏乞皇太后、皇上圣鉴训

---

[1] 中国第一历史档案馆藏：呈状，档案编号：03-3833-002。

示。谨奏。同治六年五月二十八日。

同治六年七月二十三日，军机大臣奉旨：该部核议具奏。钦此。[①]

## ○四五　闽省建设书院筹议章程并请颁赐匾额折

### 同治六年六月初九日(1867年7月10日)

头品顶戴闽浙总督臣吴棠、福建巡抚臣李福泰跪奏，为闽省建设正谊书院筹议章程，并请颁赐匾额，恭折具奏，仰祈圣鉴事。

窃查同治六年正月二十五日接准礼部咨：同治五年九月十五日，奉上谕：御使范熙溥奏，军务肃清省份亟宜振兴文教一折，着礼部议奏。钦此。钦遵。查举人肄业书院，虽例所不禁，然并无明文，其愿否听其自便。该御使所称福建省创设举人肄业膏火，拟令他省酌量添设等语。各省情形不同，未便以一省概律。现在各省军务渐次肃清，应由各该督抚通饬所属，妥为整顿。如经费不敷，应如该御使所奏，由各督抚酌量情形，设法筹措等因。当经前督抚臣转行遵照办理在案。

臣等伏查福建省为先贤讲学之乡，夙称海滨邹鲁，二百余年，涵濡朝廷教化，人文之盛，蔚为可观。会垣原设鳌峰、凤池两书院，甄录贡监生童，月给膏火，俾资肄业，频岁军兴，未尝旷废。惟曾膺乡举者不在与考之列，夫书院之设所以作育人材，而举人一途内则

① 中国第一历史档案馆藏：朱批奏折，档案编号：03-4911-072；朱批奏折，档案编号：04-01-35-0694-016。

考取学政、中书，外则挑选知县、教职，必须平时加意甄培，俾之诵法儒先讲求经济，一登仕途，方能措理裕如，雪处士之虚声，收用人之实效。

同治五年，前督臣左宗棠重刊先哲遗书，开设正谊书局，录选举贡百余人，月给膏火，分班校核。迨十二月间，据绅士前光禄寺卿杨庆琛、[1]前江西巡抚沈葆桢等以书局工程将蒇，请设立举贡书院，为海帮广育人才，呈请前兼署督臣英桂，批饬议定章程，在于厘金项下筹拨银五万两，发交殷实当商，每月完息一分一厘，以资经费，将正谊书局改为正谊书院，凡福建举人及恩、拔、副、岁、优五贡，概准与考，于每年二月望前由督抚亲临甄别，照依章程，考取内课五十名，每名月给银四两；外课五十名，每名月给银三两。礼聘院长执掌教事。该举贡等果能敦品积学，三年后当择其材器优异者，量予奏奖，以示鼓励。

再，鳌峰书院创立于康熙年间，蒙圣祖仁皇帝颁赐"三山养秀"御书匾额。凤池书院创于道光年间，蒙宣宗成皇帝颁赐"正学昌明"御书匾额。此番建设正谊书院，士子弦诵之场，尤切宸藻昭回之望，可否仰恳颁给御书匾额，悬挂中堂，借资观感，从此海甸文风蒸蒸日上，皆出自圣教之薰陶矣。兹据藩司据详请奏前来。除咨户、礼二部外，臣等谨合词附驿具奏，伏乞皇太后、皇上圣鉴训示，

---

① 杨庆琛(1783—1867)，原名际春，字廷元，号雪椒，晚号绛雪老人，福建侯官人。嘉庆九年(1804)，中式举人。二十五年(1820)，中式进士，发刑部学习。道光九年(1829)，充刑部河南司主事。十四年(1834)，放安徽宁池太广道。十六年(1836)，补湖南按察使，署湖南布政使。十八年(1838)，授山东布政使，旋护理山东巡抚。二十年(1840)，护理山东学政。二十二年(1842)，擢光禄寺卿。翌年，以病辞归。咸丰三年(1853)，督办福建团练。同治三年(1864)，加二品衔。六年(1867)，卒于籍。著有《绛雪山房诗钞》等。

并请饬部知照。谨奏。同治六年六月初九日。

墨批:军机大臣奉旨:另有旨。钦此。①

同治六年七月初三日,军机大臣奉旨:钦此。②

【案】此折于十年七月初三日得允行:

同治六年七月初三日,内阁奉上谕:吴棠、李福泰奏,闽省建设书院,请颁匾额一折。福建鳌峰书院、凤池书院,前于康熙、乾隆、道光年间均奉有御赐匾额。兹据奏称,福建省城复建设正谊书院,并筹画经费,为修脯、膏火之资,俾举贡一体肄业。着南书房翰林书写匾额一方,交该督等敬谨悬挂,用示嘉惠士林至意。钦此。③

## 〇四六　闽省酌提厘金交商生息用作书院经费片

### 同治六年六月初九日(1867年7月10日)

再,福建省城原设鳌峰、凤池两书院,延师课士,培植人才,应需馆师修金、生童膏火等项,鳌峰书院每年于司库存公项下提给,并提盐、当二商息预及各属额解地租,归并凑支。凤池书院则专赖盐、当二商生息银两。嗣因两书院肄业生童日众,膏火名额亦增,而各属屡经贼扰,商多歇业,佃复逃亡,以致每岁所收不敷支用,议在各官养廉内,递年摊捐银二千八十两,拨补两书院经费。迨至各

① 中国第一历史档案馆藏:朱批奏折,档案编号:04-01-38-0186-005。

② 中国第一历史档案馆藏:军机录副,档案编号:03-5001-037。

③ 中国第一历史档案馆编:《咸丰同治两朝上谕档》,第17册,第210页。

官摊捐奏明停止，两书院不敷经费遂改在厘金项下提支。

臣等抵任，查悉前情，窃思书院为广育人材之地，经费应得宽筹；厘金乃暂济军饷之需，动支难以持久，当饬署藩司夏献纶，会同粮道傅观海、盐道海钟妥议去后。兹据详称：每年提支银二千八十两，以八年核计，该银一万六千六百余两。如在百货厘金项下拨银一万六千两，发交殷实当商营运，每两按月完息一分一厘，每年可得息银二千一百一十二两，遇闰照算，随时催缴，拨归两书院分支，则经费可冀宽舒，不必再动公项。

再，查两书院经费，递年只将鳌峰书院提支存公，及盐商生息两项附入钱粮奏销，造册报部。其续增当商生息、各属地租并凤池书院盐、当二商息款，均未造报。自此次提支厘金、添筹息银以后，按年应归两院原设经费，续增租息、现添息银收支数目，一并造册报部等情，请奏前来。臣等伏查所议与现准礼部咨“书院经费不敷、应行设法筹措”之请尚属相符。其请将续增租息、现添息银一并造报系为核实收支起见，似应如议办理。除批饬遵照并饬将书院旧日租息妥为整顿、毋使久悬兼咨户、礼二部外，臣等谨合词附片具奏，伏乞圣鉴训示，并请饬部知照。谨奏。

同治六年七月初三日，军机大臣奉旨：该部知道。钦此。[①]

## 〇四七　闽省委员起解茶税京饷银两折

### 同治六年六月初九日(1867年7月10日)

头品顶戴闽浙总督臣吴棠、福建巡抚臣李福泰跪奏，为续筹茶

① 中国第一历史档案馆藏：军机录副，档案编号：03-5001-038；朱批奏片，档案编号：04-01-35-0971-076。

税京饷银两,委员解部投交,恭折由驿驰奏,仰祈圣鉴事。

窃照部拨京饷案内先后指拨福建省各年份茶税,臣等于本年三月抵任,先经饬司赶筹银五万两,补解旧欠四年份茶税京饷,委员交部投收。旋准部咨,饬催续拨同治五年份茶税银十五万两,六年份茶税银十万两。当因现年茶税起征尚无成色,饬司在于税厘项下措银六万两,作为六年份茶税新饷,以三万两补解五年份茶税旧饷,同另解固本京饷一并发交在闽差遣之浙江补用知府遇缺即补同知胥寿荣汇解,赴部投纳,先后会折具奏在案。兹又饬据署藩司夏献纶在于本年征收茶税银内,续筹银七万两,内以五万两作解六年份茶税新饷,以二万两补解五年份茶税旧饷,并随解部饭等银,委令知府衔留闽补用同知直隶州傅文光领解,仍照历办成案,饬令督同西商阜康兑局汇解进京,赴部投交,以期迅速而免疏虞,详请具奏前来。

除饬令赶解起程并分咨部科查照,暨催藩司将此外未解茶税京饷银两上紧续筹委解、不敢稍事宕延外,臣等谨合词恭折由驿驰奏,伏乞皇太后、皇上圣鉴。谨奏。同治六年六月初九日。

同治六年七月初三日,军机大臣奉旨:户部知道。钦此。[1]

## 〇四八　请以陈登三升署铜山营参将折

**同治六年六月十七日(1867年7月18日)**

头品顶戴闽浙总督臣吴棠跪奏,为外海水师参将员缺紧要,遴

---

① 中国第一历史档案馆藏:军机录副,档案编号:03 4890-051;朱批奏折,档案编号:04-01-35-0561-089。

员请旨升署，恭折具奏，仰祈圣鉴事。

窃照福建铜山营参将张绍祖缘案革职，所遗该参将员缺系外海水师题补之缺。前准部咨：轮用应升应补人员，行文照例拣题。当经前督臣左宗棠奏请以开复水师游击黄载清升补，奉旨：兵部议奏。钦此。旋准部咨议覆，以黄载清系捐纳分发浙江都司，例应赴部引见，且未请改水师，遽请补缺，与例不符，仍令迅拣合例人员请补等因。臣查该参将驻扎铜山，孤悬海岛，所辖洋面辽阔，港汊纷歧，时有盗船出没，巡缉稽查，均关紧要，非才具强干、熟悉水务之员不能得力。现在闽省水师各游击并无合例可题之员。

臣详加遴选，惟查有掣升金门镇标左营游击陈登三，年五十岁，福建同安县人，由行伍历升今职。该员晓畅营务，谙练洋防，枪炮亦熟，在洋获盗出力，著有劳绩，以之升署铜山营参将，实堪胜任。惟斯缺参将出缺在前，陈登三掣补游击在后，其金门左营游击，现在接准部臣议覆裁缺，改为都司。该员系水师人员，行令遇有游击缺出，照例另行请补。兹以请升参将，与例稍有未符，第溯查从前水师参、游缺出时，〈无〉合例题升之员，经各前督臣以不合例人员声明请准升署有案。

合无仰恳天恩，俯念外海参将员缺紧要，水师将才难得，人地实在相需，准以掣升金门镇标左营游击陈登三升署铜山营参将，俾于营伍、洋防均有裨益。如蒙俞允，该员系应行引见之员，容俟部覆到日，即行并案给咨，送部引见，恭候钦定。臣谨会同福建水师提臣李成谋，合词恭折具奏，伏乞皇太后、皇上圣鉴，敕部议覆施行。谨奏。六月十七日。

同治六年七月二十九日，军机大臣奉旨：兵部议奏。钦此。[①]

## ○四九　奏报于天福等子嗣承袭世职折

**同治六年六月十七日（1867年7月18日）**

头品顶戴闽浙总督臣吴棠跪奏，为查明应袭世职，汇案恭折具奏，仰祈圣鉴〈事〉。

〈窃〉照原署福建抚标左营把总于天福，派赴广东缉匪，于咸丰四年十二月初三日夜在归善县大星汛洋面与贼打仗，被炮击伤，落海殒命。又，原任福建漳州城守营守备王三韬，奉派带兵〈赴〉顺昌县剿匪，于咸丰六年十月初四日在大富乡与贼血战阵亡。均经部臣议给云骑尉世职，袭次完时，俱给与恩骑尉，世袭罔替，先后行闽饬道去后。兹据署福建布政使夏献纶分文详据福州府知府丁嘉玮转据前闽县知县秦煦查明，于天福亲生嫡长子准袭云骑尉世职于家书，又据现署福州府知府尹西铭转据代理长兴县知县黄泽查明，王三韬亲生长子武生王超元，均年已及岁，堪以承袭，发标讯取各族保、邻右、图册、供结，递加印结，由司转详考验，汇案奏咨，准予承袭收标前来。

臣除考验得准袭云骑尉于家书，堪准收标学习；又武生王超元亦堪承袭云骑尉，收标学习。除分别发营收标学习、期满照例办理并将宗图、册结汇总咨部查核外，谨缮具案由清单，恭折汇奏，伏乞皇太后、皇上圣鉴，敕部核覆施行。谨奏。六月十七日。

---

① 中国第一历史档案馆藏：军机录副，档案编号：03-4729-097。

同治六年七月二十九日，军机大臣奉旨：兵部议奏，单并发。钦此。[①]

## ○五○　呈承袭世职于家书等二员出生清单

### 同治六年六月十七日(1867年7月18日)

谨将承袭世职于家书等二员出身缘由缮具清单，恭呈御览。

谨开：一、原署福建抚标左营把总于天福，于咸丰四年间因粤匪滋扰，奉派管带本营精兵，前赴广东援剿。是年十二月初三夜，在广东惠州府归善县大星汛洋面与贼打仗，被贼炮击伤，落海殒命。经兵部议给云骑尉世职，袭次完时，给予恩骑尉，世袭罔替。先经该故弁嫡长子于家书于咸丰七年未及岁时，禀经前代办督臣庆端查明，题请承袭，准到部咨，咸丰八年三月二十日奉旨准予承袭，支食半俸在案。兹据该管福州府知府丁嘉玮详：据前闽县知县秦煦查明，准袭云骑尉世职于家书，现年二十三岁，练习弓马，例得发标学习，讯取族保、邻右、图册、供结，由司转详，并声明该世职敕书未奉颁发到闽等情前来。查核例案相符，理合汇案请准收标学习。

一、原任福建漳州城守营守备王三韬，于咸丰六年十月间，奉派带兵剿匪。是月初四日，在顺昌县大富地方与贼血战阵亡。经兵部议给云骑尉世职，袭次完时，给予恩骑尉，世袭罔替等因。咸丰七年三月二十五日，奉旨：依议。钦此。行据署福州府知府尹西铭详：据代理长乐县知县黄泽查明，该故员王三韬亲生长子王超元，现年二十三岁，同治元年壬戌岁试，取进长乐县学第十五名武生，委系故员

① 中国第一历史档案馆藏：军机录副，档案编号：03-4729-102。

王三韬亲生长子，例得承袭，讯取族保、邻佑、图册、供结，递加印结，由司转详前来。查核例案相符，理合汇案请准收标学习。

军机大臣奉旨：览。钦此。[①]

## ○五一　请将于实之等留于浙江海塘工次差委片

**同治六年六月十七日(1867年7月18日)**

再，浙江海塘工程，臣前于过浙时钦遵谕旨，会同浙江抚臣马新贻周历履堪，将通工形式及酌拟办法会折具奏在案。查该工地段绵长，现在柴埽、石塘同时并办，举凡督率夫匠，审度机宜，全赖群策群力，而尤须熟悉工程之员，以资臂使。当经臣会商马新贻，先后调派江苏降调知县于实之、候补知县捐升选用同知唐勋，前赴工次，随同署杭嘉湖道林聪彝，督率海宁石塘道员唐树森等分段催办。

本年五月中旬，浙东大雨，连、朝、金、衢、严一带山水暴涨，加以海潮顶托，中、西两头石塘几至平漫。马新贻亲驻工次，严饬该管道厅会督在事各员分段抢护，幸保无虞。现在柴埽各工俱尚平稳。海宁石塘如能一切应手，秋冬之间约计可以竣事，即可将三防应办石工察看情形，择要接办。所有于实之、唐勋二员在工尚属得力，相应奏恳天恩俯准，将江苏降调知县于实之、候选同知唐勋留于浙江海塘工次，以资差遣委用。谨会同浙江抚臣马新贻，附片具陈，伏乞圣鉴。谨奏。

---

① 中国第一历史档案馆藏：清单，档案编号：03-4729-103。

同治六年七月二十九日，军机大臣奉旨：着照所请，吏部知道。钦此。①

## 〇五二　请以卢青安升补闽安水师协标左营守备折

### 同治六年六月十七日(1867年7月18日)

头品顶戴闽浙总督臣吴棠跪奏，为沿海守备员缺紧要，先行遴员请旨升补，恭折奏祈圣鉴事。

窃照福建闽安水师协标左营守备谢国忠，升水师提标后营游击，所遗该守备员缺系水师题补之缺。定例水师守备缺出，于隔府别营人员内拣题。又，水师缺出遇轮用应题人员，先尽历俸一年以上者拣题实授各等语。臣查该守备驻防闽安镇汛，为福州省垣水路咽喉。所辖洋面辽阔，港汊纷歧。查缉巡防，已属不容稍懈，且系通商口岸，尤宜中外相安。弹压抚绥，更关紧要。必须明干之员，方足以资治理。

臣详加遴选，惟查有南澳镇标左营千总卢青安，年四十六岁，福建漳州府诏安县人，由行伍历拔今职，于同治四年七月内承领札付任事，历俸计已满一年。该员年力壮健，谙水务，火器素娴。曾出洋获盗，随军著绩。前因领饷来省，经臣考验，步射全中，鸟枪合式。以之升补闽安协标左营守备，洵堪胜任。惟闽安左营守备谢国忠准升游击，尚未给咨送部引见，未准部咨开缺，行令拣补，与例稍有未符。第现当闽省整顿海防，员缺未便

① 中国第一历史档案馆藏：军机录副，档案编号：03-9577-053。

久悬，必须先行请补，庶期得人而理。况人地实在相需，例得专折奏请。

合无仰恳天恩，俯念沿海守备员缺紧要，准以历俸已满之南澳镇标左营千总卢青安升补闽安水师协标左营守备，俾营伍、海洋均有裨益。如蒙俞允，容俟部覆到日，即行给咨送部引见，恭候钦定。臣为要缺需人起见，谨会同福建水师提督臣李成谋，合词恭折具奏，伏乞皇太后、皇上圣鉴，敕部议覆施行。谨奏。六月十七日。

同治六年七月二十九日，军机大臣奉旨：兵部议奏。钦此。[1]

## ○五三　闽省盐引改行票运征收耗厘照章支销折

**同治六年六月十七日（1867年7月18日）**

头品顶戴闽浙总督臣吴棠、福建巡抚臣李福泰跪奏，为查明闽盐征收票运课耗厘银，分别归款动支，并上届带定额外盈余，分别归还拨用各数，恭折具奏，仰祈圣鉴事。

窃照闽省官商各帮承办引盐，所有岁征额课年多短绌，经前督臣左宗棠议定改行票运，以资挽救，奏奉谕旨允准。嗣因试办一年期满，复经前督臣左宗棠将同治四年五月二十二日改行票运之日起，至五年五月二十一日止截清日期，将征收各数开具清单，议请着为定章，会同前抚臣徐宗幹，恭折具奏，奉旨敕部议覆，将试办一年期内所收盐课耗厘银四十万五千三百七十一两五钱四分九厘一

① 中国第一历史档案馆藏：军机录副，档案编号：03-4729-101。

毫四丝之数作为定额，所有经征、督征及接征各员考成，统按新定之数分作十分，合计全完议叙，未完议处。其余银十九万八千零六十七两五钱六分一毫九丝，亦全照数征收，作为额外盈余，不计考成。所收银两即作为带输未改票以前正、溢、课、杂并归还帑本、带输运本及该省例应在于盐厘项下支销各款之内，俟各项积欠清完，除例应支销外，统归厘课项下报部候拨，应如何分年划拨，并每年应于此项内支销若干之处，应由臣等悉心酌核，详细开单，奏明备案。其莆田一县有无贩户认办，并台湾一府及东路一带应否一律改行票运，抑仍酌量抽厘、按担抽课，永德、田南官帮此后应否照旧遴委妥员开帮举办之处，仍由臣等随时体察情形，奏明办理。并以盐课奏销除试办一年期内业经奏明免其造册题报外，其同治五年五月二十二日起，仍令扣足一年，将收支各数循例造册题报一次，并令将经征、督征、接征各员考成随本声叙等因具奏。奉旨：依议。钦此。钦遵咨行到闽，经前署督臣英桂转行遵照去后。兹据福建盐法道海钟以开𨱾改行票运，自应遵照以新盐课耗厘为定额，惟念一切征款必须一成不易，岁有常数可以计分数而定考成者，方足以为定额。合计上年试办所征课耗厘三款，共银四十万五千三百七十一两五钱四分九厘一毫四丝，内有征收汀州府盐厘银四千七百六十二两五钱七分九厘一毫四丝一款，系抽自广东潮榴埠运销汀地引盐，与抽取以往客货厘金无异。

多寡本无一定，如一旦停抽货厘，则此项厘金将必一体免抽，系属不能常征之款，难归定额，应请将此项汀州盐厘银四千七百六十二两零划出，作为额外盈余外，专将征收本省之课耗厘三项共银四十万零六百八两九钱七分作为定额，并溯查雍正初年亦因闽省𨱾纲商运疲惫，分别招徕水贩委员办运，大有起色。至乾隆初年改回商办，将原额银九万四百六十余两同原有之公费盐折等银八万四千三百余两，二共银一十七万四千余两作为正额，以溢出银一十四万一千余两作为溢课，各按十分核计考成。现在闽盐又经改引票运，比较征收之数多于原额，如将所征之票课一项作为正课，将所征耗厘两项作为溢课，俾一正一溢仍符旧日之名，并仍分正、溢各计考成，尤为核实。

其台湾一处盐务向归该府承办，额征正课银七千一百七十五两七钱七厘，溢课银一万一千八百六十九两五钱九分九厘，递年应除就款支销用项外，余皆抵兑台湾兵饷无欠，只因远隔重洋，向不能依限造册送省，归案提报，历年均经奏销案内分晰声明。同治四年，内地改行票运，行令一体改办。该府以台湾情形不同，难以照改，仅认增纳盐厘。迨内地票运试行一年期满办理奏销，前任盐法道吴大廷仅将所收台湾盐厘银四千四十一两零归入奏销造报。其额征正、溢课款，既未据该府造册到省，又未一律改办票运，因而未为并计入额。嗣吴大廷调任，台湾请将该府盐务设局，认真筹办，自可克期定案，即应将其票课入于全省正课之额，所征耗厘入于全省溢课之额。又，莆田一处先亦未经办定，现已委员前赴会县，设立关卡，抽征课厘，一俟征有成数，亦即可以分款并入全省正、溢之额。似此分别归额造报，亦觉益有准绳。至奉指作额外盈余之上年带完各项银一十九万八千六十七两零，行令所收之银即作为带输未改票以前正、溢课，并归还帑本、运本及本省例应在于盐厘项下支销各款之用。俟各项积欠完清，除例应支销外，统归厘耗报拨等因。

逐加查核，上届所收前项银一十九万八千余两内，如官行、牙帖、子店、执照、酱园、缸捐等款，均系一时筹措劝捐之银，业经吴大廷任内将三款一并解充军饷。其余银两亦已动支，分别解充军需兵饷，或拨还运本及原垫引费、帑息之用，入于奏销造报之外，仅存各年正溢课银四万九千五十二两零，续复动支凑解兵饷及武职养廉等用，又存丘折银九千九百七十二两零，系应尽数解京，委实无可拨作本省例销用款。核计此后续有带完此等银两，亦各有应归垫款，难资别用。辗转筹思，如以后带完此等银两，除拨归各款之外，尚有余剩，即统归课厘，分晰造报，听候户部拨用。所有本省递年例应支销各项用款，惟有另行指款动支。

查从前引、运所征，有正课、溢课以及长价、加征铙水、府税、盐规各杂款，现在改行票运，系课、耗、厘三款并征，概作定额，并无另有长价等款征收。计从前例销各款系分归正、溢课，或钱米长价，或归溢课价水通支，均有一定量入款，以定用款，俾无支绌。此时改行票运，征收课银，虽无正、溢、价水等项之分，亦有课、耗、厘金之别。课为重，厘次之，耗最少。所有年额支销之款，亦宜体照旧章，权其轻重多寡，分归于票课或厘或耗项下动支，以分界限而免混淆。并经该道通盘合计，应改归票课项下动支者，为京饷、兵饷，此两项年无定额，连河工一项约计共银十六七万两左右，少亦十四五万。又，应归盐厘动支者，共银九万八千八百余两零。应归盐耗、盐厘两项通支者，共银二万四百七两零。应归盐耗动支者，共银一万四千九百四十一两零。又，应请归盐厘动支年无定额者六款。又因帑息停免，应改归盐厘支销者，共银九千四十五两零。应归盐耗项下支销者，共银三千九百二十两零。刊册送部核覆，以使永远遵行等情，详请具奏前来。

臣等覆核无异。除饬将莆邑课厘催令委员设立关卡抽征，台湾一处严催赶紧筹议如何一律改票，加纳盐厘，迅速定案，一面将尚有未尽事宜随时委员妥筹，并前督臣左宗棠原定票运章程另行汇核奏咨办理，仍将从前钱引饬令逐一截清，解部察销，并咨户部外，理合恭折具奏，伏乞皇太后、皇上圣鉴，敕部核覆施行。谨奏。六月十七日。

同治六年七月二十九日，军机大臣奉旨：户部议奏。钦此。[1]

## 〇五四　移营驻扎大田县城地方以资控制折

### 同治六年六月十七日(1867年7月18日)

头品顶戴闽浙总督臣吴棠跪奏，为大田县城地方紧要，请移营驻扎，以资控制，恭折奏祈圣鉴事。

窃照闽省永春州属之大田一县，地处万山之中，途径纷歧，岩谷深邃，与永春、安溪、德化、漳平、宁洋、永安、沙县、龙溪等州县壤界相接，实为闽省上下游扼要关键之区。往者土匪林俊等揭竿倡乱，窜扰兴化、泉州、永春各属，蔓及延平所辖，皆于彼处负隅麇聚，出没为害，此剿彼窜。官军捕治经年，始克平靖。查该县武属延平协标右营管辖，虽轮派千、把总递年换防，只以弁末兵单，地方辽阔，弹压巡防，难期得力。经署福建陆路提臣罗大春巡历永春州属，亲临该处履勘，移拨提标后营游击一员驻扎大田，以资镇压。因该标六营参将、游击等官内惟左营游击专驻永春，余俱驻扎泉州郡城，与其会居一处无足重轻，不如分守要地，以专责成。前此罗大春因公晋省，与臣面商筹议，意见相同。经于回泉州后札委代理该标中军参将宋桂芳、代理后营游击周得富到地覆加履勘。兹据禀覆：驰抵大田，会同代理大田县知县何爕元，并传询汛弁目兵，将

[1] 中国第一历史档案馆藏：军机录副，档案编号：03-4884-041。

全局地势逐一确勘，饬匠绘图；并将邻邑道途里数、四至、交界处所暨四路塘口分别开单，呈由罗大春转送前来。

臣详细查核，缘大田县城相距安溪、漳平、宁洋、永安、龙溪、沙县，均不过二百里左右；距德化则只一百三十里，皆可兼程而至。若仅至交界处所，则尤为切近。如将陆路提标后营游击移驻该县，不特与驻扎永春之左营游击势成犄角，而与泉州亦可唇齿相倚。且居中立此枢纽，上下游声息贯通，形势亦因之联络，互相策应，亦为声援，于地方大有裨益。惟陆路提标后营游击于此次裁兵加饷案内，业经前兼署督臣英桂会折奏请改为都司，现尚未准部覆，应即以是缺都司移驻大田县城，由部改颁福建陆路提标后营都司驻扎大田县关防，以重职任而昭信守。该营原设守备一员，仍驻泉州，归其管辖。该县既经改置都司，自应按例派拨千、把总、外委，出兵随防。所有延平协标右营原设大田汛弁兵自可撤回，择要驻防，此后毋庸更拨。

所有大田讯原兼辖之上京、桃源、溪仔垣、花桥、西坑庵、头盖竹、龙背岭等塘汛，应如何拨兵分布，其都司、千、把总衙署暨塘汛兵房应如何筹估营造，除饬司移行该管营县会同悉心勘估，筹款建盖，造具估需工料册结，绘图呈送，并将应领关防另行造具印模清册，题请铸给，暨将一切未尽事宜随时筹办外，臣谨会同福州将军臣英桂、福建巡抚臣李福泰、署福建陆路提臣罗大春，合词恭折具奏，伏乞皇太后、皇上圣鉴，敕部议覆施行。谨奏。六月十七日。

同治六年七月二十九日，军机大臣奉旨：该部议奏，片并发。钦此。[①]

---

① 中国第一历史档案馆藏：军机录副，档案编号：03-4722-076。

## ○五五　请将沈赓扬等改留福建并奖赏黄景琛片

### 同治六年六月十七日(1867年7月18日)

再,前督臣左宗棠于克复漳州、龙岩各府州县城池案内,会同前抚臣徐宗幹请将随同防剿出力之保升知府广东补用同知沈赓扬[①]免补同知,以知府改归福建补用,并将筹饷出力之广东候补县丞刘怀清请以县丞改留福建补用,并加五品衔。又将带练随征之候选主事举人黄景琛请以主事遇缺即选,并加员外郎衔,钦奉恩准在案。嗣准部咨:无论何项劳绩,不准援引筹饷例指省名目及不准保留京职遇缺尽先班次,致令另核请奖各等因。自应遵照部咨办理。惟查沈赓扬先系广东补用同知,经前督臣耆龄[②]奏带来闽,于克复湍溪案内奏准补缺后,以知府尽先升用,先换顶戴。嗣又于同治三年经前抚臣徐宗幹等奏准,仍留闽省襄办防务,旋经委署龙岩直隶州知州。计该员在闽已阅五年之久,办

① 沈赓扬(1813—?),浙江山阴人,廪生。道光十七年(1837),中式举人。二十四年(1844),考取教习,期满以知县用。咸丰四年(1854),抵选广东南雄州州同。同治元年(1862),保同知,赏戴花翎。同年,调赴福建军营,以功保知府。三年(1864),襄办福建防务。五年(1866),任龙岩知州,加三品衔。十二年(1873),署理延平府知府。

② 耆龄(1804—1863),即觉罗耆龄,字九峰,号恪慎,满洲正黄旗人。道光十七年(1837),中式举人,选工部笔帖式,后升补刑部主事。二十四年(1844),补员外郎。翌年,迁郎中。二十七年(1847),放江西广信府知府。次年,调南安府知府,署建昌府知府。二十九年(1849),署抚州府知府。三十年(1850),调署吉安府知府。咸丰三年(1853),补赣州府知府,加道衔。五年(1855),授吉南赣宁道。六年(1856),升江西布政使。七年(1857),擢江西巡抚。九年(1859),补授广东巡抚。同治元年(1862),调闽浙总督。二年(1863),授福州将军。同年,卒于任。

理地方事务，诸臻妥洽。其刘怀清一员亦系先经调闽差委，筹措饷糈，甚为出力，均非寻常投效人员，现于军务案内，奏乞恩施，核与先经奏调、咨调、保留出力省份新章相符，据闽省军需局司道详请具奏前来。

合无仰恳天恩，俯准将沈赓扬仍免补同知以知府改归福建补用，刘怀清以县丞改留福建补用，并加五品衔，出自鸿慈。至候选主事黄景琛，拟请改奖赏戴蓝翎，并加员外郎衔，以示鼓励。谨合词恭折具陈，伏乞圣鉴。谨奏。

同治六年七月二十九日，军机大臣奉旨：吏部议奏。钦此。[1]

## ○五六　委令郭定猷署理金门协副将片

### 同治六年六月十七日(1867年7月18日)

再，福建金门镇总兵员缺现准部臣议覆，改为金门协副将，仍驻金门，归水师提督专辖，所有金门协副将事务，应先遴员署理，以专责成。查有现署是缺总兵提督衔记名总兵浙江乍浦协副将郭定猷，堪以仍委署理，以资熟手。除檄饬遵照外，谨附片具奏，伏乞圣鉴。谨奏。

同治六年七月二十九日，军机大臣奉旨：知道了。钦此。[2]

---

① 中国第一历史档案馆藏：军机录副，档案编号：03-4632-087。此片具奏日期未确，兹据同批折件校正。

② 中国第一历史档案馆藏：军机录副，档案编号：03-4729-098。此片具奏日期未确，兹据同批折件校正。

## 〇五七　请将游击熊兆飞留闽水师补用片

**同治六年六月十七日(1867年7月18日)**

再,花翎参将衔尽先补用游击熊兆飞①前由军营水师出身,屡著战功,历保今职。上年间,经前督臣左宗棠札调来闽,檄发水师提标差遣委用,旋委署理水师提标左营游击,自收标署事以来,于出洋巡缉以及整顿营伍、训练兵丁并一切差事,均能认真办理,才识干练,试用将及一年,实为水师中出色之员。当此整顿营伍、洋防之际,水师正值需员差委,可否仰恳天恩俯准,将参将衔尽先补用游击熊兆飞留于闽省水师以原保官阶补用之处,出自鸿慈。兹准福建水师提臣李成谋造具该员出力履历,移咨请奏前来。除将送到履历另行咨部外,谨附片陈奏,伏乞圣鉴训示。谨奏。

同治六年七月二十九日,军机大臣奉旨:着照所请,兵部知道。钦此。②

---

① 熊兆飞(1820—?),湖南凤凰厅人,咸丰年间,以武童投效军营,以功递保花翎都司。同治元年(1862),保游击,加参将衔。五年(1866),赴闽差委,旋保水师游击。同年,署水师提标左营游击。七年(1868),补授水师提标左营游击。

② 中国第一历史档案馆藏:军机录副,档案编号:03-4729-099。此片具奏日期未确,兹据同批折件校正。

## ○五八　委令杨在元等署理总兵并张祖云递署副将片

### 同治六年六月十七日(1867年7月18日)

再，署福建漳州镇总兵官闽浙遇缺尽先总兵张福斋，现因旧伤复发，转成怔忡病症，医难速痊，具禀请假回籍调理前来。臣察查属实，合无仰恳天恩，俯准给假，俾令回籍调治，仍饬赶紧医痊，来闽销假，差遣委用。所遗漳州镇总兵篆务，应行委员接署，以重职守。

查有臣标中军副将杨在元，才识优长，晓畅营务，堪以署理。递遗中军副将事务，查有总兵衔尽先补用副将张祖云，经臣前由淮上奏准饬调来闽差委。该员年富才明，营伍熟悉，堪以委令署理。除咨行遵照外，谨附片陈奏，伏乞圣鉴。谨奏。

同治六年七月二十九日，军机大臣奉旨：知道了。钦此。[1]

## ○五九　奏报闽盐改行票运请定奏销限期片

### 同治六年六月十七日(1867年7月18日)

再，查闽盐票运已届一年扣满，原应循例造册题报，并将经督接征职名分晰开送附呈。改行票运，刻下尚未一律办定。虽永德、田南各帮业已委员设局，由官票运，其东路一带，无人认办，现尚按

---

① 中国第一历史档案馆藏：军机录副，档案编号：03-4729-100。此片具奏日期未确，兹据同批折件校正。

担抽征课厘。其莆田一带，现在亦无认办之商贩，经分别委员会县开局，设立关卡，试办抽征，尚无成效。又，台湾一处盐务，现经台湾道请设局筹办，如何一律将行票运，究竟加认厘金若干，亦尚未据议覆。似此情形，既难核计全省课额分数，酌量考成，抑且一切例销用项，现在甫经立案，分款动支，而本届奏销转瞬届限，即应造报。据福建盐法道海钟请照初届一年期满之式，于八月内分别开单奏报，以免迟延，仍俟三届扣足一年，再行循例造册题报，并将经督征、接征各员考成随本声叙，以符定制；并声明闽盐向由官引运，甲年之正课须待至乙年八月间奏销，甲年之溢课则待至丙年十二月内始行奏销，定限甚宽。今改行票运，于本年五月二十一日截数，能赶于本年八月内即行奏销者，实缘初办免造各册故也。此后既须循例分别查造各册，即不能如此迅速，应请宽以时日，展至十月内造报，俾得从容销算以免错误，详请具奏前来。除咨户部查照外，所有请定票运奏销限期缘由，理合附片陈明，伏乞圣鉴。谨奏。

同治六年七月二十九日，军机大臣奉旨：户部知道。钦此。[①]

## ○六○　请将同安一营改隶提标专辖片

### 同治六年六月十七日（1867年7月18日）

再，闽省现当整顿营制，所有专兼统辖营份亦宜因地更易，庶于地方、营伍均有裨益。查泉州府属同安一州，文属泉州管辖，武设同安一营，向隶漳州镇专辖，虽同安相距泉、漳两郡程途相等，彼

① 中国第一历史档案馆藏：军机录副，档案编号：03-4884-043。此片具奏日期未确，兹据同批折件校正。

此均堪控制，无如该州地瘠民贫，风俗犷悍，偶因细故微嫌，动辄分类械斗，以及盖造铳楼，互相持抵，甚至无籍游民乘间纠众，拦途截抢，所在多有。近经派兵严办，较前虽已敛戢，究未能净绝根株，故一遇此等斗抢案件，亟应立时查拿。在该州即可禀候泉州府核办，而该营将备必须听候漳州镇调度，虽陆路提督近驻泉州，又以事有专属，不能不移商漳镇理说，遇紧要事件，由泉则遥可达省，由漳则转觉迂回，是一州文武分隶两府，未免转成隔阂。现经署福建陆路提臣罗大春巡历同安一带地方，详细筹议，请将同安一营改隶提标专辖，庶彼此幅员既得紧相联络，而控制亦较为便捷，且营县统辖一府，则节制既专，即文武办公亦不致有秸歧迟误，咨商请奏前来。

臣覆查无异。谨会同福州将军臣英桂、福建巡抚臣李福泰、署福建陆路提臣罗大春，合词附片具奏，伏乞圣鉴，敕部议覆施行。谨奏。

同治六年七月二十九日，军机大臣奉旨：览。钦此。[①]

## 〇六一　审明宁化县民叶滐淙等杀毙多命按律定拟折

### 同治六年六月二十七日（1867年7月28日）

头品顶戴闽浙总督臣吴棠、福建巡抚臣李福泰跪奏，为拿获挟仇放火、杀毙多命之首从各犯，审明就地惩办，恭折奏祈圣鉴事。

案查先据署宁化县知县蒋泽沅具禀：前县丁运枢任内，同治四

① 中国第一历史档案馆藏：军机录副，档案编号：03-4772-077。此片具奏日期未确，兹据同批折件校正。

年七月十五日，访闻县辖有匪徒结拜弟兄、挟仇焚杀多命情事。正在饬差查拿间，即据尸亲叶玉炳等呈报：叶坊村人叶得亮、叶细久、叶陈生、伊挺楠、叶吴氏、叶姜氏，大埠上村人叶程秀、叶俊亮、叶俊夥、叶显发、聂道炳、聂吴氏、叶陈氏，共十三名口，被叶滐淙等放火焚屋，杀伤身死，并伤叶东寿、叶金桔等二十二人。叶东寿因伤口溃烂，旋即身故。分别勘验绘图，填格附卷，并经该管汀州府访闻饬拿，勒差会营，先后缉获案犯曾汰养、吴溃沅、赖水淙、赖友发、罗和沅、罗和兴六名，并续获首犯叶滐淙到案，讯无确供。该县丁运枢未经通报，于五年六月初四日撤任卸事，该署县蒋泽沅接任，又会获赖盛老、赖景万、吴青兆、吴受奉、姜青海、李洸明六名，提同前获之叶滐淙等讯供通禀，经前任督抚臣以案情重大，札委候补知府朱以鉴驰往，会同汀州府提犯确审拟办。赖水淙、赖友发、吴青兆、吴受奉于取供后，在监患病身故，详府委验通报。姜青海、李洸明二犯，解府在途病故。将现犯叶滐淙等七名押解到府，经汀州府知府延楷会同候补知府朱以鉴，提集各犯，细加研鞫。据叶滐淙供认：起意先于曾汰养等结拜弟兄，年少居首，又挟叶得亮等斥逐归宗之嫌，商同各犯放火焚烧房屋，杀毙叶得亮等十四命，并伤叶金桔等多人。曾汰养等听纠同行，或下手杀人，或帮同放火。罗和沅、罗和兴畏事出钱，并未随同结拜，亦无同往焚杀情事。质讯曾汰养等，供各相符，分别按拟，录供通详。赖景万一犯在长汀县监病故，经前署督抚臣饬令该府县将罪应凌迟处死之叶滐淙、罪应斩决之曾汰养等三犯，就地正法，以昭炯戒。兹将本案审明拟办缘由详据臬司康国器核明，详请奏咨前来。

臣等覆加查核，缘叶滐淙、曾汰养、吴溃沅、赖盛老、赖景万、赖水淙、赖友发、吴青兆、姜青海、李洸明、吴受奉、罗和沅、罗和兴，分隶清流、上杭、永定、宁化等县，均在宁化地方佣趁度日，彼此素识。叶㳽淙与已死叶得亮等本非同宗，自幼卖给宁化县大埠上村叶姓为子，其父故后，不务正业，结交匪类。同治三年秋间，叶㳽淙盗卖叶姓祖山，经叶坊村人叶得亮闻知阻止。

十一月间，叶得亮商同大埠上村人叶程秀等，以叶㳽淙行止不端，恐被贻累，将其斥逐归宗，并将所住公屋拆毁，绝其往来。嗣叶㳽淙因游荡无依，向现获之曾汰养、吴溃沅诉述前情，起意纠人结拜弟兄，以免受人欺侮。曾汰养等允从。随各辗转纠邀现获之赖盛老，已获病故之赖景万、赖水淙、赖友发、吴青兆、姜青海、李洸明、吴受奉，在逃之李冻寿、黎成仔、叶九明，并李冻寿添邀现获之罗和沅、罗和兴，约定四年六月十六日，在乡僻古庙内会齐，每人出钱二百文，以备费用。届期罗和沅、罗和兴将钱付与李冻寿转交，托故不到。叶㳽淙、曾汰养等齐抵该处，将各人所出钱文，买备香烛酒肉，推叶㳽淙为长，一共十四人结拜弟兄，约定有事互相帮助，分吃酒肉各散。叶㳽淙自此人更凶横。

是年七月十四日，叶坊村中元祭祖，叶㳽淙前往饮胙，又被叶得亮等斥骂走回，心愈不甘，起意焚杀泄忿，与曾汰养、吴溃沅商允，分邀结拜中人，告明事由，约定是夜在叶坊村后山会齐。三更时分，月色正明，李冻寿、黎成仔、叶九明、罗和沅、罗和兴五人未到。叶㳽淙等十一人，分带刀棍、茅草、油捻，齐至叶得亮屋后空房，点火焚烧。吴受奉畏事，先行走回。叶得亮等惊觉，喊同村众扑救。叶㳽淙喝令曾汰养等一起动手，先自用刀戳伤叶得亮心坎，并戳划致伤叶陈生胸膛、左颔颏。曾汰养刀砍叶细久右血盆骨、右肩胛。吴溃沅刀砍伊挺楠右胳膊，并连戳右乳、咽喉。赖盛老刀戳叶吴氏左乳，赖水淙刀戳叶姜氏右臀，均各倒地殒命。

维时大埠上村之人，想离不远，闻闹赴援。叶潆淙转身欲逃，撞遇叶俊亮、叶俊夥弟兄，拦住喊拿。叶潆淙刀戳叶俊夥右乳，又砍伤叶俊亮左手腕，并戳伤其脐肚。叶程秀上前帮护，叶潆淙触起被逐之嫌，复刀戳其肚腹倒地。曾汰养等上前帮殴。曾汰养刀砍聂道炳心坎，赖友发刀戳聂吴氏咽喉，吴青兆刀戳叶陈氏心坎，吴溃沅用刀连戳叶东寿右手腕、脊背，赖景万用刀连砍叶显发脑后三处，亦各倒地，先后毙命。姜青海、李洸明各用木棍殴伤林根仔、叶雷氏、聂蕌女三人。此外，更有叶金桔等亦各被叶潆淙等用刀棍致伤。其何人致伤何处，人多手杂，各犯不能记忆，并有自行磕跌之伤。各犯当即逃逸。经县访闻查拿勘验，获犯讯供具禀，由省委员驰往，会同该管知府，提犯确审，就地惩办，应即议结。

查律载：杀一家三人者，凌迟处死；为从加功者，斩。又，例载：异姓结拜弟兄，年少居首，未及四十人者，拟绞监候；为从，杖一百，流三千里。仅只畏累出钱，未经随同结拜者，照违制律，杖一百。又，凶恶棍徒，怀挟私仇，放火焚毁房屋，因而杀人，为首拟斩立决，为从商谋下手燃火者，拟绞监候。各等语。

此案叶潆淙因挟叶得亮等斥逐归宗之嫌，起意与曾汰养等结拜弟兄，并纠集多人黉夜放火焚屋，逞忿残杀，共毙十四命之多，凶恶已极。该犯下手连毙五命内，叶俊亮、叶俊夥系同胞兄弟，与叶得亮、叶程秀又系有服亲属，在一家三命以上，自应按律问拟。叶潆淙除结拜弟兄年少居首例止拟绞，挟仇放火杀人为首例止拟斩，各轻罪不议外，合依杀一家三人者凌迟处死例，拟凌迟处死。曾汰养、吴溃沅、赖盛老、赖景万、赖水淙、赖友发、吴青兆，听从杀人放火，或毙二命，或毙一命。该犯等先与叶潆淙结拜弟兄，复听从挟仇焚杀，毫无顾忌，实属同恶相济，未便以各毙各命，稍涉轻纵。曾汰养等七犯，均合依杀一家三人为从加功者斩律，各拟斩立决。除赖景万、赖水淙、赖友发、吴青兆四犯病故外，曾汰养、吴溃沅、赖盛老三犯，与首犯叶潆淙情罪重大，已饬该府县于审明后，就地正法，分别凌迟、处斩在案。姜青海、李洸明，各用木棍伤人未死，未便律以加功，惟听纠放火焚烧房屋，亦应按律科断。姜青海、李洸明除结拜弟兄为从例止拟流轻罪不议外，合依凶恶棍徒挟仇放火，焚毁房屋，因而杀人，为从商谋下手燃火者拟绞监候例，俱拟绞监候。吴受奉听纠同行，畏事先回，并未下手燃火，亦未在场帮殴，应照结拜弟兄为从例，拟杖一百，流三千里。姜青海等均已病故，应毋庸议。罗和沅、罗和兴畏罪出钱，并未随同结拜，应各照违制例，拟杖一百，折责发落。叶潆淙讯无子嗣财产，其妻刘氏系先奸后娶，例应离异，免其缘坐。逸犯李冻寿等饬缉，获日另结。

此案于同治四年七月十五日报官，该县丁运枢于五年六月初四日卸事，并不将勘验缘由通报；首要各犯，陆续就获，并不赶紧讯拟详办，实属玩视重案。查命案详报迟延，例有处分，该员现已病故，应免置议。除录叙全案供招咨部外，所有审明拟办缘由，臣等谨合词恭折具奏，伏乞皇太后、皇上圣鉴，敕部查照施行。谨奏。同治六年六月二十七日。

同治六年九月二十二日，军机大臣奉旨：刑部议奏。钦此。[1]

---

① 中国第一历史档案馆藏：军机录副，档案编号：03-5044-030；朱批奏折，档案编号：04-01-26-0074-029。

## 〇六二　遵章分别缺分酌委、轮委知县折

### 同治六年六月二十七日(1867年7月28日)

头品顶戴闽浙总督臣吴棠、福建巡抚臣李福泰跪奏,为遵照部行厘定委署知县章程,查得中简选缺今昔异同,分别酌委、轮委,以资治理,恭折奏祈圣鉴事。

窃查同治三年四月接准吏部通行:嗣后知县各项要缺,照旧由督抚酌量择委。其部选遗缺,按出缺先后,先委正途一人,次用劳绩一人,再用各项试用班次一人,以三缺为一轮,周而复始。同治四年,前督、抚臣以闽省吏治因循,整理需才,奏请不拘成例,将轮委各班一并停止,全归酌委。旋准礼部核覆:轮委虽定三班,轮及某班,即于某班中择其人地相宜者委署,并非均定先后。总之,鉴别人才,当考核于未委署之先,不必轻改定章,徒纷更于将委署之际,令行仍遵前次奏定章程办理,以免纷歧等因,转行遵照。维时闽省军务正繁,前督、抚臣接准部咨后,未及厘定。

臣等于本年三月抵闽,查得本省军务肃清,讲求善后,凡用人、行政诸大端,亟应核实经理。行据署藩司夏献纶会同臬司康国器具详:闽省六十二县,列出题调要缺者,闽县、侯官、福清、晋江、南安、惠安、同安、龙溪、漳浦、诏安、台湾、凤山、嘉义、彰化、南平、霞浦等十六县。而中简选缺内有福州府属之古田县,地处冲要;兴化府属之莆田县,俗尚刁顽;延平府属之顺昌、沙县、永安,建宁府属之建阳、崇安、浦城,汀州府属之宁化、清流、归化、上杭、武平、永定等县,窜逆叠扰,民困未苏,且界连江粤,游匪出没,巡缉不易。永春州属之德化、大田二县,民刁地瘠,更易藏奸。以上十六县,虽系

中简选缺，近年难治情形，实与题调各缺并无二致。若拘泥部行，不分难易，统归三班轮委，或值本班遴选乏员，办理殊多窒碍，应请将古田等十六县，与题调要缺，一律不拘班次，遴选委用。其余长乐等三十县，民风尚称质朴，仍照部议，分化三班轮委等情，详请具奏前来。

臣等覆加查核，所议各县繁要难治之处，俱属实在情形。应如所请，将古田等难治十六缺与闽县等繁要十六缺，通共三十二县，作为酌委，遇有缺出，不拘班次，遴选贤能赴署，务求治理得人，以冀地方日有起色。其余尚称易治之长乐等三十县，自同治六年五月初一日起，遇有缺出，分班轮委，统归按季奏报，以符部议。除批饬遵照并咨吏部外，臣等谨合词恭折具奏，伏乞皇太后、皇上圣鉴，敕部查照施行。谨奏。同治六年六月二十七日。

同治六年九月二十二日，军机大臣奉旨：吏部知道。钦此。[1]

## ○六三　奏请给还署员赵符铜顶戴折

### 同治六年六月二十七日（1867年7月28日）

头品顶戴闽浙总督臣吴棠、福建巡抚臣李福泰跪奏，为署员欠解钱粮参后全完，请旨还给顶戴，恭折奏祈圣鉴事。

窃照前署浦城县事补用通判赵符铜，短解同治三年份地丁银五千七百六十一两、驿站银一千一百三十七两零、耗羡银一千一百五十两零、米耗银六十五两零，又前代理龙岩州任内征存同治元年

① 中国第一历史档案馆藏：军机录副，档案编号：03-4633-049；朱批奏折，档案编号：04-01-01-0894-002。

份地丁银一千九十一两零、耗羡银六百三十六两零、米耗银四十五两零。经前任督、抚臣于同治四年八月间汇折，奏奉谕旨：赵符铜着摘去顶戴，勒限两月，扫数解完。余依议。钦此。恭录转行遵照在案。兹据署藩司夏献纶会同臬司康国器详称：催据该员赵符铜将欠解前项丁、耗等款银两陆续完解清楚，俟汇入同治六年秋拨暨六年查办五年奏销节年随本公费各册内，分别造报拨用，请将该员原参摘去顶戴之案奏明开复前来。

臣等伏查该员欠解前项丁、耗银两，既于被参后照数全完，尚知愧奋，相应请旨将前署浦城县事补用通判赵符铜原参摘去顶戴准予给还，以资观感。其同案参追之代理上杭县事大挑知县同拱辰，短解丁、耗银两，现在严饬催提，应俟解到另行办理。臣等谨合词具奏，伏乞皇太后、皇上圣鉴。谨奏。同治六年六月二十七日。

同治六年九月二十二日，军机大臣奉旨：赵符铜着赏还顶戴。余依议。钦此。[1]

## 〇六四　奏报同治六年春委署知县各员缺折

### 同治六年六月二十七日(1867年7月28日)

头品顶戴闽浙总督臣吴棠、福建巡抚臣李福泰跪奏，为委署代理知县各员缺，循例按季汇奏，仰祈圣鉴事。

窃照案准部咨：钦奉上谕：各省州县无论奏调、委署、代理，着每届三月汇奏一次。钦此。钦遵咨行查照。同治六年春季份，有

① 中国第一历史档案馆藏：军机录副，档案编号：03-4852-007；朱批奏折，档案编号：04-01-35-0087-029。

政和县缺以永安县知县石鸣韶调署，惠安县缺以屏南县知县章凤翔调署，先经附片奏明在案。兹查春季份尚有代理瓯宁县事候补知县鲍知管，饬令回籍，具报起复，以捐升知县王家驹代理。署南安县事即用知县黄郑锦，人地不甚相宜撤回，以试用通判何思绮代理。代理永定县事补用知县周德至患病，以候补知县陈学渊代理。署光泽县事即用知县王冕南调省差委，以补用通判张光鼎代理。署福清县事大挑知县桑沛病故，以候补知州潘文凤代理。署泰宁县事候补通判韩晋臣调省差委，以崇安县知县觉罗文英署理。署建阳县事试用知县杨大和病故，以候补知县谢崧荣代理。据署藩司夏献纶汇详前来。

臣等谨合词循例，恭折具奏，伏乞皇太后、皇上圣鉴。谨奏。同治六年六月二十七日。

同治六年九月二十二日，军机大臣奉旨：吏部知道。钦此。[①]

## ○六五　添派水兵驾送战船照案核给盘费片

### 同治六年六月二十七日(1867年7月28日)

再，福建省本年应行造送金州水师营第七号战船，先经前护抚臣周开锡将照例估需价贴银数及动款缘由会折具奏，并饬催场员详慎赶造，暨移准水师提臣饬派署海坛左营游击掣升闽安左营都司陈期登来省监造，并委令管驾前船赴金交收。嗣据该驾弁陈期登具禀：金州七号船将次造竣，惟查近年驾送金州各号战船，每因水手短少，驾驶迟滞，以致阻冻压冬，未能依期到营交收，并有在洋

① 中国第一历史档案馆藏：军机录副，档案编号：03-4633-046。

遭风搁浅、船身损坏、勘验驳回之事，恳请于向章舵水三十三名之外，添派水兵二十四名，协同额催舵工、水手慎速驾送，俾免迟误等由。当经臣等批司查议去后。

兹据署藩司夏献纶详称：查咸丰九年间，驾送天津战船四只，拨配操驾步守兵及正副舵工共二百七十三名，计每船分配六十八名。其驾送金州战船，原额舵水仅三十三名，较之前驾天津船名数尚不及半。据请添派水兵二十四名，合共五十七名，较之驾送天津战船弁兵名数，有减无浮，而两项战船梁头丈尺亦复相同，请准如数添派。就于海坛闽、安两营挑选谙熟水务战兵二十四名，来省协同管驾，俾将依限到金，免致疏虞。所有应给盘费、口粮等银，即照前届驾送天津战船成案，分别核给，汇案造销等情，请奏前来。

臣等查核所议系属慎重驾驶起见，且系实在情形，核之上年驾送天津战船配兵名额，委属有减无浮。除批饬遵照赶紧调拨，协同管驾起程，依限到金交收，并分咨户、兵、工各部暨盛京将军查照外，臣等谨合词附片具奏，伏乞圣鉴。谨奏。

同治六年九月二十二日，军机大臣奉旨：知道了。钦此。[①]

## 〇六六　审拟陶谢氏京控伊子被匪戕害一案折

**同治六年六月二十七日(1867年7月28日)**

头品顶戴闽浙总督臣吴棠、福建巡抚臣李福泰跪奏，为京控案件审明定拟，恭折仰祈圣鉴事。

---

① 中国第一历史档案馆藏：军机录副，档案编号：03-4841-054；朱批奏片，档案编号：04-01-36-0074-021。此片具奏日期未确，兹据同批折件校正。

窃前督臣左宗棠、前抚臣徐宗幹任内，承准议政王军机大臣字寄：同治三年六月二十九日，奉上谕：据都察院奏，江西孀妇陶谢氏呈控伊子陶绶锦前在署福建永春州知州任内，往捕所辖西向乡[1]窝匪，被匪首陈汝谦等纠党拒捕等因。钦此。同日奉旨：此案着交左宗棠、徐宗幹，提集人证，秉公严讯确情，按律定拟具奏。抱告倪剑海，该部照例解往备质各等因。钦此。并将都察院钞录原奏原呈粘单，递解抱告倪剑海到闽，先经札司委员提解陈汝谦到省，督同福州府，讯据倪剑海供与京控相同，陈汝谦供与原审无异。复提犯证、原告解质，值倪剑海与陈汝谦因病取保，潜回永春，节经催提犯证未到。兹据永春州会同委员候补通判陈汝实，以南安县差查陈通于同治三年三月潜回，在籍病故，陈看亦于四年三月病故。诣勘各坟冢无异。陈蝶赴台湾生理，取结移送，并查陈哲、陈通均于三年间先后病故。陈丑、陈变、陈湖、陈汝谦、郭春魁、陈别、陈达俱已外出贸易，骤难拘解，取具切结。至抱告倪剑海亦卧病在床，未能赴案。随传陈汝谦之母陈郑氏、轿夫戴桃、举人陈邦詹并县胥陈嘉猷、门丁王耀宗到案，暨据原告陶谢氏投具悔呈，取具切结，录供具详。经前代办按察司督粮道傅观海饬据福州府知府丁嘉玮，核明议详。代办司旋即卸事，由现任臬司康国器查核议详前来。

臣等核看得江西南昌县孀妇陶谢氏，以伊子陶绶锦前署永春州任内赴乡拿犯，被匪首陈汝谦纠党陈通等拒捕戕毙，抗不交犯献尸，并举人陈邦詹等串同敛银、纵犯买凶顶认各情，暨陈通在逃病故、遣抱倪剑海京控一案，缘陈通籍隶南安县，陶谢氏籍隶江西南昌县，已故陶绶锦系该氏之子、福建候补同知，咸丰十一年，代理永

---

① 《清实录》作“西南乡”。

春州，先于咸丰七年，有郑广辉贩货数担，前赴永春州销售，路过西向乡，更换挑夫，托革员陈汝谦同其胞弟陈汝梅代雇，行至小姑岭地方被抢，报州缉拿无获。该事主指告西向乡匪徒陈诣等四人，牵及匪亲陈猷等十一人。又以挑夫系陈姓代雇，屡次控追乡众赔赃，串商该乡曾充勇首之军功千总邱光立，以西向乡多匪徒潜匿，怂恿门丁郑椿请官亲临拿办。经代理州陶绶锦于十一年十一月二十四日随带郑椿，督同邱光立，率领役勇二百名，前往该乡。自歇陈毛家，作为行馆，令役勇散处祠屋民房，谕令各乡长捆送匪犯，并派供应饭食。乡民不堪其扰。

二十六日，陈汝谦同乡耆求见该州宽限，郑椿拒绝未见。翌日，陶绶锦发出封条，连被控匪亲房屋共标封四十余所。二十七日，又将陈汝谦管押，限交原雇桃夫。邱光立即乘机勒索，陈汝谦不允，潜向其母陈郑氏吓诈，许给寿银三百元，先付五十元，邱光立与郑椿说明开释。四乡闻传说官封房屋并乡勇占住祠堂必被焚毁，随有乡民陈丑、陈变、陈哲、陈渊创议，各家出人看守。因邻近之蓝柄乡亦有祖祠在西向乡内，经陈丑将陈汝谦一同列名，写信通知该乡，自行遣人照管。

二十八日，陈多、陈通、陈珍、陈草、陈抄、陈冰、陈斜、陈得意及族众乡邻，各自看守祠屋。蓝柄乡人亦踵至帮护。间有随带器械防身，邱光立勇队即放枪击毙一人，又烧陈姓房屋数间。陈通、陈多愤极，声言门丁郑椿串同邱光立耸官纵勇，扰害不堪，喝令众乡民同往拼命。陈多与陈通首先持刀前往，陈珍、陈草亦持刀械同行。陈冰、陈得意、陈抄、陈斜同众乡民约有四十余人，随声附和，群至行馆门首吵嚷。郑椿等先已避匿，陶绶锦即便服带同跟丁方泰、赖姓轿夫、戴桃，出外弹压。陈多等误认为郑椿，经陈通用刀连砍陶绶锦肩膊，陈多用刀戳伤其肚腹。陶绶锦伤重，旋即殒命。方泰、戴桃上前救护，亦被陈珍、陈草破伤倒地。嗣知杀毙系属本官，即畏惧逃跑。各勇因官被戕害，亦即走散。当有该乡绅耆出为棺殓，经兴泉永道督同代理州宋志璟暨委员会营严拿，查明陈珍、陈草畏罪奔逃，被兵勇追捕，落涧跌毙。拿获陈姓同族多人，查讯无干，分别省释。将供认行凶同行在场之陈多等解省审讯，并将陈汝谦捐职从九品咨部斥革。陈抄、陈斜先后在监病故。叠次勒拿逸犯陈通等无获，将现犯陈多依例拟斩立决。郑椿比例拟绞，陈冰等拟流，援赦累减为杖，由府司解审奏咨。并声明陶绶锦家属叠次上控，前代理州宋志璟倚任丁胥王耀宗、陈嘉猷等贿纵藐抗各情，均系事后牵控，统俟催集人证质讯，并行究结。奉准部覆，监提斩犯陈多一名处决，并将陈得意等杖责发落。陈汝谦发回，取保待质。

同治三年十月十五日，奉准秋审部文，监提绞犯郑椿处决在案。乃陶谢氏以伊子陶绶锦督带役勇赴西向乡拿办匪徒时，谕饬该乡交犯，族房惧见官长，即嘱革员陈汝谦同绅耆出求宽限。陶绶锦将其押候限交，又因陈丑写信通知蓝柄乡遣人至西向乡照管祠屋，信内将陈汝谦一同列名，并闻陈蝶、陈看、陈别、陈违、陈通当日曾经在场，随疑陈汝谦为首纠党，陈蝶、陈通等拒捕戕官，又以委员会同代理永春州宋志璟赴乡谕令交犯，因各犯先已远扬，骤难交案，并陶绶锦被戕后由绅耆棺殓停尸，未经运州，疑系该乡拒不交犯献尸，陈姓族人恐交犯受累，自愿集捐资助陶绶锦家属，求免提质，央举人陈邦詹与南安县书陈嘉猷赴州面禀，由代理州宋志璟等据情转禀，经前抚臣徐宗幹以不应派捐滋累，批饬谕止。陶谢氏不知批谕情由，并因首先下手之陈通未获，其获办之陈多等多系贫民，复疑宋志璟串出陈邦詹等沿乡敛银，纵庇首犯，买凶顶认，兼以派管钱粮之该州门丁王耀宗收缴粮银，遂短宋志璟得受重贿，王耀宗内外交通，解脱纵放，又以陈汝谦仅只待质，并未拟罪，郑椿赃未入手，即拟死罪，复疑前臬司桂超万徇情，偏断开释，随以各前情叠赴各衙门呈告，批饬提集质究。嗣陶谢氏因陈通日久无获，一时痛子情切，即照历次控情遣抱倪剑海赴都察院具控，奏奉谕旨交审，将抱告倪剑海递回，经前督臣札司委员守提革员陈汝谦到省，讯据倪剑海供与京控相同，陈汝谦供与原审无异。饬提犯证、原告解质，倪剑海、陈汝谦因病取保，由保潜回永春，节经催提犯证未到。兹据永春州会同委员以准安县差查陈通已于同治三年三月潜回，在籍病故；陈看于四年三月病故，诣勘各坟冢属实。陈蝶赴台湾生理，取结移送。查陈哲、陈通均于三年间先后病故。陈丑、陈变、陈渊、陈汝谦、郭春辉、陈别、陈达俱外出贸易，骤难拘解。抱告倪剑海亦卧病在床，未能赴案。随传陈汝谦之母陈郑氏、轿夫戴桃、举人陈邦詹，并移提县胥陈嘉猷、门丁王耀宗到案，并据原告陶谢氏查明实情，投递悔呈，情愿具结完案，讯取供结，由前署福州府知府丁嘉玮详据按察司康国器核议请结前来。

臣等覆查，此案既据该印委各员确切查询，所有戕害本官罪应拟斩。奉文处决之陈多，随同逞凶，致伤在官人役，罪应拟绞。被官兵追捕、落涧跌毙之陈珍、陈草随声附和，罪应拟流。援赦累减为杖之陈冰、陈得意、陈抄、陈斜，均系本案正犯，并非顶认。门丁郑椿怂恿本官下乡拿犯，乘机串作，激成事端，致本官被戕，比例拟绞，秋审入实勾决，实属罪有应得，亦非栽赃诬陷。革员陈汝谦并无为首纠党，陈蝶等拒捕戕官，其写信邀蓝柄乡陈姓照管祠屋，系陈丑代为列名，陈汝谦并不知情。至陈姓族人自愿捐助官眷一节，前署州宋志璟仅只与委员据情转禀，奉饬谕止，本未收缴捐资，委无与县书陈嘉猷朋吞分肥，亦无串出举人陈邦詹等敛银助饷及庇纵要犯、买凶顶认，受贿蒙详。举人陈邦詹、县书陈嘉猷均无敛银买凶。门丁王耀宗亦无内外交通、解脱纵放各情弊。委系陶谢氏怀疑误控。现据赶州投递悔呈，讯供取结具详。覆加查核无异。应即拟结。

查律载：部民逞凶杀实官者，无论本官品级及有无谋故，已杀者不分首从皆斩立决等语。此案陈通与已获正法之陈多，因门丁郑椿耸官纵勇、索扰不堪并焚封房屋挟忿，往与拼命，时该代理州陶绶锦出门弹压，该犯与陈多误认为门丁郑椿，当时杀害，戕官重情，未便引犯时不知之律，稍存宽贷，自应从重按例问拟。陈通合依部民逞凶杀害本官已死者不分首从皆斩立决例，拟斩立决，业已病故，应毋庸议。陶谢氏所控伊子陶绶锦被匪戕害得实，其牵控各情实系痛子情切，一时怀疑所致，且于未经提审之先赴州递具悔呈，并据实供明，与始终诬执者有间。念其妇女无知，从宽免于置议。

革员陈汝谦并无为首纠党。陈蝶等拒捕，其写信邀蓝柄乡陈姓照管祠屋，讯系陈丑等代列伊名，应饬州将陈汝谦带案交保，俟陈丑等弋获，提同质明办理。前署永春州宋志璟委无串出举人陈邦詹敛银助饷，纵庇要犯，另买顶凶，受贿蒙详，应与并为沿乡敛银、纵凶买顶之举人陈邦詹、县胥陈嘉猷及并无内外交通、解脱纵放之门丁王耀宗均免置议。前次获案之郭春魁，讯系无干，前经由州报明保释，并非贿纵，应与并未轻纵拒捕业已病故之陈看、陈通及陈蝶、陈别、陈达，俱毋庸议。逸犯陈丑等与郑广辉被抢案内匪犯饬缉，获日另结。无干省释，未到人证概免传质，以省拖累。陶绶锦棺柩已由该家属运送回籍埋葬。除录供招分咨刑部、都察院查照外，合将审明定拟缘由，理合恭折具奏，伏乞皇太后、皇上圣鉴训示。谨奏。六月二十七日。

同治六年七月二十一日,军机大臣奉旨:刑部议奏。钦此。[1]

【案】同治元年十二月二十九日,[2]福建巡抚瑞瑸奏报陶绶锦被戕之案查办片:

再,永春州地方界连南安等县,屡有土匪纠结抢掳,饬据先后报获匪犯多名,分别从严惩办。兹访闻署永春州知州陶绶锦,因公赴乡,被匪戕害。正在严饬查拿间,即据永春州商黄思永禀称:该署州陶绶锦因赴离城二十里之西向乡拿匪犯,于十一月二十八日被戕等情。并据兴泉永道秦金鉴、署泉州府陈懋烈先后禀报前来。参核所禀,情形互异,惟案关拒捕戕官,情节较重,亟应严拿凶要各犯,尽法惩治,以昭炯戒,难容稍涉轻纵。至陶绶锦究竟作何赴乡被匪拒伤殒命,亦应确切查明,分别办理。

除檄饬现署永春州知州宋志璟克日确查驰覆,一面飞饬该管兴泉永道,就近遴委明干大员驰往,会督兵役,实力拿捕,务将各匪犯克期悉数弋获,不准一名漏网,亦不得以匪乡附和办理稍失机宜,转致剿捕费手、均干重咎外,合将永春匪徒拒毙州官、查办大概情形,奴才谨附片驰陈,伏乞圣鉴。谨奏。同治元年正月二十七日,议政王军机大臣奉旨:着即查明该员实在被害情由,毋得稍涉徇隐!钦此。[3]

【案】同治三年七月二十九日,左都御史全庆等奏报孀妇陶谢氏京控一案折:

---

① 中国第一历史档案馆藏:军机录副,档案编号:03-5024-015。
② 此片具奏日期未确,兹据同批折件校正。
③ 中国第一历史档案馆藏:军机录副,档案编号:03-4768-016。

都察院左都御史臣全庆等跪奏，为奏闻请旨事。

据江西孀妇陶谢氏遣抱告倪剑海，以戕官重案贿纵偏断等词赴臣衙门呈诉。臣等公同讯问，据倪剑海供：年三十六岁，福建福清县人。老家祖母陶谢氏写就呈词，遣身呈递。所诉何事，身不知悉。查原呈内称：窃氏年六十八岁，江西南昌县人，缘氏子陶绶锦前署福建永春州知州，咸丰十一年十一月间，奉札往捕所辖西向乡窝匪。二十四日，氏子督带勇丁，下乡侦缉。二十八日，匪首陈汝谦等纠合南安、蓝柄等乡林逆余党数百人，开炮列械，拒伤丁役。氏子遍体鳞伤，登时殒命。家人郑春负伤奔报。氏孙陶家驯年幼，误听人言，疑其弃逃，禀官看押。经氏详查保释。抚宪委道府大员前往，查拿要犯。经泉州府知府李庆霖驰抵该乡，切实晓谕。该乡非但抗不交犯，并不肯将氏子尸首献出。业经李守将顽梗情形通禀列宪，驰请带兵剿办。讵接任之宋知州因前在署南安县时与蠹书陈嘉猷交好，即串出举人陈邦詹等，沿乡敛银三万余两，止报助饷银一万二千两；纵庇首要各犯，另买贫民陈斜、陈多、陈冰、陈抄、陈得意五人顶凶。陈斜、陈抄讯系废丐，旋报病故。陈冰、陈得意历讯无供，遂嘱伞夫硬指陈多一名为帮凶。宋知州得受重贿，门丁王耀宗等内外交通，力为该匪乡解脱。迨至安溪县拿获陈汝谦到案，叠经各宪研讯，供认戕官不讳，业已画供附卷。不意桂臬司徇情偏断，如宋牧之受贿蒙详、丁书等之串通舞弊，并皆置之不问，反将首犯陈汝谦开释，止杀乞丐陈多一名，又栽赃家人郑春，以证氏子之非，改供详奏，以致氏子没于王事既无旌恤，犹加不洁之名，含冤何极！为此具呈，黏连全案，遣抱来京沥陈等语。

臣等查该孀妇陶谢氏遣抱家人倪剑海，呈称伊子陶绶锦前在福建署永春州任内，奉札往西向乡缉匪。咸丰十一年十一月二十八日，匪首陈汝谦等纠众数百人，持械拒捕，伊子被戕身死，丁书陈嘉猷等沿乡敛银，内外贿串，另买顶凶。宋知州得受重贿，捏供蒙详，力为首要各犯开脱。桂臬司徇情偏断，止杀乞丐陈多一名，反将首犯陈汝谦释放，并栽赃陷害各情。案关拒捕戕官、贿纵偏断，如果属实，大干法纪，亟应严切根究，以成信谳。兹据呈报前来，臣等不敢壅于上闻，谨抄录原呈并原案，恭呈御览，伏乞圣鉴训示。

再，据该抱告结称，陶谢氏在何衙门控告及呈内所控之事，均不知悉。合并声明。谨奏。同治三年七月二十九日。都察院左都御史臣全庆，左都御史臣单懋谦，左副都御史臣宗室钟岱（差），署左副都御史臣桂清，左副都御史臣景霖，左副都御史臣汪元方（差），署左副都御史臣贺寿慈，左副都御史臣潘祖荫。[1]

【附】同日，都察院左都御史全庆等呈江西孀妇陶谢氏京控呈状：

具控：江西省南昌府南昌县孀妇陶谢氏，年六十八岁，为冤沉三载，断凭一人，官命轻如草芥，匪乡重若泰山，死不瞑目，生何甘心，万里鸣冤，叩恩超雪事。

窃氏子绶锦前署福建永春州牧，祸因商民郑广辉等控告西向乡抢案，会营拿办。匪首陈汝谦信纠南安、蓝柄等乡林逆余党陈蝶、陈通、陈看、陈别、陈燮、陈达、陈通、陈丑等千人，执械拒捕，酿成戕官重案。家人郑春负伤奔报，氏孙家驯幼稚无知，听谣误

① 台北故宫博物院藏：军机及宫中档，文献编号：097490。

行禀押，经氏详细查明，委无弃逃诈扰实证，请释在案。始则抚宪委粮道周立瀛、泉州府李庆霖，查拿凶要各犯，悬赏饬拘首犯陈汝谦等。氏全家感戴。无如黄金有灵，晴天难见，举人陈邦詹、蠹胥陈嘉猷勾串门丁王耀宗，表里为奸，令西向乡鸠资数万，借饷肥私，买嘱宋牧，受贿蒙详，捏情上耸，为匪乡解脱罪名。迨至安溪县获解首要陈汝谦，由司叠讯，供认写信纠匪戕官，画招附卷。突复变捏情词，夤缘门路，指控门丁，计图卸罪。桂臬司臆断偏抑，硬定门丁之赃，以证氏子之非。首凶释而不罪，门丁科之以死，仅杀一丐陈多，匪乡公然无事。改供详奏。既无原供招认可凭，又无眷属甘结存案。名节攸关，情罪出入！

方今两宫皇太后亲裁大政，我皇上践祚中兴，一夫不忍令其含冤，何况氏子身为民牧，反令抱恨九泉乎？氏不畏万里之遥，匍匐鸣伸，抄录前后禀批，遣抱来京，叩恳据情代奏。伏求钦派大臣赴闽，严拿审讯，俾冤得雪。傥仍饬原审各员，非独案难平允，氏家更获重咎。为此哀哀乞命，冒死上叩！①

【案】同治三年六月二十九日，奉上谕：此上谕《清实录》载曰：

“又谕，据都察院奏，江西孀妇陶谢氏呈控伊子陶绶锦前在署福建永春州知州任内，往捕所辖西南乡窝匪，被匪首陈汝谦等纠党拒捕，陶绶锦受伤殒命，禀经委员查拿，该乡不将各犯交出，并不将陶绶锦尸首献出。举人陈邦詹、蠹胥陈嘉猷等在该乡借助饷为名，敛银行贿，纵庇正凶，另买老丐穷民陈多等五人顶凶抵罪，后任知州宋姓受贿蒙详。迨正犯郭春魁等

① 台北故宫博物院藏：军机及宫中档，文献编号：097491.

获案,复受贿纵放。臬司桂超万徇情偏断,反栽赃于陶绥锦门丁郑春,科之以罪,改供详奏等语。案关戕官顶凶,贿纵偏听,如果属实,大干法纪。着左宗棠、徐宗幹按照所控各情,严切根究,以成信谳,毋得稍有迁就。至所称知州宋姓将已驳助饷之项并不发还,与蠹书陈嘉猷即陈树书朋吞分肥之处,着一并查明,严参惩办。原呈着钞给阅看。将此谕令知之。[①]

## ○六七　请以刘松亭补授金门水师协副将折

### 同治六年六月二十七日(1867年7月28日)

头品顶戴闽浙总督臣吴棠跪奏,为外海水师副将员缺紧要,遴员请旨补授,以重职守,恭折奏祈圣鉴事。

窃照福建金门镇总兵员缺,经前任总督臣左宗棠奏改为副将,仍驻金门,归水师提督专辖,钦奉上谕:兵部议奏。等因。钦此。现准部臣议覆,以同安县地方既有水师提督驻扎,足资控制,其金门一镇相距最近,自可裁改,以一事权,而省糜费,应如所奏,福建金门镇总兵准其改为金门协副将,并添设中军都司一员。该二缺均系水师紧要,仍作为外海水师题补之缺,应令遴员请补等因。咨行到闽。即经转饬遵照在案。兹据福建水师提臣李成谋咨:以金门镇总兵员缺甫经改设副将,一切营制、船政更议伊始,必须咨请水务、才识兼优之员,方足以资整饬,咨行拣补前来。

臣查闽省水师副将、参将各员,非现居要缺,即人地未宜,一时

---

① 《穆宗毅皇帝实录(三)》,卷一百七,同治三年六月下,第367页。

实无合例升补之员。详加遴选，惟查有留闽尽先补用水师副将刘松亭，[①]年三十六岁，湖南湘阴县人，由武童投效湖南水师军营，叠次剿贼，屡著战功，历保今职。该员年力富强，才识干练，水务熟悉，火器素娴，经前督臣左宗棠札调来闽，随后奏准留闽归于水师，以副将尽先补用，檄发水师提标差遣委用，并委摄理水师提标前营游击，办理裕如，于整顿营伍、训练兵丁，均能认真讲求，先后出洋巡缉，叠获巨盗多名，迄今试用一年，水务、营政诸多著效，以之补授金门水师协副将，实堪胜任。惟该员系尽先补用水师副将，与水师题补缺出拣员题请升补之例稍有未符，第水师人材难得，人地实在相需，例得声明奏请。合无仰恳天恩，俯念外海水师副将甫经改设、员缺紧要，准以花翎总兵衔留闽尽先补用水师副将刘松亭补授金门水师协副将，实于营伍、海洋均有裨益。如蒙俞允，容俟部覆到日，即行给咨送部引见，恭候钦定。除饬取履历另行送部外，臣谨会同福建水师提督臣李成谋，合词恭折具奏，伏乞皇太后、皇上圣鉴，敕部议覆施行。谨奏。六月二十七日。

同治六年七月二十一日，军机大臣奉旨：兵部议奏。钦此。[②]

【案】福建金门镇总兵员缺，经前任总督臣左宗棠奏改为副将：同治五年十月十六日，左宗棠等具奏：

① 刘松亭（1831—1887），湖南湘阴人，武童。咸丰五年（1855），投效军营，保千总。八年（1858），保守备，赏戴花翎。十年（1860），保都司，晋游击，加参将衔。同治元年（1862），保参将，晋副将衔。三年（1864），赏加总兵衔。五年（1866），赴闽差委。六年（1867），补授金门协副将。八年（1869），进京陛见。光绪元年（1875），调补浙江处州镇总兵。十三年（1887），卒于任。

② 中国第一历史档案馆藏：军机录副，档案编号：03-4729-077。此折具奏日期脱落，兹据同日奉旨之折件校补。

调补陕甘总督闽浙总督一等恪靖伯臣左宗棠跪奏，奏为请将福建金门镇总兵改为副将，仍驻金门，归水师提督专辖，恭折奏祈圣鉴事。窃照闽省海疆重地，当台湾未附之初，洋防至为吃重，故于同安之厦门设水师提督亲标五营，又于同安之金门设总兵一员；自南迤北则有南澳镇左营、铜山营，自北而南则有烽火营、福宁左营，海坛镇闽安协分驻巡防，声势联络。而陆路提督及漳州镇，距厦门东北及西面均不过二百里，水陆数百里中，两提、四镇，星罗棋布，所以控制台湾，设犄角而壮声势也。台湾设镇后二百余年，兵制相沿未改，情形今昔迥殊，有宜因时变通，未可拘执成例者。查台湾重镇额兵一万四千余名，北路副将驻彰化、水师副将驻安平，而澎湖一协，尤为东西来往咽喉之地，台防本极周密。内地沿海各镇除海坛、南澳二镇距厦门稍远，仍应照旧制分驻巡防外，其金门一镇与水师提督同驻同安县辖地方，相距最近，自应改为副将，归水师提督专辖，以一事权。现当增饷练兵、减兵就饷、通筹营制之际，臣与水、陆提臣深思熟计，凡汛地辽阔、形势紧要之处，兵额未便过减者，或酌裁员弁，为省官养兵之计，水师船汛、营汛，在在需兵分布。如将金门改镇为协，则左营游击、守备各员缺可一并请裁，以所裁廉俸、薪干等银匀加练兵之饷，兵力较厚而事权归一，于兵制实为允当。准水师提臣李成谋咨请奏改前来。臣查金门镇虽为巡查外海水师洋汛，而水师提督实可就近兼顾。提臣李成谋亲历全辖洋面察看情形，了然心目，议将水提前营游击移驻嵛口、金门镇标右营移驻湄洲，现议酌改金门营制，可收因时制宜之效。相应请旨准将金门镇改设协镇副将一员、中军都司一员，作为专营，仍驻金门；其前请移驻湄洲之金门右营游击、守备各员缺，亦作为专营驻扎湄洲，均隶水师提标统辖，巡查外海水师洋汛。所有金门镇总兵一员、左营游击一员、守备一员，均请敕部议裁，截存廉俸、薪干等银，仍存司库，毋庸报拨，以充兵饷。除应行裁改之千、把、外、额暨战守兵丁名数以及另请颁发印信、钤记各事宜俟该营另行查议详咨办理外，合将请改金门营制缘由，会同水师提督臣李成谋恭折具奏，伏乞皇太后、皇上圣鉴训示。谨奏。十月十六日。同治五年十一月初五日，军机大臣奉旨：另有旨。钦此。[①]

## 〇六八　请以林珠补授台湾北路协副将折

### 同治六年六月二十七日(1867年7月28日)

头品顶戴闽浙总督臣吴棠跪奏，为海外副将员缺紧要，遴员请旨补授，恭折具奏，仰祈圣鉴事。

窃照福建台湾北路协副将曾元福保举人员未能核实，降二级调用，所遗该副将员缺系台湾陆路题补之缺，业准部咨，行令照例于台地人员内拣选题补等因。查定例：台湾武职缺出，即于台湾所属人员内拣选题补，仍按各省游击以上、历俸二年之例办理，如无合例可题之人，再于内地各营内拣选熟悉风土之员题请调补。臣随在于台湾陆路各营额定参将内逐加遴选，或无俸次可计，或系籍隶本省，其内地各营陆路副将非现居要缺，即人地未宜，一时实无

① 中国第一历史档案馆藏：军机录副，档案编号：03-4724-083。

合例堪调之员。惟查有军功留闽尽先补用陆路副将林珠,[①]年三十四岁,广东饶平县人,由军功历在江、粤、闽、浙各省剿匪,叠著战功,递保花翎,留江尽先补用副将,于同治四年间由江西赴闽,即经前督臣左宗棠奏准以副将改留福建尽先补用,并准部咨:该省遇有陆路副将缺出,即行题补。嗣派带勇驰赴漳州剿匪,攻克郡县城池出力,曾经署理平和营游击,办理裕如。

该员年富才明,晓畅营伍,以之补授台湾北路协副将,实堪胜任,合无仰恳天恩,俯念海外副将员缺紧要,准以军功留闽尽先补用陆路副将林珠补授台湾北路协副将,于营伍、地方均有裨益。如蒙俞允,容俟部覆到日,给咨送部引见,恭候钦定。除饬取履历另行咨部外,臣谨会同署福建陆路提臣罗大春、水师提臣李成谋,合词恭折具奏,伏乞皇太后、皇上圣鉴,敕部议覆施行。谨奏。六月二十七日。

同治六年七月二十一日,军机大臣奉旨:兵部议奏。钦此。[②]

## ○六九　奏请军需总局改为善后总局片

### 同治六年六月二十七日(1867年7月28日)

再,闽省于同治三年九月间,皖、浙败匪由江右、广东窜入闽

① 林珠(1833—?),广东饶平人。咸丰七年(1857),以军功保守备,赏戴花翎。十一年(1861),保都司,加游击衔。同治二年(1863),保游击,加参将衔。三年(1864),保参将,晋副将衔。同年,保副将。四年(1865),赴闽差委。七年(1868),补台湾北路协副将。光绪三年(1877),因案革职,发军台效力。

② 中国第一历史档案馆藏:军机录副,档案编号:03-4729-076。此折具奏日期脱落,兹据同日奉旨之折件校补。

疆，沦陷汀州府属之永宣、武平及漳州、龙岩等府州县城池。维时军务吃紧，当将原设善后、防务两局改为军需总局，并另于省垣适中地方复设巡防总局。至四年二月间，将巡防局裁撤，另改军需总局，由藩、臬两司粮、盐二道督同各委员详慎经理，业经前督抚臣附片奏明在案。现在闽省军务业已肃清，自应将军需总局裁撤。惟各属兵燹之后，必须巡缉抚绥，捕治土匪，以冀长治久安。现应办善后以及清理积案、稽核报销暨支给留防兵勇口粮各事宜，尚属纷繁，自应复正名目，归总善后督办。

所有省会原设军需总局，应请改为善后总局，添委候补道耿曰椿，即自本年六月二十一日起，会同各司道督饬委员、书吏，分别认真经理，一面换刊福建省会善后总局木关防一颗，即于是日启用，以昭信守，据该局司道具详请奏前来。谨合词附片具奏，伏乞圣鉴。谨奏。六月二十七日。

同治六年七月二十一日，军机大臣奉旨：知道了。钦此。[①]

## 〇七〇　请将革员骆祝福开复原官片

### 同治六年六月二十七日(1867年7月28日)

再，前署福建泉州洪濑乡都司补用游击骆祝福，因有船户控告假抽税厘为名，勒索商船站钱，经前督臣左宗棠奏参，奉旨：骆祝福着先行革职，提省究办等因。钦此。转行臬司将该员骆祝福提解到省，发府收审。旋据前署福州府知府丁嘉玮查讯，该革员骆祝福

---

① 中国第一历史档案馆藏：军机录副，档案编号：03-4688-019。此片具奏日期脱落，兹据同批折件校正。

并无假抽厘勒索商船站钱各情具详，当经前督臣左宗棠批饬臬司移会税厘局司道，转饬议详。嗣据该革员骆祝福具禀，该革员系属奉文盘查偷漏，前获强抽站钱匪徒卖尾等解办，现经拿获漏税船户侯振记等装贩火炮，当解泉州关口查办。革员凡遇货载无不实力稽查，难免奸商不挟嫌反诬，致有奉访之事。并经前臬司邓廷楠分别移行署泉州城守营参将松奎、代理泉州府知府沈应奎佥查，该革员骆祝福在洪濑都司任内盘获漏税火炮二十九担，解由泉州关口，亦以价充公，船户责释。其拿获匪徒卖尾等三名，解送府县惩办。饬据南安县查覆，亦相符合各等情。又经前兼署督臣英桂饬臬司妥议详夺，并经臣查案，行司饬府确讯议详去后。

兹据福州府知府尹西铭亲提覆讯，缘革员骆祝福，晋江县人，由行伍于道光二十四年间投入陆路提标后营，拔补泉州城守营额外，历次剿匪出力，二十余年，叠经奖拔，以都司补用。于同治三年十月委署泉州城守营洪濑乡都司篆务，并于剿平台湾逆匪始终出力，经前抚臣徐宗幹奏准免补本班，以游击补用。该革员在洪濑乡都司任内，因所辖各乡向有匪徒恃强包税，勒抽站钱，商旅裹足，关税即稀，随时购线访拿。是年十一月十二日并四年十一月间，三次缉获著名匪徒卖尾、吴总、卖婆三名，解交泉州府暨南安县，讯认为匪截抢及勒抽站钱不讳，先后惩办具奏有案。四年夏间，泉州、永春均设局抽厘，因洪濑乡为通达泉州小路，每有奸贩偷漏厘税，曾经前泉州关口委员接奉将军臣英桂札行，转饬该革员在汛口一体盘查，是以凡遇溪船载运货物过洪，实力巡查。

四年十一月十三日，船户侯振记等装载火炮四十九担，由永春运到汛口，当经该革员查验报厘单据，在永春厘局仅报二十担，其余二十九担并未报税，显系偷漏。诘问该船户，言语支吾。随将火炮同船户解送泉州关口查办，分别充公责释，并分移泉永厘局知照。讵该船户挟嫌反诬，以该革员假抽厘金、勒索站钱等词具控，经前督臣左宗棠参奏，奉旨革职审办，遵提到省。经前署福州府丁嘉玮暨现任府尹西铭先后提讯，该革员委因奉文盘查偷漏，将船户侯振记等火炮移送海关查办，该船户挟嫌诬控，实无假抽厘金为名、勒索商船站钱情事，议拟详覆前来。

臣查核该革员骆祝福盘获偷漏火炮，系属奉文会查，即经解送泉州关口查办，并无别情，且因匪徒包揽勒抽，商旅裹足，该革员访拿匪徒卖尾等，解交府县讯办，均属有案可稽，核与泉州府营先后查覆及该革员初禀情形均属相符。其无假抽税厘、勒索站钱，毫无疑义，更见该革员平日缉捕洵属认真，况查该革员历次剿匪平逆出力，二十余年战功，尤著勤劳，未便因公滋累，相应请旨将该革员骆祝福开复游击原官，仍留福建补用。船户侯振记等匿报税厘，咎有应得，业据泉州关口报将未完税厘火炮充公示罚，并将船户责释。所有挟嫌诬告之处，应免重科，以省延累。臣谨附片具奏，伏乞圣鉴训示。谨奏。

同治六年七月二十一日，军机大臣奉旨：着照所请，该部知道。钦此。①

【案】骆祝福……经前督臣左宗棠奏参：同治五年正月，闽浙总督左宗棠奏参曰：

再，署福建泉州洪濑乡都司骆祝福，假抽厘为名，勒索商

① 中国第一历史档案馆藏：军机录副，档案编号：03-4875-061。此片具奏日期脱落，兹据同批折件校正。

船站银，被船户控告，现经臣委员查办，一面檄饬代理福建陆路提标中军参将宋桂芳，遴员前往摘印接署，将该都司撤任听候参办外，应请旨将署福建泉州洪濑乡都司骆祝福先行革职，以便饬司提省究拟。谨附片具陈，伏乞圣鉴训示。谨奏。同治五年正月十五日，军机大臣奉旨：骆祝福着先行革职，提省究办。钦此。[①]

## ○七一　奏报筹拨茶税、固本两项京饷解部折

### 同治六年七月十三日（1867年8月12日）

头品顶戴闽浙总督臣吴棠、福建巡抚臣李福泰跪奏，为筹拨茶税、固本两项京饷银两，委员解部，恭折由驿驰奏，仰祈圣鉴事。

窃照同治六年京饷部拨福建省茶税银一十万两，限十二月初间解清。又，每月原拨直隶固本京饷五千两，由部臣奏明，改解部库，钦奉上谕：一月一解，或两三月一解等因，咨行遵照。经臣等饬司筹拨现年茶税银八万两，正、二月固本京饷一万两，委令在闽差遣之浙江即补同知胥寿荣、留闽补用同知直隶州傅文光，督同西商分起汇解，赴部投纳，先后会折具奏在案。

兹饬据署藩司邓廷楠筹拨同治六年茶税京饷银二万两，又三、四、五、六等月固本京饷银二万两，共银四万两，连同茶税项下部饭等银，委令候补同知许康绪，查照历办成案，督同阜康兑局汇解，赴部投交，以期迅速而免疏虞，并声明现年茶税已照拨解清，具详请奏前来。除分咨部科查照外，臣等谨合词恭折由驿具奏，伏乞皇太

① 中国第一历史档案馆藏：军机录副，档案编号：03-4620-034。

后、皇上圣鉴。谨奏。同治六年七月十三日。

同治六年八月初七日，军机大臣奉旨：户部知道。钦此。[1]

## ○七二　请以周立瀛补授延建邵道缺折

### 同治六年七月十三日（1867年8月12日）

头品顶戴闽浙总督臣吴棠、福建巡抚臣李福泰跪奏，为拣员请补要缺道员，以资治理，恭折奏闻，仰祈圣鉴事。

窃照同治六年二月初七日接准部咨：同治五年十一月初一日，内阁奉上谕：延建邵道周开锡着开缺署理福建布政使。钦此。钦遵恭录咨行查照。周开锡所遗延建邵道系属外调要缺，前兼署督臣英桂、护抚臣周开锡，未及遴员请调卸事。臣等于同治六年三月抵闽，随时查察，该道管辖延、建、邵三郡十七县，地处万山之中，素称盗贼渊薮。自咸丰三年以后，邻逆窜扰，内匪交讧，迭经痛加剿洗，渐就肃清。而善后抚绥，在在仍形吃重，必须慎选廉明公正、勤干有为之员，方足以资表率。臣等与藩、臬两司在于通省实缺道员内逐加遴选，除汀漳龙道奉旨简放文吉尚未到省外，督粮道傅观海与藩司核办裁减兵额案内，更定兵米册档，事极纷繁；盐法道海钟改行票运，整饬鹾纲，办理正有起色；兴泉永道曾宪德驻扎厦门，有中外交涉要件，甫经奏明，饬回本任；台湾道吴大廷控制全台，责任尤重。以上各员，均未便更动，实尢堪以调补之员。

① 中国第一历史档案馆藏：军机录副，档案编号：03-4890-065；朱批奏折，档案编号：04-01-35-0971-080。

惟查有候补道周立瀛，[1]年五十二岁，江西安福县进士，签分礼部主事，历升员外郎中、陕西道监察御史。咸丰七年闰五月十六日，奉旨补授泉州府遗缺知府，领照来闽，旋补漳州府知府，捐升道员在任候选，调补福州府知府。历署汀漳龙道、督粮道篆务。同治四年，以办理通商出力保奏，是年八月二十八日，奉上谕：候选道福州府知府周立瀛，着开缺以道员留于福建补用。钦此。同治五年十一月，署理延建邵道，迄今半年有余，办理裕如。该员才识稳练，为守兼优，以之请补延建邵道，实堪胜任，且系著有劳绩、奉旨开首府缺以道员留省补用人员，照例无论应题、应调缺出，悉准酌量补用。惟调缺请补，与例稍有未符。据藩、臬两司援引人地实在相需之例，具详请奏前来。合无仰恳天恩，伏念员缺紧要，准以候补道员周立瀛补授延建邵道，实于地方有裨。如蒙俞允，俟接准部覆，行令交待清楚，给咨赴部引见。候补人员请补要缺，例免核计参罚。臣等为要缺择人、以资治理起见，谨合词恭折具奏，伏乞皇太后、皇上圣鉴训示，敕部核覆施行。谨奏。同治六年七月十三日。

同治六年八月初七日，军机大臣奉旨：吏部议奏。钦此。[2]

---

① 周立瀛（1816—?），字轶凡，号仙舫，江西安福人。道光十九年（1839），中式举人。二十四年（1844），中式进士，选礼部祠祭司主事，历升员外郎、郎中。咸丰六年（1856），改陕西道监察御史。八年（1858），放漳州府知府。同年，署汀州府知府。九年（1859），护理福建汀漳龙道。十一年（1861），署台湾府知府。同治元年（1862），调补福州府知府。二年（1863），署福建督粮道。六年（1867），迁福建延建邵道。是年，充乡试监试官。

② 中国第一历史档案馆藏：军机录副，档案编号：03-4632-106；朱批奏折，档案编号：04-01-12-0503-022。

## ○七三　奏报臬司康国器暂缓陛见片

### 同治六年七月十三日(1867年8月12日)

再，福建臬司康国器禀称：窃国器自同治五年十一月在延建邵道任内接到前督抚行知：钦奉谕旨：康国器着补授福建按察使。钦此。钦遵转行遵照，并饬速赴新任。国器遵即交卸来省，于十二月初九日接印视事，随经具折谢恩，并请陛见。兹于同治六年六月初四日原差赍回前折，后开军机大臣奉旨：知道了。钦此。理合禀请委员接署臬篆，俾得交卸晋京等情。

臣等伏查该司吁请入都展晋，应即委员接署，饬令起程。惟是臬司为刑名总汇，闽省连年办理军务，积压要案甚多。该司到任以来，催提究审，实力查办，现在甫有头绪，未便遽易生手，合无仰恳圣恩，俯准臬司康国器暂缓起程，饬将历年陈牍赶紧清理，再行交卸北上，出自逾格鸿慈。谨附片陈明，伏乞圣鉴训示。谨奏。

同治六年八月初七日，军机大臣奉旨：着照所请。钦此。[1]

## ○七四　奏报闽省酌减厘金酌裁厘卡片

### 同治六年七月十三日(1867年8月12日)

再，查同治六年部拨茶税京饷十万两，已全数解清。其上年未

---

[1] 中国第一历史档案馆藏：军机录副，档案编号：03-4632-105。此片具奏日期未确，兹据朱批奏片校正。

完茶税京饷二十二万两，臣等力筹补解四年份银五万两、五年份银五万两，计补解陈欠亦将及半。现又接准部咨，饬将按年应解洋药厘五万两于文到后，限三个月，源源报解等因。复经饬司遵照筹解，不敢任延。惟是臣等抵闽之始，目击小民生计日蹙，百物昂贵，商民以厘金过重，遮道吁求减免。复加查察，委系实在情形。溯查上年各省厘捐，烦扰过甚，屡廑圣怀，饬令减免，亟应遵照办理。只因本省善后诸务、留防勇粮及左宗棠西征军饷，用需甚繁，而部拨兵饷项下，地丁征解不足，邻省协款未到，亦不能不恃厘金以为接济，迭经督饬司道，通盘筹画。原设厘金章程可以酌减，而万不能大减。当经通行示谕：于五月初一日起将百货厘金减抽二成，渔网杂捐、肩挑小贩，概行停抽，并将偏僻地方无碍大局之小卡，酌量裁撤，稍顺商情，兼节糜费。

其资本较厚之洋药、土茶，仍照原案抽收，以顾饷项要需。现在茶市已过，厘税渐绌，比较上年计算，七月以后所入，按月拨解固本京饷以及本省善后、西征巨款各项，仅可勉强撑持。现又筹拨洋药厘解京，兼须补解上年茶税余欠，实有竭蹶难支之势。臣等惟有尽力图维，设法兼顾，以期仰纾宸廑。所有酌减厘金酌裁厘卡各缘由，谨附片陈明，伏乞圣鉴训示。谨奏。

同治六年八月初七日，军机大臣奉旨：户部知道。钦此。[①]

① 中国第一历史档案馆藏：军机录副，档案编号：03-4890-056；朱批奏片，档案编号：04-01-35-0561-090。此片军机录副具奏日期未确，兹据朱批奏片校正。

## ○七五　奏报筹拨盐课银两解充军饷折

### 同治六年七月二十六日(1867年8月25日)

头品顶戴闽浙总督臣吴棠跪奏，为筹拨盐课银两，委员解充京饷清款，恭折驰陈，仰祈圣鉴事。

窃查钦奉上谕：户部奏，预拨京饷，拟在各省地丁盐课、关税等项内，拨银七万两等因。钦此。计单开拟拨同治六年京饷福建盐课银十五万两，当经饬据福建盐法道海钟在于票课项下筹拨银三万两，委令福建候补知县谢昌霖领解，又筹拨银五万两，委令浙江候补同知胥寿荣领解，即经前兼署督臣英桂及臣先后奏报在案。计三次共已拨解银一十一万两，尚应筹拨银四万两，当以京饷紧要，遵再督同盐法道赶紧设筹，克期全数解清。兹据福建盐法道海钟具详：遵将同治二年份京饷尚应筹解银四万两，在于现收票课项下照数提拨，委令尽先选用县丞张宝元领解，由阜康兑局汇兑，进京支取，赴部投纳。并声明此项京饷系指拨盐课，并无随征加平、饭食等银，呈请具奏前来。

除饬赶紧领解起程暨咨部查照外，所有奉拨同治六年份京饷银一十五万余两业经全数解清缘由，臣谨会同福建抚臣李福泰，合词恭折具奏，伏乞皇太后、皇上圣鉴。谨奏。七月二十六日。

同治六年八月二十日，军机大臣奉旨：户部知道。钦此。[①]

① 中国第一历史档案馆藏：军机录副，档案编号：03-4942-148。

## ○七六　请以陈允彩升补福建水师提标游击折

### 同治六年七月二十六日(1867年8月25日)

头品顶戴闽浙总督臣吴棠跪奏,为沿海水师游击员缺紧要,人地实在相需,请旨仍准升补,恭折奏祈圣鉴事。

窃照福建水师提标右营游击员缺系水师题补之缺,前准部咨,行令拣送题补,当经前兼署督臣英桂查闽省内地水师都司、守备各员,或甫经掣补,或应送部,或已请升游击,或剿匪不知下落,均核与请题之例不符。惟查有游击衔降补水师都司陈允彩,[①]晓畅营伍,熟谙水务。该员系福建同安县人,由行伍历升金门右营游击,缘案革职拿问。嗣因拿获古董轮船案内著有劳绩,请准免其拿问,旋经前督臣左宗棠查明,该员系水师出身,前次失利系不谙陆战,情似可原,奏准以水师都司降补。又于攻毁北麓盗垒并先后获盗出力,奏奉谕旨,着赏加游击衔。现署水师提标中营参将,办理裕如,声明奏请升补,奉旨:兵部议奏。钦此。兹准部咨:议覆陈允彩系泉州府人,例应回避,且水师提标右营游击出缺在先,陈允彩以水师都司请补在后,仍令另拣合例人员请补等因。即经移行去后。兹准水师提臣李成谋以陈允彩胆识兼优,两任参将,办事结实可靠,且随同整顿营伍,训练士卒,并节次拿获水陆巨盗多名,缉捕操防,最为勤奋,以之升补斯缺游击,洵堪胜任,咨会覆奏前来。

---

① 陈允彩(1824—?),福建同安人,出身行伍,历升金门右营游击,并保参将,后因打仗失利革职。同治五年(1866),以水师都司候补。六年(1867),补福建水师右营游击。

臣查水师提标右营游击驻扎厦门双莲池，岛屿丛杂，港汊纷歧，且辖洋辽阔，巡缉实关紧要，非熟悉水洋地方情形、勤干有为之员不能得力。现在实无合例堪题人员，不得不择员请补，以期人地相宜，因查游击衔降补水师都司陈允彩，于厦门地方水务情形素所熟谙，现署水师提标中军参将，措筹深合机宜。前次巡洋到省，经臣面询洋面情形及水师各营将弁贤否，均能一一指陈，识见颇确，诚为水师出色之员，以之升补水师提标右营游击，实堪胜任。虽因籍隶本府，并降补都司在出缺之后，核例稍有未符，第闽省现当议改营制之初，尤须熟悉之员，方足以资整顿。合无仰恳天恩，俯念沿海水师游击员缺紧要，一时实无合例可题之员，仍准以人地相需之降补水师都司陈允彩升补水师提标右营游击之处，出自逾格鸿慈。如蒙俞允，该员系应行引见之员，容俟部覆到日，即行并案给咨送部引见，恭候钦定。臣为要缺需人起见，谨会同福建水师提督臣李成谋，合词恭折具奏，伏乞皇太后、皇上圣鉴训示。谨奏。七月二十六日。

同治六年八月二十日，军机大臣奉旨：陈允彩着准其升补。兵部知道。钦此。①

## 〇七七　请以周梦渭升署台湾镇标左营游击折

**同治六年七月二十六日(1867年8月25日)**

头品顶戴闽浙总督臣吴棠跪奏，为海外陆路游击员缺紧要，遴

① 中国第一历史档案馆藏：军机录副，档案编号：03-4729-125。

员请旨升署，恭折具陈，仰祈圣鉴事。

窃照福建台湾镇标左营游击林得成升补南路营参将，与贼打仗阵亡，所遗游击之缺系台湾题补之缺，先准部咨，行令照例于台地人员内拣选题补。即经前代办督臣徐宗幹以尽先补用游击周逢时奏补，钦奉谕旨：兵部议奏。钦此。旋准部咨议覆：周逢时系捐纳游击指省福建、未经赴部考验之员，核与奏定章程不符，行令另拣合例人员题补。复经前任督臣左宗棠以陆路提标后营游击王世清题请调补，现准兵部咨覆：王世清业经拟补同安营参将，原调补台湾镇标左营游击，应毋庸议，仍令另拣题补各等因。

臣查台湾镇标左营游击驻扎台湾府北路口地方，民番杂处，抚驭巡防，均关紧要，非精明勤干、熟悉情形之员，不足以资治理。现在台湾陆路额设各都司或甫经掣补，或无俸次可计，而内地陆路各游击非现居要缺，即人地未宜，一时实无合例堪以升调之员。臣详加遴选，惟查有升署台湾北路协标中营都司周梦渭，年四十五岁，福建闽县人，由军功历升今职，于同治四年闰五月内承领署札任事。该员年力壮健，缉捕勤能，于台地风土民情尤为熟悉，以之升署台湾镇标左营游击，洵堪胜任。惟该员系承领署札，并无俸次可计，即准升都司亦在是缺游击出缺之后，与请升之例稍有未符，第一时实无合例堪以升调人员，而台湾为海外岩疆，营伍尤贵得人而理。溯查从前台湾陆路游击缺出时无升调之人，经各前督臣以人地相需、与例未符之处声明，奏准升署有案。

合无仰恳天恩，俯念海外游击员缺紧要，准以升署台湾北路中营都司周梦渭升署台湾镇标左营游击，于营伍、地方均有裨益。如蒙俞允，该员系应引见之员，容俟部覆到日，〈再〉行并案给咨送部引见，恭候钦定。臣为要缺需人起见，谨会同福建水师提督臣李成谋，合词恭折具奏，伏乞皇太后、皇上圣鉴，敕部议覆施行。谨奏。七月二十六日。

同治六年八月二十日，军机大臣奉旨：兵部议奏。钦此。[①]

## ○七八　审拟王顶等犯在洋劫掠一案折

### 同治六年七月二十六日（1867年8月25日）

头品顶戴闽浙总督臣吴棠跪奏，为拿获洋盗，审明拟办，恭折奏祈圣鉴事。

窃照闽省海洋辽阔，港汊纷歧，每有盗匪出没伺劫，为害行商。经各前督臣暨臣等严饬地方文武及巡洋舟师随时认真缉捕在案。同治五年三月二十二日，据署金门镇总兵郭宝猷禀称：亲督舟师，出洋巡缉。三月十一日，行抵野马门洋面，见有盗船四只在该处游驶，当饬弁勇分投追捕，用炮击沉盗船三只，尚有一只意图逃窜，经炮轰毙盗匪四名，凫水逃脱两名，生擒盗犯王顶、王枣、蒋泅、卞根长、彭孺、洪窗、陈戆五等七名，救出难民张八妹、周决食、余吓作、廖法、卢能喜、刘六十等六名，并将匪船烧毁，人犯解交平潭同知收审。据平潭同知松寿讯明，难民张八妹等六名均被掳禁勒赎，就近保释。盗犯王顶等转解署福清知县孙槁沛讯详解省，声明王枣、卞根长二犯被炮火烧伤，于取供后先后在监病故，委验报明，经前署督臣英桂批饬福建按察使康国器，提讯详办。旋据具报：王顶、蒋

① 中国第一历史档案馆藏：军机录副，档案编号：03-4729-128。

沨二犯于取供后先后在监病故，刑禁人等讯无凌虐情事。兹据该臬司讯拟详解前来。

臣等亲提确审，缘王顶籍隶同安，蒋沨原籍浙江，寄居福建晋江县，与被炮轰毙之林沨、李识、彭孺、洪窗、陈戆五分隶同安、莆田、福清等县，与林沨先未认识。同治四年十一月间，林沨往向王顶、蒋沨谈及置有篷船一只，起意出洋行劫，得财分用，邀王顶、蒋沨入伙。王顶等允从。林沨添邀已获病故之王枣、卞根长并被炮轰毙之王大丘回、不识姓十一、祥吓二人及在逃之王辉、大高皮一共十人，即于是月初四日上船，从偏僻小港偷驶入口，时有现获之彭孺、洪窗、陈戆五各在海边捡拾蠣蝗，林沨先后将彭孺等掳至船上，逼令彭孺等打水煮饭。十二月间，船至海山洋面，撞见渔船一只。林沨喝令将船驶拢，留十一、祥吓、大高皮在船接赃，自与王顶、蒋沨、王枣、卞根长、王大丘回、王辉过船，劫得鲜鱼三十余斤，递交十一等接收。一次又于五年正月十六日船至浮鹰洋面，撞见柴船一只。林沨喝令拢劫，仍留十一、祥吓、大高皮在船接赃，自与王顶、蒋沨、王枣、卞根长、王大丘回、王辉过船，劫得火柴八十余把，递交十一等接收。一次又于二月二十日船至南日洋面，撞见渔船一只，林沨喝令驶船拢劫，自与王顶、卞根长过船，劫得鲜鱼一百余斤，递交蒋沨等接收。林沨复将人船牵掳，勒钱十三千文赎回。一次又于三月初三日在南日海边，先后掳捉张八妹、周决食、余吓作、廖法、卢能喜、刘六十，关禁勒赎。

三月十一日，船至野马门洋面，遇见不识姓名盗船三只，即在该处一同伺劫，适管带两营水师巡洋瞥见，督饬各勇分头追捕，先将盗船用炮击沉，并将林沨、王大丘回、不识姓十一、祥吓四人轰毙。王辉、大高皮凫水逃逸。擒获王顶、蒋沨、王枣、卞根长、彭孺、洪窗、陈戆五七名，救出难民张八妹等六人，即将匪船烧毁，人犯解由平潭同知提讯。难民张八妹等保释，犯即转解福清县讯详，当据该县桑沛将犯王顶等讯详解省，声明王枣、卞根长二犯被炮火烧伤，于取供后先后在监病故，委验报明，经前署督臣英桂批司提讯详解。旋据具报：王顶、蒋沨二犯于讯供后在监病故，查讯刑禁人等，均讯无凌虐情事。兹据该司批拟解勘，经臣等亲提研鞫，据各供悉前情。覆诘彭孺等，委系被掳逼胁服役，均无随行上盗，矢口不移，似无遁饰。

查例载：江洋行劫大盗立斩枭示。又，洋盗案内被胁在止为盗匪服役并未随行上盗被获者，均杖一百、徒三年各等语。此案王顶、蒋沨、王枣、卞根长听从林沨，出洋行劫，过船搜赃，均属法无可贷，除首犯林沨并王大丘回、不识姓十一、祥吓四名业已炮毙外，王顶、蒋沨、王枣、卞根长，均请照江洋大盗立斩枭示例，拟斩立决枭示，业已在监病故，应饬各该县戮取首级，传解犯事海口，悬竿示众，以昭炯戒。彭孺洪、洪窗、陈戆五三犯，讯系被掳逼胁服役并无随行上盗情事，应请均照洋盗案内被胁服役并无随同上盗者杖一百、徒三年例，各杖一百、徒三年，仍照福建等省抢窃匪徒拟徒锁礅之例，递籍锁带石墩五年，限满责释。难民张八妹、周决食、余吓作、廖法、卢能喜、刘六十六人，先有平潭同知讯明开释，应毋庸议。王顶、蒋沨、王枣、卞根长在监病故，行禁人等委据各县讯无凌虐情弊，亦毋庸议。该犯在外为匪，原籍牌保无从觉察，应免置议。卞根长有兄，不能禁约其弟为匪，照例提责。所劫各赃饬令原籍地方官查明各犯名下有无财产，分别变赔，传主给领。监毙盗犯不及五名之管狱官，例无处分，请免开参。

所有文武疏防应议及获盗出力应叙职名，分别查取另办。逸盗王辉等获日另结。仍饬水陆文武暨各舟师随时认真巡缉，以靖海洋而安商旅。除录供招咨部外，合将获犯审拟缘由，臣谨会同福建巡抚臣李福泰恭折具奏，伏乞皇太后、皇上圣鉴训示。谨奏。七月二十六日。

同治六年八月二十日，军机大臣奉旨：刑部议奏。钦此。[①]

## ○七九　请将副将林珠等免验骑射片

### 同治六年七月二十六日(1867年8月25日)

再，福建尽先补用陆路副将林珠，广东饶平县人，频年带勇援剿各省，身受多伤，于咸丰七年四月间于江西永丰之役，右臂曾受炮子重伤，子未取出。又，福建副将衔尽先补用陆路参将钟芝贵，广东揭阳县人，历年带勇剿贼，转战于江、粤、闽、浙之间，屡冒锋镝，身受多伤，于同治元、二等年攻克信宜县罗镜圩等处，左腿、胸前均受炮伤，子未取出，并被击断臂骨。均于举钧驰射，伸屈维艰。前据林珠、钟芝贵具禀，请免骑射等情。当经臣饬据署福建布政使邓廷楠查验，该二员实系屡次打仗受伤，疤痕确凿，取结具详请奏前来。臣覆查无异。合无仰恳天恩，俯准将福建尽先补用副将请补台湾北协副将林珠、尽先补用参将钟芝贵援照打仗受伤成废例，遇有军政大阅之年，或补缺送部引见，免其射箭，以示体恤。除咨部注册外，陈谨附片陈奏，伏乞圣鉴。谨奏。

同治六年八月二十日，军机大臣奉旨：着照所请，兵部知道。钦此。[②]

---

① 中国第一历史档案馆藏：军机录副，档案编号：03-5056-032。

② 中国第一历史档案馆藏：军机录副，档案编号：03-4729-127。此片具奏日期未确，兹据同批折件校正。

## 〇八〇 奏请注销同知刘士明优叙片

**同治六年七月二十六日(1867年8月25日)**

再，前督臣左宗棠于汇奖闽省办理防剿团练、整顿局务、护解饷需并历年剿匪出力董绅折内，请将候选同知刘士明、刘作栋二员奏奉谕旨：刘士明交部从优议叙，刘作栋以本班尽先选用等因。钦此。恭录转行钦遵去后。兹据该员刘作栋具禀：作栋，字士明，本以作栋之名报捐同知，今已奉保同知尽先选用，所有以刘士明之字奏保从优议叙系属重复，未敢稍事隐混，请注销等情。禀由闽省军需局司道具详请奏前来。

臣查刘士明即刘作栋，系一人，所有保案自属重复，相应请旨饬部将刘士明从优议叙之案注销。除咨部查照外，臣等谨附片具奏，伏乞圣鉴。谨奏。

同治六年八月二十日，军机大臣奉旨：着照所请，该部知道。钦此。[①]

## 〇八一 核销漕督任内河运京米等项经费片

**同治六年七月二十六日(1867年8月25日)**

再，臣接准漕臣张之万来咨，以臣在漕督任内奏销试行河运京

① 中国第一历史档案馆藏：军机录副，档案编号：03-4729-126。此片具奏日期未确，兹据同批折件校正。

米一案价脚经费等款，现准部咨：以每知县一员，有跟役六名、书识三名，合计薪水等银均在四百两以外，实属浮多，议将员弁薪水一款减半，准销银二千九百十二两四钱五分。其余银二千九百十二两四钱五分，行令严饬办运员弁如数缴还等因。知照到臣。自应查照部咨，转饬遵照。惟查此案试行河运，当南漕停运十年、黄河改道以后，雇备民船，设法创办，在事员弁无不殚诚竭虑，以期妥速运通，俾将河运旧章渐图规复。举凡购验米石、稽查篷船以及催攒盘剥，处处皆须照料，事事皆须登记。所有办运各员管运船二十余只、十余只不等，准带跟役六名或三名，书识或三名，或一名，日给饭食银一钱。就事而论，不敷供役。

臣因筹费艰难，限以定数。其实各该员等各顾考成，所用之人尚不止与此数。至于总局为一切公事总汇，督运道员责任更重。他如催攒员弁亦不能不有跟役，以资驱使。盖此次系属创办，而船只又系民雇，非比漕船之责成旗丁运官之本有差役也。且查各员役薪水，均自兑米之日开支，一经交仓完竣，即行停给，量予回江薪水四十天。惟核计为时至二百余日之久，以致州县员下用款积数至四百两以外，佐杂员下则仅只二百余两，合之似觉甚多，分之实形甚少。至总局经费，自设局日起支，迨至米船开行，即已先行停撤。通计此项薪水一款，委系丝丝入扣，撙节支销，并未稍任浮冒。今如部咨，准销一半，其余一半，责令缴还。查各该员弁薪水久经按时支付，且多候补人员，无廉俸可以领抵。其现无差使者，亦无薪水可扣。至于书役人等系当时应募而来，早已星散，更无可以着追，惟有仰恳天恩，俯念事属创办，款系实支，仍将此案员弁薪水一款全数核销，以后不得援以为例，俾免各该员弁因公赔累，感荷鸿慈，实无极既。谨附片陈恳，伏乞圣鉴训示。谨奏。

同治六年八月二十日，军机大臣奉旨：着照所请，户部知道。钦此。[①]

## 〇八二　特参丁嘉玮等请旨革职片

### 同治六年七月二十六日（1867年8月25日）

再，臣去秋蒙恩补授闽浙总督，并承军机大臣字寄：钦奉谕旨：闽浙现虽平靖，而营务、吏治废弛已久，吴棠到任后，务当认真整顿，无稍松懈等因。钦此。钦遵在案。臣抵闽已及五月，闽浙营务事宜与提臣李成谋、署提臣黄少春、[②]罗大春等随时商榷，力求整顿。本年军政届期，自当随时严加考核。惟闽省吏治乖张疲玩，十数年积习相仍，必得于著名苍猾大员惩处一二，庶人心警惕，方能渐启觉悟之机。

查有福建补用道福州府知府丁嘉玮，一味软熟，善伺意旨，候补庸员趋之若鹜。其在福州府任内，积压发审案件至一百余起之多。本年署兴泉永道任内，经臣发审案件，亦未了结，精神意气与民事向来隔膜，若令表率各员，吏治从何起色！又，查有延平府知

---

① 中国第一历史档案馆藏：军机录副，档案编号：03-4865-065。此片具奏日期未确，兹据同批折件校正。

② 黄少春（1831—1911），字芍岩，湖南长沙人。咸丰年间投效军营，以功保至提督。咸丰五年（1855），署浙江提督。同治四年（1865），署福建陆路提督。五年（1866），赏黄马褂。六年（1867），补放浙江提督。光绪六年（1880），丁父忧，回籍终制。九年（1883），开缺终养。十四年（1888），丁母忧。十九年（1893），授福建陆路提督。二十年（1894），调补长江水师提督，兼福建水路提督，加太子太保衔。二十七年（1901），补福建陆路提督。宣统三年（1911），卒。

府李庆霖，著名巧滑，极善趋承，实任延平府到任未久，就夤为通商局员，既入通商局，又兼为船政局员。其在船政局则又向臣言该局绅董主持，委员无权。此人久留闽中，必将窥探意旨，造言生事，紊乱是非。

该二员在闽日久，恐风气所沿愈趋愈下，非关浅鲜，应请旨将福州府知府丁嘉玮、延平府知府李庆霖均行革职，勒令回籍，不准在闽逗留，以肃官方而清吏治。臣受恩深重，不敢避嫌怨以市恩，亦不敢肆苛求以沽直。愚昧之见，是否有当，谨会同福建抚臣李福泰附片具奏，伏乞圣鉴训示。谨奏。

同治六年八月二十日，军机大臣奉旨：钦此。[1]

【案】此片于是年八月二十日得允行：

同治六年八月二十日，内阁奉上谕：吴棠奏，甄别知府等员，请旨革职等语。福建福州府知府丁嘉玮，软熟善伺意旨，以致庸员趋附，且任内积压发审案卷一百余起之多，吏治废弛已极。延平府知府李庆霖，著名巧滑，专事趋承，于风气所关，实非浅鲜。丁嘉玮、李庆霖均着即行革职，勒令回籍，不准在福建地方逗遛，以肃官方。钦此。[2]

【案】军机大臣字寄……无稍松懈等因：此廷寄《清实录》载曰：

又谕：本日据杨岳斌奏，才力不及，病势日增，恳请开

---

① 中国第一历史档案馆藏：军机录副，档案编号：03-4632-139。此片具奏日期未确，兹据同批折件校正。

② 中国第一历史档案馆编：《咸丰同治两朝上谕档》，第17册，第260页；《穆宗毅皇帝实录（五）》，卷二百十，同治六年八月下，第726—727页。

缺。业经明降谕旨，令左宗棠调补陕甘总督。其闽浙总督，令吴棠补授。所遗漕运总督，令张之万调补。并令苏廷魁署理河东河道总督矣。陕甘为边陲重镇，现当回氛甚炽，杨岳斌于人地不甚相宜，办理未能有效，眷顾西陲，实深廑系！左宗棠威望素著，熟娴韬略，于军务、地方俱能措置裕如，因特授为陕甘总督，以期迅扫回氛，绥靖边圉。该督于接奉谕旨后，即将闽浙印务交与英桂兼署，迅即驰赴新任，悉心经理，以慰系怀。闽浙现虽平靖，而营务、吏治废弛已久，吴棠到任后，务当认真整顿，毋稍松懈。现在洪泽湖等处盛涨，疏泄甚关紧要，而捻逆纷窜，河防亦宜严密。张之万、苏廷魁膺此重任，均宜加意整理，不可稍有延误！将此由五百里各谕令知之。①

## ○八三　审拟知县谭宝书被家丁戕害一案折

### 同治六年七月二十八日(1867年8月27日)

头品顶戴闽浙总督臣吴棠、福建巡抚臣李福泰跪奏，为知县家丁挟嫌戕毙本官，审明定拟，恭请王命先行正法，奏祈圣鉴事。

窃据代理闽县知县赵符铜详报：同治六年七月十六日，访有拣发知县谭宝书被家丁李升在省寓戕害情事，正在查拿间，即据该犯李升携带凶刀，自行投首；并据谭宝书妻舅生员杨清瑾报县验明，谭宝书致命胸腔刀伤一处，重至透内骨损，委系受伤身死。讯据李

① 《穆宗毅皇帝实录(五)》，卷一百八十三，同治五年八月下，第280—281页。

升供认，因挟谭宝书撵逐之嫌，独自起意，将其谋杀属实，录供详报，由臬司康国器督同署福州府知府尹西铭，审明拟解前来。

臣等会督司道，亲提研鞫，缘李升即李金，籍隶河南祥符县。谭宝书系贵州壬子科举人，同治二年，拣选知县，奉发福州差委。是年七月间，带同家丁黄福由京赴闽，路过河南省城，住歇马占鳌客寓。因黄福病故，经马占鳌将李升荐与服役，月给工钱一千文，跟随到闽。李升素性嗜酒，遇事倔强，谭宝书屡训不悛。十二月间，谭宝书有旧皮袍一件，遣李升送交成衣铺修整，该铺旋即歇业，将皮袍携带逃走。谭宝书疑系李升当卖，当向斥骂，将其撵逐。李升因盘费不敷，未经回籍。六年四月间，李升因贫难度，央恳收留，谭宝书仍令在寓服役。讵李升故态复萌，谭宝书生气，于六月初八日将李升复行斥逐。谭宝书旋奉委署永安县知县，尚未起程。李升屡向谭宝书恳求复用，谭宝书坚不应允。李升向求盘费，亦不允给。李升恐致流落，深恨谭宝书寡恩，起意将其杀死泄忿。

七月十六日初更时分，李升饮酒已醉，忆及前嫌，携带旧存防夜尖刀，潜赴谭宝书寓所。时值谭宝书现用之家丁李斌在厨房做饭，左升外出买物。其妻舅生员杨清瑾在厢房看书。李升窥见谭宝书独自在床偃卧，随闪入谭宝书房内。谭宝书坐起喝问，李升声言特来拼命，即用刀向谭宝书胸膛狠戳一下，谭宝书倒在床上，登时殒命。杨清瑾同李斌闻声趋视，李升带刀跑走。经县访闻差拿，李升即自行投首。并据杨清瑾报县，验讯通详，由司审解前来。臣等提犯覆鞫，据供前情不讳。严诘委因被逐后欲图复用不遂，挟嫌谋害致毙，并无起衅别故，亦无另有同谋加功之人。质之杨清瑾等，供各相符，案无循饰，应即拟结。

查律载：谋杀祖父母、父母已杀者，凌迟处死。若雇工人谋杀家长，罪与子孙同。又，例载：雇工人干犯旧家长之案，如系辞出后，挟家长撵逐之嫌，寻衅报复，照雇工人干犯旧家长各本律例定拟各等语。此案李升即李金身充家丁，嗜酒倔强，致被伊主拣发知县谭宝书屡次撵逐。迨谭宝书委属县缺，该犯因恳求复用不允，并图索盘缠不遂，辄敢怀挟前嫌，将谭宝书谋杀毙命，实属凶恶已极，自应照雇工人干犯旧家长本律定拟，虽据自行投首，系侵损于人，无因可免。李升即李金合依雇工人谋杀家长罪与子孙同，子孙谋杀祖父母、父母已杀者，凌迟处死律凌迟处死。该犯情罪重大，未便稽诛。臣等于审明后，即恭请王命，饬委臬司康国器、署抚标中军参将陈庆祥，将该犯绑赴市曹，先行正法；仍戮取首级，悬竿示众，以昭炯戒。生员杨清瑾与家丁李斌等救阻不及，均免置议。

除备录全案供招咨部外，所有审明拟办缘由，臣等谨合词恭折具奏，伏乞皇太后、皇上圣鉴，敕部查照施行。谨奏。七月二十八日。

同治六年九月二十六日，军机大臣奉旨：该部知道。钦此。①

## 〇八四　请以黄定邦补授金门水师都司折

**同治六年八月初二日(1867年8月30日)**

头品顶戴闽浙总督臣吴棠跪奏，为改设沿海水师都司员缺紧要，遴员请旨补授，以重职守，恭折具奏，仰祈圣鉴事。

窃臣接准兵部咨：议覆前督臣左宗棠奏请将金门一镇改镇为

① 中国第一历史档案馆藏：军机录副，档案编号：03-5044-031；朱批奏折，档案编号：04-01-26-0074-031。

协,其左营游击、守备各员缺一并请裁,应如所奏,福建金门镇总兵准其改为金门协副将,并添设中军都司一员。该二缺均系水师紧要,仍作为外海水师题补之缺,应令该督遴员请补,以期得人等因,咨行到闽,即经转饬遵照去后。除金门协副将员缺经臣奏请以留闽尽先补用水师副将刘松亭补授在案,兹查金门协副将中军都司员缺,亦应遴员请补,以重职守。闽省内地水师各营守备,或已请升游击;或甫掣补,尚未赴任;或承领署札,无俸可计;以及籍隶本省,应行回避。一时实无合例堪题之员。

臣详加遴选,惟查有花翎军功留闽尽先补用水师都司黄定邦,年三十二岁,广东顺德县人,由行伍节次在洋剿贼出力,旋复管带红单师船,前赴江南攻剿逆匪,迭著战功,奏准以都司尽先补用。续经前福建水师提督臣吴全美①奏带驾船来闽助剿,经前督臣左宗棠以该员久历大洋、最称谙练,〈奏〉奉谕旨,准归闽省候补,现在水师提标驾船巡防各洋,均能得力。该员晓畅水务,缉捕勤能,火器亦娴,以之补授金门水师协标中军都司,洵堪胜任。惟该员系尽先补用水师都司,与水师题补缺出题请升补之例稍有未符,第水师人材难得,人地实在相需,例得声明奏请。

合无仰恳天恩,俯念外海水师都司甫经改设,员缺紧要,准以花翎

---

① 吴全美(1830—1884),广东顺德人。道光二十九年(1849),充广东团练勇目,历保把总,拔补海安营千总。咸丰元年(1851),署龙门营都司,戴花翎。二年(1852),署海安营游击。同年,保参将,加副将衔。三年(1853),出兵福建,保副将,晋总兵衔。四年(1854),授浙江温州镇总兵,加迅勇巴图鲁勇号。六年(1856),升提督衔。十一年(1861),保提督,统带镇江至江阴一带师船。同治元年(1862),总统江面水师。三年(1864),擢福建水师提督。六年(1867),署广东水师提督。九年(1870),署广东琼州镇总兵。光绪六年(1880),办理广东海防。八年(1882),统带水师巡防廉琼越南洋面。十年(1884),卒于任。

军功留闽尽先补用水师都司黄定邦补授金门水师协标中军都司，实于营伍、海洋均有裨益。如蒙俞允，容俟部覆到日，即行给咨送部引见，恭候钦定。除饬取履历另行送部外，臣谨会同福建水师提督臣李成谋，合词恭折具奏，伏乞皇太后、皇上圣鉴，敕部议覆施行。谨奏。八月初二日。

同治六年八月二十六日，军机大臣奉旨：兵部议奏。钦此。①

## ○八五　请将黄少春暂留浙江提督署任折

### 同治六年八月初二日(1867年8月30日)

头品顶戴闽浙总督臣吴棠、浙江巡抚臣马新贻跪奏，为营政需员整饬，恳恩暂留提督署任，以资镇抚，恭折驰奏，仰祈圣鉴事。

窃臣吴棠于七月二十三日准兵部咨：六月十八日奉上谕：李瀚章②

---

① 中国第一历史档案馆藏：军机录副，档案编号：03-4729-130。

② 李瀚章(1821—1899)，初名章锐，字小泉、筱泉、敏旃、筱荃，安徽合肥人，李鸿章之长兄。拔贡生。咸丰元年(1851)，署湖南永定县知县。翌年，署益阳县知县，加六品衔。三年(1853)，署善化县知县，总理粮台。五年(1855)，保直隶州知州，赏戴花翎。六年(1856)，办理团防捐务。八年(1858)，综理粮台，保湖南道员。十年(1860)，会办江西厘税。同年，补江西吉南赣宁道，兼襄江西团练。同治元年(1862)，授广东督粮道。二年(1863)，升广东按察使。三年(1864)，迁广东布政使。四年(1865)，擢湖南巡抚。六年(1867)，调江苏巡抚，转浙江巡抚，晋头品顶戴，署湖广总督。翌年，实授湖广总督。十三年(1874)，兼署湖北巡抚。光绪元年(1875)，调补四川总督，未赴任。二年(1876)，留任湖广总督。次年，兼署湖北巡抚。八年(1882)，丁母忧，回籍终制。十四年(1888)，补漕运总督。次年，调补两广总督。十六年(1890)，兼署广东巡抚。二十年(1894)，授太子少保。旋以病归。二十五年(1899)，卒于籍。谥勤恪。

奏，请饬催提督赴任等语。湖南提督现署浙江提督黄少春，着吴棠催令迅赴本任，以重职守。钦此。正在钦遵办理间，适臣马新贻先于七月初五日接准兵部火票递回代奏署浙江提督黄少春病痊销假一片，钦奉批旨：前因李瀚章奏请饬催提督赴任，已明降谕旨，令吴棠饬知黄少春迅赴本任，并将杨鼎勋①简放浙江提督矣等因。钦此。恭录咨会到臣。吴棠自应钦遵谕旨，派员署理，惟浙江自军务肃清以后，各营兵制急须更议整顿，先经前督臣左宗棠奏明，交署提督黄少春、布政使杨昌濬会商办理，迄今尚未议定。该提督驻扎宁波，为华洋杂处之区，尤非威望素称之大员，难资镇抚。黄少春到任以来，整顿营务，训练弁兵，均能认真讲求，臣等深资助理，现在本任提督杨鼎勋带兵剿捻，到任需时，而浙中五镇除温、处、定海三镇均在军营，黄岩镇丁泗滨又因在途患病，咨经臣马新贻具奏，恳请开缺调理；衢州镇李恒嵩尚未到浙，即闽省各镇非现居要缺，即系署任，此外别无知兵大员堪以接管。臣等往复函商，一时实系乏员派署。

伏思湖南现无军务，浙省则正在更议营制之时，办理必须熟手，且洋务尤极紧要，权其缓急，惟有仰恳天恩俯准，将湖南提督黄少春暂留浙江提督署任，以资镇抚，出自逾格鸿施。臣等为营制、洋务需员整饬起见，是否有当，谨合词恭折驰奏，伏乞皇太后、皇上圣鉴训示。谨奏。八月初二日。

---

① 杨鼎勋(？—1868)，字少铭，四川华阳人。咸丰二年(1852)，从军，以功拔把总。八年(1858)，补千总。十年(1860)，戴花翎。十一年(1961)，升游击。同治元年(1862)，迁副将。二年(1863)，擢总兵。三年(1864)，保提督。四年(1865)，授江苏苏松镇总兵。六年(1867)，补授浙江提督，旋调湖南提督。七年(1868)，卒于阵。授骑都尉世职，赠太子少保，谥忠勤。

同治六年八月二十六日，军机大臣奉旨：本日已有旨将杨鼎勋调补湖南提督，黄少春调补浙江提督矣，片一件着留中。钦此。[1]

【案】李瀚章奏，请饬催提督赴任等语：同治六年六月，署湖广总督李瀚章片奏曰：

再，湖南提督员缺曾于上年三月内奉上谕：着黄少春补授。钦此。因该员先奉谕旨署理浙江提督，经调任陕甘督臣左宗棠附奏，暂留浙江署任。现据署湖南提督镇筸镇总兵胡裕发以患目疾过久函商委请员接署署提篆，并开总兵本缺。臣因一时无人可委，又闻胡裕发目疾暂无大碍。查浙省早已肃清，合无仰恳天恩，饬下闽浙督臣委员署理浙江提督，催令黄少春速赴湖南本任，以便胡裕发交卸、医治，免致贻误。谨会同湖南抚臣刘琨，附片具陈，伏乞圣鉴训示。谨奏。同治六年六月十八日，军机大臣奉旨：钦此。[2]

## ○八六　请准署浙江提督黄少春坐镇宁波片

### 同治六年八月初二日（1867年8月30日）

再，浙东温、台、处一带习俗悍强，时有土匪蠢动。宁波为繁庶之区，五方杂处，尤易藏奸，兼之华洋交接，控驭稍不得宜，即虑别生枝节。署提臣黄少春驭兵严肃，办事认真，现带亲军数营驻扎宁郡，地方固赖以安靖，并能绥服远人，尤为难得。此时浙省原无军

---

① 中国第一历史档案馆藏：军机录副，档案编号：03-4729-134。

② 中国第一历史档案馆藏：军机录副，档案编号：03-4729-028。

务,而通商海口要区,关系最重,且明年为各国换约之期,得一威望素著之大员,从容坐镇,实与洋务大有裨益。谨再沥情密陈,仰恳天恩俯允臣等所请,不胜感盼屏营之至,伏乞圣鉴。谨奏。[①]

## 〇八七　请以吕鸿升署温州镇标右营守备折

### 同治六年八月初二日(1867年8月30日)

头品顶戴闽浙总督臣吴棠跪奏,为陆路守备员缺紧要,遴员请旨升署,恭折具陈,仰祈圣鉴事。

窃照拟补浙江温州镇标右营守备马兆荣,因前署处州镇标右营守备,于处郡失守案内经浙江抚臣马新贻奏参,奉旨革职,留营效力。所遗该守备员缺系陆路题补之缺,接准部咨:轮用应升应补人员,行令拣选题补等因。臣查该守备驻扎永嘉县宁村〈处〉所,地方紧要,缉捕巡防,不容稍懈,非干练、熟悉情形之员,不足以资治理。随于浙江省各营陆路千总内详加遴选,均无合例可升之员,且与是缺人地未宜。现当整顿营伍之际,自未便迁就请补,惟查有温州城守营千总吕鸿,年四十六岁,绍兴府山阳县人,由行伍递拔千总,于同治三年九月内领札任事,曾经委署台州左营守备,办理裕如。该员年强力健,营伍熟谙,任内并无违碍事故,以之请升温州镇标右营守备,洵堪胜任。惟历俸未满六年,与例稍有未符,第人地实在相需,例准声明奏请升署。

合无仰恳天恩,俯念员缺紧要,准以温州城守营千总吕鸿升署

---

① 中国第一历史档案馆藏:军机录副,档案编号:03-4636-015。此片具奏日期未确,兹据内容所述,当为03-4729-134号折留中之片。

温州镇标右营守备，实于地方、营伍均有裨益，仍俟扣满历俸年限，另请实授。如蒙俞允，应俟部覆到日，给咨送部引见，恭候钦定。除取履历咨部外，臣谨会同浙江抚臣马新贻、浙江提督臣黄少春，合词恭折具奏，伏乞皇太后、皇上圣鉴，敕部核覆施行。谨奏。八月初二日。

同治六年八月二十六日，军机大臣奉旨：兵部议奏。钦此。[1]

## ○八八　副将吴奇勋请旨暂缓引见片

### 同治六年八月初二日(1867年8月30日)

再，记名水师总兵请补台湾澎湖协副将吴奇勋，经前督臣左宗棠奏保堪胜水师总兵，钦奉谕旨：尽先副将吴奇勋，着记名以水师总兵用，并着送部引见等因。钦此。应即饬令该员领咨赴部。惟吴奇勋先经前兼署督臣英桂奏请补授台湾澎湖协副将，查澎湖地方四面环海，为台湾郡屏障，与福州、泉、彰、厦门各海口相通，海洋辽阔，港汊纷歧，华洋商贩往来络绎，弹压巡防，最关紧要。该员吴奇勋饬带庆子营师船，在闽、粤、台、澎各洋面巡缉多年，熟悉海洋岛屿情形，足资镇抚。现饬该副将吴奇勋先赴澎湖副将署任，以期整顿营伍，实一时未能给咨送部，合无仰恳天恩，俯念海外地方紧要，准将记名水师总兵请补台湾澎湖协副将吴奇勋先赴署任，暂缓领咨赴部引见，仍俟察看地方洋面情形，再行给咨办理。是否有当，谨据实附片陈明，伏乞圣鉴训示。谨奏。

同治六年八月二十六日，军机大臣奉旨：着照所请，兵部知道。

---

① 中国第一历史档案馆藏：军机录副，档案编号：03-4729-133。

钦此。[①]

## 〇八九　汇奏蔡晋等员请袭世职折

**同治六年八月初二日(1867年8月30日)**

头品顶戴闽浙总督臣吴棠跪奏,为查明应袭世职,分别发标兼袭,汇案奏祈圣鉴事。

窃照闽浙督标学习期满恩骑尉世职,候补千总蔡功枚于咸丰八年间,委令管带勇丁,前赴顺昌县剿匪。是年九月,贼窜县城,打仗阵亡,经部臣议给云骑尉世职,袭次完时,给予恩骑尉,世袭罔替。先经该世职蔡功枚亲生嫡长子蔡晋于未及岁时,禀经前代办督臣徐宗幹核疏题袭,准到部咨议奏,同治二年十二月二十日,奉旨:依议。钦此。又,原任福建提标陆路右营把总游金声奉派管带闽兵,前赴江西建昌府援剿逆匪,于咸丰六年二十三、四等日,营盘被陷,力战阵亡,经部臣议给云骑尉世职,袭次完时,给予恩骑尉,世袭罔替,均经行闽饬遵去后。兹据前署福建布政使夏献纶详:据署福州府知府尹西铭转据代理闽县知县赵符铜先后分文详称:查明阵亡世职蔡功枚现生嫡长子蔡晋,现年十八岁,练习弓马,请考发标学习。又,查明现住闽县地方之侯官县学附生续请改归长乐学原籍生员游琛,委系游金声亲生嫡长子,例应兼袭云骑尉世职,讯取该世职等图册、供结,递加印结,由司转送,汇案奏咨请承兼袭前来。

臣随考验得准袭云骑尉蔡晋,年已及岁,堪以发标学习。复验

① 中国第一历史档案馆藏:军机录副,档案编号:03-4729-131。此片具奏日期未确,兹据同批折件校正。

看得附生游琛，亦堪以兼袭世职。均与例案相符。除蔡晋另发标营学习、期满照例办理，并将送到图册、供结汇总咨部查核外，臣谨缮具案由清单，恭折汇奏，伏乞皇太后、皇上圣鉴，敕部核覆施行。谨奏。八月初二日。

同治六年八月二十六日，军机大臣奉旨：兵部议奏，单并发。钦此。[1]

## 〇九〇　呈蔡晋等二员出身缘由清单

### 同治六年八月初二日(1867年8月30日)

谨将承、兼袭云骑尉世职蔡晋等二员出身缘由，缮具清单，恭呈御览。

谨开：

一、原任江西南昌镇标抚州营把总蔡廷珍，于康熙十五年间征剿吴逆阵亡，议给恩骑尉，世袭罔替。先经故弁蔡廷珍六世孙蔡启成承袭，后因染疯疾辞退。复经七世孙蔡功枚请准接袭，期满给咨送部，于咸丰五年十二月初三日经部带领引见，奉旨：蔡功枚着发回本省，照例补用。钦此。咸丰八年，委派带勇赴顺昌县剿匪。是年九月间，贼窜县城，打仗阵亡，经部臣议给云骑尉世职，袭次完时，给予恩骑尉，世袭罔替。行据该世职蔡功枚亲生嫡长子蔡晋于未及岁时禀经前代办督臣徐宗幹核疏，题请承袭，准到部覆：同治二年十二月二十日，奉旨：依议。钦此。支给半俸在案。兹据署福

[1] 中国第一历史档案馆藏：军机录副，档案编号：03-4815-079。此折具奏日期脱落，兹据同批折件校正。

州府知府尹西铭详:据代理闽县知县赵符铜查明准袭云骑尉世职蔡晋,现年十八岁,委系阵亡故世职蔡功枚亲生嫡长子,年已及岁,练习弓马,堪以发标学习,讯取族保、邻佑图册、供结,递加印结,由司转详前来。臣覆查该世职蔡功枚本系龙溪县原籍,嗣因寄居省城,是以蔡晋请袭世职由闽县讯供,加结详办。余核例案相符,理合声明,请准发标学习。

一、原任福建陆路提标右营把总游金声,奉派管带闽省兵勇,前赴江西建昌府援剿,于咸丰六年十月二十三、四等日,营盘被陷,力战阵亡,经部臣议给云骑尉世职,袭次完时,给予恩骑尉,世袭罔替。行据署福州府知府尹西铭转据代理闽县知县赵符铜查明,故弁游金声原籍长乐县,寄居省城,亲生嫡长子游琛取进侯官县学附生,又迁闽县地方居住,现请改归长乐县原籍,讯取族保、邻佑图册、供结,递加印结,由司转详兼袭前来。臣覆核例案,均属相符,理合请准兼袭。至该弁游金声奉旨议恤日期,未准录咨,无从声叙。合并陈明。

军机大臣奉旨:览。钦此。①

## ○九一　请以陈绍等补授象山协副将等缺折

### 同治六年八月初二日(1867年8月30日)

头品顶戴闽浙总督臣吴棠跪奏,为副将、参将、游击、守备各员缺紧要,分别遴员请补,以重职守,恭折奏祈圣鉴事。

窃照浙江象山协副将石栋、提标中军参将博忠,均经奏参革

① 中国第一历史档案馆藏:清单,档案编号:03-4729-147。此清单未署具呈者,具呈日期亦未确。兹据内容判定其为档案编号03-4815-079号折之附件。

职。又，准升玉环营参将章飞熊、拟补提标后营游击萧传科阵亡。又，掣升石浦营都司何光宗前在乍浦协右营守备任内，因乍浦地方失守，现尚查无实在下落。又，平阳协左营守备华天禄拟补台州协中军都司。又，宁波城守营守备乔中岳奏参革职。所遗各员缺均应分别遴员请补，以重职守。伏查象山协副将系沿海陆路题补要缺，该处水陆交冲，巡防布置，均关紧要，非明干有为之员，不足以资整饬。

兹查有留浙尽先补用副将陈绍，年二十三岁，广东吴川县人，由捐职守备带勇随剿，迭著战功，历保以副将尽先补用。该员才技优长，营务晓畅，以之请补象山协副将，洵堪胜任。

又，提标中军参将系陆路题补之缺，该参将为全标领袖，有整顿营伍、操防训练之责，必须择人而理，方资表率，并查有现署斯缺参将之副将衔花翎尽先补用参将张云龙，年三十一岁，河南渑池县人，由武生投效军营，剿办逆匪出力，历保今职。该员年壮才明，营伍谙练，以之请补提标中营参将，实堪胜任。

又，玉环营参将系外海水师题缺，玉环地当环海，缉捕巡洋，尤关紧要，非熟悉水务情形，难资整饬。查有花翎副将衔补用参将布兴有，年四十四岁，广东香山县人，由首民收入提标右营效力，节次在洋缉获巨盗，并出师著绩，递保今职。该员水务熟悉，缉捕奋勉，枪炮亦娴，现署提标左营游击，办理裕如，堪请补授玉环营参将。

又，提标后营游击系陆路题补之缺，查有衢州镇标右营都司延瑞，年三十八岁，内务府正白旗汉军庆善佐领下人，由护军校历升今职。该员年力强壮，营伍练达，堪以请补提标后营游击。

又，石浦营都司系外海水师题补之缺，该处滨临大海，为南北两洋适中要区，稽查弹压，缉捕巡防，无一不关紧要，非干练之员不克胜任。查有花翎尽先补用都司张希顺，年三十二岁，贵州铜仁县人，由行伍调赴军营，屡次打仗出力，历保今职，收入定海镇标水师效力。该员巡缉奋勉，才技优娴，枪炮熟习，堪以请补石浦营都司。

又，平阳协左营守备系沿海陆路题补之缺，查有花翎尽先补用守备拔补提标后营千总王建功，年三十八岁，浙江宁波府鄞县人，由行伍历拔今职。该员年力精壮，巡缉克勤，堪以请补平阳协左营守备。

又，宁波城守营守备系轮用世职人员，现无合例应补之人，应以应升人员请升。查有提标前营千总魏杰卿，年四十八岁，浙江台州府临海县人，由行伍递拔今职，于道光二十八年十一月内领札，前届六年俸满保送咨部注册。该弁曾经出兵著绩，并于军政案内荐举卓异，尚未送部，历经委署守备事务，办理亦属裕如。该员年壮技娴，操防勤奋，以之请补宁波城守营守备，洵堪胜任。

惟查该员等多由战功保升今职，俱与请补之例稍有未符，第于各该员处营伍水陆情形均所熟悉，人地实在相需，况浙省自遭兵燹之后，水陆各营参、游、都、守、千总各员弁，或因带兵剿逆阵亡，或准升尚未给咨送部，或升署拔补未经领札，一时实无合例轮应题补、升补人员，而要缺未便久悬。兹准署浙江提臣黄少春奏〈请〉咨会请补前来。相应声明，专折奏恳天恩，俯念各项员缺紧要，准以留浙尽先补用副将陈绍补授象山协副将、尽先补用参将张云龙准补提标中军参将、补用参将布兴有准补玉环营参将、都司延瑞准补提标后营游击、尽先补用都司张希顺准补石浦营都司、尽先补用守备王建功准补平阳协左营守备、千总魏杰卿准升宁波城守营守备各员缺，期于营伍、海防均有裨益。

如蒙俞允，该员等俱系应行给咨送部人员，俟部覆到日，即行分别给咨送部引见，恭候钦定。除饬取各该员出身履历另行咨部外，臣谨会同浙江抚臣马新贻、署浙江提臣黄少春，合词恭折具奏，伏乞皇太后、皇上圣鉴，敕部核覆施行。谨奏。八月初二日。

同治六年八月二十六日，军机大臣奉旨：兵部议奏。钦此。[①]

## ○九二　请奖励候选郎中任振扬片

### 同治六年八月初二日（1867年8月30日）

再，查候选郎中任振扬系浙江永嘉县人，由候选内阁中书在福建防剿经费事例捐升今职。该员于同治元年间在籍办理团练，自备口粮募勇，随同前永嘉州知州高梁材剿匪，屡立战功，攻克交州郡县城池出力，经前督臣耆龄汇折保奏，请以郎中尽先选用，并请加知府衔，钦奉谕旨允准。旋准部议：军营人员只准保升外官，不准补留京职，核与章程不符，应令另核请奖。随经前督臣左宗棠请将该员任振扬改以直隶州知州、同知两项尽先并选，咨部改奖。续准部覆，行令该督自行专折奏明办理等因，均经咨行遵照各在案。

兹查候补郎中任振扬，前于同治元年间在籍办理团练，系属自备口粮、军装，随营攻剿青田、处郡逆匪，历时既久，需费亦多，且又奋勇异常，实属劳绩卓著，先经保奖京职，因与章程不符，嗣复咨请改奖，奉部覆令自行奏办，至今未邀奖叙。现据署永嘉州知州郭春升请将该员任振扬以直隶州知州、同知两项尽先并选，并加知府衔，以示鼓励，具详请奏前来。合无吁恳天恩，俯准将郎中任振扬

① 中国第一历史档案馆藏：军机录副，档案编号：03-4729-132。此折具奏日期脱落，兹据同批折件校正。

以直隶州知州、同知两项尽先并选，并加知府衔，俾昭激劝，以示鼓励，出自逾格鸿慈。除咨部臣查照外，谨附片陈奏，伏乞圣鉴训示。谨奏。

同治六年八月二十六日，军机大臣奉旨：吏部议奏。钦此。[①]

## ○九三　遵旨筹备赈济银两委员解部折

### 同治六年八月初四日(1867年9月1日)

头品顶戴闽浙总督臣吴棠、福建巡抚臣李福泰跪奏，为遵旨筹备赈济银两，委员解部，恭折具奏，仰祈圣鉴事。

窃臣等接阅邸抄：本年五六月间，顺天及直隶地方久旱不雨，农业失时，我皇上宵旰焦劳，恫瘝念切，各省疆臣宜如何兼筹协济，稍纾宸廑。正在合议筹办间，接准部咨，以发帑赈济，奏奉谕旨：添拨福建厘捐十五万两，洋税十五万两，限于年内解到等因。咨行钦遵查照。遵即饬行司局妥筹去后。兹据详覆前来。

臣等伏查闽省本系瘠区，岁饷不敷，尚待外省协济，向少部提饷款。自本年三月以来，部拨京饷项下本年盐课十五万两、茶税十万两，业已全数解清，复补解上年茶税旧欠十万两、固本京饷三万两，计解过京饷三十八万两。藩、盐两库实已搜刮殆尽。前因筹计七月以后，茶市已过，进款渐绌，复准部咨，添拨洋药厘饷，深虑竭蹶难支，曾经附片陈明，尽力图维，设法兼顾在案。今以京畿筹赈，奉旨添拨饷需，较之平时拨款尤关紧要，臣等何敢因限期尚宽，稍

---

① 中国第一历史档案馆藏：军机录副，档案编号：03-4764-053。此片具奏日期未确，兹据同批折件校正。

存膜视。谨督司道统计兼筹，饷项来源既绌，非截流无以济用，将善后留防弁勇酌量裁撤，并将防务可省之项一一核实节省，共挪凑银五万两，作为厘捐项下奉拨第一批赈济饷银，委员候补知县张琚，督同阜康银号汇解，赴部投交，以期妥速而免疏虞。此外奉拨之银，臣等仍当陆续筹策，一俟凑有成数，即行起解，断不敢稍事延缓，致误要需。所有起解第一批赈济京饷及节省防务缘由，臣等谨合词恭折具奏，伏乞皇太后、皇上圣鉴训示。谨奏。同治六年八月初四日。

同治六年八月二十七日，军机大臣奉旨：户部知道。钦此。[①]

## ○九四　请将孙兆禄以原官改留闽省补用片

### 同治六年八月初四日（1867年9月1日）

再，广东候补同知直隶州知州孙兆禄，于同治四年十一月间，前督臣左宗棠督军赴粤，调赴军营差遣，委办潮州粮运局务。嗣嘉应县城克复凯撤后，随调该员来闽，五年四月初七日抵省，委办军需局文案，旋委赴兴化府审办土匪，事竣回省，复委办理旧案、军需报销各事。前督臣左宗棠以该员随军出力，于克复嘉应县城案内保奏，同治五年十二月初五日，奉上谕：孙兆禄着候补缺后，以知府补用。钦此。转行遵照在案。

臣等查该员孙兆禄系浙江归安县职员，在江西屡著战功，迭次

---

① 中国第一历史档案馆藏：军机录副，档案编号：03-4678-077；朱批奏折，档案编号：04-01-01-0894-008。

保奏，咸丰九年三月十七日，奉旨：着以同知直隶州留江补用，赴部呈请捐离原省，分发广东，奉简派王大臣验放，奏请照例发往。同治二年十二月十一日，奉旨：依议。钦此。领照出京，于同治三年三月十二日到粤，由粤省军营调闽差遣。刻下闽、粤军务一律肃清，本应饬回广东原省候补，惟该员调闽早系迭次委办事件，均能实心〈经〉理，洵为得力之员，现委清理报销以及善后稽核各事宜，未便更易生手，合无仰恳圣恩，俯准该员孙兆禄以原官同知直隶州知州改留闽省补用，实于公事有裨。

如蒙俞允，该员系由劳绩得官，例归候补班补用，俟补缺后，仍遵同治五年十二月初五日前旨，以知府补用；并饬遣丁赴京铜局补缴指省银两，以符部议。据省局司道具详请奏前来。除咨吏、户二部外，臣等谨附片陈明，伏乞圣鉴训示。谨奏。

同治六年八月二十七日，军机大臣奉旨：该部知道。钦此。[①]

## ○九五　奏报周开锡销假据情代奏片

### 同治六年八月初四日(1867年9月1日)

再，据前署福建布政使周开锡禀称：前因旧疾复发，请假调治，蒙据情入奏，奉旨：周开锡着赏假一个月。钦此。续因假期已满，病尚未能痊愈，禀请续假，又蒙奏奉谕旨：周开锡现未满假，福建布政使着邓廷楠署理，即着暂缓引见。该部知道。钦此。跪聆之下，曷胜惶感！伏念开锡体本孱弱，而患呕迷之症，今春屡发。四月初

---

① 中国第一历史档案馆藏：军机录副，档案编号：03-4632-151。此片具奏日期未确，兹据同批折件校正。

间，调治稍痊，因恐久旷职守，本拟静摄数日，勉行销假。旋以查办竹枝词一案未经完结，经奉嘱令暂缓，是以数月更得从容医治，呕吐全止，精神已觉如常。前奉察办之案，蒙查明覆奏，奉谕旨着毋庸议。理合销假，伏乞据情代奏等情。

据此，臣等伏查周开锡初次请假，经臣等具奏之后，闻其病已渐痊，而竹枝词案尚未查实，当经饬令安心调理，静候查办。随据具禀续假，又经具奏，先后奉旨，转饬遵照。嗣于六月间，周开锡病愈，随同总理船政沈葆桢前赴马尼船厂，任局提调船政事宜，经沈葆桢据实奏闻。将军臣英桂与臣棠查奏竹枝词一案，于七月初五日由驿递到，六月二十三日，内阁奉上谕：着毋庸置议等因。亦转行遵照在案。兹据周开锡具禀销假，并据来谒，臣等察其精神、举止业已复原，相应据情代奏，伏候圣鉴训示。谨奏。

同治六年八月二十七日，军机大臣奉旨：知道了。钦此。[①]

## ○九六　请以苏吉良补授台湾水师协标游击折

**同治六年八月初七日（1867年9月4日）**

头品顶戴闽浙总督臣吴棠跪奏，为外海水师游击员缺紧要，遴员请旨补授，恭折具奏，仰祈圣鉴事。

窃照掣升福建台湾水师协标中营游击祝延龄病故，所遗该游击员缺系外海水师题补之缺，定例台湾水师武职缺出，即于台地所属水师人员内拣选题补。如无合例可题之人，再于内地各营内拣

① 中国第一历史档案馆藏：军机录副，档案编号：03-4632-149。此片具奏日期未确，兹据同批折件校正。

选熟悉风土之员题请调补等语。查台协中营游击驻扎安平，孤悬海外，实为全台锁钥，缉捕巡防，均关紧要，非精明干练、熟悉风土情形之员，不足以资整顿。台澎水师各营额设都司一员、守备六员，或悬缺，现准部咨另行拟补；或甫经掣补守备，应行给咨；或系承领署札，并无俸次可计。其内地水师实任各游击，非现居要缺，即人地未宜，一时实无合例堪以升调之员。

臣详加遴选，惟查有军功尽先补用水师游击苏吉良，[①]年三十四岁，福建同安县人，由行伍历起战船出洋缉捕，并屡次随军剿匪出力，递保尽先都司。又于克复台湾斗六门出力案内经前督臣左宗棠奏奉谕旨，准以游击尽先补用。该员年力正强，水务谙练，火器亦娴，现饬管驾轮船，往返台洋，于台地风土民情尤为熟悉，以之补授台湾水师协标中营游击，洵堪胜任。惟祝延龄病故出缺甫经题报，且台湾武职题补之缺，请以军功人员补授，与题升之例稍有未符，第海外要缺人地实在相需，例得声明奏请，合无仰恳天恩，俯念海外员缺紧要，水师人材难得，准以军功尽先补用水师游击苏吉良补授台湾水师协标中营游击，于洋政、营伍均有裨益。如蒙俞允，容俟部覆到日，即行给咨送部引见，恭候钦定。臣谨会同福建水师提臣李成谋，合词恭折具奏，伏乞皇太后、皇上圣鉴，敕部核覆施行。谨奏。八月初七日。

同治六年八月三十日，军机大臣奉旨：兵部议奏。钦此。[②]

---

① 苏吉良(1833—?)，字清臣，福建同安人，行伍出身。同治六年(1867)，补授台湾水师中营游击。同治八年(1869)，先行署任，旋因本缺裁改都司，另行请补。是年，补浙江温州镇中营游击。光绪五年(1879)，迁福建澎湖协副将。十三年(1887)，调海坛镇协副将。

② 中国第一历史档案馆藏：军机录副，档案编号：03-4729-140。

## ○九七　请以周国泰升补黄岩镇右营守备折

### 同治六年八月初七日(1867年9月4日)

头品顶戴闽浙总督臣吴棠跪奏，为外海水师守备员缺紧要，遴员请补，以重职守，恭折奏祈圣鉴事。

窃照浙江黄岩镇标右营守备卢士煦，越缺奏请升署定海镇标左营游击，所遗该守备员缺系外海水师题补之缺，轮用应升应补人员。查定例：水师缺出，轮用应题人员，先尽历俸一年以上者拣选保题。如合例人员不敷保题，准于未满年限员弁内拣选，保题升署。又，内河外海水师千总、守备、都司等官，奉旨以应升之缺即行升补，并遇缺即补尽先升用者，遇有该省题推缺出，即行题补。又，水师守备缺出，先尽隔府别营人员升补如无可升之员，准于本府别营人员题补。各等语。臣随在浙江省水师各营千总内详加遴选，一时实无合例堪题之员，惟查有尽先补用守备拔补温州镇标中营千总周国泰，年五十三岁，浙江台州府黄岩县人，由行伍递拔千总，前于攻剿温州北麓盗垒并先后出洋捕获盗匪出力保奏，奉上谕着以守备尽先补用，钦遵在案。该员操缉勤能，水务谙练，枪炮亦娴，任内并无违碍事故，且于温州一带洋面情形尤为熟悉，曾委署理守备事务，办理裕如，以之升补黄岩镇标右营守备，洵堪胜任。

该员甫拔千总，未经领札，于升补之例稍有未符。因系尽先补用守备，且人地实在相需，相应声明奏请，合无仰恳天恩，俯念外海水师员缺紧要，准以尽先补用守备周国泰升补黄岩镇标右营守备，俾营伍、海洋均有裨益。如蒙俞允，该员系未经引见之员，应俟部覆到日，给咨送部引见，恭候钦定。除饬取履历另行咨部外，臣谨会同浙江抚臣马新贻、署浙江提臣黄少春，合词恭折具奏，伏乞皇太后、皇上圣鉴，敕部核覆施行。谨奏。八月初七日。

同治六年八月三十日，军机大臣奉旨：兵部议奏。钦此。[①]

## ○九八　请以杨忠华等升补游击等缺折

### 同治六年八月初七日(1867年9月4日)

头品顶戴闽浙总督臣吴棠跪奏，为沿海陆路游击、守备员缺紧要，分别遴员请旨升补、补授，恭折奏祈圣鉴事。

窃照准升福建漳州镇标左营游击王连安，年老患病勒休。又，连江营守备王良滨前派带兵江南，在丹阳县剿匪阵亡。又，掣升罗源营守备杨捷兴已于兴化右营千总任内缉捕废弛斥革。又，平和营守备林振武病故。所遗游击、守备员缺均系陆路题补之缺，当此闽省更易营制之时，应请先行遴员请补，以重职守而免贻误。臣详加遴选，查有蓝翎保升游击升署陆路提标前营守备杨忠华，年四十二岁，福建延平府南平县人，由行伍历升今职，于同治四年八月内承领升署札付任事。该员才具干练，晓畅戎机，屡次带兵剿匪著绩，经前督臣左宗棠以该员缉捕勤能，人甚朴实，奏请以游击升用，奉旨：着照所请奖叙。钦此。现署漳州镇标中营游击，办理裕如，于该处营伍、地方情形甚为熟悉，以之升补漳州镇标左营游击，洵堪胜任。

又，查有都司衔军功留闽尽先补用陆路守备卓人彪，年三十三岁，福建福宁府瓯宁县人，由监生报捐营千总，分发本省拔补，并捐免验看，效力期满，报部收标候补，于咸丰十一年间防守建邵，并带

① 中国第一历史档案馆藏：军机录副，档案编号：03-4729-142。

兵前赴建宁、邵武、福宁、汀州等府，剿匪打仗，迭著战功。于克复汀州、连成郡县出力案内经前督臣庆端奏奉谕旨，准免补千总，以守备留闽尽先补用。又于同治三年间，在建邵等郡防剿逆匪出力，经前督臣左宗棠奏奉谕旨，赏加都司衔。该员年力精壮，操缉勤能，现署抚标右营守备，认真整顿，以之升补连江营守备，亦堪胜任。

又，守备衔闽浙督标中营千总郑飞雄，年四十岁，福建汀州府长汀县人，由行伍历拔今职，于同治六年三月内承领札付任事。该弁曾经带兵赴浙剿匪，于克复武康等城出力案内经前督臣左宗棠奏奉谕旨，赏加守备衔。该弁年壮技娴，操防奋勉，现署臣标右营守备，办理裕如，以之升补罗源营守备，亦堪胜任。又，蓝翎尽先补用守备闽浙督标左营千总何升标，年三十七岁，福建福州府闽县人，由行伍历拔今职，于同治六年二月内承领札付任事。该弁于同治三年间克复建宁、建化各县城出力案内，经前督臣左宗棠奏奉谕旨，准以守备尽先补用。该弁年富力强，营务熟悉，以之升补平和营守备，亦堪胜任。

惟游击王连安年老患病，甫经题请勒休，未准部咨开缺，且杨忠华承领署札，无俸可计，系属越缺请升。其守备王良滨阵亡，于同治元年间业准部咨注册。守备杨复兴在千总任内因缉捕废弛斥革，前经咨部开缺另补。守备林振武病故，亦于本年三月间题报各在案，均未接准部咨开缺，行令请补。今尽先千总卓人彪奉旨以守备尽先补用，系在连江营守备出缺之后；千总郑飞雄、何升标历俸均未届满，俱与请升之例稍有未符。第杨忠华系奉旨以游击升用，何升标系尽先之员，毋庸计俸。郑飞雄频年带兵防剿，克复城池，迭著战功，堪升守备，并请免计俸。且现当整顿营制之时，必须遴选熟悉营伍、地方风土情形之员请补，以期得人而理。该员等人地均属相需，例得声明奏请，合无仰恳天恩，俯念陆路员缺紧要，准以蓝翎保升游击升署抚标前营守备杨忠华升署漳州镇标左营游击，都司衔军功留闽尽先补用守备卓人彪补授连江营守备，军功守备衔闽浙督标中营千总郑飞雄升补罗源营守备，蓝翎尽先补用守备闽浙督标左营千总何升标升补平和营守备，于营伍、地方均有裨益。如蒙俞允，杨忠华本系给咨引见人员，容俟部覆到日，分饬各该员，给咨送部引见，恭候钦定。臣谨会同署理福建陆路提督臣罗大春，合词恭折具奏，伏乞皇太后、皇上圣鉴，敕部核覆施行。谨奏。八月初七日。

同治六年八月三十日，军机大臣奉旨：兵部议奏。钦此。[①]

## ○九九　遵旨赴粤查办事件交卸起程日期折

### 同治六年八月初七日(1867年9月4日)

头品顶戴闽浙总督臣吴棠跪奏，为遵旨驰赴广东查办事件，谨将交卸起程日期先行奏报，恭折仰祈圣鉴事。

窃臣于同治六年七月二十八日承准军机大臣密寄谕旨一道：本日已有密谕，令吴棠驰赴广东查办事件，吴棠起程后，闽浙总督着英桂兼署等因。钦此。伏念臣赋质庸愚，毫无知识，乃蒙圣恩委任之深，谕令查办事件，闻命之下，悚惧难名！本拟检点官书，即日就道，因时值乡闱迫近、士子云集省垣之际，督饬省标营将闱外稽查弹压，在在切实紧要；兼署总督将军臣英桂与臣往商，必须俟头场过后，再行交替，且抚臣料理入闱一切应办公事，均须先期互相

① 中国第一历史档案馆藏：军机录副，档案编号：03-4729-141。

商酌，连日臣将任内经手各事赶紧料简清楚。英桂定于十三日接印，臣即于十五日起程。

臣春间自浙入闽时，系取道上游沿途各属到省，其下游各府尚未亲历，现即由兴泉、漳州一路行走，顺道察看地方情形，一俟到粤后，接晤广州将军臣庆春，[①]再行宣布谕旨，钦遵会同查办，断不敢稍有偏徇，亦不敢先露风声。惟有逐款认真确查，据实覆奏，以期无负圣主训戒肫切之至意。除交卸日期另行恭疏具题外，谨将遵旨赴粤起程缘由缮折由驲驰报，伏乞皇太后、皇上圣鉴。谨奏。八月初七日。

同治六年八月三十日，军机大臣奉旨：知道了。俟抵粤东后，将交查办事件会同庆春，秉公办理，以副委任。钦此。[②]

## 一〇〇　遵旨赴粤办理事件随带委员请旨片

### 同治六年八月初七日（1867年9月4日）

再，臣此次奉命赴粤，必须随带委员，以资办公。查有臣先经奏保后又奏调来闽之按察使衔前江苏淮扬道吴世熊，该员曾任实

① 庆春（？—1891），觉尔察氏，满洲正黄旗人。道光二十三年（1843），充印务笔帖式。二十八年（1848），选骁骑校。咸丰三年（1853），补印务章京。次年，拔公中佐领。五年（1855），任副参领，帮办印务。七年（1857），授参领。同治元年（1862），授杀虎口监督，署镶红旗汉军副都统、山海关副都统。二年（1863），补山海关副都统。三年（1864），兼署盛京副都统。翌年，调盛京副都统，署盛京兵部侍郎，补锦州副都统。五年（1866），署广州将军。七年（1868），迁热河都统。八年（1869），授镶蓝旗蒙古都统，兼署镶白旗蒙古都统。九年（1870），充稽查坛庙大臣。十年（1871），署正白旗蒙古都统。次年，署察哈尔都统。同年，充考试大臣、盘查三库大臣，署镶黄旗汉军都统。十三年（1874），授察哈尔都统。光绪二年（1876），擢绥远城将军。三年（1877），调补福州将军。十七年（1891），卒。

② 中国第一历史档案馆藏：军机录副，档案编号：03-4632-162。

缺道员，办事精细。运同衔福建候补通判陶瀛，内阁中书衔候补教谕邱广生，均能谨慎当差。以上三员，堪以委带前往。理合附片陈明，伏乞圣鉴。谨奏。

同治六年八月三十日，军机大臣奉旨：知道了。钦此。[①]

## 一〇一　请以宋桂芳补授顺昌协副将折

### 同治六年八月初七日(1867年9月4日)

头品顶戴闽浙总督臣吴棠跪奏，为闽省陆路新设营制副将员缺紧要，无员可调，遴员请旨补授，以重职守，恭折奏祈圣鉴事。

窃照福建延平府顺昌县雄鸡斗地方山峻路歧，四通八达，溪流湍急，势若建瓴。咸丰八年间，经前督臣王懿德会奏，请以该处议设专营，添设、拨改副将等官，驻守巡防，以资控扼。旋经部臣议覆：顺昌准其设立陆路专营，添设副将一员、中军都司一员、守备一员，三缺均属紧要，并准作为调缺，由外遴调，并令拣员调补各等因。当以设营事属创始，布置必期周密，先后遴委大员，会同覆勘，期收一劳永逸之效。嗣据前护顺昌协副将顾飞雄请将专营改设左右营，亦为因时制宜起见。复饬省局司道悉心核议，即经由局转移延建邵道确核情形，再行通盘妥议去后。往返查催，致稽时日，因而迄未定议。迨臣履任，即饬省局司道刻日核明原案，转移遵办，一面由局议详察办在案。惟设营伊始，全局攸关，查核固未可稍涉迁就，而际此整顿营伍、练兵习战之时，所有副将大员以未便悬缺

① 中国第一历史档案馆藏：军机录副，档案编号：03-4632-164。此片具奏日期未确，兹据同批折件校正。

久待，致滋延旷，自应先行遴员调补，以重职守。

伏查闽省内地陆路各营原设副将四员内，臣标中军副将杨在元、福协副将梁成华，均系甫奉批旨准升，尚未领札任事。兴化协副将员缺，现准部咨，另行拟补。延平协副将萧仪斌系奉旨以总兵记名简放之员，未便调补副将，且核计顺昌协副将，议准拣调在前，各该员准升副将在后，均与题调之缺未符。

臣详加遴选，惟查有花翎军功留闽尽先补用陆路副将宋桂芳，年二十八岁，贵州平越州人，由承袭云骑尉投效军营，历在江苏、闽、浙等省剿匪，叠拔坚城，屡著功绩，递保保闽参将。同治五年间，查办福建兴泉漳永各属土匪出力，经前督臣左宗棠奏奉谕旨：准以副将留于福建尽先补用。钦此。该员年壮才明，晓畅营务，现委代理陆路提标中军参将事务，办理裕如，以之补授顺昌协副将，洵堪胜任。惟该副将员缺系属题调之缺，即宋桂芳奉旨以副将尽先补用，亦在斯缺行令拣调之后，均与例案稍有未符。第现在实无合例堪调之员，且宋桂芳从军剿匪，历著战功，委带陆路提标中军参将事务有年，于闽省营伍、地方情形甚为熟悉，尤能认真讲求，实为将领中出色之员，人地实在相需，相应专折奏请，合无仰恳天恩，俯念陆路新设营制副将员缺紧要，未便久悬，准以军功简用尽先补用陆路副将宋桂芳补授顺昌协副将，实于营伍、地方均有裨益。

至顺昌一营系属新设，自与寻常营份出缺者不同，并请旨免计出缺日期，出自逾格鸿慈。如蒙俞允，容俟部覆到日，即行给咨送部引见，恭候钦定。臣为要缺需人起见，谨会同署理福建陆路提督臣罗大春，合词恭折具陈，伏乞皇太后、皇上圣鉴，敕部核覆施行。谨奏。八月初七日。

同治六年八月三十日，军机大臣奉旨：兵部议奏。钦此。[①]

## 一〇二　请将已故参将古捷芳等附祀浙江忠义祠片

**同治六年八月初七日(1867年9月4日)**

再，前督臣左宗棠奏陈浙江省城建立忠义祠，合祀阵亡员弁士卒，请旨列浙江祀典，春秋致祭，以安忠魂，钦奉谕旨允准在案。兹据福建按察使康国器以所部各军援剿浙江、福建、广东各省大股逆匪，仰仗天威，以次克复城池，剿除巨寇，历时六年之久，大小数百战，共先后临阵捐躯之参将古捷芳等一千六十二员名，查明造册，援案具详，奏请一体附祀浙江省忠义祠，列入祀典，春秋致祭，以慰忠魂等情前来。

臣伏查该司康国器所部各军前在浙江、福建、广东各省攻剿发逆，该将士卒节次打仗阵亡，均属慷慨赴敌，为国捐躯，尤宜附祀，以彰忠义！合无仰恳天恩，俯准将福建按察使康国器所部各军内节次阵亡之参将古捷芳等各员弁勇丁一体附祀浙江忠义祠，列入祀典，春秋致祭，以安忠魂。除将清册咨部外，谨会同福建抚臣李福泰、浙江抚臣马新贻，合词附片陈奏，伏乞圣鉴训示。谨奏。

同治六年八月三十日，军机大臣奉旨：着照所请，该部知道。钦此。[②]

---

① 中国第一历史档案馆藏：军机录副，档案编号：03-4729-139。

② 中国第一历史档案馆藏：军机录副，档案编号：03-4688-032。

## 一〇三　密陈查察署总督英桂与巡抚李福泰片

### 同治六年八月十五日(1867年9月12日)

再,臣奉恩命来闽,与抚臣李福泰同日视事,均于闽省情形未能晓悉,惟赖福州将军英桂相与筹商一切,英桂遇事亦肯尽言相告。其时官民俱苦操切烦苛之政,臣与李福泰从容酌定民间减裁厘卡、官场委署定章。五月以来,竭力从事,稍有端绪。前督臣左宗棠所用周开锡等均系聪明绝特之资,其法令务喜更张,其规划难持久远,所有见功之地往往见过,其故由于功名太易,阅历不深,加以赋性偏执,恶直好谀,属吏得以望风迎合。

查周开锡所信任者在误用丁嘉玮、李庆霖诸人,以致物议沸腾,舆情不协。臣前月弹章所以有苍猾大员必须惩治之请也。臣今奉命远行,计往返需时三月,兼署总督臣英桂向与抚臣李福泰诸事和衷,臣行无所顾虑。惟进退贤否为地方大局所关,所有微臣莅任数月查察情形,不敢不据实密陈,以仰答皇上垂廑海疆之至意。谨附片具陈,伏乞圣鉴。谨奏。①

## 一〇四　查明瑞麟奏参蒋益澧等员一案折

### 同治六年十月二十一日(1867年11月16日)

头品顶戴闽浙总督臣吴棠、二品顶戴署广州将军臣庆春跪奏,

① 中国第一历史档案馆藏:军机录副,档案编号:03-4632-163。此片具奏日期未确,据片中"臣今奉命远行"一句及03-4632-162号折之内容可知,具奏日期应为"六年八月十五日"。

为遵旨查明两广总督瑞麟奏参巡抚蒋益澧、[1]署臬司郭祥瑞[2]一案，据实秉公覆陈，恭折仰祈圣鉴事。

窃臣吴棠在闽浙总督任内承准军机大臣密寄：同治六年七月初九日，奉上谕：国家设立督抚，委任綦重等因。钦此。臣吴棠将任内事件赶紧料理，钦遵另奉谕旨，将闽浙总督关防移交福州将军臣英桂兼署，于八月十五日自闽就道，当将起程日期先行奏报在案。九月二十五日，行抵广东省城，与臣庆春接晤，密宣谕旨，敬谨跪诵钦遵，分别调核案卷，秉公查办。谨将查明实在情形，逐款分晰详陈，恭呈御览。

一、查原参第一款：蒋益澧由浙来闽时，随带亲兵湘勇四千一百名，驻扎抚署箭道，拥以自卫。又续募湘勇一千余名，并调来军功保奏同乡文武数十员，均全带勇，派充各局差使，其薪水、赏犒不循成例。今年四月，曹冲事竣，仅撤粤勇而不撤湘军，分派惠州、东

---

① 蒋益澧（1833—1874），字芗泉，湖南湘乡人，文童出身。咸丰四年（1854），以功叙从九品，保县丞。五年（1855），加同知衔。同年，保知府。七年（1857），加额哲尔克巴图鲁勇号，升按察使衔。八年（1858），晋布政使衔。是年，署广西按察使。九年（1859），授广西按察使，迁广西布政使。同年，因案以道员降补。次年，保按察使。十一年（1861），补广西按察使，旋开复布政使原官。同治元年（1862），调补浙江布政使。三年（1864），授云骑尉、骑都尉。四年（1865），护理浙江巡抚。五年（1866），擢广东巡抚。六年（1867），因案降二级，以按察使候补。七年（1868），补广西按察使。旋因病回籍。十三年（1874），进京陛见，旋病卒。谥果敏。

② 郭祥瑞（1812—?），字玉六，号黼香，河南新乡人，优贡生。道光二十四年（1844），中顺天乡试举人。二十七年（1847），中式进士，签分户部山东司学习行走。咸丰三年（1853），取军机章京，传补军机处行走。四年（1854），办理汉档，保主簿。同年，补贵州司主事。五年（1855），升广东司员外郎。六年（1856），充会试同考官。七年（1857），补授江西道监察御史。是年，充会试同考官，帮办五城团防事宜，兼署陕西道监察御史。十一年（1861），兼署山东道监察御史，升户科给事中。是年，充顺天乡试同考官，保以道员用。同治元年（1862），充会试内帘监试官。同年，简派广东副考官，转补户科掌印给事中。二年（1863），查办西仓事务。同年，放广东督粮道。四年（1865），署广东按察使。五年（1866），实授广东按察使。同年，兼署广东布政使。六年（1867），赏戴花翎。

莞各处搜捕盗匪。粤省标营官兵廉俸粮饷积欠多年，瑞麟按其留勇之后面商将湘军酌撤若干，腾出粤饷数万，为练兵给饷，整饬营制，作长治久安之计。讵蒋益澧于五月初六日，擅自具奏留勇九千余名，会列瑞麟前衔，并未将折稿先行知会。现在各勇分布月余，未据报核人犯等语。臣等调齐各卷，逐加察核，蒋益澧由浙来粤，随带亲兵一千名，驻扎省城，湘勇四千名，分扎韶关、恩平一带，剿办土、客各匪。五年十一月间，先将湘勇调赴曹冲。六年二月间，蒋益澧率亲兵继之。其粤省原有水陆兵勇自嘉应州克复后，尚存一万七千余名。蒋益澧到粤后，先裁数千名。嗣由提督高连升奉调西征并剿办曹冲客匪之际，复又陆续增募。迨曹冲事竣，裁撤水陆勇丁八千余名，挑留陆勇九千余名、师船二百余号。八月间，又裁湘勇四百名、郑绍忠勇八百名、邓安邦勇三百名。现在实存陆勇七千九百二十名，内蒋益澧亲兵一千名，原带湘勇三千二百名，又湘勇一千五百二十名，南勇九百名，安勇一千三百名，另师船水勇六千五百二十名，统计水陆勇丁尚存一万四千四百四十名，月需饷银八万五千七百余两。此现存水陆勇数及月需银数之大概也。

其领饷章程，现在湘勇与粤勇一律四百人为一营，按每勇千名计算，月需饷银六千一百七十余两，较之粤省旧章每勇千名月需银五千四百三十余两，计月增银七百余两。蒋益澧亲兵一千名，据军需局开报，系照浙省章程支给，月支口粮等银七千六百九十余两，计又增银一千五百余两。比较粤省旧章，则月增银二千二百余两。其给发赏恤、犒赏等项款，均未能悉遵例案。此亲兵与各勇饷数参差、比较粤省章程加增及薪赏等项不循叙例之大概也。

现以亲兵一千名、南勇五百名驻省，以湘军五百名扎赤溪，南勇四百名扎田朝，分办土、客善后事宜。以湘军四千二百二十名扎东莞、惠州，安勇一千三百名驻北江，分办土匪。近来据报获犯一百余名，分别惩办。当五月间裁勇之时，蒋益澧曾以酌留陆队九千余名向瑞麟函商，瑞麟即以酌将湘军裁撤若干，腾出军需，为整饬营制之计，函覆商筹。乃覆书未至，而蒋益澧业已会列瑞麟前衔入告，奏片会稿及书函月日可凭，委非先经商定而后会奏也。其所调文员中除郑武昌、戈韦安、余福御现俱署缺及已有事故或回籍外，当有刘开勋、李国贤等十二员分派剿匪，办理曹冲善后事宜以及关税局务。其中闽浙人居多，非皆楚人。所调带勇武职数员，则皆籍隶湖南也。粤省常年兵饷岁需一百二十万两有奇，向系动支地丁、盐课，自军兴以后，蠲缓频仍，盐课亦多欠解。除旗营及省标兵丁按月全支外，其余各营每年酌放二三季不等，现甫放至同治三年春季，其武职养廉均在地丁税及盐课项下动支，现因借垫军需，自咸丰六年秋季以后即行停支，间或本款归有存项，或遇事故人员酌量支给，现经蒋益澧札司定章，自本年春季起先给新廉，以资办公。统计兵饷积欠三年，养廉停放一百余万两。并据声称：现需赶办同治四年奏销，援案将三年欠饷暂停，先支四年春饷，核计需银二十万两。而库藏空匮，尚无所储。此又粤省积欠粮饷之情形也。

臣等伏查粤省东、西、北三江向多匪乡，时有械斗之案，甚有聚而抗粮者。蒋益澧于曹冲事竣后，挑留勇丁，分扎捕匪，原期尽绝根株、为安堵地方起见。惟现已函商瑞麟联衔具奏，自应从长计议，待意见相同而后上陈，且其时湘勇并未多裁，实足令人借口。臣吴棠自闽入粤，经由潮、嘉、惠州一路至省，沿途详询，现经官军惩创，如东莞等处完粮已渐踊跃，不过一二匪乡狡抗如故。其西、北两江虽多盗薮，终无大股匪党屯聚一处、必须大张挞伐者，自宜责成地方文武实力搜捕，如有力不能制者，酌拨兵力以助之，方为善策。现在粤省已就肃清，水陆勇丁尚存一万四千四百余名之多，自可逐渐裁撤，以节縻费。如瑞麟所奏，腾出军需，可以练兵足饷，实为老成之见。

至蒋益澧亲兵系由浙带来，所需口粮较之粤章加多，自系因久经战阵之勇加以区别。其赏恤、犒劳等款未能悉遵例案。溯查用兵吃紧之际，其中权宜轻重，鼓励人心，在亲历戎行者，实有不得已之苦衷，难逃圣明洞鉴。查粤省军需报销，现据该局声称尚未开办，应请饬下督抚臣饬局赶紧按例造报，滥支之款分别追赔，以重帑项而清案款。

一、查原奏内第二款：有香山都司杨云骧等，凭朱亚春即朱肉粽指引，拿获洋盗林得权及谭英捷等七名，解省饬审。嗣经讯明，林得权委系洋盗，讯明正法。其谭英捷等因行提朱亚春质讯未到，以致押毙四名。广州府丁浩将朱亚春审照诬良为盗例，拟以发极边军罪具禀，经瑞麟批驳。讵蒋益澧非特不以军罪为重，反取治以死罪。郭祥瑞迎合其意，以瑞麟批驳为非，将丁浩大加呵斥等语。臣等调查各卷，详细确核，缘同治三年四月间，香山协副将据都司杨云骧等凭线指引，拿获洋盗林得权及与盗同船之谭英捷等七名，禀经水师提督咨解到省，并请将所获船米等物变价充赏，经前督臣毛鸿宾准咨札饬审办。嗣讯得林得权委系迭劫正盗，业经照例正法。其谭英捷等七名，讯因不知林得权前曾为匪，此次伙同卖柴贩米回家，以致误被官兵一并获案等供。因尚未审定，谭英捷、林得成、胡彦传、张亚曹等四名先后在押患病身死。该局员禀请将林德平等三名即行省释，经前督臣毛鸿宾、前抚臣郭嵩焘[①]均批准释放。郭嵩焘又以朱肉㮲名目显系匪犯，该弁兵等听从指引，妄拿无辜，咨准毛鸿宾饬司行提原拿之武弁杨云骧等，勒令交出线人朱肉㮲，解省质讯。本年正月间，郭祥瑞在署藩司任内，因日久未经提到，会同署臬司蒋超伯[②]详称：将杨云骧等先行参革，一面委员提省审办。杨云骧即将朱肉㮲即朱亚春送案，讯据供称：伊因向在外国人处雇工，外国人食剩猪肉即给与伊吃，是以混名朱肉㮲。伊因先被林得权抢掳，关禁勒赎，经官兵救出放回；嗣见林得权在三扒船上，即通知杨云骧等往拿。至谭英捷等七人，伊素不认识，因与林得权同在船上，是以一并获解到省，并无挟嫌诬指情事。广州府丁浩、谭英捷等之拖毙，虽系因病，究由朱亚春闻拿所致，拟请将朱亚春照诬良为盗例治以军罪，具禀请示。嗣又以情罪尚有未符，禀请发回另

---

① 郭嵩焘（1818—1891），字伯琛，号筠仙、云仙、玉池老人，湖南湘阴人。道光十五年（1835），取秀才。十七年（1837），中式举人。二十七年（1847），中式进士，改庶吉士。咸丰三年（1853），授翰林院编修。七年（1857），加道衔。八年（1858），充南书房行走。同治元年（1862），放苏松粮储道。二年（1863），升两淮盐运使。同年，署广东巡抚。光绪元年（1875），晋福建按察使。同年，充总理各国事务衙门行走，署兵部左侍郎。二年（1876），署礼部左侍郎。同年，授出使英法两国大臣。三年（1877），迁兵部左侍郎。四年（1878），充出使法国钦差大臣。旋乞休归，主讲城南书院。十七年（1891），卒于籍。著有《礼记质疑》、《养知书屋遗集》、《使西纪程》等。

② 蒋超伯（1823—1875），字叔起，号通斋，江苏江都人，附生。道光十九年（1839），中式举人。二十五年（1845），中式进士，分部学习，以主事用签分刑部，历任贵州司、湖广司主稿。二十九年（1849），保章京。咸丰七年（1857），补刑部陕西司主事，转军机章京，旋升刑部安徽司员外郎、刑部江西司郎中。九年（1859），保御史。十年（1860），补江西道监察御史，署山东道监察御史，署京畿道监察御史。十一年（1861），补授广西南宁府知府。同治元年（1862），调补广东高州府知府。同年，调广东潮州府知府，赏戴花翎。三年（1864），加盐运使衔。是年，捐升道员。五年（1866），署广州府知府，晋按察使衔。同年，署广东臬司篆务。九年（1870），进京陛见，任广东候补道。光绪元年（1875），卒。著述有《爽鸠要录》、《南漘楛语》等。

拟。经瑞麟以朱亚春本系事主并非线人、前禀照诬良为盗例拟以军罪殊属不伦等词批驳，蒋益澧、郭祥瑞均准发回另拟，查无批饬必行加重明文。其先因朱肉㮾尚未提到，札司饬局赶紧行提解省，从重拟办，系照郭嵩焘原札行催，并非在瑞麟批饬之后。至郭祥瑞将丁浩呵斥一节，询据丁浩禀称：郭祥瑞以拟军请示之禀系该府衙门幕友办理不善，适次日在东郊祭祀时，申饬该府延友不当。该府当即遵照辞覆，并未闻以瑞麟批驳为非、勒令将朱亚春治以死罪之语。诘以现在为何尚未拟结，据称系因武弁杨云骧等未经提到所致。

臣等覆查此案原委，由于前抚臣郭嵩焘之以朱肉㮾名目显系匪犯，从重惩办。蒋益澧、郭祥瑞亦未细察朱亚春系被劫、被虏事主，本应引拿盗犯。其与盗同伙贩卖柴米之人，不知其是非亦系正盗，因而一并获解，并无不合。至日后之因病押毙，非原拿时所能逆料。该府局提到朱肉㮾即朱亚春以后，既问明与谭英捷等素未认识，并无挟嫌诬指情事，即属无罪可科，犹将朱亚春照诬良为盗例拟以边远充军，洵如瑞麟所奏，实属拟不于伦。惟究系具禀请示，与已拟定解勘者不同，应请免其置议。蒋益澧因郭嵩焘误会在先，照案行催，并非因瑞麟批驳以后，必取治以死罪。郭祥瑞申饬丁浩系因府署幕友办案不妥，尚非迎合巡抚，颠倒是非，应请一并免其置议。其起获之船只、米物，既非林得权盗赃，谭英捷等与其同伙贩卖柴米，并不知林得权从前有抢劫为匪情事，自应分别给还。乃获案之时，武营辄请变价充赏，殊属不合，惟究系禀明提督、咨准前督臣毛鸿宾札饬准行，应请照数追缴，免其提质，以省拖累。查朱亚春供认当日武营曾分给米一包，应饬俟缴清后即行开释。其余米物及船只变价银两，分饬臬司及广州府速即移营勒追，赔缴给领，不准再事挨延，以昭核实而清案牍。

一、查原参第三款：蒋益澧以前在广西管带湘勇，西省有欠发勇银三万六千六百余两，札饬广东军需局照数提拨，作为将广西省清还旧欠，已由军需局先提用银六千六百余两，现仍向索三万两，纠缠不已；并咨经广西巡抚覆称：蒋益澧在广西领过粮饷，尚未报销，欠数无凭悬揣一节。经臣等饬据军需局禀覆，并调案查阅，蒋益澧于同治五年十二月以前在广西有欠发勇粮银三万六千六百余两。现因各勇在原籍索取，札饬军需局照数提解，作为广东应解协饷，就近划抵湘军旧欠，一面分咨瑞麟及广西巡抚知照。据军需局于六年正月二十八日以东省原有欠解西省未完之款，自应通融筹拨，先将尾数银六千六百七十三两三钱批解，经蒋益澧照数兑收，批明此外银两俟广西咨覆到日，再行据实奏请划抵，以后并未札催，军需局亦未续解。嗣于六年六月二十八日准广西巡抚咨覆内开：当时欠饷若干，如何清算，陆续将实收执照捐报若干、下欠若干，西抚衙门皆无报案，无凭悬揣，分饬司局速行结算等语。似系因抚署无案可稽，故饬司局查算，尚非指明，并未报销。惟检核广东拨解广西协饷之案，先于同治五年六月间接准部咨，以广西近年并无军务，饬令广西将此项接到部文以前共收协饷银两若干，先行报部，以备报销时查核，并咨广东将前项协饷裁停。

又，查同治五年四月间，广东有续奉拨解广西协饷五万两一款。九月间，曾准部咨，谓系奉旨特拨专款，与月饷无涉，该款业已解清。细绎部咨，是广东协西饷银以后并无应解之款，即以前所欠，亦在毋庸再解之列。令军需局于蒋益澧提拨西省欠饷，通融批解六千六百余两，毋庸西省军需。毋论西省军需，东省不应代为清理，且本无应解西省之款，委系迁就滥支。至蒋益澧擅提之银，应请饬下该抚臣先行缴还，仍将前在广西经放勇粮赶紧造报，由西省核实销算有无欠发之款，另行核办。其原参所称现尚索银三万两，纠缠不已，查无案据。

又，蒋益澧因署内薪水、脩金等项，借词提用军需厘金各局公项约二万两一节。饬据军需局禀覆，并未提支。据牙厘局禀覆：只有五年十一月起，因抚署幕友兼核该局案件，每月致送脩金五十两。又，幕友岁资二百两。又查有沙田局自五年十月起，每月亦致送抚幕友脩金五十两。核计截至现在月共一千二三百两，此外并无另支薪水、脩金之案，与原参二万余两之数相去悬殊。经臣等咨准瑞麟咨覆原参数目，系将蒋益澧亲兵一千名薪粮，比较广东勇粮旧章每月约多银二千余两，自同治五年六月算至六年五月，约多用银二万余两。

又，另提心红、纸张等银一千五百两、罚款银一千一百两，连前项牙厘、沙田两局脩金并计在内等语。臣等查蒋益澧所支亲兵薪粮并非署内提用，其有不合例之处，臣等已于原奏第一款内查明，似应归并一案，饬局照例造报。至所提心红、纸张一千五百两，罚款一千一百两，查核案卷，已经蒋益澧于本年九月间先后发局归款，惟各该局所送幕友脩金、岁资系属违例支给，应由经放之员着赔。

一、查原参第四款：蒋益澧因裁去太平关规，自生懊悔，常与署藩司郭祥瑞等言及筹画署内用度。郭祥瑞逢迎其意，在藩库每月拨银三百两，又派令盐运使方濬颐[①]在运库每月拨银七百两，自同

① 方濬颐（1815—1889），字子箴，号饮茗，安徽定远人。道光二十四年（1844），中式进士，改庶吉士。翌年，授翰林院编修。二十七年（1847），充会试同考官。二十九年（1849），授云南乡试正考官。同年，丁忧。咸丰五年（1855），取御史。六年（1856），补山东道监察御史。次年，升掌山东道监察御史。九年（1859），升给事中。同治元年（1862），放广东南韶连道。三年（1864），迁两广盐运使。七年（1868），署两淮盐运使。光绪二年（1876），调补四川按察使。五年（1879），因案革职。十三年（1887），开复原职衔翎。十五年（1889），卒于籍。著述有《梦园书画录》、《淮南盐法纪略》等。

治六年正月起，按月拨还郭祥瑞。又向郭祥瑞面述蒋益澧之言，谓此项月规须声说由瑞麟意见饬令拨支，伊方好收受等语。经臣等饬据郭祥瑞禀称：本年四月间，蒋益澧尚在曹冲，该署藩司与运司方濬颐同谒瑞麟，奉瑞麟面谕，以蒋益澧裁革关规办公不敷，饬令与运司在不报部闻款内，月筹千金送备抚署公费，详明立案，并又屡催上详。郭祥瑞等公同筹商，于不报部闻款内每月由运库筹款银七百两，由藩库筹银三百两，自同治六年正月为始，呈送抚署备用，详奉督、抚两衙门批示，如详立案。迨五月间，蒋益澧由曹冲凯旋，照详支送，当奉拨发回，此后与运司均未按月致送。

至谓筹送此项月款须声说出自瑞麟之意，蒋益澧方好收受一节。据称蒋益澧并无此言，郭祥瑞亦未向瑞麟言及等语。据运司方濬颐禀称：因蒋益澧裁革关规并一切供应，核计公费岁减二万五千余金，办公不敷。经该司等公同筹商，在不报部闻款内由藩库筹银三百两、运库筹银七百两，按月呈送抚署备用，先经回明瑞麟，随于四月二十一日会详，奉总督批如详立案。复于五月二十四日将运库所筹七百两一款会详巡抚，奉批如详办理，此项银两应俟交卸离粤之日，再行并案解送等语。

臣等详核瑞麟、郭祥瑞送到卷据，此案系藩、运两司会衔通详督抚，何以运库七百两于一月之后又有专详巡抚之案？所录巡抚之批，又与藩司所禀不符。查核运司方濬颐呈送卷内，其初次会详之稿，与督抚两处卷案相符。其专详巡抚之稿，则增有奉总督面谕筹款字句，其中显有弊窦。经臣等严切驳诘，始据郭祥瑞覆称：初次系并详督抚，同时封发，旋奉总督批回如详立案，巡抚久未批发。迨蒋益澧由曹冲旋省，询及此事，郭祥瑞以瑞麟面催之言禀告，蒋益澧以总督既有面谕何以详内并未声叙，且藩、运两库款目汇并一详，亦属牵混，将原详发回，分案详办，并言及如将办公经费改为心红、纸张名目，亦觉名正言顺。郭祥瑞遂将藩库所筹三百两改为心红、纸张，叙明奉总督面谕字样，平衡具详巡抚，又与方濬颐将运库之款亦另专详巡抚，曾将改详缘由回明瑞麟。经瑞麟答以前详，业已批发，毋庸再详。并据将续详稿批及蒋益澧发回原详一件一并呈核。又据方濬颐覆称：初次会详后，经郭祥瑞移知总督批示，复又嘱会衔专详巡抚，并云藩库三百两，伊已平详。其运库七百两，伊须会衔上详。又云先经回明总督，应将奉有面谕字样叙入。方濬颐以事涉两歧向诘，郭祥瑞答以业已回过巡抚，无所用其游移，是以照办。所奉抚批因郭祥瑞系另行单衔具详，故批词彼此相殊。此查明案批不符之情形也。

臣等复又咨询瑞麟，据覆此案先于春间，据郭祥瑞面拟在藩、运两库共筹抚署公费千金，并未指定款目，经瑞麟答以必须奏明方可动用。嗣郭祥瑞前赴曹冲军营，回省辄定义在藩、运两库不报部闻款内，每月共筹银一千两，会同运司上详，当经批答立案。五月间，蒋益澧旋回曹冲，郭祥瑞又向瑞麟面称蒋益澧之意，须声说出自瑞麟意见，欲将前详改换添叙，经瑞麟严词拒绝而止。

至蒋益澧如何批发及改为心红、纸张名目，并未据郭祥瑞言及等语。各执一词，难以臆断，应归口说无凭之言，概置勿议，专以印案为定。臣等悉心核卷，此案初由藩、运两司上详，蒋益澧于此项银两并未收受，惟将初次司详发还，而各详批发。郭祥瑞所称饬令更改详办之处，不为无因。郭祥瑞将奉有总督面谕语句续后专详巡抚，并嘱方濬颐照办而不并详总督，其非瑞麟面谕可知，即属意存蒙混，且初次通详系将藩、运两库银两会衔汇叙，续后专详巡抚，郭祥瑞既已将藩库之款平衡上详，而于运库之款又复商同会衔，是郭祥瑞之迎合见好，尤属显而易见。

一、查原参第五款：蒋益澧随带来粤之郭式昌、戈聿安等均经部议，照例只准当差，不准署缺。郭祥瑞违例迁就，委郭式昌代理肇庆府，经瑞麟屡次面嘱改委，郭祥瑞答称，奉到部驳，郭式昌已到任数月。嗣又复委戈聿安代理罗定州缺，执意违拗，任用私人，旧章从此紊乱等语。臣等饬据郭祥瑞禀称：郭式昌等系蒋益澧奏带来粤，经部议准其带往广东差遣委用，俟差竣仍赴浙江，按班序补，并无不准委署字样。该署藩司为地择人，是以详委郭式昌代理肇庆府知府、戈聿安代理罗定州知州，均奉督抚批准如详代理。至谓俟奉部驳，郭式昌已到任数月，当日实无是言。臣等查原参内称，系属屡次面饬改委，则郭祥瑞晋谒瑞麟未必皆系单见，必有同座之人。随即饬传署臬司蒋超伯、升任长芦盐运司前粮道梅启照、[1]署粮道史朴，公同查询，佥称与郭祥瑞因公谒见瑞麟时，曾闻瑞麟向郭祥瑞说过两三次，郭式昌代理肇庆府与例不符。

至谓郭祥瑞所称俟奉部驳郭式昌已到任数月之言，该司道等公见时未闻言及等语。臣等检核郭式昌等奏调原案，系奉准交蒋益澧差遣委用，俟差竣之日令该员等仍赴浙江，按班序补，无不准委署明文，而详核部咨，该员等差竣之日即系应回浙江之日，令郭

---

① 梅启照（1826—1894），字筱严，号小严，江西南昌人。道光二十六年（1846），中式举人。咸丰二年（1852），中式进士，改庶吉士。三年（1853），签分吏部文选司行走，旋掌文选司印。八年（1858），赴天津大沽口查办事件。同年，赴上海办理通商税则。九年（1859），补文选司主事，旋题补员外郎，保送御史。同年，升郎中。十年（1860），回籍办理团练。同治元年（1862），保知府。是年，补授浙江道监察御史，旋掌浙江道。二年（1863），放惠州府知府。三年（1864），署广州府知府。六年（1867），升广东按察使。八年（1869），迁江宁布政使。光绪三年（1877），擢浙江巡抚。五年（1879），授兵部右侍郎。七年（1881），补授河东河道总督。九年（1883），充钦差大臣，覆查会审河南镇平县王树汶替身案，因案褫职归乡。二十年（1894），卒于籍。著有《梅氏验方新编》、《测量浅说》等。

祥瑞委令代理员缺，殊与部文违碍；又将总督饬其违例委代之言置之不理，实属不合。郭式昌、戈聿安二员应遵部咨，即饬仍回浙江原省。

一、查原参第六款：陆路提督高连升调任西疆，蒋益澧自要兼署提督，并欲委随员周廷瑞署理南绍连镇，经瑞麟饬委总兵方耀署理，蒋益澧咨驳阻抗，并求委参、游、都司各缺，越俎干求，扰乱营制等语。臣等咨准瑞麟将蒋益澧节次咨函及委署各缺案据，逐一检送。细查各节，均有信函、咨文可据。如陈念亲之委署抚标右营游击、谢茂胜之请补标中军参将、丁惠良之委署顺德右营都司，均经瑞麟如咨照办。惟南韶连镇一缺，瑞麟未允其请。嗣于檄委方耀署理后，蒋益澧以方耀带勇素无纪律、不晓营务等词咨驳，由瑞麟另委曾敏行署理。查蒋益澧节次函咨商委兼署提督及补署参、游各缺，其措词命意尚系以地方、营伍为重，惟究涉越俎干求。至陈念亲、谢茂胜皆系蒋益澧管带亲兵之员，所有以上已委各缺应仍由瑞麟随时察看，如不胜任，即行参撤，另行遴员，以符体制。

一、查原参内第七款：关役王六等协同税务司线人梁亚三赴顺德县属拿私一案，据广州府丁浩讯明，王六等无辜，准粤海关监督咨请照例取保，经瑞麟发保侯讯，蒋益澧将丁浩大加申饬，勒令拿回王六等禁押，致将无辜之邱根押毙。蒋益澧复又饬广州府按照海关咨会，将王六等尽行释放，前后反复，舆论哗然一节。

臣等调查案据，同治六年正月初九日，粤海关监督师曾因税务司处凭线人梁亚三报知顺德县属桂州乡胡姓家内有走私洋药等情。当经发给差票、印帖，派令王六、王棠等协同扦子手洋人，带领该线人于初十夜前往该乡胡协鹏家内搜查洋药。该乡人疑系棍徒诈害，聚众追赶，乡人与洋人互相放枪，时当黑夜，不知何人将渡夫卢明盛误伤身死，报经顺德县验讯禀明，饬发广州府审办。因线人梁亚三先已脱逃，枪毙渡夫之凶犯亦未缉获，致未讯结。乡民因关役与洋人夤夜入村搜查，咸生疑惧，纷纷具禀。经瑞麟会同抚臣蒋益澧、监督师曾出示晓谕：关役人等在厂缉私，不得抎同扦子手洋人，私离关口，夜赴远处乡村，借词查私滋事，一面饬县严缉正凶，并勒拿梁亚三，务获究办。旋经监督师曾因王六等禀报在押患病，据情咨请取保医调。瑞麟即行饬广州府发保候讯。维时蒋益澧在曹冲军营，不知线人系到税务司处报案，以为王六等带同夤夜入乡滋事，以致枪毙渡夫，必须勒令交出线人，提同质讯，方成信谳，札饬广州府不准抎行释放。该府即遵照，传回王六等押候覆讯。迨蒋益澧由曹冲回省，适关役邱根在押病故，复经监督师曾咨明，线人梁亚三系在税务司处报案，亦由税务司发放。王六等不能过问，并无包庇情事，无从交出线人。蒋益澧始准札饬广州府将王六等暂行送回海关，俟线人到案后，再行传质，一面饬催顺德县赶紧缉拿线人，并访查放枪致毙渡夫卢明盛正凶，务获解究按拟详办在案。是此案蒋益澧之饬府将关役忽拿忽放，先后虽似两歧，惟前因不知线人在税务司处报案，疑系王六等串同诈扰，包庇隐匿。迨经监督咨明，即行释放，并非前后反覆，应请免其置议。其桂州乡缉私一案，应饬司府严催顺德县勒缉正凶，并缉拿乡人梁亚三，务获解省拟办，以成信谳。

一、查原参蒋益澧、郭祥瑞迁怒幕友，于六月初十日，郭祥瑞至督署谒见，声称奉巡抚传谕，嘱将幕友两人即日逐去，经瑞麟诘以两幕友有何劣迹，应切实指出证据，则又不能回答等语。臣等饬据郭祥瑞禀称：该署藩司、司道谒巡抚时，蒋益澧常向提及督署幕友声名平常，必须另延端谨之人，方免掣肘，并未面谕该署藩司谒见总督，嘱其驱逐。六月初十日，有抚署幕友何姓至督署，言及此事，适郭祥瑞与臬、运两司晋见瑞麟，即奉瑞麟提及，并诘以幕友有何劣迹，该司等均未敢置词而退。臣等饬传在省司道面询，均与郭祥瑞所禀相符。询以督幕两人有无声气，佥云并无实在劣迹。又咨准蒋益澧覆称：访闻督署幕友刘元道、张文鉴二人，声名狼藉，依势向各属勒荐幕友，因无实在凭据，尚未深信。上年十一月间，有现署东莞县知县杨先荣幕友胡丽生品学不端，将其辞去。张文鉴亲向杨先荣勒荐，必欲复请。杨先荣迫于不得已，情愿致送干脩，张文鉴尚不宜依，经该抚札司严饬，方将胡丽生辞退。又，刘元道将其戚徐丰山荐至鹤山县充当幕友，徐丰山之侄徐三有私摹假印，诓骗银两，经藩司访闻提审等事。

至欲劝瑞麟辞友另延之议，仅只于司道接见之际，间尝提及，并无饬令驱除之语。复经臣等查照蒋益澧所咨情节，分别密查。据郭祥瑞检卷禀覆：徐三描摹假印一案，系该司访闻，提省审办，现尚未结。徐丰山馆席是否系刘元道所荐，未有确据。又据署东莞县知县杨先荣密覆：该员于同治三年间由三水县到省，经四川同乡候补知府张崇恪推荐，胡丽生专办钱谷，称系张文鉴戚好。五年，奉调东莞，另延一友。胡丽生仍求接延，该员许送脩金四百两办理交代，伊已面允，旋又求一人专办，适逢巡抚行司将胡丽生辞退，当即遵照辞卸，并无致送情事各等语。臣等悉心察核，蒋益澧欲劝瑞麟辞友之事，系与司道各员谈及，并未令其转说瑞麟，系闻该抚幕之言。其时适郭祥瑞等同往谒见瑞麟，遂向言及，并非郭祥瑞传语驱除。至东莞县杨先荣幕友，系该员之同乡张崇恪所荐，不过知为督幕张文鉴之戚好。迨经另延别友，而请其专办交代，系杨先荣与胡丽生面言，均与张文鉴无涉。鹤山县幕友徐丰山之侄徐三描摹假印一案，本与刘元道各不相关。据访闻此案之郭祥瑞禀覆：徐丰山是否系刘元道所荐，亦未查有确凭，是该幕友二人之勒荐幕友，亦无实据，仍可毋庸置议，应仍由瑞麟留心稽查，该幕友二人嗣后如有声气，不得容留徇隐。

一、查原参蒋益澧由曹冲回省，面称密保署南海县知县郑梦玉升署惠州府知府，已列瑞麟前衔，专折保奏，并未先行商酌，亦不将保奏折稿先给阅看，率行合列前衔，蒙混入告，请旨饬将保举郑梦玉之案更正等语。臣等咨准瑞麟将卷案送阅，系五月初六日由蒋益澧主稿，会衔具奏，咨送会稿，而瑞麟所署收文日期则系六月二十二日，在六月十九日奉到批折之后，该督并未于稿内书奏，系径由蒋益澧联衔奏请。至郑梦玉居官如何，臣等悉心访察，并详询现任司道，佥云其前在署龙门任内尚有政声，在调署南海仅能循分供职。臣等查该员系候补知县，遽请升署知府，既经瑞麟检举原奏并未会稿，未免冒滥，应请准予更正。

以上各款均系详查案据，反复咨询，公同悉心查核，不敢稍有讳饰。除将蒋益澧支发军需正杂各款拟请饬下该督、抚臣严饬军需局赶紧分别造报，另行核办，其蒋益澧在军需局提过前在广西欠饷银六千六百七十三两三钱，应请饬下蒋益澧先行如数缴出归款。牙厘、沙田两局滥支抚署幕友脩金、岁资两款，拟请饬由经放之员着赔。代理肇庆府知府郭式昌，代理罗定州知州戈聿安，拟请查照部咨，即饬仍回浙江原省补署。参将谢茂胜、游击陈念亲、都司丁惠良等三员，拟请饬下瑞麟随时察看，如不胜任，即行参撤另委。朱亚春一案，查非郭祥瑞迎合巡抚、颠倒是非。海关差役王六经蒋益澧将其忽拿忽放，查明尚属有因，已由臣等札饬臬司将各原案分别省释拟办，拟请均免其置议；督署幕友刘元道、张文鉴查无劣迹，郭祥瑞亦未传述蒋益澧之言嘱令瑞麟辞友；惟刘姓在粤省游幕者甚多，拟请饬下瑞麟留心稽查，该幕友二人嗣后如有声气，不得容留徇隐；升署惠州府知府郑梦玉密保之案，查系径由蒋益澧联衔奏请，瑞麟并未书奏，拟请准予更正外，臣等查蒋益澧久经戎行，初膺疆寄，到粤东以后，极思整饬地方，兴利除弊。惟少年血性，勇于任事，凡事但察其当然，而不免径情直遂，以致提支用款、核发勇粮及与督臣商酌之事，皆未能推求例案。

此案蒋益澧提广东军需局款代广西清还旧欠，并于藩、运两司筹送公费，虽未收受，而批准如详办理，且有将初详发回情事。其于总督专政之补署营缺越俎咨商及会衔入告之案，并未商定，率行会列前衔，均属不合。郭祥瑞身任藩司，综理局务，稽核银钱出入，是其专责。乃于蒋益澧札提军需局款，并不查明应否给发，扐动库款筹解，并违例支给幕友脩金，详委不合例之员代理府州员缺。其筹送蒋益澧公费一案，于会详后复又另详巡抚，增入奉有总督面谕字样，并商令方濬颐于运库之款，又复会详，实属迁就迎合，有忝厥职！方濬颐会衔上详，筹送蒋益澧公费，亦有不合。应请旨将广东巡抚蒋益澧、署广东布政使按察使郭祥瑞、两广盐运使方濬颐一并交部，分别议处。其军需、牙厘、沙田各局均有现任司道会办，仍由藩司主政，所有会办之司道各员应否邀恩免其查取职名，恭候钦定。

两广总督奏参各款，皆属有案可据，惟郭祥瑞筹送蒋益澧公费一案，该督先经批准如详立案。郭式昌等代理员缺，亦经批准如详代理，及蒋益澧咨商补署武职各缺，亦皆如咨照办，均未能当时拒绝。现据该督列款参奏，似与检举无异，应否免予察议之处，出自圣裁。至粤省标营兵饷、廉俸积欠多年，不能按时给发，而月支水陆勇粮尚需八万余两之多，藩库又极支绌，亟应裁勇节费，以济兵饷。应请旨责成瑞麟、蒋益澧将现存水陆勇丁酌量分起减裁，严饬地方官会同营员整顿捕务，以固饷源而肃营伍。所有裁撤湘军原籍距粤较远，应请饬下蒋益澧遴派妥实将弁，按起管带回籍，俾免迁延滋扰。是否有当，谨合词恭折覆奏，伏乞皇太后、皇上圣鉴训示。再，臣吴棠拜折后，即束装回闽候旨。合并声明。谨奏。十月二十一日。

同治六年十一月十二日，军机大臣奉旨：钦此。[1]

【案】此折于同治六年十一月十二日获批覆：

同治六年十一月十二日，内阁奉上谕：前因两广总督瑞麟奏参广东巡抚蒋益澧任性妄为，藩司郭祥瑞朋比欺蒙等款，当经谕令吴棠驰赴广东，会同庆春查办。兹据吴棠等逐款查明覆奏一折。此案蒋益澧擅提广东军需局款，代广西清还旧欠，并于藩、运两司筹送公费，批准如详办理，总督专政之补署营缺，越俎咨商，及会衔入告之案，并未与瑞麟商定，率行会列前衔，均属不合。郭祥瑞于蒋益澧札提军需局款，并未查明应否给发，擅动库款筹解，并违例支给幕友脩金，详委不合例之人代理府州员缺。其筹送蒋益澧公费一案，于会详后，复又另详巡抚，增入奉有总督面谕字样，并商令运司方濬颐于运库之款，又复会详，实属迁就迎合。广东巡抚蒋益澧，滥支帑项，违例任情；署布政使按察使郭祥瑞，显违定例，见好上官，均着交部严加议处。盐运使方濬颐，会衔详送蒋益澧公费，亦有不合，着交部议处。除蒋益澧支发军需正杂各款着该督抚严饬

---

[1] 中国第一历史档案馆藏：军机录副，档案编号：03-5088-013。

军需局赶紧分别造报外，其提过代还广西欠饷银六千六百七十余两，着蒋益澧先行如数缴出归款。牙厘、沙田两局滥支抚署幕友脩金、岁资两款，着由经放之员赔补。违例代理之肇庆府知府郭式昌、罗定州知州戈聿安，均着饬回浙江原省。参将谢茂胜等三员，着由瑞麟随时察看，如不胜任，即行参撤。督署幕友刘元道、张文鉴虽查无实在劣迹，仍着瑞麟留心稽察，毋得徇庇。知府郑梦玉密保之案，系由蒋益澧联衔奏请，瑞麟并未书奏，着即行更正，郑梦玉着即撤任。其军需、牙厘、沙田各局系由藩司专政，所有会办之司道各员，着加恩免其查取职名。瑞麟于郭祥瑞等筹送蒋益澧公费及郭式昌等代理员缺，均经先后批准；蒋益澧咨商补署武职各缺，亦皆如咨照办，均未能当时拒绝，亦属不合，着交部察议。仍着该督抚等将现存水陆勇丁酌量核实减撤，严饬地方官会同营员，整顿捕务，以裕饷源。其裁撤之湘军，着由蒋益澧遴派委员管带回籍，以免滋扰。余着照所请办理。该部知道。钦此。①

【附】同治六年六月十四日，粤督瑞麟密参巡抚蒋益澧等折：

两广总督奴才瑞麟跪奏，为广东巡抚蒋益澧任性妄为，劣迹彰著；署藩司郭祥瑞朋比迎合，相率欺蒙，恐误大局，仅列款据实密折奏参，仰祈圣鉴事。

窃奴才钦蒙恩命，畀以两广总督重任，值此时事艰巨，自当与巡抚、司道等力矢公忠，和衷共济，庶不负高厚生成至意。

① 中国第一历史档案馆编：《咸丰同治两朝上谕档》，第17册，第353页；《穆宗毅皇帝实录（五）》，卷二百十六，同治六年十一月中，第822—823页。

是以督抚会办事件无不与抚臣蒋益澧虚衷商榷,并令署藩司郭祥瑞等公同筹议,以期允当,间有抚咨司议不符例案不循情理者,亦随时婉曲开导,从容劝解,冀免决裂贻误。无如蒋益澧任性跋扈,专务更张;署藩司郭祥瑞又复一味逢迎,相助为虐,以致谬妄恣肆,日甚一日,无可挽回。如其事属细微,奴才亦不敢琐屑渎陈,上烦宸廑。但攸关重大,若再因循缄默,坐视其误国误民,并误大局,奴才获咎甚重,不敢不据实参劾,将蒋益澧、郭祥瑞实在劣迹列款,敬陈于圣主之前。

一、蒋益澧由浙来粤时,随带亲兵湘勇四千一百名,驻扎抚署箭道,拥以自卫;嗣又续募湘勇一千余名,并调来军功保举同乡文武官数十员,均令带勇,派充各局差使。其薪水、赏犒不循成例,其勇丁是否足额得用,无从查核。奴才初以曹冲土客剿抚未定,暂听羁留。今年四月,曹冲事竣,蒋益澧仅撤粤勇而不撤湘勇,致启人言;乃复留郑绍忠本地安勇二千,令办西江盗匪,而以湘勇分派惠州、东莞各处,搜捕盗匪。五月初四日,接其留勇之信,奴才当以东西两江现在并无大股贼匪,其抢掠盗贼皆系无业贫民,出没无常,聚散无定,应责成地方文武,随时悬赏缉拿。若大起官军前往,盗首已闻风远扬,必致兵勇骚扰良民,妄拿无辜。上年春间,前署抚臣郭嵩焘派肇庆协副将杨青山、绅士刘锡鸿等,带勇数千,赴东莞、博罗搜捕,颇滋扰累。所拿人犯七十余名,多系衰老及幼弱之人,经奴才严饬谳局,详细审明,无辜者释放六十余名,此外亦俱胁从。而著名盗首无一获解,糜饷十余万,此其明征。现在粤省军饷全赖每月厘金十万左右接济,按月拨解左宗棠甘饷四万,解京固本军饷一万,连本省各处巡船防口粮等项,统计约需十二三万，不敷甚巨。粤省各标营官兵廉俸、粮饷积欠多年，奴才欲整顿营伍，而官兵枵腹为难，当将前情婉曲函商，请将湘勇酌撤若干，腾出粤饷数万，为练兵给饷，整饬营制，作长治久安之计。讵蒋益澧大为拂意，于五月初六日擅自具奏留勇九千余名办理各处盗匪折内，列奴才前衔，并未将折稿先行知会。粤民膏血垂尽，蒋益澧悉力搜括，总以养勇为自便之谋。现在各勇分布月余，未据报获一犯，从此每年虚縻饷银数十万两，何所底止！奴才目击库局艰窘，实为寒心，而蒋益澧一意偏执，悍然不顾，殊昧天良！

一、同治三年，有香山都司杨云骧等凭朱亚春即朱肉棕指引，拿获洋盗林德权及谭英捷等七名解省，饬发广州府审办。嗣经讯明林德权委系洋盗，禀明正法。谭英捷等七名有认案、有不认案者，禀请行提指拿之朱亚春，解省质讯。因朱亚春素在洋船佣工，一时不能提到，故谭英捷等七名内押毙四名。郭祥瑞在臬司任内，详请将杨云骧等奏参勒交。正在具折奏参间，杨云骧等已将朱亚春送府质讯，经现任广州府丁浩提讯，朱亚春先被林德权行劫，因赃不满，欲连人掳去贼巢，关禁勒赎，旋经官兵起出放回。朱亚春后见林德权在三扒船上，因通知杨云骧等往拿。杨云骧等明知林德权系属洋盗，见谭英捷等七人与其同坐共谈，以为断非善类，因一并拿获解省。广州府丁浩将朱亚春照诬良为盗例，拟以充发极边军罪具禀，奴才以朱亚春本系被劫被掳事主，认明真赃所在，报官往拿，并无不是，科以极边军罪，实属拟于不伦，将禀批驳回。讵蒋益澧非特不以军罪为重，反欲将朱亚春治以死罪。郭祥瑞迎合巡抚之意，于本年四月初八日在东郊祭祀，众官聚集，大以奴才批驳为非，将丁浩大加呵斥，勒令将朱亚春改拟死罪。丁浩既不能屈法入罪，只得将朱亚春羁禁，不释不办，苦累事主，怨望平民，颠倒是非。蒋益澧与郭祥瑞似此违例妄为之事，尚难悉举。

一、蒋益澧咨称：前在广西管带湘勇，西省尚欠发勇粮银三万六千六百余两，欲在广东军需总局照数提银，作为广东代广西清还旧欠勇粮等语。奴才当以东、西两省军粮各有稽核，现在广东协拨广西饷项已奉部咨停止，碍难凭空代还西省旧欠，切实劝阻。蒋益澧执拗不从，一面咨会广西，一面即札广东军需总局，先行提用银六千六百余两，有蒋益澧咨文及总局申文可据。旋接广西巡抚咨覆，以蒋益澧前在广西带勇领过粮饷及收用捐输等项至今俱未报销，其勇粮欠数无凭悬揣等因。是蒋益澧前在西省带勇似无欠粮实数，何得擅向广东军需总局提银六千六百余两！现复向库局索银三万两，纠缠不已。且蒋益澧因署内薪水、脩金等项，借词提用军需、厘金各局公项，约计已二万余两，俱有局单籍册可查。是任意提支，殊为冒滥！总局度支系署藩司郭祥瑞综核出入，乃不查例案，不顾公帑，竟以擅动库款，见好上官，皆由郭祥瑞迎合蒋益澧，一味阿比，以遂其欲。

一、蒋益澧初到任时，奏裁太平关规费，原欲以矫廉见好，嗣因裁去关规，自生懊悔，常与署藩司郭祥瑞等言及筹画署内用度。郭祥瑞逢迎其意，遂倡议在藩库每月拨银三百两，又派令盐运使方濬颐，在运库每月拨银七百两，自同治六年正月起，按月共拨送蒋益澧规银一千两，津贴支用，会详前来。奴才当以库项攸关公帑，仍须奏咨方可支送，未便擅自动拨，屡向开导。又，据郭祥瑞面述蒋益澧之言，谓此项月规须声说由奴才意见，饬令拨支，伊方好受。其意欲奴才一人担承。复经奴才以断难将公项私作人情，严词拒覆。蒋益澧遂以奴才不肯担承，更深忿恨。

一、蒋益澧随带来粤差遣之员，如郭式昌、戈聿安等，均经部议照例只准当差，不准署缺。乃有肇庆府缺出，蒋益澧即欲委郭式昌接署。郭祥瑞明知有违部例，曲意迁就，改为委令代理。奴才屡次面嘱郭祥瑞酌量改委别员，免致部驳。郭祥瑞答称，俟奉到部驳，郭式昌已到任数月等语，以藩司大员竟以部例为儿戏，成何政体！嗣又有罗定州缺出，蒋益澧与郭祥瑞复委戈聿安代理。是其执意违拗、任用私人，委署定章从此紊乱，僚属为之侧目。且将奴才劝诫之言置之不理，可谓朋比跋扈！

一、陆路提督高连升调任西疆，蒋益澧由曹冲军营来信，即自要兼署提督。奴才当以先经议定奏调碣石镇李扬升接署，不宜纷更，据实函覆。乃蒋益澧叠次来信，犹以不得兼署提督为憾，并云伊营中随员将官二人均可署理提督，李扬升只可暂署，随后仍须更换等语，哓哓辩论。旋又来信，欲委随员周廷瑞署理南韶连镇，并嘱郭祥瑞等面求。奴才当查周廷瑞在曹冲军营带勇，于副将王东林、贺国辉等阵亡时不能策应援救，咎有应得，且访察声名平常，难膺专阃，即经驳回中止。迨奴才委令历著战功之记名总兵方耀接署南韶连镇，蒋益澧辄以方耀带勇不力等无据浮词，咨叕阻挠，以逞其把持要挟之计。各营员弁闻之，俱怀不服。又，抚标右营游击尚昌懋，供职素来勤慎，蒋益澧为其随员同乡人陈念亲营谋腾挪署缺，遂将尚昌懋调往曹冲军营，求委陈念亲接署抚标右营游击之缺，人心大为不平。又，增城营参将喀郎阿升补广州协副将，蒋益澧求将抚标中军参将瑞龄调补增城营参将，而以随员候补参将谢茂胜请补抚标参将。又，擅用咨文请将都司丁惠良委署顺德协都司之缺。武职升调系总督专责，乃蒋益澧越俎干求，扰乱营制，大坏纲纪。

一、粤海关差役王六等协同税务司线人梁亚三赴顺德县属乡村拿私一案，据广州府丁浩审明，王六等无辜，接准粤海关监督来文，咨请照例取保，经奴才发保候讯。蒋益澧在曹冲军营闻之大怒，将广州府丁浩大加申饬，勒令拿回王六等禁押，致将无辜之邱根押毙。迨蒋益澧由曹冲回省，忽又饬广州府按照海关咨会，将王六等尽行释放。前后反覆，舆论哗然！

以上各款均属确有案据，众所共见共闻，遂致物议沸腾，劣迹昭著。此外，违例坏法之事尚难枚举。奴才受恩深重，具有天良，历任办事，开诚布公，从不与人负气，今蒋益澧由勇目军功洊膺疆寄，年少躁猛，阅历未深，奴才更不与之计较，是以遇事劝导，婉转匡救，以为善加裁抑，或可渐就范围。乃历今经年，无事不侵越纷更，颠倒错谬，即多方迁就，委曲顺从，而蒋益澧不但不知悛改，反致放纵愈甚，欺藐挟制，全无忌惮，实非奴才意料之所及。似此紊乱纪纲，大负圣主委任。奴才有节制巡抚之责，万不敢稍事容隐，自蹈徇庇重咎，相应据实奏参，伏乞圣主洞鉴，权衡至当。蒋益澧系封疆大吏，应如何办理，恭候乾断施行，非奴才所敢擅拟。

至署藩司郭祥瑞一味逢迎，滥动库项，不顾大局，迥改平时常度，难胜监司之任，应否请旨调取来京另行简用，钦候宸定。郭祥瑞所遗广东按察使员缺，并恳迅赐简放，以重职守。所有特参巡抚及署藩司劣迹各缘由，谨缮折由驿具奏。伏乞皇太后、皇上圣鉴训示。谨奏，同治六年六月十四日。①

【附】同治六年七月初一日，两广总督瑞麟奏参蒋益澧等迁怒幕友，曰：

再，奴才衙门向有幕友两人，办理刑名、钱谷案件，一切公牍均系遵照定例，不敢稍事更张，应准应驳仍由奴才亲自主持事权，从无旁假。乃蒋益澧、郭祥瑞总欲变乱定制，遇事纷更，奴才间有驳诘，蒋益澧、郭祥瑞因此挟恨，迁怒幕友，竟于六月初十日，郭祥瑞来署谒见，声称奉巡抚传谕，嘱奴才将幕友两人即日逐去。奴才诘以两幕友有何劣迹并有何冒犯，应切实指出证据，则又不能回答。

伏查奴才衙门幕友，一系刘姓，一系张姓，办公均尚无误，倘有不端，奴才自当照例办理，岂肯容留？乃蒋益澧与郭祥瑞以奴才遇事持正，不能畅其所欲为，竟欲驱除幕友两人，使奴才立刻掣肘。其欺人止于此极，实属骇人听闻。谨据实附陈，伏乞圣鉴。谨奏。②

【附】同治六年十一月二十五日，吏部尚书文祥等奏报议覆粤抚蒋益澧处分折：

吏部尚书文祥等谨奏，为遵旨议处具奏事。

内阁抄出同治六年十一月十二日奉上谕：前因两广总督瑞麟奏参广东巡抚蒋益澧任性妄为，藩司郭祥瑞朋比欺蒙等

① 中国第一历史档案馆藏：军机录副，档案编号：03-4632-041。

② 中国第一历史档案馆藏：军机录副，档案编号：03-4632-010。

款，当经谕令吴棠驰赴广东，会同庆春查办。兹据吴棠等逐款查明覆奏一折。此案蒋益澧擅提广东军需局款，代广西清还旧欠，并于藩、运两司筹送公费批准如详办理，总督专政之补署营缺越俎咨商，及会衔入告之案，并未与瑞麟商定，率行会列前衔，均属不合。郭祥瑞于蒋益澧札提军需局款，并未查明应否给发，擅动库款筹解，并违例支给幕友脩金，详委不合例之人代理府州员缺。其筹送蒋益澧公费一案，于会详后，复又另详巡抚，增入奉有总督面谕字样，并商令运司方濬颐于运库之款，又复会详，实属迁就迎合。广东巡抚蒋益澧滥支帑项，违例任情；署布政使按察使郭祥瑞显违定例，见好上官，均着交部严加议处。盐运使方濬颐会衔详送蒋益澧公费，亦有不合，着交部议处。除蒋益澧支发军需正、杂各款着该督抚严饬军需局赶紧分别造报外，其提过代还广西欠饷银六千六百七十余两，着蒋益澧先行如数缴出归款。牙厘、沙田两局滥支抚署幕友脩金、岁资两款，着由经放之员赔补。违例代理之肇庆府知府郭式昌、罗定州知州戈聿安，均着饬回浙江原省。参将谢茂胜等三员，着由瑞麟随时察看，如不胜任，即行参撤。督署幕友刘元道、张文鉴虽查无实在劣迹，仍着瑞麟留心稽察，毋得徇庇。知府郑梦玉密保之案系由蒋益澧联衔奏请，瑞麟并未书奏，着即行更正，郑梦玉着即撤任。其军需、牙厘、沙田各局系由藩司专政，所有会办之司道各员，着加恩免其查取职名。瑞麟于郭祥瑞等筹送蒋益澧公费及郭式昌等代理员缺，均经先后批准；蒋益澧咨商补署武职各缺，亦皆如咨照办，均未能当时拒绝，亦属不合，着交部察议。仍着该督抚等将现存水陆勇丁酌量核实减撤，严饬地方官会同营员，整顿捕务，以裕饷源。其裁撤之湘军，着由蒋益澧遴派委员管带回籍，以免滋扰。余着照所请办理。该部知道。钦此。钦遵到部。

查例载：违例支给钱粮，降一级调用私罪。又律载：违制者杖一百，系公罪，革职留任。又例载：督抚大员会议事件，主稿官并未会议，遽称合词会题者，罚俸六个月，公罪。又律载：凡不应得为而为之，事理重者杖八十，系私罪，降三级调用；事理轻者笞四十，系私罪，罚俸九个月。又例载：官员有奉旨交部严加议处者，查照本例，酌量加等。由降调加等者，自一级至五级酌量递加。又，凡议处事件有与例文相似而案情迥殊者，即照本条处分减等定议。其降一级调用并革职留任之案，俱改为降一级留任各等语。除蒋益澧支发军需正、杂各款着该督抚严饬军需局赶紧分别造报，其提过代还广西欠饷银六千六百七十余两，着蒋益澧先行如数缴出归款。牙厘、沙田两局滥支抚署幕友脩金、岁资两款，着由经放之员赔补。违例代理之肇庆府知府郭式昌、罗定州知州戈聿安，均着饬回浙江原省。参将谢茂胜等三员，着由瑞麟随时察看，如不胜任，即行参撤。督署幕友刘元道、张文鉴，虽查无实在劣迹，仍着瑞麟留心稽察，毋得徇庇。知府郑梦玉密保之案，系由蒋益澧联衔奏请，瑞麟并未书奏，着即行更正，郑梦玉着即撤任。其军需、牙厘、沙田各局系由藩司专政，所有会衔之司道各员，着免其查取职名。仍着该督抚等将现存水陆勇丁，酌量核实裁撤，严饬地方官会同营员，整顿捕务，以裕饷源。其裁撤之湘军，着由蒋益澧遴派妥员，管带回籍，以免滋扰。余着照所议办理等因。恭录谕旨，移咨该督抚钦遵办理外，此案蒋益澧擅提广东军需局款，代广西清还旧欠，并于藩、运两司筹送公费批准如详办理，按照违例支给钱粮例，应降调。该抚又于总督专政之补署营缺越俎咨商，按照违制律，应革留。该抚又于会衔入告之案并未与瑞麟商定，率行会列前衔，按照会议事件主稿官并未会议遽称合词会题者例，应罚俸。

臣等综核各款，均属不合。钦奉谕旨：将蒋益澧滥支帑项，违例任情，着交部严加议处。拟请将广东巡抚蒋益澧统照不应重私罪律降三级调用例上加等，议以降四级调用。郭祥瑞于蒋益澧札提军需局款，并不查明应否给发，擅动库款筹解，并违例支给幕友脩金，详委不合例之人代理府州员缺，其筹送蒋益澧公费一案，于会详后复又另详巡抚，增入奉有总督面谕字样，并商令运司方濬颐于运库之款又复会详，实属迁就迎合。臣等核其被参各款，与蒋益澧大略相同。钦奉谕旨：郭祥瑞显违定例，见好上司，着交部严加议处。拟请将署广东布政使按察使郭祥瑞照不应重私罪律降三级调用例上加等，议以降四级调用。

至方濬颐会衔详送蒋益澧公费，据原奏内称，蒋益澧于此项银两并未收受，惟该员既经会衔，亦有不合。钦奉谕旨：着交部议处。拟请将两广盐运使方濬颐与违例支给钱粮降一级调用例上减等，议以降一级留任。

瑞麟于郭祥瑞等筹送蒋益澧公费及郭式昌等代理员缺，均经先后批准；蒋益澧咨商补署武职各缺，亦皆如咨照办，均未能当时拒绝，亦属不合。钦奉谕旨：交部察议。拟请将两广总督瑞麟照不应轻私罪律罚俸九个月例，议以罚俸九个月，均系私罪，无庸查级纪议抵。

所有臣等遵旨议处缘由，理合恭折具奏，伏乞皇上圣鉴训示。谨奏。同治六年十一月二十五日。吏部尚书臣文祥，吏部尚书臣朱凤标，吏部左侍郎臣卓保，署吏部左侍郎户部左侍郎臣毛昶熙，吏部右侍郎臣宗室载崇，吏部右侍郎臣胡肇智。①

【案】同治六年七月初九日，奉上谕：此上谕原文为：

军机大臣字寄：闽浙总督吴、署广州将军庆：同治六年七月初九日，奉上谕：国家设立督抚，委任綦重，力矢公忠，和衷共济，方于理财、用人诸大端纲举目张，封疆庶期靖谧。兹据两广总督瑞麟参奏巡抚蒋益澧任性妄为，劣迹彰著；署藩司郭祥瑞朋比迎合，相率欺蒙，恐误大局一折。览奏殊堪诧异！蒋益澧前在广西曾经获咎，朝廷弃瑕录用，因其战功卓著，由司道历擢巡抚，宜如何感激图报，力改前非，若如瑞麟所奏，聚勇自卫，袒护同乡；东西江已无大股贼匪，仍不任地方文武，借剿捕为豢勇地步，废制兵，糜帑项，悍然弗恤；朱亚春一案，颠倒是非，郭祥瑞违例牵就，反将执法之丁浩呵斥，且声称广西有欠发勇粮，擅向广东军需局勒取，并因署内脩金、薪水等费，借词提军需、厘金局公项计二万余两。郭祥瑞不查例案，一味阿比，任意提支，殊形冒滥。裁汰太平关规费后，自生懊悔，乃令藩库月拨三百两、运库月拨七百两，为抚署月规，授意郭祥瑞向瑞麟声请，其委署紊乱旧章，越俎阻挠营制，左袒随员，挟私任意将粤海关之差役王六忽拿忽放，无辜之邱根严押致毙，种种劣迹，不可枚举！

① 中国第一历史档案馆藏：军机录副，档案编号：03-4634-079。

郭祥瑞一味逢迎，滥动库款，不顾大局。如果属实，大干法纪！着吴棠驰赴广东，会同庆春秉公查办，不得含混了事，代人受过。至迁怒幕友，传谕驱除，该幕有无声气？郑梦玉升署知府密保之折，何以不先行商酌，即列衔具奏？有无冒滥？均着详细查明，务昭核实。折一件、片二件钞交吴棠，俟驰抵广东后，即与庆春阅看，不准先行宣露！将此由五百里密谕知之。钦此。遵旨寄信前来。[①]

## 一〇五　前江苏淮扬道吴世熊送部引见片

### 同治六年十月二十一日(1867年11月16日)

臣吴棠跪奏：再，臣随带来粤之按察使衔前江苏淮扬道吴世熊，前经臣在漕督任内保奏，钦奉谕旨：吴世熊着俟服阕后，由马新贻给咨送部引见，候旨简用。钦此。该员于本年正月服满，正在原籍请咨间，又经臣于四月间奏调赴闽差遣委用，声明将来即由臣给咨送部。现在粤差已竣，该员在闽亦无经手未完事件，应即送部带领引见，恭候简用。除给咨外，理合附片陈明，伏乞圣鉴。谨奏。

同治六年十一月十二日，军机大臣奉旨：知道了。钦此。[②]

---

① 中国第一历史档案馆编：《咸丰同治两朝上谕档》，第17册，第222—223页；《穆宗毅皇帝实录(五)》，卷二百七，同治六年七月上，第682—683页。

② 中国第一历史档案馆藏：军机录副，档案编号：03-4634-038。此片具奏日期未确，兹据同批折件校正。

## 一〇六　奏请到闽后赏假调理片

### 同治六年十月二十一日(1867年11月16日)

臣吴棠跪奏：再，臣前在清淮旧患疮癣，每岁举发，气血浸衰，迭经请假调理，均蒙恩准给假钦遵在案。上年十一月间，奉旨催赴闽浙督任，并勘海塘工程，其时请假顺道回籍省墓，仍系带疾起行。本年正初到浙，旧疾尚属未愈。迨抵闽后，一切情形不悉，时恐措置乖方，思虑伤脾，饮食日减。八月中旬，奉命驰赴广东，水陆四十日始抵会城，炎方九月，仍如盛夏，途次趱行，辄苦头目眩晕。到粤后，本与署将军臣庆春逐件公同商核，悉心专办，具奏覆命。现仍由惠嘉水路至潮，自潮就陆，惟目前疮疾虽未大发，而疾多气郁，窃虑蕴蓄于内，粤东差事已竣，未便羁留调理，长途跋涉，更恐凶邪日侵，元气日损，非借医药不为功。若于抵闽后即勉强支持任事，必多陨越，用敢仰恳天恩，准于微臣到闽后，给假一月调理，出自逾格鸿慈。臣不胜悚惶待命之至，谨附片具奏。

同治六年十一月十二日，军机大臣奉旨：吴棠着俟到闽后，赏假一月。钦此。[①]

## 一〇七　遵旨筹议修约事宜敬陈管见折

### 同治六年十一月初十日(1867年12月5日)

头品顶戴闽浙总督臣吴棠跪奏，为遵旨筹议修约事宜，敬陈管

---

① 中国第一历史档案馆藏：军机录副，档案编号：03-4634-037。此片具奏日期未确，兹据同批折件校正。

见，密速覆奏，仰祈圣鉴事。

窃臣在粤省准两广督臣瑞麟密咨：同治六年九月十五日，奉上谕：总理各国事务衙门奏，预筹修约事宜，请饬滨海、沿江、通商口岸地方将军、督抚大臣各抒所见一折。前因原议十年修约，为期已近，据该衙门奏请饬南北洋通商大臣，于熟悉洋务各员中每处遴派二员，于十月咨送来京，当经降旨允准。惟前奏只欲于遴派各员内收群策群力之效，而于通盘大局尚待筹商。咸丰十年换约后，原因中国财力不足，不得不勉事羁縻，而各国诡谋谲计百出尝试，尤属防不胜防。转瞬换约届期，彼必互相要约，群起交争，或多方胁制，以求畅遂所欲，均属意中之事。值此时势，惟谨恃笔舌以争，此外别无可恃。各该将军、督抚大臣受国厚恩，当此外患方殷，亟应合力齐心，先事图维，为未雨绸缪之计，着通盘筹画，悉心酌核，妥筹速奏。本年十二月，即英约前期六个月先行酌改之期，务于十一月内奏到，毋稍延缓，俟总理衙门密函条说寄到时，诸臣其审时度势，妥筹万全，以济时艰而副委任，详细覆奏，毋得徒托空言。原折着抄给阅看。将此由六百里各密谕知之等因。钦此。咨会到臣。跪聆之下，仰见圣主先机筹策，动出万全之至意！旋准瑞麟抄示总理各国事务衙门密函条说各件，臣悉心详绎，如所云请觐、遣使、铜线、铁路以及内地设行栈内河驶轮船并贩盐、挖煤、开拓、传教等情节，碍难照行，人人知之。所难者借笔舌之争以遏其要挟之念，斯诚不得不熟筹审度也。

臣久在江北，于洋务素未阅历。自莅闽浙督任，凡于海口要隘之所、洋人幽隐之情，时与将军、巡抚等臣随处讲求，留心审度。窃料今日洋人虽有无餍之求，要无生事之意，虽有寻常之迹，实皆谋利之心。即如洋人在闽省，尝以包办洋药、税厘、开挖煤窑等类，横生枝节，经臣等随时明白开导，亦即废然中止。又如闽省之罗星塔洋人，前已私设电线，嗣经民人拆毁，至今未敢复设。众怒难犯，彼非不知。第在换约之时，群起交争，多方胁制，以求畅遂所欲，此事诚在意中。第彼以要求之心，作胁制之势，在外有必欲决裂之势，愈见其中有不欲决裂之心，自古敌情类皆如此。从前洋务操之太蹙，既停贸易，则洋商均有剥肤之灾，故合力一心，协以谋我。今则通商之地既广，而彼之势力亦分；贸易之利既多，而彼之顾恋亦切。一旦决裂，利未见而害已先之。洋人既惟利是图，亦当多所顾虑。如所求初无越分，不过于通商条款小有损增，仍从而羁縻之，则又皇上抚绥万邦、中外同仁之盛德也。

至京师为根本重地，兵力既宜厚集，将才尤须急储。微臣愚见，拟请由各省督抚及统兵大臣各保晓畅戎机、曾经战阵之将一二员，派赴京营，随同训练，以振声威而操胜算。所需口粮等项，在直省疆臣均应共筹，每处各筹数万金，尚不致苦其所难，而积少成多，亦不无涓埃之助。至于闽浙海口营伍、将士，臣回闽后益当与将军、巡抚等臣详细筹策，未雨绸缪，以备万一之虑。除总理衙门寄函条说各项详细筹议逐一登核，仍密函寄回、听候采择外，所有豫筹修约各缘由，臣谨就管见所及，恭折覆奏，伏乞皇太后、皇上圣鉴训示。谨奏。同治六年十一月初十日。

同治六年十二月初三日，军机大臣奉旨：该衙门知道。钦此。[1]

---

① 中国第一历史档案馆藏：军机录副，档案编号：03-9653-045。

# 一〇八　呈同治五年正月至十月清淮善后局收支清单

## 同治六年(1867年)

谨将漕督任内自同治五年正月初一日起截至十月十七日交卸日止清淮善后局收支军需各款简明四柱缮具清单,恭呈御览。

计开:旧管:一、存银七十五两三钱七分九厘七毫四丝七忽六微。

一、存钱六十八千六百三十四文。

一、存宝钞九千九百九十六千九百二十四文。

新收:一、收淮安关拨解银四千五百两。查前款系奏明拨济军饷。理合登明。

一、收江北各州县拨解月粮米麦变价一半银八千八百五十七两一钱九分五厘三毫。查前款系奏明拨充军饷。理合登明。

一、收江宁藩司拨解银三千二百八十五两一钱九厘。查前款系因军需支绌、饬司协济。理合登明。

一、收两淮运司拨解银一万两。查前款系两江督臣筹济军饷。理合登明。

一、收海州运判拨解淮北庚申、辛酉两纲征收正杂课税款内一成盐课银四万一千一百五十二两四钱四分八厘二毫。查前款系两江督臣定章拨济军饷。理合登明。

一、收各垣商捐济饷盐并购买灶盐盈余银一万八千八百二十八两二钱八分五厘。查前款系委用销售,除提正杂课税、经费捐输盐本运脚外盈余银两,拨充军饷。理合登明。

一、收已革总兵陈国瑞售盐资本银四万四百四十四两七钱六分七厘。查前款系奏明提充淮徐兵饷应用。理合登明。

一、收金陵捐厘总局拨解银二万四千三百五十八两七钱三分一厘九毫八丝四忽六微。查前款系两江督臣饬司按月匀拨协济军饷应用。理合登明。

一、收商捐饷盐，按引提收捐输钱钞各半，共合银一万二千九十四两九钱三分三厘。查前款系商捐饷盐提收捐输给奖。理合登明。

一、收清淮捐输银八万八千三百三两一钱四分，又钱二万九千一百三十一千八百十五文。查前款系照粮台捐输章程劝谕捐输，陆续查明奏奖，随时提用。理合登明。

一、收各州县照捐济饷银十三万六百四十六两六钱九分一厘，又钱九千一百八十一千四百四十文。查前款系因捻逆蔓延数省，飘忽靡常，清淮饷无来源，不能不借资绅富，于四年十一月内奏明量地方情形，派员赍带空白执照印收，分赴各州县劝谕捐输济饷，亦照粮台章程陆续查明给奖。理合登明。

一、收淮海扬通各属捐厘银四万一千一百二十四两七钱七分三厘四毫，又钱二十二万一百九十九千七百三十文。查前款系陆续提收应用。理合登明。

一、收淮南泰坝抽捐盐厘银三千九百九十两七钱四厘二毫，又钱五万一千一百十九千七百文。查前款系两淮运司抽捐济饷。理合登明。

一、收借拨江北各州县解存淮凤常仓正银二千八百五十两八钱四分。查前款系因军需不敷，借拨济饷。理合登明。

一、收银易钱三十一万七千九百八十千文。查前款系在收款内拨出现银二十二万三千六百两，按市价易换，并非另项收款。除于单后将此项现银划除外，理合登明。

一、收平余用剩银四百四十五两二钱一分三厘三毫三丝一忽四微。查前款系自咸丰三年设局起，截至同治四年十二月底止历次平余不敷支用，均在正项款内拨垫，除已补还外，仍有未还银一千二十六两五分四毫二丝二忽六微。所有此次前项用剩银两，应即尽数补还，其余银五百八十两八钱三分七厘九丝一忽二微，俟下届平余积有成数，再行补还。理合登明。

一、收购买白米二千十六石。查前款系淮扬中营水师由苏调浦防剿，拨协军食。理合登明。

以上新收共银四十四万八百八十二两八钱三分一厘四毫一丝六忽，钱六十二万七千六百十二千六百八十五文，白米二千十六石。

一、除拨支淮扬中营水师协饷银一万二千两，又白米二千十六石。查前款系淮扬中营水师由苏调浦防剿，拨协军饷银米，应归江南大营收销。理合登明。

一、除拨支前署淮扬镇总兵龚耀伦借领两广督标右营参将廉俸银五百两。查前款应归两广督臣行司收除。理合登明。

一、除拨支前徐州粮台请领找还欠发军装银一千七百二两三钱九分九厘。查前款系在江宁藩司协济清淮军饷内转拨找还。理合登明。

一、除拨支徐州军饷银一万两。查前款系在已革总兵陈国瑞售盐资本银内拨济徐饷，应归徐州善后局收销。理合登明。

一、除拨支徐州军饷银二千两，又钱七百千文。查前款系在各州县照捐款内拨济徐饷，应归徐州善后局收销。理合登明。

一、除拨支扬州知府孙恩寿等请领抚恤清水潭灾黎钱八千千文。查前款系奏明抚恤灾黎一万千文内除捐廉钱二千千文外，实计筹挪军需钱八千千文。理合登明。

一、除拨支改建清江城工料匠等项找支银四千二百三十四两二钱四分九厘。查前款系奏明动用军需，业经令造细册专案报销。理合登明。

一、除拨支试行河运，采购京仓米石、船价等项找支银二万八千五百二两八钱六分一厘。查前款系奏明动用军需，业经另造细册专案报销。理合登明。

一、除拨支易钱银二十二万三千六百两。查前款系按市价易换制钱，已于单内列收钱三十一万七千九百八十千文，应将此款现银划除，以免重复。理合登明。

以上除拨支外，实计管、收两项共银十五万八千四百十八两七钱二厘一毫六丝三忽六微、钱六十一万八千九百八十一千三百十九文、宝钞九千九百九十六千九百二十四文。

开除：一、本省漕标各营官兵钱粮、马干并宝钞折价等项，共支银九千七百六两二钱五分四厘四毫八丝二忽七微。查前款系调派清江浦及成子河等处防堵应支盐粮、马干等项，均照例案支给。理合登明。

一、本省淮扬镇标各营官兵盐粮、马干并宝钞折价等项，共支银一万八千三百四十一两七钱九分八厘八丝一忽九微。查前款系调派各要隘及成子河、窑湾等处防剿应支盐粮、马干等项，均照例案支给。理合登明。

一、文员盐粮、驮折等项共支银一万三千六百六两七钱六分四厘九毫四丝八忽三微，又宝钞四千五百十六千八百六十五文。查前款系调派随营差委及管带兵勇巡查守卡，并成子河等处防堵人员，均照部定章程支给盐粮、跟役、书识、驮折等项。其在城在局当差各员，概未支给。理合登明。

一、随营防剿各营官弁盐粮、马干、驮折、夫价等项，共支银一万五千四百四十三两六钱五分五厘九毫六丝二忽五微，又宝钞五千四百三十七千八百七文。查前款系调派随营差遣及管带兵勇巡查侦探，并派赴成子河、窑湾、邳睢、黄林庄等处防剿，均照例案支给盐粮、马干、驮折等项。理合登明。

一、各项马步勇丁口粮、马干共支钱五十三万四千四百九十九千文。查前款系节次裁存、添募分布各要隘，并随时派赴各处防剿所需口粮、马干，均系照例案支给，共计应支钱五十三万八千七百十九千文。除支过前项钱文外，计欠发钱四千二百二十千文。一俟有款，再行找给，专案请销。理合登明。

一、各勇安家供支银九千两。查前款系照案分别支给。理合登明。

一、随营随局医匠工食、口粮、家口米折等项，共支银四百九十七两二钱三分五厘五忽四微。查前款系照例案支给。理合登明。

一、采办硝磺、铅铁、白米、白蜡竿、芦席、牛烛、正脚等项，共支银二万五百十五两九钱五分一厘三毫八微，又宝钞八千四百十二文。查前款系随时添办，除硫磺、铅铁均照案于例价外，酌加三成。其硝斤系照江苏准销成案，每百斤共给例、津两项银七两。其例无定价之件，按照市价核实采办。理合登明。

一、制造火药、火绳、铅丸、铁弹、火箭、火罐、喷筒、衣帽、帐房、旗帜、弓箭、枪炮、藤牌、刀矛、器械、工料等项，共支银五万五千一百三十三两九钱八分九厘六忽六微。查前款系随时添制各件，除硝、磺铅铁另于采办项下给价外，其余工料均照案于例价外，酌加三成。其火药一项，系照江苏奏准成案，分别加工寻常等次配制。理合登明。

一、运送军饷银钱水陆脚价等项，共支银二百四十四两二钱四分一厘三毫六丝七忽五微。查前款系照例案，分别支给。理合登明。

一、运送军火、器械水陆脚价等项，共支银四百七十两三钱四分四厘六毫三丝。查前款系照例案，分别支给。理合登明。

一、各勇病故收埋，共支银六十三两五钱。查前款系照案核实支给。理合登明。

一、巡船水手饭食共支银一千六百八十九两六钱。查前款系在高良涧、十三堡、成子河、卜家湖等处水面安设常川巡防，均照案支给水手饭食。理合登明。

一、随局底夫工食共支银一千五百三十四两八分。查前款系照江苏准销成案支给。理合登明。

一、租赁民房共支银六百五十九两八钱八分。查前款系堆储军火、物料、制造等项，均照例定租价支给。理合登明。

一、配制丸散药料共支银三百六十四两四钱五分一厘。查前款系防剿各兵勇随时需用，均照市价核实购办。理合登明。

一、各营官弁马干、副销并宝钞折价等项，共支银六千八百五十七两一钱九分。查前款系照奏准章程，每马一匹，日给干银一钱，以例定五分作正开销，其余五分循案归于行兵省份摊补。理合登明。

一、清淮水师炮船员弁勇丁盐粮并宝钞折价等项，共支银三千四百五十二两五钱七分五厘七毫一丝九忽一微，又钱八万四千三百五千二百文，又宝钞三十三千八百四十文。查前款系调派黄林庄并邳宿运河及成子河等处防剿各该员弁勇丁，均系乘驾船只，只支盐粮，不给马干。理合登明。

以上开除共银十五万八千三百十六两七钱九分五厘五毫九丝一忽九微，钱六十一万八千八百四千二百文，宝钞九千九百九十六千九百二十四文。

一、扣收平余银一千一百五十九两六钱一分三厘二毫九丝三忽八微。

一、支发经贴各书工食、纸张、笔墨、灯油等项银七百十四两三钱九分九厘九毫六丝二忽四微。查前款除照例动用扣存平余银两外，计平余用剩银四百四十五两二钱一分三厘三毫三丝一忽四微，在于新收项下作收支用。理合登明。

实在：一、实存银一百一两九钱六厘五毫七丝一忽七微。

一、实存钱一百七十七千一百十九文。以上实存银钱，均归入下届旧管项下作收支用。理合登明

欠发项下：一、欠发各勇口粮、马干钱四千二百二十千文。查同治四年六月以前欠发各勇口粮、马干钱七千八百千文，曾于奏报同治四年正月起至六月止军需清单内声明在案，连此次共计欠发钱一万二千二十千文，均俟有款，再行找给，专案请销。理合登明。

军机大臣奉旨：览。钦此。[①]

① 中国第一历史档案馆藏：清单，档案编号：03-4812-044。此清单具奏日期未确，因主折查无下落，兼之同治元年至十年军机处随手登记档缺失，是以无从悬揣，待考。

# 同治七年(1868)

## ○○一 奏报假满回任接印日期谢恩折

### 同治七年正月十二日(1868年2月5日)

头品顶戴闽浙总督臣吴棠跪奏,为恭报微臣回任接印日期,叩谢天恩,仰祈圣鉴事。

窃臣前在广东恭折奏报回闽日期,附片仰恳圣恩,赏假一月调理。嗣准吏部咨开:同治六年十一月十二日,军机大臣奉旨:吴棠着到闽后,赏假一月。钦此。臣于上年十二月十三日回抵福州,两旬以来,医药调理,气体渐就平复,合行销假。兹于正月初八日准兼署督臣福州将军英桂饬委署福州府知府尹西铭、督标中军副将杨在元,恭赍闽浙总督关防、福建盐政印信并王命旗牌、圣训、上谕、御赐白螺,同部颁律例、文书、火牌、吏书、文卷等项,移交到臣,当即恭设香案,望阙叩头谢恩,祗领任事讫。

伏念臣材本疏庸,叠膺拔擢,莅任闽浙五月有余,虽于察吏、安民、海防、鹾务诸大端,靡不遇事讲求、随时整饬,乃究止吏治,纪纲犹未尽修明;幸遇岁丰,闾阎犹未纾疾苦。方愧仰蒙简畀,未报涓埃，又因特荷宽容，备邀体恤，鲜济时之效，尚待其将来；悯行役之劳，更资以休息。宠荣非望，寤寐皆惊！臣惟有益矢小心，坚持初志，励臣躬于克己，时懔冰渊；遵圣训以和衷，上酬高厚，冀时艰之共济，勉职分所当为，以仰副皇上廑念海疆、勤求郅治之至意。

除将假满回任接印任事日期另行恭疏题报外，所有微臣感激下忱，理合缮折具奏，叩谢天恩，伏乞皇太后、皇上圣鉴。谨奏。正月十二日。

同治七年三月十三日，军机大臣奉旨：知道了。钦此。[①]

## ○○二　奏报经历漳、兴、泉三府查阅营伍片

### 同治七年正月十二日(1868年2月5日)

再，臣由兴、泉、漳各郡赴粤，沿途查看民间疾苦。兵燹之后，村舍多墟，漳郡困殆尤甚，所幸械斗之风于今少息。去岁秋收丰稔，民情甚觉安恬。至闽省营伍，前于同治四年轮应查阅之期，奉旨：着即派左宗棠逐一查阅简校等因。钦此。此时因防剿吃紧，经左宗棠奏请展校阅在案。

臣到任后，迭经严饬各营勤加训练。兹由粤回闽，经历漳、泉、兴化三府，因带疾亲至校场，简阅军伍，漳州镇总兵孙开华本系久

① 中国第一历史档案馆藏：军机录副，档案编号：03-4638-060。

经战阵之员，新由前湖南提臣鲍超[①]咨送到省，经英桂饬赴本任。漳州营兵多系新募，该镇训练逾月，纪律渐有可观。泉州则署提臣罗大春任事较久，操练极勤，军伍尤为整饬。署兴化协副将彭荣华亦能实力武职，队伍、器〈械〉均属整齐。如能历久不懈，于海防尤资捍御。臣益当督饬各营将，不使始勤终怠，以仰副皇上轸念边陲至意。所有臣经历各地方营伍情形，理合附片具陈，仰纾圣廑。谨奏。

同治七年三月十三日，军机大臣奉旨：知道了。钦此。[②]

## ○○三　奏报调补四川总督谢恩折

### 同治七年正月二十二日(1868年2月15日)

头品顶戴调补四川总督闽浙总督臣吴棠跪奏，为恭谢天恩，吁垦陛见，并交卸启程日期，恭折具奏，仰祈圣鉴事。

窃臣上年十二月间由粤旋闽，蒙恩赏假一月。嗣因医药调理，渐就平复，于本年正月初八日仍回闽浙督任，当经恭折叩谢天恩，

---

① 鲍超(1828—1886)，字春霆、春亭，四川奉节人。咸丰初，以行伍投效军营。四年(1854)，充水师哨长，赏戴蓝翎。是年，以军功保千总、守备、都司，赏换花翎。五年(1855)，加壮勇巴图鲁勇号，晋游击衔。六年(1856)，保升参将，加副将衔。七年(1857)，保副将。同年，补陕西宜君营参将，升总兵衔。八年(1858)，授湖南绥靖镇总兵，迁提督衔。十年(1860)，加苏博通额巴图鲁名号。同治元年(1862)，擢浙江提督，授云骑尉。旋丁母忧，仍署浙江提督。三年(1864)，授一等轻车都尉，赏双眼花翎，封一等子爵。同年，乞假归葬。四年(1865)，加一等云骑尉。五年(1866)，回浙江提督本任。六年(1867)，调补湖南提督。光绪十年(1884)，会办云南军务。十二年(1886)，卒，赠太子少保，谥忠壮。

② 中国第一历史档案馆藏：军机录副，档案编号：03-4766-010。此片具奏日期未确，兹据同批折件校正。

并报明销假回任日期在案。兹于正月十九日接准吏部咨:同治六年十二月十八日,奉上谕:吴棠着调补四川总督。闽浙总督着马新贻补授,未到任以前,仍着英桂兼署。钦此。当即恭设香案,望阙叩头谢恩。

伏念臣才识迂拘,叠蒙殊遇。备屏藩于江北,优叨转漕专司;畀节钺于天南,谬领兼圻重任。涓埃未效,报称毫无,乃复渥荷恩纶,调任四川总督,跪聆之下,兢惕难名!伏念蜀省南界滇、黔,北连关陕,邻氛未靖,边疆之守御綦严;民困宜苏,馈饷之筹维尚切。举凡整军经武、察吏安民诸政,均当随事讲求,方无陨越。迭膺艰巨,倍切悚惶!抚衷自愧夫樗庸,积悃时殷夫葵向。惟有叩乞恩施,准臣展觐,庶几宫门扬拜,得纾瞻云就日之忱;圣训亲承,益励履薄临深之念!

臣谨将任内事件赶紧清厘,于本月二十七日移交福州将军臣英桂兼署,即于二月初十日启程,取道浙江、江苏,迎折北上。除另行恭疏题报外,所有微臣感恋下忱,恭谢天恩,吁恳陛见并交卸启程日期缘由,谨缮折专弁陈奏,伏乞皇太后、皇上圣鉴训示。谨奏。[①] 正月二十二日。

同治七年三月十一日,军机大臣奉旨:着来见。钦此。[②]

## ○○四 查明请袭世职各员分别承袭收标折

**同治七年正月二十二日(1868年2月15日)**

头品顶戴调补四川总督闽浙总督臣吴棠跪奏,为查明世职云

① 《游蜀疏稿·谢恩折子》仅作"伏乞圣鉴,谨奏"。

② 中国第一历史档案馆藏:军机录副,档案编号:03-4733-016。

骑尉及难荫把总请准分别承袭收标，恭折奏祈圣鉴事。

窃照福建省原保游击署水师提标前营游击事候补水师守备曾涛，带兵在顺昌县城外溪河剿匪阵亡；原任陆路提标中营把总署安溪汛千总事朱青凤，带兵在安溪县追杀贼匪，被执遇害；原任台湾安平协水师把总署千总事纪光寿，派在嘉义县曾门溪剿匪阵亡；原任水师提标右营蓝翎外委黄藏韬，带兵在顺昌县城外溪河剿匪阵亡；原任铜山营外委王朝科，带兵在顺昌县城剿匪阵亡；原任从九品职衔黄从云，在光泽县城团练剿匪阵亡；原捐从九品职衔钟九经，在武平县城剿匪阵亡；原任邵武右营外委李献章，带兵在光泽县铁牛关剿匪伤亡。均经部臣议给云骑尉世职，袭次完时，分别给予恩骑尉，世袭罔替。并毋庸给予恩骑尉世袭罔替。[①] 又，原任闽浙督标水师营把总蔡天喜，配船押运闽省捐输津米，驶至海洋县乳山洋面换船，遭风淹毙，经部臣议荫子弟一人，以把总补用各等因，行闽饬遵去后。

兹据福建藩司分文详：查故员曾涛嫡长子曾为贵，年十岁；故弁朱青凤嫡长子朱承恩，年二十三岁，现充陆路提标中营战兵；故弁纪光寿嫡长孙纪鸿庆，年二十四岁，现充水师提标后营兵丁；故弁黄藏韬嫡长子黄日高，年二十五岁，现充水师提标右营兵丁；故弁王朝科嫡长子王庆南，年二十六岁，现充水师提标左营兵丁。又据光泽县详：查故员黄从云嫡长子黄敬修，年二十岁。又据福建藩司分文详：查故员钟九经嫡长子钟水清，年二十一岁，从九品职衔；故弁李献章嫡长子李云彪，年十八岁；故弁蔡天喜嫡长子准荫把总蔡安邦，年二十一岁。核例请准，分别承袭云骑尉世职，并准发标

---

① 此句不知何意，暂存疑。

学习，经各该地方官讯取图册、供结，递加印结，转详到臣。

随考验得难裔曾为贵，堪准承袭云骑尉世职，支给半俸；朱承恩、纪鸿庆、黄日高、王庆南、黄敬修、钟水清、李云彪等七员，均堪准云骑尉世职，分檄水陆各营收标学习。除俟各该员及岁期满另行照例办理，并分别咨行查照，暨将图册、供结咨部核覆外，臣谨缮列案由清单，恭折汇奏，伏乞皇太后、皇上圣鉴，敕部分别撰给敕书，议覆施行。谨奏。正月二十二日。

同治七年三月十一日，军机大臣奉旨：兵部议奏，单并发。钦此。[①]

## 〇〇五　呈难荫把总蔡安邦等出身、年籍清单

### 同治七年正月二十二日(1868年2月15日)

谨将福建省世职云骑尉曾为贵等，暨难荫把总蔡安邦请准分别承袭收标各员出身、年籍缘由，胪列清单，恭呈御览。

谨开：一、原保游击署水师提标前营游击事候补水师守备曾涛，因江西粤匪窜扰闽疆，总带精兵，驻扎顺昌县城外溪河守御，于咸丰八年九月十二日县城被陷，与贼打仗，力竭阵亡，经兵部议给云骑尉世职，袭次完时，给予恩骑尉，世袭罔替等因，转行遵照去后。兹据代理同安县知县朱幹隆查明，故员亲生嫡长子曾为贵，年十岁，例得承袭云骑尉世职，支给半俸，及岁时照例办理，讯取族保、邻佑图册、供结，加具印结，由司转详前来。查核例案相符，理合汇案请准承袭。至故员曾涛奉旨准给世职日期，未准部臣录咨，

---

① 中国第一历史档案馆藏：军机录副，档案编号：03-4733-029。

无从声叙，合并陈明。

一、原任陆路提标中营把总署安溪县城汛千总事朱青凤，因股匪李兴等窜扰安溪，带兵往剿，于咸丰九年九月二十四日追杀贼匪，身受枪伤，被执遇害，经兵部议给云骑尉世职，袭次完时，给予恩骑尉，世袭罔替等因，转行遵照去后。兹据署晋江县知县王佩文查明，故弁亲生嫡长子朱承恩，年二十三岁，现充陆路提标中营战兵，例得承袭云骑尉世职，发标学习，讯取族保、邻佑图册、供结，加具印结，由司转详前来。查核例案相符，理合汇案请准承袭，收标学习。至故弁朱青凤奉旨准给世职日期，未准部臣录咨，无从声叙，合并陈明。

一、原任台湾安平协标水师把总署千总事纪光寿，因台匪张丙等滋事，跟剿逆匪，于道光十二年十月十九日在嘉义县曾门溪与贼打仗，力竭阵亡，经兵部议给云骑尉世职，袭次完时，给予恩骑尉，世袭罔替等因。道光十三年八月初八日，奉旨：依议。钦此。转行钦遵去后。兹据代理同安县知县朱幹隆查明，故弁亲生嫡长子纪如水，痰病未袭，现有嫡长孙纪鸿庆，年二十四岁，现充水师提标后营兵丁，例得承袭云骑尉世职，发标学习，讯取族保、邻佑图册、供结，加具印结，由司转详前来。查核例案相符，理合汇案请准承袭，并发水师收标学习。

一、原任水师提标右营蓝翎外委黄藏韬，因江、粤逆匪窜闽，协带精兵，驻扎顺昌县城外溪河防剿，于咸丰八年九月十二日县城失守，与贼打仗，力竭阵亡，经兵部议给云骑尉世职，袭次完时，给予恩骑尉，世袭罔替等因，转行遵照去后。兹据代理同安县知县朱幹隆查明，故弁亲生嫡长子黄日高，年二十五岁，同安县民籍，祖籍广东潮州府潮阳县，现充水师提标右营兵丁，例得承袭云骑尉世职，发标学习，讯取族保、邻佑图册、供结，加具印结，由司转详前来。查核例案相符，理合汇案请准承袭，并发水师收标学习。至故弁黄藏韬奉旨准给世职日期，未准部臣录咨，无从声叙，合并陈明。

一、原任铜山营外委王朝科，因江、粤逆匪窜闽，带兵赴顺昌县城防剿，于咸丰八年九月十二日县城失守，与贼打仗，力竭阵亡，经兵部议给云骑尉世职，袭次完时，给予恩骑尉，世袭罔替等因，转行遵照去后。兹据代理同安县知县朱幹隆查明，故弁亲生嫡长子王庆南，年二十六岁，现充水师提标左营兵丁，例得承袭云骑尉世职，发标学习，讯取族保、邻佑图册、供结，加具印结，由司转详前来。查核例案相符，理合汇案请准承袭，并发水师收标学习。至故弁王朝科奉旨准给世职日期，未准部臣录咨，无从声叙，合并陈明。

一、原捐从九品职衔黄从云，因江右逆匪窜入光泽县城，在籍团练剿匪，于咸丰七年二月三十日县城被陷，与贼接仗，巷战阵亡，经吏部议给云骑尉世职，袭次完时，给予恩骑尉，世袭罔替等因。咸丰九年九月十九日，奉旨：依议。钦此。转行钦遵去后。兹据署光泽县知县张元鼎查明，故员亲生嫡长子黄敬修，年三十岁，幼习弓马，例得承袭云骑尉世职，发标学习，讯取族保、邻佑图册、供结，加具印结，详送前来。查核例案相符，理合汇案请准承袭，收标学习。

一、原捐从九品职衔钟九经，因大股发逆窜入武平县辖境，随同官兵剿匪，于咸丰七年五月十三日县城被陷，与贼打仗，巷战阵亡，经吏部议给云骑尉世职，袭次完时，给予恩骑尉，世袭罔替等因。咸丰九年九月十九日，奉旨：依议。钦此。转行钦遵去后。兹据署武平县知县卢绍昌查明，故员亲生嫡长子钟水清，年三十一岁，报捐从九品职衔，例得承袭云骑尉世职，发标学习，讯取族保、邻佑图册、供结，加具印结，由府送司转详前来。查核例案相符，理合汇案请准承袭，收标学习。

一、原任邵武城守右营外委李献章，因长发逆匪窜入光泽县辖，带兵驻扎铁牛关防堵，于咸丰七年二月十二日，逆匪攻扑，与贼接仗，重伤殒命，经兵部议给云骑尉世职，袭次完时，给予恩骑尉，世袭罔替等因，转行遵照去后。兹据代理邵武县知县骆昭勋查明，故弁亲生嫡长子李云彪，年十八岁，例得承袭云骑尉世职，发标学习，讯取族保、邻佑图册、供结，加具印结，由府送司转详前来。查核例案相符，理合汇案请准承袭，收标学习。至故弁李献章奉旨准给世职日期，未准部臣录咨，无从声叙，合并陈明。

一、原任闽浙督标水师营把总蔡天喜，因闽省二帮捐输米石，配船押送天津，于咸丰四年闰七月初三日驶入东洋，被风吹至海洋县乳山洋面。初五日，换船进口问路，风浪陡起，击翻落水淹毙，经兵部议荫子弟一人以把总补用等因，转行遵照去后。先据故弁亲生嫡长子蔡安邦于咸丰六年间，时年十岁，造具图册、供结，由县府加结送司，详经前闽浙总督臣王懿德，于是年九月十八日咨准兵部核覆，准其承荫把总，发给执照承领在案。兹复据代理闽县知县赵符铜查明，难荫把总蔡安邦，年二十一岁，练习弓枪，熟谙水务，例得发标学习，讯取族保、邻佑图册、供结，递加印结，由府送司转详前来。查核例案相符，理合汇案请发水师，收标学习。

军机大臣奉旨：览。钦此。[①]

---

① 中国第一历史档案馆藏：清单，档案编号：03-4733-030。

## ○○六　奏报梁恭辰等材堪录用折

### 同治七年正月二十二日(1868年2月15日)

头品顶戴调补四川总督闽浙总督臣吴棠、调补广东巡抚福建巡抚臣李福泰跪奏,为道员因公被议,材堪录用,恭折会陈,仰祈圣鉴事。

窃臣等仰承恩命,畀任封圻,时以讲求吏治、遴选人才为急务。上年莅闽后,每于接见僚属,就其平日居官行事,详加咨询,复又博采舆评,互相印证。即于因公被议之员,亦必留心考察,诚以辅治首重得人,而弃才未必皆无用也。兹查有已革浙江宁绍台道梁恭辰,[1]福建举人,现年五十三岁,在浙委次府道十有余年,历任温州、绍兴等府知府,简授宁绍台道。经前任督臣左宗棠于浙江巡抚任内以该员催饷赴闽未即回浙,奏参革职,永不叙用。查该员前在宁绍台道任内,先经前浙江抚臣王有龄檄调赴省,旋以军需紧急,委令赴闽催饷。其间曾回浙销差一次,复又檄令前往坐催,候提饷银。自十年十月至同治元年六月,节次解赴杭、衢两路,均有案据可查。其在浙历任地方,舆情甚洽,公事别无贻误。续经左宗棠于浦城善后案内先为该员奏请开复原品顶戴,又于永福团练案内奏准注销永不叙用字样,是该革员虽被议于前,业经左宗棠两次奏保

---

① 梁恭辰(1815—?),福建长乐人,监生。道光十七年(1837),取举人,报捐知府。二十七年(1847),署浙江温州府知府。咸丰二年(1852),署绍兴府知府。同年,以捐助军饷保升道员。八年(1858),赏戴花翎。十年(1860),授宁绍台道。同治元年(1862),因案革职。三年(1864),开复原官。七年(1868),进京陛见,以道员发往浙江补用。光绪元年(1875),署温处道。四年(1878),署杭嘉湖道。

于后，盖已谅其因公奉差，催饷有着，并非无故延不回浙也。

又，查有已革福建盐法道潘骏章，[1]安徽监生，现年四十四岁，部选漳州府云霄同知，历任延平府知府、延建邵道、兴泉永道，简授盐法道，兼署按察使。同治四年，在盐法道任内，经前督臣左宗棠以该员短征盐课奏参，奉旨革职，责令将交代速为完清，赔项一律完缴。该员于被参后即经交代清楚，由接任道员吴大廷结报。其代赔解员顾其仁中途脱逃，责令认赔京饷银二万两并饭食、汇费、川资等项四千九百余两，均于一年之内全数缴清，经臣札饬现任盐法道海钟查覆无讹。查该员在闽年久，历任司道府厅，均能认真供职。其短征盐课，原属咎无可辞，然其时闽省盐务积弊已久，且值军需支绌之秋，销路之未能通畅，尚属实在情形，此外并无别项劣迹，尚非不堪造就之员。

臣等于该二员接见时，详加察看。梁恭辰才识敏达，能知大体；潘骏章明干有为，公事习练。俱属年力富强，心地明白。且梁恭辰于被参后，已经左宗棠一再奏保开复原衔，潘骏章于被参后将代赔巨款于一年内缴完，深知自爱。核其原参情节，一因奉差出省，一系过出因公，若令废弃终身，殊属可惜！

臣等亦不敢遽为乞恩，可否仰恳圣恩俯准，将该二员送部引见，应如何录用之处，恭候钦定。臣等为爱惜人才起见，所有道员因公被议、材堪录用缘由，谨合词恭折具陈。是否有当，伏乞皇太

---

① 潘骏章(1824—?)，字茂如，安徽泾县人。咸丰元年(1851)，由监生报捐同知，授福建漳州府云霄同知，翌年抵任。六年(1856)，署延平府知府。七年(1857)，保知府，赏戴花翎。八年(1858)，报捐道员，护理延建邵道。同年，保升道员。十一年(1861)，授福建盐法道。同治二年(1863)，护理福建按察使。四年(1865)，因短征盐课革职，旋经左宗棠奏保。七年(1868)，进京陛见，以道员发往福建补用。十一年(1872)，署台湾道。光绪六年(1880)，署福建延建邵道。九年(1883)，署福建督粮道。

后、皇上圣鉴训示。谨奏。正月二十二日。

同治七年三月十一日，军机大臣奉旨：梁恭辰、潘骏章均着送部引见。钦此。[①]

## 〇〇七　饬调知州魏邦庆等带往四川差委片

### 同治七年正月二十二日(1868年2月15日)

再，四川接壤四省，地连番藏，幅员辽阔，政务殷繁，且滇、黔、陕三省逆氛未靖，南、北两川防务方殷，筹饷筹兵，责成綦重。臣仰蒙委任，虽才质凡庸，自当倍加策励，勉效涓埃。惟一切应办事宜，端绪纷繁，必得文武各员交相佽助。查上年赴闽，曾奏调知府衔分发补用同知直隶州知州魏邦庆赴闽差遣，该员练达精详，深得佽助。又，内阁中书衔候选教谕邱广生，经臣奏带赴粤查办事件，该员持重安详，办事精细。又，查有遇缺即选道钟肇立，才识优长，讲求吏事，经臣调赴督署办公，具见勤敏。又，江苏候补知府张桐、江苏候补同知直隶州知州郑仁昌，该二员精明干练，臣在漕督任内差委，均资得力。又，副将张祖云、陈顺理、都司范承先、李廷栋，均随臣办理营务，亦系上年奏带来闽之员。

合无仰恳天恩，俯准臣分别饬调，带往四川差遣委用，借收指臂之助。是否有当，理合附片具陈，伏乞圣鉴训示祗遵。谨奏。

同治七年三月十一日，军机大臣奉旨：着照所请，该部知道。钦此。[②]

---

① 中国第一历史档案馆藏：军机录副，档案编号：03-4638-040。

② 中国第一历史档案馆藏：军机录副，档案编号：03-4638-041。此片具奏日期未确，兹据同批折件校正。

## 〇〇八　奏报通判陶瀛拟以知府留闽补用片

### 同治七年正月二十二日(1868年2月15日)

再，闽省前因军务繁兴，征兵筹饷，设局办理，其间委员更移不定，久暂悬殊。先于咸丰十年八月间经省局司道议定章程，各局委员丞倅以下候补人员，应分别局务繁简，如在局年久、劳绩卓著者，应准奏奖。又，委署条款内开：局员派定承办事件，责令认真赶办，倘实有勤劳出众之员，则分别举荐升迁，以示优奖，饬令遵办在案。

臣等伏查福建善后局委员运同衔升用同知分缺先用通判陶瀛，自咸丰十一年入局以来，办理善后报销、通商捐输、交代清查、恩免豁免、捐米等局文案，事务殷繁。维时同局办理委员多有更替，又常久暂靡定，独该员常行在局，总核各局稿件，稽查册档，均能认真经理，不辞劳瘁。同治元年，轮委署理平潭同知。二年，饬调回局，仍令照前办理各局文案。三年春间，粤逆窜扰邵武边界，军情紧急，另设防务总局，所有禀牍稿件亦委该员兼办。迨秋间，防务撤局，改派办理军需局务。

四年春间，专设省会军需局，该员即改办总局事务，仍兼各局主稿，又专办清理局，兼核四年二月以前军需报销及历年文案、捐输请奖事件。核计该员在局先后接扣五年有余，委办各件无不详慎推求，朝夕驻局，克尽心力，实系闽省丞倅中在局年久、劳绩卓著之员。查该员系直隶顺天府大兴县民籍，祖籍浙江，由监生应道光丙午科顺天乡试，挑取誊录，传送实录馆当差，遵例报捐通判职衔。全书告成，照衔议叙，于咸丰七年八月奉旨：着以本项应得之缺，准其分发各省试用二年，照例补用。钦此。九年八月，呈请分发，并遵例捐指福建，由吏部带领引见，奉旨：着照例发往。钦此。十年七月，在江北粮台捐饷，请加盐提举衔。是年九月二十日到省，试用期满，在闽报捐分缺先用，委办京米出力，汇案保举，请加运同衔。旋因劝捐出力，奏奉上谕：陶瀛着俟补缺后，以同知升用。钦此。兹该员委办局务，历年最久，实属始终勤奋，劳绩卓著。

合无仰恳天恩，俯准该员陶瀛俟补缺后免升同知，以知府留于福建遇缺即补，以示鼓励之处，出自逾格鸿慈。臣等谨合词附片具奏，伏乞圣鉴训示。谨奏。

同治七年三月十一日，军机大臣奉旨：吏部议奏。钦此。[①]

## 〇〇九　请将同知沈赓扬等改归福建补用片

### 同治七年正月二十二日(1868年2月15日)

再，前督臣左宗棠于克复漳州、龙岩各府州县城池案内，请将随同防剿出力之保升知府广东补用同知沈赓扬免补同知，以知府改归福建补用，并将筹饷出力之广东候补县丞刘怀清请以县丞改留福建补用，并加五品衔。又将带练随征之候选主事举人黄景琛，请以主事遇缺即选，并加员外郎衔，钦奉恩准在案。嗣准部咨：无论何项劳绩，不准援引筹饷例指省名目，及不准保留京职遇缺尽先班次，驳令另核请奖各等因，转行遵照去后。

---

① 中国第一历史档案馆藏：军机录副，档案编号：03-4733-015。此片具奏日期未确，兹据同批折件校正。

旋据闽省善后局司道详经臣等以沈赓扬先系广东补用同知，经前督臣耆龄奏带来闽，于克复湍溪案内奏准补缺后以知府尽先升用，先换顶戴。嗣又于同治三年经前抚臣徐宗幹等奏准，仍留闽省襄办防务。其刘怀清一员，亦系先经调闽差委，筹措饷需，甚为出力，均非常投效人员，核与先经奏调、咨调、保留出力省份新章相符，请将沈赓扬仍免补同知，以知府改留福建补用；刘怀清以县丞改留福建补用，并加五品衔；黄景琛拟请改奖赏戴蓝翎，并加员外郎衔，以示鼓励。奉旨：吏部议奏。钦此。转行遵照在案。

兹准吏部咨：查沈赓扬、刘怀清二员虽系奏调闽省差委之员，惟一系随同防剿，一系筹饷出力，均非克城杀贼劳绩，照章不准越级免补，核与准其改留出力省份新章不符。沈赓扬若驳令仍归原省，俟补同知后以知府用，该员已得有应升之案；刘怀清若驳令仍留原省以县丞补用，加五品衔，而原奏并未指实保加班次。所有该督奏请将沈赓扬仍免补同知以知府改留福建补用、刘怀清以县丞改留福建补用并加五品衔之处，均毋庸议，应将该二员仍令该督另核请奖。其黄景琛请改奖赏戴蓝翎，并加员外郎衔。查该员系带队随征出力，核与章程相符，应请将黄景琛照所请改奖等因。奏奉谕旨：依议。钦此。

臣等伏查沈赓扬一员，先系广东尽先补用同知，候补本已到班，乃因奏调来闽，随营办理援浙军务，不获在粤序补。迨肃清浙东案内保奉谕旨，俟补缺后，以知府尽先升用，先换顶戴。当时如准该员回粤候补，亦易补缺。适同治三年二月，发逆扰及闽界，宁化失守，防剿紧要，经前福建抚臣徐宗幹以该员熟悉情形，奏留闽省襄办防务，迭经委赴浦城、邵武一带防剿，均属得力。

嗣漳龙沦陷，永厦戒严，复饬该员航海驰赴厦门，襄办堵剿事宜。迨各军大集，随同进剿，克复漳州、邵城，复城杀贼，非仅浦城等处防堵劳绩，照章准保越级免补。且该员已先有保升知府之案，如再不能保请免补同知，其何以昭激劝！统计该员奏调来闽五年之久，于闽省上下游驰驱殆遍，不辞劳瘁，不避艰险，剿匪复城，洵属异常出力。从该员自保留后，代理地方，洁己恤民，循声卓著。际此兵燹之余，诚得为守兼优之员，讲求吏治，勤恤民瘼，实于地方大有裨益，以之改归出力省份，与例并无不符，据闽省善后局司道具详请奏前来。

合无仰恳天恩，将尽先升用知府广东候补同知沈赓扬仍准免补同知，以知府改归福建补用，俾示鼓励而免向隅。至刘怀清一员，原系筹饷出力劳绩档次，应遵照部行，请仍归广东，俟补缺后以应升之缺升用，以符定章。臣等谨合词附片具奏，伏乞圣鉴训示。谨奏。

同治七年三月十一日，军机大臣奉旨：着照所请，吏部知道。钦此。①

## 〇一〇　请以陈星聚调补闽县知县折

### 同治七年正月二十四日(1868年2月17日)

头品顶戴调补四川总督闽浙总督臣吴棠、福建巡抚调补广东巡抚臣李福泰跪奏，为拣员调补省会要缺知县，恭折具奏，仰祈圣

① 中国第一历史档案馆藏：军机录副，档案编号：03-4638-042。此片具奏日期未确，兹据同批折件校正。

鉴事。

窃照闽县知县秦煦经前督臣左宗棠于甄别案内会折奏参，钦奉谕旨革职，于同治六年四月二十九日接准部覆，坐六年正月初五日行文，按闽省照限八十日减半计算，扣至二月十五日，作为开缺日期，所遗闽县知县员缺，例应在外拣选调补。该县系省会首邑，冲、繁、疲、难海疆四字要缺，政务殷繁，时有发审案件，兼办各国通商事宜，必须精明干练、熟悉风土民情之员，方克胜任。

臣等与藩、臬两司在于通省现任简缺知县内，详加遴选，查有顺昌县知县陈星聚，年五十二岁，河南临颍县人，由附生中式道光己酉科举人。咸丰十年，在籍守城出力，奏奉谕旨：以知县不论双单月选用。钦此。选授今职，同治三年十一月初三日到任。五年十月，经前督臣左宗棠以该员政声卓著，具折保奏。是年十二月初九日，军机大臣奉旨：着交部带领引见。钦此。由吏部咨行遵照，尚未给咨起程。丁卯科调帘，差竣调署建安县事，亦经奏报在案。该员廉干勤明，舆情悦服，在任已及三年，整饬地方，确著成效，以之调补闽县知县，洵堪胜任。任内并无欠解钱粮及一切因公处分，惟核计闽县出缺之时，该员历俸尚未届满三年，已照吏部通行，于同治六年十二月十三日就近在本省藩库，以出十成实银上兑捐免历俸，现在另行奏报。

合无仰恳圣恩，俯念省会首邑员缺紧要，准以顺昌县知县陈星聚调补闽县知县，庶于要缺有裨。如蒙俞允，该员先有调取引见之案，应请照案给咨送部，所遗顺昌县知县选缺，闽省现有应补人员，俟接准部覆，另行遴员请补，据藩、臬两司会详前来。臣等谨合词恭折具奏，伏乞皇太后、皇上圣鉴，敕部核覆施行。谨奏。正月二十四日。

同治七年三月二十九日，军机大臣奉旨：吏部议奏。钦此。[①]

## 〇一一　请以罗运端调补诏安县知县折

### 同治七年正月二十四日（1868年2月17日）

头品顶戴调补四川总督闽浙总督臣吴棠、福建巡抚调补广东巡抚臣李福泰跪奏，为拣员调补海疆要缺知县，恭折具奏，仰祈圣鉴事。

窃照前督抚臣以诏安县知县候补同知直隶州知州翁学本请补永春直隶州知州，同治六年四月初九日，接准吏部咨覆：坐二月初二日行文，按闽省照现八十日减半计算，扣至三月十二日，作为开缺日期。所遗诏安县知县系冲、繁、疲、难海疆兼四要缺，例应在外拣选调补。该邑地方毗连东粤，民情强悍，斗掳频闻，且管辖沿海口岸，缉匪防奸，在在均关紧要，必须精明干练、熟悉风土民情之员，方克胜任。

臣等与藩、臬两司在于通省应调各员内详加遴选，查有安溪县知县罗运端，[②]年四十六岁，江西上高县人，由廪生中式咸丰壬子科举人，在籍随军克复本县城池，并委办清江县劝捐出力，于克复临江府县案内汇保，八年六月初五日，奉旨：着以知县归部，遇缺即选。钦此。选授今职，同治三年正月初十日到任。丁卯科乡试，调

---

① 中国第一历史档案馆藏：军机录副，档案编号：03-4638-125。

② 罗运端（1822—？），江西上高人。咸丰三年（1853），中式举人。八年（1858），保知县。同治元年（1862），补安溪县知县。六年（1867），调帘差竣，调诏安县知县，未赴任。七年（1868），署侯官县知县。十三年（1874），授光泽县知县。

办闱差，事竣回任。该员办事精勤，有为有守，于海疆风土民情最为熟悉，历俸已满三年，以之调补诏安县知县，堪资治理；任内有应议钱粮等项因公处分，拣调沿海兼四要缺，例不核计，且人地实在相需，照依同治三年三月十九日吏部奏案，应得据实陈明，仍照旧例办理。

合无仰恳圣恩，俯念海疆员缺紧要，准以安溪县知县罗运端调补诏安县知县，实于要缺有裨。如蒙俞允，该员由简调繁，衔缺相当，毋庸送部引见，系属初调，并准免计参罚。所遗安溪县知县选缺，闽省现有应补人员，俟接准部覆，另行遴员请补，据藩、臬两司会详前来。臣等谨会同恭折具奏，伏乞皇太后、皇上圣鉴，敕部覆核施行。谨奏。正月二十四日。

同治七年三月二十九日，军机大臣奉旨：吏部议奏。钦此。[1]

## 〇一二　请仍以周立瀛补授延建邵道折

### 同治七年正月二十四日(1868年2月17日)

头品顶戴调补四川总督闽浙总督臣吴棠、福建巡抚调补广东巡抚臣李福泰跪奏，为繁要道缺无合例应调人员，详查例案，仍请以候补人员酌补，恭折具奏，仰祈圣鉴事。

窃照延建邵道周开锡前于同治五年奉旨开缺，署理福建布政使，所遗员缺经臣等查得该道管辖延、建、邵三郡十七县，地处万山之中，素称盗贼渊薮。自咸丰三年以后，邻逆窜扰，内匪交讧，迭经痛加剿洗，渐就肃清，而善后抚绥，在在仍行吃重，必须廉明公正、

[1] 中国第一历史档案馆藏：军机录副，档案编号：03-4638-124。

勤干有为、素得民心之员，方足以资表率。前因拣员无人，查得候补道周立瀛，才识稳练，为守兼优，委署该道篆务，办理裕如，当经奏明以该员请补。兹准吏部援引同治三年议覆御史张盛藻条奏之案议驳，并声明延建邵道系奏明由外调补、不准借为题补之缺，饬令另拣合例人员调补等因。于同治六年九月初五日具奏，奉旨：依议。钦此。转行遵照。

臣等伏查吏部议覆御史张盛藻条奏系指各项捐纳、捐升从前概未引见人员而言，闽省先于咸丰八年接准吏部议覆前督臣王懿德奏案，声明通行章程，劳绩保奏以何项官员留省补用，如系曾经引见之员有案可稽，准俟补缺后，再行送部。又，捐升人员应以曾经引见为断，准其先行题补各等语。周立瀛，江西进士，由御史于咸丰七年简任知府来闽，补漳州府，拣调首府。因劳绩保举开缺，以道员留省，与捐纳、捐升从前未经引见人员不同，例准补缺后引见，且道员系知府应升之阶，前督抚臣照升阶保举开缺候补，又非捐升后递保官阶者可比，仍未便因有捐升一节，将劳绩保升开缺候补之案不予计议。

至延建邵道一缺，诚如部议，当由部改为由外调补，又准作为题缺，亟应遵照办理。第前次奏补时，督同藩、臬两司于通省道员内逐加遴选，汀漳龙道奉旨简放文吉尚未到省，督粮道等实缺现任四员各有未便更动情由，前奏业经一一胪列切实，声明实无堪调之员。即文吉将来到闽，情形不熟，亦未敢率以请调。且查延建邵道由选缺改归外调，兴泉永道由请旨缺改归外调情事相同。上年兴泉永道缺出，奉旨拣员调补，遗缺以英朴补授，经前督抚臣查无人地相宜合调人员，请以候补道曾宪德补授。其遗缺道员英朴，请俟缺出另补。同治五年六月初三日，奉上谕允准在案。兹延建邵道地方紧要，人材难得，臣等未敢拘泥迁就，实亦无可迁就请调之员。除周立瀛履历已于前折声叙外，谨再详查例案，据实覆陈。

合无仰恳天恩，俯准仍照前奏以周立瀛补授延建邵道，实于要缺有裨。如蒙俞允，俟接准部覆，行令交代清楚，给咨赴部。该员前在福州府任内，曾经卓异保荐，应请并案引见。候补人员请补要缺，例免核计参罚。臣等为要缺择人、以资治理起见，谨合词恭折具奏，伏乞皇太后、皇上圣鉴，训示施行。谨奏。正月二十四日。

同治七年三月二十九日，军机大臣奉旨：钦此。①

## ○一三　知县陈星聚捐免历俸银数片

### 同治七年正月二十四日（1868年2月17日）

再，查筹饷例开：捐免历俸，即照新例捐免试俸银数报捐。又，查例内开：七品官捐免试俸银四百八十两。又，咸丰十年正月，吏、户二部议覆两广督臣奏捐免历俸，就近本省藩库上兑，照例定十成银数扣算，不准减成，亦不准以钱折算搭交钞票，一俟积有成数，委员解赴部库交纳。又，同治二年十一月，户部奏准凡捐免历俸之案，于上兑后即行专折具奏等因，先后咨行遵照在案。兹据顺昌县知县陈星聚遵照通行定例七品官捐免历俸不减实成银四百八十两，于同治六年十二月十三日就近在本省藩库上兑，由藩司具详请奏前来。

---

① 中国第一历史档案馆藏：军机录副，档案编号：03-4638-127。

臣等伏查无异。除饬司查照部行另款存储、积有成数委员解部外，相应附片陈明。伏乞圣鉴，饬部知照。谨奏。

同治七年三月二十九日，军机大臣奉旨：该部知道。钦此。[①]

## ○一四　请将兴、延两道改为题缺等情片

### 同治七年正月二十四日(1868年2月17日)

再，兴泉永、延建邵两道泉州、延平两府，前督抚臣请改题缺，部臣请改调缺，立论微有异同，而为地择人之用心，彼此并无二致。其在平时简放、选补初任人员，不难胜任。自洋务兴，而兴泉永道泉州府控制匪易；自逆贼扰，延建邵道延平府治理尤难。疆臣遴选未得其人，辄拘泥部行拣调塞责，似非所以仰副我皇上任贤使能、慎重地方至意。

现值延建邵道拣调乏员，除另折以候补道周立瀛请补外，臣等伏思延建邵一带地方，如果整饬得法，三数年后，伏莽肃清，道、府两缺并可仍归部选，不必另行拣调，与兴泉永道府有洋务牵涉者不同，应请责成疆臣不时查察，一遇上游地方平靖、可复旧章之时，即将拣调道府之案奏请注销，缺仍归选，以免纷歧而省周折。臣等谨附片陈请，〈伏乞〉圣鉴训示。谨奏。

同治七年三月二十九日，军机大臣奉旨：着照所请，吏部知道。钦此。[②]

---

① 中国第一历史档案馆藏：军机录副，档案编号：03-4914-060。此片具奏日期未确，兹据同批折件校正。

② 中国第一历史档案馆藏：军机录副，档案编号：03-4638-126。此片具奏日期未确，兹据同批折件校正。

## ○一五　奏为赐福字谢恩折

### 同治七年三月初八日(1868年3月31日)

头品顶戴四川总督臣吴棠跪奏，奏为恭谢天恩，仰祈圣鉴事。

窃臣于本年二月初十日自福州起程，适赍折差弁回闽，奉到御赐福字一方，当即恭设香案，望阙叩头祗领。伏以皇恩溥遍，锡福兼覆载之宏；臣质庸疏，造福戴生成之厚。廿年江北，久荷龙光；一载天南，深惭鸠拙。乃复温纶叠被，巨任忝膺，方骁征初赋之时，正凤藻龙颁之日！惟圣主厤祥远逮，畀景福而中外无遗，在微臣宸翰亲承，分多福而喜惊交集！惟有宣扬德意，力效涓埃。广惠泽于熙春，冀亿兆均沾雨露；遍讴歌于函夏，愿九重永庆冈陵！所有感激荣幸下忱，谨缮折具陈，叩谢天恩，伏乞皇太后、皇上圣鉴。谨奏。三月初八日。

同治七年四月初二日，军机大臣奉旨：知道了。钦此。[①]

## ○一六　恭报接受四川督篆日期并谢恩折

### 同治七年九月初八日(1868年10月23日)

头品顶戴四川总督臣吴棠跪奏，为恭报微臣接印任事日期，叩谢天恩，仰祈圣鉴事。

窃臣钦承恩命，调补四川总督，当经遵奉谕旨，趋赴阙廷，于

① 中国第一历史档案馆藏：军机录副，档案编号：03-4691-048。

五月初六、十六日仰蒙召见两次，训诲周详，跪聆之下，钦感莫名！旋即束装出都，道经直、豫，正值夏雨时形，未能依程行走。至七月初旬，始达湖北襄阳，遂由宜、施入蜀，于九月初六日行抵成都省城。初八日，准兼署督臣崇实[①]委员赍送四川总督关防并王命旗牌及一切文卷前来。臣当即恭设香案，望阙叩头，祗领任事讫。

伏念四川为自古形胜之区，总督有兼任巡抚之责，矧值邻疆未靖，尤以安攘为先。如臣庸愚，深虞陨越，惟有懔遵训谕，殚竭血诚，举凡安民察吏之方、筹饷绥边之略，靡不悉心经画，实力勤求，期少效夫涓埃，庶仰酬夫高厚。

再，臣经由川东、川北一带，秋稼登场，民情安帖，堪以上慰宸廑。所有微臣接印任事日期及感激下忱，除恭疏题报外，理合缮折叩谢天恩，伏乞皇太后、皇上圣鉴。谨奏。九月初八日。

同治七年十月初四日，军机大臣奉旨：知道了。钦此。[②]

---

① 崇实(1820—1876)，字子华，号朴山、惕盦，满洲镶黄旗人。道光二十二年(1842)，中式举人。三十年(1850)，中式进士，改翰林院庶吉士。咸丰二年(1852)，授编修，补左赞善，充文渊阁校理，转翰林院侍讲，兼满洲办事翰林官。次年，升侍讲学士，兼日讲起居注官。同年，补通政使司通政使，加詹事衔。四年(1854)，补内阁学士兼礼部侍郎衔、镶蓝旗蒙古副都统，署户部左侍郎。五年(1855)，任工部右侍郎，兼管钱法堂事务。八年(1858)，调太仆寺少卿。九年(1859)，任詹事府詹事，旋补驻藏办事大臣。次年，改镶黄旗汉军副都统，署四川总督。十一年(1861)，擢成都将军。同治六年(1867)，兼文武乡试监临主考。十年(1871)，调补镶白旗蒙古都统。是年，充兼稽察坛庙大臣、武会试监射大臣。十二年(1873)，署热河都统。同年，授刑部尚书、经筵讲官。次年，兼任会试副考官。光绪元年(1875)，署盛京将军、盛京户部侍郎、奉天府府尹。二年(1876)，卒于任。赠太子少保，照尚书例赐恤，谥文勤。著有《适斋诗集》、《惕盦年谱》。

② 中国第一历史档案馆藏：军机录副，档案编号：03-4738-054。

# ○一七　请将知县庆煜开复处分折

## 同治七年九月二十八日(1868年11月12日)

头品顶戴四川总督臣吴棠跪奏，为知县欠解地丁银两于参后扫数全完，恳恩赏还顶戴，恭折仰祈圣鉴事。

窃照前署名山县先用知县庆煜欠解同治六年份地丁银两，前因奏销届期，延不批解，经前兼署督臣崇实汇案奏明，请旨将该员摘顶勒追在案。兹据布政使蒋志章、①按察使翁同爵②会详：该员庆煜已于参后将前欠地丁银一千八百一十一两七钱零如数解缴司库存储，并无蒂欠，尚知愧奋。合无仰恳天恩，俯准将前署名山县知县庆煜原参摘顶之案敕部查销，出自逾格鸿慈等情，详请具奏前来。

臣覆查无异。除咨部外，理合恭折陈奏，伏乞皇太后、皇上圣

---

① 蒋志章(1814—1874)，又名志惇，字恪卿，号璞山，江西铅山人。道光二十五年(1845)，中式进士，改庶吉士。二十七年(1847)，授翰林院编修。二十九年(1849)，充顺天乡试同考官，旋补国史馆协修、文渊阁校理。咸丰六年(1856)，授江南道监察御史。十年(1860)，升兵科给事中。十一年(1861)，放广东督粮道。是年，署广东布政使。同治元年(1862)，补广东盐运使。翌年，兼署广东布政使。三年(1864)，调补四川按察使。六年(1867)，转浙江按察使。同年，迁四川布政使。八年(1869)，擢陕西巡抚。十三年(1874)，卒于任。谥文恪。

② 翁同爵(1814—1877)，字玉甫，号玉圃，江苏常熟人，荫生。咸丰九年(1859)，充职方司主事。十年(1860)，补武选司员外郎，加知府衔。同治元年(1862)，丁本生父忧，回籍终制。三年(1864)，任马馆监督。同年，授湖南盐法长宝道，晋盐运使衔。五年(1866)，署湖南按察使，转署湖南布政使。六年(1867)，迁四川按察使。七年(1868)，授陕西布政使。九年(1870)，赏戴花翎。十年(1871)，擢陕西巡抚。同年，丁母忧。十三年(1874)，调补湖北巡抚。光绪元年(1875)，兼署湖广总督。三年(1877)，卒于任。著有《皇朝兵制考略》。

鉴训示。谨奏。九月二十八日。

同治七年十一月十四日，军机大臣奉旨：着照所请，该部知道。钦此。①

## 〇一八　奏报川省同治七年八月雨水、粮价折

### 同治七年九月二十八日（1868年11月12日）

头品顶戴四川总督臣吴棠跪奏，为恭报四川省同治七年八月份各属具报米粮价值及得雨情形，仰祈圣鉴事。

窃照同治七年七月份米粮价值及得雨情形，前经兼署臣崇实恭折奏报在案。兹查本年八月份成都等十二府及资州等八直隶州、叙永一直隶厅，各属先后具报得雨自一二次至七八次不等，稻谷收毕，小春播种。其通省粮价，中米、大麦、小麦、荞子、青稞价值较上月减一二分至一两不等，余与上月相同，据藩司蒋志章查明列单汇报前来。

臣覆核无异。理合分缮清单，恭呈御览，伏乞皇太后、皇上圣鉴。谨奏。九月二十八日。

同治七年十一月十四日，军机大臣奉旨：知道了。钦此。②

---

① 中国第一历史档案馆藏：军机录副，档案编号：03-4644-046。

② 中国第一历史档案馆藏：军机录副，档案编号：03-4964-227。军机录副具奏日期脱落，兹据同批折件校正。

## ○一九　呈川省同治七年八月粮价清单

### 同治七年九月二十八日(1868年11月12日)

谨将四川省同治七年八月份各属具报米粮价值，开具清单，恭呈御览。

成都府属，价贵。中米每仓石价银二两八钱八分至三两九钱二分，较上月减二分。大麦每仓石价银一两八钱四分至二两一分，较上月减一分。小麦每仓石价银二两一钱九分至二两三钱六分，较上月减一分。黄豆每仓石价银一两六分至二两四钱六分，与上月同。荞子每仓石价银一两一钱八分至一两七钱二分，较上月减一分。

重庆府属，价贵。中米每仓石价银二两六钱九分至三两七钱一分，较上月减五分。大麦每仓石价银一两六钱五分至二两，较上月减一分。小麦每仓石价银二两三钱三分至二两七钱五分，较上月减一分。黄豆每仓石价银二两七钱三分至三两三分，与上月同。

保宁府属，价贵。中米每仓石价银二两七钱六分至三两四钱七分，较上月减二钱三分。大麦每仓石价银一两九钱二分至二两一钱，较上月减一分。小麦每仓石价银二两八钱八分至三两六钱二分，较上月减一分。黄豆每仓石价银一两八钱三分至二两一钱三分，与上月同。

顺庆府属，价贵。中米每仓石价银二两九钱四分至三两三钱五分，较上月减五分。大麦每仓石价银一两六钱二分至一两八钱一分，较上月减一分。小麦每仓石价银二两一钱二分至二两一钱五分，较上月减一分。黄豆每仓石价银一两五钱五分至一两六钱七分，与上月同。

叙州府属，价贵。中米每仓石价银三两二钱至三两五钱，较上月减六分。大麦每仓石价银一两六钱七分至二两三分，较上月减一分。小麦每仓石价银二两一钱七分至二两六钱七分，较上月减一分。黄豆每仓石价银一两一钱六分至一两五钱七分，与上月同。

夔州府属，价贵。中米每仓石价银三两至三两三钱五分，较上月减五分。大麦每仓石价银一两七钱九分至二两四钱七分，较上月减一分。小麦每仓石价银二两九钱八分至三两六分，较上月减一分。黄豆每仓石价银二两一钱六分至二两二钱六分，与上月同。

龙安府属，价贵。中米每仓石价银二两七钱至三两四钱，较上月减五分。青稞每仓石价银一两五钱，较上月减一分。小麦每仓石价银一两八钱一分至二两二钱，较上月减一分。黄豆每仓石价银一两八钱五分至一两九钱三分，与上月同。

宁远府属，粮贵。中米每仓石价银三两三分至三两三钱六分，较上月减五分。大麦每仓石价银一两四钱九分至一两六钱一分，较上月减一分。小麦每仓石价银一两六钱四分至二两二钱五分，较上月减一分。荞子每仓石价银一两四钱八分，较上月减一分。黄豆每仓石价银一两五钱六分至一两六钱三分，与上月同。

雅州府属，价中。中米每仓石价银二两九钱五分至三两，较上月减五分。小麦每仓石价银二两三钱三分至二两六钱八分，较上月减一分。黄豆每仓石价银一两六钱八分至二两七钱，与上月同。

嘉定府属，价贵。中米每仓石价银三两一分至三两六钱一分，较上月减五分。小麦每仓石价银二两三钱九分至二两七钱六分，较上月减一分。黄豆每仓石价银一两四钱九分至二两五分，与上月同。

潼川府属，价贵。中米每仓石价银二两三分至三两三钱一分，较上月减五分。大麦每仓石价银一两六钱七分至一两九钱五分，较上月减一分。小麦每仓石价银二两一钱八分至二两五钱三分，较上月减一分。黄豆每仓石价银一两七钱九分至二两一钱六分，与上月同。

绥定府属，价贵。中米每仓石价银二两七钱一分至三两一分，与上月同。大麦每仓石价银一两五钱八分至一两五钱九分，与上月同。小麦每仓石价银一两六钱五分至一两七钱六分，较上月减一分。黄豆每仓石价银一两四钱三分，与上月同。

眉州直隶州并属，价贵。中米每仓石价银二两八钱八分至三两一钱八分，较上月减五分。

邛州直隶州并属，价贵。中米每仓石价银二两七钱八分至三两二钱一分，较上月减五分。大麦每仓石价银一两九钱三分，较上月减一分。小麦每仓石价银二两六钱，较上月减一分。黄豆每仓石价银二两一钱至二两二钱四分，与上月同。

泸州直隶州并属，价贵。中米每仓石价银三两二钱一分至三两二钱二分，较上月减七分。

资州直隶州并属，价贵。中米每仓石价银二两六钱五分至三两，较上月减六分。

绵州直隶州并属，价贵。中米每仓石价银二两八钱七分至三两一钱九分，较上月减四分。小麦每仓石价银二两三钱四分至二两四钱八分，较上月减一分。

茂州直隶州并属，价中。中米每仓石价银二两七钱，较上月减六分。小麦每仓石价银二两七钱，较上月减一分。青稞每仓石价银二两二钱二分，较上月减一分。荞子每仓石价银一两一钱七分至一两七钱七分，与上月同。

忠州直隶州并属，价贵。中米每仓石价银二两七钱一分至三两三钱九分，较上月减五分。大麦每仓石价银一两四钱六分至一两六钱，较上月减一分。小麦每仓石价银二两七分至二两四钱三分，较上月减一分。黄豆每仓石价银一两二钱七分至一两三钱七分，与上月同。

酉阳直隶州并属，价贵。中米每仓石价银二两七钱二分至三两二钱二分，较上月减五分。大麦每仓石价银二两三钱至二两六钱二分，较上月减一分。小麦每仓石价银二两六钱六分至二两八钱，较上月减一分。黄豆每仓石价银一两三钱九分至一两四钱四分，与上月同。

叙永直隶厅并属，价贵。中米每仓石价银三两一钱，较上月减六分。小麦每仓石价银一两八钱一分，较上月减一分。荞子每仓石价银一两三钱六分，较上月减一分。黄豆每仓石价银一两六钱一分，与上月同。

松潘直隶厅，价中。青稞每仓石价银二两八钱二分，较上月减六分。荞子每仓石价银一两七钱五分，较上月减一分。

理番直隶厅，价中。青稞每仓石价银二两四钱六分，较上月减一两七分。荞子每仓石价银一两八钱一分，较上月减一分。

石砫直隶厅，价中。中米每仓石价银一两七钱，较上月减一两七分。大麦每仓石价银一两七钱三分，较上月减四分。小麦每仓石价银二两八分，较上月减四分。黄豆每仓石价银一两八钱九分，较上月减一分。

打箭炉厅，价贵。青稞每仓石价银四两九钱九分，较上月减一四分。油麦每仓石价银一两八钱二分，较上月减五分。

军机大臣奉旨：览。钦此。[①]

## ○二○ 呈川省同治七年八月得雨情形清单

### 同治七年九月二十八日（1868年11月12日）

谨将四川省同治七年八月份各属报到得雨情形，开具清单，恭呈御览。

成都府属：成都、华阳两县得雨五次，稻谷收获。简州得雨五次，棉花采摘。崇庆州得雨三次，稻谷收获。汉州得雨六次，稻谷登场。温江县得雨八次，稻谷收毕。郫县得雨三次，稻谷收毕。崇宁县得雨三次，晚稻登场。新都县得雨八次，晚稻收毕。灌县得雨二次，堰水充盈。彭县得雨二次，葫豆播种。双流县得雨三次，晚稻收获。什邡县得雨四次，晚稻登场。

重庆府属：江北厅得雨五次，阪田翻犁。巴县得雨六次，田塘足水。江津县得雨五次，阪田翻犁。长寿县得雨七次，田亩足水。永川县得雨四次，小春下种。合州得雨五次，田水充足。涪州得雨一次，播种小春。铜梁县得雨四次，田水充盈。璧山县得雨五次，田亩翻犁。大足县得雨五次，稻成水足。定远县得雨二次，田亩翻犁。

夔州府属：云阳县得雨二次，晚稻收获。万县得雨四次，棉花收捡。

龙安府属：江油县得雨三次，堰水充盈。

绥定府属：新宁县得雨一次，稻登豆种。太平县得雨二次，堰

---

① 中国第一历史档案馆藏：清单，档案编号：03-4964-278。军机录副具奏日期脱落，兹据同批折件校正。

水盈塍。

宁远府属:盐源县得雨一次,场圃纳稼。

保宁府属:阆中县得雨四次,地土滋润。苍溪县得雨二次,田水充足。南部县得雨二次,黄豆收毕。广元县得雨二次,葫豆播种。昭化县得雨二次,晚稻收毕。巴州得雨四次,田水充盈。通江县得雨二次,棉花收捡。南江县得雨三次,播种小春。剑州得雨二次,二麦播种。

顺庆府属:南充县得雨三次,田水充盈。西充县得雨三次,晚稻收毕。蓬州得雨四次,堰水充足。营山县得雨一次,田丘翻犁。岳池县得雨三次,田亩积水。邻水县得雨二次,晚稻收毕。

潼川府属:中江县得雨四次,田水充足。遂宁县得雨二次,晚稻收毕。

雅州府属:雅安县得雨二次,黄豆收成。名山县得雨二次,田水充足。清溪县得雨六次,地土滋润。

嘉定府属:乐山县得雨三次,小麦播种。峨眉县得雨四次,田水充足。荣县得雨二次,棉花收捡。威远县得雨三次,田塘积水。峨边厅得雨二次,晚麦收获。

叙州府属:宜宾县得雨三次,堰水充足。南溪县得雨三次,田土滋润。富顺县得雨二次,阪田翻犁。隆昌县得雨五次,稻谷收获。长宁县得雨三次,葫豆播种。兴文县得雨三次,晚稻收毕。

资州直隶州并属:资州得雨四次,晚稻水足。资阳县得雨四次,冲田水足。内江县得雨八次,仓箱盈谷。

绵州直隶州并属:绵州得雨五次,二麦播种。梓潼县得雨五次,田亩翻犁。罗江县得雨二次,稻谷收毕。

忠州直隶州属:酆都县得雨六次,晚稻水足。垫江县得雨七次，阪田翻犁。

酉阳直隶州得雨一次，冲田翻犁。

茂州直隶州得雨一次，播种小春。

邛州直隶州并属：邛州得雨四次，晚稻收毕。大邑县得雨三次，黄豆成熟。蒲江县得雨八次，稻谷收获。

泸州直隶州属：江安县得雨二次，田水不缺。纳溪县得雨四次，田土滋润。

绵州直隶州得雨三次，收获完毕。

叙永直隶厅并属：叙永厅得雨四次，水田翻犁。永宁县得雨三次，田水充足。

军机大臣奉旨：览。钦此。①

## 〇二一　奏报吴春焕捐银管解赴陕起程日期片

### 同治七年九月二十八日（1868年11月12日）

再，查已革陕西布政使吴春焕②先后在川呈缴捐输银三万五千两，经前兼署督臣崇实奏奉谕旨：吴春焕赏给五品顶戴。钦此。钦遵转行在案。兹据藩司蒋志章、臬司翁同爵会委试用同知邓林，将吴春焕捐存川库银三万五千两承领管解，定期于

---

① 中国第一历史档案馆藏：清单，档案编号：03-4964-279。军机录副具奏日期脱落，兹据同批折件校正。

② 吴春焕（1810—？），浙江举人，大挑知县签掣陕西。道光三十年（1850），补鄠县知县。咸丰元年（1851），赴西宁查办番务，加同知衔。四年（1854），升补绥德直隶州知州。五年（1855），署永宁道。十年（1860），迁山西按察使。十一年（1861），擢陕西布政使。同年，因案被参革职。同治七年（1868），经川督崇实奏请开复，赏加五品顶戴。

本年九月二十日自成都起程，赴陕交署抚臣刘典，[①]查收应用等情，详请具奏前来。除分咨外，理合附片陈明，伏乞圣鉴。谨奏。

同治七年十一月十四日，军机大臣奉旨：知道了。钦此。[②]

【案】经前兼署督臣崇实总奏奉谕旨：同治七年七月，成都将军兼署四川总督崇实附奏曰：

再，已革陕西布政使吴春焕，前经胜保派令捐输银五万两，在陕交过银一万五千两。该革员因其继母在川病故，旋即奔丧来川，又缴银三千余两，银尚未措交。上年陕甘督臣左宗棠奏明，奉谕旨严追，当即行司遵办去后。兹据藩司蒋志章、臬司翁同爵会详：据该革司吴春焕呈称，借贷、变卖，已将欠缴捐输银三万二千两陆续措齐，如数呈缴到司，详请具奏前来。伏查同治三年钦奉上谕：着骆秉章饬令吴春焕，将应缴捐项银两呈交四川藩库，以备汉南军饷之用，果能如数迅交，准其奏请恩施等因。钦此。今吴春焕已将派令捐输银五万两，在陕在川先后如数呈缴，用佐饷需，尚明大义，

---

① 刘典（1819—1879），字伯敬，号克庵，湖南宁乡人，县学附生。咸丰十年（1860），保候补四品堂，选知县，加同知衔。十一年（1861），补直隶州知州，戴花翎。同治元年（1862），升知府，加道衔。同年，授浙江按察使。次年，加阿尔刚阿巴图鲁勇号，晋布政使衔。三年（1864），帮办江皖军务。同年，晋二品顶戴，帮办福建军务。四年（1865），授云骑尉。五年（1866），补甘肃按察使，帮办陕甘军务。七年（1868），督办陕西军务。同年，署陕西巡抚。光绪元年（1875），帮办陕甘军务。二年（1876），擢太仆寺卿。三年（1877），加头品顶戴。四年（1878），授通政使。次年，卒于军次。谥果敏。有《刘果敏公遗书》存世。

② 中国第一历史档案馆藏：军机录副，档案编号：03-4916-078。此片具奏日期未确，兹据同批折件校正。

合无仰恳鸿慈，量予恩施之处，出自圣裁。除分咨外，理合附片陈明，伏乞皇太后、皇上圣鉴训示。谨奏。同治七年七月二十日，军机大臣奉旨：吴春焕着赏给五品顶戴。钦此。[1]

## ○二二　代奏臬司翁同爵恭谢天恩片

### 同治七年九月二十八日(1868年11月12日)

再，臣接据按察使翁同爵呈称：恭阅邸抄，钦奉上谕：原任大学士翁心存灵柩回籍，着沿途地方官妥为照料等因。钦此。理应具折谢恩，呈请代递等情，并据呈递折件前来。理合附片代陈，伏乞圣鉴。谨奏。

同治七年十一月十四日，军机大臣奉旨：知道了。钦此。[2]

【案】钦奉上谕：原任大学士翁心存……妥为照料：此谕旨上谕档载曰：

同治七年七月十九日，内阁奉上谕：詹事府右春坊右庶子翁同龢奏，请给假开缺，回籍葬亲一折。翁同龢着赏假三个月，准其回籍葬亲，无庸开缺。原任大学士翁心存灵柩回籍，着沿途地方官妥为照料，以示笃念耆臣至意。钦此。[3]

---

① 中国第一历史档案馆藏：军机录副，档案编号：03-4641-064。

② 中国第一历史档案馆藏：军机录副，档案编号：03-4644-047。此片具奏日期未确，兹据同批折件校正。

③ 中国第一历史档案馆编：《咸丰同治两朝上谕档》，第18册，第283—284页；《穆宗毅皇帝实录(六)》，卷二百三十八，同治七年七月中，第298页。

## 〇二三　奏报秋季合操省标官兵技艺折

### 同治七年十月十六日(1868年11月29日)

成都将军臣崇实、头品顶戴四川总督臣吴棠跪奏，为合操省标官兵技艺情形，恭折仰祈圣鉴事。

窃照成都省标官兵向于每年春、秋二季合操一次，以严考核。兹届秋操之期，臣等于九月二十、二十一等日调集军、督、提、城十营官弁兵丁，齐赴较场考校。各兵排演阵式，步伐整齐；施放连环枪炮，声响联贯。长矛藤牌各技，亦俱进退便捷。复按照各营官兵饷册逐名考核，弓箭、枪炮并马步箭中靶，统计九成有余，弓用六七力不等。各兵演放抬枪、鸟枪，中靶成分亦在七成以上。爰择其技艺娴熟者，当场分别奖赏、记拔；间有生疏者，亦即勒限练习，用示劝惩。伏思省标为各镇协营表率，现在滇黔逆氛未靖，陕甘回逆亦时虞旁窜，在在需兵防剿，武备尤应认真。臣等严谕各将备等督率弁兵，仍按日轮流操演，勤加训练，务使各兵技艺日益精进，咸成劲旅，不得因秋操已过，稍行懈弛，以期仰副圣主整饬戎行、绥靖边陲之至意。

所有合操省标官兵技艺情形，谨合词恭折具奏，伏乞皇太后、皇上圣鉴。再，提臣胡中和[①]现在防堵叙南，是以未经会稿，合并

---

① 胡中和(1834—1883)，字元廷，湖南湘乡人，武童出身，伊德克勒巴图鲁。咸丰五年(1855)，保补用把总。七年(1857)，保都司。八年(1858)，保升湖南补用游击。同年，保补参将。九年(1859)，保副将，加总兵衔。是年，以总兵记名，统领湘果左军。同年，补四川建昌镇总兵。翌年，晋提督衔，并保记名提督。同治元年(1862)，擢云南提督。二年(1863)，调补四川提督。十三年(1874)，调云南提督。光绪七年(1881)，丁忧开缺。九年(1883)，卒。

陈明。谨奏。十月十六日。

同治七年十一月初一日，军机大臣奉旨：知道了。钦此。[1]

## 〇二四　委解同治七年京饷起程日期折

### 同治七年十月十六日（1868年11月29日）

头品顶戴四川总督臣吴棠跪奏，为川省委解本年京饷、内务府经费、天津防费、固本饷项各款起程日期，恭折仰祈圣鉴事。

窃查四川省奉拨同治七年京饷银二十五万两，前已两次解过银二十万两，应补解银五万两；内务府奏拨经费银四万两，前解过银二万两，应补解银二万两。其天津防费、直隶练饷两款，因司库岁入不敷，各省协饷纷繁，本省援黔、援滇、援陕各军饷需亦甚竭蹶，难以周转，未能依限速解。臣接任后，以京畿各饷最关紧要，自应先其所急，督同藩司蒋志章等力筹接济。兹于津贴、盐厘项下凑拨银五万两，补足七年应解京饷，又添拨津贴银二万两，补足七年内务府经费，又凑厘金银三万两，拨发天津解部税项。以上三款共银十万两，委垫江县知县罗教忠管解，定期于本年十月十五日自川起程。复于盐货、厘金项下尽数动拨银四万两，作为同治六年十月至七年六月应解固本饷项，委候补知县姚德昌管解，定期于十月二十一日自川起程。

第查由川至京，必须取道陕西，该省驲路通塞靡定，疏失堪虞，惟有援照上届汇兑成案，分饬委员按照库砝兑交天成亨等各银号

① 中国第一历史档案馆藏：军机录副，档案编号：03-4766-053。

承领，取具汇票，于到京后分赴各号，将银如数兑齐，解赴部库及内务府缴纳，用昭慎重等情，由藩司蒋志章、盐茶道傅庆贻[①]会详前来。除分咨外，理合恭折由驲驰奏，伏乞皇太后、皇上圣鉴。谨奏。十月十六日。

同治七年十一月初一日，军机大臣奉旨：户部知道。钦此。[②]

## ○二五　会同成都将军办理军务片

### 同治七年十月十六日(1868年11月29日)

再，川省幅员辽阔，北接陕甘，南连云贵。当此四邻多事，筹剿筹防，不遑休息。今援师四出，较之本省用兵为尤难，然番猓羌夷三面逼处，备御不密，即有窥阒之虞。臣入川以来，体察时势，窃念饬武备边尤为今日之急务。查滇省号匪及越巂夷务，经成都将军臣崇实督饬各军叠著成效，北防自川军扼驻宝、凤后，亦经屡挫凶锋。此皆崇实在川有年、洞悉情形所致。臣移节初来，冰兢时懔，遇有军务公牍，无不与往复筹商，会衔批答，总求于公有济，冀增妥协，上慰圣主绥靖边陲之至意。所有会同成都将军办理军务缘由，理合附片陈明，伏乞圣鉴训示。谨奏。

---

① 傅庆贻(1823—?)，直隶清苑人，祖籍湖北，廪生。咸丰元年(1851)，中式举人。六年(1856)，中式进士。同治六年(1867)，交军机处记名以道府用。同治八年(1869)，任四川盐茶道。光绪二年(1876)，任湖南按察使。光绪五年(1879)，调补安徽布政使。同年，护理安徽巡抚。六年(1880)，因盐茶道任内获咎，奉旨照部议革职。九年(1883)，经吏部铨选，任湖南储粮道。

② 中国第一历史档案馆藏：军机录副，档案编号：03-4945-093。

同治七年十一月初一日，军机大臣奉旨：知道了。钦此。①

## ○二六　奏报知府彭毓棻留川差委片

### 同治七年十月十六日(1868年11月29日)

再，臣本年正月交卸闽浙总督篆务后，奏调知府衔分发补用同知直隶州知州魏邦庆等，赴川差遣委用，奉旨允准在案。嗣经臣于五月间陛辞赴任时，仅有魏邦庆一员随行，闽、蜀道员一时未能遽到。查有分发即补知府彭毓棻，②臣前在漕督任内委办清淮善后局务，诸臻妥勤，旋经乔松年调赴皖营，奏带陕西。臣在京时，该员适值请咨赴部，当即随带来川。现在川省邻氛未靖，差委须人，合无仰恳天恩，俯准将分发即补知府彭毓棻留川差委，出自逾格鸿慈。是否有当，理合附片具陈，伏乞圣鉴训示。谨奏。

同治七年十一月初一日，军机大臣奉旨：吏部议奏。钦此。③

---

① 中国第一历史档案馆藏：军机录副，档案编号：03-4739-003。此片具奏日期未确，兹据同批折件校正。

② 彭毓棻(1836—?)，江苏吴县人。咸丰八年(1858)，由附贡生报捐主事，签分户部行走。同年，中式顺天乡试副榜。九年(1859)，中式举人。十一年(1861)，丁母忧，回籍终制。同治二年(1863)，服满进京。三年(1864)，丁父忧。四年(1865)，委办清淮善后局务。五年(1866)，捐升郎中。同年，赴陕差委，保知府。七年(1868)，赴川差委。八年(1869)，进京陛见，以知府即补。光绪二年(1876)，保升道员。四年(1878)，赴广东办理洋务。

③ 中国第一历史档案馆藏：军机录副，档案编号：03-4739-002。此片具奏日期未确，兹据同批折件校正。

## ○二七　奏报杨德寿承袭土职换给号纸片

### 同治七年十月十六日(1868年11月29日)

再，查雷波厅属千万贯土司杨石金，于同治六年八月追剿夷匪阵亡，经前督臣骆秉章[①]具奏奉旨：敕部从优议恤，并着查明应袭之人，奏明办理等因。钦此。钦遵转行在案。兹据藩司蒋志章转据该管府厅查明，杨石金生有三子，长子德福，旧有痨疾；次子德禄，庶出；三子德寿，系杨石金嫡妻所生，现年二十一岁，例应承袭土职。所属头人、夷众均各悦服，造具宗图、册结及缴还原颁号纸，具详请袭前来。

合无仰恳天恩，准以杨德寿承袭千万贯正长官司之职，敕部换给号纸，以昭信守而慰忠魂。除册结、号纸送部外，理合附片具陈，伏乞圣鉴。谨奏。

同治七年十一月初一日，军机大臣奉旨：着照所请，该部知道。

---

① 骆秉章(1793—1867)，原名俊，字吁门，号儒斋，祖籍广东花县，后迁佛山。嘉庆十七年(1812)，进县学生。二十四年(1819)，中式举人。道光十二年(1832)，中式进士，改庶吉士。次年，授编修。十五年(1835)，任国史馆协修。十八年(1838)，调江南道监察御史。次年，任掌江南道监察御史。二十年(1840)，授会试同考官，掌四川道监察御史。二十一年(1841)，授会试内帘监试官，补工科给事中。次年，补鸿胪寺少卿、奉天府府丞，兼奉天学政。二十四年(1844)，授左庶子，日讲起居注官。次年(1845)，丁母忧，回籍守制。二十八年(1848)，改右庶子，升侍讲学士，调补湖北按察使。次年，迁贵州布政使，调云南布政使。三十年(1850)，升授湖南巡抚。咸丰二年(1852)，署湖北巡抚。次年，补湖南巡抚。十一年(1861)，调补四川总督。同治元年(1862)，加太子少保。次年，晋太子太保。三年(1864)，封一等轻车都尉。六年(1867)，擢协办大学士，卒于任。追赠太子太傅，谥文忠。有《骆文忠公奏稿》。

钦此。[1]

## ○二八　请饬各省委员毋庸派员赴各府州县片

### 同治七年十月十六日(1868年11月29日)

再，各省派员来川劝捐，原为接济军饷起见，自应设法招徕，借资挹注。惟近来各省劝捐既在成都省城暨重庆府城设立捐局，又复纷纷委员分往各府州县办捐，到处淹留，经年累月，究之零星凑集，为数无多，除供委员支销薪水、夫马之外，所余无几。是于地方多一烦扰，而于各省饷项仍属无济。臣现已檄行各省在川劝捐委员，仍于成都省城及重庆府城向来所设总局，广为劝导，如有官民情愿输将，皆可自行赴局捐纳，毋庸派员分赴各府州县，借办捐为名，徒资浸润，以杜扰累而免虚糜。理合附片陈明，伏祈圣鉴。谨奏。

同治七年十一月初一日，军机大臣奉旨：知道了。钦此。[2]

## ○二九　筹拨协甘饷银委解起程日期片

### 同治七年十月十六日(1868年11月29日)

再，川省奉拨甘肃月饷前已解至同治六年十一月底止，经前兼署督臣崇实奏报在案。伏查川省腹地虽已肃清，而援黔、援滇、援

① 中国第一历史档案馆藏：军机录副，档案编号：03-4739-001。此片具奏日期未确，兹据同批折件校正。

② 中国第一历史档案馆藏：军机录副，档案编号：03-4916-069。

陕，大军四出，一切饷需、军火均系由蜀支应。其陕、甘、滇、黔四省协饷催解几无虚日，司库岁入不敷，难以周转，自应随时量力挹注，以维大局。现经臣饬据藩司蒋志章在于货厘项下凑集银二万两，作为同治六年十二月份协甘月饷，除查照户部奏案划提银二千两，兑拨凉州、庄浪两营兵饷并扣还甘省委员在川借领购办纸折银三百两外，余银一万四千七百两，饬委试用通判董汝涵管解，定期于同治七年十月初八日自川起程，解赴甘肃秦州交收，一面咨明署陕甘督臣穆图善[①]听候拨用。谨附片陈明，伏乞圣鉴。谨奏。

同治七年十一月初一日，军机大臣奉旨：知道了。钦此。[②]

## ○三○　奏报川省同治七年九月雨水、粮价折

**同治七年十月二十九日(1868年12月12日)**

头品顶戴四川总督臣吴棠跪奏，为恭报四川省同治七年九月份各属具报米粮价值及得雨情形，仰祈圣鉴事。

窃照同治七年八月份米粮价值及得雨情形，前经臣恭折奏报

---

① 穆图善(1828—1886)，字春岩，那拉搭氏，世居黑龙江齐齐哈尔，隶满洲镶黄旗。道光二十六年(1846)，充骁骑校。咸丰三年(1853)，补委参领。五年(1855)，赏戴蓝翎。六年(1856)，赏换花翎。七年(1857)，升防御。八年(1858)，授佐领。九年(1859)，迁协领。十年(1860)，加副都统衔。次年，加西林巴图鲁勇号。同治元年(1862)，补西安左翼副都统，晋都统衔。同治三年(1864)，署钦差大臣，督办关陇军务。同年，调补荆州将军。四年(1865)，授宁夏将军。六年(1867)，兼署陕甘总督。十二年(1873)，授云骑尉。光绪元年(1875)，署正白旗汉军都统、吉林将军。三年(1877)，补青州副都统。是年，授察哈尔都统。五年(1879)，调补福州将军。十一年(1885)，授钦差大臣，会办东三省练兵事。十二年(1886)，卒于军。谥果勇。

② 中国第一历史档案馆藏：军机录副，档案编号：03-4823-001。此片具奏日期未确，兹据同批折件校正。

在案。兹查本年九月份成都十二府，资州、绵州、忠州、眉州、泸州、邛州六直隶州，松潘、石砫、叙永三直隶厅，各属先后具报得雨自一二次至六七次不等。小春滋生，田亩翻犁。其通省粮价俱与上月相同，据藩司蒋志章查明列单汇报前来。

臣覆核无异。理合分缮清单，恭呈御览，伏乞皇太后、皇上圣鉴。谨奏。十月二十九日。

同治七年十一月二十六日，军机大臣奉旨：知道了。钦此。[①]

## 〇三一 呈川省同治七年九月得雨情形清单

### 同治七年十月二十九日(1868年12月12日)

谨将四川省同治七年九月份各属具报得雨情形，开具清单，恭呈御览。

成都府属：成都、华阳两县得雨五次，耖犁田亩。简州得雨四次，红花滋生。崇庆州得雨二次，葫豆播种。汉州得雨四次，小春滋长。温江县得雨三次，现在犁田。郫县得雨一次，田水充足。崇宁县得雨三次，豆麦种毕。新都县得雨二次，葫豆滋长。灌县得雨一次，堰水充盈。金堂县得雨三次，小春滋长。彭县得雨一次，田水充足。什邡县得雨一次，菜麦播种。

重庆府属：江北厅得雨一次，沟田积水。巴县得雨四次，小春含芽。江津县得雨三次，小春滋生。长寿县得雨三次，田亩翻犁。永川县得雨二次，沟田蓄水。綦江县得雨二次，田水充足。合州得

① 中国第一历史档案馆藏：军机录副，档案编号：03-4964-284。

雨三次，冬粮种毕。铜梁县得雨三次，田水充足。璧山县得雨二次，小春滋生。大足县得雨一次，播种小春。定远县得雨二次，田亩翻犁。

夔州府属：万县得雨三次，小春播种。

龙安府属：江油县得雨三次，豆麦滋长。石泉县得雨一次，芽麦收获。

绥定府属：新宁县得雨二次，田水足盈。太平县得雨二次，杂粮收毕。

宁远府属：西昌县得雨二次，堰塘积水。会理州得雨一次，小春发芽。越巂厅得雨二次，豆麦播种。

保宁府属：阆中县得雨四次，小春播种。苍溪县得雨三次，田水充足。南部县得雨三次，二麦发生。广元县得雨二次，胡豆萌芽。昭化县得雨三次，地土滋润。巴州得雨二次，小春发生。剑州得雨三次，黄豆收毕。

顺庆府属：南充县得雨三次，田水充足。西充县得雨四次，小春发生。蓬州得雨二次，播种冬粮。广安州得雨三次，田土滋润。岳池县得雨三次，小麦下种。邻水县得雨四次，田水充足。

潼川府属：三台县得雨二次，大麦滋长。射洪县得雨二次，小春易薅。盐亭县得雨二次，二麦下种。中江县得雨三次，堰田蓄水。安岳县得雨三次，胡豆萌生。乐至县得雨二次，小春下种。

雅州府属：雅安县得雨四次，二麦发生。名山县得雨二次，田水充足。荥经县得雨三次，小麦萌生。天全州得雨二次，胡豆发生。

嘉定府属：乐山县得雨三次，小春易薅。峨眉县得雨二次，胡豆下种。夹江县得雨三次，田水充足。犍为县得雨三次，二麦播种。荣县得雨四次，小春滋长。威远县得雨二次，大麦发生。

叙州府属：宜宾县得雨五次，小春播种。南溪县得雨三次，田水充足。富顺县得雨二次，豆麦发生。隆昌县得雨三次，二麦下种。庆符县得雨二次，豆麦滋长。筠连县得雨三次，小麦播种。兴文县得雨四次，田水充足。屏山县得雨三次，小春滋长。雷波厅得雨三次，田水充足。

资州直隶州并属：资州得雨三次，小春滋生。资阳县得雨四次，田水充足。内江县得雨三次，堰水充足。

绵州直隶州并属：绵州得雨三次，二麦播种。梓潼县得雨一次，小春发生。罗江县得雨二次，豆麦播种。

忠州直隶州并属：忠州得雨三次，田水充足。酆都县得雨三次，小春播种。垫江县得雨六次，播种小春。

眉州直隶州并属：眉州得雨二次，播种小春。青神县得雨三次，葫豆滋长。

泸州直隶州并属：泸州得雨四次，小春易薅。江安县得雨三次，小麦滋长。

邛州直隶州并属：邛州得雨七次，大麦发生。大邑县得雨四次，胡豆萌芽。蒲江县得雨四次，小春播种。

松潘直隶厅得雨三次，田水充足。

石砫直隶厅得雨一次，小春滋长。

叙永直隶厅并属：叙永厅得雨三次，田水充盈。永宁县得雨三次，小春易薅。

军机大臣奉旨：览。钦此。①

---

① 中国第一历史档案馆藏：清单，档案编号：03-4964-286。

## 〇三二　呈川省同治七年九月粮价清单

### 同治七年十月二十九日(1868年12月12日)

谨将四川省同治七年九月份各属具报米粮价值，开具清单，恭呈御览。

成都府属，价贵。中米每仓石价银二两八钱八分至三两九钱二分，与上月同。大麦每仓石价银一两八钱四分至二两一分，与上月同。小麦每仓石价银二两一钱九分至二两三钱六分，与上月同。黄豆每仓石价银一两六分至二两四钱六分，与上月同。荞子每仓石价银一两一钱八分至一两七钱二分，与上月同。

重庆府属，价贵。中米每仓石价银二两六钱九分至三两七钱一分，与上月同。大麦每仓石价银一两六钱五分至二两，与上月同。小麦每仓石价银二两三钱三分至二两七钱五分，与上月同。黄豆每仓石价银二两七钱三分至三两三分，与上月同。

保宁府属，价贵。中米每仓石价银二两七钱六分至三两四钱七分，与上月同。大麦每仓石价银一两九钱二分至二两一钱，与上月同。小麦每仓石价银二两八钱八分至三两六钱二分，与上月同。黄豆每仓石价银一两八钱三分至二两一钱三分，与上月同。

顺庆府属，价贵。中米每仓石价银二两九钱四分至三两三钱五分，与上月同。大麦每仓石价银一两六钱二分至一两八钱一分，与上月同。小麦每仓石价银二两一钱二分至二两一钱五分，与上月同。黄豆每仓石价银一两五钱五分至一两六钱七分，与上月同。

叙州府属，价贵。中米每仓石价银三两二钱至三两五钱，与上月同。大麦每仓石价银一两六钱七分至二两三分，与上月同。小麦每仓石价银二两一钱七分至二两六钱七分，与上月同。黄豆每仓石价银一两一钱六分至一两五钱七分，与上月同。

夔州府属，价贵。中米每仓石价银三两至三两三钱五分，与上月同。大麦每仓石价银一两七钱九分至二两四钱七分，与上月同。小麦每仓石价银二两九钱八分至三两六分，与上月同。黄豆每仓石价银二两一钱六分至二两二钱六分，与上月同。

龙安府属，价贵。中米每仓石价银二两七钱至三两四钱，与上月同。青稞每仓石价银一两五钱，与上月同。小麦每仓石价银一两八钱一分至二两二钱，与上月同。黄豆每仓石价银一两八钱五分至一两九钱三分，与上月同。

宁远府属，价贵。中米每仓石价银三两三分至三两三钱六分，与上月同。大麦每仓石价银一两四钱九分至一两六钱一分，与上月同。小麦每仓石价银一两六钱四分至二两二钱五分，与上月同。荞子每仓石价银一两四钱八分，与上月同。黄豆每仓石价银一两五钱六分至一两六钱三分，与上月同。

雅州府属，价中。中米每仓石价银二两九钱五分至三两，与上月同。小麦每仓石价银二两三钱三分至二两六钱八分，与上月同。黄豆每仓石价银一两六钱八分至二两七钱，与上月同。

嘉定府属，价贵。中米每仓石价银三两一分至三两六钱一分，与上月同。小麦每仓石价银二两三钱九分至二两七钱六分，与上月同。黄豆每仓石价银一两四钱九分至二两五分，与上月同。

潼川府属，价贵。中米每仓石价银二两三分至三两三钱一分，与上月同。大麦每仓石价银一两六钱七分至一两九钱五分，与上月同。小麦每仓石价银二两一钱八分至二两五钱三分，与上月同。黄豆每仓石价银一两七钱九分至二两一钱六分，与上月同。

绥定府属，价贵。中米每仓石价银二两七钱一分至三两一分，与上月同。大麦每仓石价银一两五钱八分至一两五钱九分，与上月同。小麦每仓石价银一两六钱五分至一两七钱六分，与上月同。黄豆每仓石价银一两四钱三分，与上月同。

眉州直隶州并属，价贵。中米每仓石价银二两八钱八分至三两一钱八分，与上月同。

邛州直隶州并属，价贵。中米每仓石价银二两七钱八分至三两二钱一分，与上月同。大麦每仓石价银一两九钱三分，与上月同。小麦每仓石价银二两六钱，与上月同。黄豆每仓石价银二两一钱至二两二钱四分，与上月同。

泸州直隶州并属，价贵。中米每仓石价银三两二钱一分至三两二钱二分，与上月同。

资州直隶州并属，价贵。中米每仓石价银二两六钱五分至三两，与上月同。

绵州直隶州并属，价贵。中米每仓石价银二两八钱七分至三两一钱九分，与上月同。小麦每仓石价银二两三钱四分至二两四钱八分，与上月同。

茂州直隶州并属，价中。中米每仓石价银二两七钱，与上月同。小麦每仓石价银二两七钱，与上月同。青稞每仓石价银二两二钱二分，与上月同。荞子每仓石价银一两一钱七分至一两七钱七分，与上月同。

忠州直隶州并属，价贵。中米每仓石价银二两七钱一分至三两三钱九分，与上月同。大麦每仓石价银一两四钱六分至一两六钱，与上月同。小麦每仓石价银二两七分至二两四钱三分，与上月同。黄豆每仓石价银一两二钱七分至一两三钱七分，与上月同。

酉阳直隶州并属，价贵。中米每仓石价银二两七钱二分至三两二钱二分，与上月同。大麦每仓石价银二两三钱至二两六钱二分，与上月同。小麦每仓石价银二两六钱六分至二两八钱，与上月同。黄豆每仓石价银一两三钱九分至一两四钱四分，与上月同。

叙永直隶厅并属，价贵。中米每仓石价银三两一钱，与上月同。小麦每仓石价银一两八钱一分，与上月同。荞子每仓石价银一两三钱六分，与上月同。黄豆每仓石价银一两六钱一分，与上月同。

松潘直隶厅，价中。青稞每仓石价银二两八钱二分，与上月同。荞子每仓石价银一两七钱五分，与上月同。

理番直隶厅，价中。青稞每仓石价银二两四钱六分，与上月同。荞子每仓石价银一两八钱一分，与上月同。

石砫直隶厅，价平。中米每仓石价银一两七钱，与上月同。大麦每仓石价银一两七钱三分，与上月同。小麦每仓石价银二两八分，与上月同。黄豆每仓石价银一两八钱九分，与上月同。

打箭炉厅，价贵。青稞每仓石价银四两九钱九分，与上月同。油麦每仓石价银一两八钱二分，与上月同。

军机大臣奉旨：览。钦此。①

## ○三三　奏报川省同治七年秋禾收成分数折

### 同治七年十月二十九日(1868年12月12日)

头品顶戴四川总督臣吴棠跪奏，为恭报同治七年四川省秋禾

① 中国第一历史档案馆藏：清单，档案编号：03-4964-285。

收成分数，仰祈圣鉴事。

窃照每年秋禾收成分数例应奏报，据查各属俱已次第收获，据藩司蒋志章查明汇案前来。臣覆加查核，川省十二府五厅八直隶州计收八分有余者，顺庆一府。八分者，石砫一厅。七分有余者，成都、重庆、夔州、宁远、雅州、绥定、邛州、茂州、忠州六府三州。七分者，嘉定、潼川、理番、酉阳二府一厅一州。六分有余者，保宁、叙州、龙安、眉州、资州、绵州、泸州、松潘三府四州一厅。五分有余者，叙永一厅。五分者，懋功一厅。合计通省秋禾收成六分有余。

现在粮价尚不甚昂，民情亦属安帖，堪以仰慰圣怀。除循例具题外，理合恭折奏闻。伏乞皇太后、皇上圣鉴。谨奏。十月二十九日。[①]

同治七年十一月二十六日，军机大臣奉旨：知道了。钦此。[②]

## 〇三四　请将署知州胡圻等扣除免议片

### 同治七年十月二十九日(1868年12月12日)

再，同治七年奏销六年茶课税银两案内，有酉阳州未完银十八两七钱五分、会理州未完银十八两七钱五分，当将经征不力各职名随案附参。兹据盐茶道傅庆贻详：催据酉阳、会理两州将欠解前项银两全完，业已弹收存库等情前来。

臣查酉阳等州既将六年份茶课税银全完，所有前参经征不力

① 此具奏日期脱落，兹据同日奉旨之折件校补。

② 中国第一历史档案馆藏：军机录副，档案编号：03-4958-076。

之署酉阳州直隶州知州候补知州胡圻、[1]署会理州知州候补知县武廷鋆各职名，合无仰恳天恩，敕部准予照例扣除，免其议处，出自鸿慈。除咨部外，谨附片陈明，伏乞圣鉴。谨奏。

同治七年十一月二十六日，军机大臣奉旨：着照所请，该部知道。钦此。[2]

## ○三五　汇解夔关应缴参价银两数目片

### 同治七年十月二十九日(1868年12月12日)

再，查夔关应缴参价银两，经前督臣奏准自咸丰八年起，仍照向章每年二千四百两之数，由该关自行筹解。兹据藩司蒋志章详：现任夔州府知府文勋自同治六年正月初一日起至十一月底止，应摊缴参价银二千四百七十九两零，如数解司，业于本年十一月十五日饬交解赴京饷委员罗教忠，带解赴京。因陕省道路通塞靡定，恐有疏失，仍照汇解京饷成案，兑交新泰厚银号，取具汇票，于到京后即向银号兑齐，赴内务府交纳，用昭慎重。其自咸丰十年起至十一年八月十二日止该关未解参价银两，现在严催措解等情，具详前来。除咨内务府暨户部查照外，谨附片陈明，伏乞圣鉴。谨奏。

---

① 胡圻，生卒年未详，字若川，浙江山阴人，官四川灌县知县。嗜篆刻，尤善治黄杨，精制印色。曾牧酉阳，广搜朱砂，每至一处，阖署均研砂珑石，若川顾而乐之。善篆、隶，似翟文泉，精鉴赏，尤精刊金石文字。道光二十三年(1843)，精刻《阴骘文》一册行世。李毅峰主编：《中国篆刻大辞典》，河南美术出版社，1997。

② 中国第一历史档案馆藏：军机录副，档案编号：03-4890-089。此片具奏日期未确，兹据同批折件校正。

同治七年十一月二十六日，军机大臣奉旨：知道了。钦此。[①]

## ○三六　奏报甄别知州徐斯匡等折

### 同治七年十月二十九日(1868年12月12日)

头品顶戴四川总督臣吴棠跪奏，为直隶州、知县期满甄别，恭折仰祈圣鉴事。

窃查吏部奏定章程：道府州县，无论何项劳绩保奏，归入候补班者，以到省之日起，予限一年，令督抚详加察看，出具切实考语，奏明分别繁简补用等因。遵照在案。兹有补用直隶州知州徐斯匡、候补知县杨利川二员，均已一年期满，应照新章甄别。据布政使蒋志章、按察使翁同爵察看得该员徐斯匡年强才裕，杨利川明干有为。以上二员，均请留川以繁缺补用，造具该员等履历、考语清册，会详请奏前来。

臣到任未及三月，例不注考。仍详加察看，与藩、臬两司所查无异。除将该员等履历清册咨部外，理合恭折具奏，伏乞皇太后、皇上圣鉴训示。谨奏。十月二十九日。

同治七年十一月二十六日，军机大臣奉旨：吏部知道。钦此。[②]

---

① 中国第一历史档案馆藏：军机录副，档案编号：03-4877-129。此片具奏日期未确，兹据同批折件校正。

② 中国第一历史档案馆藏：军机录副，档案编号：03-4739-054。此片具奏日期未确，兹据同批折件校正。